系统领导力

王奎武 ◎ 著

THE SYSTEM OF LEADERSHIP

国式领导力培训实用教材

中国文史出版社

图书在版编目（CIP）数据

系统领导力／王奎武著．—北京：中国文史出版社，2017.08

ISBN 978 - 7 - 5034 - 8931 - 0

Ⅰ.①系… Ⅱ.①王… Ⅲ.①经营管理—中国—社科 Ⅳ.①C933

中国版本图书馆 CIP 数据核字（2017）第 023761 号

系统领导力

作　　者：王奎武

责任编辑：窦忠如

封面设计：东方朝阳

出版发行：中国文史出版社

网　　址：www. wenshipress. com

社　　址：北京市西城区太平桥大街 23 号　邮编：100811

电　　话：010 -66173572　66168268　66192736（发行部）

传　　真：010 -66192703

印　　装：廊坊市海涛印刷有限公司

经　　销：全国新华书店

开　　本：710 毫米 ×1000 毫米　　1/16

印　　张：29. 5

字　　数：521 千字

版　　次：2018 年 1 月北京第 1 版　2018 年 1 月第 1 次印刷

定　　价：80.00 元

目　录

前　言 ··· 1

序：何谓"系统领导力" ··· 1

第一章　领导者与领导力

第一节　从什么是"领导"说起 ································ 2

    1. "领导"是指担任领导职务的人 ························· 2

    2. "领导"是领导者的实践活动和过程 ··················· 3

第二节　领导与管理的辨别 ···································· 4

    1. 领导源于管理，高于管理，是管理的核心 ··········· 4

    2. 领导是战略的设计，管理是战术的执行 ············· 5

    3. 领导是柔性的管理，管理是刚性的领导 ············· 6

    4. 领导具有超脱性，管理富有操作性 ··················· 8

第三节　领导者的决定性作用 ································ 9

    1. 领导者是决定组织命运的人 ··························· 9

    2. 领导者是决定事业成败的人 ·························· 10

    3. 领导者是决定群众利益的人 ·························· 11

第四节　领导力的系统特征 ··································· 13

    1. 领导力是一套系统 ···································· 13

2. 领导力的整体性 …………………………………… 15

3. 领导力的相关性 …………………………………… 17

4. 领导力的层次性 …………………………………… 20

5. 领导力的结构性 …………………………………… 23

6. 领导力的品格性 …………………………………… 27

7. 领导力的动态性 …………………………………… 32

第二章　领导者的威信影响力

第一节　领导力——威信影响力 …………………………… 34

1. 从领导者的形象说起 ……………………………… 34

2. 从领导形象延伸到领导特质 ……………………… 36

3. 从领导特质提升为领导魅力 ……………………… 40

4. 领导力的核心是领导者的威信影响力 …………… 42

第二节　全方位认知领导力 ………………………………… 45

（一）从领导者品格中所体现出来的领导力 …………… 45

1. 充满激情，追求卓越——领导者是有理想信仰的人 …… 46

2. 秉德无私，克己奉公——领导者是有奉献精神的人 …… 49

3. 勇负重任，敢于担当——领导者是有使命责任的人 …… 57

4. 自信坚韧，意志顽强——领导者是有胆识气魄的人 …… 62

5. 心胸宽广，海纳百川——领导者是有恢弘气度的人 …… 65

6. 善于学习，通晓哲学——领导者是有理论修养的人 …… 68

7. 诚实守信，严谨自律——领导者是能坚毅自制的人 …… 74

8. 热忱谦逊，和蔼亲善——领导者是有博大情怀的人 …… 78

（二）在领导实践过程中显示出来的领导力 …………… 83

1. 高瞻远瞩，洞察秋毫——远见卓识 ……………… 83

2. 描绘愿景，践行使命——创造未来 ……………… 84

3. 依靠群众，荟萃人才——知人善用 ……………… 88

（三）在被领导者那里检验印证出的领导力 ……………………… 94

  1. 带队育人，改变下属——体现下属成长 …………………… 94

  2. 学识渊博，才能卓著——精于领导艺术 ………………… 100

  3. 能言善讲，说服鼓动——善于思想教导 ………………… 103

（四）通过客观实际效果检验印证的领导力 …………………… 105

  1. 下属服从命令听指挥——坚定执行的保证 ……………… 105

  2. 挽救危机，铸造辉煌——业绩成果的验证 ……………… 107

（五）通过基础资源条件展现出来的领导力 …………………… 109

  1. 上有坚定可靠的领导支持——特殊背景 ………………… 109

  2. 中有志同道合的班子团队——组织保证 ………………… 112

  3. 下有善打硬仗的人才队伍——刚性实力 ………………… 114

第三章　领导力的来源

1. 组织任命——领导力来自合法职权 …………………………… 117

2. 上级委任——领导力来自上级扶持 …………………………… 120

3. 群众拥护——领导力来自下属支持 …………………………… 122

4. 打铁先要本身硬——领导力来自本身卓越 ………………… 124

5. 建立健全科学公正的领导干部竞聘制度 …………………… 126

第四章　领导者的思想引领力

1. 思想力是领导者的核心竞争力 ………………………………… 135

2. 思想力是组织愿景的构划力 …………………………………… 139

3. 思想力是领导者的战略思维力 ………………………………… 145

4. 思想力是组织变革的创新力 …………………………………… 153

5. 思想力是领导者的资源整合力 ………………………………… 167

第五章　领导者的沟通协调力

第一节　沟通的重要意义 …………………………… 173

　　1. 沟通有助提高领导决策的质量 ………………… 175

　　2. 沟通有利组织内外关系的协调 ………………… 176

　　3. 沟通有助提高下属的积极性 …………………… 177

第二节　沟通的基本目的 …………………………… 178

　　1. 交流信息，协调认知 …………………………… 179

　　2. 联络感情，融洽关系 …………………………… 181

　　3. 统一思想，转变态度 …………………………… 182

第三节　沟通的基本原则 …………………………… 184

　　1. 真挚坦诚，以情感人 …………………………… 184

　　2. 融转观念，以理服人 …………………………… 187

　　3. 树立威信，赢得支持 …………………………… 188

　　4. 借梯登楼，策略组合 …………………………… 189

第四节　沟通的五个环节 …………………………… 191

　　1. 主体的意图——为什么沟通 ………………… 191

　　2. 客体的差距——与谁沟通 …………………… 192

　　3. 信息的价值——拿什么沟通 ………………… 195

　　4. 情境的设置——在哪沟通 …………………… 198

　　5. 方法的运用——怎么沟通 …………………… 199

第六章　领导者的情感凝聚力

　　1. 尊重人——平等待人，一视同仁 …………… 210

　　2. 理解人——善解人意，将心比心 …………… 213

　　3. 关心人——真诚待人，乐于助人 …………… 216

4. 团结人——团结一切可以团结的人 ………………………… 221

5. 激励人——激励的原则性和艺术性 ………………………… 226

第七章　领导者的榜样典范力

1. 榜样就是示范，这是一种无声的感召力 ……………… 238

2. 榜样就是标准，这是一种无形的典范力 ……………… 242

3. 榜样就是动力，这是一种特殊的领导力 ……………… 245

4. 榜样就是激励，这是组织文化的塑造力 ……………… 248

第八章　执行力中的领导力

第一节　执行力是一套完整的系统 ……………………………… 254

1. 执行力的品质 ……………………………………………… 255

2. 执行力的特征 ……………………………………………… 257

3. 执行力差的表现 …………………………………………… 259

第二节　执行力的动力系统——领导的问题 ………………… 261

1. 追求卓越的领导品格，凡事一抓到底 ……………… 262

2. 践行责任的使命意识，要做就做最好 ……………… 266

3. 信任下属和依靠人才，科学授权放权 ……………… 271

第三节　执行力的助力系统——员工的力量 ………………… 277

1. 认知因素——上下同欲的力量 ………………………… 278

2. 情感因素——爱和恨的力量 …………………………… 282

3. 能力因素——知识技能的力量 ………………………… 287

第四节　执行力的运行系统——组织的问题 ………………… 288

1. 战略决策——顶层设计有没有问题 …………………… 289

2. 强化贯彻——落实力度有没有问题 …………………… 293

3. 有效推进——检查督导有没有问题 …………………… 297

4. 典型指导——选树样板有没有问题 ……………………………… 301

5. 考核激励——薪酬制度有没有问题 …………………………… 305

第九章　领导者的组织文化力

第一节　组织与领导力的关系 …………………………………… 318

1. 组织是有共同目标、统一意志的群体 ………………………… 320

2. 组织是领导者施展作为的媒介 ………………………………… 321

3. 领导者是组织的灵魂和标志 …………………………………… 322

第二节　组织建设的第一要务——构建组织文化 ……………… 324

1. 领导成功靠组织，组织成功靠文化 …………………………… 325

2. 领导者是组织文化的构建者和践行者 ………………………… 329

3. 组织文化的精义是凝神铸魂，创造思想 ……………………… 331

4. 组织文化是如何起到提升领导力作用的 ……………………… 337

5. 组织文化管理的特征 …………………………………………… 343

第三节　文化状态决定组织状态，组织状态决定成员状态 ……… 356

1. 目标定位——（共同愿景——个人愿景）…………………… 357

2. 身份认同——（我们的事——他们的事）…………………… 360

3. 领导方式——（授权放权——专权擅权）…………………… 361

4. 组织纪律——（实行法治——实行人治）…………………… 364

5. 政治生态——（精神激励——金钱刺激）…………………… 368

6. 用人机制——（任人唯贤——任人唯亲）…………………… 371

7. 工作态度——（积极主动——消极等待）…………………… 374

8. 相互关系——（精诚团结——离心离德）…………………… 376

第十章　领导者的员工教导力

第一节　教导力——领导力的真谛 ……………………………… 381

1. 教育引导是领导者的天职 ··················· 381

2. 教导力是精神变物质的强大力量 ··········· 382

3. 教导荒疏是领导者的失职 ··················· 383

第二节 现状堪忧——中国工人怎么了 ········· 385

1. 调查显示：中国国企员工不敬业 ··········· 385

2. 职业化状态与敬业的关系 ··················· 387

第三节 追本溯源——是人的思想出了问题 ····· 391

1. 思想导向偏颇失误，价值观转变一切向钱看 ··· 391

2. 薪酬制度存在弊病，员工悄悄地降低工作质量 ··· 394

3. 领导腐败传输负能量，员工敬业意识受颠覆 ··· 399

第四节 典型启示——一切来自"教导力" ····· 402

1. GE 给我们的启示——领导者要成为培育员工的导师 ··· 403

2. 京瓷给我们的启示——领导者要致力与员工共享经营哲学 ··· 406

3. 海尔给我们的启示——领导者既是设计师更应是心灵牧师 ··· 410

4. 解放军给我们的启示——思想掌控一切，思想决定一切 ··· 417

第五节 治本之策——重铸领导教导力 ········· 423

1. 政治立人——要把企业建设成升华人生的熔炉 ··· 424

2. 品格教育——要把企业建设成塑造人格的学校 ··· 432

3. 参与管理——要把企业建设成凝聚人心的家园 ··· 441

后 记 关注"无领导力"和"负领导力"现象 ··· 449

前　言

　　提升领导力是天下第一大事。

　　当前，中国共产党肩负的伟大历史使命就是实现两个百年目标，第一个百年目标是在 2021 年领导全国人民全面建成小康社会；第二个百年目标是在 2049 年建成富强、民主、文明、和谐的现代化国家。两个百年目标又高度凝结为一句话，就是实现中华民族伟大复兴的中国梦。如何使强国梦想变成现实，意义深远，使命艰巨，任务繁重，责任重大。拿什么作保证？靠什么来完成？毛泽东有句名言说得好，"政治路线确定之后，干部就是决定的因素"。完成光荣艰巨的历史使命，战胜前进道路上的风险挑战，从根本上讲就是要靠我们党的各级领导干部的执政能力，靠全社会各行各业各级领导者的领导力。

　　天下兴亡夫有责，位卑未敢忘忧国。指点江山论古今，成败皆系领导者。

　　一个国家的强盛与发展需要很多资源和条件，但最重要的是依靠各行各业各级领导者的卓越能力和勤奋作为。万事人为本，万众靠领导，领导者的优与劣、强与弱，取决于领导者的领导力，领导力是领导者带领群众实现组织目标的系统功能和总体能力。广大领导者的领导力不强、不高，两个百年战略目标就难以实现，中国伟大事业给予各级党组织的使命，就担负不起来。所以，领导强，则国强。各级领导者在各行各业事务中的作用至关重要，非常重要。

　　领导力的研究，意义深远重大。领导力不仅是行为体系，更是思想体系，思想是行为的先导，是一切实践活动的指南。领导过程实质就是思想引导的过程，是核心文化——价值观的输出过程。在当今世界经济一体化，政治多元化的宏观背景下，领导力的研究已经是世界性的重大课题。哪一个国家掌控着领导力研究的方向盘，就掌握了影响、引导、遥控甚至左右其他国家执政意识和管理机制的主动权。所以领导力的建设特别重要，极其重要。

"将帅无能，累死三军"。没有德才兼备、有胆有识、见解卓越、能力超群的领导者，组织就会涣散无序，矛盾分歧，效率低下，瘫软无力；群众就会纠葛利益，等待消极，互相推诿，制造问题。优秀的领导者是极其珍贵的稀缺资源，因为不是好人就可以当领导，不是人才就能够当领导，不是能人就应该当领导，更不是"秃子改和尚"，将就材料的事。一个地区、一个企业、一个单位、一项事业，如果没有一个好的领导者，于国于民于事业都是个灾难。领导者不作为，群众要遭罪；领导者乱作为，群众更遭罪；没有好领导，群众怎么都没好。在21世纪全球竞争越演越烈的境况下，在举国全面建设小康的征途中，还有什么比领导者拥有卓越的领导力更重要呢？

大量的社会实践证明，只有落后的领导，没有落后的群众。事业越前进、越发展，新情况、新问题就越多；面临的风险和挑战就越大；就越需要更出色、更优秀、更卓越的领导者。然而我们不得不面对力不从心的现状：那就是有些领导者思想理论水平不高，思想作风不端正，工作作风不扎实，与群众联系不紧密，领导能力不佳，事业心和责任感不强，解决问题的本领不大，素质和能力与使命的要求不相适应，率先垂范的榜样作用比较差，甚至还存在一定程度的腐败行为。总结改革开放以来的惨痛教训，可以缕出这样一条清晰的脉络：我们的一些央企没有搞好，绝大原因是央企的领导班子出了问题；我们的一些地方国企没有搞好，绝大原因是地方国企的领导者出了问题；我们的一些政府部门出现了危机，绝大原因是那里的领导者出现了腐败；我们的一些事业没有搞好，绝大原因是许多领导者缺乏领导力。总之，一个地区、一个企业、一个单位、一项事业的兴衰成败，总能在领导者身上找到原因、找到根据，找到症结。卓越领导者总能把坏事变成好事，把事业从山重水复转向柳暗花明；而拙劣的领导者总是把大好局面弄成危机四伏，每每把好端端的事业搞得一塌糊涂。

如今中国正在阔步走向世界，正处在一个特殊的历史时期，特就特在国际竞争更趋激烈，国内问题更加错综复杂，深化改革，矛盾叠加，风险增多，形势严峻，这对领导者的政治素养要求更高了；特就特在社会主义国家的共产党官员在市场经济条件下与形形色色的人打交道，这对领导者的思想境界要求更高了；特就特在金钱美女的诱惑更扑朔迷离了，道义界限更容易模糊不清，这对领导者的品德修炼要求更高了；特就特在下属群众的知识化程度提高了，智能才技提高了，自主意识提高了，职业薪酬提高了，这些都对领导者的领导力要求更高了。领导者的工作成果达到上级要求的标准在逐年提高，领导者的工作过程获得下属满意的程度在逐年提高。形势的变化、社会的发展，几乎每日每时都对领导者提出新的挑战，领导的主体条件远不止笼统的"德、勤、能、绩"，他需要更多的品格修炼、更多的能力来支撑，提高领导力的呼声正从四面八方向领导者扑来。千方百计地解决好领导力建设问题，已成为解决好中国事情的核心，成为处理好国内外一切问题的根源。应该铭记不少国家恰是在日趋强大的时候，突然急转直下衰败崩溃的深刻教训，提升领导力已成为执政兴国的第一要务。

当今世界正处在激烈竞争的大变局时代，虽然经济实力是决定国家在国际地位的决定因素，但国家的政治战略决定着经济实力的变数。大清帝国的经济实力遥遥领先，却被英国、日本打得一蹶不振；新中国一穷二白，却在朝鲜把世界最强大的美国打得不敢越雷池一步。强国固然以经济为基础，但真正决定国家强弱变数的是政治战略。政治战略的高低强弱才能决定中国将成为什么样的大国，什么样的强国。实现中华民族伟大复兴中国梦，就是利在当代，功在千秋的强国战略，它充分体现了以习近平为核心的党中央的英明卓越的领导力。两个百年目标的胜利实现和未来持续发展，有赖于全党全社会各级领导者的卓越领导力。提升领导力是国家政治战略的组成部分，政治战略所体现的执政能力最终是领导力的水平，只有强大的领导力，才是强国战略的基石，才是国家强盛繁荣的根本保障。

领导力是恒久的现象，它有着数千年的历史，还将伴随人类走向遥远的未来；领导力是神秘的现象，它是人们津津乐道，引人入胜，常叙常新的深邃话题；领导力是严峻的现象，它关系组织目标是否实现，关系各项事业的兴衰成败；领导力是重大的现象，它关系国家的安危存亡，关系十几亿人民的荣辱利弊。领导力的研究并不局限专家教授的书斋领域，领导力的驾驭不是领导者的专利，普通民众同样应关注领导力的课题，因为它与每个人都有千丝万缕的联系，毕竟人们都想谋求和捍卫自己的切身利益，都有渴望拥有追随的心理。

当今世界对领导力的研究可谓见仁见智，著述繁丰，真知灼见，不胜枚举。但因领导力机理颇为庞杂，结果至今依然是瞎子摸象，各执一词，几乎是有多少人试图定义领导力，就有多少领导力的版本体系，从而使领导力的培训分宗立派，各持己见，反倒使人们更加困惑，如坠雾里。如何立足国情实际和文化基点，全面系统探索和构建中国式的领导力实乃当务之急。

本书《系统领导力》依据马克思主义哲学基本原理，运用现代系统科学理论，形成了对领导力的系统认识，并尝试构建中国式的领导力系统，致力为广大领导者提供一幅塑造卓越领导力的修炼蓝图，从而有效地协助领导者们在较短的时间里，尽快形成领导力的最优架构，全面系统的掌握领导力的实质和真谛，高屋建瓴地直达目的。

基于作者水平有限，有的议题论述浮浅，书中难免有舛误偏激之处，诚望读者批评斧正，指导启迪。

序：何谓"系统领导力"

《系统领导力》一书是遵循马克思主义哲学事物普遍联系的原理，运用现代系统科学方法，对中国领导力现象研究的新认知体系，是构建领导力系统化的新思维，是领导力应用的新方法论。

正确认识事物是正确有效实践的前提。那么怎样正确认识事物，这是思维方式问题，是世界观，方法论问题，是大是大非的根本问题。

任何事物都是不以人的意志为转移的客观存在，人们对其认识理解常常是仁者见仁，智者见智，不乏有截然相反的结论。谁的思维方式正确，谁就会获得真理。例如对太阳和地球的看法，在托勒密眼中，太阳是围着地球转的，地球是中心；而在哥白尼眼里，地球是围着太阳转的，太阳是中心。为何会有如此巨大的悬差，完全是他们看事物的思维方式不同。托勒密是站在地球的角度看太阳的，而哥白尼是站在太阳和地球之外看太阳地球的，看事物的角度变了，结论就完全相反了。哥白尼的视野要比托勒密宽广，他看到了事物的全貌，看到了事物的本来面目，正可谓"旁观者清"，所以他的认识是符合客观实际的真理。哥白尼的宇宙视野，是思维广阔性、辩证性的表现，他没有乘宇宙飞船到太空去观察，和托勒密一样都是在地球上凭借大脑思维得出的结论，是正确思维方式的伟大发现。

系统的观点是正确认识事物及其客观规律的基本观点，因为任何事物原本就是一个系统，要还原事物的本来面目，就应该实事求是地从系统认识出发，遵循事物形成的原本路径，找到构成事物的本源，究其实质，才能从整体上掌握事物。

事物是由相互联系、相互制约、相互作用的若干部分组成的具有特定功能的有机整体，这种包含对立统一的普遍联系的整体性就是事物的系统特征。依据事物自身的系统性，以整体全局的视野看待描述和分析复杂事物的思维方式，就是系统的观点。

长久以来，人们对领导力的研究，惯常采取相对孤立、片面、静止的单项因果决定论的方法，即以部分的性质去说明整体事物。单纯围绕领导者个体去阐述领导力，脱离了主体环境，就会头痛医头，脚痛医脚，很多问题都说不清楚。例如领导力与组织环境的关系，一直是困扰领导者施展作为的关键要素。毛泽东无论受到怎样的排挤打压，都没有动过脱离组织的念头，因为他知道脱离组织则将一事无成，他只有积极努力地整合组织资源，最终才能从"必然中赢得自由"。而许多视组织为羁绊的领导者，喜欢天马行空，独往独来，不仅成长受限，还常常栽跟头。再如领导者与群众的关系，是鱼水关系还是猫鼠关系，在很多领导者心里一直没弄清楚。毛泽东是坚定地、实心实意依靠群众的领导者，他把那些依靠群众口惠而实不至的领导者喻为"叶公好龙"。大量事实证明，领导者脱离群众，没有群众的支持，再有神通，也是难有作为的。如果不以系统的观点看问题，群众就是群氓，就是"可使之，不可知之"的工具；就是一个政治概念，至多是需要时抓过来披在身上的外衣，不需要时就扔了。如果以系统的观念看问题，群众就是领导力的组成部分，就是领导者五官四肢的一部分，是眼睛、是耳朵，是双手……是与领导者浑然一体的整体。这个认识不解决，就不能真正践行党的群众路线，实践起来就难免上下抵牾，南辕北辙。不运用系统的思维方法就不能如实地说明领导力的整体性，不能反映领导力各要素之间的联系和相互作用，故而不能胜任对复杂问题的解决。毛泽东为什么会有强大的领导力，就在于他的领导观是建筑在正确的系统观上面的。毛泽东曾经说过，"如果我们党有一百个至二百个系统地而不是零碎地、实际地而不是空洞地学会了马克思列宁主义的同志，就会大大地提高我们党的战斗力量。"系统的思维方法也是辩证唯物主义认识论的基本方法，同样具有科学世界观和辩证方法论的意义。

随着人类实践的深化，科学技术的发展，生产社会化程度的提高，管理领域的扩大，领导者将面临更多规模巨大、关系复杂、参数众多的复杂问题，领导力系统化的特征也更为显著，领导力系统化的要求亦更为迫切。系统思维方式站在时代前列，高屋建瓴，综观全局，将成为未来认识复杂问题的主流指导思想和完整解决方法，领导者要决胜未来，必须要用系统的观点来看待领导力。

领导力是一种特殊复杂的开放性的社会动态系统，是由子系统——若干要素——基本因素等层层系统因子构建而成的整体。系统领导力的价值在于它通过多重架构的逐级剖析，发现决定领导力的深层次问题，依此调整系统结构，提升领导力的功能，最大限度地发挥领导力作用，因而意义十分重大。

"系统领导力"按照系统原理分析，揭示了领导力的五个层次，提出了领导力是领导者、组织文化、被领导者三位一体化的观点；提出了领导力的核心是领导者的威信影响力；提出了领导力的品格概念；提出了负领导力的概念；提出了领导力提升的根本途径是科学选拔领导者的竞聘制度等有学术价值和实际意义的真知灼见。为从根本解决领导力的提升、领导力的有效性、领导力的目的性等重大课题，"系统领导力"提出了一系列富有建设性的建议。

什么是系统领导力？

系统领导力就是领导者在持续品德修炼，善于学习，丰富知识才能的前提下，塑造良好的人格形象，树立威信影响力；继而凭借合法职权和上级的支持，构建组织文化，变革组织环境，整合组织资源，赢得下属拥戴；从而形成以领导者为核心的上下合力，卓有成效地完成组织目标，创造优异业绩的全方位系统能力。领导力不仅是领导者能力的总和，还包括组织文化和群众素质两要素的有机结合，它是以领导者的威信影响力为核心的三位一体的能动系统。

简言之，系统领导力就是两个以上领导资源要素按照一定方式有机结合的整体领导力。

系统领导力有三个特点：

一是能力的复合。系统领导力的基点是整体性，它要求领导者应该是内外兼修，一专多能的复合型人才，领导力依赖于领导者的复合能力。如品德和才能兼备，智商和情商兼备，能说和会写兼备，理论和实践兼备，政治修养和业务技能兼备，行政管理和思想工作兼备，文化建设和经济建设兼备……总之，不能只知其一，不知其二；顾此失彼，甘当外行。多才多艺不仅有助于领导者统筹兼顾，创造佳绩，还有助于领导者树立威信影响力，威信影响力是领导者的生命力。

二是资源的整合。领导力就是资源整合力。领导力不是领导者的一己之力，组织文化有领导力，群众身上有领导力，上级那里有领导力……领导者要善于把这些力量都整合到自己手里。知识中有领导力，情感中有领导力，人格中有领导力……领导者要善于汇聚资源，把方方面面能为自己所用的能量都汇聚到自己身上。领导者要善于调动两种以上的积极因素，善于发挥两种以上力量，这样，才有货真价实的雄厚领导力，才有超越平庸的卓越领导力。

三是方法的组合。领导力不是孤立的某种力量，他是领导者能力系统中某几项要素在同时发挥作用。在具体实践过程中，领导力的功能是通过领导方法体现的。例如，沟通协调不仅需要领导的说服力，还要倾注情感凝聚力，运用思想教导力和自身的人格典范力等。工作业绩的取得，既是上级支持的结果，也是下级支持的结果。领导者要善于运用两种以上的方法，善于收到两种以上的效果。领导力不仅要体现功能，还要创造艺术。

"三合"特点归结为一点，就是追求领导力的完整系统性。"系统领导力"既是领导力认知系统的主观观念，也是领导力自身运行的客观体系，是知行合一的完整理论。

第一章 领导者与领导力

"领导"二字，是极富魅力的闪光字眼，古今中外，人们都对这两个字饶有兴致，津津乐道。其实，最有价值的是透过领导的背后，探求意义深远且复杂奇妙的"领导力"现象。

研究领导力现象，必须从研究领导者开始，领导者是领导力的主体和载体。有什么样的领导者，就有什么样的领导力，领导力的高低强弱，主要通过领导者的修养和行为表现出来。

领导力是领导者的功能属性，是领导者的效能标志，是领导者的价值体现。领导力是衡量领导者能否发挥作用，发挥什么作用，有无存在价值的客观依据。

领导力是改造世界的巨大力量。在人类历史上，当缺乏领导力时，社会就停滞不前，当勇敢的、有能力的领导者抓住机会改变社会、创造未来的时候，社会就开始进步。

管理学之父德鲁克说："领导力能将一个人的愿景提升到更高的目标，将一个人的业绩提高到更高的标准，使一个人能超越自我界限获得更大成就。"领导者能否胜任他肩负的头衔所赋予的职责使命，完全取决于他拥有的领导力水平。缺乏领导力的领导者，无论怎样向下属示好，都是没有威信的。

进入 21 世纪，全世界对"领导力"的研究已日益精深，领导力已成为干部学院及高等学府的重要专业和主攻课题。在浩瀚的领导学说与专著中，多有高深精辟的见解，不乏有系统完整的思想光芒，领导学已成了一门社会公认的科学与艺术。领导力，是领导学中的精华部分，是领导学中最有价值的内容。

第一节 从什么是"领导"说起

1. "领导"是指担任领导职务的人

"领导"一词，如今已成为全世界通用的词汇，它既是名词又是动词，人们根据语言环境自会灵活加以判断，通常是"领导者"的简称，是指担任领导职务的人。为了精确表述的必要，本书将名词的领导，一律统称为"领导者"。

在崇尚权力的官本位社会，领导一词最富有深刻蕴意和神奇魅力。人们为什么对"领导职位"情有独钟，趋之若鹜，都想争先恐后当领导者呢？其中主要是为了攀登广阔的人生舞台，施展个人才华，体现个人意志，实现个人理想抱负，为国家和人民做出更大的贡献，在为社会创造物质财富和精神财富的同时，使个人利益和价值得到较大的增长。当然也不乏来自权力的极大诱惑，通过仕途获取职权，借助权力攫取组织资源，盘剥他人的利益，谋求个人利益的最大满足。

意大利政治学家马基雅维里是较早研究领导理论的人，他指出："领袖是权利的行使者，是那些能够利用技巧和手段达到自己目标的人。"

身为领导者，都有自己的目标，这个目标是什么？这是领导力高低强弱的根源，也是领导力品质优劣的分水岭。当今中国还没有搞运动式反腐，就有几十万领导者被淘汰下来，为什么很多领导者缺失领导力，究其原因是当领导的目标偏了。

世界级领导力大师约翰·麦克斯威尔说："领导者是知道方向、指明方向，并沿着这个方向前进的人。"美国前国务卿基辛格博士也这样说："领导就是要让他的人们，从他们现在的地方，带领他们去还没有去过的地方。"引领方向，创造未来，是领导力的核心。如果领导者没有思想力，拿不出组织愿景，甚至本身的人生坐标就偏了，怎么指望这个组织能有前途呢！

美国通用电气公司前董事长兼 CEO 杰克·韦尔奇认为，"领导是一种能将其想做的事或其发展设想成为一种远见，并能使其他人理解、采纳这种远见，以推动这种远见成为成功的、现实的人。"领导者在高瞻远瞩，引领方向的同时，要具有足够的说服鼓动能力，创建并积极推进组织文化，带领群众实现组织的目标。

美国通用汽车副总裁马克·赫根在其《新世纪的领导力》的演讲中对领导者的描述是："记住，是人使事情发生，世界上最好的计划，如果没有人去执行，那它就没有任何意义。我努力让最聪明，最有创造性的人们在我周围。我的目标是永远为那些最优秀，最有天才的人们创造他们想要的工作环境。如果你尊敬人们并且永远保持你的诺言，你将会是一个领导者，不管你在公司的位置高低。"沃顿商学院的院长拉塞尔·帕尔默在《终极领导力》一书中总结了自己的经验和教训，提炼出领导力的若干原则：如坚定不移地保持公正和正直，激发员工潜能，超前思考，迅速决策等。这句话提到了领导者的品德素质与领导力的关系。

《管理难题——方格解法》一书的作者布莱克认为，"有效的领导者是那种能够通过建立和维持健全的关系来和其他人一起工作，并且通过其他人使资源转变为结果的人。"这显然指明出色的领导者是良好人际关系的缔造者，依靠群众，依靠人才是出色领导力的鲜明体现。

2. "领导"是领导者的实践活动和过程

动词的"领导"是领导活动，是指领导者在一定的环境下，影响和带领他人为了达到组织目标而工作的过程。

领导就是将潜能发挥至最大，将可能变为现实的卓越实践。在所有情况下，领导的根本任务是发现、发展、发挥和丰富组织和组织成员业已存在的潜力。

《成功领导者的素质研究》一书的作者认为：领导作为一种活动，是一种行为过程，是在一定组织或团体内，统御和指导人们实现一定目标的高层次的社会管理活动。

美国政治学家伯恩斯更进一步地将"追随者"纳入领导的要素，他认为，"领导人劝导追随者为某些目标而奋斗，而这些目标体现了领导及其追随者共同的价值观和动机、愿望和需求、抱负和理想。"

毛泽东说："领导就是让群众喜欢我们，并和我们一起工作。"毛泽东还说："领导依照每一具体地区的历史条件和环境条件，统筹全局，正确地决定每一时期的工作重心和工作秩序，并把这种决定坚持地贯彻下去，务必得到一定的结果，这是一种领导艺术。"

国家行政学院教授、中国领导力研究院院长刘峰对领导的诠释是：领导领导，领而导之，既领且导。领导过程要突出先领后导，少领多导；明领暗导，重点在导。

领导被集中体现为——领导者从事引领、带领、率领、统领带队的活动和过程，表现为对被领导者进行教导、引导、指导、因势利导的一系列活动和过程。

领导者与领导活动（过程）是领导力的两个方面，领导力是领导者及其领导活动的产物，既融化在领导者的素质中，又体现在领导者的全部行为上。抓住了领导力，就纲举目张，一并解决了领导者做人和做事的全部内容。通过研究最终发现，千头万绪的领导力，就是领导者的素质和能力在某种思想的作用下所进行的全部领导实践活动。

第二节　领导与管理的辨别

1. 领导源于管理，高于管理，是管理的核心

在组织初期，管理与领导浑然一体，不分彼此。当社会组织达到一定规模时，就会产生"指挥"和"协调"的客观要求，就必然分化出"领导"这样一个专门的社会职能。1841 年 10 月 5 日，在美国东部纽约州与马萨诸塞州的伍斯特之间，两列火车迎面相撞。这一撞击事件引起管理界的革命性变革，在州议会的干预下，西方火车公司被迫进行了领导体制改革，实行了企业所有权、领导权与管理权的分离。这一变革标志着领导活动从管理活动中相对脱离的新时代的开始。

管理是个大概念，领导是从管理中分化出来的，是从属于管理的一个组成部分，领导活动和管理活动有较宽泛的相容性与复合性，领导必须跟管理交替、结合使用。领导的重点是激励，但光有激励不行，还须有约束；管理的重点是控制，但光有控制也不行，还须有激励，所以领导是激励和管控的结合。领导与管理的结合配比依据领导的层次不同而不同，高层可能是七分、八分的领导，三分、二分的管理；中层则各占一半；基层可能是八分、七分的管理，只有两分、三分的领导。不管哪一层都既有领导又有管理，领导和管理像血肉一样不可分割。

美国著名管理学家哈德罗·孔茨在他与海因茨·维里克合著的《管理学》中指出："管理工作要比领导工作广泛得多。""领导是管理的一个重要方面。有效地进行领导的本领是作为一名有效的管理者的必要条件之一。"

领导的对象主要是人，管理的对象既可以是人，也可以是物。领导与管理

无所谓优劣，领导中有管理，管理中有领导，犹如人有两只手，可以一手抓领导，一手抓管理。领导是高层次的管理，管理是低层次的领导。企业里的中层干部，既是领导者，又是管理者。

领导者对人的影响力，对人的驱动力被称为领导力。但光有影响力不行，领导离不开控制，控制就是管理，领导与管理常常是交替结合运用。随着社会化大生产的发展，领导活动和管理活动必然会有更多的复合性、兼容性和互补性。只有有力的领导与有力的管理结合起来，才能带来满意的结果。过分强调管理而淡化领导，会造成重微观、轻宏观，重短期行为、忽视战略规划，过分注重局部而轻视整体的现象；领导有力而管理不足，则会导致强调长远规划不注意短期计划和利益、太过注重群体文化而不注意细微的专业分工和规则等弊病。

美国哈佛商学院教授，举世闻名的领导力专家，世界顶级企业领导与变革领域最权威的代言人约翰·科特说："取得成功的方法是75%—80%靠领导，其余20%—25%靠管理，而不能反过来"。

约翰·科特说：一个企业要成功，不仅要实现预期的日常目标，同时还必须确定一个合适的未来发展方向，必要时对这一方向进行不断调整，集合所有员工朝此方向不懈努力，即使是付出沉痛代价，也要激励员工们进行变革。

领导就是指导、带领、引导和激励下属为实现目标而努力的过程。领导者必须拥有影响追随者的能力或力量，其中既包括由组织赋予领导者的职位和权力，也包括领导者自身所具有的影响力——拥有专门知识或特殊技能的影响力和由个人经历、性格或榜样产生的影响力。

管理学对管理的最普遍的定义是："管理是指通过信息的获取来决策、计划、组织、领导、控制和创新等职能的发挥来分配、协调包括人力资源在内的一切可以调用的资源，以实现单独的个人无法完成的目标。"亨利·法约尔将管理的职能分为计划、组织、指挥、协调和控制，这是管理五大职能理论的来源。其中领导就是指挥，领导的明确职能就是通过影响部下来实现组织的目标。

领导具有全局性，管理具有局部性。领导比管理层次高，管理比领导门类多。领导不应事必躬亲，而管理却不能忽视细节。

2. 领导是战略的设计，管理是战术的执行

战略是指全局的，长时间相对稳定不变的方针和原则。领导是抓战略问题、根本问题、长远问题、方向问题的，是在组织的前边起引领和指导作用的。管理是战术的、技术的、策略的组织者和执行者，是在组织内部进行运转、监管

和处理事务的。一个是高端，依靠的是思想领袖；一个是中低端，依靠的是办事能手。当然这种区别也不是机械、截然分开的。

领导主要是从战略的角度对系统的方向、目标、方针等重大问题进行谋划和决策，管理则是在战略性的全局问题明确之后，不断地进行计划、组织、协调、控制等过程的贯彻与执行。领导能带来实用的、战略性的变革；而管理则是为了维持这种变革所作的努力。

从时间上看，领导注重的是未来，管理注重的是当下；领导是前瞻性的，管理是现实性的。领导注重的是未来发展，是长期的、久远的、全面的远景目标或方向，要求领导者有预见性、有前瞻性，有准确的预见能力、谋划能力和大胆的创新能力。管理则注重眼前、关注现在，接受现状，在有条理、有次序、安全稳妥的前提下处理具体事务，更多的是短、平、快，注重短期的成绩或效果，对领导制定的目标坚定不移、有计划、有步骤的贯彻执行。

从空间上看，领导注重的是外部宏观格局，外部的形势，外部的机会、外部的关系、外部的资源、外部的市场和外部的威胁，怎样协调、处理、整合好外部关系，看不同的前进路径，寻找各种联系和空隙，然后在阻力最弱的地方出奇制胜。所以领导者要视野广阔，高瞻远瞩。外部有较多的不确定性，因而领导工作也具有较大的伸缩性。领导注重其整体性、联合性，追求解放思想，大胆突破，追求变化变革甚至革命，要的是实际的工作效果，这是领导的更重要、更本质的特点。

管理的重点是内部微观格局，内部的业务、财务、队伍、制度、资源，所以管理者要眼睛向内，抓人与物的组合，注视眼前，节约挖潜，完善制度，实施精细化管理。内部有较多的深邃性，由此带来管理工作的无止境特点。管理追求秩序、追求改良，它要求不断完善，但不必大改大换。管理需要脚踏实地，严谨务实，更多的是怎么做？注重细节，侧重标准化、专业化。管理者可以把持方向，但他们通常循规蹈矩，机械保守，不愿改变方向，而要把人们带往新的方向，就要依靠领导了。

3. 领导是柔性的管理，管理是刚性的领导

从方法论来看，领导更多关心的是人的因素，注重研究人的思想和对人的影响和引导，强调"有机的情感非逻辑"。注重人的需要、情感、兴趣和人际关系，善于发现人才，往往因人设事。经常考虑如何使他人追随自己，所以人事权是领导者影响力的关键。

领导侧重于大政方针的决策和对人与事的统御，特别注重通过与下属的沟

通与激励实现组织目标。组织中的每一个人都有他自己的尊严和价值，每一个人都具有不同的技能和才华，领导有责任、凭方法、艺术性地启发和激励这些人，促使、帮助他们发展，以便使他们在实现个体成长的同时，也完成组织的共同目标。领导着重抓的是思想，转变的是态度，着力建设的是组织文化，追求的是组织宏观的效益。领导的特点是个性化，不同的领导人有不同的风格，不同的领导方式与艺术。领导更多注重的是导向，重在软权力的应用，靠影响力。领导不会直接处理烦琐的具体事务，领导效果是通过人格魅力、主体威信而发挥引导、影响的作用来实现的，偏重艺术化、人性化，其展现风格更多是柔性的。

管理旨在维持已有成果和既定秩序，是计划、预算、运行、保障过程。关注的是组织系统、结构、流程、财务、设备、生产、安全、质量、工时、绩效、规章制度等方方面面的实事。管理强调"机械的效率逻辑"，所以管理的对象是工作、是业务，是重于执行政策，运用制度，强调员工的服从性，因事用人，通过员工的作为完成组织目标。管理是日常性的，非决策性的，着重于追求某项工作的效益。管理强调理智和控制，让从事这项事业的人在合适的岗位上发挥才能，并且确保日常工作顺利进行。管理通常要回答和解决：什么是我应该做的，应该如何去做等具体实际问题。管理是一种制度，更多的是注重方法，它依靠硬权力。没有硬权力，管理寸步难行，甚至不存在。管理的重点是组织行为和个人行为的控制，偏重科学化、制度化，因此其表现风格更多是刚性的。

随着知识经济时代的到来，知识型员工的普及，管理也会趋向弱化，向多些影响，少些控制，多些领导，少些管理方向发展。

简言之，领导与管理的关系可理解为**"思想"**与**"行动"**。领导是保证做正确的事，更多注重的是效果、结果、目的；管理是保证把事情做正确，更多的是注重效率，是把领导定下来的目标执行到位。领导要指出梯子是否靠在指定的墙上，管理是在确定的梯子上努力往上爬。领导更多需要的是激情，管理更多需要的是精确。明确领导和管理的区别有助于领导者对自己的角色进行定位，从而使领导者更加明确和关注自己所应该做的事。

约翰·科特提出领导和管理具有不同的功能：管理是用于应对复杂性的，领导则是应对变革的。管理者通过制定正式计划、设计规范的组织结构以及监督计划实施的结果，使组织达到有序而一致的状态。领导则通过开发未来前景而确定前进方向，他们把这种前景与他人交流，推动组织进行建设性的变革，并激励他人克服障碍达到这一目标的实现。

4. 领导具有超脱性，管理富有操作性

从功能上看，领导更多注重的是文化，强调价值观和理念，结合领导者的个性、经验、能力，比较讲究灵活，创造、艺术、超脱，所以权变是给领导人提供的。管理强调的是一种科学，注重的是规章制度、程序步骤，一板一眼，所以管理比较严格、严谨、规范，他们关心的是事情该如何进行下去。管理重在维持秩序，强调变化的因素越少越好，尽可能消除那些变化的因素，一以贯之。

管理学的鼻祖彼得·德鲁克认为，领导就是创设一种情境，使人们心情舒畅地在其中工作。有效的领导应能完成管理的职能，即计划、组织、指挥、协调、控制。领导通过指导、激励、带领等方式对下属的思想、行为施加影响，进而努力实现组织的目标，是有效管理工作必不可少的一个环节。

管理学的创始人法约尔在谈到管理与领导的区别时说，领导就是寻求从企业所拥有的资源中获得尽可能大的利益，引导企业达到它的目标，就是保证技术职能、商业职能、财务职能、安全职能、会计职能和管理职能的顺利完成。在法约尔看来，无论在层次上还是在意境上，领导都高于管理。

管理分为高层、中层、基层三个层次。基层管理是微观管理，直接从事具体的人、财、物、事、时间与信息的管理，这种管理一般按常规办事，执行上级交代的具体任务，独立性不大。高层和中层管理是宏观和中观管理，很少直接管理具体的人与事，主要处理带有方针性、原则性的重大问题，独立性较大。故一般把中层以上的管理者称为领导，领导和管理的关系是相辅相成，彼此渗透、相得益彰，不可偏废。

管理要求正确地做事情，知道做什么，有对任务的看法，习惯从里向外看世界，行动保守，受约束驱动，关注做错的事情等。领导要求做正确的事情，知道如何做，有关于任务的愿望，习惯由外向内看事情，受目标驱动，关注做对了的事情等。

领导者关心的是观点，以多种方式与他人发生联系，因而具有灵活超脱性。管理必须事无巨细地加以注意，要通过对具体的人、财、物、事、时间、信息的安排与配置，使诸因素能够得到合理利用，从而实现管理目标。管理者是问题的解决者，因此管理具有务实操作性。人们常把管理看成以任务为导向的（如计划与监督）；把领导看成以人为导向的（激励他人、发挥个人魅力）。管理者是维持秩序，稳定现状，靠驱动作为；领导者是改变现状，推动变革，打破原有格局，使组织创新，更加适应环境。

领导与管理两者间虽有诸多区别，但联系却又十分密切。任何组织、单位都必须既有领导又有管理。只有领导而无管理，则领导的意图和目的往往难以实现；同样，如果只有管理而无领导，管理的愿望和目的同样也难以达到。领导主要是依据和运用思想、理论和道德为武器来教化、凝聚人的心灵；管理则主要依据法律和规则来规范、统一人的行为。基于领导与管理的一致性，古今中外的各种管理理论，也是不同级别层次的领导理论。

第三节 领导者的决定性作用

1. 领导者是决定组织命运的人

毛泽东说："政治路线确定之后，干部就是决定的因素"。大到一个国家，小到一个企业，兴衰成败，都与其领导者有着直接的关系。

菲德勒认为，一个组织的成功与失败在很大程度上取决于它的领导。在领导者、被领导者和环境三者之间，领导者是关键，是主导一方。

从大的方面说，领导就是领袖。斯大林是苏联共产党的领袖，希特勒是德国纳粹党的领袖，一场世界大战过后，斯大林使苏联共产党更加强大，希特勒则使德国纳粹党遭致灭顶之灾。

在上世纪中叶的中国，毛泽东是共产党的领袖，蒋介石是国民党的领袖。决定两党命运的决战，在两个领袖中展开。不到四年的时间，共产党由弱到强，蓬勃发展，最后取得胜利；国民党由盛转衰，分崩离析，最后败逃台湾。

从小的方面说，领导就是一个单位的负责人，一个地区、一个企业、一个学校、一个部门的先进与落后，发展与衰败，全部能在领导者身上得到诠释。

一个厂长能救活一个企业，海尔张瑞敏就是这样的典型。相反，一个领导倒下了，导致一个企业垮掉的例子数不胜数。

卓越的领导者有新思路，有新招数，能锐意进取，开拓创新，使单位业绩突出，成效斐然，成为行业同仁的翘楚。即便原来是软散乱差的单位，也能成为后进变先进，旧貌换新颜的典型。

平庸的领导者只能竭力维持局面，大量的事务因得不到及时而有效的解决而问题成堆。这种领导者吃力的扛着业务指标，整天茫茫碌碌，成效甚微。对上诚惶诚恐，整日担惊受怕，做事低调，逢人谦恭，不得罪人，群众看他也很可怜。

拙劣的领导者，品性不行，能力也不行；心胸狭隘，嫉贤妒能；培植亲信，排斥异己；大兴"酒"文化、"礼"文化、"哥们"文化；利禄熏心，以权谋私，不是依靠群众齐心协力把工作搞好，而是寻求上级后台支撑摇摇欲坠的门面。致使组织四面楚歌，每况愈下，最后陷于穷途末路，只得求助上级调离岗位落荒而逃，留下众口非议的谈资。

日本有一位公司主管，曾写过40多本书，他在最后一本书的封面上写了这么一句话："一个公司的命运，百分之九十九决定于那个领导人。"

领导者优劣与否，直接关系到组织的安危存亡。英国邓洛普公司总裁雷伊·杰第斯说："从数百年来的战争史中，我们发现，将领的才能对战役的输赢有极大的影响力，即使在武器进步的现代战争中亦然。竞争激烈的商场正如战场，领导者正如战场上的将军。"杰出的领导者对于一个企业，犹如无价之宝。即使预测将来无法完全正确，但其远见仍是一个企业成功的关键。每一个组织都是一个由诸多因素组合而成的系统，同时它又是更大系统中的一个组成部分，均要受外部因素的制约。组织领导对部属的统御能力、对局势的分析预测能力及其决策能力，都关系到组织的生存状况和发展趋势。领导能力强、方向把握准确、锐意创新、决策正确，组织的适应能力、应变能力和竞争能力就比较强，其生存与发展的机会就也较大。反之，组织就像漂流的破船，随时会被惊涛骇浪所掀翻吞没。

2. 领导者是决定事业成败的人

斯大林指出："干部决定一切"。

毛泽东指出"我们的革命依靠干部"。

唐太宗总结隋朝灭亡的教训和初唐兴盛的经验指出："为政之要，惟在得人"。事实证明，领导是事业兴衰成败之根本，选对了领导，就成功了80%。

领导是社会发展的火车头。好的领导者能通过企业为社会创造出丰富而优质的物质财富；借助社会资源能为民众创造和提供满意的公共产品；运用国家赋予的权力，在政治、经济、军事、科技、文化、教育等各个领域，开创蓬勃发展、兴旺发达的新局面。

领导是组织的第一竞争力。各种组织的竞争本质上就是领导者之间的竞争，表现为领导者素质的高低和能力的强弱。哪方领导更高明，更卓越，哪方就能赢得挑战和竞争的胜利。古今中外以少胜多、以弱胜强的大量竞争案例足以证明这一点，未来的竞争和较量还将继续证明这一点。

卓越的领导者能含辛茹苦，惨淡经营，夙兴夜寐，日理万机，寻求事业的光明。他能高瞻远瞩，定战略，绘蓝图，抓机遇，带领团队奋勇拼搏，不断为事业开拓更广阔的发展空间。他能把事业从崎岖坎坷的山道引入康庄坦途，他所领导的事业蒸蒸日上，兴旺发达。

优秀的领导者将组织的人力资源、物质资源、信息资源和技术资源进行有效利用与整合，从而产生高效、优质、创新的新结果。领导者通过建立和维系健康的关系和其他人一起工作，不仅表现为组织的领航人，还表现为组织的黏合剂，有效地将组织所有成员团结在一起，为实现组织的目标而不断开拓新局面。

平庸的领导者养尊处优，不思进取，心骄气傲，锐气尽无；工作上上搪下堵，左塞右补，问题成堆，政绩荒芜；组织内部人心涣散，士气低落，欺下瞒上，风气庸俗；事业运程机制缺失，机遇丧失，资源流失，危机四伏。无论原来的基础多么坚实，无论原有的资源多么充沛，最终都会败坏遗尽，最终给党和国家及群众的利益带来严重的损失。这样的领导只能给事业带来这样结果——除了失败，还是失败。

3. 领导者是决定群众利益的人

中国共产党苦心孤诣，不遗余力的发展经济，为的是什么？

强国战略也好，富民政策也好，最终的目的又是什么？

实现中国梦，奔向共产主义的美好理想又是为什么？

标准的答案只能是一个，那就是为了全中国人民谋利益，造福祉。

那么国家强盛了，老百姓富裕了，是不是人民就幸福了呢？结论是——未必！

近几年，国内外不断有专门机构调查统计中国人和外国人的幸福指数，具体排位未必准确，但肯定一点，中国人的幸福指数是很低的。

2012年联合国首次发布"全球幸福指数"报告，比较全世界156个国家和地区人民的幸福程度。丹麦成为全球最幸福国度，其他北欧国家也名列前茅。美国国民生产总值从1960年至今增加3倍，但幸福指数仅排名第11，可是中国则排名122位。

中国自改革开放以后，经济发展迅猛，2012年成为世界第二大经济体，国家实力增强，人民生活水平得到了很大提高。然而令人困惑的是，民众的幸福感却在下降。甚至有相当数量的群众还认为幸福感不如"文革"以前。端起碗吃肉，放下筷子骂娘的现象十分普遍。有钱没钱的人都纷纷涌向国外。由此推想，继续照此发展下去，即使经济总量再翻一番，达到了国强民富的程度，甚至超过美国，民众也未必满意。我们想象的、期待的人民和谐幸福的局面未必呈现出来，这是什么原因呢？

那就是对身边的和不在身边的很多领导者不满意，对许多领导者做出的事十分生气、让人抑郁、令人愤怒。

有些领导者使单位很难呈现正常的，和睦的，积极的，促进性的人际关系和工作氛围；很难实现高效的，优质的，创新的，喜人的工作绩效和事业成果。即使有了良好的收益，甚至鬼使神差，天助人愿，意外惊喜地实现了丰硕收入，但是也难让人有个好心情。

幸福与财富，幸福与组织成长，幸福与事业成就不完全是正比关系。

物质财富与幸福生活固然有渊源联系，但这方面的幸福感是短暂的、递减的，有时是有害的。所以造福人民，用单纯追求物质财富的方式是不够的，偏颇的。

幸福与情感息息相连。亲情、友情、爱情、信任、拥护、爱戴，都会带来幸福感。人与人之间的真诚互信所产生的幸福感，要比来自物质层面的幸福感宽泛得多、持久得多。

公平正义的社会环境、勤劳致富、自我实现与幸福最为密切，人们通过对社会的贡献，获得公平合理的报酬，从而滋生的自我价值感是最幸福的。官兵一致，团结友爱，互帮互助的和谐情景是令人愉悦的。白求恩毫不利己，专门利人的精神；张思德爱岗敬业，默默奉献的事迹；雷锋为大家做好事的举动，中国人民永远纪念他们，歌颂他们。

如今中国人的不幸福有很多是因为有些外表冠冕堂皇，满嘴仁义道德的领导干部，利用手中的权力巧取豪夺，机关算尽为自己谋取好处。他们制定不合理的政策规章，公然地，合理合法地多贪多占，以种种名目和借口，侵占群众利益，制造种种的社会不公平。面对这些有目共睹的丑恶现象，就是让老百姓天天吃山珍海味，也产生不出来高兴的感觉，何谈幸福之有。如2013年12月××市政府借公车改革实施补贴，处级领导每月补3100元，科级1200元，科员300元。消息发出第二天，搜狐就有2万多网民参与评议，几乎一致口诛笔伐，痛斥这是公开的合理合法的腐败，全国各网站网民也群起而攻之。其实，补与不补，补多补少，没花这些网民一分钱，这些人何来的义愤填膺，自找不快呢？就因为路见不平，拔刀相助，气不公。根据中纪委公布的数据，2012年全国各级纪检监察机关处理县处级以上干部4698人。2013年处理县处级以上干部6400多人。当你得知自己单位领导者的贪污腐败行径时，你能有高兴快乐的幸福感党吗？领导，民众所仰仗也，领导的好坏，与民众的利益息息相关。中国人普遍感到不幸福，就是与身边这些领导人的不作为和胡乱作为有密切的、直接的关系。

自2014年以来，国内诸多媒体连续报道李克强总理频繁"发怒"的事，原因是有些地方出现了"为官不为"的现象，致使"政策不出中南海"。许多领导者因为利益而奉行"上有政策、下有对策"，使很多的好政策、好制度在落实声中落空，针对这些尸位素餐的腐败领导者，总理气得直拍桌子。然而可否想到，老百姓随处可遇的怒不可遏的领导腐败行为，又能和谁发火呢？

领导者是锋芒所向、披荆开路的先锋；是穿云破雾、驱散阴霾的霞光；是万众瞩目、引领前进的旗帜；是走在前、干在前，率先垂范的榜样。为国家、为人民奉献自己一腔热血和宝贵生命的焦裕禄，"宁肯少活20年，拼命也要拿下大油田"的铁人王进喜，他们的感人事迹激励了几代人，他们就是群众仰慕追随的好领导，他们就是凝心聚力的旗帜，旌旗所指，所向披靡。

想方设法把领导干部培养好、教育好、使用好，这是治党、治国、治军、治企的核心，这是决定中国人民根本利益的根源。事业是人做的，确切的说是领导者做的，领导者不好，事业是注定做不好的。领导者出了问题，许多相关的人，许多相关的事，就都出了问题。这问题，那问题，加起来就是党的执政问题，就成了人民群众对党的信任问题，就成了党和国家生死攸关的命运问题。

第四节　领导力的系统特征

1. 领导力是一套系统

领导力有广义狭义之分，广义领导力是指社会主体在广阔的社会生活领域中具有影响带动他人的能力。人与人之间处处体现着领导与被领导的迹象，在正式组织之外，领导力的培养具有重大价值和积极意义。很多人是具备了领导力而成了领导者，很多人是当了领导者才提升领导力，这一前一后之差是截然显著的。刘邦、韩信、刘备、诸葛亮都是平民出身，他们身上的原生态领导力，成就了他们的事业辉煌。相反，后天培育出来的领导力，就需要大量的勤奋实践和坚韧持久的修炼学习，许多领导者因为做不到这勤奋实践和修炼学习，所以领导力长时间，甚至一辈子也没有得到提高。大量实例证明，领导力建设越早越好。美国管理界有一句名言：选对人比培养人更重要。狭义的领导力概念，是指领导者凭借自身品质和采取有效的方法，影响和引领下属在一定条件下实现组织目标的综合能力，它是领导者一系列思想和行为的有机组合。简而言之，领导力就是领导能力的总合。

领导力的研究由来已久，在中国从商周那个年代就开始了，吕望（姜太公）的《三略·六韬》虽是最早的兵书，也是系统的管理典籍。从科学实验的高度，美国在 20 世纪初就代表着世界的领先水平。从上世纪 20 年代开始的领导特质理论研究到 40 年代后进行的领导行为理论研究，继而 60 年代起对领导行为及其效果的情境权变研究，历经了从领导者的个体延伸扩展到整个组织、情境及其相互作用的全方位领域。现在美国依然在引领着东西方各国在领导力这一重大课题上，继续向博大精深的未知领域探索前进。

领导力一词始见于 1947 年，彼得·德鲁克在《哈泼斯杂志》上撰文，"管理就是领导力"。他认为"领导力是将人类的愿望提升到更高的境界，将人类的业绩提升到更高的标准，使人类能够超越正常的个性局限。"此前，领导力被领导素质、领导能力、领导方式、领导方法、领导艺术等概念所涵盖。

美国学者约翰·安东纳基斯等所著的《领导力的本质》一书对领导力的定义是：领导者和追随者互相影响过程的本质，因之产生的结果，以及领导者个性和行为、追随者认知和领导者信用及其环境等是如何决定这一过程的。

美国国务卿鲍威尔将军将领导力定义为："领导力是一门艺术，它会完成更多管理科学认为不可能的东西。"

国内许多研究者也从不同的角度定义领导力的概念，纷纷认为：

领导力是把握组织的使命及动员人们围绕这个使命奋斗的一种能力，其基本原则是：领导力是怎样做人的艺术，而不是怎样做事的艺术，最后决定领导者能力的是个人的品质和个性。

领导力是由领导素质、领导体制、领导环境和一定的物质基础等多种因素综合作用所产生出来的一种最高组织作用力。

领导力是领导者的个体素质、知识能力、思维方式、实践经验以及领导方法影响领导活动效果的个性心理特征和行为的总和。

领导力就是领导者影响被领导者的能力，是领导者利用自身资源与具体实际有机结合而形成的能督促、激发、引导被领导者一起去实现共同目标的能力。

如上所述，诸多研究者对领导力的定义众说纷纭，不一而足，这说明领导力已囊括了领导者与领导活动主客观两个方面及被领导者与组织团队和环境的全部，范围极为宽广，内容深邃而复杂。每个人都从不同角度去定义领导力，有的注重学术性，有的侧重务实性，有的在诠释历史，有的在论证现在，有的则着眼未来，以至于要整合归纳成如此千上万的专著成果成了一件十分困难的事。据美国学者估计，目前世界上关于"领导力"的定义，大约有350多种。每一种都涉及到领导力现象与其他现象的某种区别，但任何一种定义似乎都不能涵盖所有的领导力现象。这就像盲人摸象一样，摸到背部，就说是墙；摸到鼻子，就说是绳子；摸到腿部，就说是大树……于是得出了许许多多的结论，但这些结论都不是完整的"大象"。这就迫使我们不得不借助系统的原理，把领导力置于系统的科学方法之中，把领导力从孤立片面的研究中拉出来，还"大象"本来的真正面貌。

其实，领导力本来就是一套精密的能力系统，运用系统观点厘清其组合的来龙去脉，更有助于培养和提升领导力的有效性。世界上的各种事物原本就是林林总总、大大小小的系统，系统论把世界上任何事物都看作是一个系统来研究和处理，是符合事物客观规律的。辩证唯物主义认为，世界是由无数相互联系、相互依赖、相互制约、相互作用的事物和过程所形成的统一整体，这就是系统性的哲学基础。研究要素、系统、环境三者的相互关系和变动的规律性，分析系统的结构和功能，是系统论的精髓。掌握了这个精髓，错综纷纭的领导力现象就会通过抽丝剥茧，清晰透彻地展现世人面前。

2. 领导力的整体性

整体性、相关性、层次性、结构性、动态性是领导力系统的基本特征。

系统最显著的特征是整体性。系统是由相互作用和相互联系的若干要素按一定方式组成的统一整体，它不是若干要素的机械堆砌和简单相加，而是有机联系的具有新的性质和功能的整体。比如1加1大于2，就是新的性质和功能。淮海战役期间，中央军委决定第二野战军和第三野战军联合作战，毛泽东说："二野三野联合作战，不只是增加一倍两倍的力量，数量变，质量变，这是一个质的变化。"淮海战役和三大战役的胜利，乃至之前战略反攻的"三军配合，两翼牵制，中心突破"的战略格局设计，充分说明毛泽东是运用系统的方法来处理前所未有的复杂问题的，一系列战果表明了整体性大于部分相加的系统功能道理。在系统中各要素是具有相对独立性的，如二野和三野并没有合并，合并就成了一体，就不是组合关系了。

正确认识和处理整体和部分的相关性（相互关系），首先，二者相互依存.一方面，整体是由部分组成的，离开部分就不存在整体；另一方面，部分离不开整体，离开整体的部分也就失去其原来的意义。其次，整体不是各个部分的简单相加，优化的系统整体大于部分的总和。最后，二者相互作用：一方面，整体对部分起支配、决定作用，协调各部分向统一的方向发展；另一方面，各个部分也有其相对的独立性，反作用于整体，部分的变化也会影响整体的变化。

整体性就是全局性，任何事物都是整体与局部的统一，全局高于局部，局部隶属于全局。领导者要善于从全局考虑问题，毛泽东在总结五次反围剿的经验和教训时说："没有全局在胸，是投不下一着好棋子的。"领导力是引导下属、激励群众去实现组织目标的一系列综合能力，是诸多领导行为的组合，它具有整体性。如果仅仅具备其中单独的一项两项，就构不成领导力了，这是我们认知领导力必须持有的基本观点。

领导力是由领导者的若干素质组合而成的具有领导力性质与功能的要素。

从主体条件来说，领导力要素是由领导者的品德修养和知识才华、政治修养和专业能力、智商和情商、理想志向和勤奋作为等素质组合而成。从领导行为来说，领导力要素是由领导者表达能力与实践能力，运筹计划与指挥决策，奖赏激励与约束控制，规章建制与情感沟通等行为组合而成。

从领导风格来说，领导力要素是由领导者既依靠上级领导又相信群众；既依靠权力又依靠影响；既要求别人又以身作则；既普遍号召又个别指导等方式组合而成。

通常以"德才兼备"、"刚柔并济"、"软硬兼施"、"恩威并举"来形容领导力的特色，这些组合方式都说明了领导力是种种因素的整合，绝不是单独的因素在起作用。领导力的薄弱，就在于各个组合中有缺失现象，出现了短板，而短板恰恰是致整体功能丧失的重要原因。

有些领导者的领导力不强，往往就在于以偏概全单打一所致，要法制就不要人治，要金钱刺激就不要思想工作，要重奖重罚就不要精神激励，要队伍年轻化，老员工就一刀切全部回家。事实表明，一种倾向掩盖另一种倾向，形而上学简单化的现象，在相当一部分领导者中普遍存在。领导者要结合职业和工作需要必须补"短板"，否则，你就不称职，你就无法继续发展。

世界任何事物都是普遍联系、永恒发展的统一体，这种系统性就是事物的基本属性。为了正确的反映客观实际，人们的认识思维和相关行为也必须是系统的，这是事物原本面目决定我们系统思考的同一性。领导力是一种特殊的人际影响力，它是领导者在组织中和成员共同推动事业向既定的目标前进的有机系统。通盘考虑并谐调好各方面的关系，把握平衡、综合施策，统筹兼顾，就会大大提高领导效果。

3. 领导力的相关性

系统的相关性就是系统内各要素不是孤立存在的，而是存在这样那样的联系。它们之间发生的物质、能量、信息的传递和交流，结果是某一要素的变化导致另一要素的变化。相关性是系统的必要条件，因为没有相互关联，即使事物"放在一起"也不会出现新的性质。

（1）要把领导过程与领导结果结合起来

过程与结果是一个整体，不可偏废。但在现行的领导实践中，却存在着见物不见人，把人作为经济指标增长的工具，崇尚科技理性、淡化人文精神，重财政收入和招商引资，漠视就业、民生、社会保障和生态保护，导致人们物质生活提升，幸福指数低下的状态，背离了科学发展观的精神和价值目标。

毛泽东早在 1929 年古田会议时就提出反对单纯军事观点，因为革命的武装斗争只是中国革命的一种形式，其最终目标是实现社会主义国家制度，单纯军事观点是完不成这一伟大的历史使命的。建国以后，毛泽东又多次提出反对单纯经济观点，认为，只要忽略政治工作，经济工作就会滑到邪路上去。企业也是一样，单纯抓生产，眼睛盯在经济指标上，势必导致注重结果的短期行为。张瑞敏说过，"抓管理肯定要数，但如果就数抓数，最后连数也得不到，或者只抓到一个假数。抓好提高人的素质工作，数自然会产生；不抓人的工作，数就会越来越差，不能见数不见人"。

以结果为导向的领导模式特点是单刀直入，快出成果，集中资源，毕其功于一役。其后果是弊端多多，且后患无穷：一是作风不扎实，对领导水平要求较低，领导方法简单粗暴，不利于企业整体素质的提高。二是容易重视短期行为而忽视长期结果，津津乐道于眼前鼻下，就事论事不从长计议，"头痛医头，脚痛医脚"，导致管理系统失灵或低效。三是凡事不屑于长期筹备，不做前期铺垫，不做艰苦细致的工作，严重的命令主义。只希望一个冲锋就能凯旋高奏，当预想落空时便不得不寻找借口，编织谎言，透支业绩，成绩里带有很大的虚假成份。四是造成纯粹以成败论英雄的世俗文化，对长期从事基础工作和辅助工作的人带来严重冲击和伤害，造成内部推诿扯皮现象严重，谁也不愿默默无闻的工作和做协作性、补位性的工作。五是根本无暇提高员工素质，人力资源工作形同虚设，党务工作无所作为，有名无实。凡是周期长、见效慢的战略、文化、培训等工作提不上日程，导致安全、质量、团结问题层出不穷。当然，以结果为导向的领导方式也不是一无是处，问题是"差之毫厘，失之千里"，每每开始的成效总会被日后的误差弄得面目全非。

当下以结果论政绩，以政绩论英雄的领导理念十分盛行，这就助长了领导者追求政绩的短期行为，形成了注重结果，轻视过程的领导模式。因为只有凭结果才能考核你的作为，凭结果才能检验你的领导力，凭结果才能证明你的贡献。尽管理由十分充足，但无法掩饰种种负作用带来的巨大创伤。大量事实证明，注重结果的领导者，强调的是一时的效益，往往会做出"拔苗助长"的行为，追求的是一时的表面光鲜，而葬送的是长远的更大的利益。

以过程为导向的领导模式特点是：领导定位的目标、内容与要求，势必要落实在组织建设和员工职业能力的培养上，高度重视员工利益和服务对象的需求，重视人的因素和有效激励，重视精密的工作流程，能有效地组织生产出优质产品和达到好的服务效果。其负面作用是当领导专注于过程并成为习惯，会弱化对结果的关注，对过程严格的把握，可能导致技术上的僵化，成效较慢，业绩增长不快，但总的效应还是利大于弊。

事实证明，好的结果取决于好的过程。领导活动就是一个由浅入深的循环，员工和领导者不断提高自身素质和能力，这是事业成效的百年大计和根本渊源，也是与结果导向模式泾渭分明的本质所在。领导过程的核心要素包括：领导者，被领导者，领导情境，领导方法和领导成果。这些要素相互作用，最终完成预期的工作目标。

领导过程不仅包括显性的指导行为，还包括大量的隐性知识和努力，领导的学习钻研和调查研究，无私奉献和率先垂范，这些不像显性状态那样容易被模仿、复制和传递；所以这是最宝贵的，这不仅是个人在实践工作中取得成功的重要因素，也是现代企业具有核心竞争力的重要基础和源泉。

有些领导者并不知道或不懂得"过程"的重要，光想要结果，不想要"过程"，只为"结果"而处心积虑，最后不仅得不到想要的结果，反而"结果"更差。更可怕是把自己的整个领导过程都毁灭了，比如"揠苗助长"，"杀鸡取卵"，透支业绩。领导是一种态度，一种状态，一种过程，而非只是一种结果。领导力的系统论就是强调领导活动是整体的系统，不能顾此失彼，而是要统筹兼顾，协调发展的辩证统一。

(2) 要把常规与创新结合起来

常规与创新是一个整体，不可偏废。常规工作是基础性工作，创新工作是突破性工作。没有扎实、系统、稳健的基础工作，就不会有持续、坚实、稳步的发展；没有跨越、拔高、别开生面的创新，工作就会僵化、保守、沉重、停滞而难以发展。常规工作与创新工作是一组纵向系统，常规是创新的基础，创新铺设新的常规。领导者既要躬身实干，踏踏实实，不搞花架子；又要不拘条件，善于出巧，颠覆现存格局。实干苦干更要巧干，创新是开掘常规深度，突破常规瓶颈的引领性、开发性、革命性的工作，尤为格外重视。常规与创新的交融、互动，会推动工作的交替滚动发展，如果只抓其中的一面，就破坏了这个系统，事业必然要受损失。

总结分析国共战争历史使我们得知，国民党军队为什么老打败仗，一个很重要的原因是他们的战术没有创新，应付不了灵活多变的战场局势，即使在自己很强大的条件下，也掌握不住战场的主动权，每每跟在解放军行动的后面被动挨打。国民党军队不管是全面进攻还是重点进攻，打的总是防守战，总是有种种漏洞，给解放军以可乘之机。比如，国民党军队总想占领城市，既然占领城市，就势必减少机动兵力，等于给自己背上了包袱，攻势变成了守势，动态变成了静态，兵力多变成了兵力少，链式便成了孤立的若干个点，为解放军各个击破，分而歼之提供了有利的条件。解放军则以歼灭敌人有生力量为主要目标，因为人在城在，人亡城失，所以最大限度地消灭对方的有生力量才是最重要的。这里，目标与行动是一组系统，行动为目标服务，行动与目标不附，就破坏了系统的整体性，其结果势必失败。

有句成语叫做"草木皆兵"，是形容人在十分惊恐之时，把草和树木都当成了敌人。形容失败者在极度惊慌时疑神疑鬼的恐惧心理。还有句成语叫做"四面楚歌"，是楚汉相争时刘邦采用张良的建议，命汉军高唱楚地的歌曲，项羽夜里听见四面都唱起楚地的民歌，以为刘邦已经得到楚地，于是深感大势已去，心里丧失了斗志。

草木也好，楚歌也好，本不是军力，但在特定情境下却产生了军力的作用，这就是战术创新带来的夸张的、虚拟的军力。自古以来谁都清楚，单凭雄厚的军事实力而不讲究战略战术是不可能赢得胜利的。经营管理与军事作战一样，单凭实实在在的常规工作而不注重创新，是不可能取得优良业绩的。常规工作与创新工作的关系要以创新为主，创新是生命的源泉，没有创新就没有未来；如果没有未来，常规也就失去了存在的意义。严重恪守常规的思维与做法，就是抵制创新、束缚发展的桎梏。

领导者提升领导力，创造优良业绩的首要条件就是要解放思想，注重创新，强化创新。美国通用电气公司总裁杰克·韦尔奇上任的第一件事就是把厚厚的两本制度压缩成一张纸。因为大量的制度严重地束缚了创新，大量固化了的常规做法妨害了灵活性。有些单位一出问题就出台制度，似乎制度一出台就等于整改，就万事大吉，结果关键的、深层次的问题被忽略了，领导者成了事事被动，处处被动的爬行主义者。

4. 领导力的层次性

系统是由两个或两个以上的要素相互作用并以一定结构的形式联结成具有某种功能的有机整体。按照系统的层级原理，要素是系统的组成部分，但它又是低一级要素组成的子系统，而系统则是更高一级系统的要素，如此层层叠加，便构成了若干层级的大系统。这有利于部署工作层层分解，也便于出现问题层层剖析。

系统由要素与要素组成，但不是要素的简单相加，要素是整体中的要素，如果将要素从系统中割离出来，它将失去要素的作用。要素在系统中不是孤立地存在着，每个要素在系统中都起着特定的作用。要素是功能的基础，要想实现最佳功能就必须优化系统的要素。

系统不是孤立存在的，它要与周围事物发生各种联系，这些与系统发生联系的周围事物的全体，就是系统的环境。系统要受环境的影响和制约，系统与环境的相互作用使二者组成一个更大的、更高等级的系统。这是系统的开放性所致。

系统的开放性要求我们重视并善于利用外部条件，努力创造良好的外部环境。系统的各层级会互相影响和制约，但大趋势是宏观决定中观，中观决定微观。

系统领导力揭示了领导力是一个完整的系统，它有五个层次：

第一层次是领导力的整体系统状态，是领导者、组织文化、群众素质三位一体的完整形态。把组织文化和群众素质纳入到领导力，是系统领导力的鲜明特征。

"系统领导力"认为，任何事物都是由若干要素组成的整体，人就是由生理系统和心理系统，肉体和精神构成的统一体。领导者是主观力量，组织文化和群众素质是客观条件，主观能改变客观，客观又影响主观，你中有我，我中有你，两者始终是须臾不可分离的对立面统一。人的生理系统和心理系统不协调就会有病。同样，主客观不统一，内外不协调，上下不一致，构不成合力，就不可能有领导力。在以往的领导力概念中，组织文化和群众素质是领导力以外的事物，领导力只是领导者自己的事情，基于组织文化和群众素质的至关重要，但也只是强调注重而已。"系统领导力"则强调，组织文化和群众素质本身就是变相的领导力，重视也得重视，不重视也得重视。领导者有无领导力，上级通常难以辨别，其实领导者的领导力高低、强弱、优劣，就从组织文化建设和群众素质提升这一环节，便昭然若揭，一目了然。所以领导者要树立系统思维，在当下到处都是竞争的时代，必须凝组织之魂，聚群众之力，再铸系统领导力。

第二层次是领导力的子系统状态，即领导者威信影响力的组合系统。领导者是领导力系统的核心，组织和群众是领导力系统的两翼，系统是结构性的，是按主次排序的，领导者是领导力的主要方面，是一个中心两个基本点的中心。

领导力的本质是影响力，影响力的前提是威信，故而威信影响力是传统意义上的纯粹领导力，是领导者主体素质与之俱来的人格魅力。

领导力含有"职权领导力"（硬权力）和"非权力领导力"（软权力）两大要素。两者有机结合，刚柔并进，才是主体领导力的完整状态。由于职权是上级赋予的，是跟着岗位走的，是外来的；而非权力领导力是由领导者的人格魅力所产生的影响力，是来自下属发自内心的尊敬和信服产生的驱动力，所以领导力的重心是以软权力为特征的威信影响力。

领导者威信影响力不是孤立的技能，它是由若干能力构成的能力群，择其要分别是——学习力、思想力，教导力、沟通力、凝聚力、典范力、执行力、组织文化力等专项能力，威信影响力是这八项能力结合的综合效应。当然还不止这八项，也可以是5－7项的结合，也可以是3－5项的结合，总之结合的越多越好。结合的多与少，好与坏，恰是领导者领导力大与小，强与弱的分野。系统领导力强调能力资源的有机整合，整合就是1＋1大于2的效应。只有善于整合，才能构成积土成山，积水成渊，人心齐，泰山移的强大力量。

第三层次是构成领导威信影响力的八项成因要素，即成就领导者八项能力的品格特质。领导者的威信影响力不是凭空而来的，不是无缘无故就有的，而是由思想力等八项能力支撑起来的，那么这八项能力又是怎么形成的？它们是由许许多多知识、能力、智慧、情感等品格特质融汇凝结而成的，诸如充满激情，追求卓越，有理想信仰；秉德无私，克己奉公，有奉献精神；勇负重任，敢于担当，有使命责任；自信坚韧，意志顽强，有胆识气魄；心胸宽广，海纳百川，有恢弘气度；善于学习，通晓哲学，有理论修养；严谨自律，信守承诺，能坚毅自制；热忱谦逊，博爱亲和，有博大情怀。这八项品格特质虽然不是能力，但它们却是生成能力、巩固能力、升华能力的基本条件和转化成因，是领导者的精神动能，是领导力的驱动力和激发力。

第四层次是领导者品格特色的生成因素。为什么领导者的品格特质各不相同？品格特质是怎么生成的？不知道这些构成机理，就不能有针对性地培育领导力，就不可能有效地考察甄别领导者理想信仰、奉献精神、使命责任、胆识气魄、恢弘气度、理论修养、博大情怀的内在成分。通过追本朔源发现，铸就人格特质的内在成分是个性心理，品德修炼，政治观念，文化技能四个因素。每个因素都含有一系列成分因子，如个性心理因素的成分因子是认知能力、思维能力、情感因素、意志能力、性格气质、需求动机、应变能力和胆识魄力等心理成分构成。品德修炼因素的成分因子是正直正义、克己奉公、诚实守信、爱国敬业、恪尽职守、珍重荣誉、勤奋作为和遵纪守法等社会意识构成。政治观念因素的成分因子是世界观、人生观和价值观的思想倾向构成。文化技能因素的成分因子是文化学识、专业技能、演讲写作、文史哲理论、管理学知识、领导学知识、心理学知识，法律知识等知识才学构成。这四方面因素在很大程度上决定着一个领导者的人格品质、工作能力和工作绩效。

第五层次是领导力最基础的结构和功能单位，犹如在显微镜下才能观察到的细胞一样，我们姑且称之为细胞元素。这一层次解决的是进一步认知领导者个性心理、品德修炼、政治观念、文化技能这四大因素的成分因子的构成要因。一个人身体构造和性能的成因源于遗传因子，它储存着生命的种族、血型、孕育、生长、凋亡等过程的全部信息。环境和遗传的互相依赖，演绎着生命的繁衍、细胞分裂和蛋白质合成等重要生理过程。人的生、长、衰、病、老、死等一切生命现象都与遗传因子有关。那么领导力的基因是什么呢？就是系统分析第五层次所揭示的细胞元素，即一个领导者为什么会是这个样子的成因细节。

认知能力是个性心理的成分因子，而认知能力又由分析力、理解力、归纳力、综合力、比较力、概括力、判断力、推理力等理性认识能力所构成。这些力就是领导力在个性心理这个因素中的细胞元素。

正直正义是品德修炼的成分因子，而正直正义又由公正坦率、实事求是，言行一致、表里如一，坚持真理、修正错误。不畏强势、敢做敢为等一系列思想行为所构成。正直正义是道德之本，是领导者的基本品格，是一贯秉持正确做人和正确做事的基本原则。一个人尽管有这样那样的缺点，但只要拥有正直正义这两项品质，他就是一个在品德方面合格的人。要想正直正义，就要对社会中的是非、善恶作出鉴别判断，只有明确是非曲直，才能在日常工作中坚持真理，修正错误。这也正是下属群众用以判断领导者人格品质的基本标准。品德修炼就是学习感悟，反思践行，慎独自律，这里自始至终贯穿着道德教育。

世界观是政治观念的成分因子，而世界观又由人生观、价值观和自然观、社会观等人们系统丰富的认识所构成。世界观是人们对整个世界的根本看法、坚定的信念和积极的行动。它制约着人的整个心理面貌，直接影响人的政治观念和职业态度，对理想和信念起支配作用和导向作用，是人行为的最高调节器。

虽然说社会存在决定人们的意识，世界观是在社会实践的基础上逐渐形成的。但为什么在同一个社会存在条件下，同乡同学甚至亲兄弟的世界观会有巨大的差异呢？这个问题不解决，光说世界观重要是没有意义的。系统领导力认为，政治观念是领导力的党性体现，根源是世界观的问题，解决和转变世界观的重要途径，就是人生观和价值观的教育引导，教育引导也是社会实践活动，我们称之为"灵魂再造"。这方面我们有很多成功范例，未代皇帝溥仪就是其中典型。当共产党忽视了马克思主义哲学的学习，懈怠了共产主义信仰的教育，共产党人的人生观和价值观就出现了问题，就导致了一批批领导干部人生观、价值观的扭曲和反叛，导致了一批批领导干部迷恋权力，贪图金钱和腐败堕落。从这里我们得出一个结论，政治观念因素是成就共产党优秀领导者的根本因素和决定因素。系统领导力是讲政治、讲党性的。重不重视思想政治工作，善不善于做思想政治工作，是共产党各级领导者有无领导力的核心症结。

知识才华和专业技术是文化技能成分因子，知识才华和专业技术又是由文、史、哲、管理、经济、工程、电子等工、农、理、医、法学科专业系统知识才学构成。高学历，知识化，已经成为领导者任职的基本条件，但有两种情况不可忽视，一是领导者不再继续学习，做不到与时俱进，更新知识，在全民学习迅猛发展的当下，落后于下属的学习速度和质量。二是领导者不钻研领导学，不管领导者原来是什么专业出身，但自从当了领导者以后，领导学等管理理论就是专业知识了，满足实践经验和短期培训是远远不够的。由于这两点拖领导力后腿的十分普遍。

5. 领导力的结构性

（1）系统与结构的关系

系统的性质和功能是由结构实现的，结构变化了，系统的性质和功能也会随之变化。在一定要素的前提下，有什么样的结构，就有什么样的性质和功能，要想实现最佳功能就必须优化系统的结构。

认识系统就是要弄清系统内的结构和联系，优化系统就是调整系统的结构和联系使之合理、平衡、完整。为使整个系统发挥良好的作用或处于最佳状态，必须对各要素进行完善，使之发挥各要素的作用。就如同样的棋子和棋盘，由于棋子布局的方式不同，可以产生胜负两种截然不同的结果，要想化被动为主动，就需要高明的棋手变动棋子的布局。如何变动？棋手高明的标志是什么？一是全局在胸，二是思维超前。

系统的要素和结构对功能的作用都是非常重要的。结构是要素到功能的中间环节，系统要素在数量上不齐全和在质量上有缺陷，是结构功能不佳的根源，优化功能就必须优化结构，就必须补短板，调结构。通常的做法是全力找出对整个系统起控制作用的核心要素加以弥补，并以此作为结构的支撑点，再考察核心要素与其他要素的联系，形成一种适宜的最优组合，从而达到最优的效果。系统领导力认为，领导者的威信影响力是领导力的核心，思想力是威信影响力的核心，理想信仰是思想力的核心，政治观念是理想信仰的核心，世界观是政治观念的核心。通过抽丝剥茧地层层剖析，我们找到了对领导力起控制作用的各层核心要素，最终发现世界观问题是决定领导者优良中差的总根源，补短板，调结构，提升领导力的根本途径是千方百计使各级领导者树立以正义和奉献为核心的人生价值观。

（2）结构与功能的关系

系统原理认为，任何一个事物，不论其范围大小，在特定的条件下，都是以系统的方式存在的，这个系统就是诸要素相互结合、排列次序的结构。任何系统都有相对稳定的结构，系统的结构是系统功能的内部表征，系统的功能是各要素组合的结构在发挥作用，它是系统结构的外部表现，提高系统的价值和功能必须从优化结构着手。

如一个领导者的领导力（系统）是由若干领导能力（要素）组成的，这些能力大体有：1、创新发展的学习力；2、运筹决断的思想力；3、凝神铸魂的文化力；4、培育部属的教导力；5、知人善任的授权力；6、调度指挥的组织力；7、榜样作用的典范力；8、人际关系的凝聚力；9、沟通说服的协调力；10、调动促进的激励力等。这些能力在不同的领导者哪里会有不同的组合排序，由于排序不同，就会有不同性质和功能的领导力。学习力、思想力、文化力、教导力、授权力，往往是卓越领导者的鲜明特征，组织力、凝聚力、协调力、典范力，激励力，是一般领导者的强项。

学习力为什么要排在第一位，因为学习力是产生思想力的来源，领导者的最高境界是作领袖，领袖的别称是思想家、战略家，任何一位领袖都是学习力极强的人。如果领导者不爱学习，不善于学习，他的思想力必然匮乏，而思想力是万力之源，缺乏思想力就做不到深谋远虑，远见卓识；就不知道如何做一个卓越的领导者，也不可能成为一个思想深邃、业务精通的导师。缺乏思想力，就缺乏文化构建力，组织建设就不会好，甚至可以说思想力不强的人，不会是一个合格的领导者。依此类推，领导者各能力之间的比例构成是有功能区别的，排序不同，结果就不同。

能力是知识和实践两个要素构成的系统，知识的来源在于学习，其结果是理论水平的提高；实践也是一种学习，其结果是实际经验的丰富。作为中高层领导，均有丰富的工作经验，关键在于理论的升华，不热爱学习的最大弊病，就是理论水平难以提高。不善于学习是许多领导者能力薄弱的根本原因；不善于学习就会出现本领恐慌，就会出现能力危机。

识别、构建领导力系统的目的，就是方便识别领导力的整体面貌，逐层剖析领导力的要素，找出领导力强弱的原因，调整优化领导力的组合结构，发挥最佳的领导力功能。

领导力是一个复杂的系统，系统的性质和功能是领导力的有效性。领导力的有效性，是所有领导者共同追求的目标，为了使领导力效应的功能最大化，就要不断对各要素进行"补短板"，调结构，优化组合。

(3) 领导能力的要素与功能

每个领导者都有诸多能力，如思想力、教导力、协调力、凝聚力等。然而，各领导者相比而言，这些能力质量差别很大。这些能力就是构成领导力系统的要素。各要素自成体系又与其它要素相联系，形成网络交织状态。其中有一个核心要素，是网络的中心，主导控制着各要素的排序，形成不同状态的结构，呈现着不同类型的系统，体现着不同的功能，这个核心要素就是政治观念。

构成这些领导能力有四个要素，即领导者的个性心理要素，品德修炼要素，政治观念要素和文化潜能要素。这四个要素又内含若干元素。

●**个性心理要素**

① 认知能力：知人者智，自知者明。自信明智，睿智之基。

② 思维能力：思考思辨，分析判断，归纳推理，谋略之源。

③ 情感能力：宽容和谐，团结协作，友好互助，真诚合作。

④ 意志能力：勤奋自强：追求卓越，忍耐挫折，控制情绪。

⑤ 性格气质：主动热情，宽宏大度，谦虚含蓄，沉稳细致。

⑥ 需求动机：积极进取，崇尚精神，胸怀大志，节制欲望。

⑦ 应变能力：转换注意，调适心态，善于借势，识时达变。

⑧ 胆略魄力：果敢顽强，勇于担当，善于决断，开拓创新。

●**品德修炼要素**

① 正直正义：人间正道，伸张正义，公正无私，光明正大。

② 奉献精神：克己奉公，舍己利人，乐观豁达，自我牺牲。

③ 仁义善良：重义轻利，恭谦礼让，诚实守信，童叟无欺。

④ 敬业态度：认真执着、兢兢业业，提高标准，精益求精。

⑤ 责任意识：恪尽职守，严谨务实，积极作为，使命感强。

⑥ 荣誉意识：自尊自重，自勉自励，争强好胜，争先创优。

⑦ 勤奋作为：不辞劳苦，锐意进取，坚持不懈，拼搏向上。

⑧ 遵纪守法：服从命令，听从指挥，纪律严明，严谨自律。

●政治观念要素

① 主义信仰：坚信共产主义，追求客观真理，树立远大理想和壮阔愿景。

② 对党忠诚：对共产党信任，走社会主义道路，立场坚定，旗帜鲜明。

③ 爱国精神：热爱祖国，有强烈的报国情怀，忠于祖国，为祖国做贡献。

④ 为民意识：以人为本，热爱人民，相信群众，为人民服务。

⑤ 大局观念：高瞻远瞩，凡事有组织观念，团队意识，从整体利益出发。

⑥ 是非原则：是非分明，爱憎鲜明，为人民的利益坚持好的，改正错的。

⑦ 功绩意识：有强烈的事业心和建功立勋志向，坚持出业绩，出成果。

⑧ 榜样作用：以身作则，率先垂范，光明磊落，发挥旗帜作用。

●文化潜能要素

① 文化学识：领导者是高学历、知识化的群体，有雄厚的知识储备。

② 专业技能：专业学科为领导者奠定了坚实的专业技术基础与实力。

③ 文学知识：文学即是人学、社会应用之学、实用之学和社会常识。

④ 史学知识：学历史，鉴兴替。古代官员都以史实作为现实的指导。

⑤ 哲学知识：科学的世界观和方法论，拓展远见卓识的境界和视野。

⑥ 演讲写作：善于表达，增强沟通能力；善长书写，提高文案水平。

⑦ 管理学知识：汲取古今中外管理经验、管理思想和先进领导理论。

⑧ 心理学知识：人的行为是心理的表现，掌握心理能有效实施影响。

上述四个要素32种素质犹如象棋中的32个棋子，不同的摆放组合会构成千变万化的棋局。而这32种素质又始终是处在不同层级、不同程度的动态变化之中，每种素质又存在"优、中、差"的区别，这样，32种素质就变成了96种了，这就使得领导者的素质结构呈现无限丰富的状态。如果再加上领导者的人生经历，家庭境遇，父母影响，社会经验，身体状态；以及领导者所在单位的情境，组织状况，人员素质和人际关系等，那么信息量就更庞大、情景就更复杂了。

之所以列举32种素质，就是为了简便清晰地弄清领导者主体素质与领导力的关系。这32种素质是领导者的素质参数，不是领导者的独立能力，赤裸裸的领导力是看不见的。真正的领导力是蕴含在、隐藏在、潜伏在、溶解在这32个素质之中。按"冰山理论"形容，它们是处在海平面之下看不见的庞大系统。

　　事实上，一个人在他担任领导之前，就已经形成了他的综合素质结构，奠定了他的领导力特质系统。领导者的领导力不是在他当了领导以后才有的，而是在他成为领导者之前就基本定型了。这些基础元素不变，结构不变，再怎么培训，作用也是不大的。有些领导者领导力不强，不是他领导方法欠缺，关键是他的素质结构使然，存在素质短板。不提升素质，不补短板，领导力是很难提升起来的。

　　诸葛亮、毛泽东用过空城计，别人谁敢用？这叫胆略；诸葛亮对孟获七擒七纵，别人谁这么做？这叫睿智；毛泽东受过博古的打击排挤，当毛泽东出任党的最高领导后，并没有怨怨相报，而是团结任用，这一点别人很难做到，这是胸怀。有的素质在领导过程中会不时发挥关键作用，素质的质量和排列布局对领导力的风格、功能起着至关重要的作用。所以张瑞敏说："智力比知识重要，素质比智力重要，觉悟比素质更重要"。

　　全面提升 32 种素质是困难的，这就根据领导者的现实需要选择性地发展某几种素质，根据自身的特点和需要，优先设计一套系统模式，有计划、有步骤地进行培养提升。比如在四大要素中，要优先发展品德素质和政治素质，它们是领导力系统中的核心要素，而这两种要素恰是很多领导者的短板。

6. 领导力的品格性

　　人有人品，官有官品。做不好人，难做好事。领导者的品格，就是领导力的品格。领导者品格不佳，领导力就难有好效应。领导者的人品是在其心理品质、道德品质、政治品质、知识品质等诸多品质影响下形成的思想品质、人格品质，领导力就是领导者在思想品质、人格品质作用下形成的行为模式。领导者的品格怎么样，领导力的品格就怎么样，领导力是领导者品格的折射和展现。虽然在很多情况下，人的诸多品质差不多，但在关键的素质上，则有着显著差异，我们对这种产生显著差异的关键素质称为核心品质。人的正直正义之心和奉献精神，人的主义信仰和对党忠诚的态度，就是这样的核心品质。

　　以往的领导力著述没有区分领导力的品格，结果使领导力这样科学严谨的学说和方法论被形形色色的书刊文章弄得乱象丛生，不伦不类，如坠雾中，令人困惑。这是一个值得关注，不容忽视的重大现象。如果不作领导力品格的甄别，不仅领导力的真正标准无法界定，很容易把是非搞乱，把领导者引到邪路上去。比如，决策力，凝聚力，执行力等等能力的提升，可谓是人人皆知的老生常谈，可是怎么鉴别这些能力是否提高了？有什么标准？结果都成了因人而异很难说清的问题。

谈起能力，谁也不怀疑在监狱里的那些"精英领导"有能力，结果这些能力组合中没有正直正义之心和奉献精神，没有主义信仰和对党忠诚的态度，最后这些能力都起了反作用，能力成就了他们的罪恶。能力越大，罪恶越大，损害了国家利益，也葬送了自己。大量成功与失败的经验教训证明，能力只是个工具，而决定工具效用的是使用工具的人。人是生产力的核心力量，领导者是领导力的核心力量，领导者的思想品质，就是领导力的品格。让具有不同人格品质的领导者做同样一件工作，其效果是截然不同的。

领导力品格概念揭示了领导力存在下品、中品、上品三个层次。不同品格标志不同质量，不同效能，不同意义，不同结局。

（1）领导力的低级品格——它所追求的是让上司满意

1、业绩概念——苦干实干，不如摆宴；汇报再好，不如酒好。
　　　　　　任劳任怨，永难如愿；会捧会献，杰出贡献。

2、发展概念——做官清廉，不得升迁；不跑不送，原地不动。
　　　　　　德才兼备，不如站队；有什么才不如有后台。

3、能力概念——揣摩上司心思，洞察上司意图，迎合上司态度。
　　　　　　工于心计，处处算计，溜须拍马，送礼行贿。

4、工作概念——上级压下级，一级压一级；下层蒙上层，一层蒙一层。
　　　　　　按显规则说，按潜规则做。善于蒙混，一帆风顺。

5、工作艺术——领导看法，大于宪法。忍辱负重，做好奴才。
　　　　　　马屁要拍出艺术性，取悦上司胜于出色做事。

6、人际关系——得罪上级，官位难保；批评下级，选票减少。
　　　　　　察言观色，取悦于人，笼络关系，不得罪人。

7、办事原则——公事办不好挨批，私事做不好挨踢。不做无用功。
　　　　　　做好领导的面子工程，握住领导手，跟着权力走。

8、团队建设——结党营私，山头划圈；培养同盟军，做大利益网。
　　　　　　口蜜腹剑，排挤对手；玩弄权术，借刀杀人。

9、领导原则——只有利益，没有是非。唯利是图，唯上唯权。
　　　　　　权力高于法律，关系胜于能力。机敏乖巧，见机行事。

10、工作作风——密切联系领导，表扬与自我表扬，理论联系实惠。
　　　　　　在上级面前唯唯诺诺装孙子，歌功颂德编瞎话；
在群众面前装腔作势当大爷，弄虚作假不作为。

领导力的低级品格是中国腐朽腐败且根深蒂固的官场现象在领导者身上的必然反应，显而易见，这套腐朽没落的领导力体系，是中国现代化事业和社会主义事业前进发展道路上的最大障碍。古人说："变民风易，变士风难；变士风易，变仕风难；仕风变，天下治矣。"它揭示的道理是，治理国家，首先要治理官员。官风变，民风才能变，官风是民风的方向标。这种官风就是国家的政治生态，人民群众和党中央及广大优秀领导者对领导力的下品系统共有同仇敌忾之心，这就需要加快依法治国和政治体制改革步伐，尽早扫荡清除几千年流传下来的专制腐朽的唯上唯权文化遗风，为中国全面走向世界开拓道路。

（2）领导力的中级品格——他所展示的是称职和胜任

1. 规划设计能力，科学决策能力，
2. 开拓创新能力，随机应变能力
3. 认知判断能力，智慧洞察能力，
4. 运筹思考能力，知人善任能力
5. 表达交流能力，沟通协调能力，
6. 人际关系能力，情感凝聚能力
7. 鼓舞激励能力，控制约束能力，
8. 专业技术能力，工作执行能力
9. 团队建设能力，培养部属能力
10. 组织管理能力，调节情绪能力

中级品格系统是目前比较流行的领导力标准，主要特征源自西方领导理论的研究成果。为什么说他是中级的，一方面是他具有科学的人性原理和先进的事业机制，能充分发挥人的主观能动作用，有利于个人的自我实现，这是他富有魅力的方面；另方面是他受西方私有化社会制度的圈囿，使得领导者的最高使命受到限制，领导者的最大追求和愿景是高薪致富，上司欣赏，自身价值最大化，很少有更高的价值标准，这是他先天不足的地方。按照西方领导力的标准，创造不出共产主义世界，个别捐赠和社会慈善改变不了人类命运，不能推动社会持续快速地前进。

（3）领导力的高级品格——他体现的是高度社会责任感

1、坚持真理，公正公平——自古成大事者皆以大仁大义为基本原则，伸张正义方能荟萃天下英才，替天行道才能大得人心，不做无义之人，不行无义之举。

2、无私奉献，为民服务——古讲苍生社稷，今讲信仰主义，为的都是天下百姓。危难时解救民众于水火，太平时为群众谋福祉，真心实意为人民服务，焉有不为群众拥戴、得不到部属倾力支持之理。

3、爱党爱国，事业至上——领导的本质就是政治，政治是最大的品德，领导者的业绩就是立功立德，歌功颂德就是表彰领导者的政治作为。虽然秦政猛于虎，但秦始皇统一六国的业绩仍彪炳史册。李世民发动玄武门之变，杀了亲兄弟，逼父退位，不仅没受历史谴责，还因为贞观之治有功，被世人推崇为英明的政治家。政治是一切事业的核心，政治就是治党治国，发展经济是强党强国的手段，党和国家稳定，经济差会变好；党和国家动荡，经济必然崩溃。所以维护党和国家的利益，执政利民是领导者天经地义的首要品德，是做好一切事业的基本点。

4、尽职尽责，诚实守信——领导就是使命，就是责任，就是诚实守信地践行自己当领导的义务，忠心耿耿地为党的事业效命，为人民服务。领导者尽职尽责会体现在日常工作的细节中，不负责任和不诚实守信的人，是不配当领导的。

5、以身作则，为人表率——榜样是弘扬正气，雕塑领导形象，取信于民的典范感召力。领导力的关键在于下属信任热爱和拥戴追随。领导者当表率具有树党风、促政风、带民风的示范导向效应，有助于增强凝聚力、亲和力、感召力。有助于提高领导效果和工作效率，形成齐心协力干事业的良好氛围。

6、勤政善政，务实肯干——积极作为想干事，勤奋务实能干事，奋发图强干成事，不推诿、不拖拉、不等待，这是群众最欢迎、最喜欢的领导者行为。

7、坚持原则，敢于担当——"善政者，恤民之患，除民之害也。"别善恶，咨劝勉，抑恶扬善，是领导者的执政之要。当领导要明辨孰是孰非，清楚谁对谁错，谁好谁坏，否则就丧失了坚持好的，改正错的能力。即使在罪恶势力强大的时候，也要敢于大义凛然，承担责任，扶善除恶，否则就会丧失坚持真理，伸张正义的气节，沦落道义上的逃兵，成为罪恶势力的帮凶。

8、克己奉公，顾全大局——牺牲自我利益，换取大局的更大利益；弃小家，为大家，是领导者令人钦佩、值得赞颂的高风亮节。这是一种极为可贵的奉献精神，这是解放军团结协作，互相支援，克敌制胜的法宝，是极其珍贵，赢得信赖的品质和能力。

9、学习修养，不断进取——学习永远是自我提升、自我发展、自我超越的有效途径。学习力不是显像领导力，却是领导力的源泉，是领导力的潜力，是领导力的再生能力。

10、奉公守法，严谨自律——领导者在工作中难免不犯错误，这是人们可以理解和原谅的，可一旦触犯法律，个人形象就顿时百孔千疮，将蒙受人生的最大失败。廉洁自律就是保护自己，是领导者自我完善，无懈可击的全线防御能力。

高级品格的领导力系统是中国共产党的领导力系统。中国共产党由一个几十人的团体，发展到建国时已有近300万党员的大党，还不包括已牺牲的340多万党员。这由少到多，由弱到强的650多万党员队伍是怎样领导的？显然上帝、佛祖是无能为力的。这其中的奥秘，就是因为共产党领导者拥有正直正义之心和奉献精神，有主义信仰和对党忠诚的态度。"毫不利己专门利人"，"全心全意为人民服务"是共产党最强大的力量。相反，苏联共产党在建国时有20万党员，在卫国战争时发展到200万，结果到拥有2000万党员时却亡国了。其中的原因是党的各级领导者们信仰变了，对党的态度变了，他们的领导力系统随着核心要素的变化而面目全非了。由此可见，不能一味片面地单纯强调提升领导力，而是要补短板，调结构，提升领导力的政治品质才是重中之重。

领导力的对象是人，是影响人、引导人、调动人、激励人们去做领导所期望要做的事。人是受思想支配的，所以领导力实质是透过人去领导人的思想。人的思想是价值观、人生观、世界观等一系列认知观念和相关情感凝结而成的人生态度。职业精神，工作作风，是人生态度的一部分。要转变人们日久年深的态度十分艰难，而领导力的伟大之处，就在于它能转变人们的顽固态度并统摄人们的思想和领导一道，去从事一项平凡而伟大，枯燥艰辛而意义深远的事业。这就要求领导力的主体——领导者必须是一个境界高尚，能力卓越，深谙人的心灵，驾驭精神世界的人，是一个有崇高理想、有伟大使命感、有顽强奋斗意志的人。

领导者必须深刻理解领导的真谛不仅是让人们如何做事，更主要的是如何做人，他是教导人们以什么心态做事，以什么样的精神去生活的导师。领导者要指导人们如何创造自己，进而如何创造社会；引导人们如何为自己谋利益，也为他人谋利益；启导人们既要创造物质财富，更要创造精神财富。物质财富是有限的，而精神财富是无限的。一个普通劳动者的物质生活虽然是简朴的，但他的精神世界可能是高远博大，丰满瑰丽的，他会因精神生活的富足而幸福快乐。

领导者应该深刻理解，拥有领导职务不是指它谋生赚钱，而是经营人生，创造未来。因有未来而有新天地，因有未来而有别样的人生。伟大的人生源自伟大的使命，使命的真谛就是创造，首先是创造人，通过创造人来创造业绩，创造的条件是奉献，有奉献才有奇迹；奉献和奇迹镌铸永恒的人生。稻盛和夫认为：经营是一门技巧，是一项艺术，其实经营与经营者的人格、意志、精神力之间的关系更大。纵观稻盛和夫的成功之道，很少有什么方法技巧，基本都是精神的力量、信念的力量、道德的力量。他的人生成就模式是：思维方式×热情×能力。他说"能力"和"努力"的重要性众所周知，但人生道路上最重要的是"人格、理念"，即正确的思维方式。

现在有些领导者的领导力不强，不是他的管理能力、专业技术不行，主要体现在思想境界不高，思想作风不正，工作作风不实，群众关系不睦，事业心和责任感不强等这些政治品质方面出了问题。所以提升领导力，必须从根源入手，着重从基础素质上，尤其在品德素养和政治素养方面加强修炼，提升正确而先进的领导力理念，致力形成一套适宜中国国情的、有利共产党执政的、中西合璧的、先进科学的领导力系统来。

7. 领导力的动态性

领导力是一个多因素、多层次、多功能的复杂的开放式动态系统，系统的结构与功能将随时间和外部环境的变化而变化。所以领导力系统是一个联动的均衡系统，它就像一个"三角形"，其中哪一个角出现变化，都会造成另两个角出现变化。

组织是领导者的客观条件，领导者始终处在特定的组织环境中，有什么样的组织，则产生什么样的领导者。组织环境、组织文化、组织制度对领导力有促进或抑制的作用。如果组织功能软弱，领导者再有才能优势，也会把领导者的优势瓦解掉。

被领导者的素质和技能与领导者的领导力是一个事物的两个方面。群众的工作意愿和工作技能直接关系组织绩效，亦毫无疑义的成为制约领导力功能的瓶颈。如果员工没有好的素质和技能，那么再好的企业战略，再好的市场环境，再好的发展机遇，再好的产品结构都无济于事。效率低、质量差、进度慢、成本高，四座大山将把领导者的所有优势都抵消没了。

通过系统相关性分析，要素与要素之间、要素与系统之间、系统与外部环境之间的关系是否正常、比例是否合理？各要素排列组合的方式、关联的强度、联系的密度等有无改进的情况？掌握了这些情况，也就基本掌握了一个领导者的领导力状态。另外，由于竞争激烈带来了社会变化太快，导致对领导者预见能力的要求更高，需要企业领导者对技术的发展方向、社会需求的变化以及产品销售的动向及时做出洞察和判断。与此相关就迫切要求领导者增强遇事果断的力度，善于及时做出决策，否则就会因为反应迟钝而贻误最佳时机。这就需要领导者迅速调整智力结构，将预见力—洞察力—判断力—决断力提到其它能力的前面加以修炼提升，形成新的组合，这套能力组合就是创新力分支系统。

从系统的观点看问题，领导者自己卓越还不够，还需要有良好的外部条件来辅助。注重组织文化建设和下属员工素质技能的培养提升，否则就等于将领导力系统各要素割裂开来，破坏了系统内部的衔接与均衡，出现了短板，削减了"整体大于部分相加之和"的效果。不注重培育下属，使下属失去了成长性，导致自己也失去发展的上升空间，结果是与下属共同趋向平庸。还有一些领导者经常抱怨上级领导不支持工作，而没有注意到职权功能也有上级的因素，如何做好与上级领导的沟通，赢得上级的支持，也同样是领导力的一部分。领导者要把对上、对下、对外的关系，看作是领导力的政治生态环境，予以充分的重视。如何有效利用人力资源，以最小的成本办成大事，提高整体办事效率，是领导者自始至终要考虑的重要问题。

第二章　领导者的威信影响力

第一节　领导力——威信影响力

1. 从领导者的形象说起

领导者的领导力始于形象。"官人有官相"这种观点曾流行久远，人们不乏通过身材相貌，气质做派等来评估一个人的学识才气，资质能力；判断一个人的职业职务，官大官小。常常把相貌炯然者、身材魁伟者、体态丰腴者、慈眉善目者等视为领导者；往往从那些红光满面，儒雅斯文，稳重高傲，威严冷峻者中判断谁是高官，谁是权贵。这在小说、影视、戏剧等艺术作品中表现尤为突出，进而形成社会定势。

秦始皇长的什么样？当时没有人给他画像，后人不知道。《史记·秦始皇本纪》中有一个魏国大梁人曾在接触秦始皇的过程中，给这位千古独一无二的帝王相了面。这个懂得面相占卜的术士名字叫尉缭，他简洁的勾画出秦始皇的长相特征："蜂准，长目，挚鸟膺，豺声"。也就是高鼻子，长眼睛，胸脯突出，声音像豺狼。尉缭起初和李斯一样，是投奔秦国希望获得重用的，结果目睹了秦始皇奇特凶险的面相，他害怕了，居然逃走了。但秦王嬴政很赏识他，每次都派人把他追回来，从不因此而责备尉缭，甚至替尉缭准备与自己相同规格的衣服和膳食，最后终于得到尉缭的肯首，愿意扶助秦国，入朝为臣，为秦王嬴政统一六国立下了汗马功劳。

1945 年 8 月 28 日毛泽东去重庆谈判时，重庆社会各界曾对这个东打西杀，善于武装暴动的"共党匪首"的形象做了种种猜测……当毛泽东从飞机一下来，在场很多人竟想不到毛泽东是一幅慈眉善目，风度翩翩的学者风范。毛泽东天庭饱满，地阁方圆，五岳朝拱，神态安祥，身材高大，魁梧健壮，气色红润，容光焕发，一副大富大贵，真龙天子之相的描绘，顿时在重庆各界广泛流传开来。朝野上下纷纷将毛泽东与蒋介石进行对比，一个谈笑风生，一个拘谨刻板；一个文质彬彬，一个满身戎装；两个首领谁能夺取天下，一时成了时尚热谈。

中国是富有封建迷信意识的国度，相面算命看风水，在人们的潜意识里嵌印很深。传说黄帝是一副龙颜，颛顼载牛而出，帝喾重列长齿，尧身高十尺，夏禹、项羽和南唐后主李煜都是目为双瞳，汤手臂有二肘，周文王有四个乳头，这些奇异的相貌都寓示命运不凡。三国时期的刘备、孙权、庞统、张松等，也都以相貌迥异给人生带来不同的境遇。

对领导者形象的高度关注，是不以人的主观意志为转移的社会心理现象，尽管存在社会心理刻板印象的牵强附会，尽管明知外在形象与实际才华并不是一回事，但在社会各界具体管理事务中，却起着莫名奇妙的作用。

在一个组织里，大家都会对未曾见面的新领导产生预期揣度，尤其对领导形象产生隐约朦胧的下意识感觉，存在喜欢、舒服、信任、希冀和失望、厌烦、不祥、怀疑等心理感知。这些感知是领导者开辟工作的情感条件和无形因素。年纪大小、健壮与否、是否英俊，这些既不重要，又很重要。第一印象的首因效应，无论何时都如影相随，起着支持或否定的作用。

在《赢家形象》一书中，罗伯特·舒克认为，"赢家形象开始于良好的自我形象，没有自我形象或自我形象不佳，领导者的其他优点就会被削弱。"这也正是美国总统竞选时，民众都对候选人的身高情有独钟的公开秘密。

实事求是地说，领导者形象高大俊美，确实能增添领导者的魅力，能容易吸引下属的喜爱拥戴，使群众愿意接近他，投奔他，愿意接受他的指挥驱使，具备优越的向心力和感召力。但真正的魅力不在外表，外表只是暂时的印象，真正的魅力是以品德才能为核心的优秀人格。领导者的形象是其内在品质的外部反映，它是反映领导者内在修养的窗口。随着时间的推移和工作实践的深入，人们通过观察、聆听和接触，从对领导者的风貌、风采、风度、气质、气场、气魄等外在感知，进而延伸其品德、性格、才学、能力、素养等特质，最后将形成新的整体形象。

由于人们所处的位置角度不同，感知理解的程度不同，衡量评价的标准不同，亲疏远近的关系不同，群众会分别将领导的形象定位在一个相对稳定的尺度上。如品德高尚是好人形象，才能卓越是能人形象，不思作为是庸人形象，贪得无厌是坏人形象等等。领导者从此凭借这个形象平台，施展调度自己的种种本事，展示发挥独家特色的领导力作用。

品德优秀、才华优异、能力优良的领导者，都能获得群众高度的审美赞誉，都能为领导者的"形象"增辉。这样的领导者人们看着顺眼顺心，愿意跟随左右，甘心接受驱使，愿效犬马之劳。这样的领导者能赢得人心，赢得下属的佩服和遵从，很容易带领群众创造业绩。而人格低劣、才学浮浅、能力平庸、私心太重的领导者，必然会遭到群众的漠视斜视，"形象"变得丑陋扭曲。这样的领导者群众就不喜欢看，看着心就烦，瞅着心来气，他说什么群众都听不进去。这样的领导者就很难带领大家完成任务，践行使命。可见，领导者的"形象危机"，逐步将演化成领导者的"信任危机"，进而导致领导者与群众的"关系危机"。人们不喜欢、不欢迎、不信服、不支持的领导者，群众反感、厌恶、嫌弃、敌视的领导者，怎么能有领导力呢！

领导者要充分认识"形象"的意义，注重自己的形象，提升自己的形象，增添自己的形象魅力，不断构筑形象工程，其目的就是要让群众喜欢我们、相信我们、热爱我们，听我们的话，跟我们走。尤其是当组织面临危难，身处困境，不断遭受挫折的时候，能使群众环绕在我们周围，不离不弃，和我们同心同德，苦渡难关，精诚团结，争取胜利。

2. 从领导形象延伸到领导特质

毋庸置疑，领导者的外观形象是重要的，但是，随着日久年深，领导者的外观形象就慢慢转化为内在形象——品质形象。品质形象就是以人的内在品格素养为主，才学能力为辅，兼有其它优良个性素质的人格特质。

人格特质是在人的先天生理基础上，经过后天教育和社会环境的影响，由知识内化而形成的相对稳定的个性心理品质。它是通过教化使知识内化、性格升华的结果，它是动态的，是可以培养、提升和塑造的。

人格特质涵盖思想道德水平、知识才学、综合能力和个性心理素质，其中思想道德水平是根本，是灵魂，是其它诸要素全面发展的基础和前提条件。做人是现实中最直接反映一个人整体素质的一般行为，而做人做得好坏，关键取决于人在道德方面的整体水平。

儒家注重进取出仕，在"修齐治平"总方针的指导下，孔子倡导的领导者特质是"仁"和"礼"。孔子曰：为仁："恭、宽、信、敏、惠。"即"尊重、宽厚、诚信、勤敏、恩惠"等品质。

恭则不侮。神情庄重者就不致遭受侮辱，你尊重他人，别人也会恭敬你，尊重别人就等于尊重自己。

宽则得众。宽厚行事，海纳百川，心胸开阔，就会得到别人的拥戴，获得别人的追随。一个不懂得容忍和谦让的人是个性极强的人，个性太强就不能理解他人、宽容他人，不能与他人和睦相处、和谐共存。

信则任焉。诚实守信，就会得到别人的信赖，得到别人的任用。

敏则有功。做事勤奋敏捷，就会提高工作效率，就容易成功。"欲敏于行而讷于言"，少说多做才能建功立业，有所成就。

惠则足以使人。恩惠于人，就会得到别人的效力，就能使唤、指挥别人。舍己为人是人间美德，只顾一己之私，就会成为孤家寡人。在利益面前，先人后己才能获得民众拥戴。一个人无私的话，可以达到宠辱不惊、无欲则刚的境界，可以拥有"闲看庭前花开花落，漫随天外云卷云舒"的超然心境。人最大的祸患就是永不知足的私心贪欲。"无我"是人生的最高境界，领导者需要无私精神，这样就会有凛然正气和浩然之气。

自隋唐实行科举以来，"学而优则仕"大行其道，当官以求荣华富贵，成为天下读书人的毕生追求。如何谋官，如何当官，如何做个好官，是千百年来知识分子和官员们的大课题。

近代中国政治家、战略家、理学家和文学家的曾国藩对清王朝的政治、军事、文化、经济等方面都产生了深远的影响。在他的倡议下，建造了中国第一艘轮船，建立了第一所兵工学堂，印刷翻译了第一批西方书籍，安排了第一批赴美留学生。可以说曾国藩是中国近代化建设的开拓者。曾国藩一生修身律己，以德求官，礼治为先，以忠谋政，在官场上获得了巨大的成功，因而成为中国官员、社会精英贤达们敬仰的楷模。

由于中国封建专制积弊甚深，经济发展落后，自然使得现代治国与治理理念落后于时世，所以对领导这门学问的研究远不如西方人文管理科学先进完备而系统。

从上世纪 40 年代起，美国心理学家们首先对领导者的个性、生理或智力等方面进行了大量的研究，试图从领导者的特质差异方面寻求答案。随着行为科学的崛起，对领导特质理论的研究进入了科学化的实验阶段，形成了众多的理论观点，这些理论分别被称为领导素质理论、领导性格理论、领导品质理论，最后趋于一致统称为领导特质理论。

领导特质理论的出发点是：领导效率的高低主要取决于领导者的特质，这是诸多成功领导者的共同特点。根据大量领导效果案例的研究，找出好的领导者与差的领导者在个人特性方面的差异，由此确定优秀的领导者应具备哪些品格。特质理论的研究结果证实，具备某些领导特质确实能提高领导者成功的几率。

1949 年行为科学家亨利在调查研究的基础上，归纳了成功领导者应具备的 12 种品质：

① 成就需要强烈，把工作成就看成是最大的乐趣；② 干劲大，工作积极努力，希望承担富有挑战性的工作；③ 用积极的态度对待上级，尊重上级，与上级搞好关系；④ 组织能力强，有较强的预测能力；⑤ 决断力强；⑥ 自信心强；⑦ 思想敏捷，富于进取心；⑧ 竭力避免失败，不断地接受新的任务，树立新的奋斗目标，驱使自己前进；⑨ 讲求实际，重视现在；⑩ 眼睛向上，对上级亲近而对下级较疏远；⑪ 对父母没有情感上的牵扯；⑫ 效力于组织，忠于职守。

1954 年，吉伯指出天才的领导者具有七项特性：① 智力过人；② 英俊潇洒；③ 能言善辩；④ 心理健康；⑤ 外向而敏感；⑥ 有较强的自信心；⑦ 有支配他人的倾向。

到了 60 年代，美国学者吉塞利研究了领导者的个性因素与领导效率的关系，他认为，凡是自信心强而魄力大的领导者，成功的几率较大。70 年代吉塞利又进一步指出影响领导效率的五种激励特征和八种品质特征。五种激励特征是：对工作稳定性的需要；对金钱奖励的需要；对指挥权利的需要；对自我实现的需要；对职业成就的需要。八种品质特征是：创造与开拓；指挥能力的大小；自信心强弱；是否受下级爱戴和亲近；判断能力强弱；成熟程度高低；才能大小；男性或女性。吉塞利认为，影响领导效率最重要的因素是指挥能力、职业成就、自我实现的需要、才能、自信心、判断能力等。

美国俄亥俄州立大学工商研究所的斯托格蒂尔认为，个性特质与领导知觉确有联系。优秀领导者总是能够发现别人不能发现的问题，能够洞察别人无法感知的现象。他们经常主动采取行动而不是空谈，能够承担责任而不是逃避；能够承受巨大压力和挫折而不怯懦，能够洞察别人看不到的商机和危机而不迟缓和麻木。领导者诸多方面的与众不同，就是成功领导者应具备的特质。

现代特质理论认为：领导者的特质并非全是与生俱来的，可以在领导实践中形成，也可以通过训练和培养的方式予以造就。美国普林斯顿大学教授威廉·杰克·鲍莫尔针对美国企业界的实况，提出了企业领导者应具备的十项条件：① 合作精神；② 决策能力；③ 组织能力；④ 精于授权；⑤ 善于应变；⑥ 敢于负责；⑦ 勇于求新；⑧ 敢担风险；⑨ 尊重他人；⑩ 品德高尚。

美国通用电气公司前 CEO 杰克·韦尔奇在谈到领导者的特质时说：生活中有各种各样类型的优秀领导者，"有默默无闻式的，有爱唱高调的；有充满理性的，有容易冲动的；有的人对自己的团队非常苛刻，有的人则喜欢细心照料。从表面上，我们很难看出这些领导者有些什么共同的品质。然而在更深的层次上面，你会看到，卓越的领导者总是满怀热情地关注自己的员工——关注他们的成长和成功，他们自己总是表现得充满信心。作为领导者，他们要展示真实的自己，满怀坦诚、正直、乐观和仁慈的心态"。

美国管理协会曾对在事业上取得成功的 1800 名领导者进行了调查，发现成功的领导者一般具有下列二十种品质和能力：① 工作效率高；② 有主动进取精神；③ 善于分析问题；④ 有概括能力；⑤ 有很强的判断能力；⑥ 有自信心；⑦ 能帮助别人提高工作的能力；⑧ 能以自己的行为影响别人；⑨ 善于用权；⑩ 善于调动他人的积极性；⑪ 善于利用谈心做工作；⑫ 热情关心别人；⑬ 能使别人积极而乐观地工作；⑭ 能实行集体领导；⑮ 能自我克制；⑯ 能自主做出决策；⑰ 能客观地听取各方面的意见；⑱ 对自己有正确估价，能以他人之长补自己之短；⑲ 勤俭；⑳ 具有管理领域的专业技能和管理知识。

德国国际综合经营管理学院的汉斯·W·戈延格教授曾指出：21 世纪的企业兴衰取决于企业家的领导力量，他们面临的任务是非常艰巨的。他们应具备 10 个方面的素质：① 开阔视野，具有全球性眼光；② 要向前看，改进战略性思想；③ 将远见卓识和具体目标结合起来；④ 有适应新形势、不断变革的能力；⑤ 具有较强的协调、沟通能力和知识；⑥ 具有管理各种不同人物和各种不同资源的能力；⑦ 能不断改进质量、成本、生产程序和新品种；⑧ 具有创造性管理的才能；⑨ 善于掌握各种信息并通晓决策过程；⑩ 具有准确的判断力，富有创新精神，并能造就社会新的变革。

20 世纪 70 年代以后，伴随知识经济时代的来临，特质理论的研究取得了新的成果。现代领导理论中的魅力理论就是领导特质理论研究的延续和拓展。

从大量研究成果中发现，在领导者自身具备的众多特质中，可以概括出五个方面内容：

（1）形象特征：年龄、体质、身高、容貌、风度等；

（2）社会特征：教育、经历、社会地位、声誉、人际关系等；

（3）智能特征：知识、经验、反应、口才、分析、判断、预见等思维能力；

（4）个性特征：主动、热情、自信、坚毅、稳健、谦和、机警、果断等；

（5）品格特征：责任心、荣誉感、事业心、首创性、敬业态度、奉献精神等等。

通过归纳总结发现，领导特质理论几乎把成人的所有优点都收集来用在领导者身上，使领导者成为至善至美的人物，体现了社会各界民众对领导者的高度重视和心理期待，特质优异成为广大下属评价领导者的主观标准。

到 20 世纪 80 年代后期，西方领导理论历经特质理论、行为理论、权变理论，转了一圈，又回到特质理论上来——领导魅力理论，这是事物发展螺旋式上升的结果。领导特质理论是对领导人格的研究，领导行为理论是对领导行为的研究，领导权变理论是对领导方式的研究。虽然现在的研究目标又锁定在领导者自身品格上，但与前期局限天生丽质不同，他提出了现代乃至未来的领导力永恒焦点——领导魅力。

3. 从领导特质提升为领导魅力

"魅力"一词源于希腊语"神灵的礼物"，被用于描述少数人所拥有的，能使他人着迷的一种成熟而稳定的特质和富有感召力的天赋。在社会和政治领域，魅力用来描述领导者的人格力量，这种力量能够对其追随者产生一种深远而非同一般的影响。这些影响包括追随者对领导者的忠诚、献身以及毫不犹豫地接受领导者的意志。

20 世纪初，德国管理学家马克斯·韦伯第一个提出魅力型领导这一概念，他把魅力定义为：个体的一种特定的人格品质，依靠它，个体就可以不同于普通人，超出了普通人的品质标准，被看作是神奇的人或超人。同时他还将魅力描述为："那些领导者展示了一项卓越的使命或行为过程。""这些品质普通人难以企及，往往被视为超凡神圣和具有模范性质，或者至少人们会将具有这种魅力品质的人视为领袖。"

魅力型领导者能够激发下属的信心、信任和信仰，他无畏风险，是一个天生的乐观主义者，他具有强烈的反理性、反传统色彩，往往被视作异端。基于群众对领导者的超凡神圣、英雄主义或者模范品质的热爱以及由他颁布命令的权威，使得魅力型领导者对下属有一种天然的吸引力、感染力、凝聚力、影响力和号召力。

韦伯虽然很早就提出了魅力型领导的概念，但因时代的局限，没有得到足够的重视而沉寂下来。到 20 世纪 80 年代后，魅力型领导理论开始受到研究者的重视，这是因为随着经济全球化的发展，市场竞争日趋激烈，各类组织此消彼长，尤其是企业竞争硝烟四起，迫切需要魅力型的领导者来改革创新，以应对环境的挑战。

（1）魅力型领导者的基本特征

领导魅力是领导者的品德、才学、能力、性格、气质及社会因素等方面显现出来的特有品质，是领导者自我修炼及与被领导者互动关系的升华结果。如果组织能准确地识别人格特质，将具有魅力人格特质的人提拔到领导岗位上去，就能使组织的成功概率大大提高。

魅力型领导者常常不满现状并努力改变现状，他们拥有理想化的愿景，善于设置与现实距离很远的目标前景，坚信自己勾勒出来的未来比现状更美好，愿意为了实现新局面而进行不惜成本的奋斗。

魅力型领导者善于深入浅出，绘声绘色地向下级说明自己的宏伟理想和远大目标，清晰地阐述未来愿景的重要性，并能使之认同。他们重视思想政治工作和组织文化，善于转变下属态度，激励他人士气，鼓舞群体斗志。

魅力型领导者对自己的能力充满自信，故而惯常采取一些新奇，违背常规的反传统行为，突破现有秩序的框架，运用异乎寻常的手段达到远大的目标。他们是改革创新的代表人物，当他们成功时，会引起下级的惊讶和赞叹。

魅力型领导者对环境的变化和下属的需要十分敏感，对他人能力有深刻的了解并作出现实的评估。他们经常依靠专长权力和参照权力，而很少用职权对他人的需要和情感作出回应，他们会为了实现愿景目标作出自我牺牲。

（2）为什么要做魅力型领导者

群众喜欢和尊敬魅力型的领导者，越来越多的研究表明，魅力型领导者与下属的高绩效和满意度高度相关。下属愿意接受魅力型领导者的影响和激励，从而能竭尽全力积极工作。特别当人们感受到危机、处于压力之下或对自己的现状感到恐惧时，他们尤其渴望魅力型领导者，对魅力型领导者的能力坚信不疑，对魅力型领导者的指示坚定执行，执行的质量效果也最好。

毛泽东去重庆谈判时，重庆社会各界知名人士就从国共两党的领袖特质判断出两党的前途，事后证明这些判断是完全正确的。毛泽东是魅力型领导者的典型，蒋介石是权威型领导者的典型，结果反映在下属那里就是差之毫厘，失之千里。解放区这边全党全军上下对毛泽东的指示是洗耳恭听，深刻理解，坚决执行。积极认真创造性地执行毛主席的指示，成为每个领导干部自觉的神圣使命，宁可自己千辛万苦，流血牺牲，也要完成上级交给的任务。各级领导在布置战斗任务时，只要附带一句"这是毛主席对我们的信任"时，无论这命令是何等的苛刻、何等的艰巨，全体指战员没有任何异议，没有任何条件，万众一心只有一个意志，就是不惜一切代价坚决完成任务，让毛主席放心。而国民党那边就不是这样了，表面上都信誓旦旦，效忠党国，一转身则牢骚满腹，抱怨声声，落实到行动上，更是口惠而实不至，甚至相距十万八千里。就是蒋介石的嫡系，他所最信赖的黄埔精英，恩宠的心腹爱将胡宗南、杜聿明、汤恩伯、王耀武、邱清泉、廖耀湘等，都存在抵制蒋介石的命令、破坏蒋氏大局的作为。

蒋介石最后几乎遭致全体部下的抛弃，他的彻底失败是不可避免的。

魅力型领导者所具有的影响力不是建立在传统的职位权威上，而是建立在下属对领导者具有非凡才能的感知上。对魅力型领导者的远见卓识坚信不疑，对魅力型领导者的战略部署坚决照办，对魅力型领导者的表扬感到无上荣耀，对魅力型领导者的批评表示坚决改正。魅力型领导者的意志很容易成为全体成员的意志，因为魅力型领导者身上具有一种与众不同的非凡品质，具有超凡脱俗的榜样效力；使下属滋生对领导者的敬仰、崇拜、信任和忠诚，从而心悦诚服、自觉自愿、主动积极地参与领导者所组织的活动中来并无条件的服从指挥。

魅力是一股难以捉摸，又难以抵挡的强大磁力。魅力型领导有一股无可名状而又令人深深感触到的某种气质、品性、神采、风度的综合感染力和吸引力。美国领导学家托尼·亚历山德拉博士认为："魅力并不建立在智商和遗传的基础之上，也不建立在财产、幸运和社会地位的基础之上。相反地，它可以通过个人努力而加以掌握。"

美国当代著名组织理论研究者沃伦·本尼斯在研究了90名美国最有成就的领导者之后，发现魅力型领导者有四种共同的能力：一是有远大理想目标；二是能明确地对下级讲清这种理想目标并使之认同；三是对理想目标始终执著追求；四是知道自己的力量并善于利用这种力量。魅力型领导能善于鼓舞组织中每个人的士气，充分调动每个人所长，充分发挥每个人的主观能动性。

美国管理学家罗伯特·格林利夫在其著作《仆人式领导》中提出了领导本质问题，即真正的领导力不是看得见的权力，而是非权力的影响力。"领导的基础不是权力，而是权威，权威是建立在爱、服务和牺牲基础上的"。通过对毛泽东人格魅力的研究发现，恰恰是他对中国人民的热爱和为人民服务的牺牲奉献精神，才赢得中国人民对他的无比崇敬和无限热爱。

领导者的魅力在于他不仅代表并维护了群众的根本利益，更重要的是他代表并表达了群众的精神需求和人格意志，实现了领导者人生追求与群众人生追求的一致性。领导者能否为群众创造未来，是领导者能否绽放魅力的关键。群众最期待的是领导者能给他们带来希望，并为了希望愿意追随领导者投入到无尽无休的奋斗之中，并时时为体验到这种奋斗精神和成果而洋溢着希望的愉悦。现在领导者的最大败笔，就是提振不起群众的精神，群众在他身上看不到光明和未来，虽然能不时获得实惠，但精神上始终茫然抑郁，心情总是不痛快。

4. 领导力的核心是领导者的威信影响力

什么叫"众星拱月"，什么叫"百鸟朝凤"，这是客观存在的人格魅力效应，是卓越领导者致力追求的理想境界。

人格魅力是领导者人品、才华、能力、榜样、凝聚力的综合反映，它会转换成一种典范的力量，焕发出感召力的效应。一个领导者拥有了人格魅力，其典范权就会放大，就会成为下属的楷模和榜样，就会得到下属的敬佩追随，乃至信仰崇拜。

赫塞给领导下的定义是："领导是为影响个人或团体行为而做出的任何努力。"领导的有效性主要是通过对被领导者的影响程度来实现的，抓住了领导的影响力，就抓住了领导力的核心本质。领导的过程就是影响下属，使其接受指挥、引导、控制和激励的过程。

什么是领导力？就是领导者在带领人们践行共同目标的过程中，有目的、有计划、有步骤、有成效地的运用人际影响方式，影响、控制和改变被领导者的思想、情感、意志和行为，实现组织目标的能力。从根本上说，领导力就是领导者的人格魅力铸就的威信影响力。

领导者在与被领导者的相互作用中，最有效的、最强大的领导力量，就是他的威信影响力。这在下属成员的心理和行为中，所起的作用是巨大的、长期的、深刻的。如果你有一套过硬的知识和技能，下属最多只是跟着你学习，把你当成老师和教练而已；但是如果你拥有很强的人格魅力，那他就会把你当做是人生的楷模和偶像，心甘情愿、义无反顾地跟着你干，尽心尽力地做好他所应做的事情。

你的下属愿意不计报酬、不讲条件地追随你吗？你的下属能够尽职尽责、尽心尽力地勤奋工作吗？你的下属能对你心悦诚服，表现出自愿、主动、积极地作为吗？你的下属在你不在的时候，能克服种种压力与阻力，创造性地完成你交付的任务吗？所有这些都是体现领导者有无真正领导力的刚性指标。

领导者领导水平的高低和执政能力的优劣，都与领导者威信影响力的强弱密切攸关。施展权力，硬性指派，得到的往往是下级的阳奉阴违，虚以应付；依靠影响力，才能得到下级的坚定执行，真抓实干。

领导者的影响力包括两个方面：权力性影响力（硬权力）和非权力性影响力（软权力）。

"硬性"的权力性影响力是法律赋予的不可抗拒性的职权强制力，它侧重体现在人的外在行为，其优点是简单、直接、快捷、省事。但职权强制力会引起被领导者抵触、抗拒、逆反的心理反应，在执行过程中也会出现种种消极后果。

"软性"的威信影响力是通过领导者自身的品格优势形成的上行下效推进力，它的作用是体现在人的内在心理，其优点是自觉自愿、主动持久、激励成本低、后劲充沛。只是威信性影响力的效能起步缓慢、耗时费力、对主体的要求太高、需要持续渐进的长期过程。但一经形成"马太效应",其作用显著不可限量。

现在,领导者谁再凭借权力指使颐气,专横跋扈的话,他就逐渐丧失实质意义上的领导力。故而领导者要尽量先用软权力,后用硬权力;多用软权力,少用硬权力。如果你处处靠威严、靠职权,下属可以回避你,不听你的,他可以调离,甚至辞职,至少可以出工不出力,因为知识经济时代的许多工作是无法考核的。

在惟令是从的古代,在执法如山的军队,"软"、"硬"权力的效果也是截然不同的。汉代的李广和宋朝的岳飞,都是精忠报国、武艺精湛、爱兵如子的将领,他二人是古代军中威信影响力的代表,他们率领的军队所向披靡,战绩显赫,彪炳青史,千古传诵。而古代军中职权强制力的典型是项羽和张飞,他二人都是叱咤风云的猛将,但结果一个是众叛亲离,一个是被部下所杀,可见领导力的核心是在软的方面。

在过去的农耕时代、工业化时代和战争年代,领导的硬性强制力的作用突出,效果显著。但随着以人为本的知识经济时代到来,领导者的威信影响力日益突出起来,因为人的素质越来越高,社会的民主化、文明化和人性化,已容不得强权政治和专制作风的施展,领导者更多的是要通过非权力影响力来达到目的。领导理论的演变,是与"人性假设"理论的演变一致的。"人性假设"理论已由"经济人"、"社会人"、"复杂人"演进到"自我实现人"、"主权人"假设。随着社会发展和企业员工经济收入、文化水平以及自我价值意识和个人尊严意识的提高,致使领导方式的柔性化已成为不可逆转的大趋势。

"软性"威信影响力是实现领导效能的重要保证,起着培根固本的保障作用和强化促进的驱动作用。因此领导者的非权力性影响力比权力性影响力更珍贵、更重要、更持久,决定着领导者施政的质量、力度和成效。

"硬性"职权强制力固然是必要的,是与领导力剥离不开的,不能把领导者的"硬权力"与专制独裁混为一谈。在有的行业,有的组织,有的管理对象,有的领导情境下,"硬性"职权强制力还十分必要。只是在知识经济时代"以人为本"的大趋势下,"软性"威信影响力势在必然的成为真正领导力。"硬"权力与"软"权力是一组系统权力。"硬"权力与"软"权力互为表里,相辅相成,但又不是平分秋色,绝对均衡,而是并行不悖,相得益彰,有的放矢,软硬兼施。

第二节 全方位认知领导力

（一）从领导者品格中所体现出来的领导力

许多领导者参加领导力培训班，总希望能得到高超的领导方法，神奇的统御妙计，百试不爽的万应灵丹。其实，真正提升领导力的核心和关键是提升领导者的素质，根本的是塑造领导者的灵魂，铸造领导者的优秀品格。

品格是人后天修炼出来的品德格局，是人后天造就的人格禀赋，是在日常生活和工作中表现出来的人格品质。不管什么时代，不管什么组织，领导者的品格永远都是第一位的。品格是领导力内生资源的核心要素，他不依赖于领导者的层级和职务，而源于领导者独特的自身条件。美国思想家、文学家，诗人爱默生说："品格是一种内在的力量，它的存在能直接发挥作用，而无需借助任何手段。"

卓越的品格是人优秀品质之集大成，他包括：充满激情，追求卓越的理想志向；大公无私，克己奉公的奉献精神；秉持道义，建功立业的使命信仰；勇负重任，敢于担当的责任境界；自信坚韧，意志顽强的胆识气魄；心胸宽广，海纳百川的恢弘气度；善于学习，拼搏进取的勤奋努力；正大光明，坚守承诺的诚实守信；严谨自律，沉着稳重的坚毅自制；热忱谦逊，慈爱亲和的博大情怀等。正是这些品德资源要素铸就了领导者的品格魅力并由此决定其领导力及其效果。

品格的魅力之一是获得追随的能力。这是一种不靠金钱刺激和强制胁迫，全凭人格和信赖的力量获得的影响力。

品格的魅力之二是获得凝聚的能力。这是品格唤发出来得感染力，使大家团结在他的周围，产生出众志成城，所向披靡的力量。

品格的魅力之三是获得震撼的能力。这是品格中迸发出的气势、气魄、气度所产生出的令人叹为观止、动人心魄的征服力量。他使领导者敢走别人没有走过的路，敢做别人没有做过的事，具有力挽狂澜，化腐朽为神奇的能力。

毛泽东之所以富有领袖魅力，深受世人景仰爱戴，就在于他有崇高伟大的品格。凭借这种品格，他焕发出巨大的影响力，生成恒久的凝聚力，化作神奇的号召力，并以此造就了中华民族的伟大精神，代表了中国共产党特有的组织灵魂。在这个灵魂的统摄下，中国人民生机勃发，斗志昂扬，英勇奋斗，实现了"天翻地覆慨而慷"，"敢叫日月换新天"的伟大创举和辉煌业绩。

一个人自从他想成为一名领导者之日起，他对自己的定位高度，就标志着他品格修炼的程度。进一步说，一个领导者的品格修炼程度，则决定他未来事业的高度，决定他未来能成为什么级别、什么成色的领导者。你想成为千人的首领，你就应该具备团长和师长的材质；你若想指挥万人的队伍，你就应该有军长和兵团司令的格局，而不是相反。如果你只想当个连排长而不想提升品格，结果可能你连连排长也干不好。品格修炼是自强之基，魅力之源，孚众之本，做任何层次的领导者都离不开品格的塑造。

领导者应该充分认识到具备优秀品格的重要性，并为此不断努力，以期实现提升自我人格的坚定意愿和行动。领导秉持好的品格能影响人而获得追随，能团结人而凝聚如钢，能敢作敢为而人心所向，那还有什么困难不可战胜，还有什么事业不能成功呢！从塑造威信影响力的高度出发，领导者的主体品格修炼，须从以下八个方面培育造就：

1. 充满激情，追求卓越——领导者是有理想信仰的人

远大的理想与志向是人的生命之光，他能唤起人的极大热忱，他能激发人的澎湃激情，从而产生一种强大的精神动力，鼓舞人勤奋进取、追求梦想、奋发向上、建功立业，创造人生辉煌。卡耐基说：朝着一定目标走去是'志'，一鼓作气中途不停止是'气'，两者合起来就是志气。一切事业的成败都取决于此。

人生因理想而伟大。《三国演义》中曹操说道："夫英雄者，胸有大志，腹有良谋，有包藏宇宙之机，吞吐大地之志者也。"曹操藐视袁术、袁绍、刘表、吕布、张绣、刘璋、张鲁、韩遂等地方豪强，皆因他们胸无大志、狭隘自私，干大事而惜身，见小利而忘命。鄙视他们为冢中枯骨，何足挂齿。大志和良谋都很重要，而大志处于首要地位，大志是大成的决定因素。

大志的本身也许不值一文，但把雄心壮志渗入到人的潜意识里，将饱含志向的信念坚持下来，就会带来巨大的不可估量的成果。因为有了志向，人生就有了远大目标，就有了强有力的精神支柱，就不怕漫漫长夜，无惧风云变幻。如果没有大志，就容易把自己的生活看成是一个灰暗迷蒙的世界，从而悲观失望，找不到方向而陷入歧途。

巴尔扎克说过："没有伟大的愿望，就没有伟大的天才。"戴高乐将军说：

"唯有伟大的人才能成就伟大的事。他们之所以伟大，是因为决心要做出伟大的事。"古往今来，有无理想、志向，是伟大者与平庸者的最大分界！有理想、有志向，是领导者首要的人格特质。

毛泽东之所以能成为世界公认的英明领袖，就在于他很小的时候就树立了宏伟的志向和远大理想。从"孩儿立志出乡关，学不成名誓不还"到"做一个'掀天揭地'的人"的宏伟抱负，才促使他以"改造中国与世界"为使命，心忧天下，拼搏奋斗。从"唤起工农千百万"到"天翻地覆慨尔慷"。从"独有英雄驱虎豹"到"要扫除一切害人虫"，使他和他的团队创造了"为有牺牲多壮志，敢叫日月换新天"这样举世震惊的辉煌业绩。毛泽东本人也成为了推动世界向前进的"时代火车头"。

有理想才有未来，理想是未来的目标；有志向才能奋斗，志向是奋斗的动力。有了理想目标，才能确保前进的方向和具备足够的动能。有理想才能有追求，立大志才能创大业。

领导者的根本点，就在于他要带领大家往前走，在不断的突破中扩大伸延自己，寻求成长发展，理想就是前方的远大目标，所以他要永不满足现状，一路执着向前进，矢志不移地去追寻美好的未来。奋进的征程少不了艰难险阻，曲折漫长，要想百折不回，一往无前，就要靠使激情燃烧的理想，使热血沸腾的志向，惟此才能自强、要强、刚强、发愤图强，从而持续激励与鼓舞下属对挑战目标焕发积极性，并率先付出努力做出榜样来感染大家。如果领导者心灰意懒，精神颓废，停顿下来不思进取，那么他的人生，他的队伍，他的事业，就要半途而废，就要面临厄运和灾难。惟有不满足现状，主动调高工作难度，向更高的目标不遗余力地去追求，不断进行变革，始终不懈奋斗，才能创造辉煌的业绩。

史记陈涉少时，尝与人佣耕，辍耕之垄上，怅恨久之，曰："苟富贵，勿相忘。"佣者笑而应曰："若为佣耕，何富贵也？"陈涉叹息曰："嗟乎，燕雀安知鸿鹄之志哉！"后来陈胜果然举木揭竿，干出了一番轰轰烈烈的大事业。

李白素以大鹏自比，他在《上李邕》诗中说："大鹏一日同风起，扶摇直上九万里。假令风歇时下来，犹能簸却沧溟水。"体现了李白既有远大的理想，又非常执着于理想的精神追求。他才高八斗，雄视八荒，奋飞翱翔，为自己的理想奋斗了一生。虽然他"中天摧兮力不济"，没能实现自己申管仲乐毅之志的目标。但他"天生我材必有用"，"直挂云帆济沧海"的非凡抱负，使他的诗歌在中国诗坛上取得了空前绝后的伟大成就。

岳飞是布衣出身的军事统帅，他有强烈的爱国之心和报国之志，一首《满江红》字字豪情满怀，"待从头收拾旧山河，朝天阙"。充满了英雄主义气概和满腔忠义的豪气，展示了他重整山河的决心和报效君王的耿耿忠心，气吞山河，世人敬仰。

俗话说，"有志者，事竟成。心至苦，事至盛。"凡是成就大事业者，都是具有远大理想和宏伟抱负的人。这里的关键是芸芸众生有理想志向的人不乏其人，而以民族兴旺为大业，以国家富强为己任的人毕竟不多。毛泽东在他读了《盛世危言》和有关列强瓜分中国的小册子时，开始产生"国家兴亡，匹夫有责"的忧国忧民和救国救民思想。"五四运动"后，更坚定了他改造中国与世界的决心。毛泽东认为，"十年未得真理，即十年无志；终身未得，即终身无志"，所以他决心"将全付功夫，向大本大源处探讨"宇宙之真理。为了找到真理，他苦其心志，经过十年之久的探索，比较了各种"主义"，终于在1920年27岁时，确立了对马克思主义真理的坚定信仰，誓为共产主义奋斗终生，此后再未动摇。在此后的岁月里，毛泽东与天奋斗、与地奋斗、与人奋斗，挑战人生，超越自我，在远大理想和抱负的激励下为人类作出了巨大的贡献。毛泽东是所有领导者应该学习效仿的楷模。

"中国梦"概念的提出，就是习近平的人生理想，这个理想代表了全党、全国各族人民的追求和愿望，因而成为党在新时期的奋斗目标。

古今中外对领导者的选拔和任用，无不注重考察他的意愿，联想集团挑选人才的第一标准就是上进心。柳传志说："年轻人能否取得成功，他的上进心是非常重要的因素。联想要培养的是更在乎自我发展空间和积极进取的年轻人，要培养能把自己的事业同国家富强结合在一起的年轻人。"

习近平说："理想信念就是共产党人精神上的'钙'，没有理想信念或理想信念不坚定，精神上就会'缺钙'，就会得'软骨病'"。理想的价值高于天，它能内化为精神支柱、外化为自觉行动，转化为实践的强大动力。理想信仰是主体对世界观、人生观、价值观、事业观的最高统摄，是主体价值意识活动的调节中枢和最高主宰，是衡量利害关系和选择精神追求的最高准则，是激励人们奋发前行的强大精神动力。当前"为官不为"现象普遍而严重，无论是能力不足而"不能为"，还是担当不足而"不敢为"，归根到底是动力不足而"不想为"。之所以"不想为"，一言以蔽之，就是没有理想信仰，没有精神追求，没有事业心，没有激情热忱。

理想、信仰是人的灵魂，是人生的精神支柱，支配着人的一切行动。坚定崇高的政治理想和政治信仰，以及由此产生的百折不挠的革命意志，始终是中国共产党人战胜各种艰难险阻，不断夺取事业胜利的强大力量源泉。革命战争年代，千千万万共产党人不为官、不为钱，不怕艰苦、不怕坐牢，慷慨赴难、从容就义，真正做到了为了主义和信仰而奋斗，而献身。现在有些领导者经不起诱惑，官欲、贪欲、色欲、名欲日渐膨胀，最终变成了腐败分子，根本原因就是政治理想、政治信仰出了问题。

习近平在一次全国组织工作会议上指出：理想信念坚定，是好干部第一位的标准，是不是好干部首先看这一条。

2. 秉德无私，克己奉公——领导者是有奉献精神的人

两千多年来，儒教作为积极入世的思想一直在指导历代官员的仕途之路，孔孟先贤坚定主张为官者要有独立而完整的人格，修身明理，抱定崇高而伟大的信仰。《礼记·大学》中说，"古之欲明明德于天下者，先治其国；欲治其国者，先齐其家；欲齐其家者，先修其身；欲修其身者，先正其心；……心正而后身修，身修而后家齐，家齐而后国治，国治而后天下平。""克己复礼"、"大公无私"，"天下为公"和"世界大同"，成为两千年来无数知识份子的崇高理想。

儒家的人生观认为，义与利、公与私、是与非、正与邪必有真伪、贵贱、大小、轻重之区别，此乃君子与小人之异者。为人处世要不趋炎附势，不苟且偷生，不敷衍塞责，不投机取巧。要独立自主，自强不息；扶危济困，不遗余力；救苦救难，义无反顾，不成功，则成仁。治国安邦，忧国忧民，就是修君子之礼、行圣人之道。

仁是儒家思想的政治核心，基本内涵是"爱人、利人。"通常"仁义"并称，义是仁的外化表现。仁和义体现着人的道德原则、道德标准和道德境界，体现个人利益和他人利益、集体利益的关系。

孔子说："放于利而行多怨"。《河南程氏经说》"欲利己者必损人，欲利财者心敛怨。"说的是过分追求个人私利就一定会损害他人的利益，激化人际矛盾，招致他人的怨恨。对私利的追求会培植各种卑劣的欲望，以至尔虞我诈，你争我夺，见利忘义，以私废公；势必与公共利益相冲突，不利于人与人之间和睦、团结和协作，也不利于社会的和谐与发展，加剧人际摩擦与社会内耗，引发社会矛盾，诱发人与人的争夺和混乱，最终使国家灭亡。一事当前，重义还是重利，是衡量君子与小人的重要标志。所以儒家倡导要舍利取义，要见义忘利。儒家倡导为官者要做仁义合一、表里如一的仁德君子，要有强烈的经邦济世使命感和责任感，要有追求"世界大同"，"为万世开太平"的伟大情怀！

秉德无私，公正坦诚是领导者执政品格的核心。领导者只有公正坦诚，才

会有勇气表现自我，不害怕任何棘手的问题，敢于面对任何艰险和逆境。只要你是公正无私的领导者，部下就会尊敬你并跟随你。反之，以自我为中心且利欲熏心的领导者必定被群众所憎恶，所唾弃。

19 世纪末，康有为针对中华民族出现空前严重的民族危机和社会危机提出了维新变法主张，在其所著《大同书》中，再次勾画出了一个"公天下"的理想社会："大同之世，天下为公，无有阶级，一切平等"。

对中西文化都有广泛涉猎的孙中山，继承了中华传统文化的精髓，对"天下为公"的理想更是情有独钟，他在 1924 年关于"三民主义"的著名演讲中，提出了"真正的三民主义，就是孟子所希望的"民为贵，社稷次之，君为轻"申张民权的大同世界。

孙中山对"天下为公"的概念有更深邃，更宽广的理解，他不但吸收了儒家思想的精华，而且融入了中国古代农民起义者的平等思想和西方资产阶级的民主思想以及当时流行的社会主义思想。按孙中山的设想，他为之奋斗的未来社会，做国家主人的是全体人民，管理国家大事的是全体人民，享受平等幸福生活的是全体人民，真正以人民为主，没有贫富悬差和少数富人压迫多数穷人的不合理情况，全体人民生活上幸福平等，"民有"、"民治"、"民享"完全实现，真正做到古人所说的"公天下"。

革命导师马克思、恩格斯在《共产党宣言》中郑重申明：共产党是无产阶级为了完成自己的历史使命组织的政党。共产党始终代表整个无产阶级的利益，同时代表社会绝大多数人民群众的利益，没有自己的特殊利益。共产党在世界上存在的价值或存在理由，就是为无产阶级和绝大多数人民群众服务，铲除一切剥削阶级思想观念、社会现象和社会制度，包括党自身滋生的一切贪污腐化等剥削阶级思想行为，建设社会主义社会，最终实现共产主义。

心忧天下、天下为公，同样是中国共产党的夙愿与追求，故而也是每个共产党员的最高行为准则。中国共产党以天下为公为己任，代表着最广大人民群众的根本利益，同人民同呼吸、共命运，一心为了天下太平，国家富强、民族振兴、人民幸福的伟大复兴中国梦而不懈奋斗，无私奉献着。周恩来在中共十大上所作的政治报告中说："立党为公，还是立党为私？这是无产阶级政党和资产阶级政党的分水岭，是真共产党员和假共产党员的试金石。归根结底，立党为公，是中国共产党人革命人生观的本质体现，是每个共产党员用以衡量自己思想和行动的标尺，也是中国共产党在革命、建设和改革的历史进程中得以从胜利走向胜利的根本基础"。

毛泽东说过："共产党员无论何时何地都不应以个人利益放在第一位，而应以个人利益服从于民族的和人民群众的利益。因此，自私自利，消极怠工，贪污腐化，风头主义等等，是最可鄙的；而大公无私，积极努力，克己奉公，埋头苦干的精神，才是可尊敬的"。

1939 年 12 月 21 日，毛泽东在《纪念白求恩》一文中说："白求恩同志毫不利己专门利人的精神，表现在他对工作的极端的负责任，对技术精益求精；对同志对人民的极端的热忱。我们要学习他毫无自私自利之心的精神，做一个高尚的人，一个纯粹的人，一个有道德的人，一个脱离了低级趣味的人，一个有益于人民的人"。

1944 年 9 月 8 日，毛泽东在纪念共产主义战士张思德的追悼会上说："我们的共产党和共产党所领导的八路军、新四军，是革命的队伍。我们这个队伍完全是为着解放人民的，是彻底地为人民的利益工作的。"

共产党人坚持为人民服务就要做到清廉，清廉是共产党的生命健康之源。共产党代表无产阶级和最广大人民群众的利益，没有自己的特殊利益。因此，一心为公、清正廉洁是共产党人本性的最鲜明表现。

毛泽东做到了克己奉公，无私清廉。他是建国以来党和国家领导人中第一个完全公开个人财产的人，堪称中外执政党领袖彻底"亮晒"家底、廉洁奉公的典范。毛泽东一生公私分明，在 1934 年他被中央错误批判后期，他和贺子珍都身患痢疾，身体极其虚弱，还有孩子毛毛，生活一度十分困难，当时他的弟弟毛泽民是中央银行的行长，掌管红军的金库，完全有条件获得经济补助，以改善极度匮乏的营养，但他没有要求组织照顾。1935 年 2 月二渡赤水期间，贺子珍为掩护身负重伤的团政委钟赤兵，被飞机扔下的炸弹炸成重伤，身负 17 处弹片。毛泽东当时已成为红军的最高领导，休养连特意为贺子珍煮了一只鸡，毛泽东目睹妻子的伤势留下了痛惜的眼泪，然而在特殊待遇上他还是退还了那只鸡，一度成为全军的佳话。解放后，毛泽东哪怕是在人民大会堂喝一杯茶都要管理人员去结账。抗美援朝战争爆发，他送子参军，当别人劝阻时，他却说："谁叫他是毛泽东的儿子！他不去谁去？"女儿上学，他不准用公车接送；收到礼品，他吩咐一律交公；亲友托他找工作，他一概拒绝。在三年经济困难时期，毛泽东和老百姓同甘共苦，带头降工资，不吃肉。毛泽东的工资原来是 610 元，全国进入困难时期后，他第一个把自己的工资降为 404.80 元。同时，宣布"三不"：不吃肉，不吃蛋，吃粮不超定量。结果，毛泽东 7 个月没吃一口肉，跟老百姓一样饥肠辘辘，腿脚常常浮肿。他的一件睡衣用了二十多年，补了 73 个补丁；一条毛巾被上的补丁达到 70 多个，一双拖鞋穿了 20 多年。毛泽东逝世时，没有为子女留下任何遗产。他不仅严于律己，更严格要求身边工作人员，特别警惕身边出现"贵族"。他经常对身边的工作人员敲响警钟："我们感情很深，可是，如果你们腐化了，就不要怪我翻脸不认你们。"他的一言一行都感化和鼓舞着全党同志和全国人民，成为凝聚全党和全国人民的核心。

而蒋介石也是一党领袖，可是他的所作所为就很难令人信服了。孙殿英是臭名昭著的陵墓大盗，有一次掠夺山东孟家商行的金银财宝、细软衣物等共装了200多辆大车，还制造"殿鹰牌"海洛因行销山西、河南、北京、天津、上海等地，又伪造河北银行钞票数十万等；就这样一个恶贯满盈、劣迹昭彰的人物，被蒋介石任命为新五军军长，使国民政府众多官员大惑不解。后来蒋介石派亲信军统局少将高参文强作孙殿英的副官，在一次前往陵川开会的路上，孙殿英与文强夜宿壶关窟窿岩，两人夜不能寐，孙谈起了自己发迹史，他把乾隆九星宝剑送给蒋介石，慈喜翡翠西瓜玉枕贿赂宋子文，夜明珠送给宋美玲的事和盘托出。孙对蒋介石的人格作了中肯透彻的评价：老蒋就是不择手段的捞钱，再拿钱买人，再通过人来抓钱，再用钱指使人；除此之外，老蒋别无长技。

蒋介石的看家本事，确实被孙殿英说得入木三分。1928年蒋桂战争时，蒋就是通过金钱贿赂和封官许愿，把韩复渠收买了过来，导致李宗仁大败。1930年冯玉祥、阎锡山、李宗仁三家联合对蒋发动中原大战，形势对蒋十分不利。当时蒋说：我只要有钱就不愁打不过他们。果然，当蒋介石筹足了银两之后，一通贿赂，前线形势顿时改观，紧接着冯、阎、李以惨败收场。有枪就是王，有钱就是娘，是当时社会的真实写照；为钱服务，管钱叫娘，自然就是各级官吏的宗旨了。

无私方能公正，公正是一视同仁，公正是领导者的生命线。失去公正，下属就会愤而不服，就会酿就叛乱。国民党军队内部的不团结，主要就是蒋介石一贯施行待遇不公的嫡系、杂牌区别政策所致。辽沈战役中长春守敌第60军第21师师长陇耀愤慨地说："我们这些年来受蒋介石嫡系部队的气太多了，排挤、歧视、分割、监视；装备坏、待遇低；送死打头阵，撤退当掩护；赏是他们领，过是我们背。这样的窝囊气，我们早就受够了。"许多将领起义时说，"蒋公待我们不仁，今天也休怪我们不义了"。

品德，即品质道德，是指个体依据一定的社会道德准则和规范行动时，对社会、对他人、对周围事物所表现出来的稳定的思想行为倾向。

品格体系中的核心是品德。品德是为官之魂，是影响领导个性心理特征和行为的至关要素。美国哈佛大学精神病专家科尔斯教授在智商、情商研究的基础上，又提出了德商（MQ）的概念。他认为，一个人的成就，德商胜于一个人的情商和智商。大公无私，克己奉公的奉献精神是品德的最高境界。有了奉献精神，就能敬业爱岗，爱民利民，关键时能牺牲自己，成就大业。有了这种高尚的思想境界和博大胸怀，就能关爱下属，全心全意为人民服务，把工作做到极致。

当焦裕禄的遗体被安葬时，兰考县数十万民众含着眼泪，像送别英雄一样，伫立在街道两旁。他们永远也忘不了这位可敬可爱，为人民利益鞠躬尽瘁的好书记。在他的感召下，汗水洒齐鲁，雪域立功勋的孔繁森；位卑未敢忘忧国，为官一任，造福一方的牛玉儒；疼民爱民，疾恶如仇，誓和黑势力作斗争的任长霞；无私奉献，始终以党和人民的事业为重，忠实履行共产党员的神圣职责的沈浩；都深深博得了广大民众的高度评价。山西大同市长耿彦波离任时，数万市民打着横幅夹道相送。大同民众评说市长耿彦波，是当今中国最具标志性的好声音，是中华民族伟大复兴的正能量。"平城五载立奇功，栉风沐雨建大同。披星戴月称楷模，青史留名真英雄。"这是大同市民赞颂耿市长的共同心声。

但有些领导干部则思想境界低下，以权谋私，中饱私囊，严重的损害了群众利益，招致群众的强烈怨恨。如南京市长季建业在任时民怨沸腾，落马时市民称快，都说"群众的愿望终于实现了"。南京网友转载近代史学者章立凡的诗句"伐木丁丁此废都，新朝斧锯旧朝株。金陵夜雨梧桐泪，王气从来只自枯"来暗示恶有恶报。有些领导者贪污受贿，被撤职查办，群众点燃鞭炮"送瘟神"，称之大快人心。可见，好的领导造福一方，人民感恩戴德，赞美怀念。坏的领导贻害一方，群众唾骂，千夫所指。由于群众对领导态度的不同，直接影响到群众执行力的强弱，关系到组织绩效的高低，涉及到党的事业成败。

法约尔曾经指出："制止一个重要领导人滥用权力和其他缺点的最有效的保证是个人的道德，特别是该领导人的高尚精神道德。"

习总书记在"做人与做官"一文中指出："德乃官之本，为官先修德。"他说："在历史的长河中，那些帝国的崩溃、王朝的覆灭、执政党的下台，无不与其当政者不立德、不修德、不践德有关，无不与其当权者作风不正、腐败盛行、丧失人心有关"。

马克思主义的知行合一理论认为，思想决定行为，世界观决定方法论。领导力的问题，归根到底是人的品格问题。领导者之间的最终差距，不在知识上，也不在能力上，就在于是否拥有优秀可贵的品格上。共产党的领导者，要比两千多年前儒家的为官理念要有更高的境界和标准。勤政以务公、廉政以立身、善政以富民，成为领导者执政为民的内在要求。人们已习惯从领导者的人格形象，形成对党的认识；惯于从领导者的品质、作风、担当、学习中看企业的发展前景。一个高瞻远瞩，能力卓越，勇于开拓，精通管理的企业领导人，往往象征着企业的生机活力。相反，一个利欲熏心，玩弄权术，心胸狭隘，不学无术的企业领导者，将直接折射企业的腐朽衰亡。

（1）品德所以重要，就在于品德能导致下属的高度信任。

领导者的根基在于下属的信任，信任是联系一切的纽带，信任导致忠诚和追随，有了信任，才有支持。领导者一旦失信，就丧失了领导的能力。如果领导者没有在跟随者当中建立足够的信任，那么，不论他描绘的愿景有多绚丽，目标有多宏伟，对他人的影响激励都微乎其微。

领导者人格魅力的实践依据是：人们先是接纳领导这个人，然后才接纳他的思想和领导。如果下属对领导者不认可，不信任，那么他要想发挥作为，做好工作是很困难的。领导的观点、计划，意图、目标、战略、愿景，是否得到下属的支持并获得成功，并不在于他的观点、意见有多正确，也不在于他设计的目标、愿景有多宏伟，以及他的计划部署有多周密、多可行，而是在于领导者在下属心目中是否获得充分的信任。

国民党集团为什么失败？就因为蒋介石已不被许多下属所信任。如1936年10月，红军三大主力历经艰苦卓绝的长征到达陕北，此时红军立足未稳，是最薄弱、最艰难的危急时刻。蒋介石不失时机地提出这是消灭红军的最后五分钟，执意西北剿共总司令张学良全力围剿红军。他鼓动张说：先消灭了红军，解除了我们的心腹之患，我和你一起抗日，打回东北，为家父报仇。但遗憾的是张学良不信任蒋介石，反而相信共产党，和共产党建立了联盟，并在1936年12月12日发动了西安事变，活捉了蒋介石。彻底扭转了红军岌岌可危的局面，蒋介石一统天下的如意算盘从那时彻底破灭了。

古人说：服人者，以德服为上，才服为中，力服为下。有些领导者所以能使那些才能远在自己之上的人心甘情愿地跟随自己，正是靠他值得信赖的特质。所以自知之明的领导者应该扪心自问：我是否正直诚信，是否德高望重，是否得到了下属的足够信任。

古人说："不教之教，无言之诏。"道德品质历来是立身之本、做人之道、立业之基。品德是无声的命令，品德优良的领导，必然能带出一支作风严明，坚定执行的队伍。

领导者应该懂得，优良品德是自己最宝贵的"无形资产"。无论自己的职位有多高，倘若在品格上出了问题，其政治威望、感召力、说服力，影响力和支配力都会荡然无存。一个领导者的领导力程度如何、精神风貌怎样，很大程度上取决于品德标准。品德是领导威信的根基，是影响力的主因，是反映在部下一切言行中的总和。

（2）品德所以重要，就在于品德能调控与下属的利益关系。

社会关系从根本上讲就是一种利益关系，人们之间的矛盾纠葛大多都是由利益引起，义和利的问题关系到天下的治乱安危。"天下将治，则人必尚义也；天下将乱，则人必尚利也。尚义，则谦让之风行焉；尚利，则攘夺之风行焉。"也就是说，社会风气昏暗污浊，人们就都唯利是图；社会风气蓬勃向上，人们就弘义公益。抗日战争期间的延安虽然艰难困苦，饥寒交迫，但却是弊绝风清，人心思进。国统区的有志青年从四面八方涌奔红色圣地，充分说明国家或社会的清廉安定与经济贫富没有必然联系，那种只有物质丰裕才能精神文明的论断是片面的、狭隘的、错误的。

高度决定视野，胸怀决定格局。品格高尚，深明大义的领导者素以重义轻利的奉献精神自励。品格的最高原则就是利益的自我牺牲，勤勤恳恳、躬身实干的敬业态度；兢兢业业、任劳任怨的奉献精神；都是不怕吃亏，肯吃亏的具体体现。

领导者人生的最大失败，就是因裹挟私心，以权谋私，假公济私，中饱私囊，为贪图一己之利而遭到致命的人格破窗效应。这种效应就是本来身上只有一个缺点，却被下属找出10个缺点来攻击，最后被下属戳得体无完肤。没有人愿意追随一个利欲熏心，唯利是图，寡情少义，贪得无厌的领导，这样的领导虽然攫取了不义之财，但也给自己多了几番良心的谴责，多了几丝道义的恐惧，多了几许心境的苍凉和满腹惆怅。许多政府官员的锒铛入狱，许多公司老总高管的无期死缓，都在重利轻义上得到充分的注释。

（3）品德所以重要，就在于人格的力量常常远胜于单纯的才智。

品德要素是支撑领导力的支柱，我们只要掌握领导者的品格数据，就可知道其领导力的功能和力度如何了。品德要素不是直接领导力，但他决定领导力的生成和来源，领导者脱离品德的支撑，就如同英雄安泰离开大地母亲一样，领导力就逐渐消失告罄，这是领导者应深知的至理之言。

陆游是南宋伟大爱国诗人，一生勤奋创作，诗作颇丰，享年八十五岁，自言"六十年间万首诗。"他对写诗体验最多，感悟最深，晚年他在向儿子陆通传授作诗经验时写道："汝果欲学诗，功夫在诗外"。并在另一首诗中又说"纸上得来终觉浅，绝知此事要躬行。"其意指作品的好坏高低，取决于意境的优劣上下，虽也关乎才学智睿，但更主要受经历、阅历、见解、识悟、操守等精神层面因素所决定。他主张从格物致知的探索，从血肉交融的感应，从砥砺磨淬的历练中获得诗外的真功夫。领导力也和作诗一样，方法艺术是次要的，品德境界是主要的，由品德境界塑造出的威信影响力和人格魅力是领导力的灵魂。

智力是一种十分重要的能力，是领导者的重要资质，是领导力的重要组成部分。军事作战，贵在智谋，现今企业竞争，同样是在"斗智"。智力，是指人的观察能力、记忆能力、想象能力、思维能力、创造能力、应变能力、以及知识的掌握程度、解决问题的能力和适应环境的能力等。智力的高低直接影响到一个人在事业上是否成功。但是这种智力在绝大多数情况下只起到工具作用，深受主体人格品德的影响和制约，常常表现出悬殊的正反差别。智能高的人在正确的思想指导下，能为组织做出巨大的贡献；如果在错误的思想指导下，智能高的人会给组织带来极大的破坏。正可谓"成也萧何，败也萧何"。历史常常演绎"聪明反被聪明误"的愚蠢悲剧，极为聪明精明的庞涓、杨秀清、林彪等人，都落得了可悲下场。所以稻盛和夫把聪明睿智列为领导者的第三资质，是很有道理的。

领导者之间固然存在智力的差距，但智力不是区隔平庸与卓越的主要原因，决定一个领导者是否优秀的决定因素是道德的力量。许许多多卓越的领导者并不是智商有多高，记忆力有多强，口才多么好，反应多么快的人，而是他们有做事认真，尽职尽责，奉献敬业，不辱使命的道德境界。

中国近、现代相交时期享有国际声誉的著名学者王国维认为，古今之成就大事业者，必经过三种之境界：

第一种境界——"昨夜西风凋碧树。独上高楼，望尽天涯路。"即做学问、干大事业者，首先要有执着的追求，登高望远，瞰察路径，明确目标与方向。

第二种境界——"衣带渐宽终不悔，为伊消得人憔悴。"即不仅要有理想、有目标，还要坚定不移躬身实干，坚持不懈勤奋进取，坚韧不拔奋斗不止。即使苦其心志，劳其筋骨，肌肤消瘦，贫病交加也无怨无悔。

第三种境界——"众里寻他千百度，蓦然回首，那人却在，灯火阑珊处。"只有专注不渝，反复追寻、矢志研究，下足功夫，经过山重水复，自然会豁然贯通，柳暗花明，有所发现，有所发明，实现做学问、干事业的理想目标。

在实现这三种境界过程中，更多靠的是在渺茫迷茫的时候有坚定的信仰；在困难艰难面前有担当的胸怀；在人前人后的关系中有慎独的操守；在非议非难面前有不屈的精神。要成就事业，需要百折不挠的意志和抵抗各种挫折与诱惑的坚韧品格。如果不坚持不懈，不怀着无私奉献的精神，那他再有聪明才学，对事业的贡献也只是很有限的。

哲学家冯友兰在《新原人》一书中曾说，人与其他动物的不同，在于人做某事时，他了解他在做什么，并且自觉地在做。正是这种觉解，使他正在做的事对于他有了意义。他做各种事有各种意义，各种意义合成一个整体，就构成他的人生境界。

有的人做事，只是出于他的本能或其社会的风俗习惯，无所用心，顺其自然，无所觉解，无所意义。这种人的所作所为，就是自然境界。

有的人做事是为了自己，但合理合法，并不损害他人，甚至有时还有利于他人，其出发点始终是有利于自己。这种利己利他，最终利己而不违背道德的人，其做事的目的就出自功利境界。

有的人做事是为了民众，为了社会，有这种觉解，就是为社会的利益做各种事，这种人就是真正有道德的人。他所做的各种事都有道德意义，他的人生境界，就是道德境界。

有的人思想境界超越社会整体之上，使其不仅是社会的一员，同时还是宇宙的一员，即孟子所说的"天民"。有这种觉解，他就为宇宙的利益而做各种事，真可谓"毫不利己，专门利人"。他清楚自己所做的事是大仁大义，并自觉地一如既往地做着他所做的事。这种觉解为他构成了最高的人生境界，即天地境界。

与此相对应，领导者也有三层境界：第一层是物质境界，第二层是精神境界，第三层是天地境界。共产党的领导干部追求的就是精神境界和天地境界。

优秀品德是领导者的第一资质，缺乏优秀品德的领导者是组织混乱的重要原因。现在只具备"聪明睿智，精明机巧"的人被任命为领导的现象相当普遍，这种人作为能人，可以发挥他们的作用，但如果将大权授予他们，后果不堪设想。有些企业之所以荒废不振，根本原因就是这些企业的领导者只具备"聪明睿智，精明机巧"的第三流资质。为了使事业变得更好，把具备第一流资质的人，即具备优秀品德的人推举为领导者，极为重要。

人的品德不是永远不变的，要保持优秀的品德极为困难。许多知名企业领导者苦心经营把企业搞好，就因为品德堕落，使企业随之陷入困境而倒闭破产。所以，维持领导者的优秀品德至为关键，避免企业由盛转衰的一个关键就是防止领导者的人格变质。

3. 勇负重任，敢于担当——领导者是有使命责任的人

勇负重任，敢于担当，是领导者弥足珍贵，特别稀有的品质。

勇负重任，就是顾全大局，主动挑大梁，专拣重担挑，越是在艰难困苦的时候，越是要承揽组织最艰巨、最繁重的任务。对上级领导者来说，手下能有勇负重任的下属，是最值得庆幸、最令人欣慰的情景。

1947年春夏之交，毛泽东经过深思熟虑，决定实行战略转变，把战争引向蒋管区，实施外线作战，组织战略反攻。反攻的主攻方向是地处中原的大别山区，因为自古有中原逐鹿的说法，实际中原也确有制约全局的价值。毛泽东把这一战略任务交给了刘邓大军。邓小平后来回忆说："往南一下就走一千里，这是一个了不起的战略行动。这是毛主席定下的决心，真了不起，从这一点上也可以看出毛主席战略思想的光辉。而这个担子落在了二野身上，整个解放战争最困难的是挑这个担子，种种艰难我们都克服了，完成了任务，还是那句老话，叫作合格。"刘邓大军在那个特殊的极其困难的条件下，以牺牲自我的高尚精神，奋力挺进大别山，实现了解放战争南线战场的伟大战略转折，建立了伟大的历史功勋！

刘邓大军突破黄河天险后，美国驻华大使司徒雷登惊呼："这简直是惊人的事件，不亚于当年法国'马其诺防线'被攻破！"对于刘邓大军挺进大别山的意义，周恩来则有一个比喻："黄河是蒋介石的'外壕'，陇海是他的'铁丝网'，长江是他的'内壕'，而我们已经过了'铁丝网'，打到他的'内壕'了。"

美军顾问组魏德迈将军在8月24日离华前曾对蒋介石直言不讳地说："这一个月来，我在中国看到了什么呢？我看到'共军'攻破了足抵'四十万大军'的东方'马其诺防线'。他们连续28天的战斗，消灭了"国军"9个半旅。说他们'西窜'，实际他们在南进，说他们'失踪'，实际他们在反攻！"

原国民党政府国防部作战厅厅长、起义将领郭汝瑰评价说："在军事史上，最辉煌的军事行动就是挺进中原（大别山）。"

进军大别山，不要后方，自断后路，不携带重型武器，面对敌军的围追堵截，直插敌人心脏，其危险不言而喻。正如邓小平所说，"我们好似一根扁担，挑着陕北和山东两个战场。我们要责无旁贷地打出去，把陕北和山东的敌人拖出来。我们打出去挑的担子愈重，对全局愈有利。"事实上千里跃进大别山，牵制了蒋军30多万主力一年多时间，减轻了陕北和山东战场的压力，粉碎了蒋介石对延安和山东的重点进攻，以五万人的代价换取了陕北和山东两个重点战场的胜利，为我军的战略反攻赢得了时间，创造了条件。

毛泽东对挺进大别山如是说，"大别山巩固了，我们才可以说叫进攻。不是自卫战争了，而是人民解放战争，人民革命战争的进攻。""我们虽然提出了打倒蒋介石建立新中国的口号，但是如果没有三军挺进中原，没有刘邓的千里跃进，我们的 12 月会议是不敢开的，这个口号我们也是不敢提的。"可见当时刘邓肩负挺进大别山的任务是何等的艰巨，何等的重要。

　　尽管部署晋冀鲁豫野战军千里挺进大别山的决策是十分正确的，是四两拨千斤的神来之笔！但谁来执行呢？再伟大的战略构想，还需要有完美的执行才有实质意义，这就需要有勇负重任的执行者来担此重任。刘伯承、邓小平顾全大局、毅然决然、义无反顾地挑起了这幅重担，体现了他们勇负成命的大将风度和崇高境界，解放战争的辉煌历史，浓墨重彩的记载了他们的卓越贡献。

　　有许多领导者不乏品质优良，也不愧道德高尚，但为了大局利益，为了整体事业的需要，牺牲自己的利益换取别人的胜利，甚至明知是死，仍义无反顾勇往直前，这绝非优秀所能承负，绝非高尚所能实现的。中国革命事业的成功，就是仰赖着这样一批极为可贵的，极为负责任的各级领导者的伟大奉献创造的。正因为有了这样勇负重任，专挑重担的领导，才会影响、教导出顾大局、识整体的部下，才会带出一支天不怕、地不怕、跟着领导打天下的队伍。这样的领导还愁没有领导力吗？面对着争任务、抢任务，洋溢着大无畏革命英雄主义精神的广大官兵，还愁他们没有执行力吗？现如今，举国上下呼唤执行力，这执行力究竟藏到哪里去了？常言道："解铃还须系铃人"。首先我们还是找一找有没有勇负重任的领导者吧。

　　敢于担当，是明辨是非的高度自觉，是坚持真理，求真务实，主动承担责任的大仁大义。敢于担当，最关键的是旗帜鲜明、敢于同错误现象作斗争，有不怕得罪人的精神，这是领导者的稀有品质，这看似容易实则不易的言行，需要高度的责任境界才行。

　　比尔·盖茨这样说过："人可以不伟大，但不可以没有责任心。"敢做敢当，勇于承担，是一个人有胆量气魄和有责任心的表现。遇事推诿是不可能赢得别人的尊重，要想得到他人的信任和追随，必须是一个主动敢于承担责任的人。

　　中央红军长征原计划是按照红六军团路线去湘西与贺龙的二军团会师，而湘江一战，损失大半，据军委二局情报显示，蒋介石已洞悉红军意图与去向，在红军前行的必经之路上摆下重兵张网以待，以逸待劳意图全歼红军。据此，毛泽东主张南下贵州，而李德、博古不顾客观实际情况的变化，依然强调原计划不变。在最后抉择的黎平会议上，三人团中的李德因发高烧没能参加会议，主持军事工作的周恩来采纳了毛泽东的建议，转兵贵州，改变了中央原定的去湘西与二、六军团会师的计划。

　　第二天李德得知会议结果与周恩来大发雷霆，质问周恩来说："你敢保证横贯贵州的乌江就不是第二个湘江吗？你能对红军的未来后果负责吗？"这字字千钩的份量压在谁身上都难以承受。从组织原则角度，周恩来完全可以顺从时任中央总负责的博古和共产国际顾问李德的决定，也可交由政治局集体讨论投票决定，这样自己就不致担当有可能成为千古罪人的责任。在这样大是大非的严峻关头，周恩来以一个真正的革命家风范，没有推诿、没有含糊、没有考虑自己如何如何，勇于担当，大义凛然地对李德说："我负责！"于是，转兵贵州，挽救了红军，挽救了党。

1935 年 3 月 10 日，中央收到林彪发来的十万火急电报，提出了红军攻打金沙县打鼓新场的方案。张闻天不懂军事，所以每事必通过政治局会议商议定夺，以少数服从多数表决确定弃取。会议期间，大家你一言我一语，各抒己见，纷纷表态赞成攻打打鼓新场，惟独毛泽东反对。

毛泽东认为，当时打鼓新场有中央军周浑元的三十六军和吴奇伟的第四军，还有孙渡的四个旅，黔军尤国才旅，共计兵力十余万，明显敌众我寡，优劣悬殊。面对强敌，一旦陷入僵局，很难脱身，且容易被敌四面包围，充其量也是一个消耗战，在没有取胜的前提下，不可轻易冒险。可是与会者并不这样认为，以博古为代表的意见认为，遵义会议以后，我军连战连捷，士气大振，又缴获了一批武器，吸收了不少俘虏，黔敌已成惊弓之鸟，军心涣散；我军应乘胜进攻，扩大战果。

毛泽东说：遵义之战，我军以奇袭隐蔽的战术取得了较大的胜利，但也付出了代价，各军团都有较大伤亡，一三军团各伤亡一千多人，还需要进一步补充战斗力。现在我们处在明晃晃的状态，已无奇袭之机遇，同时敌情也有了很大变化。我们不能打无把握之仗，我劝大家放弃此战。

可是任凭毛泽东苦口婆心，说的口干舌躁，大家依然不肯放弃主战的意见。博古甚至指着毛泽东说："凭什么你说打就打，你说不打就不打，难道真理都在你手里。"最后以少数服从多数的表决，通过了打鼓新场的作战计划。毛泽东气急之下，以辞去红一方面军政委来力图挽回结局，结果张闻天即以毛泽东辞职提请大家表决，并且得以通过。尽管毛泽东的意见被否决，红一方面军政委一职也被撤销，但毛泽东并没放弃主见。他从全军的安危出发，左思右想，千方百计，夜晚 11 点多了，他又来到周恩来住处，陈述自己的想法，坚持不打这一仗。周恩来这时也接到新的敌情报告，发现打鼓新场又有更多的敌军驻守，附近也有其它强敌，枪一响，势必引来一大群，敌我兵力比较，确实难以对付。这样，周恩来这个党内最后决策人被毛泽东说服，在第二天的会上扭转了乾坤，毛泽东的建议被大家接受，打鼓新场这个险仗避免了。毛泽东这种顶着组织压力，不顾众人反对，实事求是，坚持真理的高度责任担当精神是极少有人能做得到的。

国民党方面就截然不同了，红军被迫长征之后，蒋介石与陈诚、陈永泰尾随红军来到贵州研讨对策。陈诚依据情报明明判断出红军的动向，可是总装作苦思不得其解的窘状，因为怕自己的见解超过蒋介石，让蒋介石难堪，有智高盖主之嫌。所以只有当蒋介石做出判断之后，他才如梦方醒一般，左一个英明，右一个极是地大加赞赏。这种极尽奉承，不说实话的背后，就是怕承担责任的心理在作怪。

国民党军队为什么总是贻误战机，屡遭败北？有一个很关键的问题就是将领没有担当。战场上时间就是主动，时间就是胜利，时间就是几万人的性命。可是蒋军将领怕上方怪罪，怕遭处分，明明掌握了军事先机，但从不主动出击；而是层层汇报，等待上级的命令，在没有得到上级明确旨意的情况下，宁可丧失一切机遇，也绝不担当责任。

敢于担当与领导力有什么关系？担当就是承担责任，承担后果，这责任和后果通常意味着错误，罪过。敢于担当，就是敢于承认失误，敢于承担罪责。敢于否定自己，敢于拿自己的政治生命做抵注，它体现了一个人正直无私的品质，体现了一个人求真求是的思想境界。这恰是高度负责任的胸怀，是一丝不苟的认真态度，是对工作的自觉主动，是具有实事求是自我牺牲的风格体现，也预示他有搏击风险，将功赎罪，再立新功的决心意志。事实证明，凡是敢于担当的人，恰是尽职尽责的人，也是领导力十分突出的人。

担当的什么？是责任！责任是什么？是一定要把某件事情做成做好的使命。所以，责任感就是使命感。只有那些勇于承担责任的人，才有可能被赋予更多的使命，才有条件取得更大的胜利，才能显示出卓尔不群的领导力。

没有责任心，就没有主动性，就没有准备，就抓不住机遇，执行力更是无从谈起，执行力是责任心的体现和最终落脚点。所以说，责任重于泰山，责任重于能力，有责任才有领导力。

领导的本质就是"责任"，不负责任的领导是最不称职的领导。勇负重任，敢于担当，检验的就是领导者的责任意识，考量的就是领导者的使命精神。责任的背后是领导者的品格境界，是领导者的政治素养，是领导者的思想觉悟，是领导者对组织、对事业的忠诚和奉献。中国共产党的胜利，就是因为这个组织拥有大量勇负重任，敢于担当的各级领导者在起作用。他们面对急难险重任务迎难而上、攻坚克难，豁得出来、顶得上去，面对各种问题敢于较真、敢抓敢管。有了这些责任作为，领导力自在其中。

4. 自信坚韧，意志顽强——领导者是有胆识气魄的人

见识、胆量、自信、意志、魄力、是一套相互联系的心理素质组合。美国作家爱默生说："自信是英雄主义的本质"。自信，就是自己相信自己，自己信任自己。自信是自尊、自立、自强、自豪的源泉。自信能激发热情、坚定信念、激励行动。人有自信，就能自告奋勇，勇往直前，敢作敢为，拼搏竞争。一个人丧失自信必导致追求动力的衰竭。

历览世事沧桑，检索现今人寰，所有成就大事业的仁人志士，摘取丰硕成果的名师大家，造就丰功伟绩的英雄豪杰，无不凝聚着自信的力量，展现着自信的风采。

毛泽东堪称是天下自信的第一人。他在 1917 年写道"自信人生二百年，会当水击三千里"。"指点江山，激扬文字，粪土当年万户侯"是他青年时期的自信写照。"唤起工农千百万，同心干，不周山下红旗乱"是他事业小有成就时的精神状态。"雄关漫道真如铁，而今迈步从头越"是他在危难关头的豪迈誓言。"为有牺牲多壮志，敢叫日月换新天"是他翻天覆地，改造中国，其乐无穷的大无畏精神的体现。"要扫除一切害人虫，全无敌"这是他藐视一切对手的凛然自信的风采。

伟人之所以伟大，关键在于当他与别人共处逆境时，别人失去信心，他却下决心要战胜逆境去实现自己的目标。在黑云压城，白色恐怖的凄迷时刻，有些人迷茫了，困惑了，提出了"红旗到底能够打多久"的疑问。毛泽东对他们拨开思想迷雾，信心满怀地说："中国革命高潮快要到来，它是站在海岸遥望海中已经看得见桅杆尖头了的一只航船，它是立于高山之巅远看东方已见光芒四射喷薄欲出的一轮朝日，它是躁动于母腹中的快要成熟了的一个婴儿"。毛泽东超乎寻常的自信，使他手中的星星之火，燃成燎原之烈，弹指 20 年，取得了全国的胜利。

毛泽东在风华正茂的青年时代，曾以屈原问天的气势，"问苍茫大地，谁主沉浮？"又以孟子的豪气在学习笔记《讲堂录》中写道，"如欲平治天下，当今之世，舍我其谁也！"他誓言"改造中国与世界"，在《民众大联合》一文中奋笔疾书"天下者，我们的天下；国家者，我们的国家；社会者，我们的社会；我们不说，谁说？我们不干，谁干？

人，需要自信，有自信才能有成功，这是人生奋进的法则。人没有自信，就缺少振奋之源，猛醒之因，成功之母；就会不自觉地滋生惰性，蔓延消极情绪，销毁奋进的精神能量。领导者若想成功，就要强化自信，坚信世上无事不

可为，永不言败，绝不放弃！

楚汉相争时，霸王项羽"力拔山兮气盖世"，是千古公认的英雄豪杰。他短暂的叱咤风云历史，博得无数后人的喝彩，南北朝竹林七贤之一的阮籍感慨时势，他说道"世无英雄，遂使竖子成名"。他对刘邦取得天下愤愤不平，认为他与项羽相差甚远，根本不配做皇帝。但真正能征善战的项羽为什么甘心失败，自刎乌江呢？"江东子弟多才俊，卷土重来未可知"。他完全可以回到家乡招兵买马，东山再起。遗憾的是项羽丧失了奋斗的信念，精神垮了，绝望了，因而自己结果了自己。可见，一个人往往不是被别人打倒的，而是被自己打倒的，是自己打败了自己。所以，人最伟大的成功不是在世界舞台上，而是在内心深处。

太平天国天京事变后，翼王石达开率精兵20余万，继续高举天国旗帜南下与清兵作战。在转战贵州期间，他无意间流露出要出家隐居的念头，这看似微乎其微的言词，却招致了他的灭顶之灾。主帅意志不坚，何以稳定军心？于是全军上下都在思虑各自后路，使本疲于长途征战、尚抱有胜利信心的官兵顿时惶恐起来。在军心浮动的危机关头，彭大顺、朱衣点等67个将军果断率20万大军离他而去，剩余的三四万部属自然抵御不了清军雄厚兵力的围剿，一路败退至大渡河最后全军覆没。石达开的末路为世人留下了隽永而悲凉的话题。

历史往往有惊人的相似，七十年后的毛泽东率领长征的红军同样是在五月抵达大渡河，面对数倍的敌军和极其严峻的局面，他以必胜的信念，发挥了超常的智慧和力量。飞夺泸定桥，一举成功，开创了人类史上的奇迹。汹涌咆哮的大渡河，没有演绎石达开第二的悲剧，相反，踌躇满志，志在必得的蒋介石却呕心沥血，未竟全功，沮丧懊恼的离开了峨眉山，这说明，执着的信念是致胜的关键。

人，只要有坚定的信念并有所追求，就不会向任何人低头，就能适应任何环境，冲破任何艰难险阻，取得最后的胜利。强烈的自信能转化为一种积极的情感，激发潜意识，释放出无穷的热情、精力和智慧，进而帮助人获得事业上的成就。

红军长征中的四渡赤水是毛泽东平生得意之笔，尤其是娄山关大捷，再占遵义，是毛泽东军事指挥艺术的经典。当时红军损失严重，面临数倍敌人的围追堵截，生存形势十分危机。如果没有藐视敌人的气概，充满自信的拼搏精神，是不能从容缜密的判断敌情，机智巧妙的对付敌人，大胆在敌人眼前穿插机动并敢于抢占先机，威慑强大敌军的。毛泽东在艰难困苦，生死考验面前，充满自信，无比乐观，他那种越是艰险越向前的英勇气概是令所有人都无比敬佩的。

在当代变化莫测的商海中，企业如同战场一样，随时都会面临各种难以预料的竞争和危机，遭遇突如其来的变故和挑战。领导者务须确保坚强的意志，将"永不言败"作为信条，不管遭遇何种压力也绝不放弃。领导者要有泰山压顶不弯腰的精神，要将笑傲困境的坚强意志传递给所有成员，同时以勤奋乐观的姿态来感染激发下属像自己一样付出艰辛的努力，从而统领整个组织跨越难关实现既定的目标。如果习惯轻易放弃，那么就不足以成就任何事业，甚至会给企业带来灾难性的后果。

高度自信的精神来自何处？既来自坚韧顽强的意志，又来自敢于斗争的胆识魄力。中国共产党武装斗争的 22 年历程，有 21 年是处在敌强我弱的态势下，有无数次惊心动魄的紧急关头，都是靠各级领导者的坚韧意志和胆识魄力赢得胜利的。

胆识就是胆量和见识。胆量就是敢想敢干，见识就是见多识广。见得多的人，不为人惑，不为物迷。有见识的人，对事物能作出明智的、正确的判断。有胆有识就是胆量和见识结合起来，如此才能成就事业，助飞成功。

胆识是领导者的特质之一，领导者要能在遭遇突发事件或面对危机时处变不惊，冷静分析，从容应对，指挥镇定。一位有胆有识的领导人，容易取得人们对他的信任，使人们产生信赖感，进而增强其领导魅力。

魄力、能力和毅力"三力"一体，是构成领导者赢得成功的重要因素。魄力是胆略、胆识的显示，是一种高度的自信和理性，是理性引领下的坚决果断，有了理性，魄力才会彰显真理力量，转化为决断决策的能力。它是一种特殊的能力，是一种无所畏惧的气势。领导者的正确决心常被誉为英明决断，它体现了领导者的睿智和心胸。领导者最忌讳的是优柔寡断，毛泽东说："要破除迷信思想，不要被大学问家、名人、权威者所吓倒，要敢想、敢说、敢做，要从束手束脚的状态中解放出来，要发挥人的创造性"。敢想敢干才能开创新局面，敢想敢干才能有丰功伟绩。

魄力、毅力，都是铸就卓越领导者的力量。毅力是顽强地坚持和持久的忍耐，也是一种奇特的能力。坚韧的执行力来自对目标追求的执著态度，毅力强的领导者具有稳定的情绪和坚强的意志，能很好地克服情绪的冲动，面临困难和挫折，具有不达目的决不罢休的精神。阿里巴巴的总裁马云说：经营企业的第一年艰难，第二年更艰难，到了第三年就快乐了，但好多企业撑不住的都死在第二年的年三十晚上。这个生动的比喻就是告知领导者毅力的独特作用。

英国陆军元帅、第二次世界大战著名战将蒙哥马利在《领导艺术之路》一书中说："领导艺术的第一步应当是才智。才智的正确定义则是：团结人们朝着一个共同目标努力的能力和意志，以及鼓舞人们的信心品格。"接着他又说："如果没有意志，即使有能力也无济于事。"尼克松在《领导者》一书中总结领导者成功之道时写道："有建树的领袖人物都具有坚强的意志，而且懂得如何调动别人的意志。"

曾国藩在给弟弟曾国荃的一封家书中说，你一定要咬牙立志，积蓄自己的斗志，增长自己的智慧，千万不要从此气馁。要想立不世之功，成不世之业，离开了"坚忍"二字是不可能的。

古今中外，都崇尚知识，但有知识未必等于有实际才能。因为还缺两个条件，一是胆识，二是实践经验。所以毛泽东说："秀才造反，三年不成"。因为知识分子缺少实际经验，正因为缺少经验，所以缺少胆识。有些能力是可见的，如能言善讲的鼓动力、挥笔万言的写作力、指挥调遣的组织力，协调劝解的沟通力等。有些能力是不可见的，如奇思妙算的想象力，去伪存真的分析力，大刀阔斧的决断力，坚韧持久的忍耐力等。胆识魄力是一种独特的心理资源，是一种特殊的能力，是领导不可或缺的珍贵素质。没有胆识魄力，就不会有空城计、连环计、声东击西、暗度陈仓等以少胜多的成功战例。如果说鼓动力、写作力、组织力、沟通力等是才能的硬实力的话，那么胆识魄力就是珍贵稀缺的软实力。软硬交织一体，交相辉映，才能更好的发挥独到的作用。

5. 心胸宽广，海纳百川——领导者是有恢弘气度的人

"将军额上能跑马，宰相肚里能撑船。"说的是领导者胸怀宽广、度量博大，具备容川吞海、包纳万物的载量。他标志着领导者领导力的施展回旋空间，也决定着领导力运用发挥的预期效果。

胸怀宽广大度的人，表现出来的是包容、忍耐、谦和、慷慨和分享。胸怀宽广大度，就是容人之短，不计前嫌，不计较他人对自己的戕害和种种过失，从长计议，重新团结，再结同盟，为了事业精诚团结，共创未来的思想境界。而有些领导者则心胸狭窄，小肚鸡肠，声称眼睛里揉不得沙子，以牙还牙，锱铢必报，受不得一点委屈从而成为孤家寡人。大量事实说明，宽容大度者朋友越来越多，对手越来越少；心胸狭隘者不仅朋友越来越少，而且弄得到处都是敌人。作为领导者身边没有知心人，手下没有追随者，这个领导者还怎么干呢，根本就谈不上有没有领导力了。

胸怀宽广博大与否，实质就是思想境界高低的问题，进一步说就是素质修养程度的差别。胸怀是与品德、知识、经验、智慧相结合的产物，是人格教育、心性陶冶、知识积累和实践磨砺的结果。它体现的是人格张力，展示的是高超

智慧，是外在气量和风度的底蕴，更是衡量其人生格局的重要标准。

胸怀宽广博大的人，必定具有远大的理想和抱负，所以他不会为名利所扰，为私欲所困，不会拘泥于凡俗末节、低级趣味和蝇营狗苟。胸怀会随着远大的理想追求而变得博大深远，会随着事业的起伏跌宕而变得坚韧深邃。如此才能对理想和事业承载得起、肩负得住，敢于更乐于为此付出行动，甚至流血牺牲。

一个领导者在艰辛漫长的事业征途中，免不了有上司的打压，同事的排挤，下属的诽谤，对手的陷害，各种人际矛盾和利益关系的纠葛，会遭到各种各样的歧视和不公正待遇，会有许许多多的委屈和愤懑。如果不能容纳忍耐，就会小不忍则乱大谋；如果能打脱牙和血吞，退一步就可以海阔天空。只有心胸宽阔的人，才能包容异己，化解矛盾，既能团结与自己意见相同的人，还能团结与自己意见不同，并被实践证明确实是错了的人一道工作。做到有容人之量、忍让之风、助人之德，能听难听之话，能吃难忍之亏，使同志间情感交融，思想共鸣，营造健康和谐的工作环境，调动一切可以调动的积极因素，凝聚大家共同干事业。所以，通过一个人的心胸和气度，就能看出其成长的高度和事业发展的长度。

比大地宽阔的是海洋，比海洋宽阔的是天空，比天空宽阔的是人的胸怀。毛泽东在这方面为我们树立了光辉的榜样。

1956年，毛泽东在党的八大预备会议上说："三次'左'倾路线时期给我的各种处分、打击，包括'开除党籍'、开除政治局候补委员、赶出红军等，有多少次呢？记得起来的有二十次。"

回顾那段逆境时，毛泽东说："对于那些冤枉和委屈，对于那些不适当的处罚和错误的处置可以有两种态度。一种态度是从此消极，很气愤，不满意；另一种态度是把它看作一种有益的教育，当作一种锻炼。"

当时与毛泽东一道工作并目睹毛泽东所受到的种种不公正待遇的李维汉，做出过非常精到的评价："他坚持三条：一是少数服从多数；二是不消极；三是争取在党许可的条件下做些工作。那时王明路线的主要负责人整人整得很厉害，不是把你拉下领导职务就算了，还批得很厉害。毛泽东在受打击的情况下，仍能维护党的统一，坚持正确的路线和主张。"事实证明，毛泽东受到的打击和处分绝大多数是不公正的，是错误的。

毛泽东说过，他并不是没有犯过错误，但真正的错误没有受到过处罚，而受到的打击和处分则"都是没有确实根据的"。然而，在一次又一次的不公正待遇面前，他的革命意志和工作劲头没有消沉减退，而是坚持原则，决不放弃自己正确的符合实际的主张，同时又顾全大局，遵守纪律，尽可能地在力所能及的范围内继续做出自己的贡献。最后他成功地走出了人生的逆境，成长为中国共产党的伟大领袖，并领导中国革命取得了辉煌的胜利。

毛泽东对待犯错误的同志，始终有客观的认识，肯定他们的革命精神，指出他们的长处，正确对待他们的错误，允许他们幡然悔悟，给他们改正立功的机会，最后都成为身边的鼎力臂膀。毛泽东胸怀的宽广博大，也使得敌人的离间瓦解屡遭失败。

陈独秀在大革命时期推行右倾路线，在党内搞"家长制"和"一言堂"，听不得反面意见，曾排挤过毛泽东，又成立托派组织与共产党分庭抗礼，被开除党籍。可毛泽东对陈独秀给予了高度评价，说他是五四运动的总司令，建党有功。

顾作霖是中共早期领导人之一，中央苏区共青团工作的奠基者，在一些问题上曾与毛泽东针锋相对。当顾作霖被任命为红军总政治部代理主任，即将奔赴前线时，他找到了毛泽东，陈述了自己的思想状况和认识的过程，自我批评了过去的行为，并对自己曾积极反对毛泽东表示道歉。毛泽东说："你不需要向我道歉，看人、待人不能凭个人的好恶，应该设身处地，多理解他人。你们这些人的革命热情，对于理想的追求，对于党的事业的献身精神都是值得我们敬佩的。你这么年轻难道不是舍生忘死，真情实意地干革命。忘掉我们过去的那些不愉快的事吧。"

1936 年 7 月，美国记者埃德加·斯诺来到陕北，遍访中共高层，获得了许多当时珍贵的史实资料。在采访博古、李德，凯丰时，他们都表示了对毛泽东的钦赞，其中凯丰心服口服的对斯诺说："毛主席是共产党的最好的领导人"。斯诺在了解中共高层内部的斗争后，曾与张闻天闲聊时说："博古和李德在中央苏区时，那样的打击、排斥毛泽东同志，给中国革命造成那么大的损失。而现在毛主席对他们却是那么亲切和重用。我有好几次看见他们在一块亲切的谈话，这是为什么？"张闻天说："毛泽东同志的胸怀非常宽阔，能从革命的大局出发，善于团结各方面的人一道革命，特别是反对过他的人，而且是在实践中证明反对错了的人"。斯诺感慨地说："要是蒋介石的话，在遵义会议以后，就把他们除掉了。"张闻天接着说："正因为蒋介石那样心毒手狠，不能容人，所以国民党才四分五裂，不能统一"。

正因为毛泽东有博大的胸怀，才使得中国共产党真正实现了全党的空前大团结。

毛泽东成为党的领袖之后，对以往犯错误的人，都采取惩前毖后，治病救人的原则。只要不是犯罪，一律不抓，一个不杀。

在历史上，因领导人不能修炼气度，缺乏容人的气度和雅量，眼界短浅，心胸狭隘，斤斤计较，冤冤相报，乃至排斥异己，互相猜忌防范，永远做不了大事、成不了大器，更不可能带领部下渡难关、谋发展、有作为。太平天国天王洪秀全造成的天京事变就是典型的事例。

毛泽东不仅对党内出现的重大问题，主动推功揽过，就是与友人意见相左，也都严于律己。1958 年，毛泽东与李达曾有两次面对面地争论，背后则高度评价了李达。他对秘书说："今天我和李达的争论，我是错误的。"并强调说："李达是党内的鲁迅，他什么时候来见我，都可以，不要阻拦!"

历史证明，没有毛泽东的博大心胸，就不会有中共的"请看千涧水，万壑始成河"。"千流归大海，奔腾涌巨澜"的壮阔局面。正因为毛泽东有了博大胸怀，才当之无愧地担负起了团结全党去共同奋斗这一伟大的历史使命。

6. 善于学习，通晓哲学——领导者是有理论修养的人

学习是领导者的一项至关重要而十分特殊的能力，一方面是因为学习是知识、信息、技能的来源，不学习就跟不上时代发展的潮流；另方面学习是衍变领导力的转换器，自然也就是领导力的来源。

知识是人们在改造客观世界的实践活动中所获得的直接经验和间接经验的总和，知识演化为思想，思想落实到行动就是能力。领导者知识渊博，才华横溢，必然会对他人产生积极影响，使下属产生敬佩感和依赖感，会给领导者带来良好的感召力和影响力，是领导者实现组织目标的重要依据。学习，是决定人与人之间谁影响谁，谁领导谁，谁主宰谁的根据，是领导力至关重要，意义深远的要素。

举世公认中国工农红军二万五千里长征的胜利是人类史上的一个奇迹。奇就奇在无论从哪方面来说，区区三万的流窜逃亡部队都不可能在云贵川那个险恶地方，在十倍以上追剿大军的层层包围中伸缩自如，游刃有余，并突破重重天险最后胜利到了陕北。一个疲弱之师，缺枪少弹；一个数十万大军，装备精良，占尽优势，力量对比极其悬殊。可为什么优势一方总被对方当猴耍？背后的奥妙是什么呢？其中一个重要因素，就是知识的力量、信息的力量发挥了独特作用。红军有一支特殊队伍——军委二局，他们运用先进的通讯技术，随时可侦听敌军的电台通话，快速破译敌军的情报密码，从而及时获得敌军的情报，掌握敌军的动态。通常是敌人的军事部署下达之际，也是中革军委尽悉情报之时；敌人的下属部队还没行动，红军各个团的战斗队形就展开了。红军始终占据着主动，屡屡让敌人扑空，时而出其不意给敌人以重创。毛泽东牵着蒋介石

的鼻子在赤水河畔转来转去，弄得追剿大军损兵折将，疲惫不堪。由此我们感悟这样一个道理，人的行动总是被动的，他是客观动态形势的产物，犹如天上下雨人要打伞一样。正因为人的认识和行动是客观事物的反映，所以人所作所为的依据，就迫不得已必须凭借知识和信息。正如毛泽东所说："情况是在不断地变化，要使自己的思想适应新的情况，就得学习。"

任何一位领导者，总是要有意无意地影响对方，影响就是领导，影响力就是领导力。而能不能起影响作用，关键取决于领导者头脑里的思想，思想就是对知识信息进行加工演变出来的系统观念和各种思路。说话的内容，实质成分就是知识和信息。两个人谁拥有的知识多、掌握的信息多，谁就掌控着话题的主动权。究竟谁在说？到底谁在听？谁在影响谁？谁在领导谁？不用说，双方心知肚明。为什么毛蒋争雄，蒋总是败下阵来，其中一个重要因素，就是蒋介石的学识不如毛泽东。周恩来，朱德都是本科学历并留德的高级知识分子，为什么能把指挥权拱手让给毛泽东，其中一个重要因素，就是毛泽东的学识更深厚一些。如果毛泽东对石达开的末路不知道的话，历史的鉴镜就失去了作用，那么红军也许就真的成了太平军。

唐宋八大家之首的韩愈在《师说》中写道："人非生而知之者，孰能无惑，惑而不从师，其为惑也，终不解矣。""是故无贵无贱，无长无少，道之所存，师之所存也。"这里的"道"就是知识，"师"是掌握知识的人，为了得到知识，就必须求师拜师；有无知识，是衡量老师的标准。求的是知识，所以谁有知识谁就是老师，谁有知识就应向谁学习。没有知识还不学习，那无疑就是蠢人一个。

知识就是力量，知识创造神奇。知识产生领导力，知识就是竞争力。

1972年2月21日，毛泽东在自己的书房里会见了美国总统尼克松，两国领袖谈了读书与学习，尼克松对毛泽东的博学钦佩之至。尼克松说："我读过主席的诗词和讲话，我知道主席是一位思想深刻的哲学家。""主席的著作推动了一个国家，改变了这个世界。"尼克松的评价，可以说代表了全世界所有国家领导人的共同心声。一个垂暮之年的老人，几乎足不出户，说话很少，为什么在世界范围内还有着强大的领导力，就在于这位老人还在学习。

当今领导者的核心能力是思想创新和超越自我，而这种能力的根源就是学习。随着21世纪的到来，人类开始进入一个知识经济的新时代，在知识决定一切，在知识统领未来的时代，学习，自然成为领导者的一项重要任务，成为领导者日常生活与工作的重要内容。学习不仅是要学习新知识，新技能，更重要的是学习新思想、新思维、新概念。学习的目的不是巩固原有的经验和理念，而是为了发动变革，为了进行创新，为了超越自我。因此，今天的学习，就是领导能力的开发与提高，学习力就是领导力，学习力在先，领导力在后，没有学习力，就没有领导力。

当今时代是瞬息万变、充满挑战的时代，这个时代对领导者的知识和能力提出了更高的要求，领导者如果不与时俱进努力充实新知识，不自觉地优化知识结构、不主动地拓宽眼界和视野，就难以适应日新月异的局势变化，就不能迅速提高领导力，就没有办法赢得主动、赢得优势、赢得未来。只有进行全面、系统、富有探索精神的学习，只有树立危机感和紧迫感，树立终身学习的目标，利用一切时间刻苦学习，才能不辱使命、不负众望。坚持向书本学习、向实践学习、向群众学习，才能增强工作的科学性、预见性、主动性，才能避免陷入少知而迷、不知而盲、无知而乱的困境。

习近平指出："好学才能上进。中国共产党人依靠学习走到今天，也必然要依靠学习走向未来。"作为领导者，必须要善于学习，提升学习力。从某种层面上说，学习就是应对变化、认同变化、适应变化，参与变化，推陈出新，开辟新的局面。英特尔总裁格鲁夫说："在这个快速变化的环境中，我们清楚地意识到当今世界唯一不变的只有一个——变化。"要以不变应万变的唯一方法就是学习。领导要率先学习，学得更多一些、更深一些，然后组织团队学习，带领大家学习，实现全员学习，建设学习型组织，适应知识经济时代的变化。

（1）善于学习是克服"本领恐慌"，实现自我超越的重要途径

毛泽东于 1939 年 5 月 20 日《在延安在职干部教育动员大会上的讲话》中说："我们队伍里边有一种恐慌，不是经济恐慌，也不是政治恐慌，而是本领恐慌。过去学的本领只有一点点，今天用一些，明天用一些，渐渐告罄了。好像一个铺子，本来东西不多，一卖就完，空空如也，再开下去就不成了，再开就一定要进货。我们干部的"进货"，就是学习本领，这是我们许多干部所迫切需要的。"

习近平把"本领恐慌"现状概括为"新办法不会用，老办法不管用，硬办法不敢用，软办法不顶用"，提出"全党同志特别是各级领导干部，都要有本领不够的危机感，都要努力增强本领，都要一刻不停地增强本领"。只有不断学习，才能保持政治上的坚定、理论上的清醒、战略上的主动；只有从学习中才能找到克服"本领恐慌"的有效方法。要想提高领导水平和决策水平，就要善于学习、勤于学习。只有不断提高学习力，才能持续提升领导力，才能不断提高执政力，才能以百折不回的勇气和毅力攻坚克难，才能确保始终走在时代

前列。

善于学习包含着勤奋执着的学习动力，坚韧刻苦的学习毅力，学以致用的学习能力。学习动力、学习毅力、学习能力，是构成学习力的三个基本要素。三要素都源自学习者对学习意义、学习目的的深刻理解。20世纪组织最值钱的是有形资产，而21世纪组织最值钱的资产则是善于学习的人。善于学习的最大意义，就在于它能改变人的命运。如果领导者能善于学习，就能改变组织的命运，进而改变组织成员的命运。

毛泽东在延安的时候说过一句话："如果再过10年我就死了，那么我就一定要学习9年零359天。"中外历史上，也不是没有粗通文墨或不通文墨、乃至轻慢书籍的政治家，不过，这样的政治家大多是称雄一时便人亡政息。大体说来，贯通古今、识见深远而能从精神品格和行为信念上影响后世的出色政治家，绝大多数是喜好读书的。

善于学习体现着领导者勤奋精进，自我超越的主动自觉，是领导者超越自我、追求卓越，积极伸展"向上张力"，突破"成长上限"，不断实现心中梦想的根本途径。

真正的财富源泉是学习力。在以知识为基础的社会里，没有知识难以生存。人要获得知识，付出的等价成本就是不断学习。不断学习才能不断进步。"欲求木之长者，必固其根本；欲求流之远者，必浚其泉源。"离开了学习，一切将无从谈起。有的人就是从放松学习开始，导致了政治上变质、经济上贪婪、道德上堕落、生活上腐化。有的人不信马列信鬼神，大搞封建迷信活动，到处烧香拜佛，上项目要请风水大师选址，开工竣工要选黄道吉日。其实真正能拯救自己、铸就成功的，还得靠学习。

善于学习能丰富领导者的智慧，学习力孕育着思想力，学习力会转化为思想力，思想力就是领导力。学习首先是改变主观世界的强大动力，继而成为改变客观世界的强大能力。善于学习无异于站在巨人的肩膀上，饱览前贤先哲的智慧和襟怀，净化心态、涤荡灵魂、与前贤先哲对话，找到未来前行的方向和目标。通过学习重新塑造自己，拓展自己的创造能力，为着一个远远超出个人利益之上的伟大目标而奋斗。善于学习又无异于站在与时俱进的时代列车上，将沿途风光尽摄眼底，紧跟时代发展的脚步，密切注视形势的变化，观念超前，主动应变，抓住转瞬即逝的机遇，实现挺身崛起或实现华丽转身。

日益激烈的竞争逼迫领导者学习。竞争无所不在，无时不有。高学历的人通常都被视为人才，人才是组织的宝贵财富，但人才不持续学习也会落伍。领导者是人才中的俊才，知识经济时代，人才越来越多，当人才们都快马加鞭再攀高峰之后，领导者若不能善于学习，拓展知识面，构筑自己多元化的知识结构，是很难胜任一个领导职务的，时刻都会面临淘汰的危险。

日新月异的形势逼迫领导者学习。当今世界的竞争，本质上是学习的竞争，是学习速度的竞争。李嘉诚说过："没有学习就没有未来，这个世界上最可怕的事情是比我们更厉害的人还在学习。"我们要想有持久的竞争力，唯一的办法就是比别人学得更快。要想成为竞争中的强者，就必须努力把组织修炼成学习型组织，提高组织的学习力、创新力，而这首当其冲的就是领导者要善于学习。善于学习才能在大是大非面前保持清醒认识，在大风大浪中坚持正确立场，以不断增强领导事业发展的原则性、系统性、预见性和创造性。

（2）通晓哲学是领导者事业制胜的"看家本领"

中外历史、心理学、管理学、领导学、哲学是领导者必须要认真学习的一组人文科学知识，其中哲学，更应是领导者潜心深造的一门学问。哲学是集世界观和方法论于一体的科学，是研究世界一切事物和现象共同本质和普遍规律的学问，是高屋建瓴，指导人们认识世界改造世界的理论指南。领导者的远见卓识和理论水平通常是建筑在哲学基础上的，所以说，哲学是领导者事业致胜的"看家本领"。

领导者的理论水平，在很大程度上决定着工作水平和领导水平。刘少奇说过："中国共产党过去的屡次失败，都是理论上的失败"。他认为第一次大革命和第五次反"围剿"的惨败，究其根源，在于党内忽视理论学习，一味照搬苏联模式，不顾中国革命的特点，忽右忽"左"，在实践中盲目蛮干所致。

毛泽东特别注重理论的学习，因为斯大林有一句名言："没有革命的理论，就没有革命的运动。""没有理论的实践，是盲目的实践。"在中国革命究竟应采取何种方式的问题上，毛泽东多次陷于苦苦的思索，那些在苏联留学、在马列主义学院进修的理论家们嘲笑他是"山沟沟里的马列主义"，屡屡指责根据地建设和游击战争的成功经验为逃跑主义、游击主义并痛加批判。结果那些号称"百分之百的马列主义"者们，却丢掉了一个建在山沟沟里的红色国家。中国革命向何处去？成了众说纷纭，莫衷一是，悬而难决的大课题。

1936 年以后，毛泽东有了稍加喘息的时间，他抓紧理论学习，以异乎寻常的热情和精力来读书。每当夜晚，他居住的窑洞中，灯光点点，彻夜常明，为了中国革命的前途，他孜孜不倦地攻读马列著作和其他政治理论书籍。从保存下来留有他批注圈画手迹的有《共产党宣言》、《资本论》、《哥达纲领批判》、《列宁选集》、《列宁关于辩证法的笔记》、《国家与革命》、《共产主义运动中的

'左派'幼稚病》、《斯大林选集》、克劳塞维茨《战争论》、《逻辑与逻辑学》等等。他曾对人说："联共党史是本好书，我已读了十遍，奉劝各位也多读几遍。"他还说："李达同志给我寄了一本《社会学大纲》，我已经看了十遍。""李达还寄给我一本《经济学大纲》，我现在已读了三遍半，也准备读他十遍"。由此可见毛泽东学习之认真刻苦。

斯诺回忆道："毛泽东是个认真研究哲学的人。我有一阵子每天晚上都去见他，向他采访共产党的历史，有一次一个客人带了几本哲学新书来给他，于是毛泽东就要求我改期再谈。他花了三四夜的功夫专心读了这几本书，在这期间，他似乎是什么都不管了。"郭化若回忆说：长征到了延安后，"毛主席特别发愤读哲学书。有一次，我在他的办公室内，看到桌面上放着一本《辩证法唯物论教程》，我翻开一看，开头和其他空白处，都有墨笔小字的旁批，内容全是中国革命中路线斗争的经验。这使我初步理解到毛主席是用马列主义的立场、观点、方法来分析中国革命的实际问题，并把中国革命的实践经验提高到理论水平上来充实和发展马列主义。"

毛泽东在延安时期的阅读和理论创造，确立了他此后看待实践、分析实践问题的两个最根本的方法和一个根本主张。所谓"两个根本方法"，一个是实事求是，一个是对立统一。所谓一个"根本主张"，就是马克思主义中国化。正是在这个基础上，毛泽东在 1937 年的 7 月以后，相继写出了《实践论》、《矛盾论》等哲学论著，《论持久战》等军事论著，《新民主主义论》等政治论著，还有《在延安文艺座谈会上的讲话》的文化论著。这些理论创造，令全党上下钦佩之至。可以这样说，正是在延安的窑洞里，他完成了从军事领袖到政治领袖，从政治领袖到理论权威的两大跨越。

刘少奇指出："没有理论，工作就是盲目、没有前途的。没有理论的人容易被'俘虏'，被人家天花乱坠的话所迷惑。"刘少奇在总结大跃进、高指标、浮夸风等"左"倾错误时，认为就是由于党的领导干部缺乏理论修养，在思想上产生了主观主义、教条主义、官僚主义的作风而造成的，并再次强调了学习马列主义理论的重要性，特别是高级干部加强马列主义学习的重要性。

毛泽东讲过，我们党内如果有一二百个真正懂得马克思列宁主义的人，就等于打倒了一个日本帝国主义。他强调要注重学习政治、经济、文化等各方面知识，特别要重视对马克思主义哲学的学习。

马克思主义是严谨而完整的学说，他包括三个组成部分：哲学、政治经济学和科学社会主义理论，其中哲学是基础。这是马克思主义之所以具有内在的严谨性、完整性、严密的逻辑性和彻底性的理论根据。马克思主义哲学是自然界、人类社会和人的思维运动和发展的最一般规律的科学，它揭示了一切事物的现象和过程的基础和共同性的东西，是科学的世界观和方法论，是指导中国革命、建设、改革的强大思想武器，是中国共产党人宝贵的精神财富。

马克思主义哲学是科学分析问题的认识论和系统解决问题的方法论，为我们提供了正确处理问题的立场、观点和方法，这一点至关重要。我们在工作和生活中会遇到很多问题，这些问题从主观上可追源于我们的思维方式。思维方式不对头，工作方法必然不对头，工作效果就出不来。有些人看问题主观、片面、偏激、教条，就是立场、观点和方法出了问题。习近平强调说："我们学习理论，关键要学会运用马克思主义立场观点方法来观察和解决问题，观察世界全局和时代发展趋势。"马克思主义理论素养是领导者的必备素质，是实现政治坚定、政治成熟的思想基础。一个领导者如果不学习马克思主义哲学，就无法深刻领会和掌握马克思主义，就不可能成为一个先进的、有修养的、能够自觉分析当代事件的卓越领导者。

思想富则国富，理论强则国强。一个政党、一个国家、一个民族、一个企业，要奋发图强，领先发展，站在世界的高峰，须臾离不开理论思维，离不开科学的世界观和方法论。正是因为中国共产党成功地找到了马克思主义，并且坚持把马克思主义基本原理同中国具体实际相结合；认识和掌握了中国社会发展的客观规律，才能克服各种错误倾向，不断形成革命、建设、改革的正确路线方针和政策，不断开辟中国人民救国、建国、兴国的正确道路；也正是因为共产党坚持用科学理论武装党员、教育人民，才能指引和鼓舞全党团结带领人民群众一往无前地为实现国家富强和民族振兴而奋斗。一个党是这样，一个企业也是如此。

理论修养至关重要，理论修养是领导者综合素质的核心，理论上的成熟是政治上成熟的基础，学习和掌握理论的深度，直接影响甚至决定着一个领导干部的政治敏感程度、思维视野广度和思想境界高度。思想力是以深厚的理论修养和广博的知识素养为根底的，理论就是知识的提炼并使之系统化，它在整个知识结构中起着统帅作用。只有理论水平高的人，才能总揽和驾驭全局，洞察未来并远见卓识。努力提高理论水平，自觉运用马克思主义的基本立场、观点、方法观察问题，是领导者做好一切工作的看家本领。马克思主义理论水平是倍增领导力的根本手段，也是我们党保持和发展先进性、始终走在时代前列的重要保证。

7. 诚实守信，严谨自律——领导者是能坚毅自制的人

欲治兵者，要先选将。将是军队的领导者，春秋末期杰出军事家孙武提出

了选将的五项标准——"智、信、仁、勇、严"。后人把这五项标准奉作"为将五德",并延伸为优秀领导者必备的五种品德和素养。梅尧臣注曰:"智能发谋,信能赏罚,仁能附众,勇能果断,严能立威。"古人认为"五德"皆具,是谓德才兼备,文武齐全,并强调此五者缺一不可。

"信"和"严"是其中的两项,信者,诚信也。诚信是做人的基本准则,更是领导者带兵率众的先决条件。《孟子·离娄上》指出,"诚者,天之道也;思诚者,人之道也。"这等于是把"诚"作为至高无上的价值源头来看待。

诚信是人类的传统美德。诚与信在本质上是相通的,"诚,信也","信,诚也。"诚是信的思想基础,信是诚的行为表现。诚即真诚、实在,言如所思,行如所言,既不欺人,也不自欺,是诚心、诚言、诚行的统一;信即守信,笃信,人无信不立,有令人相信、信任、信赖的含义。诚信乃做人之本,诚实守信,是一个人尊重事实,表里如一,信守诺言,言行一致的品行。它既是个人的内在品质,又是人的行为规范;既是规范社会人际关系的准则,又是个人履行应承担社会责任的义务。领导者言出必行,言行一致,才能得到下属的尊敬与信赖,口是心非是领导者的大忌。领导者的一言一行,实质已不是个人行为了,而是代表着一个组织的行为。只有当领导者被证明是一个值得信赖的人时,下属群众才会觉得你可靠,才会把人生托附给你。领导者一旦失信于下属,所带来的后果不仅仅是人格和威信的下降,更是无法得到下属的认同和支持。

诚实守信就是诚信,诚实就是忠于事物的本来面貌,不隐瞒自己的真实思想,不掩饰自己的真实感情,不说谎,不作假,不为不可告人的目的而欺瞒别人。守信,就是讲信用,讲信誉,信守承诺,忠实于自己承担的义务,答应别人的事一定要去做。诚实守信的主要内涵是无欺、守诺、践约。它是为人正直可靠,值得信赖的保证,是衡量个人品行优劣的重要指标之一,是为人之本,从业之要。

只有诚信的领导者,才能勇于负责,敢于担当,才会为实现自己的承诺而积极努力。赏罚分明也是信,公正无私也是信,赢得信任才有信誉,信誉是领导者的金字招牌,其中包含以身作则、率先垂范的表现。只有时时处处讲诚信,才能够树立起自己的"威信"。

宋代改革家、大诗人王安石题诗赞商鞅曰:"自古驱民在信诚,一言为重百金轻。今人未可非商鞅,商鞅能令政必行。"诗作的主题是诚信,强调诚信是立身之基,治国之道。

春秋战国时,秦国的商鞅在秦孝公的支持下主持变法。为了树立威信,赢得信赖,推进改革,商鞅下令在都城南门外立一根一丈多长的木头,当众告示许下诺言：谁能把这根木头搬到北门，赏金10两。围观的人不相信如此轻而易举的事竟能得到如此高的赏赐，结果没人肯出手一试。于是，商鞅将赏金提高到50金。重赏之下必有勇夫，终于有人站起将木头扛到了北门。商鞅立即赏了他50金。商鞅这一举动，在百姓心中树立起了威信，而商鞅接下来的变法就这样在秦国推广开了。

1912年，19岁的毛泽东正就读于湖南一中，读了《史记·商君列传》之后，对商鞅徙木立信的事颇有感触，于是写下《商鞅徙木立信论》一文。该文获得国文教员柳潜的高度评价，柳潜先生在眉批开头说："实切社会立论，目光如炬"，尾批又强调"是有功于社会文字"。毛泽东在文中说："吾读史至商鞅徙木立信一事，而叹吾国国民之愚也，而叹执政者之煞费苦心也，而叹数千年来民智之不开、国几蹈于沦亡之惨也。"鉴古察今一个真理，无诚则无德，无信则事难成。

毛泽东等党和国家领导人一贯强调，要老老实实，实事求是，勤勤恳恳，脚踏实地，要"说老实话，办老实事，做老实人"。要力戒任何的虚夸和骄傲，反对弄虚作假，反对"说空话、说假话、说大话"，这不但是传统美德的要求，也是革命事业的现实要求。

自古以来，诚信者自然会光明正大，不诚信者必然要搞阴谋诡计，而搞阴谋诡计者必然要失败，必然要在事实面前输的一干二净。所以，聪明的领导者一定要诚实守信，不诚实守信，实质就是自己糟蹋自己，自己败坏自己，让自己出乖露丑，让自己威信扫地。在诚信这把精神标尺面前，一切虚情假意、欺瞒诈骗的言行都将无所遁其形，都必将遭到无情的揭露、批判和唾弃。

现在有一些领导者意识不到诚信的价值和意义，说一套、做一套、台上一套、台下一套，当面一套、背后一套，对上一套、对下一套，对人一套、对己一套，欺上瞒下，假话连篇；口是心非、阳奉阴违；满口大话、空话和假话，整天处于"表演"状态。朝令夕改，乐于"唯上"、喜欢"跟风"，热衷于提新口号、出新思路，使工作思路和工作重点缺乏连续性。捏造数字，虚报浮夸。上面抓得紧就抓一抓，上面抓得松就放一放，上面不抓就撒手了，致使不少蓝图规划成为摆样子的一纸空文，工作虎头蛇尾，有始无终。对群众所需、所急、所难之事，他们是能推则推，能拖则拖，能哄则哄，能骗则骗，就是不下真功夫。久而久之，小事拖成大事，好办的事拖成难办的事，矛盾激化，酿成事端。对自己制定的一些规章制度和签订的契约，往往根据形势的发展，对自己有利就执行和遵守，否则就以种种理由"赖账"，严重地损害了自己和组织的形象。

言而无信，出尔反尔，是领导者最忌讳，下属最反感的事情。诚信是领导者的人格基石，是一种珍贵的"品牌力量"，是极有价值的稀缺资源，是其它任何事物都难以补救和替代的。有些领导者不屑大义理念，企图以策略取胜，耍花招、玩计谋，不择手段，最终是机关算尽，弄巧成拙，搬起石头砸了自己的脚。诚信的建立不是一朝一夕就可完成的，不是轻而易举就能赢取到的，它需要连续多年的积累和精心的呵护。诚信的缺失和信用危机，势必成为企业健康发展的瓶颈和隐患。世无诚信不宁，国无诚信不稳，业无诚信不旺，家无诚信不和，民无诚信不立，官无诚信不忠。领导者讲诚信，上行下效，会使组织心齐风正，凝聚力增强。人们习惯于通过领导者的信用度来衡量他的品质，进而决定他的社会威望和未来发展。群众的信心、信仰、信任、信赖，在很大程度上取决于领导者的诚信。它是领导者取信于人、处世立身、成就事业的初始起点和终极保障。

　　孙武所言的"严"是指严明法度，"军令如山"。如此，才能号令鲜明，统一指挥，在战场上才能一往无前，所向披靡。凛然严明的钢铁纪律，让人知道何可为，何不可为，有所规矩，始成方圆，从而要求下属将工作做到最好。领导者要严人先严己，敢于以身作则，从严自律，以树风范。造成一个纪律严明，人心思进，积极向上的组织，培养下属奋发勤勉，一丝不苟，精细严谨，恪于职守的工作作风。

　　严谨自律就是在面对诱惑时的严于律己，是在没有监督情况下的自我管理。人能自律，方能他律，只有先做好自己的主人，然后才能做好别人的主人。领导者如果不能做到自律自制，就意味着要失去领导别人的资格和能力。能不能管理好自己的行为以及管理好自己周边的人际关系，是衡量一个人能否得到他人追随的重要标志。能管好自己，才能让别人信任，才能使别人把命运交付于你。

　　曾国藩一生封侯拜相，满族荣华，是中国近现代很有影响的人物，曾博得过毛泽东的好评。他把自己一生的感悟归纳为四条："慎独则心安，主敬则身强，求仁则人悦，习劳则神钦。""慎独则心安"讲的就是自律。"慎独"一词出于《礼记·中庸》，"慎"就是小心谨慎、随时戒备；"独"就是独处，独自行事。慎独，就是指在无人监督的情况下能模范地遵守道德规范，做到言行一致，人前人后都是君子，这是儒家修身的最高境界，也是领导者为官之道的最高标准。所以曾国藩说慎独是"人生第一自强之道，第一寻乐之方，守身之先务也。"

　　自律是理智决定行为，能面对诱惑说"不"！其实，自律归根到底还是品质问题。品质不佳，只能伪装控制，一旦得意忘形，就是真相暴露之时。"小人闲居为不善，无所不至。"真正的优良品质是一贯的严谨自律，不靠别人监督，做到自觉控制自己的欲望。严谨自律是一种修身境界，是远大理想抱负的体现。

领导者就是一个走在前、干在前的样子，是下属和群众心理预期的样子，有许多时候并不需要领导一天到晚喋喋不休，群众通过领导的影子就知道该干什么，不该干什么。相反，领导者声嘶力竭，耳提面命也不见效果，那肯定是领导的"样子"出了问题。

世上有两件事情最困难：一是改变自己，二是改变别人。要领导好别人，必须先领导好自己，通过改变自己来改变别人。真正决定领导者能力的恰恰就是个人的品质和个性。中国传统文化把"修身"作为"齐家治国平天下"的基础和前提，一个立德、一个立能，合起来就是"立人"。鲁迅先生指出："人立而后凡事举。"很多领导者能统领千军万马，唯独管理不好自己，而恰恰良好的自我管理，才是有效提升领导力的真谛。

抗战时期，从美国归来的科学家陈家庚先生，分别到重庆和延安考察。他先到了重庆，蒋介石非常热情地接待了他，并花800块大洋，在重庆最好的酒店为他摆了一桌接风宴。接着，陈家庚又到了延安，毛泽东也非常热情地接待了他，并请他吃了自己亲手种的菜。只是这一顿饭，只花了两毛钱。事后，陈家庚深有感慨地说："蒋介石招待我花了800块大洋，而毛泽东招待我只用了两毛钱。得天下者，共产党也！"显然，陈嘉庚会想，这800块大洋，是掏你自己的腰包吗？原来花的是公款呀，怪不得不心疼！如果花你自己的工资，出手还会这么"大方"吗？这800块大洋，能买多少枪支弹药？一个工人或农民，辛苦劳动一个月，尚不能收入一块大洋，而你的一顿饭，就吃去800多个劳动者一个月的总收入。哪个老百姓看到这样的领导，心里能高兴呢！

"欲影正者端其表，欲下俭者先之身"。职位越高，越要严谨自律，无数领导者因管不好自己的私欲而落马，因管不好自己的形迹而沉船。如果我们领导干部都能以毛泽东为榜样，严于律己，洁身自廉，勤俭节约的过日子，腐败现象何愁不绝？强国富民的宏伟目标何愁不能实现呢？

8. 热忱谦逊，和蔼亲善——领导者是有博大情怀的人

卡耐基说："热忱是个性的原动力。"热忱是一种意识状态，是一种极其强烈而持久的情感动能，是一切成功的元气，是开启成功之门的钥匙，是通向未来成功的桥梁，对有的人来说可谓是股激情澎湃的伟大力量。爱默生说过："有史以来，没有任何一件伟大的事业不是因为热忱而成功的。"

热忱是内心里的光辉，是深存于人内心的一种炽热的精神特质，更是优秀

领导者必备的心理素质和精神状态。事实证明，一个能力平平却有着热忱的领导者，往往要超越一个能力很强却缺乏热忱的领导者。热忱最大的特点就是具有感染性，优秀的领导者能凭借自己的热忱感染他人，鼓舞他人产生激情，使所有和他有过接触的人都将受其影响而深受鼓舞。通过许多老帅的回忆得知，在长征那种极其艰难困苦的情境下，毛泽东、周恩来、朱德的等中央领导人肩负重任，日理万机，没有粮食、没有药品、没有枪弹、敌情紧急、危机重重，可想精神压力无比沉重。但他们却十分乐观，言谈之间还经常说一些笑话，谈笑风生，热情不减，使周围的同志深受鼓舞，感到他们很自信，很有能力，很有办法，所以全军上下都坚信，依靠他们一定能够取得胜利。

常言道："哀大莫于心死。"如果领导者没有热情奔放的那股劲儿，脸上露不出爽朗的笑容，浑身上下透不出轻盈愉悦的姿态，下属群众将更加悲观，情绪将更加冷淡，惰性将更加严重。所以一个领导者颇为可贵是要有一种热忱蓬勃的精神状态，领导者投入的热忱越高，被你感染的人就越多，影响力就越大，成功的几率就越大。

热忱能使人的思维活跃起来，进而激发智慧的绽放、促发想象力和创造力的涌现，使工作充满新意、富有创造精神，增强主体的动力和激情。故而热忱具有激励的奇特功效。

能力可以通过外在的力量加强，但热忱却完全来自一个人的内心。如果说能力是油，那么热忱就是火，没有火的点燃，油是不能燃烧起来的。稻盛和夫告诉我们，拥有热忱能够让我们将很多不可能变成可能。如果拥有强烈的热忱，我们的欲望就会进入到潜意识中，使我们无论在清醒时还是在睡梦中都能集中心志。现实生活中，有些人能力很突出，但因为缺乏热忱和激情，干什么都不温不火，还没能一展才华就消踪灭迹了。

领导者要具有自我燃烧的热忱。领导者的重要职能是对下属不断地给予教导、鼓励、赞赏和激励，激发下属动力、激情、热忱和奉献精神，使下属精神振奋，激情澎湃，士气高昂，不断进取。如果领导者能把组织中的人，都变成"可燃性"的生命，并通过自己将他们燃烧起来，那么这个组织就将拥有无穷的力量。

美国通用电气公司原董事长兼 CEO 杰克·韦尔奇曾说：公司要挑选领导者，肯定需要一些框架，确保领导人符合这个框架，每个企业家有自己不同的方法，我用的就是"四个 E 加一个 P"。

第一个"E"就是要充满能量，因为在竞争力非常强的市场，只有充满能量，才会有足够的动力带动企业的发展。

第二个"E"就是要有能力激励别人，一个人光有能力，别人不喜欢你，不喜欢跟你合作，也不会把事情做好。

第三个"E"就是胆识和决断力，要有棱角，果断地跟别人说是，还是不是。

第四个"E"就是执行力，就是把决策付诸行动，把事情做好，实现目标。

一个"P"就是热忱，你关注你的员工，关注你的公司，而且你的员工知道你非常关心他们，他们非常的信赖你。在一个组织中，那些缺少四个"E"品质和激情的人，尤其是领导者，能够持续取得成功的并不多见。领导者的热忱会鼓舞下属的执行力，更有助于领导力的发挥。

领导者的素质尽管已很优异，经验已很丰富，业绩已很显著，但是还应该谦虚谨慎。谦虚也是一种美德，是待人处事的正确态度，是领导者良好修养的一种表现。谦虚的益处：一是能体现对别人的尊重，言谈举止谦恭有礼，容易获得别人的好感，容易得到忠告、帮助和真诚的合作；妄自尊大，傲慢狂妄有蔑视他人的意味，容易招惹他人的不满嫉恨，轻易树敌。二是谦虚是一种可贵的学习品质，放低姿态，不耻下问，能学到很多新知识，迅速弥补专业技能缺欠，使自己很快进步。不谦虚的人往往缺乏自知之明的人，把自己估计的过高，低估对手的能力而麻痹轻敌，因此常蹈骄兵必败的悲剧。三是满招损，谦受益。谦虚是一种和蔼和善的态度，平易近人，能有效增强亲和力，团结部下，凝聚人心，密切联系群众，赢得下属的支持，有利与他人交往合作，创造组织和谐氛围。

谦虚的外在特征就是谦和，谦和也是一种独特的领导行为方式，是民主的领导风格相吻合，他的反面做派是威然强势。威然强势会使人们马上联想到集权、擅权、专权，操控局面的强悍风格，这种简单强势的领导风格惯常表现是高高在上、唯我独尊、不苟言笑、横眉竖目、疾言厉色、吆五喝六、气急败坏、拍案摔杯。所到之处，一眼就能看出威风凛凛，霸气腾腾的强势状态。这种状态确实有助提升下属的执行力，同时也因轻易得罪人频添仇恨，树敌众多，造成不必要的紧张关系，使下属伺机报复而破坏执行力。威然强势不仅令人敬而远之，最终将成为孤家寡人，而且还会使组织氛围受压抑，协调协作有障碍，影响工作效率和质量。群众通过总结发现：上等领导者，有本事没脾气；中等领导者有本事也有脾气；下等领导者，没本事乱发脾气。

有些领导者把作风粗暴当成个性，不但不反省，还以办事雷厉风行自夸。领导者的领导力不是拍桌子放狠话"吼"出来的，而是对下属群众以心交心换出来的。对下属群众在态度上关心、诚心，爱心，在方法上细心、耐心、热心，是领导者提升领导力，完成组织任务的基本保证。有一些领导者不明白自己与员工的关系是鱼水关系，手足关系，唇齿关系，血肉关系，割裂自己与员工的依存关系，不切实际地夸大自己的作用，甚至与员工对立起来，制定许多以惩治员工为目的的管理制度，实施悬殊的薪酬分配政策，缺乏公正、公平、公开的人才待遇，结果严重地挫伤了员工的上进心和积极性，给方方面面的管理带来灾难性的后果，这是许多亏损企业的通病，是领导力低下的症结。大量事实证明，凡卓越的领导者背后，都有一群优秀的下属在团结奋进；而一支涣散懈怠的队伍后面，注定有一个昏庸无能却盛气凌人的领导者在苦撑残局。

领导者应该有良好的工作心态，有很强的情绪驾驭能力，要将情绪作为重要的精神资源管理起来。不让情绪影响自己对人、对事、对形势的判断，保证集中精力、平稳心态用人做事。积极的情绪表现为：热情、热忱、热诚、谦逊、和蔼、乐观、通达、开明、宽容、自信、振奋、活泼、愉悦、灵活等。管理情绪水平的高低，也能影响事业的成败。

身为下属，都有一个共同的向往，那就是不管工作岗位是否艰苦，薪酬奖赏多少，最好是能有和睦融洽的同事关系，更重要的是能有一位通情达理、关心理解下属的领导。在他们看来，有位关心爱护群众的好领导，就等同于工作的意义和人生的价值。如果领导看我不顺眼，我瞅着领导别扭，还追求什么工作意义？还谈什么自我价值呢？

艾森豪威尔说："能控制自己情绪的人，可以成就任何大业。"情绪化是领导者的大敌。遇事气恼暴躁，不仅影响正确的判断，也制约思想信息的正确传递。英国著名文豪狄更斯曾说过："一种健全的性格，比一百种智慧都更有力量。"在当今竞争空前激烈的时代，领导者想要立足生存并求得最佳发展，性格的完整健全，意义非常。

2013 年 9 月，发表在《理论与改革》杂志上的一篇文章《转型期官员自杀现象的政治学分析》称，"中纪委特别研究员王华超曾透露，仅 2003 年上半年，中国就有 6526 名干部失踪，8371 名贪官外逃，1252 人自杀。"其实还有更多的官员自杀事件没有被披露。关于官员为何会频频自杀，官方给出的解释是：大多数官员长期心理压力较大、存在抑郁等倾向，此外，一些人因疾病困扰而选择轻生。但更多的舆论揣测，许多官员是因涉嫌腐败，不堪调查压力而畏罪自杀。值得特别提醒的是确实有些领导者不想活的原因是抑郁所致，这源于平时过于强势，四面树敌，人际关系恶化，社会、单位、家庭分崩离析，四面楚歌，身体不堪重负，疾患也时而威胁，生活已没有乐趣，最后自己结果了自己。还有就是不堪上司的排挤打压、刁难整治，其中包括不堪忍受上级领导的暴怒和不良情绪发作。

大凡卓越的领导者能将下属的利益和幸福放在心间，怀揣爱心，真诚协助部下获得成长，在严格要求的同时，辅以关爱和体贴。领导者要将自身经验和有益知识、技能毫无保留地传授给下属，当他们在工作中出现问题和错误时，就可以毫无顾虑地批评斥责，不管多么严厉，只要本意怀有善意和爱心，下属就能理解和接受，从而产生良性循环的效果。一旦下属遇到困难，遭遇不幸时，必须义无反顾，尽心尽力给予帮助和支持，否则无法赢得下属的真诚拥戴和坚定支持。

以上八项品格要素是领导力的主体根基，根基深浅决定领导力的强弱。领导力的实质是一种影响力，领导者与被领导者双方是一种互相影响和互相制约的关系。这种影响力不仅取决于领导者在组织中的特殊地位和掌握着组织资源的分配权力，还取决于领导者自身的品格条件，而更重要、更为关键的是取决于被领导者对于这种影响力的认同和接受程度。没有这种认同和接受，领导活动是不可能顺利进行的，领导者的绩效和目标是没有保障的。被领导者首先要认同和接受领导者这个人，接下来才认同和接受他的理念和指令，所以，塑造好领导者的品格形象，是领导力存在的前提条件。

八项品格要素是就是支撑领导力的八根支柱，我们只要掌握领导者的品格数据，就可知道其领导力的功能和力度如何了。品格要素不是直接领导力，但他决定领导力的生成和来源，领导者脱离品格的支撑，就如同英雄安泰离开大地母亲一样，领导力就逐渐消失告罄，这是领导者应深知的至理之言。系统领导力注重的是领导力的整体性，系统化，只有完整系统的优势，才是真正的优势。有些领导者优点很突出，缺点也很致命，这就抵消了优点，常常是一次致命的缺点暴露，就把几年的优良表现彻底抹杀。

每一位领导者都希望自己成为人心所向，极负威望，富有魅力的领袖，那么魅力和威望是怎样形成的呢，结论只能是——持续学习，不断铸品质、塑形象、提境界。上述八项品格要素就是铸品质、塑形象、提境界的修炼内容，是领导者的血液和灵魂。不是领导者有了卓越才能就能保证领导活动一定成功，再卓越的才能也需要优秀品格的辅佐。单一特质构不成真正的领导力，诸多特质有机结合才能形成有效的领导力。

（二）在领导实践过程中显示出来的领导力

1. 高瞻远瞩，洞察秋毫——远见卓识

任何领导者都不希望遭遇危机，而避免危机的办法就是未雨绸缪，预见未来，及早发现组织内外及事业发展中孕育着的危机因素，将其控制在有限范围或扼杀于萌芽状态，这就需要领导者必须具有高瞻远瞩的前瞻性和远见卓识的预见性。

三国演义第八十五回讲到，刘备病逝，刘禅为帝，曹丕用司马懿之计，乘机派五路大军五十万人马，分进合击，大举伐蜀，致蜀狼烟四起，首尾难顾。后主闻讯惊恐不安，忙到丞相府问计于孔明"如之奈何？"孔明笑曰："羌王轲比能，蛮王孟获，反将孟达，魏将曹真；此四路兵，臣已皆退去了也。止有孙权这一路兵，臣已有退兵之计，但须一能言之人为使。因未得其人，故熟思之。"刘禅这才安下心来。诸葛亮运筹帷幄，根据五路大军的不同弱点"对症下药"，采取不同的应对之策，未曾出屋就智平五路，其指挥艺术之绝妙令人赞叹。赞叹之余不禁要问，诸葛亮为什么能安居平五路？答案是诸葛亮惯于未雨绸缪，深谋远虑。在隆中茅庐就能预知三分天下，到四川后更是及早思虑图谋中原，他对蜀国周边的各路势力早有掌握，所以能处变不惊，早就准备了防范对策。

毛泽东在中共七大上说："如无预见，则无领导；为着领导，必须预见。"高明的领导之所以高明，主要的一条就是他考虑问题一般能想在别人的前面。只有高瞻远瞩，预见未来，才能掌控全局，提前布局，科学决策，把工作做到前面，赢得主动。

古人说，"预则立，不预则废"。领导者如果没有预见，没有远虑，各种问题和困难将接踵而至，意想不到的不利情况将竞相出现，如果不能尽快扭转被动，连锁反应将导致危机来临，最后连扭转被动的机会都没有了。很多时候，形势发展之快出乎人的意料，领导者没有高瞻远瞩的预见，是很难引领事业前进的，是很难实施有效领导的。

毛泽东在总结中国革命战争的经验时指出："战略指导者当其处在一个战略阶段时，应该计算到往后多数阶段，至少也应计算到下一个阶段。尽管往后变化难测，愈远看愈渺茫，然而大体的计算是可能的，估计前途的远景是必要的。那种走一步看一步的指导方式，对于政治是不利的，对于战争也是不利的。"

1938年5月26日至6月3日，毛泽东在延安抗大学校做了《论持久战》的长篇演讲，雄辩地指出抗日战争是持久战，要经历我军由防御、相持到反攻的三个阶段，最终以日本彻底失败而告结束。毛泽东《论持久战》的发表，极大地稳定了全国人民的抗战情绪，坚定了抗日军民的必胜信心，对当时弥散着的"再战必亡"的恐慌气氛有着极大的抑制作用，也给那些主观盲动的"速胜论"者以有力的驳斥，对整个抗战局势的演变、发展提供了准确清晰的认识，有力地指导了整个抗日战争的进行。

1945年8月15日，日本宣布无条件投降。9月2日，在停泊于东京湾的美国战列舰密苏里号上举行向同盟国投降的签降仪式。美国纽约一家报纸当天发表了一篇文章《这就是毛泽东——中国共产党的领袖》，作者写道：在预测中国会发生什么事情的时候，毛泽东永远都是正确的，抗日战胜的进程和结局雄辩地证明了毛泽东的英明预见。党内有的同志曾请教毛泽东，您写《论持久战》时，抗战刚开始不久，全国人民对今后的形势都看不清楚，你怎么就能知道抗战是持久的，并且还是三个阶段，您是否能掐会算？还是有什么神灵？

毛泽东说：我那里有什么神灵，这得益于在长期革命战争中逐步认识和掌握了战争的规律，积累了丰富经验；更主要是多看书学习和理论研究，增长知识获得学问的结果。

毛泽东认为，做事如下棋，要走一步，看三步。著名军事家刘伯承一贯主张，打仗要嘴里吃一个，手里夹一个，眼里看一个。作为领导者来说，高瞻远瞩的预见能力，不仅是远见卓识，把握事物规律的能力，而且也是一种重要的工作方法。想到的和做到的是一个系统，"想不到"是领导者的大忌，所以，高瞻远瞩是科学决策的前提，深谋远虑是决胜千里的条件，远见卓识是卓越领导者的鲜明特征。

高瞻远瞩，深谋远虑，远见卓识，关键是要站在全局的高度观察问题，从长远的发展思考问题。站的不高，视野就受限制，思维就会狭隘，信息就不充分，就制约思考的广度和深度，就影响思维做出正确的判断和科学的决策。怎样才能站得高，归根结底是人的思想境界，是人的胸怀志向，是人的学识才华，是人的实践经验和诸多能力的综合反映，其中思想境界最为重要。

2. 描绘愿景，践行使命——创造未来

领导者是什么？领导者就是知道方向、指明方向，并带领众人沿着这个方向前进的人。

愿景就是组织方向的形象性展望，是组织目标和长期战略的生动描述。它

将组织的现状与美好的未来联系在一起，给下属提供一种连续性的宏伟联想。

柯林斯在其所著的《基业长青》一书中指出，那些能够留名千古的宏伟基业都有一个共同的特点，即具有一个令人振奋的且能够帮助员工迅速作出抉择的美好愿景。设计构划并明确表述一个清晰的、有吸引力的愿景，建立起追随者对新愿景的承诺，或者强化已有的愿景，是一个优秀领导者的首要职责。

愿景包括核心意识和预想未来这两个部分：核心意识决定了一个组织代表什么，它为何而存在，确立组织的核心目的（组织存在的深层原因和核心价值）和组织的基本原则。预想的未来就是组织需要艰苦奋斗努力实现的，通过勇往直前、拼搏进取才能获得的东西。愿景是一个长期的、大胆的目标，是对组织及其成员美好未来的生动描绘。

"八七会议"后，毛泽东谢绝了瞿秋白将他留在中央的器重，主动要到湖南组织秋收起义。因为毛泽东早就看到了中国共产党必须要走武装斗争这条唯一道路，舍此别无发展途径，可见他对未来的人生艰险是有充分思想准备的，对如何发动起义也是有很多预案的。由于一系列原因，起义失败了，毛泽东率领残余队伍义无反顾地走向了罗霄山脉。这个举动在当时是违背中央指示的，也令许多起义领导者意想不到，正因为这是开拓性的创举，所以上上下下都不理解，"上山"还是"进城"，成了中国革命大是大非的转折点。上山搞革命，似乎是毛泽东早就设计好的方案，于是他有一大堆充分的理由要当"革命的山大王"。他在三湾改编了部队，进行了三项体制改革，从此揭开了农村包围城市，武装夺取政权伟大事业的新局面。

从这里我们可以得到三个启示：

一、毛泽东是有远大理想抱负、有强烈事业心的领导者，不然他可以留在上海，完全不必经受那九死一生的风险和承受失败带来的一系列责任。

二、毛泽东是有远大事业目标、并对此充满自信的领导者，不然他就不能在最危急时刻进行三湾改编，他没有依赖科班毕业的专业人士，而坚持自己的独到见解，敢于大刀阔斧改革，有力挽狂澜，独树一帜的魄力，体现了他高瞻远瞩，扭转乾坤的高度自信。

三、毛泽东对未来事业有清晰美好的愿景，他能对这一愿景进行生动和富有感染力的描绘。他在退却途中多次深入到战士中间进行乐观地鼓舞激励，使战士们对未来充满信心。《星星之火，可以燎原》是他在二年后通过书信方式向下属表达的愿景鼓舞形式。即使在最艰难的时候，毛泽东始终保持着坚定乐观的精神状态，这就是带领下属开创未来的最好鼓舞。

秋收起义的规模不大，兵力和战果也不及南昌起义和广州起义，中央级领导人只有毛泽东，但秋收起义却走出了新天地，就在于秋收起义开创了农村包围城市的新方向。这说明领导者能不能创新开拓，是一项事业有无光明前途的关键所在，而创新开拓是源于领导者心中有比现实更加广阔美好的发展远景。有远景才有愿景，没有远景也就失去了追求动力。人生没有理想，就不会有对事业的激情，所以通过知晓领导者有没有远景，就可大致判断出他的工作状态。

领导者光有愿景不够，还要通过用强烈的、多途径的、富于表现力的方式来传达愿景，使自己的愿景化为全体成员的共同愿景。诠释愿景就是描绘梦想，这是一种憧憬激励，它能唤起组织成员的共识和希望，这是事业成长的推动力。一个愿景的成功取决于他本身的清晰，被传播得深入持久，使之具有吸引力。领导者的愿景要能诉诸于人们的情感，有着强大的激发作用和持久的感染力。领导者还要说服追随者，愿景不仅仅是憧憬的目标，更是化愿景为现实的艰苦奋斗。

领导者要展现实现愿景的乐观自信和强烈信念，领导者的信心、乐观和热情是非常有感染力的。在艰苦卓绝的长征途中，广大红军战士士气高昂，唱着国际歌，信心百倍的憧憬共产主义一定能实现，他们的坚定决心就来源于红军领导们的乐观自信精神。如果当时毛泽东、周恩来和朱德等首长们一天天垂头丧气，愁眉不展，萎靡不振，干什么都犹豫不决，畏缩不前。那么他们身边的指战员怎么可能相信革命事业还能有光明前途，那么就难以想象还有谁能斗志昂扬、坚定果敢地冲锋陷阵了。

愿景的激励效果，还取决于追随者在多大程度上相信他们具有实现愿景的能力。领导者要表现出对下属抱有很高的期望，对下属的能力充满信心，从而给下属创造一种自我实现的激励，领导者对下属能力的信心将使他们表现得更好。

一个强有力的组织必须要靠使命驱动。组织的使命不仅回答组织是做什么的，更重要的是为什么做。崇高、明确、富有感召力的组织目标和使命意义为组织指明了方向，使组织的每一位成员萌生伟大庄严的责任感，明确工作的真正意义，从而激发出内心深处的强烈动机。

美国著名管理学者托马斯·彼得曾说："一个伟大的组织能够长期生存下来，最主要的条件并非结构、形式和管理技能，而是我们称之为信念的那种精神力量以及信念对组织全体成员所具有的感召力。"

1949年7月，第四野战军第12兵团十几万大军浩浩荡荡向湖南、广东席卷而去。因时间紧、战事快，全军没有来得及换装，还穿着北方的春季装。时值盛夏，烈日当头，南方的气温高达40多度，广大官兵一路狂追猛赶，基本上都是急行军加上强行军。他们身上有汤姆冲锋枪10、5斤，装有四梭子的子弹袋，四颗手榴弹和碗口粗的粮食袋，负重40多斤，再加上内衣外套，一路小跑，致使人人大汗淋漓，高热使不少战士中暑虚脱倒在路边。营连长纷纷请求团首长歇一歇，起初团首长还能用纪律约束一下，后来自己也忍不住解开衣服扇起风来。战士们更是敞开衣襟，摇晃帽子散热驱暑，行进速度自然就慢了下来。此情此景被兵团首长看见，他从内心体恤战士们的艰辛，但是从打造人民军队钢铁之师、威武之师的高度，他不允许军队风气如此散漫。于是兵团首长叫停了行进的部队，向指战员们宣讲：我们是谁？是干什么的？现在往哪里去？他说：我们是共产党领导下的人民军队，这是一支光荣的军队，是神圣的军队，是所向无敌的军队；我们肩负的任务就是消灭国民党蒋匪军，建设新中国，这是伟大的、艰巨的、具有划时代意义的使命。我们现在是去解救千百万阶级兄弟的苦难，我们晚到一天，他们就在水深火热中多受一天苦，就晚一天解放，他们正在急切地盼望我们解救他们，我们能耽搁吗？战士们齐声回答"不能！"对，我们不能耽搁。同志们，为了全中国的解放，前进！兵团首长的讲话顿时提振了队伍的士气，从团长到士兵立即整装，系好风纪扣，排好队形，精神焕发，唱着嘹亮的军歌向前昂然走去。

政治鼓动，使命教育，这是中国人民解放军英勇无畏，奋勇向前的动力源泉。有人说军队靠纪律，靠军法，其实许多情况光凭纪律军法是不够的。常言道："官不踩病人。"你无法让一个身负重伤的人继续战斗，但是一个受到精神激励的战士，他能挣扎着血肉模糊的身躯去做最后的拼搏，他能抱住敌人滚下山崖，他能等到敌人靠前拉响手榴弹与敌人同归于尽。关键是我们的领导者有没有宏伟的愿景足以激励部下，有没有崇高的使命感足以鼓舞下属的士气。

愿景和使命有内在的必然联系，使命是组织存在的原因、意义、价值，它是组织的目的。愿景是组织未来所创造的图画，是"组织将成为什么"的问题，它给组织提供了方向。它把使命转变为真正富有意义的预期结果，故而它是实实在在的目标。领导力是把握组织的愿景和使命及动员人们围绕这个愿景与使命奋斗的一种能力。这种能力的根本点就是把蕴含组织核心价值的富有感染力的共同愿景提出来，鼓舞激励下属，提振拼搏士气。

稻盛和夫说："不管从事任何事业，不管是经营人生还是企业，是否拥有'远大的梦想'，将决定未来所能够取得的成就。只有通过描绘梦想，才能给人们以希望，从而产生热切地迎接明天的动力。"企业里提倡的企业精神，就是旨在统一全体员工的思想，使之共同一致，彼此共鸣，形成一致的内心态度、意志状况和思想观念。它是企业的精神支柱，是企业之魂。

企业精神一旦形成，就会产生巨大的有形力量，就能对企业成员的思想和行为起到潜移默化的作用。因此通过培育和再塑企业精神，有利于建设一支富有战斗力的、能够完成企业艰巨任务的坚强队伍。

缺乏愿景与使命的组织会在风险和挑战面前畏缩不前，他们对自己所从事的事业不可能拥有坚定的、持久的信心，也难以在复杂的情况下，从大局着眼，从长远出发，做出优秀的表现。

一些人错误地认为，企业领导者的工作就是将100%的精力放在对企业组织结构、产品经营和人员的管理和控制上。这种依赖于自上而下的指挥、布控和监管的模式虽然可以在某些时候起到一定效果，但它会极大地限制员工的积极性和创造力，使员工对企业的认同感大大降低，并使企业丧失前进的后劲。相比之下，为企业制定一个明确的、振奋人心的、可实现的愿景，其重要性对于企业的长远发展更为显著。处于成长和发展阶段的小企业可能会将更多精力放在求生存、抓运营等方面，但即便如此，领导者也不能轻视愿景对于凝聚人心和指引方向的重要性。对于已经发展、壮大的成功企业而言，是否拥有一个美好的愿景，就成了该企业能否从优秀迈向卓越的重中之重。

领导者要想保持前瞻性，形成并明确自己的理念，表达自己的思想，传播共同的理念，找到自己的声音，就必须设计愿景和开发愿景。描绘愿景、共启愿景、让愿景活起来，用愿景目标拉动人心，感召他人为共同的愿景而奋斗。领导者一旦拥有了鼓舞人心和激励士气这种能力，就必然会成为众多下属追随的对象。善于鼓舞人心、激励士气，这是一项十分重要的显性领导力。它是工作得以持续的力量源泉，它使人们富有干劲，促进事业向前发展，这是领导者带领团队走向成功的极其重要且无可替代的独特能力。

善于鼓舞人心和激励士气是领导者进行组织变革，使事业向更好方向发展的强有力手段。领导者和管理者最大的不同在于，管理者使工作有效地运行，而领导者则更关注于改变。领导者的内在机制是永不满足现状，这就意味着他要不断进取，总要朝一个全新的方向前进。为此领导者要乐于接受有挑战性的目标，不断扬弃自我，追求卓越，不甘人后，与困难做斗争和与强大的对手较量，享受挑战胜利的喜悦。这也是充分体现人生价值和充满人生意义和人生乐趣的事情。中国人民解放军和大庆创业时代那些可歌可泣的英雄事迹，就是宏伟愿景和鼓舞激励相结合的思想政治工作的杰作。

3. 依靠群众，荟萃人才——知人善用

（1）坚定地依靠群众干事业，是领导者无论何时都要奉行的基本原则。

领导过程就是领导者带领群众实现组织目标的过程。组织事业成功与否，

取决于群众的素质和领导者与群众相辅相成的程度。

领导者要清楚自己是组织全体成员的领导，而不是一部分亲信的首领，有些领导者竟忘了自己的身份，撇下众人专门跟几个个别人打得火热，把自己降格成了团伙的把头。也有的领导者嘴上说是凡事兼顾大多数，而实际上心里只装着少数人。对群众是真依靠还是假依靠，做法是截然不同的，撒什么种子开什么花，最终结果是最有力的证明。

怎样看待群众是衡量领导者政治水准的重要标志。毛泽东认为群众是真正的英雄，是铜墙铁壁，所以他把群众视为依靠的对象。有的领导者把群众视为无知蒙昧、懒惰涣散、无足轻重的群氓，这就决定他把事业发展的基点放在少数人身上。究竟孰是孰非？谁对谁错？唐太宗李世民曾下过定论，他认为：群众是水，领导者是舟，水能载舟，亦能覆舟。

不依靠群众，说明领导者的眼界和胸怀还十分有限，没有发现群众的资源潜力和群众中蕴藏的积极性和创造性，也没有意识到群众中具有惊人的负能量和破坏作用。共产党和国民党就是鲜明的例证，由于获得群众的支持，共产党的军队几乎不需要后勤部队和警备部队，运粮食、做棉衣、送弹药、抬伤员、看村护屯，都让老百姓给包了。同等兵力，解放军用于一线的作战机动兵力能占90%以上，而"国军"达不到70%，这就出现了同是一个军、或同是一个师的兵力对抗，总是"国军"失败的结局。"国军"依仗武器装备好，机械化机动能力强，这是很大的优势。但群众说了：我们老百姓没有武器不能参战，但是破坏自己家门口的过道还是轻而易举的。一个夜晚，全村出动，几十里的公路到处都是深沟大坑，机械化的优势变成了劣势，进不能进，退不能退，只能被动挨打。所以1948年夏，国民党召开了全国军事检讨会，总结两年的失败原因，其中一条结论就是："得不到群众的支持损失惨重。"

不依靠群众，就很难和群众搞好关系，就很难得到群众的理解和支持，就容易偏离群众、脱离群众、与群众离心离德，走到群众的对立面，从而陷入群众非难的漩涡，遭到群众的责难和抛弃，后果没有不惨的。习近平在十八届中共中央政治局第一次集体学习时明确指出："一个政党、一个政权，其前途和命运最终取决于人心向背。如果我们脱离群众、失去人民拥护和支持，最终也会走向失败。"所以，没有群众观念的领导者很难成功。

依靠精英还是依靠群众办企业，历来是国企经营管理大是大非的焦点。现在许多国企领导者大肆腐败，直至酿出严重事态，最后得出的结论是：监管不力。如果在依靠谁办企业的问题上不做根本改变，不仅监管不力的状况绝难扭转，最后连员工也会参与到腐败的行径上来，他们虽然搞不了贪污受贿，但是架不住几百人、上千人天长日久的连偷带拿。国企绩效不佳，固然有很多原因所致，但最主要的是没有做到真心实意地依靠广大群众办企业。事实证明，依靠群众无论何时都是正确的选择，即使是在知识经济条件下也是如此。古往今来，不管是多么伟大的领导者，一旦背离了群众，就背离了民心，最终难逃没落的下场。

依靠人才与依靠群众并不矛盾，人才不是天生的，他是由不是人才渐进发展成为人才的，再伟大的人物也是群众出身，也都有过或长或短的群众经历，群众中是藏龙卧虎之地，很多人才、英才、伟人就是从群众中涌现出来的，脱离群众是得不到真正人才的。依靠群众是战略，重用人才是战术，只有战略正确，战术才有作用，它们是源和流的关系。毛泽东依靠群众，没有妨碍他重用人才，共产党内将星灿烂，就是因为人才涌现的沃土是基础深厚的群众。蒋介石不依靠群众，最后导致人才枯竭。另外，还不能忽略一种传导关系，就是没有群众基础，即使有了人才，人才也无能为力。

人才不是恒久的，人才不是全能的，他是受时空限制的。在一段时间里，在某一个领域内是人才，如果变换了时空条件，用错了地方，就未必是人才了。有些领导者经常犯的错误就是把行业不对口的研究生调进单位，再把他放到专业不对口的岗位，用非所学，用非所专，结果人才变成了庸才。或把某个精通技术的人才当成通灵宝玉，提拔为行政主官，结果长板变成短板，应该记取诸葛亮挥泪斩马谡的深刻教训。

人才不是静止的，人才会随着很多因素的变化而变化。郭嘉是曹操的人才，但郭嘉不久就病故了。徐庶是刘备的人才，但后来到曹操那边去了。如果单纯依靠人才就难免为人才所困，带来组织失控，造成基业动荡。依靠精英办企业的最大后患就是一旦失去精英，企业随即就像断线的风筝一样，处于失控飘荡的状态并很快摔落下来。

（2）重视人才，使用人才，贵在知人善任。

人才是组织最重要的资源和财富，领导的用人行为是领导力的重要组成部分和领导绩效的具体体现。领导者要树立唯才是举，人才至上的观念，重才、爱才、惜才、育才，科学地选拔人才和合理地使用人才，形成良性地用人机制，营造人才发展的最佳环境。遵循任人唯贤，人适其事，知人善任，量才使用的准则，客观公正地评价和考核人才的业绩，为人才的流动与晋升提供有效的依据。努力使各类人才创业有机会，干事有舞台，发展有空间，使"齿轮"和"螺钉"各得其所，各尽所长。

历史上有很多知人善任的领导者，他们识人辩才的洞察能力十分精准。汉高祖刘邦，不过是一个草莽英雄，既没有高学历，又没有领导经验，却能推翻强秦，建立汉王朝。他在谈到自己的成就时说："夫运筹帷幄之中，决胜千里之外，吾不如子房；镇国家，抚百姓，给饷馈，不绝粮道，吾不如萧何；连百万之众，战必胜，攻必取，吾不如韩信。三者皆人杰，吾能用之，此所以取天下者也。"各个社会集团，都不乏人才，关键是用与不用，怎么用。刘邦的典型经验是：一要高度重视，二要用其所长。既然张子房善于运筹帷幄，就让他当"参谋长"；既然萧何善于给饷馈，不绝粮道，就让他当"后勤部长"；既然韩信统兵作战，多多益善，就让他当"野战军司令"。最终，这三位人才都心悦诚服地为刘邦服务并功绩卓著。

春秋时齐国的管仲呕心沥血辅佐齐桓公成就了霸业，而当管仲病重时，桓公来到管仲病床前，问政于管仲，"若仲父百年之后，谁可代君为相？"管仲叹曰："惜乎宁戚早死！"桓公曰："宁戚之外无人乎？鲍叔何如？"管仲曰："鲍叔与我生死之交，万死难报，且高风亮节，天下无双，但是非分明，不忘人过，其量不足为相。"齐侯再问隰朋。管仲曰："可矣。朋谦谨好问，公而忘私，惜乎其寿不久矣！"桓公问"易牙如何？"管仲正色曰："此正臣所虑也。三佞不可近之。吾在三佞尚无可为，吾去必坏朝纲，望君逐之！"三佞者，易牙、竖刁、开方也。管仲说：易牙为了迎合君王的口味，不惜杀掉亲生的爱子，做成美食给你尝鲜。人情莫爱于子，他对儿子如此，何况于君呢。桓公问"竖刁如何？"管子说：竖刁不惜阉割自己的身子，来尽心侍候君王。人情莫重于身，他对自己的身体如此，何况于君呢。桓公问"卫公子开方如何？"管仲说：开方舍弃卫国的侯爵，前来投奔齐国，其父母去世，也不回去奔丧。人情莫亲于父母，他舍弃千乘之国，其势必有超越千乘国的贪婪。桓公不解地说：平日里，没见过他们有什么贪图呀。管仲说：平日里，他们之所以不会张狂，是因为我等老臣在，而我等一旦去了，他们就会专权的。管仲去世，桓公拜隰朋为相，果然，不到一年，隰朋也去世了。桓公任用鲍叔牙为相，可是桓公离开了易牙等三人，竟然饭不香、睡不安，不久，就又重用起易牙三人。鲍叔牙愤愤不平，从政不到二年，就忧愤而死。从此，易牙三人专权自高，各树其党，争权夺利，全不把桓公放在眼里。以致桓公孤零零地死在深宫，其死尸在床67日无人搭理，齐国也因此陷入动荡战乱之中。

《三国演义》记载，诸葛亮六出祁山劳累尽瘁，昏迷军中，至晚方苏，连夜表奏后主。后主闻奏大惊，急命尚书李福，星夜至军中问安，兼询后事。李福见孔明，传后主之命，问安毕。孔明流涕曰："我死后，公等宜竭忠辅主。国家旧制，不可改易；吾所用之人，亦不可轻废。"李福回朝禀奏后奉旨又至，见孔明昏绝，口不能言，乃大哭曰："我误国家之大事也！"须臾，孔明复醒，开目遍视，见李福立于榻前。孔明曰："吾已知公复来之意。福谢曰："福奉天子命，问丞相百年后，谁可任大事者。"孔明曰："吾死之后，可任大事者：蒋公琰其宜也。"福曰："公琰之后，谁可继之？"孔明曰："费文伟可继之。"福又问："文伟之后，谁当继者？"孔明不答。众将近前视之，已薨矣。时建兴十二年秋八月二十三日也，寿五十四岁。

诸葛亮连年用兵，蒋琬总能够足食足兵地供给诸葛亮的需要。诸葛亮每与人语，便称赞道；"公琰托志忠雅，当与吾共赞王业者也。"病重时，诸葛亮更秘密奏表后主："臣若不幸，后事宜付蒋琬"。诸葛亮去世后，蒋琬几乎掌握了蜀汉军政大权。总帅诸葛亮新逝．蜀汉朝廷内外呈现严重不稳状态。蒋琬冷静如昔，既无威容，也无喜色，一切行止和平日无异，逐渐获得群臣的信任。蒋琬个性温和，思考力冷峻，从不情绪化，协调能力极佳，是一流的弱势领导者。

诸葛亮死后，费祎任后军，不久便代替蒋琬出任尚书令，可见蜀汉君臣对诸葛亮的敬重程度。这时候，诸葛亮已去世十一年。而后主刘禅及蜀汉重臣们仍依诸葛亮生前相命，任命费祎为蒋之继承人，费祎记忆力甚强，能过目不忘，因此工作效率极佳。军事大事虽多．但费祎却应付得很轻松，仍有空间和宾客饮酒值戏，从不耽误公事。费祎性谦恭朴素，家中从不植财，两袖清风，儿子皆布衣素食。

管仲和诸葛亮的识人之术，是从国家利益的高度和长期的察言观行实践中产生的。事实证明，凡是本着公允的立场，站在为国为公的高度，实事求是地品察一个人的言行，都能得出正确的推论。为什么有的企业用人比较混乱，关键是那里的领导者心术不正，不为大局着想，以权谋私，任人唯亲，导致用人不公，用人不准。

古人说："国有三不祥，夫有贤而不知，知而不用，用而不任"。领导手下有人才是好事，但是有而不用或用而不当就变成了坏事。有许多领导者毁就毁在自己的人才手里，项羽就是不重视人才，单枪匹马打天下的典型，韩信、陈平、英布原本都是项羽的部下，因得不到重用愤而投奔刘邦。他们是不是真心报效刘邦尚待商榷，但是他们以复仇的心理矢志摧毁项羽的意愿确是十分坚定的。范增是位杰出的谋士，但项羽刚愎自用，不纳忠言，还恶语中伤，最后把范增气跑了。最后"得人才者得天下，失人才者失天下"。决定楚汉战争胜负的主要因素是在人才的归属上，刘邦的胜利是拥有人才的胜利，项羽的失败是失去人才的失败。

现在有的国企招聘到人才之后，领导人从不露面，也不谈话，这就是对人才不重视、不尊重的表现。深受微软招聘制度影响的著名职业经理人唐骏说："我做上海微软总经理和微软中国公司总裁时，一直执行一个不成文的规定——任何到微软工作的人，都需要经过我的面试。当时很多人不太理解，认为CEO这么做有浪费时间之嫌。事实上，我的用意是：通过CEO的亲自面试，让所有刚进公司的员工感受到公司对他的重视。"

压制人才，排挤人才，嫉贤妒能，是对人才的一种公然伤害。而对人才冷漠，搁置不理，不闻不问，同样也是一种严重伤害。所以有些人才带着怨怒和痛恨愤而离职，到企业竞争的对手那里，与新企业的新领导"同仇敌忾"，不把对手打倒击垮誓不罢休。所以说，对人才轻蔑藐视和对人待遇不公一样，容易惹人痛恨，结怨树敌，因而它是领导者的大忌。

领导者使用人才既要坚持公正、公平、公开的平等原则，还要考虑人才的知识结构，专业特长和个性差别，从而对口使用，量才使用，人适其事，发挥专长，做到知人善任、胜任愉快。优秀的领导者不仅要善于辨识人才，有效任用人才，还要真诚地珍惜人才，关爱人才。拥有人才优势不是真正的优势，人尽其才，才乐其用，才能真正发挥优势。古人今人都奉行"士为知己而用"的理念，得不到领导者的器重关爱，纵然浑身是才，也是不愿倾心付出的。所以，知人善任仅是领导力的基本功，还算不上尽得人才之利。领导者不仅要有爱才之心、识才之眼、聚才之力、用才之道、励才之术，而且还要大力培养人才，凝聚人才之心，为人才的发展开辟广阔的空间。正如通用汽车副总裁马克·赫根所说："我努力让最聪明，最有创造性的人们在我周围。我的目标是永远为那些最优秀，最有天才的人们创造他们想要的工作环境"。

人才在社会发展中是至关重要的能动因素。当今世界，企业竞争日趋激烈，并将向广泛、多元、高难、精深的方向发展。在企业面临飞速发展的机遇同时，也面临着"优胜劣汰"丛林法则的严峻检验。是生存？还是死亡？最终还是由人才来决定的。拥有人才可以改变一种产品、一个市场、一个企业甚至一个产业的面貌。没有人才的支持，无论怎样宏伟的蓝图，无论怎样引人入胜的企业战略，都无法得以真正实施，无法取得最终的成功。

联想董事长柳传志说："现代企业的竞争，归根结底是人才的竞争，从这个角度来说，人才是企业之本。人才是利润最高的商品，能够经营好人才的企业才是最终的大赢家。"

领导者不是完美、全能的人，也不是绝顶聪明和知识最多的人，领导者的核心能力不是业务能力而是用人的能力，领导者不是自己做事，而是依靠和影响下属做事，他是通过指导下属的出色工作而成功实现目标的。

领导者要正确认识和理解依靠群众和依靠人才这双依靠的基本原则及其相互关系，与下属建立牢固的支持性关系，建立一支信仰坚定、作风优良、技能优秀、执行高效的员工队伍，调动和激发下属的积极性和创造性，是开创事业新局面，提升业绩的不二法门。

（三）在被领导者那里检验印证出的领导力

1. 带队育人，改变下属——体现下属成长

领导力的本质是影响他人的一种社会过程，是充分利用现有人力和客观条件以最小成本实现优质高效目标的系统能力。这套系统能力的核心就是影响他人、改变下属，统一价值观，充分发挥他们的作用，其中最有意义、最有价值的一项内容，就是培养下属，促其成长。

在组织中，领导者和下属共同推动着事业向既定的目标前进，在这个有机的互动过程中，领导者既要借助组织的资源和制度推进工作，又要充分发挥个人魅力积极影响他人。优秀的领导者不是把自己忙得晕头转向，而是要让下属各尽竭诚之力。那么如何使下属有出色的表现，就需要领导者"带队先带人，带人先带心"，让下属不知不觉把心交给你，使他自愿为实现设定的目标而努力工作，超常规标准去完成任务，这是确保领导过程顺畅运行的可靠保证。

（1）领导者要成为培育下属成长的导师

一个出色的领导者要设置远大的目标，并把这个目标分解成若干阶段的行动，如果没有远大的目标，不仅下属将来没有发展空间，就连自己也会失去前进的方向。

1890 年孙中山提出："远视历代，横览九洲，人才之盛衰，风俗之淳漓，实关教化。教之有道，则人才济济，风俗丕丕，而国以强，否则返此。"孙中山把开发智力、培养人才认作是富强之本，这是近代民主主义者的远见。

1895 年，最早在物种竞争、民族图存的大背景下检视民族特性的严复，在其著名的论文《原强》中，进行了"白种、黄种、黑种"的人种区分，指出中国"民智已下矣，民德已衰矣，民力已困矣"。为什么国人品质下降了呢？严复认为，是教化衰颓退化造成了中国人的"幼稚"和"巧伪"。

1898 年，梁启超戊戌变法失败流亡日本，这期间他对中国人的国民性进行

了颇为深刻地研究，他是最早注重民众素质对于国家的重要性的政治家，他指出"国风之善恶，则国命之兴替所系也"。他站在救亡图存的高度，发出了改造国民性的呼声。

1907年，鲁迅认识到，精神上的麻木比身体上的虚弱更加可怕。他围绕怎样才是理想的人性？中国国民性中最缺乏的是什么等问题进行思考。他认为改变人的精神是第一位的。他明确指出："西方资本主义上升时期的强盛，根柢在人"，强国的"根柢在人"。他响亮地喊出了"立人"的口号，坚定不移地认为："人立而后凡事举。"把中国近代国民性改造的思想提升到了一个新高度。

陈独秀继承前人的研究成果，希望通过"思想革命"，达到培育"新人"，造就"新世界"之目的，发动了新文化运动。

毛泽东在1917年8月23日致黎锦熙的长信中反映了自己对中国人的看法，"吾国人积弊甚深，思想太旧，道德太坏……吾国思想与道德，可以伪而不真，虚而不实之两言括之，五千年流传到今，种根甚深，结蒂甚固，非有大力不易摧陷廓清。"毛泽东深感启发民智的使命之重大，意义之深远，是比推翻统治阶级更艰巨的任务。于是他提出了"改造中国与世界"的根本治理方针。

毛泽东在长期的革命和建设实践过程中，非常重视干部教育和群众教育工作，他认为，我们的干部是党的路线、方针、政策的贯彻者和执行者，又是革命建设的组织者、指挥者，他们的素质如何，直接关系到革命和建设任务的完成。因此，毛泽东在抗战期间就要求："每个根据地都要尽可能地开办大规模的干部学校"，使"他们应该有知识、有能力、不务空名、会干实事。"

美国管理大师彼得·德鲁克认为。21世纪领导面临的挑战是自我管理。使命感和自我管理，一个立志，一个立德、立能，合为"立人"。"立人"思想是鲁迅先生的核心思想，可见中西两位研究人的大师其观点不谋而合，所见一致。

海尔总裁张瑞敏说："部下素质低不是你的责任，但是不能提高部下的素质是你的责任。"

综上所述，无论是中国社会思想家、政治家、改革家、革命导师和领袖，还是美国管理大师、中国卓越企业家，都不约而同地认为，教导部下和群众是领导者义不容辞，责无旁贷的使命。领导力的特征之一，就是带队育人，领导者要努力成为诲人不倦的职业导师。

陈云说，毛泽东一生有五大贡献，其中第一大贡献就是培养了整整一代人。他说："从遵义会议到抗日战争胜利，毛泽东同志的一个无可比拟的功绩，是培养了一代人，包括我们在内的以及'三八式'的一批干部。"有了干部，就像有了孙悟空的"分身法"，一个毛泽东变成了许许多多个毛泽东，使毛泽东很多很好的主意，变成了直接的行动，从而加快实现了宏伟壮阔的战略目标。所以衡量一个领导者的功绩和领导力，一个直观的成果就是看他培养了多少下属。他培养的下属越多，他的功绩就越大，他的领导力就越强。

为什么有很多领导者的领导力不强，就因为他们意识不到培育下属与发展组织和完成任务的一致性。任何一项事业，都不是领导者一个人的事业，领导者不仅自己要胜任事业的需要，下属也要胜任；不仅技能要精湛，而且意愿要强烈，这样组织才能发展，事业才能壮大，领导才算完成了组织的使命。否则光有领导的积极性，而无群众的努力配合，领导的作用则会大打折扣。如果下属能力低下，意愿低落，光靠领导冲锋陷阵，终究不是长久之计。如果下属接二连三造成工作纰误，领导者还会承担相应责任，这势必会严重削弱领导者的影响力，所以领导者是不可能独善其身的。这就要求领导者不光要自己干好本职工作，还有一项神圣使命，就是培育提升下属的综合素质和能力。

下属培养教育的好，下属在思想上与领导保持高度的谐调和一致，下属的技能会提升的很快，这样的下属会成为领导者的孪体和强有力助手，他们会成为领导者开疆拓土的先锋闯将，攻坚克难的金刚罗汉；成为领导者竞争御敌的三头六臂，建功立业的四梁八柱……

下属培养教育的不好，下属的思想跟不上，能力不过硬，尽管下属主观不情愿暴露问题，但客观上却免不了不可遏止地破绽百出，这就导致领导者干什么都勉为其难，工作难度在无形加大。随着时间的推移，下属意愿能力的滞后性，会把领导者的身体、精神、功绩、名誉彻底搞垮。

美国密歇根大学罗斯商学院教授戴维·尤里奇是人力资源管理的开拓者，他在《人力资源冠军》著作中首次提出"人力资源"概念，他认为，现今时代的人力资源变得越来越重要，对于企业来说，竞争对手可以模仿企业的资金渠道、战略和技术，却不能模仿企业中的人。尤里的研究结果显示，"只有大约50%的企业绩效处于管理层的控制之内，其他50%可能是源自其它不可控因素。在可控的企业绩效里，19%取决于人员的素质。"显然，提高下属的素质和能力，已经成为提高企业绩效的一个重要捷径。

一个成熟的下属，绝不是把工作做好就满足了，他要通过工作体现自身价值，从而提升自己的精神境界，不断追求自我完善。他除了把工作做到位之外，还要满足心理境界的至臻完美，而这里有个前提，就是他要看领导的表现，领导者的素质高、修养高、境界高，这些都是对下属无声的、无形的激励。在这个过程中，领导者的操守、追求、榜样，都能给下属带来激励。人们都期盼美好的未来，而领导者孜孜进取，严谨自律，刻苦学习，勤奋上进的表现，就是下属的未来。一个单位有无前途，群众是没有底数的，这个底数是群众从领导者身上看出来的，所以领导者的一举一动都是领导力。

当今世界组织文化理论倡导核心价值观的领导，领导者本身就是这种价值观的化身。领导者要想企业发展壮大，就一定要将企业的核心价值观和经营哲学思想，灌输到员工的思想里，用这种统一的理念将员工凝聚在一起，实现上下同欲，共创佳绩的局面。培养员工的关键是素质教育，素质教育的重点是心理素质教育，心理素质教育的核心是价值观的教育。核心价值观的培养灌输，需要领导者坚持不懈，不遗余力地充当牧师，积极传经布道。

领导者要成为培育员工成长的导师，要通过语言、行为表明自己的信仰信念，以自己为样板，为下属塑造一套价值体系。价值观的内化是下属在履行组织使命过程中的内在激励动力，他导致下属产生深层次的组织认同感，决定下属对工作性质的认知，对领导者的忠诚、信任并模仿其行为，愿意为实现领导者的愿景而奋斗。

（2）领导者培育下属的战略意义

中国先哲提出"欲立己而立人、欲达己而达人"。领导力的成功关系到下属的成长！只有成全下属，才能成全自己，培养自己下属是一件"水涨船高"的事情。

为使组织的发展迈入新的战略高度，在未来的竞争中赢得胜利，领导者的崇高使命就是要培养下属，使他们成为未来的领导者。这对领导者来说，既是一种挑战，更是一种责任。正如约翰·马克斯韦尔在其著作《领导力：开发你的领导潜能》一书中所叙述的那样，"能培养出领导者的领导才是领导者的最高境界。"

卓越领导者的手下绝不是一群唯命是从、唯唯诺诺的下属，而应该是一群具有独立思考，性情率真，自我调节、自我领导的被领导者。领导者要帮助下属成为领导者，因为只有站在优秀的下属肩膀上才能成就伟大的领导者。世界一流的领导者都注意与下属的成长紧密结合。GE前董事长兼总裁杰克·韦尔奇将领导力定义为：成长他人，"当你不是个领导者，成功是让自我成长；当你成为一个领导者，成功是帮助他人成长"。杰克·韦尔奇有两个关于领导力的思想：其中之一就是领导者要做老师。他在GE任CEO达20年，他承诺每个月要去克劳顿村通用电气的培训中心给员工上课。20年间他只有两次没去，那是因为他躺在医院里做心脏搭桥手术。他说：如果你在公司打造一个有效的领导力发展模型时，问问你们领导，在过去两年间有没有给员工上过课？由于他十分重视将下属培养成为领导者，而不是把自己沉溺于公司众多生意往来的细节中，使得通用公司迅速壮大并显示出了蓬勃强大的生命力。

中国共产党的胜利源自广大共产党员的茁壮成长，1927 年 11 月，毛泽东创办教导队，后扩建为红四军教导大队、井冈山红军学校、红四军随营学校、闽西红军学校。1930 年 4 月，成立系统的培训干部的学校——中国工农红军军官学校。随后又相继成立了红五军和红八军随营学校，红一军团和红三军团随营学校，赣南和闽粤赣红军学校等。1931 年 11 月，中央革命军事委员会决定，上述学校合并组建为中央军事政治学校。1933 年 10 月，中央军事政治学校改编为中央红军大学。

1936 年 2 月，中革军委决定成立西北抗日红军大学，1937 年 1 月迁至延安，改称中国人民抗日军事政治大学。抗大从 1936 年创立到 1945 年结束的 9 年办学期间，总校共培训了 8 期干部，其中第一期有学员 1063 人，第二期有学员 2700 余人，第三期有学员 1372 人，第四期有学员 5562 人……相继创办分校 12 所，其中第一分校后来发展演变为现在的临沂大学。二分校发展演变为今天的石家庄陆军指挥学院。三分校的俄文队后发展演变成为黑龙江大学、北京外国语大学。四分校发展演变为如今的南京陆军指挥学院……1945 年 10 月，原抗大总校一部分教职学员奉中央军委命令，在副校长何长工带领下向东北进军，1946 年 2 月底到达吉林通化，筹办东北军政大学。新中国建立后迁入北京，发展成如今的国防大学。其它各个分校则组建了华北、华东、西南等军政大学。

通过培训，使很多红军、八路军各级领导者成为文武兼备的军政人才，尤其是使大老粗指挥员成为全军的卓越领导者，真可说是成效斐然，硕果卓著。毛泽东多次说：我们的军区司令百分之九十都是老粗。解放军的将帅中，只有林彪、刘伯承、徐向前、叶剑英、陈赓等区区可数的几个人是正规军校科班出来的。毛泽东说："许世友念过几天书！……韩先楚、陈锡联也没有念过书……刘亚楼也是念过高小。"当大老粗都成了军事家，结果黄埔生都成了大老粗的手下败将。

蒋介石很少有像彭德怀、林彪、刘伯承、粟裕这样的统帅型的将领。1948 年初，陈诚在东北接连败绩，无奈通过老婆谭曼意求助宋美龄做蒋介石工作调离东北。蒋介石找不到合适的人选，只得委派卫立煌，卫不去，蒋让张群、顾祝同劝说。3 月 25 日，蒋在日记中写道："甚叹今日求一李鸿章、胡林翼、骆秉章之流而不可得也。"这说明蒋介石集团人才的严重匮乏，人才匮乏，所谓的"党国"事业就离土崩瓦解不远了。

马云说，他希望阿里巴巴能够成为青年人创业、成长、发展的最佳平台，培养出"四大天王、八大金刚、四十罗汉、一百零八太保",每个人都可以独当一面。希望能给全国乃至全世界的企业培养总裁、副总裁,这样才能把阿里巴巴打造成一个由中国人创造的、全世界伟大的公司。马云有如此想法,就说明他具有远见卓识的战略家思维。

柳传志认为,事业要做出来,人也要培养出来,这要成为联想的一种文化。后来就把这样做事风格称为"发动机文化"。

"发动机文化"就是总裁是企业的大发动机,副手和各个子公司和主要部门的负责人是同步的小发动机。大发动机带动小发动机来产生带动整个企业运转的巨大动力。之所以是小发动机而不是齿轮和螺丝钉,是因为齿轮和螺丝钉没有动力。要形成发动机文化,就是让小发动机跟着动,领导者就要把工作的责、权、利交代清楚给下属,由责、权、利组织舞台,在以公司利益为重的前提下,实现"三心"联动。任何一名联想员工都必须有责任心;中层干部除了责任心外,还要有上进心,要有野心上更大的舞台,去管更多的事;对于核心位置上的核心员工——领导者,除了责任心和上进心,还要有事业心,把联想的事业当成自己的事业来做,一代一代传下去。责任心、上进心和事业心"三心"并举,就是"发动机文化"功能的真正体现。领导者应该成为一个既能发现"千里马",又能使员工成为"千里马"的人。

领导力就要让他人积极行动。他人是否能够积极行动取决于这个人的能力与意愿,当他人不愿意去做事时,领导者要激发其做事的意愿。当他人没有能力达成目标时,领导者要提升其做事的能力。影响他人就是影响他人的意愿与能力,当一个人做事的意愿和能力均具备时,业绩就产生了。衡量领导者影响下属的能力,检验其领导力是否取得成效,主要看他的下属是否去积极行动并取得成果。被影响的人自动自发的做事和乐于跟随领导者做事,都说明了领导者影响、激发下属对目标的达成。

领导理论总是在与时俱进,新领导力理论认为,从领导战略出发,领导者必须要立足全局,着眼未来,统筹兼顾,科学发展。而组织发展、事业发展的一项重要内容,就是组织成员的全面发展,这是"以人为本"的核心内容。不应该是领导者完成了指标,提拔了,调走了,员工们依然只顾低头干活,成了纯粹的利润工具,得不到全面发展,连一个继任者都找不着,那么这个单位就离倒闭不远了。无数垮掉的企业案例证明,一个强有力的领导者走了以后,外来继任者的领导力与前任衔接搭配不上,造成企业状态急转直下,最后企业在领导者换来换去中走向名存实亡。

新领导理论将围绕这样的命题展开:就是如何鉴定一个成功的领导者。过去对成功的界定是个人在组织中晋升的速度，由科员到科长，由副处到正处，短时间一路飙升，说明这位领导功绩卓著，能力非凡。现在对成功的界定是根据领导者的工作绩效及下属的满意度来确定。即使你的业绩很突出，但下属群众对你不满意，你也算不上成功的领导者。有的领导者虽然升的不快，但口碑非常好；有的领导者走了很多地方，位置越来越高，结果处处留下骂名，这样的领导即使级别再高，也不能算是成功者。所以，真正明智的领导者一定要把群众的利益维护好，一定要把下属的成长挂在心上，工作的目标和方向永远是人，人是天长地久的，业绩是短暂的，只要有了人，业绩不请自来。

2. 学识渊博，才能卓著——精于领导艺术

（1）才能是知识与技能的统一体。

知识是一个人在多个领域内所掌握的信息总和，技能是个人对所掌握知识的运用方式和实际解决问题的能力。才能是在掌握知识的过程中形成和发展的，离开了学习和实践，任何才能都不可能发展。各种各样的知识，是人类世世代代认识世界、改造世界的经验积淀。知识是构成领导力的基础。渊博的学识是一种吸引群众、影响群众的人格力量，一个领导者知识渊博，才学卓著，其领导魅力必然被大大强化。古往今来卓有成效的领导者无不学识丰富、博学多才。

技能乃专业技术能力，是指掌握并能运用某项专业技术和业务的能力。纯粹的外行和甘于外行的领导者是不被下属看好的，甚至会引起蔑视。

现在处在知识化、科技化、专业化的时代，领导者不掌握一定的专业技能是无法立足各个岗位的。领导者不仅要具备一定的知识化、专业化、技能化程度，而且还要成为组织中知识化、专业化、技能化中的佼佼者。

领导者的才能越强，对领导活动所能起的影响就越大，"才"是领导者完成本职工作的必备素质，是促进事物发展和应对事物变化的主观条件，是实践、落实、完成自己意愿的保证，是领导力的直接体现。

（2）辩证地看，才也是一种德。

"才者，乃为官之力。"有德无才和有才无德，都是领导者的致命短板。德和才就像是一个人的双目、双臂、双腿一样，缺哪一样都是关键的缺陷，都是领导力不系统的状态。在某种情境下，德就是才，才也是德。"德"是指挥调控"才"的特殊能力，"才"是实现"德"的工具。领导者的成功首先是秉德做人的成功，领导者的失败往往是力不胜任的结果。系统领导力特别强调"德"和"才"兼备并举，谐调统一。

"才"，往往专指人的能力、本事和业务水平。领导者要有与履行岗位职责相应的才，即专业知识和能力；要有战略前瞻、战略思维的创新能力；要有把握组织使命及动员人们围绕这个使命奋斗的能力；要有与所担任职务相适应的运筹能力和决策能力、组织协调能力、知人善任能力、表达协调能力、处理突发事件的应变能力和解决日常实际问题的诸多能力。

在实际工作中，人们都很敬重、佩服、崇拜那些才华横溢、才能卓著的领导者，都愿意在其麾下工作，都自觉、主动去接受他的影响和领导。一方面是有才能的领导者会给组织带来成功希望和实际成果，另方面人们跟着有能力的领导者会有一种愉悦感，下属们会在欣赏领导的同时，从他那里学到从别处学不到的东西，从他那里感悟到珍贵的人生哲理。

才能是领导者威信影响力的关键要素，才能决定事业的成败。列宁说："保持领导不是靠权力，而是靠威信，毅力，丰富的经验，多方面的工作以及卓越的才能"。领导力是领导者的品格、知识与能力、情感诸多因素融合的统一体，是诸因素在领导实践中的具体表现。领导者的才能高低，是能否胜任工作以及获得成就的一个重要条件。

当今领导者面临着成长的局限和四面八方的挑战，有为数众多的领导者，越来越没有后劲，做到一定的程度就做不上去了，原因是在不断变化的环境面前，缺乏与时俱进相匹配的能力。使得自己和追随者看不到事业的发展前景，部下处处呈现的是摇摆不定，他们对领导者越加失望，他们将不再追随自己的领导，这是领导力的困境和危机。领导者的能力决定领导者的作为，有德无才或德高才低的领导，尽管工作勤奋扎实，认真负责，尽心尽力，但因才力不佳，难有作为，导致循规蹈矩，墨守成规，缺乏魄力和创新精神，不得不实权旁落，令他人摆布，领导力自然脆弱。

（3）才能是一个系统

领导力是随着知识经济浪潮和知识管理革命而引入的一个新概念。领导力包括学习力、思维力、想象力、预测力、决策力、组织力、教导力、沟通力、感召力、执行力、控制力、创新力、变革力等等方面能力的系统组合。

领导才能，是指领导者顺利完成某一项任务的一系列主观条件。多方面的能力，多种能力集于一身，才是才能。毛泽东说："指导一个伟大的革命运动的政党，如果没有革命理论，没有历史知识，没有对于实际运动的深刻的了解，要取得胜利是不可能的。"为什么博古仰赖洋顾问李德，对其言听计从，哪怕是错误的，也奉若神明，就因为博古能力不足。博古担任中共最高领导时才24

岁，无论从哪个方面他都承担不起这样的重任。历史上无数事例证明，能力不足，必然轻信于人，必然成为傀儡，必然导致悲剧。多年以后，博古的儿子秦铁说：历史给我父亲安排的就是一个犯错误的角色。

才能是随领导层级而呈现出来的不同能力系统。领导者最基本、最典型的三种能力是设计决策系统，沟通协调系统，专业技术系统。这三种能力系统分别由高层领导，中层领导，基层领导的不同层级而呈现不同的组合。

高层领导者的才能系统，第一是设计决策，这项能力系统呈现概率占50%左右；第二是沟通协调，这项能力系统表现占35%左右；第三是业务技术，这项能力系统表现占15%左右。也就是说，高层领导的核心能力是设计决策力，是要把主要时间精力和智慧放在谋划决策上，与此能力相匹配的是以理论修养为代表的观念能力，所以领导者要善于学习，注重提高思想力。

中层领导者在沟通协调、人际关系方面的要求比较高，很多跟人打交道的事，都需要中层领导者亲自去联络处理。传统的领导力是控制人、管人，而新领导力是影响人，包括沟通、协调、激励、凝聚和人际关系。真正的遵从执行，是没有心理障碍的自觉地、积极地服从。中层领导者很难让上下级都满意，颇难胜任，但也最历练人、磨炼人。

基层领导者跟高层完全倒过来了，决策能力只占15%；沟通协调能力是35%左右，业务能力居50%还要多。这说明基层领导者涉及决策的事不多，虽然跟员工和顾客打交道的事很多，但基层领导者的核心能力还是在具体业务的专业技术处理方面。

总之，能力是胜任某项具体工作的专长，才能是胜任某项工作诸多能力的组合，这种组合就是领导者的能力结构。身为领导者必须具备相应的能力系统，这是取信下级，赢得合作，保证工作效率，奠基事业成功的前提。

（4）才能的鸵鸟效应

物以类聚，人以群分。在一个职业群体里，成员都具有大体相同的智能素质，怎样区分谁比谁强？常常仁者见仁，智者见智。仅从能力来考察，怎样脱颖而出，令众人信服，一个最好的解决方案就是鸵鸟效应。鸵鸟也是鸟，但绝大多数鸟的体积非常小，远远赶不上鸵鸟的高大魁伟。以鸵鸟来喻示，就是说领导者要使大家信服，他的才学能力应该明显地超出他人一大截。你要想取得优势地位，你就要比别人有非常明显的才能优势，有一种鹤立鸡群的状态，这样才好树立领导者的权威，这就是我们通常所说的绝对优势理论。毛泽东既是革命家、思想家、政治家、战略家，又是诗人、书法家，对历史精通，还是演讲说服高手，集诸多才艺于一身，这是党内诸多领导人不得不敬佩的原因。

目前，中外公认中国工人不敬业，因不敬业而执行力不强，因不敬业而管理难，因不敬业而出现林林总总的问题。为什么不敬业？其中一个很重要的原因就是对领导者不服。因瞧不起领导，内心抵触，阳奉阴违，甚至反其道而行之。如果下属有资历，有能力，有贡献；顶头上司的能力确实不如下属，所以领导常常是哄着下属干事，对下属的抗令不遵也无可奈何，这种情况在许多单位广泛存在，是执行力普遍不佳的根源之一。

一般来讲，人们都是被吸引去跟随比自己强的领导，一个下属工作能力有8或9的人，他愿意跟随、侍奉工作能力有10或10以上的领导者，而不愿意跟随能力只有6或7的领导者。才能是珍贵的禀赋，除了上天的恩赐以外，绝大部分的才能都来自后天的勤奋学习和实践。勤奋学习是一种美德，没有人类的勤奋学习，人类自身就不会有今天的进化发展，就不会有现代社会的突飞猛进。人类如果怠于学习，历史就会停滞或倒退。所以人们不管自己愿不愿意学习，他都喜爱愿意学习的人，因为愿意学习的人是识时务的人，是有本事的人，是有发展的人，是有未来的人。才能是决定领导者威信高低的直接因素，如果下属对领导的才能由衷敬佩、信任并有追随的意志，那么既便事业开局不利、中途失败和屡受挫折，他们仍能忠贞不渝，精诚不变。如果属下对领导的才能半信半疑，顾虑重重，那么这支队伍就只能打赢不打输，只能适应顺境，经受不住逆境的考验，关键时刻就会出现抗令不遵，一触即溃的局面。

3. 能言善讲，说服鼓动——善于思想教导

能言善讲，对领导者来说既是才能，也是素质。古代衡量人才的主要指标，一是记忆，博读强记，过目成诵，倒背如流，出口成章。三国时的张松到曹操那里，只看了一遍《孟德新书》，就把他背诵下来，使曹操误认为自己的书稿与古人不谋而合，有抄袭之嫌，所以把书给烧了。另有诸葛亮巧妙游说周瑜联刘抗曹，他劝说周瑜把东吴的两个民女送给曹操，这两个民女就是大乔小乔，还背诵了曹植的《铜雀台诗》为证，从而达到了刺激周瑜联刘抗曹的目的。二是口才，誉三寸不烂之舌，可抵百万雄师。战国时的苏秦依仗能说会道，游说东方六国，身挂六国帅印，促成合纵抗秦联盟。触詟说赵太后，张辽屯土山智说关羽，都是口才解决了大问题。

领导，众之首也，讲话，心之声也。震天下者必震之于声，导人心者必导之于言。口才就是讲话的才能，它是衡量领导能力的重要指标之一。任何领导都想拥有口吐莲花之才来传播主张和彰显魅力。口才好的领导者容易激发下属

的活力，也容易得到上级领导的赏识，也有利于工作效率的提高。领导干部要不断提高自己的说话水平，使自己在众目睽睽之下，身处各种场合之中，面对各种对象之时，能够挥洒自如，出口成章。

美国口才训练大师戴尔·卡耐基说："假如你的口才好，可以使人家喜欢你，可以结交好多朋友，可以开辟前程，使你获得满意。有许多人，因为他善于辞令，因此而擢升了职位，有许多人因此而获得荣誉，获得了厚利。你不要以为这是小节，你的一生，有一大半的影响，源于说话艺术。"

领导者在日常工作中，能善于娴熟而简明扼要的侃侃而谈，能吸引属下的注意聆听，对部署任务开展工作十分有益。领导者经常在大庭广众中抛头露面，并成为各种场合和各种媒介的焦点，高超的讲话水平对彰显领导形象和领导能力尤其重要。一些领导者与外界群体说话，说不上去；与下属群众说话，说不下去；与青年员工说话，说不进去；与老同志说话，给顶了回去；处于这样一种失语的状态，怎么能使群众信服呢？

善于表达思想，是伸张主见，捍卫真理，批评驳斥谬误，排除干扰意见，争取下属拥护的必要手段，是领导者在公开场合对敌斗争的武器。大革命时期的毛泽东面对国难，大声疾呼，唤起民众，投身革命。周恩来总理多次在谈判桌上以他那闻名世界的"铁嘴"挫败敌手，捍卫了党和国家的利益与尊严。红军长征到达川北与红四方面军会师以后，中央与张国焘有了严重分歧，在沙窝会议上张国焘与毛泽东发生了一次经典的激烈争辩，很是精彩，最后张国焘理屈词穷，显露出鲁莽之状。由此衬显出毛泽东的卓越口才和高超斗争艺术。黑人领袖马丁·路德·金以演讲为武器，反对种族隔离主义，获得了1964年诺贝尔和平奖……无数事实表明，能言善讲，能发挥出意想不到的巨大作用，是向群众展示直观领导力，获得各界好评，间接折服下属的特殊力量。

演说时慷慨激昂，情真意切；论理时鞭辟入里，直陈要害；争辩时激切锋利，快口如刀；交谈时言词精警，风趣自如；言笑时幽默睿智，绘声绘色等都是领导者发号施令，部署工作，检查指导，产品推销，商业谈判，危机公关，化解矛盾的有力手段。他展示了领导者大智大勇的外事艺术，大大提高其处理人际事务的本领。

现在是媒体时代，领导者时时处处都在舞台上，出席会议、参观巡视、发表演说、接受采访等各项活动，都是领导者形象显露于民众视野的焦点时刻，其一言一行、一举一动都在公众的眼中，受到公众的检验评价。特别是在一场公共危机出现时，领导者挺身而出，主导局面，通过口才能力，实现力挽狂澜的震撼效果，没有人不承认这就是别具一格的高超领导力。领导者善于辞令，妙语连珠，语言生动，词采精美，旁征博引，意蕴深刻，阐述精准，分析透彻，要言不繁，恰好好处，观之精神振奋，听之顿开茅塞。这是展示知识才华，塑造高大形象，提升自身威望，增添领导魅力，开创工作新局面的绝佳功力。

（四）通过客观实际效果检验印证的领导力

1. 下属服从命令听指挥——坚定执行的保证

下属服从命令听指挥，是领导力最突出、最鲜明、最重要、最有力的体现。领导的对象是人，能够充分有效地调动人的主动性、积极性和创造性，使组织成员自觉自动、自励自发地工作，是验证领导者威信影响力的重要一环。

领导力是影响人们心甘情愿和满怀热忱地实现组织目标而努力的过程。撒切尔夫人说："掌握实权就像做淑女一样，如果你得提醒人尊重你是个淑女，你显然不是淑女"。权力是上级给的职务职权，威信是群众给的信任，职权和威信是两回事，有职权不一定有威信，有威信自然有权力。权力会使下属不得不服从命令听指挥，但不一定心悦诚服，不一定自觉自愿，不一定服从到底，不一定保证效果。而威信会使下属奉若神明，会将领导的指示视为神圣的使命，不完成任务就寝食不安，不管领导在不在身边，都会千方百计把命令执行到底。所以，领导者要尽量地影响他人，而不是去控制他人。好的领导者不会花太多的精力去控制别人，而是想方设法地培养扩大自己的向心力、信服力、影响力、感染力，这才是领导力的实质。

职权除了拥有强制权和惩罚权以外，还拥有报酬权和奖励权，但报酬和奖励不能形成持久激励，不能使人自觉主动，不能产生内心认同响应，不能得到下属的真诚拥护与支持，因为报酬和奖励不能保证绝对公平，不能保证人人满意，不能保证下属不骂"娘"，还经常出现越是高薪越消极、越是奖励越糟糕的局面。一些领导者总强调客观条件不好，埋怨体制不利，政策不到位，员工过多，包袱过重，制度不健全等等，于是体制不断改革、政策不断优惠、人员不断精减，机构不断剥离，制度不断健全，结果问题还是越来越多、危机越来越严重。

国民党军队为什么老打败仗？其中与各级官兵不愿听从上级的命令有直接关系，有的军、兵团、剿总长官公然不听蒋介石的命令。例如1947年蒋介石集中24个整编师66个旅，计45.5兵力重点向山东解放区进攻，三大主力兵团摆出一副决战的架势，目的是力争速战速决，一举消灭山东"共军"。但其下属在执行上却力图避免与"共军"决战，他们想依恃强大的兵力优势，把解放军压逼至黄河以北或胶东一隅，以为这样可以减少损失，从而保存实力。所以一经与解放军接触，便立即龟缩或与其他友军密集靠拢，坚守避战，从而丧失战机。即使某部遭遇包围，也绝不增援解救。因而呈现出战略上的进攻和战役上的退却；战略上追求速决和战役上表现迟疑形成严重矛盾，最后导致被各个围歼，全线溃败。事实证明，如果仅以谋生的态度从业的话，是不会拿性命去执行命令的，缺乏大义的名分，是领导力的先天缺陷，也是国民党军队崩溃的根本原因。

"三老四严四个一样"中的"领导在与领导不在一样"的效果确实难能可贵，它既展示了创业时代大庆工人的政治觉悟和优良作风，也展示了那时大庆企业领导者的卓越领导力。服从命令听指挥，是所有领导者都希冀渴望的一种领导力状态。

身为组织成员，服从命令听指挥实乃天经地义，完成指令任务理所当然，这一点从下属的角度来看也是毫无异义的。但是下属领到任务，能否真正忠实执行，一如既往，保质保量并卓有成效，却大有文章。我们司空见惯的看到有些下级是不听从上级指令的，轻则是执行不力、执行跑偏，半途而废，执行质量低下；重则是上有政策，下有对策，反其道而行之，对抗上级指意，我行我素。事实上组织成员以什么样的心态接受领导的指派调遣，以什么样的心态去从事所肩负的任务，往往会视领导者的领导力而因人而异。

领导力在运行过程中的效应，是考核检验领导者是否称职的关键指标。不能影响别人就无法领导别人，领导的魅力只有在追随者那里得到证明。领导者如何赢得部下的拥戴和支持，焕发和调动下属的积极性，使之服从命令听指挥，是一项十分了不起的能力。职务上的领导不是真领导，谁有影响力，谁才是真正的领导。

1946年4月，国民党东北第五绥靖区中将司令陈明仁重兵占领东北战略要地四平后，一时踌躇满志。恰好解放军军调处工作人员耿飚也来到四平，陈明仁与耿飚是湖南醴陵的同乡，陈明仁设宴招待耿飚，谈起内战局势。陈说不出三年，共产党将会被消灭，劝说耿飚到他这里。耿说我看国共前途不出三年，共产党必定胜利，劝说陈明仁投奔共产党。两人相持不下，最后打赌，勾了手指头。结果没出三年东北全境解放，陈明仁在湖南率部起义，任中国人民解放军湖南省军区副司令。1950年耿飚回家乡探亲，在车站欢迎的人群中，陈明仁抢先出来与耿飚握手，第一句话就说："四平打赌，你赢了，我输了"。

为什么输？为什么赢？只要看看各自领袖的品格就不难找到答案了。

在抗日战争和解放战争时期，毛泽东远离各前线部队，在偏僻的山沟、乡村，凭借几部电台和地图，遥控指挥千军万马，达到了信息畅通，调度灵敏，准确有效的佳境，一切按计划、按部署、按总体预案顺利进行，实现了各个战场的胜利。而蒋介石为解救锦州之危，多次乘飞机亲临沈阳，却调动不了下属部队，两个领袖的领导力悬差可见一斑。

叶剑英《八十抒怀》曾这样评价毛泽东："导师创业垂千古，侪辈跟随愧望尘。"叶剑英曾说："让我们从心底佩服一个人不容易。但在长期的中国革命斗争中，大家逐渐认识了毛主席。别人也都当过头、掌过舵，但都不行。只有毛主席，把我们这些人拢起来，干成了建立新中国并开始建设社会主义这件大事情。"事物相比较而存在，通过比较才能得出"没有毛泽东，中国革命还要在黑暗中摸索更长一段时间"的结论。这也正是毛泽东离世以后，党和国家、军界领导人依然敬重崇拜毛泽东的缘故。

卓越的领导者要点燃下属心中的火种，使下属自觉自愿地全身心投入到工作中去。再健全的制度也不可能面面俱到，再严密的控制也不可能天衣无缝，优质高效的工作必须靠下属的责任感、敬业态度和奉献精神才能实现。如果下属不努力，只有领导自己努力，那么领导干得越多，就越不合格。领导者的埋头苦干，事必躬亲，使自己变成了"英雄"，下属却变成了"懒汉"。无数管理实践揭示：一个单位的员工普遍执行力差，就说明这个单位领导者的领导力出现了严重的危机。相反，如果领导自己比较清闲，下属们个个干劲十足，争先恐后，勇挑重担，尤其是领导在与不在都一样，那么这种领导力就不简单了。

2. 挽救危机，铸造辉煌——业绩成果的验证

领导者要想奠定自己的权力根基，保持自己的威信力，必须满足一个关键条件，那就是成功的业绩。没有突出的业绩，着实的贡献，你在下属面前是不硬气、不仗义、不舒服的。腰杆不硬，底气不足，说话就不好使，往下是很难干下去的，所以必须露一手，拿出两下子，这就是千百年来流行"新官上任三把火"的来历。事实是检验真理的标准，任何领导都要经历千方百计谋发展，施展作为开局面的过程，只有在严峻的事态面前，才能真实检验出领导者的优秀品质和卓越能力。

毛泽东在解放初期一次高级干部会议上说，《三国演义》里面的周瑜是个共青团员，因为他很年轻，老干部不服气他，提拔太快了，可是赤壁之战打胜了以后，上上下下都非常认同，威信马上就提高了。

马云曾说：领导力在顺境的时候，每个人都能出来，只有在逆境的时候才

系统领导力

是真正的领导力。

毛泽东在全党的崇高威望是在长征中奠定下来的，尽管毛泽东创建了第一个革命根据地，尽管他有三次反围剿胜利的功绩，尽管他有党的创始人的独特资历，这些没有使他成为全党全军的最高领导人，但是在长征途中的危难关头，在没有他就会全军覆没的紧急时刻，毛泽东受命于危难之际，力挽狂澜，拯救危机，巧妙地摆脱了国民党几十万大军的围追堵截，把党中央和红军带到了陕北，仅此一点，毛泽东的领导地位就任何人无法取代。

转危为安，起死回生，挽狂澜于既倒，扶大厦之将倾，历来被人们称誉为扭转乾坤的才能和业绩，这是领导力的最好佐证。沧海横流，方显英雄本色。所以真正卓越的领导者要敢于迎着困难上，越是艰险越向前，正是这艰苦卓绝的危难时刻，才是铸造英雄神话，雕塑领导金身的最佳时机。

人类历史一再证明，"一头绵羊带领的一群狮子，敌不过一头狮子带领的一群绵羊"。在危机时刻，唯有强大的领导力，才能带领组织摆脱困境，扭转危局。一个组织的成功往往取决于领导者的能力、魄力、魅力。真正的智慧不仅明察眼前，更能预见未来，给组织指明未来的发展方向和径直目标。

朝鲜战争以中朝部队共毙伤俘联合国军 1093839 名，其中美军 39 万余名，韩军 66 万余人，仆从军 2 万余人的战绩而威震世界。其中中国自愿军以阵亡197653 人的代价，歼敌 718477 人。战争结束后，蒋介石对儿子蒋经国及毛人凤等军事将领说：在这个世界上，没有人是毛泽东的对手，盟国美国说我蒋介石不行，可是他们又怎样呢，我看他们西方国家也是一群蠢猪。他们与中共毛泽东比，从哪方面都无法相比！16 个国家最精良的军队，最先进的陆海空立体军事集团，30 多个后勤支援国家，加在一起 40 多个国家的军事力量竟然被毛泽东打的如此狼狈，丢人现眼，耻辱啊！看来，反攻大陆的设想已经成为泡影，三民主义很难实现了！不过，毛泽东也是中国人的骄傲啊，更是一名奇才。中共有多少能者，我都不放在眼里，事实上也不是我的对手，唯有毛泽东把我挤到这几个小岛上了。盟国也不是毛泽东的对手，毛泽东打仗是艺术！各方面的领导都是艺术！是高超的艺术！他接着又说："我们要研究毛泽东！要学习毛泽东"！

从某种角度上说，领导力就是辉煌业绩的代名词。领导力能将一个人的愿景提升到更高的目标，将一个人的业绩提高到更高的标准，使一个人的作为超越自我界限获得更大的成就。毛泽东通过 22 年的武装斗争，打败了以蒋介石为首的中国各路军阀集团，建立了新中国，实现了天翻地覆的伟大胜利，这使毛泽东在中国的领导地位无以伦比。同样，毛泽东通过 3 年的朝鲜战争，在武器装备十分落后的条件下，狠狠地重创了以美国为首的联合国军，取得了举世瞩目的辉煌胜利，从而确立了世界领袖的崇高地位。在历史舞台上，在世人心目中，业绩就是实力，业绩就是话语权，业绩就是领导力。

（五）通过基础资源条件展现出来的领导力

1. 上有坚定可靠的领导支持——特殊背景

通过对西方特质理论中诸多特质的综合归纳、比较分析看出，西方领导力的主流倾向特别注重才智能力，在各理论学派的特质系统中，才智能力项目占绝大多数。如智力过人、思想敏捷、远见卓识、能言善辩、组织能力强，分析能力强、判断力强、决断力强、自信心强、沟通能力强、指挥能力强、开拓能力强、管理能力强、工作效率高、绩效成果大等。透过这些能力我们发现，支持这些能力的基础是思想的开放。如敢于负责、勇于求新、善于用权、精于授权、善于应变、不断变革、勇担风险、积极主动、不空谈，不逃避；不怯懦，不迟缓，愿意从事富有挑战性的工作、富有创新精神，自主做出决策、不断实施变革、创造职业成就、追求自我实现等。简而言之，一是强调能力绽放，二是强调思想解放。能力绽放需要思想解放，思想解放促进能力绽放，两者互为促进，相得益彰。而这些在中国的有些组织环境中，就很难做到，思想解放不了，能力也绽放不了，所以许多领导者学习了西方很多管理方法，在实际工作中却用不上、用不灵，颇为困惑，实感无奈，其实这就是组织环境和领导机制的问题了。

在中国的领导体制中，有一个至高无上的天条，就是组织观念不可淡化，上级领导的权威不可轻视，凡事请示的程序不能逾越，凡事必须领导点头才能进行，否则工作将举步维艰，寸步难行。这就造成了领导力作用的一个先决条件——上级领导的支持。

对领导者来说，上级的支持至为关键，这就好像有了取之不尽的资源一样，就好像有了合法经营许可证一样，可以名正言顺，大张旗鼓地按预定计划开展工作了。为了让群众验证自己工作的合法性和领导支持的力度，每当重大工作启动之际，都要请上级领导亲临现场发表讲话。有经验的下属，根据领导讲话的成色，就能判断出该项工作的进展情况和最终结局。许多虎头蛇尾，半途而废，自消自灭的工作，往往都是上级领导中途撤托的结果。

过分重视上级领导的决定性作用，已经成为组织文化的风习。对新来的领导，下属首先考虑的不是他的品格，他的能力，而是他有什么背景？他的后台是谁？他是不是哪个首长的儿子或亲信？他带来了什么政策？能干多长时间？如果背景够深，后台够硬，政策够多，那么就会全神贯注地聆听他的指示吩咐，认真仔细地理解他的精神，积极迎合他的意图开展工作。否则，下属会带着审查的眼光挑剔他的毛病，带着怀疑的态度担心他所张罗的事情能否成功，带着猜测的心理预算他能干多长时间，因为没有后台支撑的领导是很难干长的。

中国从孔夫子到蒋介石，"领导学"研究了两千五百多年，始终不能突破"解放"二字，铸就了牢不可破的"唯上文化"，且积弊甚深，流毒甚广。这就直接带来两个后果，一是逼着各级领导者找后台，找支柱，否则心里就不踏实，仕途就不稳定，工作就不硬气，下属就不好摆弄。二是迫使各级领导者心照不宣地结成同盟，凡事联手行动，要干一起干，要停一起停，稳扎稳打，步步为营，你等我靠，谁也不许孤军冒进，否则就是张灵甫的下场。所以每当中央号召一事，起初谁也不动弹，互相观望，等待拖延，牢记"枪打出头鸟"，"木秀于林，风必摧之"，"出头的椽子先烂"的古训，宁遭"为官不为"之责，也不做"功高盖主"之事。

在现实生活中，在任何组织系统里面，领导者的指示、意见、计划、部署，在贯彻落实过程中，总免不了有不同的质疑意见和抵制态度，免不了有修改和扭转的意向。但是，一经冠上"这是上级组织的决定"，"这是某某领导的意思"标签后，就基本杜绝了异议。明知这个项目不可行，明知这个方案不成熟，也能得以强行贯彻执行。起初群众不接受，强烈反对，但一听这是上面的指示，深知"胳膊拧不过大腿"，也就不吱声了。这就说明，有特殊的政治背景，有上级领导做坚强可靠的后盾，是下级领导者施展作为的重要保证。

公元前356年，战国时期秦国的秦孝公任用商鞅为左庶长，实行以"废井田、开阡陌，实行郡县制，奖励耕织和战斗，实行连坐之法"为主要内容的一系列变法改革。这项变法改革从一开始就遭到了上至贵族、下到民众的强烈反对，但由于商鞅变法深得秦孝公的信任支持，所以任凭反对势力再强大，也没能阻挡变法的深入进行。经过商鞅变法，秦国的旧制度被彻底废除，经济得到了发展，军队战斗力不断增强，秦国也成了战国七雄中实力最强的国家。可是秦孝公一去世，商鞅就失去了依靠，最后落得个五马分尸的下场。《资治通鉴》记载："卫鞅欲变法，秦人不悦。"《战国策》记述商鞅最后的命运，"惠王车裂之，而秦人不怜"。从秦人不悦到秦人不怜，足见商鞅把秦人从上到下得罪个遍，但为什么商鞅变法还是成功了呢？就因为秦国最大的领导——秦孝公是商鞅的坚强后盾。

同样的变法，被列宁誉为中国十一世纪改革家的王安石就没那么幸运了。公元 1069 年，宋神宗任命王安石为参知政事实施变法，决心消除弊病，抑制豪强，发展农业和商业，改变积贫积弱的局面，实现富国强兵。变法历时 16 年，由宋神宗刚即位时的"百年之积，惟存空簿"，到后来的中央积蓄钱粟"数十百巨万"，"可以支二十年之用"，使宋廷财政有了很大的改善，可见改革是有成效的。然而由于变法触犯了保守派的利益，围绕变法，拥护与反对两派展开了激烈的论辩及斗争，在反对派的巨大压力下，宋神宗几番动摇，缺乏担当，支持不力，并两次罢免王安石的宰相职务，使王安石为首的变革派屡遭打击，宋神宗这个后台就不是坚定可靠的。

至于轰动一时的中国近代戊戌变法，更是须臾离不开后台的关照，一旦"上面"变了脸色，那些显赫朝野、光鲜靓丽的变革大员顿时不见了踪影。

"唯上文化"的形成并根深蒂固，既与中国有两千多年封建帝制有密切关系，又与西方组织"金字塔"层级结构的设计息息相关。东西方组织体制都存在"唯上"的倾向，只不过西方的民主政治伴随经济的发展有了很大进步，中国却出现了严重的退步。毛泽东早在 1927 年就在红军实施了民主政治，建立了士兵委员会，废除家长制和军阀作风，实行官兵平等，在党内倡导批评与自我批评，健全党的民主生活。建国后又废除了军衔制，实施两参一改三结合等，这些党内民主和军内民主、企业民主制度的建立，是中国共产党变革封建管理体制的伟大创举，是对中国旧官场黑暗体制的彻底革命，对西方的民主政治是起了促进作用的。自从党内腐败盛行以来，许多党的优良传统和优良作风被丢掉废弃，导致"唯上唯权"的恶劣行径越发严重。

现在有三种类型的领导力理论：一是以儒道为代表的中国传统的为官学说，内容很乱，包括法家、兵家、阴阳纵横家及历代治国理政经验之集大成，被誉为中国式的传统领导力理论；二是以美国为代表的西方领导力学说，内容涵盖自领导特质、领导行为、领导情境及至今成千上万专家研究之集大成，被誉为世界当代先进的领导力理论体系；三是以毛泽东思想为代表的中国共产党的红色领导学说，是吸纳中国优秀政治思想精华和摒弃腐朽文化糟粕，借鉴世界先进经验，代表中国人民政治意愿和符合中国人民心理特点的新领导力学说。虽然中国共产党的领导力学说起步较晚，内容较少，体系尚不完整，中间还有波折反复，但它是最有希望成为中国未来扬弃东西方领导力，精神博大，动之万全的科学领导力学说。

作为中国各级领导者，要深刻理解中国领导机制的特殊性，端正心态，理顺情绪，凡事必须坚定地依靠上级并取得上级领导的信任和支持，这是顺利开展工作的前提，是拥有领导力至关重要的条件。缺乏和丧失上级领导的器重、栽培、信任和支持，领导力是很难得以施展发挥的，工作进程是事倍功半的，工作效果是很难得到保证的。

怎样处理好与上级领导的关系并赢得支持，是下级领导者卓有成效开展工作的关键，是非常重要的领导力环节。如果领导者能把上级调动起来，又能把下级调动起来，就等于在自己原有的领导力基础上倍增了力量和资源，这样就改善了领导环境，大大增强了领导的效能，组织事业就会大大发展。那么，怎样调动上级领导的积极性呢？毛泽东有一句话值得研究，那就是"你对于那个问题不能解决吗？那末，你就去调查那个问题的现状和它的历史吧！你完完全全调查明白了，你对那个问题就有解决的办法了。"

2. 中有志同道合的班子团队——组织保证

领导者是通过团队的努力而成功的，领导者的重要任务是建设一支信仰坚定，作风优良，志同道合，敢于担当，精诚团结，配合默契的工作团队。

曾国藩认为：一个人永远成不了大气候，必须借人联合打天下。领导力是一种能够激发团队成员热情与想象力的能力，也是一种能够统率团队成员全力以赴去完成目标的能力。

团队是由两个或者两个以上相互作用，相互依赖的个体，为了共同目标而按照一定规则结合在一起的小型组织。

团队的典型特征有三点：一是有共同的志向愿景和奋斗目标，这是团队的思想动力源泉；二是精诚团结，情深义重，资源互补，密切协作，这是团队的情感凝聚力；三是共同遵守的行为规范和行为准则，这是成员的执行机制和标准。团队的核心职能就是同心同德，取长补短，默契配合，实现目标。

高层团队就是组织的领导班子。毛泽东形象比喻党委会就是一个领导班子，书记是班长。领导班子是一个集各种人才的团队，团队的力量就是领导力的集大成。一个人的力量有限，众人的智慧无穷，善于借助他人智慧的做法，就是领导力。如果领导者不善于运用和发挥团队成员的智慧，或班子内部不团结，形成内耗，就会严重削弱领导力，就不能带领千军万马去作战，去建设。"五心不定，输得干干净净。"

无数正反两方面的历史经验告诉我们："智者千虑，必有一失。""尺有所短，寸有所长"。再优秀的人也有不足，再平凡的人也有独特的地方；无论多么英明的人物，都不可能事事周全，万无一失。毛泽东是位善于思考，深谋远虑，精于指挥，灵活善断的战略家，但他从不主观武断，他历来提倡"一个篱笆三个桩，一个好汉三个帮"。"三个臭皮匠，顶个诸葛亮"。在解放战争大决战的日子里，史书记载毛泽东总是和周恩来、刘少奇、朱德、任弼时在一起研究战局，分析战况，筹划战略部署，使整个大决战环环相扣，步步为营。相反，国民党方面总是蒋介石一人决断，官邸会议总是他一个人在讲，滔滔不绝，无人插嘴，导致决策顾此失彼，频频失误，一改再改，一错再错。蒋介石的一贯独断专行，给部下形成了一种印象：凡是"老头子"亲自指挥的战事，必败无疑。这说明影响组织竞争力的核心因素不是个人的力量，而是组织的力量，团队的力量。

领导者要避免一个人刚愎自用，独断专行。湖南省临湘市委副书记、市长龚卫国，曾是一名年轻有为的领导干部，现在成为吸食毒品、包养情人、收受巨额贿赂、滥用职权的阶下囚。他认罪忏悔地说道："我把权力看得太重，开会一言堂，工作一挥手，听不进意见、放不下架子，摆不正位置，如果当初多请示汇报，多和同事沟通交流，多和下级换位思考，也许是另外一个局面。"有些领导者不仅不善于发挥他人的力量，反而视他人为羁绊，喜好独自发号施令，结果每每落得个惨不忍睹的下场。

项羽如果能善纳范增的忠言，就不会先有爱姬自刎，后有自己乌江自刎的悲剧。

马谡如果能接受王平的建议，就不会失掉街亭，遭到斩杀的下场。

张灵甫身边如果有个"政委"，七十四师也许不致在孟良崮全军覆没。

所以曹操在赤壁大战的逃亡路上嚎啕大哭，"吾哭郭奉孝耳！若奉孝在，决不使吾有此大失也！"因为郭嘉有高度的责任感，即使主公执迷不悟，也一定会强谏以保大局。这一点一般人做不到，所以众谋士皆默然自惭。

团队理念是一个伟大的创造，它是现代组织建设的一个基本出发点。领导者要清醒地意识到，每个人的"心智"都是一个独立的"能量体"，如果与更多的"能量体"结合在一起，就可以形成一个强大的"磁力场"，而这个磁力场的智慧力量与个人是无法相比的。一加一大于二是个富有哲理的不等式，它表明集体力量并不是单个人力量的累加之和。领导者要善于激发团队成员的智慧和力量，让他们各显其能，各尽其才，充分发挥他们的创造性作用。这种集思广益的思维方法在当代社会已被普遍应用，它能填补个人头脑中的知识空隙，通过互相激励、互相诱发，产生连锁反应，扩大和增多创造性设想。毛泽东的英明伟大，就在于他善于借助他人的智慧，善于归纳演绎，综合总结，最后形成更加系统完善的思想，成为科学的指导思想。

团队建设理论是西方现代管理理论的最新成果，应用到中国企业界，典型的成功案例并不多，而在60多年前的战争时期，中国人民解放军的战史却拥有大量的生动记载。那时的各野战军，各纵队，各师、团、营中的团队化建设涌现出大量的成功范例，这些都是团队建设的活生生教材。历史经验告诉我们：团队建设，就是民主建设；组织建设，就是政治建设；小团队、大组织，小核心，大团结；民主统一于集中，自由统一于纪律；治企如治军，学习解放军，解放军团队建设的实践经验应用到企业管理，其价值意义丝毫不亚于西方理论的伟大贡献。

在错综复杂、快速变化和充满挑战的环境中，领导者要有高度的、自觉的团队意识，精心组建起一个具有高度"共识、共鸣、共振、共勉"的核心团队，领导者的成功取决这些团队成员的鼎力支持。领导者不能仅顾自身的成功，还要关注团体成员的需求，充分认识到团队成员间是相互依存、同舟共济的关系，尊重他们，真诚信任，认同并宽容个性的差异，营造良好的合作氛围，建立坚强的事业联盟。通过精诚团结，互助互帮，相辅相成，携手共进，激发每个人的事业心和忠诚度，共同打造高绩效团队，共同创造组织的优良业绩。

3. 下有善打硬仗的人才队伍——刚性实力

宋江为什么受招安？因为他预感梁山这个政权坚持不了多久，梁山这支队伍成不了多大气候。一百单八将政治素质不高，组织结构不合理，干部队伍没有形成，组织使命含糊，一时可以风风火火，但经不起长期的风吹雨打。

1945 年 8 月，毛泽东受蒋介石盛情之邀来重庆谈判，商议国民政府的组阁事宜。毛泽东曾深有感触地说：如果我们没有这一百多万条枪，就没有资格坐在这里讨论政府席位的。言下之意，我们只要有了刚性实力，蒋介石就不敢对我们轻举妄动。倒退十年，十几万红军被蒋介石追得东躲西逃，到处都是悬赏共党匪首人头的通缉令，哪里还能请你谈判！届时，毛泽东对自己的将领说：你们对蒋介石的军队打得越狠，打得越重，打得他越痛，我在这里就越安全，在谈判桌上就越主动，越硬气。因为这说明我的队伍很雄厚，实力很强大，我有讨价还价的资本。也正因为蒋介石感到有美国的帮助，武器装备和兵力占绝对优势，对自己的刚性实力估量过高，所以逆国人意志，悍然发动内战，骄狂地叫嚣要在三个月内消灭共产党。

有趣的是历史很会捉弄人，三年后战犯求和，国民党的谈判代表灰溜溜地来到北平，口气、姿态非往日而语，因为他们的实力不行了，毛泽东、周恩来对他们也不客气了。

事实告诉我们，一个领导者的领导力强不强，腰杆粗不粗，口气硬不硬，是靠实力说话的。如果解放军不是一支攻无不克，战无不胜的队伍，毛泽东是断然不敢拉到朝鲜跟美国叫板的。从这个角度上说，领导者的面子是要靠下属撑起来的，领导者有无领导力，归根结底取决于下属的质量。

部属是什么质量？检验的标准就是看他们是不是人才，或者是有多少人才。因为"得人心者得人才，得人才者得天下。"如果你的队伍里没有很好的人才配备，没有大批的优秀干部，一切话题都是空谈。换句话说，你的手下没有人才或人才稀少，你这个领导起码就不合格，根本就没资格谈论领导力的问题了。

特别要强调的是，人才绝不等于文凭，不是多念了几年书，就是人才了。国民党军队中的军官，文化水平普遍高于解放军，但打起仗来，普遍弱智低能，因为他们缺少正确的思维方式和从业热忱。智能因素是人才的第三资质，稻盛和夫的这个观点绝对是真理。

王安石在《读＜孟尝君传＞》中，以新的视角否定了一千多年来众口称誉的孟尝君。孟尝君是齐国贵族，善于网织人才，门下有食客数千。齐湣王时出使秦国，秦昭王曾让他担任秦国宰相，后来又想杀掉他，孟尝君依靠随从食客"鸡鸣狗盗"逃出秦国，留下千古佳话。孟尝君先任齐国宰相，执掌国政，后又在魏国任相，是个了不起的人物。后人评价他是善于借助人才的力量来实现抱负的伟人。

王安石则认为孟尝君不过是鸡鸣狗盗之雄耳，不足以言得士？"不然，擅齐之强，得一士焉，宜可以南面而制秦，尚何取难鸣狗盗之力哉？夫鸡鸣狗盗之出其门，此士之所以不至也。"正因为孟尝君对人才不辨优劣，说明孟尝君不是个卓越领导者，所以真正的人才也不上他那里去。

我们借古喻今，王安石说的孟尝君恰恰就是蒋介石。淮海战役之际，蒋介石委任刘峙为徐州剿总司令，诸将领一致认为：徐州是南京的门户，理应派一员虎将把守。不派一只虎也该派一只狗看门，如今却摆了一只猪。当顾祝同把诸将领的心声转达给蒋介石时，蒋介石听罢长吁了一声说："刘峙无所作为，这我知道，可是他听话。"可是这个听话的人，占在总司令的位置不干事，只好再委任杜聿明为副总司令行主帅之职，如此诸将对随之而来的大战还能有什么信心呢！结果，将帅无能，殃及三军。包括5军、18军、25军等王牌军在内的80万正规军，清一色美式装备和机械化兵团，配以飞机、坦克优势火力，竟被60万装备低劣的解放军给消灭了。究竟谁有实力？究竟哪个统帅有领导力？一切答案皆不言自明。

如今为什么会有那么多的领导者不作为？因为他们想为也为不了，手下没有能干事的，而且这些不能干事的还专整那些能干事的人，试想，这样的领导者还有领导力可言吗？

第三章　领导力的来源

在漫长的人类社会进程中，一方面是领导，一方面是服从，这两者构成了社会组织活动的全部。从古至今，人们一直把领导者视为权威、理解成权威。

权威就是权力和威势、就是统治和威慑。任何组织的形成、管治、运行均建筑在某种特定的权威之上，不管是被迫还是认同，权威一直被认为是传统或习俗的领导力量，是正当的权力、信从的力量、极具公众影响力的威望。

德国社会学家，管理学之父马克斯·韦伯依据大量史料，把权威归纳为三种类型：即传统型权威、魅力型权威和法理型权威。

所谓传统型权威，来源于继承和传统习惯，是指建立在古老传统和惯例的神圣性之上的权威，如通过帝王世袭和家族企业传承获得的权威。韩国企业家李秉哲 1938 年创立三星商会，1987 年其子李健熙继任；松下电器公司创始人松下幸之助将公司交给婿养子松下正治；丰田家族第一代业主丰田左吉将企业传递婿养子丰田利三郎。中国有近 300 万第一代民营企业家在未来的 5 到 10 年，将迎来传承交接的高峰期。这些子女在继承基业的同时，也将父辈的人事关系网、业界威望、业内权势、社会地位等附带接受下来。他们的领导力固然有自身优秀品格和才能的因素，但更主要的是来自父辈的传统权威和精神资产的继承。

所谓魅力型权威，来源于对领导者英雄主义和模范品质的崇拜，是指个人凭借超越他人的才能、杰出的品格、英雄主义表现创立的典范、信仰而拥有的权威。历代宗教领袖、耶稣、释迦牟尼、艾哈迈德大都属于魅力型的领导者。社会革命时期和战争年代产生的导师、领袖、统帅、战神等诸多非凡人物，由于他们彻底颠覆了旧的传统观念，为国家和人民开拓出了新的发展之路，激发了下属的信心和梦想，使人生变得富有意义，赢得了下属的信任和信仰，从而获得了人民的信任、追随和服从。魅力型权威具有一呼百应，无条件服从，忠诚效命，赴汤蹈火而不退缩的领导效应。

所谓法理型权威，来源于法律的授予，是建立在对理性、法律法规的信任、服从基础上的一种领导权威。这种权威的产生不是基于对个人的忠诚，而是依赖非人格的组织机构和制度规范，具有官权神授的性质。领导力来源于法定的赋予，只有上级组织的认可才是有效的，组织成员服从的不是某个具体的人，而是法律。素未平生的陌生人凭借一纸令状，就可以到一个地方发号施令。人们听其调遣不是因为他德高望重、才华卓著，而是因为他是法律承认的，是上级派来的。在社会动乱时期，会涌现出许许多多"山头"组织和地方实力豪强，其首领为了获得名正言顺的领导权力，都纷纷争取更大社会集团和象征国家权力组织的认可册封，有了上方的承诺，才实实在在拥有了御人资格。

马克斯·韦伯所说的权威三类型，实质就是领导力产生的三个来源。虽然他并没有特别赞成哪一种，因为这三种领导力形态不仅从古至今普遍存在，而且还同时发挥作用。当然，马克斯·韦伯受时代的限制，还想象不到共产主义运动带来的民主解放和知识经济带来的"以人为本"管理模式对传统领导体制和领导模式的变革。

1. 组织任命——领导力来自合法职权

法理型权威进入现代社会，各级领导者都是由上级组织的任命产生。任何人，一旦被组织任命为某一级别的领导，随之就具备了相应的支配权和奖惩权，也就有了象征合法身份的公信力，也就拥有了法律赋予的职权力。

中国是有着三千多年法理传统的国家，特别讲究名正言顺，"名不正，言不顺，事不成"。陈胜吴广起义时，以篝火狐鸣"大楚兴，陈胜王"；刘邦起义以斩青蛇；项羽起义以得"乌骓"；洪秀全起义以天父下凡等神奇现象来寓示身世奇特，假托天命，以此赢得大家的信任和追随。就连花果山孙悟空自封的"齐天大圣"，也要申请玉皇大帝正式册封。这也恰是水泊梁山农民军为什么打出"替天行道"的旗号，最后接受招安的深层原因。在兵荒马乱的战争年代，有枪就是草头王，其首领纷纷自诩什么"忠义救国军司令"，自封什么"抗日青年纵队司令等"。抗日战争胜利后，这些"山寨"组织纷纷接受国民党的整编册封，如威虎山的"座山雕"张乐山被任命为"国民党东北先遣军第二纵队第二支队司令"，"老山混"谢文东被任命为"国民党第十五集团军上将总司令"。从古至今这些现象都是"奉天承运"，将自己的身份、活动合法化的常规做法。

一个人如果能够提供或剥夺别人想要却又无法从其它途径获得的资源，此人就拥有了驾驭别人的权力。领导能决定下属成员的升降去留、工作变动、薪酬奖罚、荣誉待遇等，这些职权可以对组织成员产生威慑力、诱惑力，由此带来吸引力、影响力。

职权是为了履行职责所赋有的、依法确定的对人和物的支配力，职权是在职位基础上产生的权力，具有强制性和不可抗拒性。没有职位就没有权力，副总经理与总经理，虽仅一"副"之差，权力效应则相距甚远。

法约尔认为，"权力是下达命令的人要求他人严格服从的权限。必须将管理人员的政治权力和由智力、经验、道德价值、领导能力、过去的工作经历等等而形成的个人权力区分开来。作为一个出色的领导人，个人权力是正式权力必不可少的构成部分。权力既可以产生于组织，也可以产生于对匮乏供给和对生产资料的控制，也可以产生于法律和其它一些要素。因此，权力是一种影响他人做某种事的一种力量。这种力量可能是强制性的，也可能是来自领导者自身的人格感召力，它表现为下属的自愿服从与自愿归依。"

领导的特征之一就是行使权力。阿米达·叶乔尼认为，权力就是驱使他人行动或影响他人行动的能力。这权力是从组织中的地位或个人影响力这两者中产生出来的。即基于组织中的地位驱使他人的人具有职务权力，通过被领导者的支持得到这种权力的人具有个人的权力，也有两者都兼备的。

从领导过程到领导结果来看，权威性始终是领导活动的重要特性。恩格斯在《论权威》一书中指出：所谓权威，是指把一部分人的意志强加给另一部分人。它是以服从为前提的。领导活动的权威性既来自合法性的确认，又来自其人格等的凝聚性要素的同化力。合法性确定了领导在其展开的过程中必须建立在相应的地位等级、权利容量这一基础之上。因此依法取得的权力是领导者合法权威的重要来源。另一方面，并不是所有依法取得权力的领导者都当然对被领导者具有足够的权威，原因是具有强制性的职位和权力仅仅是构成了领导权威的一个要素而已，领导活动的成功与否最终还要取决于人们对权威的接受。在权威的接受过程中，领导者的能力、学识与品德等非权力要素起着决定性作用。可见，领导者的权威不是仅凭借职权这一强制性要素建立起来的，要有效实施领导还取决于权威能否转化为一种自愿接受的权威。

在这里，权威和权力不是一个概念，权力是无视人们的反对，强使人们服从的能力；而权威则意味着人们在接受命令时是处于自愿。所以，权力为领导者管人管事提供了客观基础和条件，提供了实现领导目标的可能性；但保证不了管人管事的效果，保证不了目标达成的现实性。确保最佳领导效果和实现目标的前提是执行者对领导者个人权威的认可遵从。

法理型制度的典型特征有四个方面：一是组织机构呈现从上至下的金字塔式科层制，实行职务等级制原则；二是具有明确的责任权限和利益，并由此建立对各级领导的监督考核制度；三是任何规章制度、目标计划、工作任务一经下达，所有成员都务须遵守执行；四是办事程序法规化、条例化，公事公办，不带任何个人情感色彩，对事不对人，一视同仁，王子犯法与庶民同罪，更不准利用职权为个人谋取私利。

在法理制度下，上级的任何指令都要看作是合法的，要求下属奉行以服从、执行命令为天职。可是在具体执行过程中，领导者受法规制度的约束微乎其微，法外开恩的事例不胜枚举。法制成了对群众的"狼牙棒"，成了领导者的"保护伞"，从而导致群众对制度的不满和抗拒，导致对法理制度下产生领导者道义性的怀疑和不信任。

上级任命本无可非议，关键是怎么任命？根据什么任命？一切问题都出在这里。选拔任命领导者是各级党委组织部门的职责，实际上是党委的主要领导说了算。党委班子的成员都是活生生的具有七情六欲的人，怎么保证他们在提拔任命中能体现法理权威的公正性，他们怎样做到出以公心，公正公平，任人唯贤呢？这实在是难以掌控的事。构建科学严谨的选拔领导干部制度，实质是对科学执政、民主执政、依法执政提出了更高的要求。

如果法理权威不能确保公正，那么就会出现无止无休的对上级追责。和珅贪污受贿一经暴露，国人就不能不迁怒于乾隆；甲午战争失败，马关条约的签署，国人世世代代都在指控李鸿章和慈禧的腐败卖国。从大秦帝国到大清帝国，各级官吏都是皇权委任，而各级官吏的层层腐败，屡屡酿成社会动乱，使得秦、汉、唐、宋、清王朝相继覆灭。如今，许多冠冕堂皇的领导者变成了"老虎"、"苍蝇"，群众难免不怀疑上级任命的正确性。所以法理制度必须充分体现公开公正，公平正义。舍此不能保证领导者清正廉洁，真正为人民服务。

为什么要控制领导者权力过大？因为权力过大就是特权，特权的效应就是权大于法。为什么任命式的领导者基本都是"唯上式"领导者？因为权力的机制是：权力来源于哪里，必然服务于哪里。吃刘家的饭，不能给王家干活。上级给的权力，怎能不为上级服务呢。由此不难解释，为什么各级领导者特别钟情揽权、善于弄权、设法集权、施展强权，就因为大权在握可以拥有一切。

正因为国企领导者权力过于集中，所以导致经营决策频频失误，企业效益持续下滑，各种问题层出不穷……全世界搞得好的大企业，领导者都不是任命产生的，而是靠市场投票选出来的。这些年国企不如民营企业搞得好，搞得活，就和这种并非市场化选择领导者，而是委派授权的任命方式有关，至于强化权力所演变的严重腐败就更不用说了。

中纪委在狠打"老虎"、"苍蝇"之后，通过巡视组再到各地政府部门和国企回头看检查时发现，大量违法乱纪现象依然层出不穷。依然存在干部选拔任用制度严重缺失，违规私置岗位、私设职务，选人用人把关不严，不透明，暗箱操作，违规兼职、任人唯亲、"近亲繁殖"、"带病提拔"、"边腐边升"。2014年1月，中组部、中编办和国家公务员局联合印发《关于严禁超职数配备干部的通知》，开展了对超职数配备干部的专项整治，2015年1月全国超职数配备的4万余名副处级以上领导职数中，已消化15800多名。而在2016年下半年中央巡视组再度检查时发现，"三超两乱"现象仍未得到有效遏制。

至于其它违纪问题，更是十分普遍，巡视组给被检单位的结论是：从严治党不力，管党治党失之于宽、松、软，发现问题不及时，对问题处理偏轻偏软，对有的干部查而不处，机关内部管理存在"灯下黑"，干部作风存在"庸懒散松"现象。滥发福利、津贴、补贴，办公用房、出国团组、公务接待严重超标，公款旅游、照顾性出国、公车私用、公款吃喝、铺张浪费、奢靡享乐，违纪违规问题多发且不断加剧。领导干部滥用职权、违规决策、违规经营、财政权力监督制约不力，工程项目和物资采购存在违规问题，存在权力寻租问题。资金管理不严，国有资产流失，私设"小金库"。简政放权不到位，权力运行不透明，权责不对等。老领导说情打招呼之风盛行，配偶子女经商办企业，违规多占住房。形式主义、官僚主义仍然存在。机关纪委监督执纪问责不够严格，重点领域存在廉政风险。违反"四风"、违背八项规定问题屡禁不绝……

为什么在同样法理制度下，有的时期领导者就能够尽职尽责，奉公守法，弊绝风清，国泰民安；有的时期领导者就失职失责，以权谋私，猖獗腐败，民怨沸腾呢？这里的关键是执政理念的差异，追踪溯源，是最高领导者的指导思想不同。思想建设和法制建设必须齐抓并举，不能忽略和放松领导者的思想教育和品格修养，否则，制度再好，法制再完备，有法不依也是枉然。

在特权盛行的社会，领导者靠权力来履行职责和实施自我意志，靠权力支配下属工作，人们遵从的不是领导者这个人，而是遵从他手里的权力。有权的时候众人景仰，趋之若鹜，就如同赫鲁晓夫对待斯大林那样毕恭毕敬，恭维崇拜。一旦失权落势，领导者的威信也就一落千丈，黯然无光，甚至招致唾弃和咒骂。所以崇尚权力的社会势必导致上下级关系和人与人社会关系都处在畸形的状态。

2. 上级委任——领导力来自上级扶持

组织任命，即通过组织程序产生了领导者，象征着法理制度的庄严神圣，象征着领导者诞生的合理合法，标志着组织和群众的承认和尊重。从表面形式看，一纸文书代表了法理的公信力，揭示一个新领导的从此诞生；然而从本质上看，真正创造这个新领导的不是法理制度，而是被提拔者的顶头上司。与其说领导者的来源是出自组织任命，不如说货真价实起决定作用的是他的上级领导者。领导者是领导力的载体，而决定领导者命运的是上级领导，所以上级领导的扶持，是领导力的重要来源。

领导的职权随职务的授予而开始，以职务的免除而终止，它是法定赋予领导者的岗位权力，它是通过对重要资源的控制而获得影响他人的能力。它以服从为前提，具有明显的强制性。它包括：（1）决策权：领导过程就是设置目标、制定计划和落实目标、实施计划的决策过程，决策正确与否是领导成败的关键要素。（2）组织权：如设计合理的组织机构，制定必要的规章制度，确定适宜的人员编制和配备适当的资源等。这是组织目标得以实现的组织保证。（3）指挥权：这是领导者实施决策和运行计划过程的执行保障，如果没有这种权力，领导者就无法完成其使命。（4）人事权：是领导者对工作人员的挑选录用、培养、调配、任免等权力。如果人事问题不与主管领导发生直接联系，必然要削弱领导者的权力基础。（5）奖惩权：领导者根据下属的功过表现进行奖励或惩罚的权力。这些职务权力看似从组织中的地位得来，由组织职能赋予的，其实不然，在具体践行职责时会发现，职务权力的大小多少，很大程度是由上级领导决定的，而不是职务中本来就有的东西。

例如一个单位，有的科室职能多，人员多，经费多，管的事多，可供支配的资源也多，增加了许多原本没有的业务，成为单位举足轻重的部门。身为这样部门的领导，管理的幅面就宽，职权就大，权威就高，领导力就强。因为他拥有的资源多，话语权突出，许多事情能自主决策，解决问题的力度强；下属群众对这样的领导依附性强，受控性显著。而有的科室职能就少，人员少，经费少，管的事少，挣得钱也少，甚至连原始的职能也被划了出去，科长的权限被削去很多，部门的地位变得无关紧要。这样部门的领导者职权就小，权威就低，领导力就弱，甚至下属群众都敢与他抗衡，显然在众人眼里无足轻重。

过了几年，单位领导一换，科室职能重新调整，原来被边缘化的部门又被格外重视起来，落魄的科长又重新抖起精神，威然显赫起来。而原来被视为"顶梁柱"的科室，则职能一压再压，人员一减再减，最后被瓜分，科长成了"光杆司令"，这种情况在很多单位屡见不鲜。为什么具有同等级别的领导者，实际处境和权限竟如此悬殊呢？原因就是单位的主要领导人起了决定性的作用。

有些部门领导者的工作顺风顺水，有些部门领导者的工作磕磕绊绊。其中的奥秘，就是让谁有多大权限，让谁有多大使命，让谁发挥多大作用，全凭单位主要领导人的主观意志决定。虽然单位领导无权撤免上级组织的任命，但有充足的理由让你闲置无为，纵然职务没有变，但在大会小会上给予点名或不点名的批评训斥，就足以令这个领导者颜面扫地，狼狈不堪。可见形式上领导职权是上级组织授权任命的，但实际职权还是由本单位主要领导人决定的。上级是否信任、器重和喜爱，完全可以使下属权限转让、扩展、收缩乃至消失。

领导者虽经组织任命产生，但职权大小还是由本单位主要领导人主宰。一位央企高管的夫人在闲谈时无意说道："提拔个谁，那算个啥，就咱家一句话的事，不过，我们得掂量掂量这个人值不值得说句话。"大量事实也确实验证了这位夫人所言极是，管你是什么英才将才，统统先做我的奴才，国家的企业变成了家天下。什么法理制度，组织章程，党纪国法都显得虚无缥缈，若有若无了。所以下级就不得不唯上唯权了，就不可避免地出现"只听张主席，不听毛主席"的反常现象来。（张主席是指红四方面军的军政委员会主席张国焘，毛主席是苏维埃政府主席毛泽东，1935 年 6 月 14 日至 9 月 10 日期间，中央红军长征在四川与红四方面军会师，毛泽东当时已是党中央的实际负责人。在北上甘陕的问题上，中央与张国焘发生分歧，红四方面军的个别高级领导者追随张国焘拒不执行中央决定，导致两个军与中央红军分道扬镳，重返草地，回到张国焘身边。）在中国"县官不如现管""有奶就是娘"的实用主义观念根深蒂固，人们早就看出了谁有权谁就是法的本质，所以争相投靠依偎上级，极尽所能地贿赂上级，千方百计与上级形成利益共同体。在这种状态下，下级出现的问题都与上级有着千丝万缕的联系，客观上衍生形成了朋党嫡系的宗派集团。

3. 群众拥护——领导力来自下属支持

法理权威昭示，领导者在组织中的权威依附于职位。一个人居于某一职位，他就具有该职位的权威，当他离开这一职位时也就失去了相应的权威。由于一些领导者不晓得领导力的真谛是群众的拥护和支持，反而认为权力越大，群众越怕，支配性越强，控制力越显著。所以人事权、财权、物资权、决策权、话语权等全部揽到手，高度垄断集中，形成了权力依赖症。有的领导者唯恐失去已得的权威，或感到自己的权威不够，于是千方百计培植、提拔、安插亲信，强化对组织和他人的掌控，抑制副手，甚至对上司也做了手脚，实行顺我者昌，逆我者亡的家天下统治，提高所谓的领导力。但群众并不认可头上这个"爹"，情感上通不过，心里不服，工作绩效频频面临危机，组织孕育着动荡，最后被群众"赶跑"。

事实上，领导者的领导力既取决于主管上司的扶持，更取决于下属对领导者怀有的尊敬、主动服从和倾力支持，取决于下属在为实现组织的目标而尽心尽力的程度。经常发现走马上任的新领导踌躇满志，信心勃勃，向上级许愿表态，一定把本部门的工作开拓创新，再上新台阶。结果，他没有得到下属的有效支持，不仅目标没有实现，就连原有的工作也勉为其难。试想上级领导还能信任他，授予他更多的权限吗！从这个角度上说，决定领导绩效和前途的倒不是上级，而是下级。领导者的领导力是由其下级，即由被领导者赋予的。如果下属不支持，就是玉皇大帝亲授的职务也无济于事。

毛泽东在《愚公移山》一文中作了很形象的比喻，共产党好比愚公，人民大众就是神仙，工作任务是封建主义和帝国主义两座山。没有人民群众的参加，这两座山就挖不掉。稻盛和夫也作了精彩的比喻，他把领导比喻为孙悟空，把员工比喻为是毫毛变的孙悟空。很多时候孙悟空也打不过妖精，于是拔根毫毛一下子变成许多孙悟空，一下子就制服了妖精。如果孙悟空得不到这些毫毛的帮助，也可能被妖怪降服。

无数事实证明，领导者获得下属认可，赢得下属支持要比获得上司的认可和支持更为重要，只要能得到部下的真诚支持，即使是平庸之辈也能成为出色的领导。反之，即使是很了不起的领导也会从英雄的宝座上摔落下来。历史有很多这样的例证：如恺撒、拿破仑、蒋介石，尽管他们曾在历史上是不可一世的人物，一旦失去了下属支持则一切皆休。那种遭到部下厌恶，却博得上司赏识的"狐假虎威"式领导者的存在，是一个组织的悲哀和不幸。由于部下对这种狐狸式的领导者不信任，将导致人们对重用他的上司也不信任，从而埋下削弱整个组织的危机。下属固然不能决定领导者的提拔升迁，不能罢免领导，但下属的表现具有很大的灵活性，他们会以特有的方式决定领导的前途，终能成为领导者优劣成败的隐性决定力量。那些抱着对下属好坏无所谓的领导，在实际工作中必然导致与下属脱节割裂，离心离德，最终被下属以种种形式赶下去并落荒而逃。

通过如何对待下级，就可以看出一个领导者的执政观念，进而判断出他的事业前景和现在实际工作的效果。领导的职权是可以调节的，他可以扩张延长，也可以缩减撤消。所以，不伴有下属真诚拥戴、鼎力支持的，没有群众基础的领导是没有领导力的，是干不好事业、不可能持续长久发展的。

随着知识经济和政治改革的持续深入，民主制度日益健全，传统的领导职权强制力不断受到挑战。在企业，自荐竞聘、民众推选和组织考察三结合的领导选拔模式将逐渐成为主流方向，权力是由下属给的效应正在不断放大。

真正的领导力不在于拥有一个职位或头衔。事实上，被赋予某个领导职位只是领导力5个层次中的第一个层次。领导力五个层次有：一是职位——人们追随你是因为你是法定指令的合法领导人；二是认同——人们追随你是因为你获得了他们的信任，他们愿意听你的；三是贡献——人们追随你是因为你对组织做出了卓有成效的政绩；四是立人——人们追随你是因为你对他们有过培养和教导，在你领导下他们得到了有益的成长；五是信仰——人们追随你是因为你代表了他们的政治信仰，你的所作所为代表了他们的物质利益和精神意愿。要想成为超越一般层面的领导者，要想使下属拥护你、支持你、追随你，而不是因为他们迫于压力而不得不听你的。领导者必须遵循正义，力行公道，真正代表广大群众的利益，为组织做出卓越的贡献，以优秀的才能才华赢得下属的拥戴和追随。无论何时何地，得不到民众支持的领导者，是不会有领导力的。

4. 打铁先要本身硬——领导力来自本身卓越

什么是领导力？领导力是让下属自愿服从的能力！

如何使下属自愿服从？首要是自身卓越，能赢得下属的信任，领导者得不到下属的信任，什么领导力也没有。

下属不信任领导，心里就不踏实，就不能真心投入，就不能忠诚追随，就做不到自愿服从，更谈不上坚定执行。

如何赢得下属的信任？首先来自领导者的业绩。在古城，关羽只有斩蔡阳于马下，才能赢得张飞的信任，否则说别的都没用。在长征路上，毛泽东创造了娄山关大捷，实现了再占遵义，取得了长征以来的第一个重大胜利，由此赢得全军的信任。凯丰表示，他收回遵义会议上对提拔毛泽东的保留意见。凯丰是唯一一个公开投毛泽东反对票的红军高级领导。可见，业绩是赢得信任的最重要条件。

信任是下属对领导者的基本认可，群众有了信任感，领导者才有话语权，否则，你说什么都没有人听，不愿意听，听不进去，听了也不起作用。虽然表面上出于礼貌，下属摆出了一副认真倾听的样子，实际真听还是假听领导也不知道。下属执行力差，绝大因素是没有拿领导的话当回事。所以，没有业绩就没有信任，领导者的危机实质是信任的危机。

说起红军长征，邓小平的女儿毛毛曾问其父亲："长征的时候，你都干了些什么工作？"邓小平回答："跟着走！"为什么会跟着走？出于他对党中央的信任。

在遵义会议上，朱德对博古讲到，"如果再这样下去，我们就不跟着走了。"为什么不跟着走了，因为他对博古、李德指挥的连连败绩越来越不信任了。

信任，是领导的命根子。有多少领导者能扪心自问，自己赢得了多少下属的信任？有多少领导者敢于拍胸脯自信群众能自愿跟着他走？

一个领导者走马上任，群众首先最关注的是这位领导者从何而来？先前有什么业绩？如果成果显著，大家就会有盼望、期待、欢迎的心理，与领导尚未见面，就有了信任感。如果业绩很差，大家就会有失望、懊恼、排斥的情感，产生一种不祥、倒霉、灾害的预兆，纷纷迁怒上级，怎么把这样的人派到这里来，虽然还没见到领导，不信任感便充斥了各个角落。接下来可想而知，得不到信任的领导者他的领导力会是什么样子？

领导力的基础在于信任。由过去的出色业绩和成功经验赢得信任感，这是领导者的第一资质，也是起家的本钱，也是任何一名普通群众、一般干部走上领导岗位必须付出的代价。你只有比别人干得多，付出的多，有能力，多做贡献，才能获得比别人强的才能，赢得比别人好的评价，创造比别人高的业绩，实现比别人快的发展。于是这样一路走下去，业绩—威信—提拔，良性循环，螺旋上升，逐级发展，最后成为基础坚实，底蕴深厚，功绩卓著，领导力强的领导者。有些领导者没有打下好底，他们是采取别的特殊途径捷足先登的，由于没有创造业绩的能力与习惯，他们始终要靠特殊途径来维持自己的生存；由于没有业绩作为支撑，他们始终得不到群众真心实意的信任和好评。这种现象，对组织是个灾难，对个人也是终生莫名难言的缺憾。

在没有第一资质的状况下，领导者的明智之举，就要诚恳地依靠刻苦学习，增长才能，言行一致，积极作为，提升领导力，慢慢获取信任感，努力开创自己业绩的新局面，打一个翻身仗，进而实现卓有建树的第一循环，带着业绩到新的岗位上去大展身手。

领导者的提拔与任用，必须以业绩为最高原则，业绩是衡量领导者是否称职的最有说服力的指标。通过业绩才能检验出领导者是否积极作为，真抓实干；通过业绩才能考核出领导者是否依靠群众，率先垂范；通过业绩才能反映出领导者是否德才兼备、作风优良；通过业绩才能考察出领导者是否胜任使命，闯碍夺关。同时，通过业绩可以名正言顺地淘汰一些庸官懒官和确实无能履职践责的领导者，为广大有真才实学，潜能充沛的后备干部腾出位置。事实胜于雄辩，群众对有业绩的领导者有发自心底的心悦诚服，而没有业绩的领导者被提拔使用，群众的第一个反应就是嗔怒上级领导有了问题……不管是采取竞聘形式，还是采取任命形式，只有凭业绩说话，才能使领导力的发展进入良性循环。

业绩从何而来？从干中来，其根源是领导者的能力。能力是资源，能力是财富，有知识、有才华、有才能，是领导者赢得信任，创造业绩的首要因素。而能力强，恰恰是打铁先得自身硬的体现。

沧海横流，方显英雄本色。越是在困难重重，别人畏缩的危急关头，越是建功立业的好时机，只有困境才是检验鉴别领导者品格才能成色的最佳试金石。真正卓越的人才恰是在这个危难关头脱颖而出，并成为日后他人无法撼动的强大资本。

菲德勒认为，一个组织的成功与失败在很大程度上取决于它的领导者的素质。真正有效地领导，更多靠的是领导者自身的才能系统，通过非权力影响力来达到目的的。

组织授予的职务，上司交给的权力，固然有很重要的作用，但不等于是真正的领导力。真正的领导力是建筑在人们甘愿接受指派的自觉性和积极性上面，这是一种由下属的钦佩、敬爱、信任，从而吸引人、感召人、驱动人的影响力。应该承认，下属的眼睛是雪亮的，群众的感知判断是准确的，一旦他们认准了自己的'领导'来指挥，便不管是水里走，火里钻，再苦再累也心甘，纵有千难与万险，同心戮力能移山。

千百年来的人类实践验证了这样一个真理，"是金子总会发光的"。领导者们只要打造好自己的金刚不倒之身，使自己卓越起来，抱定"天生我材必有用，直挂云帆济沧海"的信念，即使得不到组织公正、公平地对待，朗朗乾坤是不愁无英雄用武之地的。

5. 建立健全科学公正的领导干部竞聘制度

怎么发现优秀领导者？怎么使优秀领导者晋升？怎么使更多的优秀领导者出现？怎么使领导者都优秀起来？这一系列问题实质是一个问题，就是先进的领导选拔任用机制问题，就是科学的干部竞聘制度问题，就是系统的领导力提升问题。

问渠那得清如许，为有源头活水来。领导者的竞聘，就是领导力的源头。要想扭转并杜绝唯上唯权，唯利是图，跑官要官，买官卖官，任人唯亲，拉帮结派，以权谋私，滥用职权的官场腐败，就需要实行领导干部选拔任用制度的政治变革，建立健全、科学、公正的领导竞聘制度。

建立健全、科学、公正的领导竞聘制度，就是在党管干部的前提下，在群众公认的基础上，通过公正、公开、公平、透明的运作，实施能者上、庸者让，选贤任能，竞争上岗，优胜劣汰的考评比较，让品德优良，有志有为，有真才实学，有实绩贡献的优秀人才脱颖而出，使选人用人不再是秘密和少数人的事情。实现人尽其才，才尽其用，能上能下，能进能出，新老交替，良性循环，一批比一批更出色、一任比一任更卓越的局面。从而确保领导力的持续提升，确保不断创造优良业绩，确保党和国家事业的不断前进！

领导力的主体是领导者，领导者具备什么品质，领导力就具备什么品质。或者反过来说，有了高品质的领导力要求，才能造就出高品质的领导者。领导者与领导力是一个事物的两个方面，就如同人性一样，既性善又性恶，是善恶的统一体，单独说哪一方面都不完整，不完整就不正确。关键是环境、组织机制让人的哪方面发挥作用，人就会在哪方面显现本质，制度在这里起决定性的作用。邓小平曾说过："制度不好，好人也会变坏，制度好，坏人无法任意横行。"那么领导者的产生制度就决定了领导力的品质。

领导者是组织任命的，领导力就势必带有鲜明的"唯上"性质，因为上级领导就是组织的化身，组织任命的本质，说来说去，归根到底就是上级领导者的任命。如果领导者是群众选举上来的，完全是民意的结果，那么，领导力就势必带有浓厚的"向下"性质。如果领导者竞聘既有上级作用，又有群众作用，那么谁的作用大？领导力的倾向就会倒向谁的一面。现在绝大多数的竞聘格局，依然是上级领导在起决定作用，所以还不是健全的科学的公正的领导者产生途径。

为什么要实施竞聘？就是要把底层的领导力资源挖掘出来，发挥出来，实现领导力的吐故纳新，使社会蕴藏的领导能量更趋活跃，使领导者队伍不断向前进。为什么要实施竞聘？就是要转变提拔领导者个别人说了算的局面，优化党内政治民主，杜绝用人上的不正之风，从制度上控制领导者的腐败。为什么要实施竞聘？就是给广大德才优异、志存高远、积极进取、奋发向上的优秀人才以发展的希望，给他们出路和机会，有正路就不会走旁门左道，能堂堂正正，谁也不愿意狗苟蝇营。否则，官场腐败，绝难遏制。通过领导者的竞聘，将真正推动领导者自身建设的不断超越，不断促进领导力的跨越发展，使领导活动的质量不断跃上新台阶，攀上新高峰。

（1）何谓健全的竞聘制度？

健全就是系统而周密。健全的竞聘制度就是在确保党管干部的前提和基础上，取消各种束缚选拔领导者的限制，不设年龄、性别、学历、党派、职务等条条框框，破除人才流动、使用、发挥作用中的桎梏和障碍，实施一套不拘一格用人才的领导任用管理制度。

姜太公出任太师，辅佐周文王时已经七十二岁了；范增担任军师，辅佐项羽时也年近七十了，他们都是卓越的谋略家。依据人的成长规律，年纪越大越成熟，领导的水准越高超，有的单位片面追求年轻化，把那些年龄偏高的人一刀切统统赶回家，显然是偏颇的。领导班子老、中、青三结合是团队情智结构的最佳组合，青一色的年轻人未必有益组织功能的优化。

现在女性领导者太少。在男耕女织的自然经济时代，生产力以体力为主，女性不占优势；在男主外、女主内的工业经济时代，沉重的家务负担需要女性侧重家庭；在知识经济时代，生产力以脑力为主，领导力中的情感成分越来越多，女性的优势越来越大，可是领导界的竞聘活动对女性的压制依然不减。

重学历、知识化是正确的，但不能规定得太死。毛泽东在遵义会议被推选为中央主要领导时，是众多政治局成员中学历最低的。学历不等于学习力，选拔领导者要注重学习力，而不是学历，如今的竞聘在这方面常常搞反了，强调第一学历，不注重人才的与时俱进，更不考虑有后来居上的情况。

企业选拔领导者不应局限党内，事实是有的党外人士和民主人士在当上领导后，便脱离了民主党派，主动加入了共产党。人是会变的，只要思想跟着共产党，在哪里都是为共产党办事，不必一定要有党内的身份！

健全的竞聘制度要有量才录用，破格提拔和越级使用的设计，要给机会，人才自荐应该成为竞聘制度的一个组成部分。不能局限延阶而上、逐级录用的死规矩。

史记年仅12岁的甘罗自报奋勇，出使赵国，不费一兵一卒得赵国5座城池，最后封任秦国左相。战国时赵国门客毛遂自告奋勇，随平原君去楚国求兵解围，在关键时刻展现出大智大勇从而出色地完成了使命。历史上有许多自报奋勇的成功人物，商鞅、苏秦、张仪、徐庶都是挺身自荐的典型。

《三国演义》汜水关关羽斩华雄的事例说明，在怎么用人的问题上，袁绍、袁术与曹操有着截然不同的观点，袁绍、袁术认为关羽是马弓手，身份低贱，不能出战。而曹操认为不管是什么人，既然敢自报奋勇，肯定有谋略，不妨一试，如果不胜，再惩罚不迟。在曹操的支持下，关羽有了创建奇功的机会。曹操与袁氏兄弟在用人问题上的分歧，铸就了各自事业的成败，揭示出领导力开放与保守、先进与落后的巨大差距。许多国企制定工人不能当干部的政策，就是袁氏兄弟观点在一千八百年后的翻版。

不拘一格用人才，重点就是不讲身份。齐威王用了魏国的"罪犯"孙膑进行改革，实现了三年不鸣，一鸣惊人；三年不飞，一飞冲天的壮举。

刘邦在屡战屡败的垂危之时，请出了无名小卒韩信，设坛拜将，遂与项羽争战中不断赢得主动，扭转乾坤，最后取得决定性胜利。

刘备在四处奔波无立锥之境，请出了一介书生诸葛亮，从此才有了发展战略，占据荆州，联盟东吴，西图巴蜀，终于称霸面南。

讲身份，论辈分，是等级社会压抑人才的迂腐思想，在如今的民主时代还讲身份，无疑就是对人才的反动。群众中是藏龙卧虎之地，许多英才都来自民间，他们都有英才卓立的领导资质。在千里马常有而伯乐不常有的情况下，人才自我举荐，是一种不甘埋没的自救方式。如今，在竞聘中依然沿袭袁氏兄弟的观点，不给机会，不破格使用，因循守旧，条条框框，是不利于领导人才茁壮成长的，也不利于领导力跨越式发展。习总书记倡导"要树立强烈的人才意识，寻觅人才求贤若渴，发现人才如获至宝，举荐人才不拘一格，使用人才各尽其能。"竞聘制度要纳入自我举荐机制，积极创造自举自荐的组织环境和人事氛围，致力开辟领导者脱颖而出的各种途径。

（2）何谓科学的竞聘制度？

科学化的特征是，客观真实准确，方便实用有效，数据化可测量，省时省力省事。科学的竞聘制度就是将领导者的胜任指标用数据加以量化，存入人才数据库，使竞聘成为一种标准化的流程，届时孰优孰劣，自然分晓，优者晋升，劣者淘汰，不必搞成"会诊"的形式，耗时费力徒具门面。

领导者的合格标准是什么？胜任的和不称职的标准是什么？组织部门应该拿出一份清单，列出数据，让上级领导有个考核的依据，让在职领导者有个明确的目标，让所在单位下属和群众有个评判的标准。

长期以来，很多领导者确实不知道究竟怎样干才好。有关系的，全身心地依靠和经营关系，并不把实质业绩作为晋升渠道；没有关系的，索性不再倾心工作，以不出事为原则只求自保。因为没有关系，再尽心竭力，也是枉费心神，徒劳无益。这就扼杀了领导力提升的价值意义，从而也泯灭了群众对领导的期待。当群众什么也不信、什么也不在乎的时候，领导力的危机，组织的危机也就来了。没有科学的量化考核标准，没有简捷可行的求质考核标准，就等于没有标准，而没有考核标准，就没有功过是非，就是好坏不分的一笔糊涂账。

确认一个领导者称不称职，关键在考核。而组织部门人员屈指可数，无法靠人去一一甄别，这就更需要有一个考核机制来确保领导者共同趋向卓越。这套考核机制关键要抓三个指标：一是业绩在哪里？二是创新在哪里？三是群众满意度如何？业绩是最能说明问题的关键指标，无须问领导者许多，只要将业绩详单报来，把业绩成果展示出来，就知道这个领导者是不是在认真干事了。

上级规定的业绩要分大、中、小，要定量，要有质的标准；个人自报要实现的业绩要有一、二、三。上级规定和自报部分都要有创新内容，都要有群众的意见反映。上级领导每个季度要深入下层视察指导工作，听取下级的工作汇报，了解工作过程。同时还要深入群众中调查研究，听取群众意见，做到兼听则明，提高指导精度，从中也鉴明下属领导者的业绩质量。

创新是领导者业绩的向上突破，说明领导者在与时俱进，在自我超越，在做新的贡献。习近平总书记指出："创新是引领发展的第一动力。抓创新就是抓发展，谋创新就是谋未来。"应视创新为突出的业绩，卓越的业绩，重大的业绩。我们处在不创新就死亡的创新时代，不创新是不行的，要鞭策领导者们创新，要激励领导者们创新，要大力表彰领导者们的创新。业绩和创新相辅相成，是检验领导者领导力高低强弱的两项重要指标，这是上级考核的标准。另外，业绩和创新的目的是为人民服务，让群众满意是领导者的最高原则。如果领导者付出了巨大努力，群众不满意也是通不过的，所以让群众满意，让用户满意，让服务对象满意才是最重要的。这样，上级和群众的双向考核，才是考核领导者的全方位标准。每到年终，把各个领导者的考核结果张榜公布，总分排序一目了然，超过胜任分值的，或升迁、或重用；达不到称职分值的，或降职，或淘汰；留给那些缺乏作为领导者的唯一选择，就是写辞职报告，听候发落。当这样正能量的考核机制畅行无阻的时候，领导者的领导力提升就如同现今学生高考一样，趋之若鹜，势不可挡了。

（3）何谓公正的竞聘制度？

能否真正选拔出德才兼备、有领导禀赋、潜质卓越、勤奋务实的领导者，是一个组织发展的基本点。为了创造有利于人才脱颖而出和人尽其用的良好环境，杜绝任人唯亲和不知人善任的情况，根治买官卖官的腐败，就必须打破上级领导专权垄断的局面。随着政治改革的深入，体现"公平、公开、公正、择优"原则的竞聘制已应运而生了。但现在有些竞聘也颇遭质疑和非议，指责为表面看似公平，实际仍有幕后操纵、暗箱操作，事先内定，虚假欺骗的事情发生。

竞聘的效果就是要确保公正，不仅要让参与竞聘的当事人心悦诚服，无话可说，还要让参与评判的主官和在场的其他旁观者感到公正无私，公平合理。如果说天下没有绝对的公正，那么也要做到极尽极致的公正。如果做不到公正，就玷污了竞聘的本质，扭曲了人间正道，使真正聘上去的人也不光彩，普天下就没有可让人信任之事了。

群众是天，群众的眼是天眼，群众的眼睛是雪亮的，什么事情都瞒不过群众，只要实实在在做到了公正，群众是会认可的。让群众认可的目的，就是昭示天下，人才入取和领导晋升的正门打开了，求官当领导不仅正大光明，而且精神可嘉，大道通天，畅行无阻。只要够标准，有能力，就可以大大方方申报志愿，等候定期竞聘。竞聘成功，为党为国创造业绩多做贡献，好好为人民服务；竞聘不成，继续努力。成与不成，都没有必要拿钱去行贿，没有必要行苟且之事了，因为不通过竞聘，就没有任何途径可走，而且评聘主官都是外请、当场抽签随机确定的，评委之间互不相识，谁也不知道谁说了管用。如果这样公正的竞聘大行其道，就会实现干部队伍有进有出、能上能下的良性循环，让"能者上、庸者下、劣者汰"形成常态化激励，买官卖官的腐败行径就会得到有效遏制。新来的都是干净的血液，用不了多长时间，干部队伍的肌体就会焕发生机活力，领导者上下左右的身边环境也焕然一新，领导力的建设将步入万象更新，万紫千红的春天。

事实证明，很多困境都是缺失人才造成的，很多成功都是知人善任的结果。

许多企业领导者辛辛苦苦地抓生产，焦思苦虑地抓质量，苦心竭力地抓市场，冥思苦索地抓安全，不辞劳苦地抓纪律，甚至愁眉苦脸地四处奔波因拖延交货期、因质量问题到用户那里负荆请罪，赔礼道歉……有位央企董事长眼泪汪汪地在中层干部会议上诉苦，"为了揽到活，我在酒桌上喝的吐了血，弄点活多么不容易，结果还是把活干废了，你们为什么不体谅体谅我的难处。"归纳剖析这些不正常的棘手问题，根本原因就是企业领导者没有解决好领导力建设问题。一是自己越俎代庖，耗神费力吃累不讨好；二是没有造就出优秀的中层领导队伍，以至于到处都存在问题。

在硝烟弥漫的战场上，一个连长不优秀，一百多人就躺在了阵前；一个团长不优秀，一千多人就将轻易丧失性命；一个师长不优秀，一万多人就将成为敌人的战利品。同样一个企业领导不优秀，几百万、几千万、几亿的经济损失经常不明不白地扔掉。各行各业都需要优秀的、卓越的各级领导者，绝不是仅仅合格就行了，更不允许平庸之辈滥竽充数。那么优秀的、卓越的各级领导者从何而来？答案是：只能从竞聘中来。要想拯救国企，再创辉煌，就必须在领导选拔制度上脱胎换骨，涅槃重生。建立健全科学公正的领导竞聘制度，实乃是悠悠万事，唯此为大的大事情。

（4）为什么要谢绝主要领导者参与竞聘评选

据我国第一职业经理人唐骏介绍，他到美国微软公司求职时，有 18 个人分别对他考核，最后才能见到公司副总裁。总裁比尔·盖茨不参与招聘，也不插手选人定人过程。微软公司的这种做法值得借鉴效仿，如果单位一把手参与其中，它的真实性和公正性就很难说清了，就难免评委们唯马首是瞻，导致竞聘名存实亡，最终重蹈一个人说了算的局面。之所以要采用竞聘的方式，就是要改革传统用人过程中领导眼界狭窄，主要领导个别人说了算的做法，将选人用人的范围扩大，彻底废除在选人用人上主要领导个别人说了算的积弊。竞聘制度是领导体制的革命，是国家实行民主政治还是独裁政治，是党天下还是家天下，是各级官员唯上唯权还是为人民服务的大是大非的根本原则问题。

将领导力现象提升到国家利益高度来看，它是一个国家政治机器功能强弱、管理效率高低、领导效果好坏的综合体现。提升领导力，实质就是提高各级领导者的整体素质，最基本的就是提高各级领导者的学习力，因为学习力是显而易见的领导力特征，不管是从事党务的、行政的、业务的、技术的等等其它所有领导者，都有持续学习的必要。它是最能说明一个人有无上进心，有无自我提升意识，有无勤勉敬业精神的鲜明表征。一个不热爱学习的人，说他的领导力能适应工作的需要，无疑是方天夜谈。而现在有多少领导者愿意学习呢？由此可知让领导者们自己提升领导力将是何种艰难的事。那么为什么大家都不注重提升领导力呢？因为他们的晋升与重用，与自身领导力的高低优劣没什么关系，而取决于和上级领导的关系，如此谁还苦练内功、熬神费力地提升领导力呢！所以促进领导力提升的根本途径，是必须走竞聘之路，这也是唯一之路，而竞聘过程中又必须阻隔主要领导人的介入。

主要领导人会认为，我用人，我的下属，应该是我可心的人，我可信的人，我喜欢的人，这样做起事来才会省心、顺手、对路。否则，我看着不顺眼，用起来别扭，工作不会好。这种认识似乎理所当然，但不是执意要参与竞聘评选的充足理由，正确的做法是把自己的要求列出详单，交由筹办竞聘的人力资源专员掌握处理。毛泽东的秘书和警卫人员，除陈伯达以外都是别人推荐和组织委派的，效果很好。如果大大小小的领导人都去自己选人，岂不乱了套。古今中外大量事实表明，熟人、同乡、同学、战友、知心朋友、亲爱者、亲兄弟并不见得是事业上的最佳伙伴，反而是素未平生，半途相识的人，倒成了成就自己的亲密手足。三国时期的刘、关、张，中共"铁三角"的毛、周、朱，都是"不是亲兄弟，胜似亲兄弟"的典型。帮助齐桓公成就霸业的管仲，帮助唐太宗实现贞观盛世的魏征，不仅不是亲信，还是前敌。后来管仲被齐桓公尊为仲父，魏征被唐太宗尊为导师和人镜。相反，赵高是秦国的宗室远亲，是秦始皇亲自选拔重用的宠臣，深得秦皇父子赏识和信任。就是这位"能干事、会干事"的亲信，日后竟成为断送大秦江山的祸首。杨国忠是唐玄宗宠爱的杨家姐妹推荐的干部，由于杨国忠睿智精明，巧为钻营，颇得玄宗的赏识，仅五六年就被提升为宰相，另兼40余职。因杨国忠专权误国，引发安史之乱，导致唐王朝由盛转衰，玄宗本人也丧失了皇位。在古今中外的历史上，这样由一把手钦定亲选的得力亲信，最后惨遭其戕害的事例数不胜数。

领导者都希望部下忠诚自己，并把这一点看得极为重要；很多部下也愿意甘当"忠臣"，并以此为荣。然而从大量案例分析和客观实际效果来看，选忠臣、当忠臣，后果并不好。现代不断变换的组织机构，正在不断瓦解和颠覆过去"一朝天子一朝臣"的格局。一个领导者身边有了效忠的亲信，就不知不觉有了圈子，圈子有了凝聚力，领导者就多了离心力，组织就增加了涣散力。亲信对领导者的效忠行为，就是损害领导形象的毁容剂，领导与亲信的关系持续时间越长、越紧密，领导者的形象在下属眼中就越污浊、越丑陋。凡是领导者身边有嫡系、有亲信的，他的领导力就不会坚强有力，这是蒋介石及大量领导者的执政悲剧告诉我们的哲理。

"忠臣"有两重性，一是只忠于君主，另一是既忠于君主，又忠于社稷。那些只忠于君主的人后来几乎都变成了奸臣，如赵高、秦桧、和珅等；那些既忠于君主，又忠于国家和关心民众的人，才是名副其实的忠臣，如屈原、诸葛亮、文天祥等。一个时期以来，有些"忠臣"以上司的利益为最高利益，为了维护上司，讨好上司而不惜一切，甚至不惜颠倒是非，陷害他人，合谋作案，贻害事业，大量的腐败窝案正是如此。而所谓"忠臣"的目的，绝大多数是为了建立更牢固的人身依附关系，其动机含有不择手段谋求私欲的投机性质，历史上的所有奸臣，没有一个不是以"忠臣"的面目姿态出现的，以至于当事者迷，忠奸难辨，所以"忠臣"不如良臣。

常言道：良臣择主而事。为什么择主，因为他们有正义感，有事业心，有报国意识，有要为天下苍生干点事的情怀，为此他们要选择有共同价值观的领导，而不是盲目的愚忠。自从姜子牙摒弃商纣王转而报效周文王，始有弃暗投明一说，并为历代有正义感的人才所钦赞效仿。良臣们不仅有才华、有能力，而且有性格、有操守，有为人处世的准则，他们不是饥不择食，唯利是图，怀揣政治野心的市侩。良臣所做之事均着眼于组织利益、群众利益、国家利益、未来利益，即使不受宠爱，不受器重，但也要遵从真理，实事求是，不昧着良心，狗苟蝇营行事。他们确实是经受历史检验的、于事业有利的、被民众赞扬的、有益于国家的难能可贵的好官。可以说，传统体制下的组织任命制是产生上下级依附关系的机制，是孵化"奸臣"的温床；竞聘制是破除人身依附关系的一种革命，是诞生良臣的机制。

实施领导干部选拔任用的民主化、科学化与制度化的极为关键、最为重要、也是最难处理的环节，就是隔断上下级在职务升迁上的直接联系。这一点不突破、公正、公平、公信力就体现不出来，竞聘制就会名存实亡。因为中国特殊的人情社会文化，避免不了利益输送、买官卖官的腐败行径。就会朝中有人好做官，就会出现上指下派抢占职务资源、论资排辈、平衡照顾等问题，致使基层优秀人才因无"伯乐"发现而老死于"槽枥"之间，由于成长无望，导致领导干部普遍丧失进取精神，自甘沉沦，怠惰懒散，得过且过。导致上到领导、下至群众普遍不热爱学习，不努力提升领导力的局面。

现在凡进必考的公务员考录制度就是公正、公平、公信力的体现（当然也有进一步改进完善之处），成熟和科学的人才选拔制度，就应该敞开大门，自我推荐，同台考核，平等竞争。但这仅是第一步，一旦进入干部序列，其内部晋升还是主管领导提名、组织部门考察、党委讨论、最终还是主要领导者拍板的传统模式。比如竞聘中还存在事先内定，暗箱操作，评委涉嫌问题，导致竞聘走形式，换汤不换药的局面。有的人通过关系托人或送东西，都不用见面，职位就定下来了。很多领导者的下台，从来没有因为能力差、水平低、不敬业而下去的，即使不能胜任，也能做个平级调动。这就使得那些善于阿谀奉承、投机钻营、拉帮结派的人蓄谋得逞；而那些兢兢业业，埋头苦干，竭诚奉献的人却很难得到提拔重用。有的企业党委书记和行政一把手达成默契，你提几个，我提几个，党委成员人人有份，你同意，我放行；我提名，你通过，互相关照，皆大欢喜。不管形式怎样变化，最终还是主要领导者说了算，所以频频出现边腐边升的情景。

由于各级领导者都是上级的命官，这就使得他们不得不唯上唯权。领导者不仅不敢触动上级，也不敢触动有上级背景的平级和下级，导致行政效率极低。这就使得那些没有政治背景的领导者，很难得到上级的支持，很难行使职权，很难发挥应有作用。下属群众也非常在意这一点，对有后台的领导者另眼高看，对没有后台的领导者的指挥也颇不情愿。这就形成了各级领导者千方百计找后台，挖空心思攀靠山的官场文化。这也正是下级争相贿赂上级的腐败根源，是造成一位高官垮台，牵连一片下属的窝案社会背景，是官场地震，集体腐败的政治基础。所以，阻隔主要领导人在选拔干部时一人说了算的问题，就是科学而公正的用人机制能否实行的关键所在。为了国家的利益，为了群众的利益，也为了领导者的利益，要把竞聘制这种人事制度改革进行到底。竞聘制的品质和生命，就是真实和公正，他需要主要领导者避嫌。主要领导者不参与评聘，就是对竞聘制的最大贡献。

第四章　领导者的思想引领力

千能力，万能力，哪个能力是领导者最重要的领导力？哪个能力是领导者最关键的领导力？哪个能力是领导者最具核心竞争力的领导力？哪个能力是领导者最应优先发展、最应特殊修炼、最迫切需要的能力？——这个能力就是思想力！

思想力既是万力之首，又是万力之源。既能先知先觉，又能远见前瞻，故而具有引领前导的作用。一个优秀的、卓越的领导者，一定是思想力领先，思想力突出的人。

什么是思想力呢？"思"是思考、思索、思维；"想"是构想、联想、设想。"思想"就是经过纵向思维、逆向思维、发散思维等深思熟虑，精思妙想而产生的高远深邃、动之完全、富有创造性的思维结果。"思之思之，神鬼通之"。思想具有出神入化的魔力，思想力是通过学习与思考而感悟理解到的意念、智慧、思路和方法的综合能力。"力"是指改变物质运动状态的能量，思想力就是人的主观意志对客观世界的能动改变力。思想力不是凝聚力、执行力、生产力、战斗力等诸种力的一种，而是所有力的源泉。

思想改变，行动改变，命运改变。思想有多远，队伍就能走多远，事业就能发展到多远。思想具有巨大的力量，思想力是主导统摄人们思维方式和行为方式的恒动力和引领力。思想力比战略和执行都重要，领导者有了思想力，领导力就会持续提升，领导效能就会日益增强，领导成果就会显赫卓著。

1. 思想力是领导者的核心竞争力

领导者是走在时代和未来的先驱，是走在队伍前头的领路人，领导者最重要的能力是思想力，它是领导力之根。它体现在高瞻远瞩，描绘未来的愿景力；运筹帷幄，深谋远虑的策划力；统筹兼顾，灵活应对的权变力；锐意进取，开拓转型的创新力；兼收并蓄，拾旧翻新的整合力等。思想力是能力的灵魂，是开解其它能力的钥匙，是激发其它能力的动力，是决定其它能力的机制。

  人的能力是一套相辅相成的系统。高度决定视野，思想决定未来，通常是有什么样的思想力，就有多高的本事。毛泽东正是凭借放眼全国的眼界，高瞻远瞩，制定出深远的战略决策来，从而取得令人惊喜的辉煌胜利。经验告诉我们，好的领导者能以领袖自律，站在高度才有境界，才有长远规划，积极的步骤，坚实的做功，一步步取得长足的发展。

  日本管理大师大前研一经常强调一句话，"思想力就是竞争力。"无数实践证明，企业发展的背后，是思想力的作用。有思想力的企业领导能率领企业从"山重水复疑无路"走向"柳暗花明又一村"，从平庸走向卓越。只有大力发掘思想力，战略步骤才能节节挺进，期待的盛况才能奔涌而来。世上无难事，只怕有心人，只有想不到，没有做不到，想不到，才是能力不足的致命缺陷。

  思想不变原地转，思想一变天地宽，思想是人的灵魂，是方向、是目标、是生机、是活力，是开启智慧的源泉，是撬动地球的支点。思想力是用思想改变客观世界的能力，是取之不尽用之不竭的宝贵财富。在激烈竞争的市场角逐中，一个领导者如果没有思想力，无论你经营什么，不管你打造什么，一切都将是海市蜃楼，一切都是遥不可及的神话。

  彼得·圣吉说："伟大梦想的缺失，将导致小人之道盛行。"领导者没有思想力，不是主观盲从、任人操控；就是固执己见，听不得不同意见。不仅容易落魄为一个平庸的领导，而且还容易登贼船，上贼当，认贼作父，演变成危害组织的贼寇。历史经验告诉我们，凡是思想光芒照射不到的地方，总会有"污泥浊水"在"兴风作浪"。

  领导领导，既领且导，只有引导在前，群众才能眼有方向，心有目标，内生觉悟，才能实现上下同欲。领导的职能不单是走在前面催促众人跟着走，更主要应向大家说明为什么要从这个方向走，为什么要走这条路，为什么要昼夜兼程，同时还要引导大家如何走得快，如何提前到达目的地。领导走在前、干在前，就必须思想在前，教导在前。他要比部下想得多，想得深，想得细，想得远。识常人所不能识，鉴常人所不能鉴。只有这样，才能高瞻远瞩，洞察秋毫，掌控变数，励精图治，直至取得成功。没有思想力，就谈不上领导力，因为你不比别人看得远，你没有别人想得深，你就不可能比别人主动，你就缺乏领导他人的独特资质。一个卓越的领导者，必须首先是个勤于思考、善于运筹，全局在胸、远见卓识的思想者。

  思想力是知人未知，识人未识，先知先觉，超越常规的特殊能力，这是领导力与生具有的本质特征。有人说诸葛亮能掐会算，所以鹅毛扇一摇，就是千军万马；有人说徐茂功未卜先知，所以大堂一坐，胜利的消息便纷至沓来。如果领导者有这种能力，谁能不愿意帐前听令，谁能不甘心在其麾下任其调遣呢。所以富有英明远见和科学预见的人，就是人所公认、理所当然的领导者。

人的绝顶高明之处就在于他的思想力，许多妙计、绝招、高见、策略，都是思考出来的。我们常把那些超前预见，说成是神不知、鬼不觉的神机妙算。正是这些超前意识，把人们的活动引向预定的轨道，加以调控和领导，创造惊人的奇迹，实现人们意想不到的结果。

人都有思想，但不一定都有深邃系统的思想。深邃系统的思想是经过由此及彼、由表及里、去粗取精、去伪存真、深思熟虑，系统完整的一套构想、观念或理论，是思考成型并固化为一套模式的思想体系。

领导者可以形象不如人，可以口才不如人，可以文笔不如人，可以资历不如人，但只要有一个能力，就可以胜任领导，掌控全局，这个能力就是思想力。领导者没有思想力，就没有锐意创意，就没有图强创新，就不可能成就组织，就不可能带领队伍走向光明的未来。

孙中山在总结革命斗争经验教训的基础上，针对传统的"知易行难"思想，于 1918 年提出了他的"知难行易"说。他认为，人类对于许多事情很早以前就会做，但一直不知其中的道理。只有在经过数十百年、甚至千年的"行"后，才逐渐明白。这说明"知"和"行"比较起来，"知"是困难的，"行"是容易的。孙中山的"知难行易"观，所强调的就是"知"，他的目的是强调解决人的认识问题，只要将认识问题解决了，事情就好办了。孙中山认为，只要革命党人接受他的思想，统一认识，协调斗争，就能打倒北方军阀政府，完成他建立一个真正的资产阶级民主共和国的愿望。

孙中山从哲学的高度总结自辛亥革命以后的历史经验，提出"心为万事之本"的理论。他认为革命所以受挫、建设无法开展，是由于人们的心理存在障碍。他从革命实践中领悟到"心理"作用的重要性，力图通过揭示"心"的作用来唤起民众，以扫清革命与建设的路障。这一思想贯穿于孙中山自此以后的后半生。"心为本源"论，高度肯定了人的主观精神的能动性作用，揭示了人的精神与革命成败、国家兴衰的关系，它成为孙中山注重民意、关切民生并重视激励革命精神和调动人的积极性的理论依据，成为他晚年注重宣传"主义"，以"主义"团结民众的理论依据。

中国共产党的革命历程也充分印证了这一点，自党成立到 1937 年，16 年的时间里没弄明白马克思列宁主义与中国革命实践相结合的认识。大家都口口声声在谈马列主义，像王明、博古等留苏的马列专家更是马列不离口，他们能大段大段的背诵革命导师的经典原文，俨然就是百分之百的布尔塞维克。可是事实证明，他们只是教条的马列主义者，实质并不真正明白马列主义的真谛，结果，指导了中国革命，则害了中国革命。

1937年，毛泽东在延安的红军大学、抗日军政大学和陕北公学等学校，以《辩证唯物论讲授提纲》为题作哲学讲演，其中《实践论》就是重要的内容。《实践论》的副标题是"知和行的辩证关系"。毛泽东的知行观与孙中山的知行观相辅相成，其中引用了斯大林一句名言"没有革命的理论，就没有革命的运动"。所以，孙中山说的"知难行易"是很有道理的。

人的思想决定人的行动，我们"想什么"才能得到什么，不"想"就什么也得不到。因此，所有能力、成就和财富的秘密就在于我们的思想。领导者的思想就是组织的思想，如果说人没有思想就等于没有灵魂，那么，领导者若没有思想，就注定这个组织是各怀心腹事的乌合之众，是难有建树、无望发展、一触即溃的团伙。

美国钢铁大王安德鲁·卡耐基的书桌上有醒目的三句话："不能思考者是傻瓜，不想思考者是顽石，不敢思考者是奴才"。思想能力决定了行动能力，思想决定了我们成长的一切。

拿破仑曾经说过：世界上有两种东西最有力量，一是宝剑，二是思想，而思想比宝剑更有力量。

"宝剑"寓意军队，武装，战争。它意味着用武力征服，靠铁腕俯首，依强制顺从。

"思想"是经过思考和探索而产生的思维结果，是真理、是规律，是人类行为的基石。

马克思一没有职位权力，二没有一兵一卒，困窘时连自己的衣食住行都成问题，手无寸铁的他，却用思想改变了世界。希特勒的军事力量几乎横扫了整个欧洲，但弹指一挥间，几百万军队飞灰湮灭，犹如冰消雪融，无影无踪了。结论是"拥有思想的，比挥舞宝剑的更有力量"。

中国共产党1921年7月建党时，全国只有59名党员，1945年抗日战争胜利时有121万党员，1956年有1073万党员。2011年建党90周年时，党员总数7600多万。中国共产党从无到有，从小到大，靠的是什么？靠的就是思想。

1945年8月15日，日本投降，东北光复，此时，东北抗日联军不到7万人。9月5日，冀东第16军分区曾克林率部进入沈阳，开始扩充部队，搜集武器，短短几天便收编了万余人，获得了大批日军遗留下来的武器弹药。随后，山东解放区有3万人在肖华带领下，新四军有3万多人在黄克诚率领下，日夜兼程，长驱千里到达东北。紧接着，刘转连率延安的359旅旅部和文年生率领的陕甘联防军警备第1旅共6000人以及护送延安干部团的黄永胜，陕甘联防军第2旅、赵金城的教导1旅，延安军政大学和炮校2100人，相继奉命开赴东北。经过三年的战斗，到1948年11月2日东北全境解放。东野由十几万人发展到130万大军。东北野战军从小到大，从弱到强，靠的是什么？靠的就是思想。

毛泽东一生中没有拿过枪，他曾自喻是用文房四宝打败了蒋介石的八百万军队。文房四宝喻示的是什么？是思想！思想力就是战斗力，思想力就是货真价实的领导力。

透过领导者的思想力，能综合反映出领导者的日常作为和一贯的思想作风和工作作风。它凝聚着领导者的事业心和为事业高度负责的敬业精神，它体现着领导者为追求卓越而勤奋拼搏，真抓实干，精益求精，勇于超越的可贵态度，展现出领导者思想解放，敢于担当，破除循规蹈矩，墨守成规的坚定意志和顽强魄力。思想力为领导者的未来发展提供种种新的可能，促使领导者超越现在的狭隘视野，去思索和创造饶有特色，充满诗情画意的新局面，去探索和实现富有生机活力，充满无限光明的壮丽盛境。

2. 思想力是组织愿景的构划力

身为领导者必须要做的一件富有重大意义的事情，就是构划组织愿景。

人是生活在未来世界里的，任何人都向往未来，人心没有未来，就没有希望，也就没有了生存的意义和工作的动力。领导者的使命就是为组织开创未来，为下属编织梦想，构划宏伟的组织愿景并引领下属实现这个愿景。事实表明，组织愿景能调动激发组织成员的积极性和创造性，凝聚团队，拼搏奋进，最大化地创造个人和组织业绩，创造事业辉煌。

愿景是对自身长远发展和终极目标的规划和描述。愿景构划力是领导者思想力的一个鲜明体现。

愿景构划是高瞻远瞩，展望未来，创造事业，描绘梦想的构想能力，是检验领导者思想力的核心点。愿景构想不是虚妄之想，它以高瞻远瞩为前提，是对未来极有可能的展望，这种展望是极富创造性的，代表了一定人群的向往、追求与梦想。正因为愿景是未来的图景，所以它依稀可见又十分朦胧，正因为朦胧才使人半信半疑。相信是源于人们对美好未来渴望期盼而产生宁可信其有的心理；疑惑的是它毕竟不是现实。谁能把这美好的未境蓝图描绘的越清晰、越真实；把实现这一美好目标的路径说的越具体、越准确；把向着美好未来追求奋斗的理由表述的越深刻、越坚定、越充分、越动人心魄，谁就会赢得大家的信任和依赖，谁就拥有领导力。组织没有愿景，就没有前进的目标和激励动力；就不会有坚定执着，坚韧不拔的信仰；就不会有一往无前，百折不回的意志；就无法凝集人心，统一思想。中国共产党的愿景就是实现共产主义，是共产主义思想唤起千百万革命者为实现这一目标而赴汤蹈火，流血牺牲。如果没有这个愿景，不仅不能"唤起工农千百万"，而且就连领导者自己也迷茫困惑，怀疑"红旗到底能打到多久"了。所以，愿景构划力是思想力中最有代表性的、最具有价值特色的、最富有显著意义的特殊力量。

什么是愿景？

毛泽东说："它是站在海岸遥望海中已经看得见桅杆尖头了的一只航船，它是立于高山之巅远看东方已见光芒四射喷薄欲出的一轮朝日。"它是黑暗即将过去，曙光就在前头的希冀；它是美好的未来依稀可见，胜利必定到来的信念。

什么是愿景？

电影《洪湖赤卫队》中的党代表韩英说："等全国都插上了红旗，到那个时候，就没有地主湖霸了，我们庄稼人都扬眉吐气的过日子。田里用拖拉机耕田，年年五谷丰收；湖上，用机器船撒网，天天鱼虾满仓，我们彭家墩会变得像武昌城一样"。

什么是愿景？

习近平指出，到中国共产党成立 100 年时全面建成小康社会的目标一定能实现，到新中国成立 100 年时建成富强、民主、文明、和谐的社会主义现代化国家的目标一定能实现，中华民族伟大复兴的梦想一定能实现。这就是习总书记描绘的美好中国梦，这就是党十八大规划的中国短中期宏伟愿景。

愿景的本质就是梦想，就是理想，就是让人们相信能实现的美好未来。愿景是未境事业的宏伟蓝图，是带有憧憬、鼓舞、吸引力的壮阔远景。它凝聚了人们的共同夙愿，代表了人们的共同期盼。所以他能让人心潮澎湃、振奋精神，焕发激情，具有拼搏奋进的力量。它能够使工作成为升华人生的崇高事业，提升组织的向心力和战斗力，使之从平庸走上卓越。缺乏愿景指引的组织会在风险和挑战面前畏缩不前，他们对自己所从事的事业不可能拥有坚定的、持久的信心，也不可能在复杂的情况下，从长远出发，从大局出发，果断决策，从容应对。

人们向往和追求一个目标，总会想象那个目标是什么样子？能否实现？多长时间能实现？怎样才能实现？还需要做出哪些努力？这些都是愿景所要解决的问题。愿景的根基是理论，但愿景不是用抽象的词汇、深奥的概念去解释，因为人们理解概念的能力不同，容易使很多人费解、曲解，使人懵懂、疑惑。它是用浅显而又直观、形象易于联想的语言，把深邃隽永的道理寓于美好景象和未来图画之中，用人们喜闻乐见的生活景象做恰如其份的描述，便于人们心领神会，铭刻于心。

什么是共同愿景？

共同愿景，是大家共同追寻未来的思想，通常是领导者的愿景转化为组织成员共同接受、共同持有的对未来的一致向往。

一个组织在追寻共同愿景过程中，所有成员会激发出潜能，产生不竭的发展动力。如果没有共同愿景，其成员就没有一致的方向、共同的观念、统一的意志，就没有坚强的团结和奋进的力量。

美国心理学家马斯洛晚年从事团体研究时发现，出色团体的最显著特征就是具有共同愿景。共同愿景对于促进合作学习、共享知识、创建学习型组织具有极其重要的作用。共同愿景的力量源自众人的共同关切，使全体成员从内心渴望归属于组织，投入到共同承担重要任务、共同创造事业中来。

红军长征的胜利就是共同愿景的胜利，这种共同愿景就是共产主义理想，这种共同愿景又演化为改造中国与世界的伟大事业热情与牺牲精神。红军战士为了实现共同愿景与理想，他们全心全意为事业而战，赴汤蹈火，在所不辞。

红军官兵那种令人惊异的对愿景的追求和向往，使他们能在疲劳已到人类所能忍受极限的情况下，仍能保持经久不衰的热情和顽强的战斗意志，以及永不泯灭的革命乐观主义精神。正是这样实现愿景的伟大牺牲精神，保证了共产党的领袖们拥有了强大的领导力。

红军官兵不管遇到什么挫折和磨难，都能坚忍不拔，百折不回，最终走向胜利。这得益于党在创建这支军队之初，就向官兵注入了推翻旧世界，建设新中国的愿景理想，确定自己为最广大人民群众利益而战的宗旨。当大字不识的农民、俘虏过来的士兵，接受了为使命奋斗的愿景思想，奠定了坚实的共同愿景思想基础，从此抱定信仰主义，追求真理，成为坚定的革命者，进而产生不竭的精神力量，即使遭受再大挫折，最终都能战胜敌人，而不被敌人打倒。

共同愿景体现着组织的经营哲学、理念、方向和原则，对所有组织成员的行为起着指导作用。共同愿景就像方向舵，当组织前进过程产生偏离和迷茫时，能及时矫正航向，始终瞄准既定目标劈波斩浪，奋勇前进。在人类实践活动中，每一个"众人划桨开大船"的事例，背后都有一个共同愿景在起作用。

创办企业的目的和宗旨就是企业的使命，它是企业存在的根据，是这个企业首创者的原始理想。企业使命境界的高远或狭隘，决定其存在的价值和意义。企业使命的形象化就是愿景，它是引导激励企业全员励精图治，奋发图强，实现自己事业理想的指导方针。

任何人都有自己的物质需求和精神需求，都有自己的理想、志向和愿望，但人的期望值和价值认知是不一样的，有时会差别很大。他们参加工作，进入组织，付出艰辛的努力和牺牲时间、健康的代价，图的是什么？图的就是物质的回报和精神上的满足。如果既不能获得物质上的报偿，也不能获得精神上的褒奖，那么人们就有可能对自己从事的工作弃之不顾，转向投奔他认为能给他带来价值回报的其他事业或组织。如果组织领导者构建了共同愿景，培育了全员共同价值观，这对调整员工的需求结构，降低对物质需求的期望值，提升员工精神境界，引导他们与领导同心同德，思想一致，实现组织的目标，起着非常重要的作用。员工在崇高的人生意义和伟大使命感的陶冶下，把自己的工作化为对社会的奉献，从而无怨无悔地倾情付出。

有伟大使命感的组织，就有高于满足员工需求的目的。他们不仅爱国利民，为员工造福，还要对社会有所贡献，因而顺应时代所需，符合国家利益，前景壮阔，深得民心。员工在物质、精神两方面就会受到激励鼓舞，自然竭诚尽力。

日本经营之圣稻盛和夫说："凡事必须明确事业的目的和意义，要让全体员工与自己风雨同舟、共同奋斗，缺乏'大义名分'是行不通的。如果缺乏这一点，人们很难从内心深处产生必须持续努力工作的欲望。我意识到企业经营的根本意义和真正目的既不是圆技术者之梦，更不是肥经营者一己之私腹。经营者必须为员工物、心两面的幸福殚精竭虑，倾尽全力；必须超脱私心，让企业拥有大义名分。这种光明正大的事业目的，最能激发员工内心的共鸣，获取他们对企业长时间、全方位的协助。同时大义名分又给了经营者足够底气，可以堂堂正正，不受任何牵制，全身心投入经营。"

卓越领导者赖以存在的卓越能力，就是把全体员工的思想统一到领导者的使命意识中来，指导成员树立伟大理想，并把大家各自的愿景汇聚到一起，加工提升为共同愿景。

共同愿景能够建立起一个命运共同体，能给大家带来凝聚智慧、增添勇气，使大家在追求愿景过程中敢于承担任何必要的任务和责任。共同愿景能够帮助组织建立支配一切的功能，继而带动新的思考方法和行为方式。共同愿景是发自组织成员内心深处的真实愿望和远大景象，并永远为之奋斗而希望达到的图景、境界。共同愿景能激发个人对生命崇高意义的追求，为着一个远远超出个人利益之上的目标而奋斗，由此产生的力量远不是一个人仅为一己私利进行的努力所能比拟的。

企业有共同愿景才能让员工感觉事业有前途，个人有奔头。这也是员工个人目标与企业发展目标相一致的前提和基础。当员工为了实现自己构建的愿景而工作，而不单纯是为了领导的命令而工作时，整个人精神状态的激昂亢奋简直令人不可思议。

构划共同愿景，描绘梦想并传递愿景，憧憬激励，唤起希望，是组织成长成功的推动力，是事业发展兴盛的推动力。有志成为卓越领导者的人，应该努力培养自己的愿景构划力。

《基业长青》作者吉姆·柯林斯指出：那些真正能够留名千古的宏伟基业都有一个共同点，即具有一个令人振奋的且能够帮助员工迅速作出决策的美好愿景。

彼得·圣吉指出："只有当人们觉得有些事是他们真心想要和关心时才会产生执著感"。这种执著感会产生无形的力量，做出许多原本做不到的事情。

松下幸之助说："经营者的重大责任之一，就是让员工拥有梦想，并指出他们努力的目标；否则，就没有资格当领导。"

愿景是从无到有的创举。愿景是在什么也没有的一张白纸上，绘出一幅最新最美的图画，然后让人们相信，这就是我们努力奋斗所能实现的未来景象。这种"无中生有"的景象，如果没有思想力蕴含其中，是很难描绘出来的，即使描绘出来，也不会说清楚，讲明白。

凡是能构划组织愿景的人，一定是自己有伟大的雄心壮志，有改变现实，追求美好未来的梦想，有大干一番宏伟事业的拼搏精神，有强烈的造福社会，造福人类的使命感。也就是说，他必须要有崇高的思想境界，深远的思想视野，先进的思想觉悟，坚韧的思想操守。

王进喜是1205钻井队队长，他说："恨不得一个拳头砸出个大油田，把贫油的帽子甩到太平洋里去。"

雷锋是解放军沈阳军区某部的汽车班班长，他说："人的生命是有限的，可是，为人民服务是无限的，我要把有限的生命，投入到无限的为人民服务之中去。"

他们之所以能说出这样感天地，泣鬼神的豪言壮语，就说明他们的思想境界已达到了相当高的程度。尽管他们的愿景是用不同的词语描述的，但就其本质是一致的，即代表着人类最高的价值取向和人生最深层次的精神需求，是升华了的社会职业最高标准。这无疑是油田领导，是解放军首长构建共同愿景的结果。他们的所思所想，已不是个人的区区自我，所以他们能够想到并去践行自己心中符合人类向往的美好蓝图，进而构划经得起时间和实践检验的宏伟愿景。

社会上的每一个人，都有归属某一组织并在其中感到自己很重要的内心渴望；都有能完成一项光荣任务并让人感觉自己很有价值的内心渴望；都有想使自己的生活和工作更有意义并感到人生快乐的内心渴望；都有能肩负一项伟大使命并做出重大贡献、受人尊敬颂扬的内心渴望。也就是说，人们都在寻找生命的真正意义，让生命有意义就是愿景的终极目的和伟大作用。组织是实现人生意义与价值的场所，所以如何把个人职业生涯与生命价值统一起来，就成了领导者构划组织愿景的思想力。

被誉为日本"经营之圣、人生导师"的稻盛和夫，是企业家兼哲学家第一人，他用 40 年时间创建了两家世界 500 强企业。他说："不管从事任何事业，不管是经营人生还是企业，是否拥有'远大的梦想'，将决定未来所能够取得的成就。只有通过描绘梦想，才能给人们以希望，从而产生热切地迎接明天的动力。所以我从创业之初起，就已经开始了对自身伟大梦想的描绘。"

稻盛和夫说："我要让这家企业成为西京原町最大的一家企业，在成为原町最大的企业后，还要再接再厉成为中京区最大的企业；在成为中京区最大的企业后更要成为京都最大的企业；在成为京都最大的企业后进而要成为日本最大的企业。我最终的目标是要让京瓷成为全世界第一。"

稻盛和夫回忆说，"然而当时的京瓷还只是一家在借来的木板搭建的仓库里小打小闹的作坊工厂，由于京瓷所在的町内还有其它一些让人觉得京瓷永远都不可能追赶上的大企业，所以这也就意味着对京瓷而言，就连想要成为町内第一的梦想都显得有些遥不可及，更遑论其他。所以，京瓷的员工最初对我这个要成为世界第一的梦想都持着半信半疑的态度。尽管在别人眼中无异于是在痴人说梦，但是我依旧不为所动，抓住任何机会不断宣扬我的梦想，利用一切机会灌输'终有一天会成为世界第一'的想法，直到我手下的员工们也逐渐开始接受并认同我所描绘的这个梦想，其结果就是大家都朝着这个远大目标倾注了全力。"

最后，功夫不负苦心人，稻盛和夫如愿以偿，京瓷人实现了梦想。

毛泽东说："要走前人没有走过的路，要做前人没有做过得事"。思想力就是创造力，创造就是前无古人，就是谁也没有想、谁也没有做的事。有无愿景，能不能提炼和传播共同愿景，是领导者有无思想力及思想力高低的鲜明体现。

领导者有没有思想力，是决定他想不想干事，能不能干事，会不会干事，干不干成事的分水岭；也是衡量一个领导者有无头脑、有无智慧、有无能力、有无创新的标志。

美国前总统尼克松对"领导"是这样描述的："伟大的领导能力是一种独特的艺术形式，既要求有非凡的魄力，又要求有非凡的想象力。"这想象力就是思想力的元素和根源，天下万物生于有，有生于无，无中生有，人类梦想的一一实现，都是思想力的杰作。今天世界上荒原变都市，水上建良田，"九天揽月"，"五洋捉鳖"等无数神奇变化，无一不是想象力的结果。

梦想或愿景是改变未来的力量，共产党的事业就源于乌托邦梦想和世界大同的愿景。领导者要相信这些梦想，执著于这些愿景，但仅有少数领导者坚信并践行梦想和愿景是不足以在组织内形成重大改变的。没有追随者的领导者不是优秀的领导者，领导者要开启愿景，激发下属的希望和梦想，要用生动的语言和极具感染力的方式描绘组织的愿景，要不断地告诉追随者，这个愿景符合大家的利益和愿望，领导者对愿景的执著和热情是点燃大家激情的火花。只有大家心甘情愿地接受领导者描述的愿景，才会忠诚地追随领导者并共同开创前所未有的宏伟事业，取得辉煌的成果。

3. 思想力是领导者的战略思维力

（1）战略思维能力的意义

什么是英明？什么是卓越？实质就是远见卓识。毛泽东凡事超前一步，在常人没有想到的时候，他想到了；在众人没有看到的时候，他看到了；在别人还没意识到的时候，他做到了。所以，他总是走在前面，主导着势态，驾驭着局面，引领着队伍，开创着未来。如此具有准确的预见能力，处处赢得主动，就显现出了英明卓越的领导力，这种领导力的根基底蕴就是战略思维的高超思想力。

企业的核心问题是战略问题，而战略的起始点是战略谋划，战略谋划是企业面对激烈变化、严峻挑战的企业内外环境，为求得企业生存和不断发展而进行的总体谋划。战略谋划的优劣，首先取决于领导者的战略思维能力。

战略思维是战略谋划和战略设计的第一环节，是关系全局和未来的思维，是对事物根本性的重大问题进行设计、谋划的构想和思路，是对时势作以超越时空的把握和决断。战略目标、战略方针、战略计划、战略实施和战略修正等战略形态都是战略思维的产品。战略思维是思维主体对战略相关信息进行加工的思想活动，战略思维能力是领导者思想力的核心能力。

正由于战略思维是全局性思维，是从大局、从宏观、从整体考虑问题的，所以它旨在谋求大局利益、整体利益、不局限一地一域的狭隘利益。全局性原则，就是以愿景为目标，运筹好全局与局部的关系，力求实现全局与局部利益的统一，当二者发生矛盾时以局部利益服从全局利益。

正由于战略思维是长远性思维，是对未来发展趋势的科学把握，所以它旨在谋求长远利益、未来利益，不局限眼前暂时或一时的利益，具有长远性、前瞻性的特点。为了战略目标的实现，正确处理事物运行过程中各个阶段的关系，既要为实现现阶段的目标而努力，又要为实现长远目标创造条件，阶段目标服从长远目标并为长远目标服务。

战略思维是发展性思维，是带有创造性的思维，是辩证地观察、思考和处理问题的科学思维方式，是领导者思想力的重要体现。它集中体现为领导者能推出新思想，提出新认识，发明新方法，制定新的切合事物变化发展规律的战略思想和规划，它充分体现领导者分析、综合、判断、预见和决策的能力。

战略思维需要以宽广的眼界观察世界，以面向未来的开放性思维，以一种超脱的境界和胸怀，正确把握时势发展的要求，以总揽全局的掌控力和知微见著的洞察力，特别是在风起于青萍之末的时候，预测事物变化的趋势和前景，见常人所不见，想常人所不想，为常人所不为。战略思维是否成熟，战略思维能力强弱与否，时刻影响着领导者观察事物的广度、分析问题的深度和判断情况的精度，直接制约着领导者的领导方法和领导绩效。

有的领导者是不考虑将来如何的，一切唯上，以上级满意为最高准则，不求有功，但求无过，遇事谨慎，凡事不作任何评论，甘当遵命的执行者，细致入微地完成好上级交给的任务，绝不考虑自己职责范围以外的事情。他们认为没有必要考虑战略问题，也无须具备战略思维素质，自己是执行命令的。所以他们没有远见卓识，凡事只顾眼前，处处都是短期行为，没有大器大量，没有气场魅力。

掌握战略思维是领导者应具备的一种素质，无论是高级领导者，还是基层领导者，都应该树立大局意识，长远意识的战略观念。不管是宏观决策大问题，还是微观具体小事情，想问题、做决断、抓落实都要站在高度，遵循战略思维，牢牢把握对象的全局性、空间的前瞻性、过程的规律性、方法的系统性，把工作做到前面，解决到根本，落实到实处，精细到极致。事实证明，那种不想提升战略思维的领导者绝大多数是形形色色的不作为者，而尚不具备战略思维的领导者很难称得上是优秀的领导者。

战略思维需要思维主体最大限度地捕捉信息资源，以解决视野狭窄的问题。否则就不能准确地判断事物的现状，更不可能准确地预测对象未来的发展趋势，而大量信息的获得离不开各种方式的学习，领导者有没有强烈的学习欲望和学习能力，是判断领导者是否拥有战略思维的重要标志。

战略思维需要思维主体必须具备较高的理论素养以进行加工信息，如果加

工处理信息的方法、模式和程序不正确，即使信息是准确的、充分的，也同样
会产生错误的战略决策。所以在信息获取之外，领导者还需要具备哲学、系统
论、战略学等科学的世界观和方法论以及战略制定的专业理论知识。理论思维
的深度决定战略思维的高度，很难想象，一个没有理论思维的领导者能总揽驾
驭全局。

战略思维是一种充分发挥领导者主观能动性、积极性和创造性的思维活动。
所以它需要思维主体具有强劲的上进心和事业心，要有持久的自觉性和主动性，
要善于从事物稍纵即逝的、细微的、不明显的迹象和苗头中，及时发现和鉴别
问题，排除客观事物的错综复杂性、隐蔽性、迷惑性和欺骗性。由此才能保证
运筹的结果，形成的思想，真正经得起历史的检验。人无远虑，必有近忧。欠
缺战略思维的领导者在方方面面都会表现得不如人意和尴尬被动。

（2）战略思维的四个要点

① 立足高度有远见

"不畏浮云遮望眼，只缘身在最高层"。领导一个事业，首先要有一个事业
的奋斗目标和长远规划，这就是无可回避的发展战略。从思虑战略的每一细节
到每一步骤实施的全过程，都是思想力的作用。思想力的强弱，取决于主观意
愿的高度、理论研究的深度、知识视野的广度和观察外界的时间跨度。

"不谋万世者，不足谋一时。"领导者的思想境界，决定着他能登多高、走
多远、将抵达何处。没有视野的高度，就跳不出狭隘的圈圈，看不清，摸不透
现象的本质，就容易纠缠眼前的坛坛罐罐，犹犹豫豫，陷入事务主义的泥潭。
主要领导者的工作就是管全局的工作，总揽全局的战略思维是领导工作的基本
功。只有采取宏观思维，着眼全局，才能"会当凌绝顶，一览众山小"。

领导者的思想境界，决定了组织发展的境界。所谓境界，是指人的思想、
情操所达到的程度，是精神追求和人生价值取向的视角与层次。人与人之间最
大的区别就是思想高度的不同，由此决定人的观念意识、思想境界、看问题角
度的种种不同。人因思想而伟大，人因思想而崇高，思想的高度决定成就的
高度。

所谓眼界，是指人的见识广度，借指人们认识客观事物的范围。战略思维
的前提是思想的高度，没有高度就很难有广度，就很难有高远的目标。而要提
拔思想高度，就必须在增长见识，深造理论，升华境界方面深下功夫。开阔的
眼界，开阔的胸怀，自会有开阔的想象。如果是井底之蛙，坐井观天，势必目
光短浅，心胸狭隘，于是有贻笑大方的夜郎自大，于是有不自量力的撼树蚍蜉。

能力固然很重要，但战略性的眼光、全局性的思维更重要。这就是将军和士兵的区别，老板和员工的区别，指挥者和执行者的区别。

立足高度的实质是心境高，眼界高，意愿高，追求高，这四高的基础是人的理想远大，志向宏伟。只有志向高，格局大，视野广，胸襟宽，才能高屋建瓴，大气磅礴。才能比别人走得更远，做得更好，更容易获得成功。所以领导者的战略思想力，最终还得归结到人的境界、眼界和胸怀上来。只有站在思想的制高点，视之所及，心之所思，行之所至，才能更好地领悟时势，把握事业，把握人生。由平庸到卓越，是眼界、胸怀、境界与思想力的统一。

高瞻远瞩，思虑长远，着眼未来，就是主观意识更加符合客观事物变化发展的预见性。毛泽东说：没有预见就没有领导，没有领导就没有胜利。"坐在指挥台上，如果什么也看不见，就不能叫领导。坐在指挥台上，只看见地平线上已经出现的大量的普遍的东西，那是平平常常的，也不能算领导。只有当还没有出现大量的明显的东西的时候，当桅杆顶刚刚露出的时候，就能看出这是要发展成为大量的普遍的东西，并能掌握住它，这才叫领导。"抗战时期，美军驻延安的观察组成员谢伟思曾经提出这样一个有趣的问题，"为什么毛主席能够成功地战胜他的众多对手而成为公认的领袖？"通过接触和深入的了解，他认为自己找到了答案，"他目光远大。"正是目光远大，毛泽东能始终抓住战争主动权。1948年夏，国民党当局正在考虑撤退东北、确保华中的问题，但仍举棋不定。在这种情况下，究竟是让敌人实现他们把现有兵力撤至关内或江南的计划，使我们失去时机，从而增加我军尔后作战的麻烦呢？还是在敌人还没有来得及决策逃跑之前，抓住时机，当机立断，组织战略决战，各个消灭敌人的强大战略集团呢？毛泽东根据对战争形势的科学分析，毅然决然地抓住了这个战略决战时机，发动了辽沈、淮海、平津三大战役。由于毛泽东想得远，想得早，有所准备，抓住了主动，所以打得蒋介石措手不及，处处被动。尽管蒋介石有优势，但优势而无准备就不是真正的优势，所以在短短的5个月里，近二百万主力部队被相继消灭。使接下来的席卷长江以南，横扫大西北的战役犹如摧枯拉朽，风卷残云一样势不可挡了。三大战役的胜利对用五年左右的时间从根本上打倒国民党的战略目标起到了积极促进的作用。

高瞻远瞩，就是着眼未来，正确处理长远过程中各个阶段的关系。把今天的发展同明天的发展联结起来，避免由于今天的发展而使明天的发展丧失必要条件。战略是有关整体运作的思想，是指导全局的计划和决定全局的部署。离开了战略的根本性和方向性，领导就会犯错误。

企业战略是关系企业生存和发展的具有方向性、纲领性、整体性、全局性、长期性、引领性和指导性的根本大计。企业要想在竞争中取胜、要想取得长远的发展，必须有一套清晰的战略。没有战略的企业通常只能着眼于现在，为短期的物质利益而疲于经营，正如未来学家托夫勒所讲的"对于没有战略的企业来说，就如同在险恶的气候中飞行的飞机，始终在气流中颠簸，在暴风雨中穿行，最后很可能迷失方向。"这就需要领导者要有很强的战略意识和战略眼光，要花更多的时间和精力来进行战略研究、战略思考和战略设计。

② 胸怀全局抓关键

胸怀全局，就是要把全局作为观察和处理问题的出发点和落脚点，以全局利益为最高原则。当局部利益和全局利益发生矛盾时，局部利益要无条件地服从全局利益。全局利益是根本利益，丢掉全局就是丢掉根本。毛泽东说："指挥全局的人，最要紧的，是把自己的注意力摆在照顾全局上面，如果丢了这个去忙一些次要的问题，那就难免要吃亏了。"

谋划全局，就是善于把局部问题放在整体中加以思考；善于把具体问题提到原则的高度加以思考；善于把当前问题放在过程中加以思考。判断是非得失均以全局利益为标准，不能只见树木，不见森林；只见现象，不见本质。

古人讲，"不谋全局者不足以谋一域。"讲全局、懂全局、谋全局，是古今中外领导者谋大事、抓大事、成大事的法宝。毛泽东为什么要放弃延安？这是当时延安的许多军民想不通的，从感情上不能接受的决策。中央书记处办公室主任师哲回忆道，在延安保卫战打响后的一天晚上，我特地从枣园骑马急行几十里赶到王家坪去见毛主席。见到主席时我说"可否设法保住延安而不撤退？""主席点燃了一支烟，转过来微笑着打开了话匣子：你的想法不高明，不高明。不应该拦挡他们进占延安。你知道吗？蒋介石的阿Q精神十足，占领了延安，他就以为自己胜利了。但实际上只要他一占领延安，他就输掉了一切。"毛泽东接着说，"我们打仗，不在一城一池的得失，而在于消灭敌人的有生力量。存人失地，人地皆存；存地失人，人地皆失。敌人进延安是握着拳头的，到了延安，他就要把指头伸开，这样就便于我们一个一个地切掉它。要告诉同志们，少则一年，多则两年，我们就要回来，我们要以一个延安换取全中国。"事实证明了毛泽东的英明预见，恰如台湾1959年编写的《戡乱战史》中说："我军主力始终被匪牵制于陕北，一无作为，殊为惋惜"。美国政府在1949年发表的《白皮书》，对这段历史有着这样的评价：国民党军"攻占延安曾经宣扬为一个伟大的胜利，实则是一个既浪费又空虚的、华而不实的胜利"。这些评论更加证明了毛泽东这位战略大师当初主动撤离延安决策的正确性。毛泽东说："如果我们丧失的是土地，而取得的是战胜敌人，加恢复土地，再加扩大土地，这是赚钱的生意。"

胸怀全局，就要强化全局观念，培养凡事谋全局的思维习惯。

毛泽东说："没有全局在胸，是投不下一着好棋子的。"全局是由它的一切局部构成的，智者之智在于谋大利而避大害。缺乏全局观念，就免不了鼠目寸光，急功近利。在中国土地革命战争时期，左倾冒险主义者不懂得这个着眼全局的大道理，主张"不丧失一寸土地"，反对一切必要的退却，害怕打烂坛坛罐罐，结果造成全局的失败。毛泽东指出："他们看问题仅从一局部出发，没有能力通观全局，不愿把今天的利益和明天的利益相联结，把部分利益和全体利益相联结，捉住一局部一时间的东西死也不放。"这就叫因小失大。事务主义者就是对工作缺少全局的谋划，整天忙于具体事务性工作，忙于各种场面上的应酬活动，不分轻重缓急，事必躬亲，管了许多不该管、管不了、也管不好的事，结果拣了芝麻丢了西瓜。一个胸无大局、不讲大局的领导者，是不可能成为一个好领导，是难以成就大业的。

抓重点就是抓全局中的关键环节，抓重点是推动全局发展的一个必要条件。

抓重点就是抓主要矛盾、抓矛盾的主要方面。在事物所包含的矛盾中，必有一种矛盾是主要矛盾，由于它的存在和发展，规定和影响其他矛盾的存在和发展。抓住了这个主要矛盾，就可以提纲挈领，有力地推动全局的发展，事半而功倍。如果不去寻找主要矛盾，平均使用力量，那就会事倍而功半。如果抓错了主要矛盾，那就会劳而无功，甚至导致全局的失败。毛泽东在遵义会议上就抓住李德、博古在军事指挥中的进攻冒险主义，防御保守主义和退却逃跑主义，从而给红军造成重大伤亡，根据地彻底丢失的惨痛灾难对其批判，促使其下台。遵义会议没有对大家关心的政治路线作以清算，虽然政治路线是根本症结，但在当时主要矛盾是解决军事指挥问题，所以遵义会议重点是解决军权问题。由于毛泽东实施了重点突破，所以取得了预期目的。如果波及政治路线，就会新帐老帐一起算，一是没有时间，二会牵连很多人，甚至牵连到共产国际，很多问题也说不清，还会激化党内军内诸多矛盾，把事情搞坏。遵义会议堪称是胸怀全局抓重点的成功典型。

抓重点就是抓工作的中心任务和战略主攻方向，抓对全局发展起决定作用的核心环节。"木桶理论"揭示：一个木桶由许多木板相围而成，木桶的容水量不取决于木桶的长板，而取决于其中的短板，短板是木桶整体容水功能的关键因素。以此类推，全局是由局部组成的，全局的发展离不开局部的发展。但组成全局的各个局部在全局发展中所处的地位、所起的作用是不相同的。有的是一般性作用，有的是比较重要的作用，有的是特别重要、有决定意义的作用。

因此，在总揽全局的时候，不可平均使用力量，而必须抓住重点、突出重点。抓重点、抓关键环节虽然是在抓局部，但这是间接抓全局的一种方式，重点局部实际就代表和反映了系统全局。毛泽东说："任何一级的首长，应当把自己注意力的重心，放在那些对于他所指挥的全局来说最重要最有决定意义的问题或动作上，而不应当放在其他的问题或动作上。"解决了关键环节，可以有效地推动全局的发展，收到四两拨千斤的效果。一言以蔽之：凡全局必有中心，围绕中心必有若干重点，把握中心、突出重点，解决关键环节，是总揽全局的领导艺术。

③ 统筹兼顾谋发展

马克思主义哲学揭示了事物的基本原理，即多种形式的运动，是物质的属性，是物质不可分离的特性。运动着的物质呈现给人们的首先是现象之间普遍的相互联系和相互制约，以及现象的无限错综的关系。科学的任务就是从事物的多种联系中去研究问题，科学的方法就是从事物的多种联系中去解决问题。这种方法就是统筹兼顾，就是总揽全局、通盘筹划、协调发展、兼顾各方。

首先提出统筹兼顾的是毛泽东，统筹兼顾是毛泽东思想的重要内容。1938年10月，毛泽东在《中国共产党在民族战争中的地位》一文中强调："共产党员在领导群众同敌人作斗争的时候，必须有照顾全局、照顾多数及和同盟者一道工作的观点"。这个基本观点就是群众路线和统一战线，因为抗日战争不光是共产党的事情，共产党要成为抗日斗争的中坚力量和领导者，必须把人民发动起来，把其他社会力量团结起来，甚至与国民党联合起来，形成全中华民族的共同抗日力量，才能最后战胜日本帝国主义。如果不兼顾中国各阶层力量，光凭自己孤身奋斗，是完不成抗日战争的历史使命的。

1943年6月，毛泽东在《关于领导方法的若干问题》一文中，再次深刻阐述了"统筹全局"的思想；1949年3月，毛泽东在《党委会的工作方法》指示中，要求领导干部都要"学会弹钢琴"；在西柏坡筹备建国时，他又提出四面八方的政策，公私兼顾、劳资两利、城乡互助、内外交流，使统筹兼顾的思想越加完善。建国初期在党的七届三中全会上，毛泽东将"统筹兼顾"作为经济建设的方针明确地提出了出来。1956年4月，在《论十大关系》中，毛泽东围绕调动一切积极因素，建设社会主义现代化强国这个目标，把"统筹兼顾"作为社会主义建设的基本方针加以论述和突出强调。在1957年《关于正确处理人民内部矛盾的问题》一文中，毛泽东进一步指出：我们的方针是："统筹兼顾，适当安排。"统筹是建立在充分发挥各方面积极性和创造性的基础上的统筹；兼顾是一种整合和优化。可见统筹兼顾是毛泽东治国方略的一个核心思想，在党的十六大中，"统筹兼顾"成为党在新时期科学发展观的根本方法，成为党的各级领导者执政能力、领导艺术、工作方法和处事原则的基本点。

统筹兼顾的精义是：统一筹划，全面照顾。就是要统揽与筹划大局，兼顾与协调好各方关系，调动一切积极因素，促进事业的全面发展。统筹就是要树立世界眼光，加强战略思维，善于从大局的发展变化中统筹规划；兼顾就是全面协调，和谐一致、配合得当。正确处理好工作业务上各部门、各相关单位和人员的各种关系，不能顾此失彼造成失衡而相互受影响。为组织正常运转创造良好的条件和环境，促进共同目标的实现。毛泽东谈到领导方法时要求学会"弹钢琴"。他说："弹钢琴要十个指头都动作，不能有的动，有的不动。要兼顾各方面的工作，不可挂一漏万、顾此失彼。

领导者的主要职责是管理、协调、保障和服务，统筹兼顾是首要原则和最佳选择。在做好管理、协调、保障和服务的时候，必须按照统筹兼顾的原则和方法处理好上下左右，内外大小的关系。一是统筹上下关系，要在决策机构和执行单位之间搭建有效的桥梁；二是统筹干群关系，要建立领导和群众交流沟通的渠道；三是统筹大小关系，要在全面推进的基础上更加关注细节；四是统筹内外关系，要善于树立一个单位良好的社会形象。只有把"顾"牢记于心，管理和服务才能做到心中有数。统筹兼顾就是领导力的系统方法论。

统筹兼顾始终要围绕发展尽心竭力，发展是目的，发展是战略大局。忽视和丢掉了发展，统筹兼顾就失去了意义，就会陷于恶性循环的茫然混沌之中。

④ **系统思考善决断**

系统思考是彼得·圣吉《第五项修炼》中一个重要概念，是一项既见树木，又见森林，"看见整体"的修炼手段。彼得·圣吉引用了一个"瞎子摸象"的古老故事，意在说明这三个瞎子与现在许多领导者有雷同之处。这些领导者都清楚地看到公司的问题，但都没有看见自己部门的政策如何与其他部门的政策互动。按照这些人的思考方式，他们永远不会知道一只大象的全貌。

彼得·圣吉进而指出，一个人、一朵花或一首诗之所以美，在于我们看到他（它）们的全貌。系统思考可以使我们敏锐觉知属于整体的微妙"搭配"，使许多生命系统呈现他们自己特有的风貌。系统思考是一项看清复杂状况背后的结构，以及分辨事物差异所在的一种修炼。

系统思考是战略思维不可或缺的修炼，它是对事物相互关联的各个部分组成的有机联系的整体思考。它是跳出自身组织之外，站在一个更大的系统中，在实事求是基础上，解放思想，打破常规，摆脱束缚，更广泛理解和认识问题，开拓创新，超越发展的一种思维能力。它能帮助领导者寻找和抓住管理中的主要矛盾，以动态的思维来适应外部环境的不断变化，不断调整自己的战略策略来适应环境、影响环境，来追求系统的平衡。系统思考认为，今日的问题往往来自昨日的解决方案。治标不治本，也许在短期内有利，却对长期有害，会产生愈来愈严重的后遗症，使问题更加恶化。能否系统思考，是检验领导者是否具有深谋远虑，把握大势，洞若观火，把握机会的真实本领。

战略的核心就是谋断，就是以已有的知识、信息为中介，依据事物的一般特性和事物之间的有规律的联系，深刻进行思考推断和独特解决问题的过程。孙子曰：是故胜兵先胜而后求战，败兵先战而后求胜。说的就是战争之前的战略谋划极其重要，谋划的周密详尽，获得胜利的机会就多些，否则，取胜的机会就少些！谋划好一个系统完备，万无一失的战略方案，整场战役就已经胜利一半了。

多谋善断，首先是谋。谋就要集思广益，参酌各家之言，将方方面面的智慧和力量凝聚到一个目标上来再进行系统思考。要多谋，不能少谋，谋是基础，多谋才能善断。当一切思考都认真详尽过后，最后进行拍板决断。如果"兼听"和"集思"总停留在"七嘴八舌"层面上，议而不决，那样就什么事情也干不成了。"天下之事，虑之贵详，行之贵力，谋在于众，断之在独。"所以领导者不但要多谋，而且要善断。我们倡导强调群众要参与决策，是贵在参与、贵在集思，贵在知情之下的献计献策，贵在决策后的理解执行，而不是跟领导一同拍板定论。

多谋善断，最后是断。谋和断，是现代决策体系中互相联系而又互相区分的两个环节，以"谋"的科学性来保证"断"的科学性，从"划桨者"转向"掌舵者"，从单一的方案裁定者变成最优方案的利用者。"善断"就是该下决心的时候必须下决心、作判断、敢决定，拿出明确的意见。就是择其善而从之，也就是把众多的见解，进行由表及里、由此及彼，去粗取精、去伪存真的科学梳理，像沙里淘金，把其中的真知灼见提炼出来，使一项决策更民主、更符合实际、更科学。敢不敢下决心，有无这种勇气和胆量，很重要。要当机立断，不要优柔寡断，谋而不断，久拖不决，就会痛失良机。战略思维还要有机会的意识，人的能动性和改造世界的实践只有和特定的机会结合在一起才能发挥最大的效益。

4. 思想力是组织变革的创新力

创新是以创造思维为导向，利用现有的知识和物质，在特定的环境中，改进或创造新的事物、方法、元素、路径、环境，并能获得一定有益效果的行为。

创新的特征是求变、求新；实质是求进、求好。创新的结果并不是最主要的，关键是创新的精神最为重要，创新精神是思想力的精髓。领导者有了创新力就具备了工作的动力、发展的潜力，就能开创工作新局面。

创新体现的是领导者孜孜前行、奋发作为，向新的目标追求的蓬勃向上的心理状态。可贵的是不甘现状，思变思齐，不断完善，精益求精，永无止境的奋斗精神。有了这种进取精神，领导者自然就会自强不息，努力向上，不断学习，不断创新；自然会有所建树，更好的发展。领导者创新意识和创新精神，是领导者思想力的鲜明体现。

创新是知识经济可持续发展的源泉，是市场经济活力的源泉，也是领导者思想力的核心内容。

创新是人类特有的认识能力和实践能力，是人类主观能动性的高级表现形式，是推动事业发展的不竭动力。一个领导者带领组织要想走在时代的前列，就一刻也离不开创新。创新就是前进，创新就是发展，创新就是革命。创新是一个组织和事业兴旺发达、永葆生机的动力源泉。

创新是领导力突破性、超越性、革命性的体现；是领导者思想积淀中的突破；是领导者思想发展中的超越；是领导者思想力的革命。创新是领导者的天性，是领导者思想活跃，思维积极，心理活动强烈，主观能动性创造性发挥的表现。

创新首先是领导者的观念创新，通过突破旧的思维定势，突破旧的常规戒律，弃旧图新，革故鼎新，推陈出新，破旧立新。

创新是领导者责任心、事业心的反映，是为实现目标一往无前，充满激情，不懈奋斗，不达目的誓不罢休的精神。体现在实践过程中，就是提出一个又一个新的观念，形成一种又一种新的理论，做出一次又一次新的举措，完成一次又一次新的跨越。

创新不仅是一种精神、一种理念，而且还是一种能力和智慧。创新是领导者做出真正有价值的东西，是领导者追求真理的珍贵品质和卓越特色。卓越的领导者，必须是新理念、新思维、新思路、新创意、新举措不断涌现的人。

创新还是一种胆识和魄力。它是突破现状，开拓未来，以壮士断腕的勇气、凤凰涅槃的决心，敢于向积存多年的顽瘴痼疾开刀，敢于触及深层次利益关系和矛盾，把改革进行到底的大无畏精神。

（1）创新是领导思想力质的飞跃

创新的核心是"创"，本质是改变，归根结底是新事物代替旧事物，这其中必然体现思想的创造性。将创造引入领导活动中，就是要寻求领导活动新的变革和突破，深刻地改变领导活动的格局与效果。

创新的前提条件是思想创新、观念创新。如企业创新包括战略创新、企业文化创新、管理制度创新、经营体制创新、组织结构创新、生产模式创新、生产工艺创新、加工流程创新、技术标准创新、产品功能创新、市场营销创新等，而这方方面面的创新最根本的创新是思想的创新，观念的创新。爱因斯坦说："人是靠大脑解决问题的。"大脑的功能就是思维运作，而良好的思维能力就是解决一切问题的金枪利剑。创造思维比勤奋、知识、实力更重要。思想保守，则没有创新动力；思想僵化，则没有创新能力。创新是思想的革命，所以，不换"脑袋"就必须换人。

思想是行为的先导，观念支配和约束人的行为。领导者的创新过程就是运用新的思想、新的观点去研究实践中出现的现实问题，寻求解决问题的新途径，新方法。思想观念的创新意味着思想解放、思想进步、思想跨越，思想革命等诸多思想要素的突破，体现了领导者要打破传统观念，摒弃陈旧作法，破除成规旧习，突破僵化局面的思想变革意愿。

思想观念的创新反映了领导者不断学习、紧跟时代发展的前瞻力和适应环境变化的应变力，追求过去所没有的新的景象或呈现前所没有的变化。这期间从自发到自觉的创新意识，从感性愿望到理性探索的提升，一系列的量变积累，最终促使思想力发生质的飞跃，实现焕然一新的创举。

领导者的创新是以现有的资源条件，在特定的环境中，发挥有别于常规或常人的独特思维，进行创造性的社会实践活动。创新提高了领导活动的效率和组织的工作绩效，巩固了组织的竞争地位，更好地实现了追求快速变化、全面变化、根本变化的效果。他带来了新的领导观念、新的领导方式、新的领导关系等。凡是善于创新的领导者，几乎都是善于破解难题，化险为夷，政绩卓著，推动事业突飞猛进的卓越领导者；几乎都是思想标新立异，超凡脱俗，大开大合，化腐朽为神奇的英明领导者。

不想创新、不能创新、没有创新的领导者必然是无为的领导、停滞的领导、僵化的领导。有些领导者缺乏应有的精神状态，心思不在事业上，谈工作无精打采，聊私事兴趣十足。他们不学习新知识，不接受新事物，思想保守，墨守成规，组织毫无生机，人员业务荒疏，人际矛盾丛生，事业江河日下；他们长期靠模仿过日子，习惯跟在别人后面爬行，看不到自己单位的行将没落，反而嘲笑攻讦其他同行的改革创新；他们总是强调困难，怨天尤人，总想指望上级伸出手来拉一把以渡难关。如果领导者没有锐意进取的精神，没有不创新就死亡的意识，他所领导的事业注定是一潭死水。其实，许多企业的经济崩溃，并不是客观方面的原因，主要就是企业领导者精神下滑，碌碌无为，不思创新所致。

① **要想适应环境，寻求发展，就必须创新。**

领导活动是一个不断适应环境的动态过程，领导者开展工作首先要适应、顺应组织现在的内外部环境状态，这是领导活动的最基本原则，也是领导者实事求是施展领导力的出发点。为了更好地适应和应对不断变化的组织环境，领导者明智的、最重要的手段就是创新。所以每当组织出现困境和危机时，就会更换领导者，因为新的领导者带来的变化就是一反常态，就是不同的主体思维，不同的思路，实质是不创新的创新。

组织环境的发展变化决定了领导活动的时效性，环境的快速变化对领导力的提高提出了更高的要求。领导活动的绩效既取决于领导者和被领导者的素质、领导方式等主观因素，也取决于组织文化、组织制度、组织资源等客观因素。主客观因素齐头并进和谐发展，是领导活动顺利开展的最佳时期，当主客观因素出现矛盾的时候，也就是要进行创新改变的时候。领导创新活动是调整领导活动与内外部环境状态的枢纽，对领导力的施展起着特殊重要的作用。

② **要想应变环境，持续发展，就必须创新。**

新陈代谢、更新换代是事物发展的规律。马克思主义世界观揭示了世界是物质的，物质的存在方式是运动的，运动的趋势是发展的客观规律，这是不以人的意志为转移的普遍法则。基于事物对立斗争的运行机制，所以促使客观环境的变化总是走在人的前面，顺之者昌，逆之者亡。领导活动是客观事物的一部分，也要体现事物一般规律的特征，即不断变化，与时俱进。如果形势和环境变了，领导思维和领导方式不变，就会出现"刻舟求剑"的局面，即船已走了，剑还在原处，而刻在船上的记号就成了贻误事业自欺欺人的活动。所以领导工作的一个基本点，就是不断应变环境，紧跟形势，不断调整改善领导方式，保证组织事业的持续发展。如果不能做到与时俱进，组织内部环境和外部环境之差就会酿成许多矛盾，到了问题成堆，积弊成山的时候，就会出现大的变革，大的创新，届时就会对领导者不创新来个总清算，所以对领导者来说，不创新就灭亡。

③ **要想创造环境，快速发展，就必须创新。**

适应与应变环境的变化总是被动勉强的，总是会被环境牵着走，总是会被环境抛到后面。没有自觉地创新意识，消极被动的"创新"，总会陷于穷于应付、顾此失彼的状态。卓越领导者是创造环境、引领环境的人。只有创造属于自己的环境，驾驭环境，统领环境，牵着环境走，才能成为环境的主人。这种创造环境的人，就是那些高瞻远瞩、先知先觉、先见之明的领导者，他们掌握了事态的发展趋势，把工作做到了形势变化的前面，主导了环境变化的走向，把有利的因素先人占据，把不利的因素留给后面的人，这种做法就是占据先机，所以他实现了领导力的时时创新、处处创新、系统创新、全面创新。

创新力是思想力的一部分。领导力的原理和下棋一样，高明的棋手只需几步，就把棋局设定有利于己，不利于彼的态势，接下来的形势是主动的更加主动，被动的更加被动。其中的奥妙就在于高明的棋手有远见卓识，能做到心有数，棋有谱，能比别人看出更远的棋局走向。领导力的高超不在于有什么独特的手段，关键就是比别人看得远而已，他随时因势利导，及时调整转变因环境带来的不利于己的因素，做到时时创新，处处创新，事事创新。

领导创新是将新的思维方式引入领导活动中，革新原有的领导关系和情境，创造新的领导方法和途径。创新可以提高领导者和被领导者的素质，提供新的领导方式和领导手段，改善领导中主客体之间的关系，在创新过程中通过表率作用可以激励和鼓舞组织成员，树立自身的威信和影响力，提高领导活动的绩效，保证组织目标的顺利实现。

发展是企业追求的永恒主题，快速发展、可持续发展，是企业追求的理想目标，要想发展的唯一正确途径，就是创新。

一个企业若存在着质量低、成本高、效率低、员工做事不到位这四种现象或占其一，就应该毫不迟疑、刻不容缓地进行创新。稻盛和夫用他的经验告诉我们，"要想创新，今天必须要比昨天好，明天又要比今天更进一步。"创新就是积累创意的过程，通过积累就可以达到量变到质变，实现思想的飞跃。

④ 要想抵御风险，化解危机，就必须创新。

创新存在不确定性，变化使创新具有相当的风险。创新成功，可以改变整个领导活动的面貌，提高组织的活力和效率，取得可观的物质和精神效益。如果创新夭折，半途而废，则损失巨大。不仅在创新过程中投入的所有资源无法收回，组织运行也会出现紊乱，而且领导在组织中的统率作用，在下属群众中的影响力将大打折扣，不利今后决策和领导。这种损失是难以弥补的。所以创新活动务求稳妥成功。

创新的不确定性源自对当前工作的重大改变，是工作内容、工作形式、工作作风、工作机制等一系列工作体系的改变，这些改变都是对下属群众惯性思维的挑战。惯性思维是按照逻辑、按照规律、按照常规处理问题的最普遍的思维方式，是人们按先前的活动形成的知识、经验、习惯而形成的认知固定倾向，是一种对活动的心理准备状态或活动的倾向性从而形成的"思维定势"。

由于下属群众不参与决策，各项工作历来是上委下派，天长日久就养成了被动接受的思维方式，习惯了昨天的延续，从而养成一种呆板、机械、千篇一律、墨守成规的习惯。突然的创新令他们很不适应，他们难以摆脱惯常的状态，因此每日每时都会滋生惰性的阻力，对领导者的创新油然产生抗拒心理。

有时抵制创新的不仅是下级，下级的抵制是有限的，是容易转变的，真正强大的阻力和造成巨大破坏的是来自上级。因为上级每天碰到的90%以上的问题，都是按他的习惯思维和计划程序解决的，这会省去许多摸索、试探的步骤，缩短思考时间，提高效办事率。下属的创新会给他带来复杂的心理体验，如果遇到什么麻烦和所谓群众的什么反映，上级对下属的创新会立马否定。下级的抵制阻挡不住创新的步伐，而上级的否定会使创新戛然而止，所以创新失败的几率是很高的。正因为创新不容易，有风险，才更加彰显创新的难能可贵，才更加体现创新领导者的弥足珍贵。如果领导者都四平八稳，做"太平官"，不求有功，但求无过，那组织和事业就不进则退，难有发展可言。所以总是在创新前面加上"积极"、"勇于"、"大胆"之类的勉励词。

创新看似一种活动，实质是对人的变革；看似对陈旧观念的反叛，是对传统势力的冲击，实质是对一些人的革命。创新不仅是对思想行为的改变，也带来相应利益的改变，因而它势必遭到相关人的抗拒和仇视。所以，领导的创新要有无所畏惧的精神，这精神绝不仅仅是政绩的驱使，能力的驱使，而是领导者对事业的高度责任感、使命感的体现，是高度思想境界的产物。

思想的本质就是世界观，世界观是人们长期形成的认识世界的系统观念，人的所思所想与他的观念有着必然联系。与时俱进的观念成为人们成就事业的阔步桥梁，消极保守的观念成为束缚变革实践的枷锁。强大的惯性或顽固性的守旧思维，就成为阻碍事物前进的堡垒，就面临着要被轰平炸毁的结局。人类历史规律的总趋势是前进的，创新是一种不以人的意志为转移的规律现象，所以创新则兴，不创新则亡。创造是有风险的，但是不创新风险将会更大。当今时代是一个知识经济时代，知识经济的灵魂是创新，创新速度、创新方向和创新规模决定了一个企业的强弱兴衰。唯有追求创新、着眼创新、践行创新，才能保持蓬勃旺盛的生机活力，创新是一切事物生机活力的源泉。

创新不是领导者单方面的工作，它是受多种因素的限制和影响、牵一发而动全身的系统性工程。领导者要深谙组织成员的需要和想法，调动上级领导和下属群众共同参与、集思广益，协同支持，需要组织内外部环境等因素的配合，创新活动才能取得切实的成效。领导创新是组织全体成员的共同使命，被领导者的参与程度和支持态度往往决定领导创新的成败。

（2）毛泽东是中国创新型领导者的楷模

凡是卓越的领导者，几乎都是创新的楷模。

领导者的职责和使命决定了他的工作品质就是创新，一个卓越领导者的显著特点，就是善变。所以，领导者的思想往往令下属捉摸不着（变化太快），琢磨不透（理解不了），就因为领导者的思想总是在前进，有时超过了形势的范围，形成了跨越式的前进。许多下属为领导者的"出尔反尔"感到惊异苦恼，惊异是领导怎么说变就变呢！苦恼的是猜不透领导的心思，摸不准领导的脉搏，不知领导的真实意图和主要目标，跟不上领导的进度节奏，无法与领导沟通商量工作了，其实，这恰是领导者思路不断创新的表现。

一代领导艺术大师毛泽东就是十分擅长于创新来达到目的的，最典型的案例就是红军长征中的四渡赤水。当时红军长征在贵州面临川、黔、滇、湘和国民党中央军四十余万敌人的围追堵截，危机四伏，险境异常。毛泽东发挥高度的主观能动性，以逆向思维方式，在赤水河畔往来机动，忽左忽右，时进时退，彻底把蒋介石和他的高参们弄懵了，导致国民党军队处处被动，时时挨打，战场的主动权始终掌握在红军手里，最后越过金沙江，跳出了敌军的包围圈。

毛泽东晚年回顾自己的军事生涯，对这段四渡赤水的军事指挥过程颇为得意，周恩来对四渡赤水的评价是"毛主席用兵真如神"。然而，对这种灵活善变的高效机动，不按常规出牌的作法，也让许多红军将领迷惑不解，以致林彪上书中革军委建议撤换毛泽东。将领们的误解在会理会议上得到了澄清化解，尽管不走大道走小道，不走近道走远道，让战士们吃了不少苦，但也比流血牺牲好得多。毛泽东指挥方式的创新，挽救了红军挽救了党，其价值意义怎么评估都不过份。

毛泽东作为党政军的最高领导人，赢得了全党同志、全国人民和全军将士的钦赞和敬仰，是世界级的卓越领导者，而造就毛泽东成为世界伟人的重要因素，是他卓越无比的领导力，而创新能力又是他领导力中的核心成分。在毛泽东领导中国革命和建设过程中，有重大创新，并由重大创新直接间接产生辉煌成果的案例不计其数，其中思想建党，政治建军就是卓著的两例。

① 思想建党

"既要革命，就要有一个革命党"。共产党的成立，是中国历史上一件开天辟地的大事情，但在当时并没有这么高的认识。虽然制订了党的纲领，规定了党的性质、宗旨、目标与任务，但在主观上如何联系实际，进入社会革命，并未都有过慎密思考。不排除有的人只作为一种学术团体看待，建党后党的几位主要领导人脱党的脱党，叛变的叛变，逃离的逃离。建党的 12 名代表在 1938 年夏，只剩下毛泽东和董必武两个人了。以至于当年共产国际代表马林向莫斯科报告中共建党初的组织状况时，被说成是小资产阶级性的"知识分子俱乐部"。

在一个落后的农业国里能不能建设先进的无产阶级政党？这在世界上还没有先例，马克思、列宁没有涉猎这个问题，正如列宁所说，这是摆在中国共产党人面前的"一个困难而特殊的"，同时又是一个"特别崇高"的任务。毛泽东从理论与实践的结合上解决了这一重大空白——思想入党。思想入党是毛泽东对马克思主义理论和共产主义运动的创新发展。

毛泽东解释"思想上入党"的深刻背景，这是因为中国共产党是诞生在半殖民地半封建的社会环境中，这是一个小资产阶级成分极其广大的国家，党是处在这个广大阶级的包围中，作为党阶级基础的工人阶级人数很少，只有 200多万人，农村人口占全国人口总数的 80% 以上，这就使大批农民和其他小资产阶级出身的革命先进分子加入到共产党中来。他们都不免或长或短地拖着一条小资产阶级尾巴进来，这就必然使党内存在着各种非无产阶级思想，特别是农民小资产阶级思想，影响党在思想上的纯洁性和坚定性，影响党在组织上的巩固和战斗力的提高，直接关系着中国革命事业的命运和前途。

如何适应这种特殊的社会环境，解决党员的思想入党问题，毛泽东坚定地认为，必须经常不断地加强党的思想教育，使党员树立马克思主义的立场、观点和方法，实现世界观的根本转变，克服并纠正各种非无产阶级思想，在思想上真正入党。"掌握思想教育，是团结全党进行伟大政治斗争的中心环节。如果这个任务不解决，党的一切政治任务是不能完成的。"

毛泽东十分注重培育党员和红军战士为人民打仗，为主义而牺牲的精神，充分发挥党员模范带头作用。毛泽东认为，人的身份不能变，但人的思想是可以变的。只要接受无产阶级思想，就可能具有无产阶级的觉悟。毛泽东通过"思想建党"，使红军肃清了旧式军队的影响，使广大俘虏兵树立了全心全意为人民服务的人生观。"革命和建设的实践都已证明，一切工作的进步都应以思想进步为基础，都应该紧紧抓住思想教育这个中心环节"。各项工作只有把人教育好了，就抓住了根本，抓住了关键。理想是基石，信念是动力，坚定的理想信念是共产党人前进奋斗的不竭动力，而忽视和放弃思想教育，就会使党员和干部产生信仰危机，从而背弃党的宗旨，背叛人生大义，自私自利，贪污腐化，走向正义的反面。毛泽东在延安文艺座谈会上指出：有许多党员在组织上入了党，思想上并没有完全入党，甚至完全没有入党。这种思想上没有入党的人，头脑里还装着许多剥削阶级的东西，根本不知道什么是无产阶级思想，什么是共产主义，什么是党。我们的党，我们的队伍，为要领导革命运动更好地发展、更快地完成，就必须从思想上组织上认真地整顿一番。而为要从组织上整顿，首先需要在思想上整顿，需要展开一个无产阶级对非无产阶级的思想斗争。

毛泽东指出："一切有相当研究能力的共产党员，都要研究马克思、恩格斯、列宁、斯大林的理论，都要研究我们民族的历史，都要研究当前运动的情况和趋势；并经过他们去教育那些文化水准较低的党员……指导一个伟大的革命运动的政党，如果没有革命理论，没有历史知识，没有对于实际运动的深刻的了解，要取得胜利是不可能的。"

思想建党是我们党成功进行自身建设的历史经验结晶。把思想建设放在党的建设首要位置是我们党的一大创造和独特优势。即使在今天，"思想建党"依然具有深刻的现实意义。

②　**政治建军**

毛泽东的政治建军，造就了一支享誉世界"钢铁长城"的人民军队。

人民军队是以"三大起义"为主体开创的，为什么实力最弱的湘赣边界秋收起义却获得了良好的后果？就在于起义的领导人毛泽东具有实事求是，远见卓识，与时俱进的创新意识。

八一南昌起义时，共产党打的是国民革命军的旗号。秋收起义时，毛泽东就创新思想，明确提出要打出共产党的旗帜。1927年8月18日，毛泽东主持中共湖南省委会议，研究部署举行湘赣边界秋收起义。会议决定：这次起义要公开使用中国共产党的名义，正式亮出工农的旗帜来发动武装暴动。1928年4月12日，瞿秋白指出："南昌起义采用的是国民党的'青天白日旗'，我们是错了这一招。"所以中央政治局会议于1928年9月19日便决议：无论如何不再在国民党旗帜之下进行暴动了。

一支军队打什么旗，直接关系到这支军队的性质和命运，因而意义深远，关系重大。在这个大是大非的问题上，毛泽东显现出了先见之明，联系到后来的三湾改编和古田会议，看得出来领导者能不能创新思想，对组织的生存发展至为关键。毛泽东之所以能先人之明，有创新远见，则完全在于他在缔造新型人民军队问题上，站得更高，看得更远，想得更多，考虑得更深邃细致。反映出他对这支新型人民军队寄予无限厚望，赋予其更伟大的使命，使其能力更神奇，作用更全面，人民最喜爱，战绩最辉煌。通过中国人民解放军的光辉历程说明，要想建设优秀卓越的组织，就必须使组织建设的理论遥遥领先，思想先行，实践光明，最终使这个组织频频创造历史奇迹。

三湾改编中，毛泽东提出了"支部建在连上"的原则，亲自在起义部队中建立了第一批连队党支部，做到连有支部，营、团有党委，连以上设党代表，整个部队统一在党的前敌委员会的领导之下，形成了部队中完整的党的组织系统，从而使党对军队的领导有了坚强的组织保证。

罗荣桓元帅说，"当时，如果不是毛泽东同志英明地解决了这个根本性的问题，那么，这支部队便不会有政治灵气，农民的自由散漫作风，都不可能得到改造。"毛泽东又指导何长工对毕占云和张威两支起义部队进行了成功的改造。这两支部队先后被改编为红四军的特务营和独立营，在井冈山斗争中发挥了重要作用。

三湾改编标志着毛泽东政治建军思想的形成，政治建军思想则是对传统治军理念的重大突破。尤其是士兵委员会的成立，确立了官兵平等的地位，开创了世界武装集团军事民主主义的先例，意义及其巨大。

毛泽东为什么提出"党指挥枪"的原则？因为他洞察出军队把持在军人手中就不能执行政治任务，单纯的军事观点只知道执行上级的命令，而不能变通地全局地看问题，更不能创造性地完成自己的使命。传统的军事思想认为军人只是一种职业，只管打仗，不管政治。世界军界均以德国、日本为榜样，强化军人的单纯军事观点，而这种单纯军事观点是背离客观实际的。自古以来，军事一直是政治的组成部分，即使是德、日也是如此。单纯军事观点有悖党的事业，党之所以冒巨大风险搞武装起义，就是以军事斗争继续以往的政治斗争，以军事手段完成政治任务。

1929 年 6 月 14 日，毛泽东在新泉复信林彪说：红四军中有一些同志偏于军事观点，存在着军事不受政治节制的认识。他们在军事失败的时候，什么都可以取消，只要枪杆子保存就够了；他们在游击工作中单纯地发展军事影响而不去发展政治影响。为了纠正这种单纯军事思想及其他错误思想的危害，12 月底毛泽东在古田召开的红四军第九次党代表大会上作政治报告，并根据毛泽东的报告会议作出决议，即《古田会议决议》。毛泽东指出："中国的红军是一个执行革命的政治任务的武装集团。特别是现在，红军决不是单纯地打仗的，它除了打仗消灭敌人军事力量之外，还要负担宣传群众、组织群众、武装群众、帮助群众建立革命政权以至于建立共产党的组织等项重大的任务。"决议规定了红军的性质和任务，明确了军事和政治的关系，牢固树立"军事只是完成政治任务的工具之一"的认识，确定了党对红军的领导原则，强调必须从思想上、政治上进行党的建设，指出要在红军中健全强化党的各级组织，批判了"军事好，政治自然会好"和"司令部对外"以及把政治机关隶属于军事机关的单纯军事观点。此后，政治建军原则为共产党领导的武装力量注入了政治灵魂，成为了人民军队的生命线。

在政治建军思想指导下，红军加紧官兵的政治工作，对党员进行革命理论和正确路线教育，提高了官兵的无产阶级觉悟，不断克服单纯军事观点、雇佣观点、流寇思想、极端民主化、绝对平均主义和个人主义等错误思想倾向。在此基础上，实行了军队内部的民主、培养部队的严明纪律和优良作风、建立了密切的军政军民关系、加强了干部队伍建设等一系列军队的政治职能。通过政治工作增强了军队的战斗力和凝聚力，从而保证党赋予军队各项任务的圆满完成。

在抗日战争接近胜利的 1944 年 4 月，毛泽东为《关于军队政治工作问题》报告加写如下结论性的文字："如果我们的军队没有共产党领导，如果没有共产党领导的革命的军事工作与革命的政治工作，那是不能设想的。"

毛泽东的政治建军思想，是他思想力中的重大创新。这种创新首先体现在他的现代意识上，他的眼光，他的追求，他的创造，都充满了往前看而不是向后看的观念，他是现代文明的崇拜者、追求者、构想者和描绘者。

毛泽东的创新精神，更体现在他的超越意识上。1953 年 3 月，毛泽东在谈到创新时指出，马克思主义本身也是创造出来的，对于经典著作要尊重，但不要迷信，一有迷信，就把我们的脑子压住了，不敢跳出圈子想问题，那很危险。

中国革命是一系列极富创造性的实践，这创造性亦来自中国革命的主要领导者毛泽东的创造性。毛泽东以他深厚的理论功底，卓越的智慧，深入实际调查研究的作风，顽强的毅力和强烈的进取精神，积极投身于把马克思主义中国化的创造性劳动，并为形成中国化的马克思主义——毛泽东思想作出了其他人所不可比拟的重大贡献。可以说，没有毛泽东的创新精神，也就没有中国化的马克思主义，就没有马克思主义在中国的胜利。

追求创造，持续创新，是毛泽东的精神，是毛泽东的特质，也是毛泽东的能力和魄力的体现。毛泽东对中国革命道路的探索，前无古人，无其它经验可照搬，无现成模式可参照，无论是秋收起义后转赴井冈山开辟革命根据地，抗日战争初期坚持开展敌后的山地游击战，还是开展延安整风运动，在解放战争最困难时期果断挺进中原，实施战略进攻以及打开解放区大门欢迎美军记者团前来参观访问等，都体现出毛泽东不拘一格、超凡脱俗，随时打破旧的原则教条，用新的观念和方式来推进革命的非凡气质和创新精神。正是在这种创新精神的指导下，毛泽东所领导下的中国共产党才不断由小到大、由弱到强，将星星之火发展成革命的熊熊烈焰，烧穿了一个旧世界，打造出了一个新中国。毛泽东的创新思想对今天的中国现代化建设仍有着积极的指导意义，是值得所有领导者敬佩学习的。

（3）张瑞敏是企业创新型领导者的楷模

张瑞敏 1984 年走马上任一个亏空 147 万元的青岛电冰箱厂厂长，历经二十多年的快速发展，走过了国外著名企业上百年的历程，现已成为著名上市公司海尔集团董事局主席、首席执行官。当年的集体小厂摇身一变，已成为全世界惊叹的中国家电行业的集科研、生产、贸易及金融等于一体的国家特大型领军企业；成长为用户遍布世界 160 多个国家和地区，连续四年蝉联全球大型家用电器第一品牌；多次被国际的权威机构评为全球家电业发展速度最快、信誉最佳的公司之一。

张瑞敏是改革开放后的第一代卓越企业家，2015 年 11 月 9 日，被誉为世界"管理思想界的奥斯卡"的"50 大思想家"之一。同时获得该组织颁发的"最佳理念实践奖"，是唯一获得两个奖项的中国企业家。2016 年，在第 86 届耶鲁 CEO 峰会上，张瑞敏被授予"传奇领袖奖"奖项，成为本年度唯一一位荣获该奖项的中国企业领袖。从上世纪第一代企业家到今天的管理思想家、中国企业领袖，历时 31 年的不平凡的岁月，说明他一直在拼搏前进，一直在奋斗求索。

海尔为什么会成功？就源于海尔领军人物张瑞敏是富有思想力的卓越领导者，就因为张瑞敏一直在锐意进取，执着创新，始终跑在中国经济发展的最前面。张瑞敏在获奖感言中说，"我们现在做的是颠覆传统的管理模式，建立互联网式的企业模式，正在探索一个别人没有走过的路，所以非常艰难。他道出了 Thinkers50 的核心价值：就是"思想改变世界"。

张瑞敏的奋斗史就是创新史，海尔的发展史就是创新史。海尔以观念创新为先导、以战略创新为方向、以组织创新为保障、以技术创新为手段、以市场创新为目标，伴随着海尔从无到有、从小到大、从大到强、从中国走向世界。在美国波士顿（BCG）管理咨询公司发布的 2012 年度"全球最具创新力企业 50 强"中，海尔凭借在产品和管理模式上所进行的一系列创新，成功位列第八，是唯一一个进入前十的中国企业。

① 观念创新为先导

思想决定行动，观念决定成败，思想观念是创新的首要环节。只有推进思想观念的创新，形成创新的企业文化氛围，才能有效推动企业创新的不断发展。1998 年，红星电器厂被海尔兼并，海尔公司没有注入资金，也没上新产品，只派了 5 个人去，第 5 个月收支平衡，第 6 个月赢利 100 万元，完全靠海尔的管理文化改变工厂的命运。海尔兼并了 18 家企业，创出一条靠企业文化，将人的因素放在第一位的兼并道路。张瑞敏提出一个口号："多换思想少换人，不换思想就换人"。注重的就是提高人的素质，改变人的观念。"海尔吃休克鱼"引起了西方的关注，美国哈佛大学将海尔兼并红星电器厂收入教学案例。

长期以来，企业里形成了错误的产品质量观念，把产品质量分成优质品、合格品、二等品等。张瑞敏 1984 年出任厂长后，首先抓产品质量，提出了"有缺陷的产品就是废品"、只有一等品、没有二等品的思想。1985 年，张瑞敏以"要么不干，要干就要争第一"的思想，为用户提供当时最渴望的高质量产品为目标，他通过用大铁锤砸毁了 76 台有缺陷的冰箱这一视觉冲击力非常强的手段，彻底改变了工人的质量观念。

② **战略创新为方向**

1984 年，张瑞敏上任伊始就制定了海尔第一个发展战略——名牌战略；1991 年，张瑞敏任新成立的海尔集团总裁，制定了海尔第二个发展战略——多元化战略；1998 年，张瑞敏应邀到美国哈佛大学讲课，成为第一位登上哈佛讲坛的中国企业家，随之制定海尔第三个发展战略——国际化战略；2005 年，张瑞敏提出第四个发展战略——全球化品牌战略；2012 年，海尔创业 28 周年之际，张瑞敏宣布海尔第五个发展战略——网络化战略。通过一系列战略步骤，使海尔逐步走向国际市场，得到世界的认可，成为国际化的海尔集团。明尼苏达大学卡尔森管理学院著名学者安德鲁·范德文表示，目前除海尔外，他尚未发现能在同一人领导下实现 5 次战略转型的企业，这种探索更多地是一种全面的自主创新探索。企业是生产力和思想力的集成，思想力是统一企业思维方式和行为方式的恒动力。制定战略和实现战略无不需要思想力，一切成功都出自思想力，思想力是超越一切的力，惟有思想力，才能使一个企业真正从本质上超越另一个企业。

③ **组织创新为保障**

组织创新是企业创新的必要条件，没有组织创新作为支撑和保证，创新就缺乏稳固的基础。组织创新包含组织结构创新和组织文化创新：组织结构的创新就是打破管理上的官僚制，逐步改革现代工业盛行的金字塔组织结构，先从"正三角"颠覆为"倒三角"，实现上级为下级提供资源与服务。继而将中间层级全部取消，压缩管理层级实现扁平化。传统企业的组织结构是基于马克思·韦伯的科层制，呈现金字塔形状，每一层都有领导，由领导统一指挥，而在互联网时代则变成用户驱动企业。实现每一个人都能成为自己的 CEO，继而实现"我的用户我创造，我的增值我分享"的无领导模式化。

　　海尔通过把8万多名员工组成为2000多个自主经营体，最小的自主经营体只有7个人。从原来上级下达命令、下级执行命令的模式，转变为以用户为中心的人单合一。把外部竞争的环境转移到内部来，人与人之间的关系是一种市场的关系，人人都有一个市场，下道工序是上道工序的市场，形成市场链条。企业内部的机构也由直线职能结构变为面向市场的一个经济流程，完成了企业再造，提高了企业自身的价值。海尔组织文化的核心价值观就是创新，创新精神成为海尔文化的灵魂。这种精神就像人的DNA基因一样，遗传到海尔每名员工身上，使每一个人都拥有创新精神。海尔提倡发挥每个人的创新能力，赋予员工极大的创新激情和保证，这种文化成为推动企业飞速发展的新动力。

　　④ **技术创新为手段**

　　技术创新的目标是为用户提供最想得到的，高质量的产品，这是检验技术创新成果的唯一标准。技术创新是企业参与市场竞争赢得竞争优势的重要途径，是企业掌握市场主动权，进而成为行业领先者和市场领袖的基本条件。技术创新的立足点是市场，落脚点仍是市场。截至2012年底，海尔累计申请专利13952项，获得授权专利8987项，在提报的84项国际标准提案中已发布实施28项，是中国提报国际标准最多的家电企业。通过技术创新，海尔成功地确立了海尔品牌在国内市场的地位，成为海尔持续、稳定、高速发展的基础。引领企业发展，唯有创新和技术，而且是自主创新的技术！

　　⑤ **市场创新为目标**

　　张瑞敏凭着"只有淡季思想、没有淡季市场"的认识，不断充分地细分、开拓市场，不断地在市场上标新立异，由此造出了世界上最小的洗衣机——小神童洗衣机，多了一个产品，赢得了一个市场。

　　在实施国际化战略期间，张瑞敏做法是先难后易，决定先出口德国。他们把冰箱的商标揭掉，同德国的产品一起接受用户的检验，结果得了8个加号，德国是7个，出口日本达到了军用水平，中国在海外的产品只有海尔的不降价。后来在美国南卡罗莱纳州建立了生产基地，在洛杉矶、巴黎有设计中心，现在，海尔的新产品设计完全满足美国、欧洲的能耗和环保标准，在荷兰和法国买海尔的产品，还可以得到政府的补贴。

　　张瑞敏十分推崇彼得·德鲁克"商业的目的是为了创造和留住消费者"的观点，并将其付诸实施。海尔推崇自主、自治的文化，提倡"群龙无首"的经营管理最高境界。张瑞敏希望自己的员工成为"创业者"。一举革掉传统的"生产—库存—销售"模式，开启用户驱动的"即需即供"、"人单合一双赢"的管理模式。促使单个自主经营体主动创造市场，建立自己的生态圈，员工依托海尔这个大平台去整合外部资源，彻底打开了国内国际市场，赢得了良好的社会信誉。

张瑞敏认为，企业要真正强大起来，最重要的是让每个人强大起来。海尔以人才整合为主，最大限度地利用全世界的人才资源。海尔不搞伯乐相马，而是搞赛马，完全靠内部竞争上岗，通过制度让人才脱颖而出。海尔强调企业即人，管理即借力，人是企业唯一能够增值的战略资产，鼓励"每个人都是自己的CEO"。

人单合一双赢模式，让员工在为用户创造价值的过程中实现自身价值。"人"就是员工，"单"就是用户，"合一"就是要员工和用户连接起来，给客户创造价值越大得到越多，创造越小得到越小。原来员工是执行者，叫干什么就得干什么。现在员工是创客，是把个性化与数字化相结合的创业者。

通过搭建机会公平、结果公平的机制平台，推进员工自主经营，让每个人成为自己的CEO。张瑞敏在管理领域的不断创新赢得全球管理界的关注和高度评价。

领导者的想法即观念上的创新是最重要的，是企业实现技术创新及突破的前提条件。能够成为唯一入选最具影响力的50位管理思想家的中国企业家，说明张瑞敏管理理念的创新实践得到了国际的认可。改革开放之初，中国企业没有自己的管理思想和管理模式，基本上就是向外国企业学习。管理上师从日本、美国的企业，学日本的质量管理，学美国的"六西格玛管理法"。现在中国企业走到前面去了，如此成功，就在于张瑞敏探索出一条别人没有走过的路。

5. 思想力是领导者的资源整合力

何为资源整合？资源整合就是借力，分析我有什么，我缺什么，把我有的资源利益最大化。整合就是"利用"，善用各种资源，把我缺少的资源用我的资源去换或者低成本买回来，把你的资源变成我的资源或与我共享。掌握了资源整合的能力，也就拥有了组织由弱转强的神器。

诸葛亮是拥有思想力的大师，是资源整合的高手，他的很多业绩都跟"借"字有关：借天时、借地利、借人和，借荆州、借东风、草船借箭等。说他是借，是因为他没有，但他这种借却都不用还，所以他是借又不是借，事实上他是在整合，因为整合是不用还的。为什么诸葛亮能借来，而别人却借不来，这就是思想力的神奇作用。

毛泽东也是资源整合的高手，武装革命之初，红军资源极度匮乏，武器奇缺，毛泽东资源整合的第一个举措就是打歼灭战。以往军队作战，大多采取的是兵来将挡的击溃战模式，杀人一万，自损八千，基本都是消耗战。按这样战术打下去，不等把敌人怎么样，自己就拼光了。毛泽东说，不是龙王和龙王比，而是乞丐和龙王比，所以革命斗争的原则是先保存自己，再消灭敌人；集中优势兵力，各个歼灭敌人。通过打歼灭战，能够最大限度地缴获敌人的资源，主要是武器。红军的火炮、战马、车辆、通讯器材、粮食和衣装等物质来源大都是战利品。毛泽东说，我军人力、物资的来源主要在前线，就是靠缴获国民党的资源来壮大自己。

毛泽东整合资源的第二个举措就是争取俘虏。通过优待俘虏，开展思想政治工作，转变俘虏的态度，促使俘虏参加红军，借助敌人的力量消灭敌人。1947年底，陈毅做报告说明华东野战军为何打仗打得好，总结了一条经验，就是会用俘虏兵。俘虏兵究竟占了解放军总数多少？1948年8月23日，朱德在人民解放军总部作战局战况汇报会上指出："现在我们的军队有百分之六七十是解放战士。"1950年6月，周恩来在一次政务会议上说："以军队的成分说，解放战士占百分之七十到八十。"光解放战争期间，国民党军队起义、投诚和接受和平改编的就有188万多人，包括将领1500余名，涉及陆军240个师，海军大小舰艇97艘，空军飞机128架。这些来自敌对营垒的官兵是一个极其庞大的数字，解放军是如何消化、改造、吸收的呢？通常是解放军派去一名指导员，就能彻底改造百十人的连队；派去几百人工作团，就能彻底改造几万人的一个军或一个兵团，这在世界五千年的战争史上是绝无仅有的。

新中国成立初期，人民解放军总兵力达550万人。如果按百分之七十来划分军人成分的话，那么解放兵就有385万之多，纯正的解放军仅有165万。若不采取以优待俘虏争取兵员这一英明的人力资源整合的话，共产党不仅解放不了全中国，就连自己的生存都保证不了。

毛泽东整合资源的第三个举措就是借助全国老百姓，打人民战争。通过发动群众，组织群众，武装群众，使群众成为解放军强大的辅助力量和后备兵员。淮海战役中共投入了60万军队，蒋介石投入了80万军队。60万对80万，兵力处于弱势，武器装备更是明显劣势。然而在那66个昼夜的战火中，却有543万群众奋勇支前，平均一名解放军身后有9名老百姓"辅佐"。男女老少齐上阵，给解放军送武器、送军粮、送衣被、运伤员，仅小推车就动员了88万辆。聂凤智将军说：战役打的就是时间差，为了赢得时间，部队每天以70公里速度开进，利用夜间、风雪天出击，为此要保证每天有几百万斤粮食和弹药。战役期间需要筹备9.6亿斤粮食，20多万副担架，每人至少一套棉衣、一双棉鞋和冬季被装……在纵横5省的战场上，还有上百条水陆运输干线，数百处兵站、民站、粮站、伤员转运站……星罗棋布，组成一张庞大的支前保障网。陈毅元帅感慨地表示，"淮海战役的胜利，是人民群众用小推车推出来的。"

毛泽东整合资源的第四个举措就是统战政策。他借张学良和杨虎城之手，发动了震惊中外的西安事变，抓住了蒋介石，一举破解了蒋介石围剿红军的"最后五分钟"战略，挽救了红军挽救了党。

1935年9月15日，红二十五军长征到达陕西延川县，与刘志丹的红二十六军、红二十七军会师，三天后，三个军合编为红十五军团，总兵力七千余人。一个月后中央红军一、三军团到达陕北吴起镇，结束了长征，此时中央红军只有七千二百余人。11月3日，中共在下寺湾会议恢复了一方面军番号，并将十五军团纳入建制，三个军团兵员总数一万五千多人。

1936年10月16日，红军三大主力会师，届时红一方面军已发展到三万余人，红二方面军一万二千余人。红四方面军原有八万多人，加上五、九军团，号称十万。但南下时损失折半，加之北上损耗，除去滞留黄河以西的三个军（组成西路军两万余人几乎全军覆没）还有两万人左右，这样三大主力会师后的红军，满打满算总兵力才六万余人，且疲惫之师，伤病员多，装备低劣，武器匮乏，粮食奇缺，连住的地方都难以解决。

国民党方面的优势太多了，首先是兵力雄厚，仅与红军对峙的东北军就有二十多万，加上陕西杨虎城的十七路军五万，安徽毛维寿的第七路军四万多人向甘肃开来，王均的第三军两个师和关麟征的二十五师经会宁向靖远攻击前进，毛炳文的第三十七军也由江西开拔至甘肃静宁、会宁一带。宁夏马鸿逵的第十五路军在固原、环县布防，胡宗南的第一军四个师经静宁向打拉池方向突击，马鸿宾的三十五师，经隆德、固原北进。以邓宝珊的新编第一军固守靖远城，以马鸿逵新编第七师担任中卫、中宁及以东黄河沿岸的防守。薛岳的第二路军周浑元、吴奇伟两个纵队进逼陕北，这样调至围剿红军的总兵力就达五十多万。除兵力外，还配以飞机，大炮等足够的兵器火力，有汽车摩托化运输装备和两个骑兵师作机动，有充足的衣食给养和坚固的堡垒工事，这样的对比较量在古今中外战史上绝无仅有，无怪乎蒋介石踌躇满志，稳操胜券的叫嚷，这第六次围剿就是国共两党的最后一战，是剿灭共产党的最后五分钟。

蒋介石发动对苏区第五次围剿时，总兵力100万，其中对中央苏区则用了50万，另50万用于鄂豫皖，湘鄂、川陕等苏区。当时红军总兵力是30万，中央苏区15万多，双方兵力对比10：3，最后中央红军被迫长征，湘鄂苏区的二、六军团被迫撤往湘西，后来也参加了长征，鄂豫皖的四方面军也丢弃了根据地转移川陕，后来到了川西北，可见在强大的对手面前，实力是最有发言权的。

如今在诸多不利的因素下，在兵力悬差 10：1 的状况下，红军的命运怎能不岌岌可危，中共的命运怎能不命悬一线呢！

然而就在蒋介石即将大功告成之际，西安事变发生了，历时十五天的时局演绎，最终出现了奇迹般的转变，蒋介石不剿共了。周恩来与张、杨共同研制出了一套和平解决事变的方案，实质就是以不打内战为核心条件释放蒋介石，实现共同抗日。这无疑就是拿老蒋的一个人头换六万红军的性命，换取了中共的生存。西安事变的意义在一般人眼里能列出几条，焉晓得只有毛泽东、周恩来等中共高层领导才能掂量出沉甸甸的份量。

七十年过去了，当我们以全方位的视角重新审视这场短暂的事变时，更不禁感慨万端，实在找不出恰当的语言来形容其出神入化之妙。孙子曰："不战而屈人之兵，善之善者也"。西安事变的出现与正确的解决，正是毛泽东与周恩来以政治手段完成了拒强敌于身外的绝妙策略，其深远意义怎样估价都不过份。

西安事变的发生，是中共策反张学良、杨虎城反蒋抗日的结果。张、杨本是国民党的高级军事将领，为什么能接受中共的主张，按中共的思路走？原因是中共对两位将军进行了长期细致的思想改造，使张、杨在反共剿共的态度上发生了根本的转变。张、杨的思想变了，东北军和西北军这两只庞大的军事力量就不再是压垮红军的沉重负担了，出现了思想变物质的惊人转变。

其实蒋介石也深谙资源整合之道，他主要是通过金钱收买、感情拉拢来瓦解对手的部下，借此发展壮大自己。如重金收买西北军冯玉祥手下的韩复渠、石友山等，使自己做大做强。同时借用"挟天子以令诸侯"的手段，打着国父孙中山继承人的旗号，利用中央政府的名义，收编各地军阀势力，实现以自己为核心的独裁统治。但是用金钱收买很不牢靠，强制收编过来的更是朝秦暮楚不坚定，甚至成了内部的隐忧，关键时还会成为心腹之患。所以蒋介石对他们不得不防，总想找机会消灭他们，这些杂牌军也时刻提防蒋介石借刀杀人，从而导致国民党内部尔虞我诈，矛盾重生，内耗不断。

张学良是个很不寻常的人物，他除了是东北军统帅以外，还是国民党陆军一级上将，海陆空军副总司令，因西安事变被软禁了大半个世纪，成了洞若观火的历史旁观者。他在晚年评议国共战争的最后结果时精辟概括说："得民心者得天下"。

人、财、物，是人们一致公认、人所希冀的资源。但很多人没有意识到，人心才是最宝贵的资源。没有人心，即使拥有人、财、物，也不是真正的资源。张学良得知，东北军的很多士兵在与红军的作战中朝天放枪，撤退时把大量的军械弹药丢给红军。可见虽有兵员、武器、弹药，又有什么用呢。毛泽东在他的著作《论持久战》中说："武器是战争的重要因素，但不是决定的因素，决定的因素是人不是物。力量对比不但是军力和经济力的对比，而且是人力和人心的对比。军力和经济力是要人去掌握的。"人的因素固然第一，但在以人为中心的基础上，还应进一步明确，人的思想第一。如果放弃了思想工作，失掉了人心，丧失了信仰信念，光有人也是难成大业的。

张学良在点评国民党军队打不过红军的原因时说："我们这种军队，都是雇佣兵，今天我可以在你这当兵，明天我也可以到那儿去当兵"。"共产党为什么能够胜利？为什么能够成功？因为他们有中心思想，那就是唯物史观。唯物史观就是他们的历史观。"这些话是张学良晚年的肺腑之言，是他用一生的感悟归纳出的至理名言。

在经济领域和企业界，资源整合更是展示领导者思想力的重要体现。营销大师杰·亚布拉罕说过："假如只留下一个策略用来经营下半生，那就是——资源整合。"

一个企业家的成功几率往往取决于他的整合能力。海尔从负债147万元人民币到2014年全球营业额实现2007亿元，实现利润150亿元，海尔无疑是中国民族工业成功的典范，也无疑是中国企业界的奇迹之一。海尔的发展起源于早期别出心裁的资源整合，充分体现了张瑞敏的独特思想力。

一般接收兼并企业，第一个派去的总是财务部门，而海尔第一个派去的却是企业文化中心。由企业文化中心的人去讲海尔精神、海尔理念。海尔兼并案中，有的派了人、给了钱；有的只派人、不给钱。比较两种方式的效果，证明只派人不给钱的方式是最为成功的。只要派去的人真正领悟了海尔精神的精髓，具备了海尔的基因，然后把海尔基因移植到新的企业，兼并就有把握成功，什么困难都可以克服。当代企业竞争的最高形式是企业文化的竞争。海尔人认为，海尔的扩张实质上是海尔精神、海尔文化的扩张。

张瑞敏认为，兼并能否成功，就看企业自己有没有一个过硬的经营模式。海尔兼并的过程，实质上就是海尔自我复制即"克隆海尔鱼"的过程。这一点和解放军人力资源整合一样，关键是人员的思想转变。

未来企业的资源除了人、财、物以外，还包括知识、时间、关系网络、智慧组合、公共关系等无形的要素。世界上许多巨大财富的起始都是建立在整合之上的。领导者如果不具备把资源整合在一起的能力，就会失去竞争的优势和先机。尤其在竞争日益激烈的情况下，对手已经变得越来越难以应付，所以，如何四两拨千斤、如何调动所有可以调动的力量和资源，是考验领导者思想力的关键所在。

阿里巴巴的马云在创业之前只有几个人共同出资 50 万元，通过引入风投、上市，与雅虎的并购，撬起一个几百亿美金的盘子。十五年前，马云还是个名不见经传的普通人，2015 年则成为习总书记访美率领中国企业家精英团队的首位工商领袖。

蒙牛的牛根生创业之初的前期投入也才 100 万元，通过增资扩股、租赁、供应商信贷、风投、上市等资源整合手段跑出了火箭的速度。他整合工厂，整合政府农村扶贫工程，整合农村信用社资金。没运输车，整合个体户投资买车；没宿舍，整合政府出地，银行出钱，员工分期贷款。这样，农民用信用社贷款买牛，蒙牛用品牌担保农民生产出的牛奶包销，蒙牛一分钱没花，整个北方地区 300 万农民都在为蒙牛养牛。

从许多成功的整合案例中可以看出：任何领导者都不可能拥有很充沛的资源，手中可支配的资源总是有限的。想要实现自己的发展目标，就必须利用自己手中可占用和支配的资源与他人交换自己所需要的资源，同时让对方也能得到他想要的资源。这就是资源整合的一个重要法则。

21 世纪已不是"红海"鏖战的时代了，同行不必成为你死我活的竞争关系，互利共赢已成为时代的主流。经营企业就是经营资源，未来的企业不一定看你占有多少资源，最主要是看你整合资源的能力。越来越多的企业开始意识到，要转变经济增长方式，提升企业核心竞争力，科学整合资源必须要提上重要议程。资源整合能力的强弱，不仅成为衡量领导者能力的主要指标，更直接关乎企业未来的成长发展。

一家企业能够在多大的范围、多高的层次、多强的密度去组织资源，决定了企业的价值创造能力和发展边界。企业要想在日益激烈的全球竞争中立于不败之地，保持经济平稳发展，最根本的是要通过一定的管理手段整合内外部资源，以激发企业自身的活力，增强企业抵御市场风险的能力。即使作为一家专业公司，也不可能把所有的原创性知识全部掌握，贵在深谙"借力使力不费力"的思想力，世界上许多巨大财富的起始都是建立在整合之上的。只要拥有资源整合思想力，就可以事半功倍，由弱转强，创造回天转日的奇迹。只有加快企业内外部的资源整合，加快创新步伐，提高企业管理水平和产品技术水平，增强企业适应市场竞争的能力，就能有效克服危机冲击，保持长期持续发展。

第五章　领导者的沟通协调力

　　沟通是人与人通过语言、姿体、表情、文字、符号等各种方式进行思想、知识、情感的传递、交流和反馈的活动与过程。沟通的目的就是让对方理解你所传达的信息和情感并达成共识以利协调、统一行动。沟通的实质是双赢的过程。

　　沟通的有效功能是促使信息畅通，认知协调，感情融洽，思想一致。沟通对提升领导者的能力水平、管理质量有着不可替代的作用。

　　沟通能力就是处理人际关系的能力，沟通也是组织协调的重要途径。领导者必须以清晰的、聚焦的、有说服力的、卓有成效的沟通来促使下属行动，只有善于沟通，领导者才能赢得一个又一个追随者以及他们的信任和忠诚。沟通是领导者与群众相结合并影响他们的重要方式。

　　领导者如果不能与上级、同事、下属以及合作伙伴实现良好的沟通，就很难保证工作的顺利开展。缺乏必要的沟通，上级不会对你充分理解并坚定信任；同事和下属不会对你信服配合与有效支持；合作伙伴对你抱有误会而另选择合作对象。没有谁愿意和不懂沟通，不善沟通的人合作，所以有效的沟通对领导者至关重要。

第一节　沟通的重要意义

　　沟通能力是领导力的一项重要内容，无论现在还是将来，出色的沟通能力无疑是领导者的一项特殊能力。没有高效的沟通，就不能实现有效的领导。

　　领导者经常遇到令其头疼的问题就是沟通阻碍。与上级沟通难，与下级沟通难，与同事沟通难……这些构成了工作不畅，动力缺乏、成员冲突、员工抵抗组织变革的一系列问题。据统计，企业中约 75 % 的工作停顿，滋生问题，都是由于沟通不力所致。管理上有一个著名的双50％理论，即经理人50％以上的时间用在了沟通上，工作中50％以上的障碍都是在沟通中产生。美国著名学府普林斯顿大学对一万份人事档案进行分析，结果发现，"智慧"，"专业技术"和"经验"只占成功因素的25％，其余75％决定于良好的人际沟通。

美国管理学家哈罗德·孔茨说："实现企业目标是主管人员的头等大事，而沟通则是他们实现企业目标的重要手段"。

松下幸之助说："企业管理过去是沟通，现在是沟通，未来还是沟通"。

通用电气公司前CEO杰克·韦尔奇说："管理就是沟通、沟通、再沟通"。

沃尔玛公司前总裁山姆·沃尔顿说："沟通是管理的浓缩"。

英国管理学家L·威尔德说："管理者最基本的能力，就是有效沟通"。

沟通是维系组织存在，保持和加强群体联系，创造和维系组织文化，提高组织效率，促进组织发展的主要途径。天下没有不需要沟通的组织，沟通是管理的核心和本质。

沟通是领导工作的基本方式并贯穿于领导工作的整个过程，隐含在领导活动的各个环节，良好的沟通是领导者做好各项工作的基本前提。对上请示汇报、接受任务，想让上级采纳自己的建议；对下开会传达、布置工作、检查指导，想让下属服从自己的安排；研究问题、走访调查、接受采访，会见群众等等，从形式到内容处处都是沟通。工作中的大量难题和层层障碍，往往都是因欠缺沟通、沟通不畅、沟通不力、沟通障碍造成的。领导者要为员工提供透明、公允、和谐的沟通环境，要认真听取下属的意见、见解，还要探听他们没有说出来的信息，要让员工感到领导者在真正注视他们。

沟通能力是一项综合能力，它涵盖了领导者的多方面能力，如观察能力、表达能力、应变能力和说服能力等，只有较好地具备这些能力，才能更好地发挥沟通能力。

沟通能力还是一项特殊的能力，它包括激励下属、影响上司、带动同事、左右政府与客户等等。从某种角度上说，领导者的实际能力不是业务能力，而是与人打交道的能力，因为领导者不是自己做事，而是影响他人为自己做事。

沟通是极为必要的，许多工作成功与否，常常取决于沟通。毛泽东在遵义会议取得领导权，是他出色的沟通结果。西安事变的发生，是蒋介石与张学良没能很好沟通的缘故。东北战略决战首战目标的确定并达成一致，是毛泽东与林彪98封电报沟通的结果。之所以有"共产党会议多"的定论，就在于共产党善于沟通，善于统一思想，正是凭借"开会"的途径，才实现了同心同德，步调一致的功效。

领导力就是影响力，领导的本质就是通过他人来完成任务，领导者能否有效激励下属努力实现更高的业绩目标，与高质量的沟通具有密切的、直接的关系。

1. 沟通有助提高领导决策的质量

任何决策都会涉及到干什么、何时干、怎么干等问题，每当遇到这些急需解决的问题，领导者就需要从广泛的组织内外沟通中获取大量信息情报，然后进行决策。下级也可以主动与上级沟通，提出自己的建议，取得领导的认可。好主意来自四面八方，沟通应该随时随地，鼓励甚至逼迫每个人提出自己的独到见解。组织内部的沟通为领导决策提供了信息，增强了判断能力，提高了决策的科学性。

沟通是消除认知隔膜，实现思想统一，达成共同愿景，向着共同目标前进的桥梁和纽带。

领导决策离不开沟通，沟通已渗透于领导工作的各个方面。许多令人头疼棘手的事，通过沟通协调后就有了解决问题的新方向、新思路、新办法。

1948 年 1 月 27 日毛泽东亲自起草了给粟裕的电报，提议华野分兵，组织三个纵队十万大军由粟裕率领向南突破长江，打到长江以南去。这是中央军委继刘邓大军挺进大别山之后的又一项重大战略决策。中共中央对此南下战略十分重视，于 4 月 30 日，在中央驻地西柏坡专门召开会议研讨酌定这项重大决策。毛泽东等五大书记以及陈毅、粟裕、聂荣臻、彭真、薄一波、李先念等出席会议，核心的议题就是讨论粟裕的意见。

粟裕经过四十多天的思考，对敌人近些年的作战方式进行了深入细致的研究，坦诚直白地谈了自己的不同意见：粟裕认为我一个战略区之兵力深入敌后作战，则难于取胜。我军因缺乏固定补给来源和足够的运输能力，实不便长期集中强大的兵团于一个地区作战。敌如完全转入守势，则其工事将更为加强。部队之攻坚技术和增强攻坚炮火，实为急需，否则伤亡大而收效少。如果增强火炮，增加辎重后勤，部队则无法灵活机动，长途奔袭转进更为困难，综合所有因素，时机尚不成熟，故提议暂缓渡江南下。

接下来大家评议粟裕的意见，朱德认为解放军应该集中兵力在中原作战，着力扭转中原战局的燃眉之急，南下可以作为以后考虑的方案。经过粟裕有理有据的分析，毛泽东也意识到了与时俱进的新战争模式的新特点，大兵团作战与游击战有着本质性的区别，最后毛泽东采纳了粟裕意见。由此，毛泽东对粟裕刮目相看更加器重了，提议粟裕取代陈毅担任华东野战军司令员兼政委，粟裕谦恭坚持不受，最后，陈毅转任中原军区和中原野战军第一副司令员，保留华东野战军司令员、政委职务，到刘、邓处工作，由粟裕代华野司令员兼代政委，并兼任豫皖苏军区司令员，独立指挥华东野战军作战。可见，这样实事求是的沟通对战略决策的科学性十分有益，真正体现了群策群力，集思广益的优势。

牛根生说："蒙牛企业文化中有'四个98%'：资源的98%是整合，品牌的98%的是文化，经营的98%是人性，矛盾的98%是误会。所以我们历来重视沟通"。

企业内部的良好沟通会使公司有一个良好的工作情境，不仅能够节省办公时间，提高工作效率，更好的为客户服务，更加有利企业决策服务。还将信息化覆盖到企业的战略，目标，绩效，合同，客户，项目的各个层面，为决策提供依据，提高企业管理质量。

2. 沟通有利组织内外关系的协调

组织内外各个部门的职能是相互依存的，依存性越大，对协调的需求越高，而协调只有通过沟通才能实现。没有恰如其分的沟通，领导对下属的情况也不会充分掌握，不能准确、及时地把握下属的工作进展、了解其工作难题，并及时解决提供支持和帮助。下属也不可能对分配给他们的任务和要求有深刻的理解，工作任务就难以顺利圆满地完成，导致组织在事业方面的损失。沟通是下属做好工作的前提，只有通过沟通让下属明白他的工作目标要求、所要承担的责任、完成工作后的个人利益等相关方面的信息，才能明确做什么、做到什么程度，怎么去做。进而保证各个部门乃至整个单位工作的协调运行。

领导者经常就下属所承担的工作和其它工作的联系进行沟通，尤其是围绕临时性的工作，协作性的工作，服务性的工作，衔接性的工作和补位性的工作进行沟通，使下属感觉到自己工作的价值和意义，等于直接给下属带来了自我价值的满足，有效保证各部门工作的顺利进行。

杰克·韦尔奇将一半的时间用在他称作的"人的问题"上。他在通用电气公司这样庞大的公司中创造了一种少有的非正式沟通和共享的感觉。他从来没有给任何人发过正式的信件、备忘录，几乎所有的信息都是依靠个人便条、打电话或面对面直接沟通传递的。

杰克·韦尔奇经常与下属保持着高效的沟通状态，他每周都要对工厂或办公室进行突击访问，和公司的各个层次的人员进行交谈。他定期地和那些与自己低好几级的经理们共进午餐，在进餐期间，与下属畅谈他们的观点和看法。

韦尔奇平均每年要会见几千名员工并与之交谈，他的沟通技巧帮助他增强了强有力的影响。

良好的沟通是获得相知共识，构建良好人际关系，最终是转变他人态度，实现同心同德、志同道合、共同干好事业，实现共同目标的必要管理工具。领导者只有想沟通、去沟通、会沟通才能真正做到"共识最大化，误解最小化"，才能真正提升管理质量，促进组织的团结和谐。领导者要努力形成一套高效、科学的沟通程序和方法技巧，实现管理沟通的规范化和艺术化。

3. 沟通有助提高下属的积极性

除了技术性和协调性的信息外，下属还需要鼓励性的信息。沟通可以使领导者了解下属的需要，知悉下属的疾苦，满足下属的诉求，以提高他们的工作热情。下属都希望领导对自己的工作给予良好的评价，领导的满意、认可或表扬，通过各种渠道及时传递给下属，就会对下属造成强有力的激励。

组织内部良好的人际关系更离不开沟通。思想上和感情上的沟通可以增进彼此了解，消除误解、隔阂和猜忌，即使不能达到完全理解，至少也可以取得谅解，使组织成员形成"心往一处想，劲往一处使"的和谐氛围。

杰克·韦尔奇认为，"领导，就是关于如何带领别人做事的正确程序。"他在领导者应该做什么的八项规则中，有两项是沟通的内容，即第一项，坚持不懈地提升自己的团队，把同员工的每一次邂逅都作为评估、指导和帮助他们树立自信心的机会。第三项，深入到员工们中间，向他们传递积极的活力和乐观的精神。

韦尔奇认为，挑选最好的人才是领导者最重要的事情，他觉得与员工的沟通是用人中最重要的环节，只有沟通才知道他适合什么岗位和职位。通用电气就是在沟通再沟通的前提下，建成了严格的人才淘汰体制。在韦尔奇带领通用电气走出困境，重塑辉煌的过程中，有效沟通发挥了重要作用。

领导者的沟通就是传导积极的信息，培植积极的态度，积极的态度会产生积极的行动。如果没有充分有激励性的沟通，员工不知道做事的意义，也不明白做事的价值，因而做事的积极性也就不可能高，创造性也就无法发挥出来。如果有比较充分而有效的沟通，在让下属明确他所从事的工作的目标和意义、价值后，会倍增他们的工作热情和主动性。

一个人的态度非常积极，表现出来的就是一种坚持、一种投入和一种认真。正如罗素所言：伟大的事业根源于坚韧不断地工作，以全副精神去从事，不避艰辛。领导者要设法让工作成为人们心灵的一种满足。

工作是艰巨的、辛劳的、枯躁的、有时还伴有痛苦，如果只为薪金，只为责任，往往是支撑不住的，无法忍受的。薪金可以降低，责任可以推卸，工作可以抛弃。如果我们发现工作中赋予了人生的意义，可以从中品尝"享受工作"的甘甜，那么工作再苦再累，也不觉得苦和累了，工作反而是一种快乐，一种幸福。过去的革命者他们清贫如洗，艰苦卓绝，抛头颅、洒热血，赴汤蹈火，出生入死，为什么还那样乐观开朗，精神振奋？就是因为他们认识到了革命事业的伟大意义，即使含辛茹苦，也觉得其乐融融。因此，领导者要引导员工把艰苦的工作变成值得追求的目标，把工作变成一种热爱。人们只有热爱自己的工作，才能从中体验到无尽乐趣，从而对工作乐此不疲。

如何转变工作的苦与乐，这里的关键，就是引导员工以积极的态度看待工作。把长达数十年的劳作提升到毕生投入的伟大事业，让员工从工作中找到意义，要让员工们懂得，要实现人生真正的成功并获得伟大的成就，必须首先对工作倾注无限的热爱。

通过沟通，领导者与下属认知一致，确立共识的理念，使组织更有向心力；通过沟通，领导者与下属感情谐和，关系融洽，精诚团结，使组织更有凝聚力；通过沟通，领导者与下属思想统一，步调一致，形成坚定的合力，使组织更有执行力。为了企业的发展与壮大，完善自我，成就组织，领导者应该成为一个懂沟通、会沟通、善于沟通的专家。

第二节　沟通的基本目的

沟通的基本目的主要有三方面：一是交流信息，协调认知；二是联络感情，融洽关系；三是统一思想，转变态度。这三方面的核心是统一思想，可以说，沟通的全部，都是为统一思想这个总目标展开的。思想不统一，什么事情都无法顺利进行。

由于信息的阻塞和不对称，容易导致领导者与下属的误解和偏见，造成思想不统一，这是最常见的情况，所以领导者沟通的第一件事就是交流信息，排除误解与偏见，协调认识。

由于感情疏离，关系不睦，导致领导与下属的误解与成见，造成思想分歧，这也是常见的情况，所以领导者沟通的第二件事就是联络感情，融洽关系，增进互相理解，达成共识。

由于认识和情感的积聚和其它因素的汇集，领导与下属已经造成了一定程度的认识差距和态度偏移，所以领导者沟通的重点就是采取有效方法，转变下属的态度，力求观念统一。

1. 交流信息，协调认知

情况是在不断的变化，人的思想也在演变浮动，感情也会转移游离。人都渴望了解情况，根据情况的变化查找事态的成因，洞察人事的变化，从而预知未来的走向，确定自己下步的行动。领导者更需要信息，如果信息闭塞，不掌握情况，简直就成了瞎子，聋子，什么也干不了。

红军长征来到哈达铺，前方情况尚不清楚，毛泽东想从报纸来获取信息。侦察连长梁兴初带一班人到哈达铺邮局弄来一些报纸，毛泽东从中得知了外界情况，知道陕北还有刘志丹红军在活动，随之把长征的落脚点定在陕北，使红军下步行动有了准确的方向和明确的计划。

现代社会是信息爆炸的社会，领导工作、管理事务更依赖于信息。你想让客户接受你的观点吗？你想让员工转变态度吗？一系列林林总总的工作绝大部分都需要沟通来解决。戴尔·卡耐基说过："一个人的成功，约有15%取决于知识和技术，85%取决于沟通。"

著名企业家约翰·D·洛克菲勒曾说过："在这个世界上，处理人际关系的能力比其它任何能力都重要"。据美国经营协会报告，如果让经营的管理者举出一项重要能力的话，在回答这项调查的200名管理者中，大部分都举出处理人际关系的能力。管理者们认为，处理人际关系的能力超过了智力、决策能力、知识、职务能力中的任何一项能力而具有决定性的意义。

为了使对他人的行为施加影响的能力更加高明，领导者至少需要三种技能。

第一，对他人行为的理解。领导者应该知道，他人为什么要有这种行为和表现？人们采取各种行为的原因？这就需要领导者经常沟通，了解情况，交流信息，掌握人员思想动态。

第二，对他人未来的行为进行预测。领导者仅仅能理解下属的行为是不够的，还要能预见下属的行为动向，预测下属会在相同或不同的情况下将采取什么行动，并以此诱导、引导、指导下属的行为，使之发生变化并能加以控制。要做到这些，不与下属密切沟通是不行的。

第三，知人，用人，发挥人的作用。要做到知人善任，任人唯贤，必须首先了解人，不深入实际与人沟通，怎么能知道谁行谁不行。毛泽东指出："闭塞眼睛捉麻雀"，"瞎子摸鱼"，粗枝大叶，夸夸其谈，满足于一知半解，这是一种极坏的作风。正因为有些领导者不沟通、不调查、不听取他人意见，所以导致"说你行，你就行，不行也行；说你不行，你就不行，行也不行"的用人局面。另外，欠缺信息交流，情况不明，也容易生成人际间的隔阂，造成误会，长时间不消除宿久成见，难免不形成积怨成仇的冤家。

1935 年 5 月 12 日，红军刚刚渡过金沙江，中央政治局不得不在四川凉山州会理县城郊的一处铁厂召集会议，史称会理会议。事因出于 5 月 11 日，林彪给彭德怀打电话说："现在的领导不成了，你出来指挥吧。再这样下去，就要失败。我们服从你的领导。你下命令，我们跟你走。"随后，林彪给中革军委写了一封信。信的内容是"毛、朱、周随军主持大计，请彭德怀任前敌指挥，迅速北进与四方面军会合。"将帅出了矛盾，非同小可，于是不得不马上开会，沟通情况，尽快解决这突如其来的问题。

林彪为什么会有此举动呢？林彪认为部队行军应该走"弓弦"，取快捷路径。而在毛泽东的指挥下，尽走"弓背"，搞得部队很疲劳，会把部队拖垮。原来是在遵义会议以后，毛泽东指挥了四渡赤水等一系列战役，使红军由被动变为主动，突破了数十万敌军的围追堵截，顺利地渡过金沙江进入四川。而这三个多月正是走得最频繁的期间，不仅白天走，晚上也走，有时走大道，有时绕弯路，有时长途奔袭，有时又急速撤退。因时间紧迫，军情瞬变，信息脱节，天又接连下雨，部队非常疲劳，战士们情绪较大。部队首长不了解领导意图，怕部队被拖垮，怪话很多。这种情绪在中央和红军领导层中也有反映，出现了一股小小的风波，林彪那封信就反映了这种烦躁的情绪和意见。

显然，林彪不太了解毛泽东四渡赤水，用兵如神的军事指挥艺术，当时也没有时间及时沟通，作为深谙毛泽东运动战思想的林彪都不理解，其他军事指挥员有意见更是情理之中了。

针对这种情况，中央及时召开了会理会议，会议交流了中革军委掌握的贵州期间敌我态势及运动情况，进一步阐明了党中央和中革军委只有机动作战才能摆脱敌人重兵包围的作战方针。会议批评了林彪要求撤换毛泽东、朱德军事指挥和反对机动作战的错误。毛泽东批评林彪："你是娃娃，你懂得什么？"周恩来、朱德等发言支持毛泽东，称赞他在危急的情况下，采取机动灵活的兜大圈子战术，四渡赤水，佯攻贵阳，威逼昆明，北渡金沙江，胜利摆脱敌人重兵包围的一系列成就。会理会议统一了认识，维护了团结，巩固了毛泽东在党和红军中的领导地位，对下一步北上同四方面军会合并与张国焘的分裂做斗争奠定了基础。

无数事实说明，由于情况无时不在变化，所以及时沟通信息实为必要，否则就很容易出现误会，酿成领导危机。为什么历史上那么多反间计能发挥作用，都因沟通不畅所致。

2. 联络感情，融洽关系

人际关系在领导过程中占有特殊意义，在各级领导活动过程中，各自所需的专业能力会不尽相同，但处理人际关系的能力却是各级领导者都应拥有的重要能力。

激励在决定员工完成业务的水平上起着重大作用，进而又影响如何更好地实现组织的各项目标。管理学家们在研究有关激励问题时发现，领取计时工资的工人只要使出本人能力的 30 % 左右，就可以维持自己的工作而不会被解雇。如果有充分的热情，他们可以发挥出自己能力的 80 - 90 %。热情不高，能力也会随之降低，工作绩效就会下滑。因此可知，激励是极其重要的领导功能，而激励就常常蕴藏在沟通之中。

沟通是人们在互动过程中通过某种途径和方式将一定的信息从发送者传递给接收者，使其得到示意并做出反应的过程。这个过程通常伴有说服、引导、影响、激励等转变思想和行为的意图和功效。

善于沟通是每个领导者应该必备的素质和能力，但事实上，很多领导人并不能做到有意识的沟通，主动地沟通，有效地沟通。

不管是哪一级领导者，都要学会与上级和下属进行沟通。需要把你的观点、想法和意图清楚地告诉他们，让他们正确无误地去理解、执行。有些领导者常常以为开个会，把公司的政策讲一讲，然后做个报告，底下的人就能明白了。其实单纯的开会是远远不够的，大量的有效的沟通才是解决问题的关键。沟通，可以说是领导者与其他人员建立良好关系、赢得信任并激发组织智慧和活力的必要手段。

无论是杰克·韦尔奇领导下的通用电气，山姆·沃尔顿领导下的沃尔玛，还是赫布·凯莱赫领导下的西南航空，企业内部的几乎每一位员工都能清楚地了解自己领导者的主张，也都知道领导者对员工有什么期望。因为他们是优秀的沟通者，也是公司员工良好的工作伙伴，他们一直在密切留意员工和公司运营的情况。为了了解下情，他们乐于与员工讨论工作，乐于与员工共进午餐，并且乐此不疲，因此，他们非常清楚公司的运营状况，甚至是细节。

正是这些领导者积极主动与员工密切沟通，强化了他们对整个公司的影响力；他们对公司事务的热情参与，大大激发了员工们的工作热情，从而推动公司快速成长。

及时有效地沟通能最大限度地消除误解、减少隔阂和猜疑，更是调节人际关系的润滑剂，提高工作效率的催化剂。通过沟通可以变猜疑为信任，化干戈为玉帛，可以让许许多多的不可能变成可能……。我们处在沟通的时代、合作的时代、共享的时代。信息共享是时代的要求，政务公开是"以人为本"的基本体现，有些人认为不宜让员工知道太多的信息，包括薪酬奖励，结果后果更糟，没有谁能隐藏事情的真相，遮遮掩掩只能助长小道消息的泛滥。因此不管是现在一些企业的"公开制度"也好、一些部门的新闻发言人制度也好，都是体现出大家重视沟通的不同表现方式。

3. 统一思想，转变态度

杰克·韦尔奇认为："态度决定一切"。而沟通的核心就是力图转化对方的态度。

态度是世界上最神奇的力量，它栖息于思想深处，左右着我们的思维和判断，控制着我们的情感与行动。态度作为工作的内在心理动力，影响员工对工作的知觉与判断，左右学习与工作的投入，直接关系到工作绩效的大小，决定做事效果的好坏。所以，领导工作的一个重要内容，就是转变下属的消极态度。

积极地态度不会自动生成，必须随人的认知倾向来实施。认知是态度构成的要素之一，所以它是转化态度的重要条件。思想、观念、信念及行为知觉等都是认知元素，而信息的沟通就是协调认知，使认识、态度、行为统一起来。思想教育，解惑答疑，说服劝导等日常观念信息都是实现态度转化的相关条件。

态度的改变可分为两种，一是态度强度的改变，但方向不变，这是态度的量变。二是以新的态度取代旧的态度，即方向的改变，这是态度的质变。质变以量变为基础，是量变的积累和转化。所以不能忽视一点一滴的信息传导，日常的细微工作到关键时能产生大作用。

态度转变分为服从、同化，内化三个阶段。服从阶段是指人们表面上转变自己的看法和态度，这时的人们只是被迫表现出一些顺从的行为，内心并非心甘情愿。同化阶段是自愿接受他人的观点、信念、态度和行为，使自己的态度与别人相接近。内化阶段是真正从内心深处相信和接受他人的观点，从而把这些新的思想和观点纳入到自己的价值体系之内，成为自己态度体系中的一个有机组成部分，从而彻底地转变了自己的初衷。

日本式的管理曾一度受到全球瞩目，现代的年轻人很难理解日本员工为何如此为公司兢兢业业，所以他们都以为日本的管理体系精密而完善。其实日本员工尽职敬业的原因就在于他们的工作态度根植于勤劳至上的传统观念。如果说日本的管理高人一筹的话，那要归功日企长年累月注重员工职业态度的教育和勤奋至上观念的培养。

统一思想，转变态度的最为典型的沟通案例，是毛泽东长征初期的"担架上的沟通"。

长征开始时，毛泽东因大病初愈而坐担架行军，政治局候补委员，红军总政治部主任王稼祥因受伤未好也坐担架行军，两个人的担架常常碰到一起，创造了他们边走边沟通的绝好时机。在担架上和篝火旁的朝夕相处，使毛泽东和王稼祥相互越来越了解，并有机会分析在江西所发生的事情以及长征途中的情况。毛泽东谈到李德战术上的一系列错误，特别是导致广昌惨败的错误，给王稼祥留下了深刻的印象。不到一个月的时间，王稼祥便倒向了毛泽东的一边。

为了尽快设法解决党和红军目前的垂危处境，王稼祥从党和红军的全局出发，多方面积极活动，争取了更多的人了解和支持毛泽东。他首先找到张闻天，详细谈了自己的观点和建议："应该撤换博古和李德，改由毛泽东来领导。"政治局常委，人民委员会主席张闻天几个月来一直在向毛泽东靠拢，他们夏天在云石山上的多次谈话已使张闻天相信毛泽东是正确的。四月在广昌遭到失败后，张闻天就曾严厉地批评过博古。他说伤亡太大，对于红军来说，打步步为营的堡垒战是不明智的。他指出，照这样下去，红军不可能取得胜利。毛泽东、张闻天和王稼祥在第五次反"围剿"为什么不能取胜和对党及红军的前途等诸多问题上达成了的共识，形成了改变红军前进方向和路线，不能让博古、李德再瞎指挥下去的一致看法。他们都认为应尽早召开会议，以解决军事领导权的问题。随后，王稼祥又与周恩来、朱德等人交谈，他们都表示支持他的意见。毛泽东也同周恩来、朱德等谈话，得到了他们的支持。

毛泽东、王稼祥和张闻天三人的相互沟通，逐渐形成"中央队"的新三人团。王稼祥也回忆说"一路上毛主席同我谈论了一些国家和党的问题，以马列主义的普遍真理和中国革命实践相结合的道理来教导我，从而促使我能够向毛主席商谈召开遵义会议的意见，也更坚定了我拥护毛主席的决心"。

在这力挽狂澜的"中央三人小组"当中，张闻天是刚从"左"倾路线里分离出来的重要领导人，对于配合当时还不在中央核心的毛泽东进行纠正错误的斗争，其重要作用是不言而喻的。毛泽东、王稼祥、张闻天的及时有效沟通，奠定了遵义会议的成功和红军长征的胜利。

沟通的目的就是要输入正能量，调动积极性，鼓舞人心，激发热情，为执行提供促进力。

第三节 沟通的基本原则

大量的领导工作需要沟通，在涉及个人利益和事关全局等许多重大、关键问题的时候，更要进行各种情形的沟通。

领导对员工的沟通属于下行沟通，是组织中最主要的沟通流向。一般以会议方式传达讲解上级的文件、指示、决定、政策等信息，下达本单位的工作计划、任务、要求及解决日常工作中出现的问题、处理意见、改进办法等公务信息。如果没有下行沟通，领导者就不可能了解员工的需要，也就不知道自己下达的指示或命令正确与否。

下级向上级的沟通属于上行沟通，是组织中信息从低向高的一种沟通。其体现形式有：月度、季度和年度工作总结、日常工作汇报、专项工作情况反映、定期述职报告、学习心得、建议和意见等。积极的上行沟通有助于上级了解下情，正确决策，争取上级的支持和帮助。

平行沟通也称横向沟通，是指在组织同一层次不同部门与人员之间的沟通。这种沟通的目的是为了谋求相互之间的了解和工作上的协调配合，因此它往往带有协商性和双向性。

人际沟通是必要的，但也是困难的，它需要系统的专业知识与技巧。因为人都有不同的个性特点，个性是人心理特征的集合，它是由人的兴趣、气质、性格、能力等多种成分构成的一个有机的整体。一个人的个性会影响其沟通的方式和效果，如有的人十分内向，自我封闭且十分固执，甚至与人为敌，难以接近，要想转变他人长时间形成的态度十分困难。所以说沟通是个大本事，是一种特殊才能。为了实现沟通预期效果，必须了解和掌握沟通的基本原则。

1. 真挚坦诚，以情感人

领导重视和热衷沟通工作不是赚取什么平易近人、密切联系群众、礼遇员工的名声，而是未来工作的特征所需。未来工作的特征是高科技、知识型、信息化、创新性、时效强、变化快、竞争激烈、人性化等，得不到下属的真正支持，领导的工作是举步维艰的。通过沟通赢得下属的真诚支持，是实现下属工作优质高效的必要条件。

真挚坦诚是所有卓越领导者共同的品质。真挚诚恳，实事求是，会赢得群众的好感和信赖；以诚待人，尊重他人，能使员工们觉得你是一个非常在乎他们的领导；笑容可掬，平易近人，会使群众感到你是体恤民情，善解人意，容易接近，便于沟通的领导；使群众知无不言，畅所欲言。能做到这一点，领导就在群众中建立了一条无形的沟通热线网络，即使足不出户，也能熟知下情。可是一些领导者为了"面子"，处处维护自己的所谓尊严、权威，不愿将自己的真实一面暴露给员工，结果始终与群众隔着一层膜。殊不知，领导者的能力本事、功过是非、成长历史、社会关系乃至个人隐私，下属都知道得清楚明了，因而无须遮遮掩掩，弯弯绕绕。领导放不下架子，是很难得到员工的真正信任和支持的。

领导要和员工平等的、直接了当地沟通，鼓励员工畅所欲言地表达自己的意见并及时地给员工以清晰的反馈答复，虚心接受下属的意见，而且实事求是地承认这个意见是何等的重要。员工对工作计划或某种方案有疑问、疑虑或意见，提出否定和改进建议，领导又不想改变初衷时，有必要与员工沟通商议。在认真耐心倾听对方意见之后，对他们参与的责任心表示感谢和赞扬，真诚地解释对方某些意见不能被采纳的原因，消除对方的顾虑，还要鼓励他们继续献计献策，多提宝贵意见，引导启发他们为大局利益做出贡献，这种真挚坦诚的态度是极有建设性的。平等沟通的意义在于唤取人们认可计划和方案，积极努力为完成任务尽心竭力，否则群众将失去执行任务的兴趣和动力。

情感是沟通的关键要素，是沟通的阀门，事理是"管道里的水"，阀门不开，水就不流，情感纠结，事理就难以疏通。当人们情感有冲突的时候，道理就不起作用了；当人们不喜欢这个领导的时候，这个领导的讲话就没有人愿意听。

人际沟通是一种特殊的信息沟通，表面上看是某些道理的沟通，实质是人的情感在相互感染的过程，是一种受多种心理作用和影响的复杂心理活动。事情，事情，事里有情，不能光注意事而不注意情。事实证明，沟通的难点是态度问题，而情感又是态度的核心，它左右人们的认知活动，许多非常简单的事，一旦掺杂进情感因素，就变得异常复杂起来。情感决定信任，信任又是合作的基础，上下级关系不好，彼此就不会有信任，没有信任，大道理讲得再多也无济于事。

领导者要真正意识到情感的关键作用，在沟通的时候要兼顾情感因素。你希望别人怎样对待你，你就怎样去对待别人。要真挚坦诚，以情感人，就要做到：

一要主动：主动就代表着积极，主动就体现着真诚。如果下属不够主动，领导就要主动些。只要领导稍微主动一些，可能就会产生非常不一般的效果。很多人认为被动才是主动，这是中国人的面子心理在做崇。必要的矜持和沉默，应视为国事外交和商务谈判中的一种策略，不宜适用积极风格的人事沟通，总是被动就会被淘汰而成为永久的被动。

二要诚恳：诚恳更多体现在非语言信息上，面部表情、眼神、声调、身体姿势、手势、方向、距离等。卡耐基的一项研究指出，在影响沟通效果的因素中，有55%是体态，38%是语音、语气和语调，而语言只占7%。可见，沟通并不是单纯的对话，不是把想要说的一吐为快，而是姿体神态呈现，是非语言的呈现方式和技巧，这些影响了沟通效果的93%。大量的沟通实践表明，有时不用开口，一张脸就能说明一切。

三要倾听：真诚的倾听至关重要，他会使别人愿意为你敞开心扉。倾听是沟通的最佳策略，认真专注的倾听、点头微笑的倾听，因为倾听，有时候问题就解决了一半。通过倾听，才能发现对方的真情实感和真实动机，从而降低和排除误解；通过倾听，才能察觉和得知对方的真正需要和实际处境，从而真正达到知人之明。听比说更重要，最重要的是听出真意，听出那些还没有说出口的话。俗话说，在哪里说得愈少，在哪里听到的就愈多。而且只有很好地听取别人的，才能更好地说出自己的。沟通就是为了"了解别人，推销自己"。为了达到有效沟通，就必须要充分沟通；只有进行充分的沟通，才能实现态度的转变；只有获得充分的信息，才能做出正确的判断。不愿倾听，是沟通的最大障碍，不愿倾听，是最消极无礼的行为。

四要情感：情感能展现出语言的技巧，说话说得让对方听得进去，让对方乐于接受，能够引起对方的共鸣，进而引发共同的心愿。语言的技巧非常重要，说话，不仅在于你说什么，而在于你怎样说。话不是蜜，说好了比蜜还要甜；话不是花，讲好了比花还要美；话不是剑，说不好比剑还要利；话不是毒药，讲不好比毒药还毒。否定之前先肯定，这是非常重要的原则，一定不要伤了对方的面子，更不能伤了对方的自尊。为什么情话能温暖人心，因为情话后面是火热的爱心。所以沟通的情感切忌用心不专，态度不诚，姿容的厌倦，固执的语言。

彼得·德鲁克曾说过，"多数领导需要学习的不是该做什么，而是停止做什么。"为了有效沟通，成功沟通，领导者不要居高临下，以强者自居，流露或抑制不住自己的优越感，无论什么场合，都要自己赢得胜利。基于沟通是日常工作的常态，为了确保沟通实现预期目的，领导者**一不要张嘴就是"不"**。过多地使用否定式语句，实际上是在告诉对方"你错了，我才是对的"。**二不要消极评**

价他人。不要将自己的意见强加于人，或者旁敲侧击地示意对方，别人都是错误的，我比他们都正确。**三不要过度表现自我**。总要发表自己的高见，把自己身上的缺点看成是美德，并总是强调"我就是这样一个人"，让别人接受自己。**四不要拒绝道歉**。固执己见，拒为自己行为负责，不承认错误，扩大自己的恶劣影响。这四点沟通缺陷对领导者的形象影响巨大。没有任何人愿意和傲慢无礼、心态不正的人推心置腹。领导者要善于自检，发现自己的不良习惯，理性而迅速地做出实质性的改变。

2. 融转观念，以理服人

每个人都有自己的人生观、价值观、信念、立场和处事原则，这些固有观念和特定倾向，决定和影响一个人对外界事物所采取的态度和沟通状态。

人的认知能力、动机、情感、精神状况和态度密切相关，态度就是含有认知、情感、意向成分的观念系统，当人的固有观念与外在的客观事实发生矛盾时，对于正确的结论往往不愿接受。不是人人都愿意接受真理的，很多人对于自己的错误观念顽固坚持，这就为创新工作和新理念的推广带来层层障碍，为组织改革带来严重困难，也寓示着沟通的必要性和艰巨性。过去倡导的思想政治工作实质很大成分就是沟通，如今思想政治工作的危机恰是在观念上出现了瓶颈，理论没有与时俱进，造成了观念个性化的泛滥，统一思想极为困难。

人是观念的产物，人的积极性实际是观念的积极性，观念不解决，人的问题就没有解决。

当管理者内心不接受新的管理方式时（如 5S 管理、精益化管理等），就会对新事物产生困惑，他的自卫机制就会发生作用，就会竭力寻找一些理由作出抵制的"合理化"解释；或用发牢骚等办法拒绝接受指令。即使被迫接受，也会在实际工作中带着消极的情绪，偏激地来执行指令；管理者不愿接受，员工也会深受影响，这就是基层执行衰减、执行走偏的根源。

沟通思想的实质就是调适态度，融转观念，领导者在沟通过程中要观念先行，要有强大的思想力。

调适态度，融转观念，要将心比心，换位思考，设身处地的为对方着想，先处理心情，再处理事情，先寻求理解他人，再被他人理解。汽车大王亨利·福特说："如果有所谓成功的秘诀，那必定就是指要能了解别人的立场。我们除了站在自己的立场上考虑之外，也必须要有站在别人的立场上考虑问题的处事能力。"只有转换你的角色，真诚地为别人着想，那样你才能从另一个角度分析出问题的所在，你的话语才能让别人感同身受，才能打动别人的心，你才能真正实现沟通的目的。

理是遵循的原则，理是应知的常识。因为理是事物的规律，理是是非的标准。没有理，就失去了统一思想的意义，就没有协调一致的必要；没有理，一切都无从谈起。道理似乎人人都懂，其实未必真懂，很多道理看似浮浅，实质颇为深奥。人情世故，是个大学问，很多人一辈子都没弄明白，原因是很多人的理智水平有限，研思穷理的功夫有限，人生境界缺乏应有的高度。钟不敲不响，理不辩不明。有些人总觉得自己一身是理，什么都对，别人什么都不对。领导者要有意识把自己的职责看作是讲理，讲正理、讲道理、讲公理、讲真理，只有经过鞭辟入里的宣讲，精辟辩证的沟通，才能让那些"理直气壮"的人，意识到自己那个"理"是私理、歪理，是死理、见不得人的理。让那些公说公有理，婆说婆有理的人理屈词穷，从内心里意识到自己是不明事理，是在蛮不讲理，是在无理取闹。领导的讲理不仅在正式场合，在大庭广众之间，还要在非正式场合，在不同的细微沟通之中。

知识形成态度，也能改变态度。理，是知与思的结果，讲理就是传播知识，启发思维。通过沟通的启迪启发，点拨思绪，疏通思路，从而引申道理，扩展理智，升华境界，转变观念。所以沟通一要通情，二要达理，只有入情入理，合情合理，才能使沟通达到目的。

3. 树立威信，赢得支持

优秀的领导者在提出独特的、有争议的和充满风险的目标时，会充分理解目标人群的需求、动机、理智、情感和价值观的。因为领导是以一种顺应民意的道德方式来达成共同的目标，而不是为了领导者的个人私利而利用他人，所以增强了领导者的威信和影响力，许多时候不需要运用更多的沟通策略。

转变态度过程中的说服与被说服，教育与被教育，影响与被影响的互动机制，揭示出一个重要原理，即领导者的威信具有强大的折服力量。

态度的转变不能强制，不能依靠行政命令，动用胁迫手段，施展经济方法等外在促进形式，而是运用影响感化，激励说服等心理力量来实现。领导者的威信，即人格的魅力因素在沟通中实现转变人的态度时有着独特的作用。

威信是一种独特的影响力。实践表明，下属对有无威信的领导者的反应是迥然不同的，对有威信的领导者的观点、意见，在说服过程中没有内心抵触，具有欣然接受的倾向；而对没有威信的领导者的观点和意见，在接受过程中几乎总是要引起复杂的内心体验，往往由对人的不信任，延伸到对其观点和意见的不信任。威信是附带在领导者身旁的一种无形"孪体"，这种"孪体"处处代表着领导者并时时发挥着支持领导者的作用。

　　威信由品德、才学、能力、资历、地位等因素构成，其中品德因素最为重要，是领导者建立威信的根基。有威信的领导者，能赢得下属的拥戴，并使其观点和意见在实际工作中得以充实和完善，从而发挥着特殊的支配力和影响力的作用。

　　威信效应的心理机制是认知——情感的社会同一性。在社会化过程中，人们通过来自社会的传统与教育，经过"他律到自律"的心理过程，形成了自己的价值标准。领导的言行举止符合这些标准时，就会产生肯定的态度体验，实现了社会同一感，对其产生肃然起敬、心悦诚服的情感；反之就会产生否定的态度体验，引起蔑视、恼怒和痛苦不安的情感。所以，领导者品德高尚，威信自然崇高，他的观点、意见无须每一次都重新接受道德的考验而为下属心领神会并付诸行动。

　　有威信的领导者表扬某个下属，能引起其他下属的积极反响，从而激励，鼓舞下属比学赶帮，奋发向上；而没有威信的领导者称赞某个下属，往往要招徕其他下属的反感，猜疑，甚至调遣出批判的思维来审视他们之间是否有什么特殊的关系，不仅不能使受誉的下属形象生辉，反而招致人格的玷污和他人的嘲弄。可见领导者有无威信是其能否具备对下属进行思想教育的起码条件。所以，我们要转变下属的态度，首先要慎重选择做这项说服工作的合适人选，切实把握主体威信这一重要环节。

4. 借梯登楼，策略组合

　　领导者需要根据不同的情况选择不同的影响策略，策略应该基于合适的权力基础和组织文化背景，如果两个或多个互补的策略组合在一起，其应用效果将会更好。

　　为了实现圆满预期的沟通效果，在转变态度，说服对方时要善于借助他人力量。如实施团队攻关，组建一个伙伴联盟，在与对方沟通时，带上这些伙伴，伙伴可以是同事、朋友、下属、上级或局外人，通过这些人对你的看法或见解深表赞同、积极反响来影响对方。通过伙伴向对方解释，他们为什么支持这个意见，它有什么好处和意义。为了做到万无一失，伙伴最合适的人选是对方喜欢、尊敬或对其影响力强的人。不过，在运用这些策略时，应该小心谨慎，避免给人以欺骗或操纵的感觉。

　　当领导者被认为品质优秀和能力出众并获得信任的时候，领导者的沟通影响力就十分强大了。但是对一个艰难的沟通对象，还是有备无患地提前制定恰当的影响策略，从成功和失败的影响力策略中吸取经验教训，熟练的掌握和精准的运用各种影响策略和技巧，因为攻克了艰难的沟通对象，会带来势如破竹的多米诺骨牌效应。

在要求对方投入大量的精力，克服重重困难才能完成交付的任务时，领导要通过沟通向下属解释这项任务将帮助他提高未来发展所必需的技能，包括职位晋升、工作满意度、薪酬福利或个人目标的实现等。同时要承诺并兑现为对方提供其想要的东西，如表扬奖励、提供有关资源、差异化对待等，有时候，蕴涵在一个利益交换中的隐性利益远远大于显性利益。

沟通时也可运用要求、提醒、警告等强硬口吻来促使下属完成任务。有时候，对下属强迫施压也是必要的，如安全、质量、考勤，会议、规范行为等，这些策略能够成功地让对方屈从，但这样的举动不会使下属产生工作积极性、热情、创新、奉献精神等，甚至会产生一定的负面影响。故而在大多数情况下，采用温和的劝导方式更能够获得下属服从而不至破坏工作关系。

（1）**要耐心的说服别人。**当下属意识不到接受某项任务、承担某项责任的相应意义时，领导者要耐心地解释为什么这项工作很重要，运用事实和逻辑去阐明这项工作或任务的合理性，解释为什么这个方案比别的方案更好。从其它单位及历史的经验中，获取支持和继续坚持的依据。

特别是在下属没有真正领会领导意图，还没有认识到领导要求的合理性和必要性时，领导有责任和义务改进自己的沟通方式，使用不同的方法，巧妙地说服下属。注意在信任的基础上与下属沟通交流。说服要说到点子上，要专心，有耐心，重复要点，把观点说清楚。生气时不要与人交谈，避免心态不佳影响情绪。

（2）**会巧妙的赞扬对方。**美国著名女企业家玛丽·凯说道"世界上有两件东西比金钱和生命更为人们所需，——认可和赞美。领导者要善于使用赞美和鼓舞的语言，当下属确实做出了成绩的时候，要及时的指出他对公司的贡献，并将他的业绩公之于众。这种激励员工的方式能够真正赢得员工的信任和支持，能够对企业的凝聚力产生巨大的影响。特别是在委派下属完成一项新任务的时候，领导者要给予高度的信任，称赞下属是最有资格完成此项任务的人。当称赞越发显得真诚时，则调动积极性的效果越好。

当然也要注意不宜廉价地盲目地褒奖下属，动不动就给下属一些"非常好"、"不错"、"棒极了"等泛泛的评价，不恰当的逢迎很可能被视为虚伪，容易会产生负面效应。

（3）**会巧妙的批评别人。**领导者要善解人意，要注意从他人的角度出发考虑问题。在人前多表扬，在私下里进行批评，批评是善意的有建设性的，注意不要伤害他人自尊。

批评要讲究策略，否则欲速不达，首先要给对方一点肯定，在创造了一个和谐的气氛后，再展开批评。批评要对事不对人，要在批评中谋求合作，批评后要告诉他正确的方法，要使其心服口服，这样才会使批评产生积极效果。要以友好的方式结束批评，批评过后要加以鼓励，引导，要产生动力而不是消极怨气。

第四节　沟通的五个环节

沟通是一个完整的情理互动过程，它包括沟通的目的，沟通的对象，沟通的内容，沟通的场景，沟通的方法五个环节，而每一环节又都有丰富的细节，沟通是需要精心设计的。

1. 主体的意图——为什么沟通

领导者往往是沟通的发始方，领导者自然会明确自己要沟通的主观意图，即为什么要沟通？与谁沟通？拿什么沟通？在哪里沟通？怎么沟通？达到什么预期目的？根据这些意图有针对性的进行思考设计，拿出沟通的计划、措施、步骤和应变预案。目标预期不同，对应的沟通方式和沟通行为就不同。

沟通的目的林林总总，大体可分为以下十个方面：① 相互学习，交流思想，获取信息，增长见识；② 阐述观点，表明态度，确立原则，统一思想；③ 陈述事实，消除误会，增进理解，取得信任；④ 说明现象，引起思考，协调认识，谋求合作；⑤ 表达意愿，交流感情，建立关系，互帮互助；⑥ 探访问候，巩固友谊，深化交往，开拓局面；⑦ 商议工作，研究问题，集思广议，合谋对策；⑧ 座谈讨论，查摆问题，化解矛盾，消除障碍；⑨ 危机公关，紧急磋商，一致口径，分工协作；⑩ 工作会议，布置工作，检查评比，统一结论。简而言之，沟通就是传输自己的思想，期望得到他人的理解和赞同，并得到积极的反馈和响应。

在明确沟通目标的前提下，进一步整理自己的思维脉络，做好沟通伸缩准备，对具体要点作清晰的盘点。在目标的指引下，进行有效的互动，要有相应的应对策略，避免与人争论，正确处理冲突，把沟通控制在预定的目标范围内，寻找新的共同点，使沟通向理想化发展。

2. 客体的差距——与谁沟通

知彼知己，百战不殆。不了解沟通对象，就难以预测沟通的效果。沟通之前，必须对沟通的对象有较全面的清晰的了解。

我们不了解沟通对象的过去，会影响我们预测他现在或将来的行为，而这种预测会明显影响我们与沟通对象在当下的沟通行为。人们对沟通对象了解的越多越深，就越容易找到沟通的有效途径和恰当的切入点。

最难的沟通对象有两种人：一是客户，二是上级领导。因为求见客户和求见领导多是求助的角色，这种被动的角度使沟通失去平等地位，常常置自己于十分不利的境地。对方是客户，应该怎么办？对方是领导，应该怎么办？为了达成目标，必须要充分而准确的了解对方，对方的性格，对方的为人处事方式，对方的利益与需求。掌握的越多，心中越有数。掌握他人的思想意向、兴趣、追求……只有清楚他人的实际情况，才能更准确判断对方的态度。

（1）需求差异

动机是推动人们活动的直接原因，人类的各种行为都是在动机的作用下，向着某一目标进行的。而人的动机又是由某种需要或欲求引起的，需求是人积极性的基础和根源，是激发人们进行各种活动的内部动力。态度来源于人们基本的欲望、需求与信念，从认知过程来说也就是道德观与价值观，就行为过程来讲由低到高可分为个体利益心理、群体归属心理和荣誉成就心理三个层次。当出现某种迫切需求时，它就会推动人们去寻找满足需求的对象，从而产生活动的动机。需要满足后，人的心理紧张消除，然后又有新的需求产生，再引起新的行为，这样循环往复不断推动人们参加社会实践，持续向前发展。

为什么有的领导者无法说服别人？因为他总认为自己的观点是正确的。虽然他很善于表达自己的观点，但却犯了一个致命的错误——不了解别人。事实上，一个观点是否能够被别人接受，主要取决于这个观点对别人的工作与生活有什么意义——需求，而不是这个观点本身正确与否。有的领导者认为，他说什么，下属就应该听什么；他让怎么干，下属就应该怎么干。其实根本就不是这样，持有这种观点的领导，说明对下属的心理机制和当时的所想所思还不清楚。司空见惯的是领导者总埋怨下属的执行力不够，总抱怨下属的素质太差，其实问题恰恰是在领导者那里。你对别人的需求越了解，也就越清楚别人现在最在意的是什么。了解他对目标的渴望程度，也就了解他愿意为此付出多高的代价。了解别人现在的境况，是洞悉他人需求、动机的起点，当你了解了他人的需求、动机，你也就知道他最可能采取的行为。

人的需求受价值观的制约，从而形成不同的需求结构。精神境界高的人，主要的需求不在物质方面，所以领导者不要以为金钱万能，奖金和物质刺激未必就能解决一切问题。领导者要知晓下属的思想倾向，要把下属对工作的感受理解清楚，下属怎么看待职责任务，怎样理解工作意义，怎样认识工作和组织目标的关系，这些对于沟通的效果至关重要。

（2）认知差异

在沟通过程中，沟通双方时常会产生误解，这其中绝大多数是人们受知觉能力限制的缘故。知觉是人们对客观事物的感知能力，也是人们对各种信息的理解能力。沟通双方的人生履历、知识水平、社交经验及环境干扰等多种因素影响，都可能造成信息误读。人的个性不同，认知能力不同，对同一信息也会产生不同的理解，从而产生不同的反应。

导致沟通误解，还与沟通者的信息发送行为、传递方式、传递情境有关。如亲自面晤要比他人传话效果好，当面恳谈要比电话交流效果好；有时书信要比面谈好，无人在场要比多人在场好。另外，模棱两可的语言，似是而非的态度，难以辨认的字迹，都有可能造成信息的曲解和失真，导致沟通失败。

语言是打开心结的钥匙，语言透析力度对态度影响力很大。反过来"话不投机半句多"，沟通的分歧常常反映在用词语义的理解差异上，由于语言不是客观事物的实体，它与客观事物之间是间接的联系，语言的表达和理解要受到环境和条件的局限，所以语言需要表情、声调和姿态的配合。

双方利益是否一致，价值观是否相同，以及其它方面因素，都会对沟通效果产生直接和间接的影响。通常在沟通之前，人们思想里就已经有了先入为主的观念，就已存在着对人和事的某种倾向，他们对接受到的信息加以色彩过滤、区分，从而产生沟通模式。例如，接收者只听他想要听的话，对发送者的信息进行区分，分为真实的、虚假的，于自己有利的、不利的等等，区分后只接受其中对自己有用的部分信息内容，而对其它内容置之不理。这就造成了有些人习惯于以貌取人，印象取人，造成曲解发送者真实含义的情况，以至形成沟通障碍。

（3）情感差异

沟通依靠情感，情感有益沟通。沟通的目的是转变态度，而情感是态度的核心。

态度是人对外界事物的认知、情感和意向三方面的综合表现,认知成分是人对事物性质和特征的理性认识;情感成分是人对事物的好、恶感受和评价;意向成分是人根据具体认识与情感产生的行为倾向。激发态度中的任何一个表现要素,都会引发另外两个要素的相应反应,这也就是认知、情感和意向这三个要素的协调一致性。当这三要素不协调时,情感成分往往成为决定态度的主导因素。

事实证明,沟通双方的相似性越大,沟通的效果越好,因为更多的相似性,奠定了双方认知情感的一致性。

沟通双方如果地位差异较大,沟通效果就受影响,因为处于较低地位的一方精神有压力,在沟通中会产生担忧、畏惧、紧张等心理,从而不能完整地理解对方的意图,也不能真实地表达自己的观点和意见。前苏联领导人赫鲁晓夫坦然承认,他在与斯大林在一起时,很多时候并不赞同斯大林的意见,但从不敢提出不同意见,以致宿久成仇。另外,在一方情绪过分激动时,往往听不进对方所表达的全部意见,也会出现沟通障碍。

沟通不光是传递理性信息,更涉及情感的传递。这就启发我们在沟通中首先注重的是互相尊重,面对关键话题的时候,要注意对方情绪的变化。许多时候我们不知不觉变成"被情绪绑架"的动物,人际隔阂就是这样被制造出来的。高效的沟通是理性和感性的平衡,认知与情感的谐调,情绪管理是沟通成败的关键。

沟通是一种联络感情的重要手段,通过有效的沟通能增进双方的信任感和亲和力,对团队凝聚力的提升有很大的促进作用。

(4)背景差异

沟通不是简单的你情我愿,这里混杂着很多复杂的想象不到的因素,背景差异是沟通双方身后复杂的社会因素,既有主观方面的,也有客观方面的,沟通者不能不考虑这些背景。

每一个人都是独特的个体,都有其独特的智商、情商、德商、胆商、逆境商,都有自己的认知标准,都是依据自己的经验、情绪和期望对各种情况做出反应,故而人们常常以自己的观点为中心,竭力让别人接受自己的观点,让别人付出机会成本。

嵌印深度。沟通双方能否达成一致意见,往往还取决于接受者的人格因素。依赖性较强的人格容易信服权威,比较容易接受说服;自尊较高、自我评价较高的人不易改变态度。社会赞许动机的强弱也是影响态度转变的因素，高社会赞许动机的人易受他人及公众影响，易于接受说服。思想倾向已经固化的人，在面临改变态度的压力时，其逆反心理、心理惯性、保留面子等心理会使其拒绝他人的影响，比较难于沟通改变。

改变态度或建立一种新态度比较困难，有的沟通说服只能引起暂时表面上的改变。只有由自己的实践推动作出选择时，才能实现真正的态度改变。

复杂程度。沟通过程中，人们自然要考虑相互之间的历史背景，上次见面的情景历历在目，如果上次是甲方盛情邀请，这次就应是乙方展示姿态了。礼尚往来，人情过结，以往恩怨等历史印象都将成为眼下沟通的有利或不利的因素。领导者如果惯常说了不算，有悖诚信，那么沟通时不管如何许诺，也难以赢得他人的信任，不管到哪，影响力总会大打折扣。

沟通者身后的人物至关重要，正如儿子身后有媳妇，媳妇身后有娘家妈一样。常言道："不怕没好事，就怕没好人"。许多成功的合作，往往被幕后人物的作用而前功尽弃，所以过去革命战争时期，各个党派都十分注重组织成员的家庭成份和社会关系，这不无道理。领导者与下属沟通，也要考虑到沟通对象的有关背景，这对有效沟通意义重大。

沟通者的意图也有微妙影响，如果沟通者洞察出对方在刻意影响他们，则不易改变态度；如果感觉对方没有操纵自己的意图，心理上没有阻抗，就易于接受对方的信息，易于转变态度，人们通常会利用一些自我防卫策略来减少说服信息对自己的影响。

3. 信息的价值——拿什么沟通

改变下属态度除了有威信，有诚信的说服者外，还要靠信息本身的质量发挥作用。这里的信息是指领导者为了说服下属所凭借的理论、事实、数据、资料和蕴含说服中的情感和意志等。信息内容的真理性，反映客体的准确性，传递过程的充分性是信息价值的体现，是决定沟通效果的关键环节。

（1）信息的真实性

信息的真实性就是领导者说出的话真实准确，公正无私，实事求是，真挚坦诚，不掺假、不浮夸，不是别有用心，不持个人偏见。如此领导者的话就有可信度，有影响力。如果下属一旦洞察和探悉领导者在沟通过程中别有用心，就会油然滋生受操纵、摆布、愚弄、欺骗之感，从而造成下属心理的戒备、固执或逆反。

沟通需要真实性、有意义的信息，没有任何实质内容而失去其价值和意义的信息，无助于有效沟通，无效沟通是对沟通资源的一种浪费。一个良好的沟通过程，应该是富有建设性的沟通。沟通应该至少对其中一方能提供有价值的信息，这是有效沟通的内容基础和首要前提。依靠花言巧语，强辞诡辩，终究不能解决实质问题，不能从根本上改变对方的态度。人间正道是沧桑，秉承道义终为立身之本，所以正确的道理永远具有强大的说服力。

1930年1月5日，毛泽东给林彪写了一封信，即著名的"星星之火，可以燎原"一文。毛泽东在信中批评了林彪的悲观动摇思想，指出：一、现在中国革命的主观力量虽然弱，但是立足于中国落后的脆弱的社会经济组织之上的反动统治阶级的一切组织（政权、武装、党派等）也是弱的。二、1927年革命失败以后，革命的主观力量确实大为削弱了，但是"星星之火，可以燎原"，现在虽只有一点小小的力量，它的发展会是很快的。三，对反革命力量的估量，决不可只看它的现象，要去看它的实质。1928年底到1929年初，敌人对井冈山根据地进行三次"会剿"，好象很有力量，其实英、美、日在中国的斗争已十分露骨，军阀混战业已形成，实质上这是反革命潮流开始下降，革命潮流开始复兴。四、现实的客观情况是，各种矛盾都向前发展了，全国布满了干柴，很快就会燃成烈火。它是站在海岸遥望海中已经看得见桅杆尖头了的一只航船，它是立于高山之巅远看东方已见光芒四射喷薄欲出的一轮朝日，它是躁动于母腹中的快要成熟了的一个婴儿。

毛泽东在信中提供了大量有价值的信息，深邃的剖析了中国现状和敌我局面，精辟地指出未来的发展前景，传达了中国革命必定胜利的乐观信念，这些对林彪坚定革命事业起到了激励鼓舞作用。如果毛泽东对时局不了解，更不能透彻了解敌我双方的消长变化，提供不出令人信服的资料数据，展示不出令人振奋的自信和高瞻远瞩的预见，想说服林彪这样身经百战的一线指挥员是根本不可能的。

（2）信息的完整性

信息的完整性是指信息在存储或传输过程中保持不被修改、不被破坏、不被插入、不延迟、不乱序和不丢失的特性，保证真实的信息从真实的信源无失真地到达真实的信宿。

如果掌握的信息支离破碎，残破不全的话，就难以做出正确的判断和科学的决策，执行起来难免走样。

信息的完整性体现在沟通中要注意两方面：

一是作为主体要最大限度保证自己提供的信息完整准确，不致被曲解、误读。工作中经常存在着由于信息不及时，不到位，不全面，不详实而导致疑误频出的情况。信息真空和信息缺失是主观主义的发源地，是猜想武断，传言四起的温床，所以控制蜚言流语的最好办法就是公布事实真相，就是确保信息畅通，政务公开。

二是作为客体在沟通中最大限度地使自己在接受信息中，不被中间传话，道听途说，只言片语所左右，预防信息在中间传送中被遗漏、增减，甚至被歪曲、篡改，造成偏听偏信，混淆视听，及由此而来的不应有的误判误断。为了防止信息的假象迷惑，古人提出了"兼听则明，偏信则暗"的明训，同时要遵循辩证唯物论的认识论原理，科学地、系统地、完整地、辩证地认识事物，注重事物之间的普遍联系，不要被事物的现象所局限，不为事物的假象所误导。

领导者通常是信息的收发中心，确保信息的完整是工作顺利进行的保证，领导者除了要做到兼听则明而外，还要重视调查研究，集思广益，多方沟通，多掌握第一手材料。

（3）信息的充分性

信息的充分性是指领导者发出的信息系统完整、全面而深刻，具有令人置信不移的充分性。下属某种态度的形成是有着客观环境和主观认识基础的，因而企望以轻描淡写，夸夸其谈就把下属长期形成的态度转变过来是不切实际的。它要求领导者每进行一项思想沟通，都必须有充分的准备，其中包括详细的情况，透彻地分析、真诚的情感、耐心的疏导等。

态度转变的程度取决于说服者所持有信息量的多少，要有事实、有证据，特别是在敏感的区域，言之有物更显其作用。理性的沟通对事不对人，双方都用事实说话，去除猜想、听说之类的内容。逻辑学中的充足理由律在说服过程中至关重要，大量事实说明，信息越充分，反映事物的角度就越全面；理由越充足，揭示问题的本质就越深刻，相应的就越容易改变对方的态度。

有句成语叫"三人成虎"，源于《战国策·魏策》：说的是有人闻听街市上有老虎出现，起初一笑置之，不以为然；当又听到有人说街市来了老虎，就半信半疑起来；当第三个人慌张跑来说街市真的来了老虎，此人不假思索，信以为真，也跟着仓皇而逃。心理学将此现象定义为从众效应，本来人们确信老虎是不会出现在街市上的，但大家都这么说，也就由不相信变为相信了。这说明同一信息重复出现，就会使人改变原有认识而趋于态度转变，这就是信息量的多与少与态度转变构成正比例关系，广告效应就是这个原理的显现。信息越真实，越准确、越充分，沟通中人们态度的转变就越容易。

4. 情境的设置——在哪沟通

沟通中的障碍有三种：一是信息发送者的原因，二是信息接收者的原因，三是环境和信息传递渠道的原因。为了保障沟通顺利不受干扰，达到预想结果，应该选择适宜的环境和时机，设置有利的情境。沟通地点最好要有寓意，沟通时间要充分，沟通过程要选择双方均已熟悉的内容和方式进行。

（1）情境的设置

沟通无不在一定的情境下进行，情境是特殊的背景和条件，它有助于或不利于沟通的效果，注意选择沟通的情境，是十分必要的。

沟通的天地十分广宽，但就现状真正实施起来不外乎四种形式：一是工作单位，通常是在办公室和会议室，这是工作中的正式的，比较庄重正规的沟通场合。这种环境适用于研究工作，请示汇报，动员总结，座谈讨论，就事论事，公事公办，快速简洁的沟通方式。二是私下场合，通常是酒店茶馆，娱乐场所和家庭住宅。三是户外或工作现场。四是电话、微信和邮箱。可见上下级关系的沟通条件并不充裕。

平行沟通也好，上下沟通也好，总之谁是沟通的主动方谁设置时空环境，方法总比困难多，应该相信想要沟通的一方总会有创意地解决沟通渠道的。这里所强调的是有三点：一是环境要洋溢出温馨和谐的情调，符合沟通的主题要求，防止外人参与进来无意干扰；二是腾出充分的时间预留回旋余地，不能刚坐下来没说三句话就被电话叫走了；三是预备沟通所需的资料与用品，必要时发挥作用，显示沟通者的诚挚和良苦心意。

在上行沟通时，要考虑到领导事务繁多，时间珍贵，所以要严格控制时间，简明扼要，直奔主题，提纲挈领、突出重点迅速说完，引发领导的兴趣，激发他的需求。就像业务员一样，把领导当成客户，向他做营销，这种营销式的沟通要在几分钟之内引发领导的注意，使领导在最短时间内做出有利反馈。

在上行沟通时，要善于借助公务谈其它事情，如果没有公务参与，则没有理由约见领导，领导也没有时间安排不是要务的会谈，所以沟通的艺术性在于巧妙提出议题，妙语连珠般的把话题推给领导，引起他的兴趣和关注，再有准备的把话题引向深入，并建设性的提出解决方案，供领导短时间内迅速作出抉择。

（2）心境的调适

酝酿良好沟通心态，创造良好沟通氛围。人是环境的动物，环境是影响人心态、左右人情绪、制约沟通效果的独特因素。环境不仅是物理状态的，更主要是心理状态的。物理环境是人设置的，心理情境是人创造的，无论是设置的，还是创造的，都是人的心态反映。良好的沟通心态，来自对沟通的必要性认识和积极的沟通意识，所以领导者要提升沟通的自觉性和主动性，每次沟通前要调适好心态，只有在最佳状态下的沟通才会有奇效。

沟通也是一种艺术，领导者应成为沟通的高手，不断创造沟通的新水平。沟通中要善于运用赞同和表扬，赞扬要及时、具体、实在，恰如其份，在赞扬他人意见时，顺水推舟地把自己的观点传达、推销给对方。当对方尚不赞同甚至反对自己的意见和观点时，要理解等待，临时转移话题，不要使分歧扩大，再创造情景进一步努力。只要融洽的氛围在，转变对方态度的可能就存在。

要有一系列的充分准备。一要准备好沟通的语言，妙语连珠，奇闻趣事，推心置腹，语重心长都会给对方留下深刻的印象。二要选择好沟通方式，通过遥远的回忆、相同点的发现、形象的赞美等，引起对方的重视，引起对方的兴趣，引起对方的好感。三要准备好沟通的行头，如适宜的着装、容貌的修饰、得体的佩饰和携带别致的用品等。这些准备有利于创造下次沟通的机缘，这些准备并付诸行动，也全靠良好的心境状态。

沟通效果取决于心境状态，因为心境能展露出一个人的情绪、表情和语言色彩；能反映出一个人聆听对方语音的反馈灵敏度；能表现出一个人理解信息的积极姿态。没有良好的心境状态是不适宜参与沟通活动的。

5. 方法的运用——怎么沟通

有工作就需要沟通，有事业就需要沟通，凡是有人的地方都需要沟通，这是沟通的普遍性。沟通前彼此的感觉印象很重要，每一次沟通之后要给对方留下良好的印象，要为下一次沟通奠定基础，创造条件。沟通中要有微笑，自信，真诚；尊重人、关心人、理解人。营造轻松气氛，不卑不亢，不骄不躁。不要通过贬低别人来抬高自己，更不能含沙射影，指桑骂槐，旁敲侧击攻讦别人。对别人讲话专注聆听，善于听取他人意见，善用询问，不频频看表和频频接电话，不要打断说话者的话题，回驳对方意见要注意对方感受。不管沟通结果如何，能给对方留下良好的印象就是成功，因为良好的印象能提升信任，而信任恰是沟通成功的前提和基础。

沟通是人与人之间的信息交流。由于世上没有两个完全相同的人，因此，某些情况下的有效沟通也不可能拘泥形式，可以说，方法多种多样，具体情况具体处置。沟通艺术主要靠主体自己去探索总结，大量的沟通实践中总结出来的一般规律和方法，对做好沟通工作，尽快形成自己的系统沟通是十分有益的。

（1）动之以情，晓之以理

转变态度，情理是关键。情是寒暄，理是说事。情是突破口，理是大部队，突破口一开，后继人马就上去了。所以沟通说事，宜情字当头。这方面的成功案例特别多，历史典籍《战国策·赵策》中《触龙说赵太后》一文，记载了一段君臣沟通的情景，典型地展现了下级动之以情，再晓之以理的说服过程。

公元前266年，赵国国君惠文王去世，他的儿子孝成王继承王位，因为年纪小，故由赫赫有名的赵威后执政。当时的赵国，虽有廉颇、蔺相如、平原君等人辅佐，但国势已大不如前。秦国看到赵国正在新旧交替之际，国内动荡不安，孝成王又年少无知，认为有机可乘，于是调兵遣将"急攻之"，一举攻占了赵国的三座城池。赵国危在旦夕，太后不得不向盟友齐国求援。齐王虽然答应出兵，但提出赵国必须派太后的幼子长安君到齐国去作人质。作为母亲的赵太后亲情难舍，不肯答应。届时国难当头，群臣心急如焚，竭力劝谏，均遭斥责。最后赵太后甚至扬言："有复言令长安君为质者。老妇必唾其面!"事情陷入了僵局，劝谏赵太后成了一块难啃的硬骨头。

面对此情此景，老臣触龙自愿出面劝谏太后。太后得知触龙进见，估计也是为劝说长安君做人质一事而来，思想上已有了充分的警惕和准备。她怒气冲冲，专等触龙提出此事，骂他个狗血喷头，吐他一脸唾沫。然而，老臣触龙迈着急促而蹒跚的步子进见时，太后等来的不是劝谏之辞，而是亲切而又温暖的问候和关心，这使她大为感动，随之心里那根绷得很紧的警惕之弦不自觉的放松了，怒气也渐渐消除了。其实赵太后正中了触龙的欲擒故纵之计，这也是触龙沟通策略的第一步。

赵太后怒色少解，但触龙仍未提及让长安君做人质一事，而是顺着唠家常的线索，向太后提出给自己的小儿子安排差使的请求，说是趁自己健在之时为儿子作长远打算，从而体现对小儿子的特别疼爱。这个请求实际上是在向自己的目标——劝谏长安君做人质慢慢靠近，也是继续诱太后上钩的关键一步。这一请求非但未遭拒绝，而且还引起了太后情感上的共鸣——可怜天下父母心，哪个老人不爱子，于是她爽快答应了。她好象找到了同盟，找到了"不让长安君做人质"的理解者和支持者。她哪里知道，这实际上是迈进了触龙的"圈套"。

正当两人就"爱子"问题不谋而合的站到同一战壕里的时候，触龙顺势将话题引向了"谁更爱自己的子女"的论争，并巧妙的运用激将法，他明知太后更爱长安君，却说她爱燕后甚于长安君，这便又引起了新的争论。触龙摆出自己的观点："父母之爱子，则为之计深远。"触龙以太后送女儿燕后出嫁时，担心女儿的长远利益，不让其回家的事实，使太后深深认识到要真心爱子女，就要为子女做长远打算的道理。太后承认了这一观点，紧接着，触龙步步进逼，从赵国的历史说开去，列举了一系列反面的事实："今三世以前，至于赵之为赵，赵王之子孙侯者，其继有在者乎？微独赵，诸侯有在者乎？"他们都不存在了。这是为什么呢？于是触龙顺理成章的指明了其中的原因："岂非人主之子孙则必不善哉？位尊而无功，丰厚而无劳，而挟重器多也。"至此，言归主题火候已到。触龙便因势利导的指出了太后的做法："尊长安君之位，封之以膏腴之地，多予之重器，而不及令有功于国"的危害。从而也解释了他认为太后爱长安君不若爱燕后的理由。这就使赵太后陷入了既疼爱长安君，又不让他出使齐国，为他作长远打算的这种自相矛盾之中。使她深刻的明白了自己对长安君的爱只是一种只顾眼前，不顾长远的溺爱而已，这种溺子骄子就是等于杀子。于是，赵太后答应让长安君出使齐国，触龙达到了转变太后态度的预期目的，也挽救了赵国。

触龙的观点是：国君和身居高位的官员应该让自己的子女去为国家建功立业，以取得人民的拥戴，决不能让子女安享由父母的权势而得到的尊位、高薪和宝器，安享富贵，坐享尊荣，最后不仅业无可继，恐怕连已有的财富也将荡然无存。这个道理已是家喻户晓的千年古理，可是到现在很多领导者依然执迷不悟，为了给孩子创造荣华富贵，大肆贪污受贿，违法犯罪，最后不仅自己身陷囹圄，臭名远扬，孩子也娇惯成性，不齿于人。据大量资料表明，很多领导者大肆贪腐就是为了给孩子积累财富，结果自己身败名裂，给孩子带来却是深重的危害。可见，当局者迷，旁观者清。许多贪官遗憾的是缺少象触龙这样的人去巧妙地点拨、启迪、教诲。

从沟通方法来讲，这个案例揭示了两个道理：一是急事慢处理，操之过急，物极必反。沟通的工作既要冷静，又要耐心。常常是因为急而忽略了方式方法，生硬的态度让人难以接受，急躁的命令让人心理逆反。二是由情入理，循序渐进，先关心体贴，再就事论理。理靠情掩护，情为理服务，情理交融，过渡圆滑，巧妙布阵、循循善诱，以子之矛、攻子之盾，最后还要靠深邃的道理去折服取胜，情理相融交替就是思想沟通的辩证哲理。

（2）利他角度，理由充分

卡耐基有一句名言"怎么说比说什么更重要"。李斯的《谏逐客书》一文，就是这句话的最好例证。

秦王政元年时，韩国水利专家郑国到秦国修建长达三百余里的灌溉渠，企图以此来消耗秦的国力，不东伐韩，后被秦发觉。于是秦国的宗室大臣就认为凡是从其他国来的人都有害于秦，请求下令驱逐一切客卿，秦王嬴政接受了他们的意见，下了逐客令，李斯也列在其中。李斯在回楚国的途中，越想越不是滋味，于是他写下了这篇影响深远的《谏逐客书》。

《谏逐客书》不仅文笔犀利，章法浑厚，气势雄劲，文采飞扬，更贵在构思独特，材料充分，理直气壮，说服力极强，大有三寸不烂之舌，胜似百万雄师的效果。它真实地记述了仅凭一纸文书就改变了秦王逐客态度的传奇沟通事例。

秦王嬴政惯于独断专行，历来说一不二，转变秦王的成命，难度可想而知。为此李斯在突破秦王心理防线上作了战术布局，调动了所有能利用的信息资源，作了精心的准备，选准突破口，实施一次性攻坚，因为他没有第二次机会。他站在秦国统一天下的制高点上立论，采取大纵深、多层次、全方位一气呵成式的进攻，力图毕其功于一役。首先他从秦王十九代祖的穆公到五代祖以下的孝公、惠文君、昭襄王等先君历来重用客卿而致富变强的事实作为重炮轰炸，强调重用客卿对秦国有利的事实。继而通过秦王对非秦国产的诸多物品如珠宝器具的喜爱作为机枪一顿扫射，又以赵、郑和卫国的美女，珍贵的骏马，江南的金锡、西蜀的绘画原料，列国的音乐为刺刀进行心理肉搏，说明只有密切人口往来，才能实现物产交流。最后再以地不分东南西北，人不论齐楚赵魏，只要能强秦称霸，就可皆为我所用的宏旨申明大义；指出为渊驱鱼，为丛驱雀，只能对敌人有利，对秦国统一大业不利的论证来一次猛烈的冲锋。由于层层递进，步步为营，有力有节，战术得当，弹药充足，火力猛烈，终于攻克了秦王的心理堡垒，转变了秦王逐客的态度，收到了高屋建瓴，势如劈竹，一举告捷的特效。

李斯通过传统的文书沟通形式取得奏效难能可贵，难就难在沟通对象的特殊身份；难就难在事关重大，涉及的人太多，影响面太广；难就难在朝令夕改，说了不算是领导者的大忌；难就难在一纸文书的能量和机会太有限。总结分析李斯的成功沟通经验有三点：

一是积极沟通的态度。纵然千难万难贵在一搏，不能被种种困难捆绑得不能动弹，不能束手待毙。凡事积极争取、竭力争取，不可能就会变成可能，进而成为现实，许多奇迹就是绝地转机，许多辉煌都来自梦想。正因为有了积极心态，李斯笔下才能奇思奔涌，妙笔生花；才能挽狂澜于既倒，扶大厦之将倾，实现峰回路转，柳暗花明的新景象。所以不管什么情况，都要树立积极主动的沟通心态。

二是选择利他的角度。转变态度要从对方利益考虑，说话办事的出发点至关重要，为了能使对方欣然接受，就要替对方出谋划策，如果别有用心，只能使对方本能抵制。李斯谏书本意是为了客卿的利益而写，但他始终不谈客卿的利益，而从秦国的危亡着眼，为秦王的统一大业着想。如果李斯只是一味地向秦王求情不要逐客，为自己评功买好，不但于事无补，反而会使秦王把客逐得更快，更坚决，更彻底。沟通贵在利公，不是大公无私，而是公在先，私在后，公利得到保障，私利自在其中。送人玫瑰，手有余香，世界上没有纯粹的公，在为公的同时，私就得到了体现。那种时时处处自私自利的人，实际是最愚蠢的人，也是最招人厌烦痛恨的人。世界上什么是好人？什么是坏人？很难界定。其实那种一事当前能为别人考虑的人就是好人；那种事事处处算计别人的人就是坏人。好人与坏人的分野鉴别，就看其公心与私心的权衡之比。

利他角度不仅是一种沟通原则，还是一种沟通策略。为了增强个人观点的公允性，在涉及有利于自己的事情时，不要直接阐述，而是引用他人的话，让"别人"来替你说话。因为人们通常很少怀疑你间接描述的事实真实性，会认为你是站在他一边看待和分析问题的。如果是你直接说出来，他们就会深表怀疑，没什么原因，仅仅是因为那是你说的。所以要尽量用第三者的嘴去为沟通服务。

三是立足宏观的高度。有了视野高度，就有了充分理由，没有高度境界，就拿不出打动人心，交口称誉，能摆在桌面上的大道理。李斯立足秦国未来统一大业的高度，为秦王强国富民的事业着想，摆出了大量历史客观事实和诸多现实具体实例，不能不使秦王扪心自问，无言以对。正由于李斯历数这些客卿们的丰硕功绩，使秦王意识到客卿们的珍贵价值，意识到舍弃这些客卿无疑是秦国的巨大损失，是严重的战略失误，于是不顾个人尊严迅速做了纠正。思想高度能令人警醒，理由充足能让人折服，沟通中这两者不可缺失。

作为下级要敢于跟上级领导沟通，善于跟领导沟通。当领导者提出不正确的意见时，要敢于跟领导说"不"，同时要巧妙地讲出"不"的道理，敢于把自己的观点亮出来。尽管如此有一定风险，但是当领导者最后品鉴出你的不同寻常后，会更加器重你，赏识你，信任你，这也是李斯后来得到秦始皇重用信赖的原因。

（3）寓理于事，现身说法

说话，是决定沟通效果的关键要素。现代管理之父德鲁克曾说过，"一个人必须知道该说什么，一个人必须知道什么时候该说，一个人必须知道该对谁说，一个人必须知道该怎么说。"最艰难的沟通，是与上级领导的沟通，很多下级领导深怕得罪上司，掩盖问题不报忧，曲意逢迎唱赞歌，结果影响了工作，耽误了大事。

《战国策·邹忌讽齐王纳谏》的故事，为我们提供了运用现身说法，寓理于事，机智巧妙地转变"领导"态度的成功案例。

齐威王即位的时候是战国前期，此时齐国已从昔日的霸主地位跌落了下来。齐威王上任之初好为淫乐，长夜之饮，沉湎不治，百官荒乱，诸侯并侵，国势垂危，简直是一派国将不国的破败景象。平民邹忌身高八尺，身材魁梧，容貌俊秀，一表人才，而且还机智聪慧，巧言善谏。他以鼓琴求见，劝威王用贤臣、除奸佞、恤民养战，经营霸王大业。威王见邹忌是个人才，三个月后就用为相国。邹忌为了让威王改革时政，虚心纳谏，广开言路，让民众参政议政，他采用寓理于事的现身说法，进行了与齐威王的有效沟通，成功实现了预期目的。

邹忌有一天拜见威王，讲述了自己的切身经历，感慨兼听则明，偏听则暗的道理。他说：有一天早晨他穿好衣服戴好帽子，对着镜子审视自己的仪容，随后问妻子说"我与城北徐公相比，哪一个美？"妻子说："您美极了，徐公哪里能比得上您呐。"邹忌有些不自信，因为城北的徐公，是齐国人人皆知的美男子。于是又问妾说："我与徐公相比谁更美？"妾说："徐公哪里能比得上您呢！"邹忌还有些不确定，又问从外面来拜访他的客人"我和徐公谁更美？"客人说："徐公不如您美啊。"恰巧第二天徐公来了，我仔细地端详他，认为自己确实不如徐公美。于是我反思这件事，颇有感悟，意识到妻子认为我美的原因是偏爱我，妾认为我美的原因是惧怕我，客人认为我美的原因是有事情想求助于我。

邹忌对齐威王说：我不如徐公美，但妻的偏爱，妾的惧怕，朋友的求助，使他们都认为我比徐公美。如今的齐国，土地千里，城池百座，宫妃侍从没有不偏爱大王的，朝中大臣没有不惧怕您的，国内百姓没有不对大王有所求的。由此看来，大王受蒙蔽想必更严重啊！？

齐威王听了邹忌摆事实、讲道理、有情节、有分析的讲述，颇为信服，认为是至理名言。于是威王下了一道命令："所有大臣、官吏、百姓，能够当面批评我过错的人，得上等奖赏；能够上书劝谏我的人，得中等奖赏；能够在公共场所指责议论我的过失，能传到我耳朵里的人，得下等奖赏。"政令刚一下达，许多官员都来进言规劝，宫廷就像集市一样；几个月以后，有时偶尔还有人来进谏；满一年以后，有人即使想说，也没有什么可说的了。从此威王修明法制，选贤任能，整饬朝政，革新政治，赏罚分明，国力日增，使得齐国日益强盛起来。

齐威王从不理朝政到广纳忠言，励精图治，是有历史依据的真事。事情虽然过去两千多年，但邹忌的现身说法依然富有现实意义，尤其是他总结出的因偏爱而对自己过誉，因害怕而不敢直言，因有求而不愿坦言的三条结论，确实意味深长，对今天的领导者们仍富有借鉴价值。

常言道："伴君如伴虎"。帝王时代很多大臣因为出言不慎而丢掉了性命，使进谏成为一门高超的沟通艺术。邹忌也深知语言冒犯的后果，所以他经过一番深思熟虑，决定采取现身说法的形式，由家庭私事推及国家大事，以亲身的感受给齐威王讲故事，通过"比美"寓理于事，举一反三，悟出哲理。说明凡对自己有偏私，有所畏惧，有所企求的人，在自己面前只会说些献媚讨好的假话，不会指出自己的缺点。对此，威王亦有同感，接受启迪，转变了态度，广纳谏言。邹忌寓理于事，现身说法的经验运用到日常沟通中，一定会引人入胜，屡试不爽，收益颇丰的。

（4）价值选择，态度转变

从苏秦游说六国联盟，到张仪破解纵约统战；从国民党与苏联缔结友好盟约，到共产党争取傅作义举义投诚，整个过程就是讲事实、摆道理，理性说服，价值选择的过程。这其中说一千，道一万，无一不是利害权衡，以价值利益为导向的结果。摘举《三国演义》中"屯土山关公约三事"的案例，便可理解价值利益关系在转变态度过程中的关键作用。

建安五年，曹操东征徐州，刘备战败逃亡，关羽被困在屯土山上。恪守"忠义"的关羽始终对刘备忠心耿耿，可是，经张辽的一番言语沟通，最终让关羽拼死一战的想法有了颠覆性的改变……

关羽与刘备、张飞在桃园结义时对天盟誓说："念刘备、关羽、张飞，虽然异姓，既结为兄弟，则同心协力，救困扶危；上报国家，下安黎庶。不求同年同月同日生，只愿同年同月同日死。皇天后土，实鉴此心，背义忘恩，天人共戮！"如今关羽保护刘备的家小被曹操大军团团围住，关羽的第一想法就是和曹操决一死战，用生命来兑现自己当年的诺言。

曹操素来爱惜人才，尤其对当年温酒斩华雄的关羽更是欣赏有加，不忍心关羽就此战死，想派人劝降，收归己用。大将张辽主动愿承担劝降使命，因为张辽和关羽有一面之交是在徐州，当时刘备和吕布联手共拒曹操，二人既是武将，又是同乡，又都义气深重，不免英雄相惜。后来，曹操击溃吕布，张辽被捉，本来也是难逃一死，幸得关羽跪地为张辽求情才有今天。试想关羽是何等傲慢之人，竟为张辽向曹操屈膝，可知二人情深义重。正因关羽对张辽有莫大的恩情，所以张辽主动去劝降关羽，既报关羽的救命之恩，又对曹操的重用立功图报。

劝降关羽是一件很艰难的差使，因为劝降是在较短的时间内对他人此前奉行的人生理念的根本转变，况且关羽一向对刘备忠心耿耿，信守忠义是他一贯的人格信念。投降行径，尤其是对三兄弟的死对头曹操的投降，与关羽这种人的思维定势格格不入、形同水火。

张辽深知关羽秉性，所以当务之急就是截断关羽赴死的念头，让"死"和他的道义责任割裂开来。在形势所逼，只有降与不降的情况下，关羽坚持说："我视死如归，你赶快下山去，不要多说。"

张辽大笑道："云长兄，你这样说话，不是让天下人耻笑吗？"

关羽惑然问道："我为忠义而死，天下人怎么会笑我？"张辽见解独特，列出了关羽轻易赴死的三大罪状：

第一，当初你和刘备桃园结义，誓愿共死。现在刘备失败远逃，你却要战死沙场，倘若哪一天刘备复出，希望你能够再度为他效力，而你却死了，不仅不能帮他践行使命，反而让他随你命丧黄泉，否则陷他于不义之地。

第二，刘备把两位夫人交托给你，你却战死了，两位夫人就失去了依靠。她们只有两个选择，要么守节而死，要么落入他人之手。无论做哪个选择，你都辜负了刘备的嘱托。

第三，兄长你武艺超群，又熟读《春秋》，文武双全，正应该辅佐刘备，匡扶汉室，拯救万民。如果今天您逞匹夫之勇，丢掉了性命，那就是上对不起祖宗，下对不起刘备。

张辽列出的这三条罪状，有效切断了关羽对死和"忠义"之间的认知联系。在关羽的思维定势中，只有为"忠义"而战，宁死不降才是符合忠义的。但张辽的说法提供了一种全新的诠释。如果关羽徒逞匹夫之勇，轻易赴死，反倒是不符合"忠义"的做法了。

这是解决关羽内心价值判断最基础，最重要的一步。

张辽的分析确实有一定道理，但关羽也不可能一下子就转过这一百八十度的大弯来，所以，关羽开始沉吟不决，内心有所动摇。张辽趁势圆场，紧接着提出了自己的解决方案，以彻底打消关羽的顾虑，让他坦然接受投降的安排。

张辽说："现在四面八方都是曹丞相的兵马，你如果不投降，只有死路一条。但如果你投降了，反而有多种好处。"

关羽当然要问:"有什么好处?"

张辽接着又列举出了三大好处:第一,你可以在曹营暂时安身,保护两位嫂嫂,随时打听刘备的消息,一旦有了准信,就可以前去投奔。第二,你可以保全桃园三结义时许下的诺言,三兄弟同生共死。第三,你保全了有用之身,将来可以为国为民建功立业。

张辽列举的这三大好处,正好和前面的三大罪状形成鲜明对比。不降而死,是三大罪状。投降而生,反而有三大好处。张辽希望用这三大好处与三大罪状的强烈反差来稀释化解关羽内心对投降的抵触。

张辽的说服颇为奏效,关羽的强硬态度开始软了下来,从绝不考虑投降妥协为将投降作为其中的一个选择,并进一步提出了有条件投降的要求。为了让内心平衡,关羽提出了三个条件:第一,我和刘皇叔盟誓的时候,曾经说过要共扶汉室。所以,我今天只向汉帝投降,不向曹操投降,是为降汉不降曹。第二,我的两位嫂子,要用刘皇叔的俸禄来供养,所有人等,都不能上门打搅。第三,我只要一知道刘皇叔的下落,不管千里万里,就立即辞别去找他,不得阻拦。

对曹操来说,关羽所提的前两个条件属于价值取向问题。曹操认为,自己身为大汉丞相,就是汉室的代表者,汉即是曹,曹即是汉,至于降谁名义不重要,重在实际。至于用"刘备俸禄"的名义来供养关羽的两位嫂子,对于一个善于灵活变通政治家来说,没有大碍。再说曹操也十分清楚关羽的性格并理解他此时的心绪,所以这两个条件没有构成曹操的抵制。但关羽的第三个条件却极大地触犯了曹操的利益诉求,曹操之所以要招降关羽,是想让他为自己效力,如果一旦有了刘备的消息就立即辞别而去,再度成为自己强劲的对手,那曹操招降关羽还有什么意义呢?

此时张辽开始转而说服曹操了,因为张辽清楚,关羽的三个条件已是无法逾越的底线,所以他只能奉劝曹操。张辽提示说,关羽之所以对刘备忠心耿耿,不过是刘备对他恩宠优厚罢了,只要丞相对他加倍施恩,远远胜过刘备,那么,关羽焉能不感恩戴德,效忠丞相呢!

张辽的提示合情合理,符合人情常规,所以曹操欣然应允。至此,张辽成功完成了三国史上最为艰难、也最为成功的劝降说服。张辽的这一次沟通说服,实质上是说服了关羽和曹操两个人,让这两个观念和利益对立的人,找到了认知的妥协点,这才促成了关羽同意投降和曹操愿意纳降的两全其美。

张辽能劝降关羽,足以印证张辽是一位知情达理,通晓礼义,聪颖睿智,远见卓识的人。张辽的说服事例说明,沟通的主导方必须是站在人生、事业的高点上去引领对方，在对方茫然无措，矛盾纠结之际，指出一条光明的道路。只要代表对方的利益和立场，巧妙地把自己的立场与对方接轨结合，这条充满希望的光明之路，就能使对方顿开茅塞，豁然开朗，欣然接受。所以，认知程度，价值观取向，态度抉择，最终都是理性清晰梳理的结果。作为领导者与他人的沟通协调之本，就是远见卓识，思想精邃，见解独到，附以成破利害的解析。这就要求领导者们要善于学习，系统思考，对客观事物有精深的理解，对社会人生，对国事家事，对国际风云都有高于下属的精准解析，在解惑答疑中，不知不觉的就转变了下属的认知态度。

第六章　领导者的情感凝聚力

感情也有支配权，亲情也是领导力。

情感是人对客观事物主观态度的一种反映，也是人际关系感召力、凝聚力的精神性要素。领导者平易近人，关心下属，与下属建立良好的情感关系，就容易使下属对其产生亲切感、信任感，能使下属主动接受其影响，情愿接受其领导，并能给予领导者以持久的拥戴与支持。

为什么红军长征败而不倒，溃而不散，上下同欲，百折不挠。一是靠革命一定能胜利的理想信仰，二是靠官兵一致同甘共苦的患难亲情。

组织行为学家保罗·赫塞和管理学家肯·布兰佳在 20 世纪 60 年代提出了情境领导理论。该理论认为，领导者要实施良好的"员工导向型"领导行为，与成员建立良好的工作关系，才能取得有效的领导效果。这种良好的人际关系旨在建立领导者对组织成员的情感凝聚力，主要体现下属对领导的尊重、友谊、信任、合作、接纳、支持以及忠诚程度。

美国管理学家，世界著名的管理行为学和领导学权威约翰·科特认为：建立在尊重、钦佩、相互需要、道义和友情基础上的良好工作关系是完成工作所需的一个主要权力来源。没有这层关系，人们就会由分歧而生疑心，由相互信赖而变成相互推诿，从而使命令无法下达给具体执行者，再好的点子也会被人们拒绝执行。

随着整个社会民众受教育程度的越来越高，以人为本的理念将越加深入人心，人们希望获得重视的需求也会越来越强烈。如果一个领导者不能够很好地针对这种现实，有效地体现出对他人的重视，你的领导力就一定是有缺陷的，会产生离心力的。

人是有理智、有情感的，很多问题并不是单凭理智、道理就能解决，情感对人的社会活动具有独特的作用。一个领导者要把组织成员团结在一起，心往一处想，劲往一处使，朝着一个方向奋斗，实现"上下同欲"的目标，情感的作用是必不可少的。

领导者与被领导者建立良好的工作关系，有助彼此产生亲切感和信任感，从而增大领导者的影响力和被领导者的执行力。你平时尊重人、关心人、理解人，平易近人，待人公正，和蔼可亲，与下属关系和谐融洽，你的影响力就比较大，威信就比较高，领导力就比较强，下属就会不知不觉把心交给你，心甘情愿地支持你，真心诚意地追随你，甘效"犬马"之劳。如果你与下属的关系疏远，相互猜疑，甚至相互敌视，下属就会与你渐行渐远，离心离德、消沉消极。

好领导不是把自己忙死累死，而是让下属在无意识中接纳领导的指令，并积极付诸行动。"带人先带心"，这是千真万确的领导真谛。

1. 尊重人——平等待人，一视同仁

孔子是中国乃至世界最伟大的思想家、教育家之一，是中国思想文化的创立者和奠基者。孔子管理思想的核心是"仁"。仁字是人字旁加个二，意是两个人的关系，意指组织人际的亲善关系，就是人们互存、互助、互爱的意思，其基本涵义就是对他人的尊重和友爱。

孔子把"仁"定义为"爱人"，并解释说："夫仁者，己欲立而立人，己欲达而达人"。"己所不欲，勿施于人。"宋代流行一种说法是"半部论语治天下"。而在《论语》一书中，"仁"字出现达 109 次之多，说明"仁"在孔子的思想体系中是居于多么重要的地位。

孟子在孔子仁说的基础上，提出了著名的仁政说，成为历代统治者治国理政的基本原则，即使在几千年后的今天，"仁"的系列思想仍具有普遍适用性和永恒价值。在中国政坛文化中，不讲"仁"字，就是不讲人性；不讲仁爱，不尊重人，不平等待人，不一视同仁，就无法领导别人，就不可能成为成功的领导者。

尊重人是所有美德最基础的表现，它使得领导者在工作中善于了解下属的感受，能设身处地为别人着想。一个尊重人的领导者是很少用疾言厉色，横眉立目，出口不逊地态度去对待下属，更不会指责训斥别人，辱骂伤害别人。当尊重融入领导的过程，便能更好的去感受，体味人际关系的奥妙。

尊重也是一种基本的激励方式，上下级之间的相互尊重是一种强大的精神力量，它有助于领导与员工之间的和谐互助，有助于企业团队精神和领导凝聚力的形成。

尊重人是领导者对下属最重要的态度。常言道："下级对上级，不难有礼而难有体；上级对下级，不难有恩，而难有礼。"《礼记·檀弓》有一篇文章《不

食嗟来之食》，讲述齐国富商黔敖与齐国饥荒灾民带有侮辱性的傲慢施舍故事，寓意说明人都是有自尊的，任何人都不愿低三下四地接受别人的施舍。著名爱国人士闻一多就是认可自己饿死，也不接受美国救济粮的有骨气中国人。中国的传统特别强调人穷志不短，宁为玉碎，不为瓦全的人格尊严。领导者对下属有忽视、轻视、无视、蔑视等失礼举动，无疑等于人格不尊重的表现，势必引起下属的郁闷与忌恨。

对下属的尊重不仅体现在日常工作中的礼貌谦逊、心平气和、一视同仁，尤为注意避免采用命令式的语气，用拒人千里之外的表情，用嘲讽挖苦的语言，用强硬粗暴的态度来对待下属。而是以建议来代替批评，认真听取下属的不同意见，尊重下属的不同做法，征求下属的建议，甚至在专业方面向下属请教。美国科学家富兰克林说过："人总是向被肯定的方向求发展。"只有在充分尊重下属的文化氛围中，下属才会积极主动地发挥自己的聪明才智为企业发展努力，促进企业的永续发展。

中国共产党是无产者的政党，红军是穷人的军队，理论上强调人格平等，情感上把劳苦大众喻为兄弟姐妹，为了践行官兵平等，军队不设官衔，首长与士兵着装一样，充分体现了组织内部相互尊重，一视同仁，精诚团结，亲如一家的和谐状态。所以穷苦百姓愿意到革命队伍里来，也吸引了大批的成千上万的国民党官兵投入到共产党军队的怀抱。这种官兵平等，上下同心的凝聚力，成为共产党军队对敌斗争的独特战斗力和重要竞争力。

人世间真正能征服人心的只有两件东西，一是真理、信仰；二是情感、仁爱。尊重人是亲和力感召力的前提，对人不尊重的人也很难体现到关心人。马斯洛需求层次理论表明应该满足人"尊重的需要"和"自我实现的需要"，人性化管理恰恰迎合了人的这种高层次的心理需要。

平等待人，尊重人，理解人，关心人、用一致的目标团结人，用严格的标准塑造人，是一个优秀领导者应该具备的思想境界和领导功力。

稻盛和夫说："管理者若是不能与成员密切合作，组织便会遭到厄运。"领导者要知道部下中蕴藏着无穷的智慧，要尊重下属的首创精神，调动大家发挥聪明才智，认真倾听下属们的建议，集思广益，群策群力，把工作做好。

当代美国管理学家米勒在《美国企业精神》一书中，提出未来企业经营的八项原则，其中一项就是"亲密"原则。米勒指出：亲密感的需求是一种非常基本的人性需求。所谓"亲密感"，就是指一个人能以彻底信任的方式把自己投入人与人的关系中去，同时能够使对方对于自己的利益予以真诚的尊重和关切。简单地说，有了亲密感，才能提高信任和忠诚的程度。

　　米勒依据企业人际关系亲密化的程度，把现代企业的演变分成三个阶段：① 工业化之前以家庭为中心的阶段。在工业化之前的时代，企业员工之间的关系就像农家那样亲密，大家和睦相处，各干各的活儿，传授技术就像父传子那样，并且共同分享整个企业的成功。② 工业化时代的敌对阶段。在工业化时代，企业很难使个人与组织之间产生亲密关系。公司庞大无比，个人显得很渺小；公司可以挥舞极大的权力，个人却没有丝毫权力可言；公司完全不依赖个别的工人，个人则要完全看公司的脸色。③ 信息社会的命运共同体阶段。在信息社会，则有待于建立新型的人际关系，创造亲密感。这种亲密感要建立在相互尊重，彼此独立，以及相互关切上。

　　日本是具有东方儒家文化背景的国家，即使是在工业化时期，日本企业也同样保持着亲密型的人际关系。与西方企业推行"以物为中心"的管理方式不同，日本企业推行的是"以人为中心"的管理方式。西方人把企业看作"利益社会"，日本人则把企业视为"命运共同体"；西方企业把人际关系契约化，日本企业则使人际关系家族化；西方企业把工作外的私人关系看作"不正当的恋爱"而极力阻止，日本企业则把亲密的人际关系看作"美妙的婚姻"而公开提倡；西方企业只鼓励人与人之间的竞争，日本企业则鼓励人们的相互合作和支持；西方企业存在着威严的上下级关系，日本企业的领导者和被领导者之间却类似某种"前辈"和"后辈"、"老师"和"学生"的关系。总之，与西方的个人主义不同，日本企业的人际关系是建立在"家族主义"或"集团主义"的基础上的。

　　世界管理学界一般都认为：日本企业管理的三大支柱："终身雇佣制"、"年功序列工资制"、"企业内工会"（有人还加上"集体决策制"）是日本企业维持亲密型人际关系的表现；而这些制度之所以得到推行，则在于中国儒家所提倡并经过日本文化所吸收和改造的家族主义的文化传统。美国企业不可能采用日本的终身雇佣制，也不能像日本那样，促使员工对公司毫无保留地效忠。美国的文化重视个人主义，强调地位平等，与日本的人际关系截然不同。随着美国企业日渐了解个人所扮演的角色、需求、参与和自尊心，都与创造性成效密切相关，于是也逐步重视和努力发展工作关系的亲密感了。

　　美国通用电气公司采用的面对面管理就是一种增加感情的管理方式，即以走动管理为主的直接亲近员工的一种开放式有效管理，也是旨在消除企业内的官僚主义，减少企业内耗，理顺人际关系的"润滑剂"。从一名曾经想离开通用公司的普通雇员，到掌管通用公司 20 年的最高执行官杰克·韦尔奇，都对企业中一度盛行的官僚主义作风深恶痛绝。杰克·韦尔奇由此确立了自己当老板的处事准则，他从雇用第一个员工开始，就没有把自己当成老板，而是视员工为同事，员工可以去他家共进晚餐，与他一起度周末，一起在星期六加班。虽然随着韦尔奇职位的升高，等级之分不可避免，但是在他看来，通用公司的团队精神和氛围仍然是第一重要的。直到韦尔奇成为最高执行官，在每周一次的例会上，他仍会花半个小时与大家谈论上周末的高尔夫球赛。他说：我的目的就是要在公司里面创造一种一流的家庭般的闲适氛围，因为这是创造卓越的前提条件。

杰克·韦尔奇要求公司的最高层领导对各级员工实行"门户开放"政策，欢迎公司员工随时都可以进入他们的办公室反映情况，对于员工的来信来访能负责地妥善解决，公司的最高首脑与全体员工每年至少举行一次生动活泼的自由讨论，从上到下直呼姓名，互相尊重，彼此信赖，人际关系融洽而亲切。通过公司努力培养"大家庭感情"的企业文化，领导和员工都对企业特有的文化身体力行，爱企如家，从而创造了通用公司绩效多年高企的辉煌奇迹。

随着整个社会受教育程度越来越高，人的自尊心也越来越强。随着"以人为本"的理念深入人心，人们更加强调个性地来主宰自己，希望获得重视的需求尤为强烈。如果一个企业领导者不能够很好地针对这种现实，有效地体现出对他人的重视，其领导力就一定是有缺陷的。不少企业领导者颐指气使，把员工当做佣人，动辄训斥，当众指责，在员工心里留下心理创伤，埋下仇恨的种子。用刀伤人的伤口容易缝合，用语言伤人的伤口很难愈合，这样的领导者会使组织产生离心离德的危害，他所埋下的不满情绪会日益扩散蔓延，最后会造成各种灾难后果。

2. 理解人——善解人意，将心比心

中国盛行一句话——"理解万岁"。

理解人，就是善解人意，设身处地为别人着想，"己所不欲，勿施与人"。善于体会对方的感受与需要，"推己及人，立己立人，达己达人"。被理解的需求是人们远胜于其它的最基本需求。宽容是人格魅力的重要环节，而宽容则来自于能理解人，善解人意。

海纳百川，靠的是宽容的心。做人做事，心胸不可太狭隘。尺有所短，寸有所长，金无足赤，人无完人。赏识别人的优点，包容别人的不足，靠的是有爱人之心，有容人之量。心怀前嫌，不忘私仇，自称眼里揉不得沙子的人是成不了大事的。心胸狭小，小肚鸡肠，心存旧怨，斤斤计较的领导者势必处处树敌，不能与他人和睦相处，从而做出"为渊驱鱼，为丛驱雀"的事来。

　　社会生活中充满了利益之争，名誉之争，意气之争以及阶级意识、利益集团、团体冲突等矛盾。个人之间的气质类型、兴趣爱好、性格脾气、文化修养等差异，都构成了人际之间的恩恩怨怨，爱恨情仇。只要不是大是大非的原则问题，都应视为此一时、彼一时的正常现象。冤家易解不易结，怨怨相报何时了，尽弃前嫌，化干戈为玉帛，是聪明人的最佳选择。

　　人类有史以来，曾存在过永恒的亲情，但没有存在永恒的敌人。在时间这个魔术师的演变下，友变成敌，敌化为友已是常态。马克思主义的对立统一学说，揭示了人类社会处处存在矛盾，时时存在矛盾的一般规律，事物在普遍联系的相互作用之下，总是不断地发生量和质的对立转化，因此人们的社会关系不可能总保持在一个固定的状态。由于林林总总的因素，莫逆之交不共戴天，深仇大恨情同手足，这样的例子屡见不鲜。在实际生活和工作中，人与人之间不存在化解不了的积怨。

　　说到人的胸怀宽广，说到底是人的认知问题。理解人实质是认知他人的特殊能力，具有同理心的人能够从细微的信息觉察他人的需求，人无论做什么事情都要站在对方角度，设身处地，将心比心地为他人着想。只要有了同理心，我们就能避免许多抱怨责难，消除许多攻讦指责，大家就可以在一个充满鼓励、谅解、支持和尊重的环境中愉快的工作和生活。

　　领导力在某种程度上也是人际和谐的能力，它包括社会交往中的影响力、倾听与沟通的能力、建立关系的能力、合作与协调的能力、说服与影响的能力、处理冲突的能力等。充分掌握这些能力对领导者颇有裨益。人际关系是影响人一生成功、成就的关键。事实证明，不善经营人际关系的人永远被动。美国著名成功学大师戴尔·卡耐基说："交际的学问妙不可言，只有做到了的人才能知道其中潜在的力量是多么巨大！"

　　情感总是受人的认知支配，正确的言行都是理智的结果。当一个人志存高远，高瞻远瞩，自然就胸襟博大，不计较眼前的恩怨得失。春秋时期的楚庄王在平定令尹若敖氏的叛乱之后，夜宴群臣。宴席上文武群臣放量豪饮，庄王很是高兴，遂让自己最宠爱的妃子许姬为大家斟酒。王妃千娇百媚，很是动人，就在兴致酣热之际，突然一阵风把烛灯吹灭了，一位将军趁黑伸手拉了下王妃的袖子，并想调戏她，王后灵机一动，趁势把那人头盔的帽缨抓在手上，并告知了庄王。这时侍人们开始点灯，庄王喊道"且慢点蜡烛，今晚大家痛饮，不必穿戴整齐，都把帽盔摘下来吧！"大家莫名其妙，也就都把帽子摘了，一直到夜宴结束，庄王和许姬也不知道谁调戏了王妃。事后庄王对许姬说：武将们都是粗人，酒性上来无法无天，又见了你这样的绝代佳人，能不动手动脚嘛，如果查出来问罪，就搅了大家的酒性，于你我和大家都不好。后来，那位犯有过失的将军对庄王的宽宏很是感激，在一次战争中五次杀退敌人的进攻，救了庄王的命，庄王要重赏这位将军，将军不受，并将感恩戴德之事述之原委，从而流传下这段千古佳话。

无独有偶，三国时期的曹操在为人宽容这一点，也做得非常优秀，这也是他之所以能做大做强的重要原因。曹操在官渡之战大败袁绍，俘获了大量军械物资、珠宝文物和军机文案，其中就有曹操许多部下私通袁绍，卖主求荣的信件。在摆放处理这些材料时，面对铁证如山的证据，那些暗地投靠袁绍的幕僚们，个个如芒刺背，心惊胆颤。左右建议曹操，将信件一一核对，把通敌的人杀了。但是曹操却作出了一个英明决定，所有信函就地焚毁，他连看都没看。所有参与私通的这些属下，无不感激万分，从此更加坚定了效忠曹操的意志。事后有人问曹操为什么不清除异己？曹操说袁绍强大的时候，我都不能自保，何况这些人了，他们都有老有小，不能不考虑活命要紧。可见，曹操这一明智举动，是在他能正确对待臣下实际利益的基础上产生的，说明曹操在知己、知人方面有着清晰准确的深邃认识。事后证明，曹操这一宽大为怀的举动，赢得了威信和追随力，也深为后人赞许。一个不能宽容别人的人，注定不是一个高人，一个干大事业的人，一个有伟大成就的人。

在现代，胸怀博大，宽容大度的典型人物就是毛泽东。党的六届四中全会之后，王明左倾路线趋向极端，打击排斥持不同意见的同志。在中央苏区把矛头集中指向毛泽东，残酷迫害，无情打击，先后剥夺了毛泽东的苏区中央局书记，一方面军政委职务。为了旁敲侧击，整治了福建省委书记罗明及其跟随毛泽东的地方领导邓小平、古柏、毛泽潭等，使得党内各级领导不敢与毛泽东接触。他虽然是政治局委员，但没有发言权；他虽然精通军事，但不让他参与作战；他虽然是苏维埃政府主席，但不让他负责处理事务……每当回想这段三年多的灰暗日子，毛泽东不禁感慨万端。在遵义会议上，团中央书记凯丰当着20多人的面，嘲笑他只会拿着《孙子兵法》书本打仗，不配执掌军事重任。

长征胜利后，毛泽东走上了主要领导岗位，他没有泄私愤，图报复，歧视、排斥和他意见相左，曾经整治过他的人。他有一句名言，"不仅要团结和自己意见相同的同志，还要团结和自己意见不同甚至反对过自己并被实践证明反对错了的同志一道工作。这话说出来不容易，实际做到更难，但毛泽东做到了，所以他收到了万众归心，全党拥戴的可喜局面。

埃德加·斯诺说："我刚到保安时，心里常常想，毛泽东是一个农民出身的革命领袖，他没有受过高等教育，没有受过专门的军事训练，没有到过外国，不懂得外语，他能够得到共产党内上层知识分子的信服吗？能够得到从苏联回来的、正统马列专家们的拥护吗？现在我的这种怀疑消失了。我发现在共产党和红军中，毛主席的影响最大，受到了大家一致的拥护和爱戴，也得到了博古、凯丰的衷心拥护"。张闻天说："毛泽东同志是善于团结每一个同志一道工作的，他是我们党真正具有远见卓识的领袖。"

斯诺随后相继访问了聂鹤亭、刘晓、左权、聂荣臻、朱瑞、徐海东、程子华、王首道、陈赓、杨勇、杨得志、萧华、李天佑、黄克诚、张绍东、陈漫远、陈锦绣、常玉清、韩先楚、崔天民等三十多位将领，他们异口同声地赞扬毛泽东胸怀宽广，能够团结那些曾经反对过他的有才干的人，公认他是一个顾全大局，一个以革命利益为重的人。至此，斯诺深深感到毛泽东在全党全军中已成为大家心悦诚服的强有力的政治领袖和军事统帅。

老子说："以德报怨"。若是以怨报怨的话，怨恨永远难以消除。有的人主张"宁我负天下人，不叫天下人负我"。其实这显然是很不明智的，是目光短浅，心胸狭隘的表现。人若有深谋远虑的聪明才智，广揽精英的博大胸怀，就要象毛泽东那样宽容他人的失误，不计较个人的得失了。

人要对世间的好坏、冷热、荣宠，利害要放宽胸怀，坦然接受，路才会越走越宽。宽容不是懦弱、退缩的压抑，而是一种忍辱负重的大智大勇，是能识实情、敢担当、懂化解、会融通的大本事。为他人着想，就是为自己铺路；善待别人，等于善待自己。无论自己受到怎样的伤害，不必忿忿不平，耿耿于怀，要学会忘记，忘记是对自己最好的保护；要学会感恩，感谢生活给你磨砺的机会，心灵充满阳光，生活自然灿烂。

3. 关心人——真诚待人，乐于助人

什么是领导？领导是争取追随者的过程，领导力是赢得下属自愿追随并达成团队目标的能力。领导力不单独来自于权力、职位，领导力的核心在于影响力。影响力来自于你对下属的投入、付出、帮助和支持，投入付出越大，影响力越大。领导者是一个不断投资下属，从而实现组织共赢的人。许多下属离职并不是因为薪酬，而是不喜欢自己的领导。真诚关爱是领导者凝聚力的前提，下属为什么自愿追随？是因为你代表着他的利益和希望。一个不被下属喜欢、信任、欣赏的领导者是不会获得追随者的。

关心下属并不单指生活上的关心，还有学习、工作、事业及个人成长等方面的关心。关心时切忌带有居高临下施舍恩赐的感觉，否则会给对方带来严重的心理压力，甚至带有人格侮辱的成分，一定要体现平等的姿态和诚挚的情感。

付出情义仁爱，才能收获情义仁爱，这是领导者取得卓越成就的宝贵资源，这种资源比金钱物质更有力量。

埃德加·斯诺初来保安对中共高级首长进行采访过程中，有四个西红柿给他留下了难忘的印象。最初是斯诺在毛泽东那里见到一盘西红柿炒辣椒，这是毛泽东招待他的上等好菜。斯诺很稀奇，问道：保安地区也产西红柿吗？警卫员贺清华代替毛泽东回答，"保安没有西红柿，这是周副主席从东线指挥部给主席捎来的四个西红柿，今天晚上为了招待你，主席让炒了两个。"两天后，斯诺采访王稼祥，两人正谈着，恰逢毛泽东来看望病中的王稼祥，警卫员从挎包里掏出一瓶罐头和两个西红柿送给王家祥。王稼祥推辞说："主席，你留下吧，你的身体也不好。"毛主席说："你有病，这个东西营养丰富，你更需要它。"两人我推你让的情景，被在一旁的斯诺看得清请楚楚。他后来深有感触的说："谁说共产党人无情无义，铁石心肠，他们的内部关系太令人感动了。共产党高级领导人之间的这种情感，决定了他们是不可战胜的。"

领导者是先寻到目标，然后再寻找志同道合的人组建团队，继而发展广大的跟随者。毛泽东、何叔衡从上海开完建党会议回到湖南，第一件事就是千方百计从工农中发展党员。毛泽东先从无产阶级的工人着手，他来到了安源煤矿，接触到了工人，向他们讲解革命道理，传播马克思主义真理，动员他们投身革命事业。尽管工人们明白了自己受剥削、受压迫的事实，尽管这些人理解了共产主义确实是好的道理，尽管大家认同推翻旧政权，翻身解放当家作主人是穷苦人做梦才想的愿望，但就是谁也不表态参加革命组织。沉默和木然、冷落和回避，给热血满腔的毛泽东喷了一身冷水。但毛泽东没有消沉退缩，他深知事业的艰难，他白天来到阴暗潮湿的矿工宿舍，把矿工又脏又旧发了霉的衣被抱出来洗涮凉晒，傍晚再抱回去并整理铺好，把脏乱的屋子打扫干净，默默地帮助矿工解决实际问题。矿工们从这位穿大褂的知识分子行动中，意识到这是一个大好人，不是那种夸夸其谈的白面书生，于是他们悄悄地、主动地来到毛泽东的身边，再次聆听他已讲过的革命道理。虽然同样是聆听，但前后感觉是不一样的，这次是越听越亲切，越听越敞亮，越听越爱听，越听越投入，革命的火种就这样播撒到矿工的心里，安源煤矿的星星之火就是这样被毛泽东点燃的。如果毛泽东不深入矿工实际生活中，为他们做些具体实事，仅是在他们面前讲真理，即使把嘴唇磨破，恐怕身边也不会有多少人感兴趣。

1944 年，时任八路军教导一旅的旅长杨得志到延安枣园向毛泽东汇报工作，毛泽东一开头就问起部队穿越封锁线的情况，问平汉、同浦铁路是怎样过的等等问题。随后毛泽东挽留杨得志一同吃饭，毛泽东十分关心部队在敌后的生活情况，问"连队战士每天三钱油有没有保证"？杨得志指着桌子上的豆腐炒青菜回答说："这两年恐怕比这还要强些"。毛泽东连声说："好，好！"接着便幽默的补充了一句，"倒是让你在我这里吃苦了。"他高兴地笑着，在这笑声里，充分体现了这位统帅对全军指战员的关心和爱护。试想，当杨得志把主席对战士的关爱之情，传达到广大战士中间时，战士们又是一种何等的心情呢？它所焕发出来的战斗力，是单纯的命令所能比拟的吗？

罗荣桓是共和国的一位具有崇高威望的元帅，元帅是军队中的最高军衔，通常是授予那些智勇双全、神机妙算、战功卓著的军事领导人的。而罗荣桓作为政工人员列在众帅之中，且位居第七，肯定深有寓意。他标志着凝聚军心，提振士气的政治工作在军旅中的重要。罗荣桓在当连党代表时，一次巡哨，发现哨兵依树睡着了。罗荣桓没有叫醒哨兵，而是把自己的衣服脱下来盖在哨兵身上，把哨兵的枪拿在手中，替哨兵站岗。哨兵醒来后既惊恐又感动，请求处罚，罗荣桓先是关心他今后注意休息，继而向他讲述哨兵的重要性，从此站岗放哨的战士再也没有脱岗睡觉的了。罗荣桓凡是要求战士做到的，他自己首先做到。打仗时冲锋在前，退却时掩护在后。行军时为病号扛枪，宿营时下班查铺，替士兵放哨，吃饭时带党员站岗。尽管这意味着要饿肚子。罗荣桓以自己的模范行动成为战士的知心朋友，他深为士兵爱戴。罗荣桓担任三十一团三营党代表后，由于他出色的工作、三营成为一支拖不垮、打不烂的红色"铁军"。1928年湖南省委代表造成八月失败，毛泽东率三营南下接二十八团，行程数百里，打了十几仗，却没有一个开小差的，创造了巩固部队的好记录。

管理是一件很复杂的事情，在中国做管理，光有基本制度和规范还远远不够。中国式的管理与西方的管理大不相同，这源于中国文化的特质。中国人最怕的是被感动，如果你感动了他，他会为你赴汤蹈火，这是中国人的性格决定的。在中国，人们追求的不仅是金钱，还有感觉。因此，企业的领导人有必要提供这种感觉给员工——让每个人都觉得自己在公司里是很重要的。

人是有感情的，影响其行为的心理是复杂的。感情激励的关键在于要能够探察下属的需求，真诚地关怀下属，不仅为下属的工作、学习、成长着想，还要为下属的健康、家境、孩子等着想。感情激励的最高境界就是"感动"被激励人，领导成效在于"民心向背"，而投资感情则是收获民心的重要举措。投入时间与精力关心员工，不是无关紧要的浪费，相反是最值得倾注的"事业"。物质激励往往是就事论事，感情激励才有深入人心的恒久影响。

日本的著名企业家松下幸之助就是一个注重感情投资的人，他曾说过："最失败的领导，就是那种员工一看见你，就像老鼠见了猫一样没命地逃开的领导。"他每次看见辛勤工作的员工，都要亲自上前为其沏一杯茶，并充满感激地说："太感谢了，你辛苦了，请喝杯茶吧。"正因为他在这些小事上，时时不忘记表达出对员工的关怀，所以他获得了员工们的一致拥戴，他们都心甘情愿地为他效力。松下电器成为世界的知名品牌，这里凝聚着企业经营者对员工关爱的心血，也凝结着员工对企业报效的情感。

著名职业经理人唐骏说："我在上海微软时，为员工提供了一项特别福利：所有员工的直系亲属来上海，公司都负责接送。对于这项制度，总部的财务部门一开始非常反对，他们认为这笔额外的费用开支完全没有必要。我很冷静地和他们算了一笔账：'美国人一下飞机都是自己开车，几乎没人接送，而在中国，这是一种礼仪。员工的亲人来了，按照礼节他们肯定要亲自去接，来回至少3个小时。而我规定他们工作时每分钟应该创造的产值是1美元，3小时就是180美元，折合人民币1500多元。我把接送工作全外包给一家专业礼仪公司去做，虹桥机场接机100元，浦东机场接机也才200元。而且，省下来的时间和效益还在其次，最重要的是我提高了员工对公司的忠诚度。'这样的分析很快说服了总部上层官员。"

唐骏说："每到中秋节的时候，我的创意是，中秋节不仅给每一个员工发一盒月饼，还免费在全国范围内为他们快递一盒月饼，并附上我亲自写的慰问信。一位微软中国员工父母家的客厅墙壁上，用大大的镜框裱着这样一封信。每当有客人来，他们都会自豪地让他们看那封信：'你看，我的儿子在微软工作，这是他们的总经理写给我们的信。'我无法要求我的员工在不满意的状态下，还继续带着笑脸让客户满意。因此。要让客户满意，先让员工满意。"

唐骏说："对于我的这种做法，美国总部的人自然又迷惑不解，他们问我'难道我们过圣诞节，也要给每个人发蛋糕吗？'对此我没有正面回答，只是选了几封员工转给我看的他们父母写来的家书，请这些质疑者过目。在这些信里，员工的父母无不鼓励自己的儿女一定要好好工作，不做出成绩来，不仅对不起家人，更对不起这么好的公司。"

汇源集团董事长兼总裁朱新礼始终强调员工是企业的财富，他们的创造能力不可低估。要让员工把企业当成自己的家，那么企业就得把他们当成自家人。如果企业领导与员工是一种雇佣关系，没有亲情关系，那么企业就很难发展起来。所以在汇源有一条不成文的规定：只要是员工找总裁，总是一路绿灯。朱新礼说："领导我可以不见，但是员工我一定要见，任何人不能把员工拒之门外。"朱新礼说，"进了汇源的门，就是汇源的人"。每逢春节我们不仅给员工发慰问金，而且还特意给员工的家属发慰问金，我亲自提笔以董事长的身份，带着儿女孝敬老人的心态给员工的父母写信，表达企业对他们的感谢和慰问，增进了企业与员工的情感和向心力。

《孙子兵法》写道，"将者，智、信、仁、勇、严也"，强调将帅不仅要拥有威武之仪，还需要怀揣仁爱之心。古人曰："聚人而成家，聚家而成国。"没有什么比部下对领导充满信心和崇敬更重要的事情。现代市场竞争亦如没有硝烟的战场，领导者必须懂得人是世界上最富感情的群体，人性化管理是领导者调动员工积极性十分重要而又特殊的手段。管理心理学研究表明，一个人生活在温馨友爱的集体环境里，相互尊重、相互理解，会使人产生愉悦、兴奋和上进的心情，工作热情和效率就会大大提高。相反，一个人生活在冷漠、争斗和尔虞我诈的气氛中，情绪就会低落、郁闷，工作热情就会大打折扣。因此领导者要有一颗仁爱之心，要与下属互相交心、互相关心、以心换心，从而达到心心相印、同心同德、众人一心干事业的境地。

联想有个特色就是"亲情文化"，创造一种"平等、信任、欣赏、亲情"的文化氛围。通过这种"亲情文化"的营造，给员工的工作和生活架起了一道桥梁，让工作变得不再乏味，让人与人之间不再生硬，让尊重得到实现，让个性得到发挥，让协作得到落实，让需求得到关心。它解决了严格管理中不易解决的人的需求满足、人的情感认同、人与人真诚协作的问题，在更高层次上真正达到了人性化管理的境界。

海尔讲究"三心换一心"，即"解决疾苦要热心、批评错误要诚心、做思想工作要知心"，换来员工对企业的"铁心"。海尔有一个运转体系，专门帮助员工及时解决生活上的实际困难。公司组织了自救自助形式的救援队，员工人手一册《排忧解难本》，如有困难，只要填一张卡或打一个电话，排忧解难小组会随时派人解决。集团规定各事业部每月举行两次恳谈会，并形成制度，要求各公司、分厂和车间的恳谈会随时召开，员工与领导，开诚布公，畅所欲言，了解员工心里想什么，希望企业做什么。利用《海尔人》内刊，开辟"心桥工程"栏目，通过该栏目反映不愿在公开场合说的话。海尔的"三心换一心"与"排忧解难本"的理念与做法，使"以人为本"的家文化等到了充分的体现。

大庆炼化公司提出了"三相文化"，即"心相通，情相融，力相合"。心相通是指以员工与企业价值实现为目标，达成对企业发展愿景的广泛认同；情相融是指以建立上下心理契约为目标，达成员工对管理团队的广泛认同；力相合是指以构建资源节约型和谐企业为目标，达成对企业制度安排和企业道德的广泛认同。"三相文化"中的"心相通"是第一位的，只有"心相通"，才能"情相融"，最后实现"力相合"。

中国人注重讲"仁义"。"仁义"就是安人之道，就是用"仁义"之心去安人。领导者实施管理的过程，往往就是调节人的情绪和情感，激发工作热情，进而促进工作开展的过程。领导者要用心管理，以情感人，注重情商管理艺术，发挥"人格的力量"、"情感的力量"，在以理服人的同时，也要以情感人。以情感人重在尊重人、理解人、关心人、爱护人，要有人情味。

《由此，踏上成功之路》一书的前言中写道，"你的企业能否成功，并不取决于你对经济学、组织发展学或营销学的造诣。毋宁说，成功取决于你对心理学的理解。换一种说法，你必须释放人性的威力。"领导魅力作为一种影响群众的感召力、吸引力，是通过领导者与群众感情传递发生的。一位成功领导者的魅力80%来自情感方面，20%来自智慧方面，即情商要高于智商。有句话说得好，"心里装着群众，民声托起你；心里只有自己，民怨湮没你。"因此，真心实意为群众谋利解难，是塑造领导魅力的基本路径。

领导者不仅要怀揣爱心，将下属的利益和幸福放在心间，更应注重协助下属获得成长。要孜孜不倦对他们进行教育指导，毫无保留地传授自身经验与技能，如果能够做到这一点，即使下属在工作中出现问题、有所欠缺时，领导者自然可以毫无顾虑地严加叱责。不管领导者的态度如何严厉，只要是希望下属获得成长进步的善意和爱心，下属就能够理解和接受领导者的严厉态度。

领导者仅为了迎合下属而故作宽容的做法并无助于下属的成长和进步。当领导者缺乏严格要求部下的勇气，只会一味讨好放纵自己的下属时，这不利于下属的成长，并进而危及企业本身。在需要对下属进行严格要求时，能够做到铁石心肠，这才是作为领导者对下属的真正爱心的体现。

特别重要的是，当下属遇到困难或遭遇不幸时，领导者要怀着关爱之心，尽全力给予帮助和支持。如果仅仅表面关心而无实质帮助是无法赢得部下的真心和拥戴。只有领导者本着真诚关爱之心对员工进行指导和培养，下属才能获得成长和进步，在这个过程当中，不仅是下属，领导者本身也会因此而获得同样的升华。

4. 团结人——团结一切可以团结的人

团结就是力量，团结产生领导力。

团结是指人们为了集中力量、完成共同任务或实现共同理想而结合在一起的良好状态。

"人心齐，泰山移"。团结的意义看似人所周知，但有些领导者却不尽然，甚至表现出惊人的幼稚无知，否则就不会出现那么多的山头帮派，其结果是害人害己。

有些领导者认识不到团结是组织存在的客观基础。组织的三要素：一是组织目标，二是规章制度，三是组织成员。实现组织的目标，必须有一定数量的成员，通常人员越多，越标志组织的强盛。组织成员必须建立在对组织的归属感和认同感上，否则人心混乱将导致组织涣散，对完成目标极为不利。团结是组织的凝固剂、凝聚力、内合力，团结是组织规章制度得以发挥作用的前提。成员来自四面八方，思维方式各不相同。怎样使复杂的集体形成思想统一，步调一致的队伍，是一项十分艰巨的工作。如果内部不团结，不能合作共事，就什么事情也干不成、办不好。

有些领导者认识不到团结是做好工作的客观基础。在一个团结和谐、相互信任的组织里，大家心情舒畅、精神愉悦，拧成一根绳，合成一股劲，就能集中精力做事情，心无旁顾干事业，团结一致向前进，各尽所能创佳绩。如果在一个矛盾重重、关系紧张、彼此猜忌、勾心斗角的组织里，各唱各的调，各吹各的号，一盘散沙，四分五裂，搞窝里斗，你争我夺，即使成员个体能力再强，素质再高，本事再大，也不可能有所作为。

有些领导者认识不到团结是领导工作的客观基础。团结是关系组织形象的关键，是做好各项工作的功能保证，是组织命运及全员事业命运一荣俱荣，一损俱损的必然反映。团结既是一种资源，又是一种环境，不仅出战斗力、出生产力，而且也出效率、出政绩。要加快组织发展，推进事业进步，开创各项工作新局面，就必须加强团结。精诚团结，是战胜困难的法宝，不团结，有百害而无一利。

一个组织团不团结，关键在于领导者是否重视团结。一个领导者重视团结，真诚团结，善于团结，实非易事，而要做到"团结一切可以团结的人"就更难了。俗话说："难能可贵"，"难能正可图大功"。懂团结是大智慧，会团结是大本事。做一个卓越的领导者很难，其中就含有能不能"团结一切可以团结的人"。

团结一切可以团结的人，是领导者志向宏伟，境界崇高的体现。

"团结一切可以团结的人"是毛泽东说的。他说出来了，也做到了，所以他成为了五岳独尊，人民拥戴的领袖。

毛泽东政治生涯几起几落，坎坷波折，屡受不公正待遇。但他并不结怨记仇，如此心胸大度，宽以待人的风范，倾倒诸多"异己"。由于认识的局限，党内有许多同志错误地排挤过他，但毛泽东从不计较这些恩怨，在自己取得党的最高领导权之后，依然谦虚谨慎，礼贤下士，该重用的重用，该提拔的提拔，从没有泄私愤，图报复。特别是博古在担任临时中央政治局书记期间，对毛泽东造成过很深的伤害，但毛泽东对他没有冤冤相报，相反给予团结和信任，注重发挥他的特长，委以中共中央机关报《解放日报》社社长，新华通讯社社长等重要职务。在七大上，博古也被选为中央委员。毛泽东的宽宏大量，赢得了身边同志们的心悦诚服，由衷钦佩；赢得了全党、全军领导同志们的真诚信服和高度评价。

毛泽东说："团结一切可以团结的人，包括那些曾反对过自己，并被实践证明反对错了的同志"。中国共产党取得全国胜利的因素很多，其中全党的团结、全军的团结，进而发展到全民的团结，是一个很重要方面。

纵观古今中外，大凡有所作为的人，都有一个共同的秉性，就是胸怀大度。表现在对有不同意见者，甚至有过"宿怨"的人士，有勇气抛弃前嫌，重新合作。比如齐桓公上台后，就不计前嫌，敢于重用昔日"政敌"管仲，并在管仲的辅佐下，成为春秋五霸之一。唐太宗则以魏征为镜，广纳谏言，勇于改过，终于成就"贞观之治"的辉煌政绩。

胸怀博大宽广不是天生的，是领导者的知识、经验、智慧、品德等综合素质的体现，它是在生活中情志陶冶的产物，是在工作中意志磨砺的积累，是在事业中思想境界升华的结果。领导者不能过于在乎自己的尊严，不能过于计较个人的利益，不应对部下心存介蒂，对往事耿耿于怀，要有海纳百川，日月入怀的器量。

团结一切可以团结的人，是领导者顾全大局，以事业为重的高风亮节。

卓越领导者在任何时候都要保持一种积极向上、正确对待荣辱得失的良好心态。不管自己所处职位的高低、拥有权力的大小、面临境况的进退、关键时刻的去留，都要拥有宽宏豁达，广纳天地的气量和格局。团结一切可以团结的人，莫不具有与人为善、光明磊落，讲风格、识大体，事业至上，大局第一的高尚境界。一切印象取人，固执己见，自我独尊，僵化矛盾，宁我负天下人，不可天下人负我的做法，都是错误的。

国民党军队是由若干地方军阀汇聚而成，内部成分错综复杂，蒋介石自北伐发迹到逃离大陆，在二十余年的政治生涯中，矢志不渝排除异己。他惯用"一石二鸟"鹬蚌相争，渔人得利的手法，调动"异己"力量去围剿红军，再用红军削弱或消灭"异己"。蒋介石党同伐异，清除异己的目的，是搞自己的独裁统治，实现蒋家王朝的一统天下。他自以为得计，结果聪明反被聪明误，在西安事变中险些丧命。中央军和地方军各视异己，彼此抗衡，尔虞我诈，矛盾四起，始终是国民党的心腹之患，必然走向众叛亲离的结局。

相反，毛泽东在"异己"问题上，就表现得别有天地，显示出他高屋建瓴，高瞻远瞩的高风亮节，体现出一个伟大政治家的卓越英明。其实，共产党内部也不统一，它也是由许许多多的地方组织汇聚而成。正如毛泽东所说：我们的队伍来自五湖四海。朱德的描绘是"千流归大海，奔腾卷巨澜"。由于共产党队伍的构成庞杂，又长期处在分散的农村环境下，必不可免地形成了"党外有党，党内有派"许多盘根错节的"山头"。要把各个山头的人都团结起来，形成一个坚如钢铁、团结一致的党是极不容易的。在毛泽东团结一切可以团结的人的思想指导下，在周恩来相忍为党的模范作用带动下，各级各地的领导者以大局为重，注重团结，使共产党呈现出真正精诚团结的大好局面。

一个政治家和权谋家的重大分野，其主要标志就在于他是否正大光明，是否正确对待处理组织内部的"异己"问题。不要手腕，不玩权术，不计较个人得失，不争你高我低，要多看别人的长处，多想自己的不足，要有容人之量和爱人之心，真正形成一种支持配合、愉快共事、宽松和谐、团结向上的良好氛围。由于毛泽东的胸襟广阔，磊落坦荡的政治家风度，赢得了身边战友和同志们的高度信任，这也是他善于团结人，能够团结一切可以团结的力量的高尚思想境界所致。

团结一切可以团结的人，首先是实现领导班子内的精诚团结，领导者要珍爱相互之间的团结，切实把合作共事当作一种缘份来呵护。要形成重大问题集体研究，具体事情分工负责，集体领导，民主决策。以理服人，以德服人。大事讲原则、小事讲风格。胸怀坦荡、以诚相待，工作上互相支持，生活上互相帮助，心理上互相理解，既当同事又当朋友，既当同志又当兄弟。同时值得一提的是，团结绝不是丧失原则，搞一团和气，甚至藏污纳垢，认敌为友。而是在一个根本的原则立场上，围绕有利于事业的前提上的求同存异。在基本点一致的基础上，共商公事，共谋大业，共同合作，共同发展。恩格斯说："团结并不排斥相互间的批评。没有这种批评就不可能达到团结。没有批评就不能互相了解，因而也就谈不到团结。"只有坚持原则、严明纪律，才能步调一致，团结如钢。

毛泽东除了靠他的正确思想，理论、政策作为统一全党思想的基础而外，在处理党内关系方面，他提出并实行了"团结—批评—团结"，对犯错误的同志实行"惩前毖后，治病救人"，既要弄清问题，又要团结同志等一整套的正确原则和方法。经过延安整风到党的七大，全党实现了空前的精诚团结，正如第一个历史决议所说的那样，"团结全党同志如同一个和睦的家庭一样，如同一块坚固的钢铁一样"。作为共产党的领袖毛泽东不但善于团结党内的同志，还善于团结党外各阶层人士，从而把最主要的敌人最大限度地孤立起来。

团结一切可以团结的人，要尊重差异，求同存异，摈弃成见，共谋发展。

大海能容纳百川，不择细流，才能成其大。荀子也说，"积土成山，积水成渊。"一个领导者要有"海纳百川"的恢弘气度和宽广胸怀，能容忍同事对自己的伤害，包容下属的瑕疵，要允许别人犯错误。团结一切可以团结的人，就是调动一切积极因素，最大限度地发挥所有人的作用，为实现组织目标而共同奋斗，取得更大的业绩。

历史上有一个"朝服进谏"的典故，说的是李世民有一次下朝回宫后，十分气愤地对妻子长孙皇后说："我以后找机会一定要杀了那个乡巴佬！"长孙皇后问道"是谁惹怒了陛下？"李世民回答说："魏征经常在朝堂上羞辱我。"长孙皇后面对盛怒中的丈夫，退到里间，换上了正式的朝服。然后走到丈夫面前表示祝贺。李世民十分惊奇，询问妻子的用意。长孙皇后则笑着答道："我听说君主开明则臣下正直，如今魏征正直敢言，是因为陛下的开明，我怎能不祝贺呢！"太宗听了觉得有理，转怒为喜，之后更加重视魏征。可见同一件事，不同的人有不同的理解，其差异往往就是看问题的深度与广度的不同，追本溯源是人的智慧。

一位哲人说："宽容忍让的痛苦，能换来甜蜜的结果。"马云说："领导的肚子是被委屈撑大的。"其实何止委屈，还要忍辱负重。可有些领导者不能忍受委屈，而是以牙还牙，珠锱必较，这样后果决不会好。

有的领导者喜好划圈，拉帮结伙，结党营私，培植亲信，为把自己掌握的单位变成针插不进，水泼不进的独立王国，实现唯我独尊的家天下统治，把和自己气味相投的人拉到自己旗下，建立嫡系，形成圈子。把前任领导信任的人，把看不惯，瞧不上，志趣不相投，口味不一致，思想不统一，工作不合手，利益不一致，关系不协调的人，统统划为另册，冷眼相看，孤立排挤，把一个单位里的人弄成三六九等，四分五裂。

毛泽东之所以在全党享有崇高的威望，就在于他搞五湖四海，不搞小圈子；凡事光明正大，不搞阴谋诡计；对同志一视同仁，不搞亲疏远近。他深知局面的开拓，事业的发展，竞争的胜利，需要群策群力，上下同心同德，少数人创造不出辉煌。领导与群众，永远是一个战车的两个轮子，没有更多下属的积极配合，事业的前行必累受颠簸之苦。领导有三个境界：一是自己单枪匹马地干工作，二是通过组织的力量干工作，三是带领大家一道去干工作。领导者要学习毛泽东，"唤起工农千百万，同心干！"做一个大家信任、共同拥戴的好领导。

习近平说："在各种情况下，团结永远是前提。它绝对是你立于不败之地的必然前提。"

讲团结就是每件事不要只考虑自己愿不愿意，还要考虑别人愿不愿意。凡事团结处理得好，工作都能做得比较好；凡事团结处理不好，工作就都做不好。要想让别人认可的，必须先认可别人，在最广泛的程度上赢得好人缘，把陌生的力量变成朋友的力量，这是高明领导者的不二选择。

稻盛和夫说，全体员工团结一致才是企业成功的稳固基石，企业若是不能让成员密切合作，便会遭到厄运。特别当大家各有不同的意图时，群体的力量就会分散。成功的公司都是使每个成员都能朝着一定的方向前进，并让每个人都有发展的空间。

领导者要想组织能良好地发展下去，就必须用一致的目标将组织全员团结起来。团体中存在不同的声音，可以代表一种蓬勃的现象。对一个组织而言，所有的成员必须要有相同的基本价值观，这就要靠领导者的示范作用。要塑造和维护组织的共同价值观，领导者本身就应该是这种价值观的化身，用行动将价值观灌输到成员的思想里，用一致的目标将成员紧密地团结起来。团结的力量是无穷大的，这力量就是组织发展壮大的潜在动力。

5. 激励人——激励的原则性和艺术性

美国哈佛大学教授威廉·詹姆士研究发现：在缺乏激励的环境中，人的潜力只能发挥出 20% — 30%，如果受到充分的激励，他们的能力可发挥 80% — 90%。优绩高效不仅取决于员工的素质和工作能力，还取决于领导者的有效激励。激励是领导者对员工行为的诱导力和促进力，是企业实现目标的推动力。

（1）激励的根本目的是要促进员工的成长

领导的核心是善于用人，而用人的重点是激励。激励的目的有多种，但根本目的是启发下属自我发展意识，培育下属自我健康成长，促使下属人格成熟。

学习进步，技能提高，就会形成自我激励机制，进入自我实现的轨道，从而构成组织与个人双向的良性激励局面。否则，激励就容易成为领导者的权宜之计，成为一场会战的动员，成为逢年过节的奖赏，成为经年累月考核的表彰，成为例行公事的光荣榜。

社会发展的最终目的，企业建设的最终目的，都是为了人，都是有利人的成长。家长为了孩子，老师为了学生，商场为了顾客，领导为了群众，政府为了人民，整个国家都在围绕人转来转去。各行各业的职业人士，表面上都是为了事业，为了盈利和赚钱，但最终目的都是为了自己的发展与成长，离开了发展与成长，任何社会组织都没有存在的价值和意义。

领导者理应深知，自己所做的有价值的一切，归根到底都会演化为对社会的贡献，对人民群众的造福。既然如此，何不在日常经营管理过程中，把利他之心体现在身边的员工身上，把以人为本的理念贯彻于管理实践中，注重对员工的教育培养，发掘员工的潜力，激励员工的积极性，最大限度地发挥员工的作用。

企业是员工生存的保障，也是员工成长的地方；企业离不开员工，员工也离不开企业。企业与员工是相辅相成，祸福与共的利益共同体。领导者是企业的代表，体现企业的意志，领导者与员工的互助互利，共同成长的关系，决定了双方激励互送能量、互促发展的本质，决定了员工不成长，就是激励没到位的结果。

激励是领导者最常使用的、运用面最广的一种领导方法，所以它是领导力的一部分。能不能把促进员工的成长作为激励的根本目的，是区隔领导者境界与能力，鉴别激励效果优劣好坏的关键标志。

有些领导者没有把激励纳入到领导力的战略层面来认识，势必严重削弱激励的价值与作用。他们认为激励就是奖励，有钱才有激励，没钱就没有激励，用钱取代激励，钱就是激励。由于领导者主观的偏颇性、狭隘性和盲目性，最终导致激励走向歧路，名存实亡。

激励的直观作用就是调动积极性，激发创造性，提高生产率。原始的手段就是物质刺激，给钱给物；稍进化一点就是命名表彰，给荣誉，给称号；再高级一点，就是晋级提拔，委以重用。这三板斧过去以后还怎么办？奖金不能天天给，荣誉不能月月发，提拔不能人人有份；可是，工作天天干，任务天天有，业绩得人人去创，全部依靠看得见的实惠刺激怎么能维持久远。这根本的长远大计就是让员工不断成长起来，用内在激励充实外在激励，用精神激励充实物质激励，用恒久的激励交替取代短暂的激励，最终真正永久发挥激励作用的是，员工自身价值的自我发现，自我挖掘，自我成长和自我实现。

有这样一个案例：有三个工人在砌一堵墙。有人过来问："你们在干什么？"第一个人说："没看见吗？砌墙。"第二个人笑了笑说："我们在盖一幢高楼。"第三个人满怀憧憬地说："我们正在建设一个新城市。"10年后，第一个人仍在工地上砌墙；第二个人坐在办公室中画图纸；第三个人成了前两个人的老板。三个人的结局如此不同，是因为三个人的成长过程不同：第一个人只想到干活，眼里只有砖、水泥和瓦刀；第二个人想到了高楼大厦，联想到了房屋的结构和设计；第三个人想得更远，联想到了城市建设与房地产开发……常言道：没有做不到，只有想不到。想到，是一切成长的开始。正是第三个工人知道了工作的意义，意识到了自己在从事着一项事业。这里的工作意义，就是激励；对工作意义的知晓，就是激励。激励的结果使他的潜能得以发挥出来，变成了显能和效能；不知晓、不理解工作对自己的价值，就不存在激励，没有激励，员工的潜能就变成了无能。领导者的激励作用，就是要让员工意识到自己的工作多么重要，让他们意识到自身价值的重要，与此同时，领导者也要意识到培育人和激励人是自己义不容辞的责任和伟大使命。

员工成长的结果是人才的大量涌现，一般工人提升为能工巧匠，知识员工提升为专业精英，管理者提升为领导者，普通领导者提升为卓越型领导者，员工整体素质能力大幅提升，企业焉能不阔步前进，迅猛发展呢。

（2）激励要以精神激励为主，强化助长作用

激励的内容是多种多样的，有物质的、精神的，有情感的、信任的，还有授权的、挑战的等等。物质激励主要指奖金、奖品、补贴等，后来又增加了股票期权、利润分成等。物质激励十分重要，尤其对经济条件有限的员工更是求之不得。很长时间以来，物质（金钱）需求一直是广大员工的首要需求，物质激励曾发挥过和正在发挥着强劲的积极作用。勒波夫博士在《怎样激励员工》一书中指出，"世界上最伟大的原则是奖励；受到奖励的事会做的更好，在有利可图的情况下，每个人都会干得更漂亮"。

没有物质的激励不免空洞乏力，长征期间，红军总政治部在极端困难的情况下，毅然决定对飞夺泸定桥的勇士每人奖励了一套列宁服、一支钢笔、一个笔记本、一个搪瓷水缸和一双筷子。这是当时中央红军官兵所能得到的最高的物质奖励，勇士们得到了极大地激励鼓舞。但物质奖励不是激励的唯一手段或最好方式，其功能也很有限，国民党军队是最善于使用物质激励的，纵然"重赏之下必有勇夫"，但实际效果并不都很灵验。

由于有些领导者对激励缺乏研究，一直以为激励就是奖励，当奖品引起大家不满意时，领导不检讨自己在激励方式的掉以轻心，而认为是"众口难调"，索性干脆发钱。现在很多单位都采取了这种"省事"的办法，殊不知如此一来，那些先进人物的工作动机就变了味，好像他们的积极性就是冲着钱来的，高尚的思想境界被扭曲抹杀了。这就造成了员工只要不差钱，就没必要当先进的局面，因为这里没有任何光荣感。正如一位荣获多年的劳模说："我这个劳模从来没有感到多么光彩，反而感到让人瞧不起，精神压力很大，很难受。"真正的激励，有效的激励，应起到促进员工再接再厉，再创佳绩的驱动上来，应起到鼓

舞员工为企业多做贡献的积极性上来；应起到鞭策员工严格自律，努力发挥榜样的带头作用上来，应起到提升员工为组织的目标尽职尽责的使命感上来；甚至联系到为党为国，为社会主义事业拼搏奋斗，鞠躬尽瘁的更高境界上来。前任全国政协副主席王选先生说，对员工激励只有物质的单一的手段，而缺少甚至完全地忽视了精神层面的激励，实际上是一种害人的政策。

人的需要是人行为产生的原动力，美国心理学家马斯洛在 1943 年提出了人的需要层次理论，他认为人的需要从低到高依次是生理需要、安全需要、社交需要、尊重需要和自我实现需要。其中 1 – 3 为低层次需要，4 – 5 为高层次需要。马斯洛指出，只有低级需要基本满足之后，才会出现高一级的需要。人的基本需要是由低级向高级发展的，具有连续性。但也可以超越低级需要直奔高级需要的，当高级需要确立之后，人的境界大为提升，一事当前，能从大局着想，能以事业为第一标准，能把他人利益置于自己利益至上，即大公无私的高尚情怀。所以激励有积极的促进强化激励，有消极的庸俗退化激励。

积极有效的激励会助长员工的积极行为，使之更加符合组织的期望要求。领导者既要找准员工的真正需要，将满足员工需要的措施与组织的目标实现有机结合起来，同时努力做好员工需要倾向的正面引导。在物质与精神的需要方面，员工往往更喜好实际利益的物质激励，但物质激励并不有利于员工和组织的长期成长，也不符合员工和组织的根本利益。所以平时要有目的的强化精神方面的激励。中国人讲究"树活一张皮，人活一张脸"，"雁过留声，人过留名"，"多少钱买不来好名声"。所以，激励要给足面子，要给干得好的人以珍贵的荣誉，使其人格大放光彩，这比物质更能起到激励的效果。

外国人贬低、嘲笑中国人很物质，就是因为中国人时时处处都讲钱，这种现象与领导的错误引导有关。如果说在"有钱能使鬼推磨"的旧中国，金钱万能是国人信条的话；那么在新中国以后，此话就没道理了。因为在毛泽东时代，在物质匮乏，生活贫困，最需要钱的时期，人们并没有唯利是图，没有把钱看得像现在这么重要。所以那个时代英雄辈出，先进人物层出不穷，好人好事遍地开花。那个时期的先进生产者没有物质奖励，戴个大红花，送个红喜报，拍张大照片，就把人的积极性调动起来，先进人物干得特别有劲。是什么原因导致国人的价值取向全部倾注在金钱上？正是领导者错误的物质化导向的结果。

固然需求决定动机，动机导致行为，但是观念更直接决定行为，而且观念能调节需求。所以激励的重点是在观念方面，精神方面。精神需求是一个人在其生活过程中，随着人们对价值认知和社会看法的重要性不断的认识而形成的。满足员工的精神需求来调动其积极性，往往要比用物质刺激有效得多。精神需求包括：① 工作能力被领导赏识、器重，有被重视感，有了个人力量感。② 取得有价值的成就，被同行尊重，推崇，有了荣誉感和自我满足感。③ 自身得到团体的接纳，有了组织归属感。有了群体的和睦友爱。④ 有了精神和行动的自由权，有发表意见的机会，精神上的安全感。⑤ 得到各种形式的关心关爱，支持帮助。⑥ 参与管理，创见建议被理解和采纳等。

马斯洛在需要五层次论中，把自尊需要列为人的高级需要，激励员工的自尊心、自豪感，更有益员工高尚人格的培养。荣誉是人们的自尊需求，也是人们的精神支柱。通过激励，把员工的需求引导到精神需求上来；把员工的积极性引导到创造人生价值的观念上来；把员工的荣誉感引导到为企业发展做贡献的远大意义上来。造成先进光荣、落后可耻；人人争当先进、互相比学赶超的人心思进，蒸蒸日上的可喜局面。

（3）激励要体现公平激励，防止致弱作用

某种激励态势一旦形成，它会对组织产生助长作用或致弱作用，进一步影响着企业的生存和发展。组织的行为导向一般强调全局观念、长远观念和集体观念，这些观念都是为实现组织的各种目标服务的。

激励的致弱作用亦称为去激励因素，即由于盲目激励、偏颇激励，负面激励等不当激励，造成组织对员工所期望的行为不但没有表现出来，反而背道而驰了。一是被激励的员工没发挥作用；二是没被激励的人有不满情绪；三是旁观者局外人负面推波助澜。尽管领导者的初衷是希望通过激励，能更好的调动全体员工的积极性，实现组织的目标。结果却对积极性产生了抑制、削弱作用，对组织产生了严重的恶劣影响，给领导者带来了严重的威信挑战和信任危机。

不当激励的突出表现就是不公平激励。主要指工资奖金分配不合理，提拔重用的人选不合适，命名的先进人物不合格。反映出领导者对员工待遇不公，从而引起员工的强烈不满，导致大部分员工减少投入努力，如迟到早退、消极怠工、出废品、浪费原料、放弃责任等。激励的致弱作用不排除员工的公平感觉是纯主观的臆断，因为人们都常常高估自己的投入贡献，低估别人的投入贡献，从而造成观察问题的系统偏差。也不排除领导者感情用事，有失公允。为了避免不公平激励带来的严重恶果，必须建立科学的完整的激励体系，奖就奖的合情合理，奖就奖的有根有据，奖就奖的光明正大，奖就奖的心悦诚服，这样才能起到激励的催化剂和冲锋号的作用。领导者要摆正公私界限，决不能让私人关系搅乱了是非界线，影响了大局。领导者要铭记一个真理：公正无私就是最高的权威，是领导者品格魅力的核心，有了这一点，你就是批评处罚下属，

都和表扬一样具有催人奋进的激励特效。

（4）激励要创新制度激励，体现严谨科学

领导者要在激励制度的创新上多下工夫，改革不合理的激励制度，实现激励机制的科学化。比如，先进工作者是大家评好？还是领导任命好？领导在决定员工先进与否问题上占多大比重？很多员工认为，和领导关系不好就评不上先进。相反的观点认为，干工作太认真会得罪人，太积极会招人嫉妒，太正派会招人厌烦，"阳春白雪，和者盖寡"，所以群众评选也难以公正。那么怎样才能使激励方式更科学、更有益于企业、有助于领导和有益于员工，是横在激励机制上的关键课题。

激励既是一种领导方法，也是一项组织功能，更是一种组织文化。

企业文化的人格塑造是领导者精神激励的重要手段。管理在某种程度上就是用一定的文化塑造人，只有当企业文化能够真正融入每个员工的价值观时，他们才能把企业的目标当成自己的奋斗目标。实践表明，当企业的价值观和员工的价值观一致时，员工就会与企业融为一体，企业的经营理念就是对员工的无形激励。所以创造人心思进的激励环境，就是最好的科学激励，营造良好的企业文化就是激励的科学性。

未来的员工将呈现出更为多样化的特点，要尊重并充分利用人的差异，就需要企业文化来统一人们的价值取向，并将其作为凝聚人心的力量源泉，形成良好的学习风气，提高全体员工的知识素养，提升他们的精神境界。形成一股强大的精神动力来激励员工健康成长，创造一个有助员工成长、发展和自我实现的条件，创造一个比、学、赶、帮、超、公平竞争的氛围，当一个人认为自己为之奋斗、为之努力的目标是值得的，他便会以极高的热情投入工作，他所发挥的创造力和工作效果是难以估量的。

自尊的心理、比较的心理、不服输的心理人人都有；渴望认同、渴望卓越、渴望出人头地的欲望人人都有；人人心中都潜伏着一份竞争意识。只有这样，人类才会积极成长，努力向前。当这种自我优越的欲望出现了特定的竞争对象时，其超越意识就会更加鲜明。

领导者要善于利用员工的自尊、比较、不服输的心理，有目的地为他们设立竞争目标，适时开展各种劳动竞赛，不断激发其自身潜能，激发起员工的工作热情，主动展开彼此竞争，工作效率自然就会提高。劳动竞赛是企业绩效考核优胜劣汰的一种有效途径。人具有成就需要，有实现个人价值的愿望，劳动竞赛会强化员工胜任和成功的情感体验，将会让具有成就需要的人，全身心投

入工作，有利于企业的发展。

人管人的弊端太可怕，会出现很多偏差。很多单位评选先进人物是领导者说了算，谁当先进，谁当劳模，不是依据员工的实际贡献，而是取决领导对谁的印象和关系。说你行，你就行，于是出现了该奖的不奖，不该奖的奖了，先进与不先进，没有明确的标准，这就使得那些和领导者关系不密切的员工，自暴自弃，不再有进取的热望。这种既随意主观，又专制独裁的领导行为，对员工的积极性打击太大。当这种行径遭到非议后，领导者物极必反，不想因评先选优得罪谁，索性采取不干涉主义，下面爱评谁是谁，甚至干脆实行轮流坐庄，人人有份，搞起了平均主义。使"先进"的含金量大大缩水？使激励变得有名无实。

激励制度的科学设计，确实能改变人为的不合理因素。激励制度能不能体现公正平等，一视同仁，实乃至关重要。激励方式的制度化就是奖励应该以绩效为标准，以考核为根据，以表现为尺度，而不应以领导的态度为转移。不管他和领导的关系是亲是疏，是好是坏，该表彰就表彰，该奖励就奖励，该处罚的就处罚，这样才能真正调动员工的积极性。

激励要成为战略性的一套长短结合系统，如果仅仅是一时一事的激励，那么就使激励变成了为领导者实现自己目的的一种特殊手段，就变成了领导个人追求目标的华丽诱惑，就变成了对员工劳动积极性的变相收买，领导与员工的关系也就跟着演变成互相利用的交易。有的领导者为了追求政绩、追求高绩效，不择手段地实施各种激励，造成了激励的过度、过滥，导致了激励的拔苗助长，导致了激励的难以为继。

（5）激励要讲究策略艺术，因人因事而异

① 先激后励，谐调统一

领导重在用人，用人重在激励。激和励蕴意不同，两者因果互动。激是精神鼓舞，励是物质刺激。激就是给他奋斗的方向，给他美丽的梦想，给他未来的追求。励就是给他绚丽的鲜花，给他激越的掌声，给他振奋的奖赏。两者相辅相成，互为促进，在领导力中都占有非常重要的位置。激中有励，励中有激。先激后励，激励融合。光激不励，激就显得空洞乏力，你努力了、你付出了、作出成绩了，领导没有肯定你，没有重用你，激跟励就断裂了，问题就出来了。光励不激，励的意义就不大，甚至起误导偏执作用。激励结合，才能有效发挥调动员工积极性的作用。

奖品发放务求公开、透明，尽量减少和不使用私下发红包的方式。奖励的

意义在于引导众人的效仿，使大家都为公司做贡献。私下发放红包和奖品，很容易引起员工之间的相互猜疑，破坏组织内部的和谐气氛，对激励起破坏作用，对领导日后方方面面都产生不利影响。

红包的发放体现了企业是一个人说了算的企业体制，给人以特别随意的印象，发与收都偷偷摸摸的，还显得很不庄重，不光明磊落，不理直气壮，不名正言顺。得到红包的人会想，别人会不会比我更多呢？所以发红包之类的奖励，既与现代企业制度所倡导的科学公开的绩效考核体系相背离，又与社会人之常情相冲突。

这种情景的出现，就是领导者常常"只励不激"的后果。在经济效益好的时候，慷慨发钱，甚至有的领导者企图通过多发钱来赚取员工的好评；而不注重思想教育，不提升动机的社会意义，目的与手段脱节，从而把员工引导到一切向钱看上去了，最后要自食恶果。

② 先制度激励，后示范激励

制度激励就是文化激励，当一个单位形成了人人思进，个个争先的风气，培育成勤勤恳恳，兢兢业业，尽职尽责，精益求精的氛围，就实现了制度激励的最好局面。通过制度激励，把人性消极的一面减到最低，把人性积极的一面放大到极值，这是科学激励的理想效果。

领导者要积极探求制度激励的新方式，新途径，致力构建并践行制度激励的机制与模式。

所谓示范激励，就是领导者自身的榜样激励，领导者的率先垂范是制度激励的组成部分。领导者理所当然的是激励的核心要素，如果领导者说一套，做一套，台上大讲无私奉献，台下大搞多贪多占，那么再好的激励制度也会被领导者破坏得百孔千疮。领导者要凭借自身的威信影响力，以身作则，榜样引领，通过上行下效的无形推力，使激励作用时时处处发挥在组织体内，弥散于员工的心里。

领导者是激励的主体，动力首先来自于领导，如果连领导者都松松垮垮，自甘平庸，还怎么能激励别人呢！领导者要注重发挥自己一言一行的示范作用，如果每个层级的领导者、管理者，每个党员，模范、都能注重发挥自己的榜样作用，那么这就是最好的激励机制。

领导者除了发挥自身榜样作用以外，还可以通过辅导的形式来激励员工。领导者要适时当"配角"，去服务基层、去支持群众、去帮助下属、去辅导员工。为员工搭建好舞台，调试好灯光布景，让群众走向前台，让下属去表演，激励下级去冲锋陷阵。领导者侧身幕后，退到后台，也是有效的激励，这就是邓小平讲"领导就是服务"的深刻内涵。

③ 激要公开，励要及时

激励是一种力量，激励越及时，效果越好。全世界激励人最成功、最及时的地方，就是体育赛场，运动员在竞赛中，跳高也好，举重也好，射击也好，得了冠军马上就升国旗、奏国歌、发奖牌，这就是及时激励。升国旗、奏国歌是激，运动员目视国旗徐徐升起，雄壮的国歌嘹亮激越，运动员激动地热泪盈眶，自豪感和为国争光的信念更加增强。励是发奖杯、发奖牌，发奖金。激励结合，使得运动员个个精神焕发，斗志昂扬。

长期以来，国企有很多做法是违背激励原则的，比如：

一是激励不公开。许多员工工作出色，业绩优异，领导者却视而不见，熟视无睹，不说好，也不说不好。到底好不好？领导者始终守口如瓶，讳莫如深，很怕泄露军事机密似的。究竟是不知下情，还是有其它什么原因，令人费解。只励不激，只是往员工的工资卡里打钱，而不告知这笔钱是对他在哪方面的奖励，无声无息，弄的获奖者丈二和尚摸不着头脑。是补助呢？还是福利？是只给我一个人的呢？还是人人有份？是涨工资了呢？还是把钱发错了？总之稀里糊涂。

二是奖励不及时。奖励及时才能最大限度的激励员工，发挥激励应有的效果。如果员工在取得成绩时未得到及时的鼓励，会使员工产生不受重视的想法，对其积极性造成严重的挫伤。许多单位的做法是，员工表现突出，做出了优异的成绩，领导者只是心里有数，并不声张，当月员工的工资卡多了数额，彼此心领神会，因为奖励已成了"军事机密"。每年年初是奖励上一年先进生产者的日子；3月8日是奖励女员工的日子；5月4日是奖励团员的日子；7月1日是奖励党员的日子。平日不提奖励的事，一年一度，昙花一现。

三是激励没对象。优秀员工表彰不是按具体实际贡献，而是按上级给的奖励名额，名额是20名，就奖励20名；名额是30名，就奖励30名。名额是上级根据单位大小，人数比例多少而定。结果好的单位工作优异的员工因指标有限，当不上"先进"；而差的单位个别员工表现并不突出，因指标超额，不能浪费，所以也当上了"先进"。欲问员工好不好？就看指标有多少。例行公事表彰会，奖品发完就拉倒。

四是激励短视化。有的领导者只顾马前三斧，不从长计议，陷入重奖重罚的激励误区，提出什么"奖要奖的心花怒放，罚要罚得心惊胆颤"，以造成强烈的震撼效果。实践证明这种做法不可取，重奖重到什么程度？能维持多长时间？能波及到多大影响面？奖金额度怎么保证？这种做法有三害：

首先，长久难以为继。"心花怒放"的下次标准是什么？有的领导者对激励犯愁了，原因是激励效果在逐步递减。前年的贡献奖是每人奖励五千元，大家挺高兴；去年每人还是五千元，大家就觉得刺激性不大，激励的效果锐减；今年每人再发五千元，大家就要有意见了，激励的效果微乎其微了。领导者想多发，可是经济效益有限，所以领导者埋怨员工的口味太高，不知足，其实是高额奖酬把人的期望值给吊高了。

其次，激励的目的不是只给少数人体验的，如果大家都达到了重奖的程度，大家是否都能"心花怒放"起来。根据心理学家的研究，频繁的小额奖励要比一次性的大额奖励更为有效。所以，领导者宜把一次性的重奖分为几次，从而缩短了奖励的时间间隔，保持了对员工激励的及时性，让领导者有更多的激励机会，显现更多的激励作用。

再次，负面影响太大。企业现场不是体育赛场，先进人物不是冠亚军，奖差不能太悬殊。老王月工时 500 点，拔了头筹，重奖 5000 元；老张月工时 480 点，排第二，获奖 2000 千元；余下酌减。结果在所有获奖者中，除了老王"心花怒放"以外，其余都会有不满情绪。因为第一和第二的业绩没有明显的差距，相应奖励不应相差太大。

五是激励搞平衡。小张业绩显赫本应该当先进工作者，但考虑她是女性，"三·八"节时让她当"三八红旗手"，于是把她的先进指标转给了别人。老赵是党员，到"七·一"让他当优秀党员，所以他的先进名额就转给了别人。殊不知企业认定标准，先进生产者是综合标准，奖级比三·八红旗手、优秀党员、优秀团员之类的奖级高。只因是女的，是党员，就把该得的荣誉给丢了。当他们拿到荣誉证书的时候，是高兴呢？还是郁闷呢？还有老李是多年的劳模，一直表现不错，领导者突然意识到劳模不能终身制，于是也不和老李做细致的沟通，就把这顶"桂冠"转给了别人。老李还以为自己在哪地方做错了，天天苦思反省，预感自己的职业生涯走向了穷途末路，于是整日精神恍惚，抑郁苦闷。

六是激励图形式。不要以为只有颁奖发钱给东西才是激励，激励的形式极其丰富而广泛，激励蕴藏在大量日常工作中。杰克·韦尔奇经常给下属乃至员工写纸条，成了别具特色的激励。如领导者多到基层现场走一走，看一看；到贡献突出的员工身边见见面，谈谈话；逢年过节，特殊天气时到员工中慰问慰问，对员工父母有病住院，孩子入托上学，以及婚丧嫁娶事宜给予重视和关照等都有独特的激励作用。尤其是对员工个人成长的关心指导，最具有激励效果。不能只在表彰大会上和员工又是握手，又是合影，然后再也不见面了。更不能总是提要求，指不足，板脸不说话，出言就批评。

④ 激励要个性化、多样化

激励要从心开始,从积极方面考虑,多表扬,少批评;多鼓气,少泄劲。每一个人都需要激励,也都渴望激励。激励能点燃下属的激情,激励能开发员工的潜能。激励要讲究方法策略,要提升为一门艺术。

激励要注重个性化。现在社会的大趋势是承认个性,尊重个性,讲究个性,这是时代的进步。企业要给顾客和公众提供个性化的产品、个性化的服务,同样,激励也要顺应个性化的趋势,认真努力做好个性化的激励。

美国通用电气的员工玛丽搞了一个技术革新,公司老总韦尔奇知道后,手写了一封亲笔信表示祝贺。信中说,你的聪敏才智终于得到发挥,感谢你的技术革新给公司带来了效益。我相信你的聪明才智还会得到更大的发挥,我们要给你提供更大的舞台、更大的平台,让你更好的发挥作用。写完信立刻发送给了玛丽,结果玛丽一看,老总给我写信,给我一个人写信,被激动的热泪盈眶,受到极大的激励。韦尔奇把激励制度化了,不管给谁写表扬信、批评信,一定要在48小时把这封信送到员工本人,许多员工都以保留韦尔奇的原件信为荣,看一看就欢欣鼓舞。

个性化的激励效果最好。日本企业的管理者,通常在下班时邀请某个部下共进晚餐,或携带某员工一起参加培训,或在下班时与某个下属同车回家;把工作沟通、激励运用到日常生活中,体现在工作细节上,收到了良好的效果。

领导者对下属的理解尊重,对其工作每一点进步的肯定,对员工技能才华的欣赏,对他们业绩成就的赞扬,都是很好的激励方式。平时,领导者的一句话往往都有十分明显的激励作用,一句肯定,一个握手,一副笑容,一个眼神,对下属的激励都是十分明显的。

第七章　领导者的榜样典范力

领导者实施领导行为的过程，不仅是决策、指挥、协调、控制、激励的过程，也是自身品格不断修炼，人格形象持续塑造的过程。领导不仅是职权的运用，理性的引导，更是人格的影响和激励。不要以为领导力仅是领导的方法与技巧，真正决定领导力高低的是领导者的品格和作风。品格、作风不同，领导方式就不同，最终效果就不一样。

没有崇高的思想境界，就难有博大的眼界胸怀，就难有令人敬佩称颂的作为。领导者行为艺术的本源，不是智慧多高，而是境界多高，高境界才是大智慧。

领导者的品格决定其才智的施展方向，施展力度和施展效果。轻财足以聚人，律己足以服人，量宽足以得人，身先足以率人。高尚品格所带来的高大形象、高度美誉能感召人心，博得下属的敬爱顺从，必然成为众望所归的领导优势。

领导者给下属树立效仿的榜样，也是一种领导力。领导者的以身作则，率先垂范，对下属的工作动机会产生正面的积极的影响，能极好地弥补领导者语言激励的不足。榜样还有一种能使人自觉、自励、自动、自发的神秘作用，会产生一呼百应，甘愿服从的效果。在长征的土城战斗中，朱老总手持驳壳枪，阵前振臂一呼冲向敌人，全军干部战士便奋不顾身排山倒海一般杀向敌群，一下子就把敌人凶猛的进攻打退了。所以在艰难时期或危险情境下，领导者挺身而出，其领导力无疑极为高效。

如果领导者魅力被追随者视为一系列性格属性，又被视为领导者所表现出的一系列行为，那么领导者改变下属态度的最好办法：就是自觉担当榜样。通过自己的表率作用对下属产生强烈的心理冲击，从而被下属认可为"我们的旗帜"。

榜样的要求是：领导者应该要求下属"照我做的去做"，而不仅仅是"照我说的去做"，具体表现为领导者平时要以身作则，处处给组织成员作出榜样，在关键时刻要有勇气站出来，做行为的表率。

领导者对下属影响力的心理机制：

一是对杰出人物的崇拜心理，心理学研究表明，人们对于成功者都会有一种景仰之情，并把他看成自己效仿的楷模，从而自愿投到他的摩下。古人对崇拜对象常说"久仰大名，如雷贯耳，今日相见，果然名不虚传"。接下来的表述就是"甘愿在足下效命，虽赴汤蹈火，在所不辞"云云。

二是对权威人物的遵从心理，遵从是人们为了维持社会群体所订立的标准而自愿采用的行为方式。个人对权威的遵从，主要是出于对偏离群体所产生的焦虑。个人的行为如果偏离了群体的规则，就会面临群体的强大压力甚至严厉制裁。遵从权威能有效抑制组织中的帮派团伙和无政府主义倾向的滋扰。

三是对表率人物的模仿心理，模仿是人的一种本能倾向，通过模仿，能使自己适应环境获得好处，从而产生一种安全适宜的感觉。例如，领导的行为方式会感染渗透给下属，使下属在不知不觉中形成类似的行事风格。这就是"跟什么人学什么人"的社会化机制。

现在是社会价值观念多元化时代，同时又是一个极需要榜样的时代。在喧嚣金钱挂帅，物质刺激的大千世界，极其渴望领导者能有一种根植于人性根底的精神力量，一种可亲、可敬、可信、可学的人生道德力量、一种抗拒平庸、立志进取、催人奋进、不断自我超越、无私奉献，打动群众心灵的力量。真正的领导力，正是充满这些力量的榜样作用。

榜样无疑是一种很好的标杆和楷模，以榜样为精神的皈依，行动的指南，让组织饱含生机，让群众积极向上，让领导力频添神奇。

1. 榜样就是示范，这是一种无声的感召力

桃李无言，下自成蹊。领导者的榜样是一种无声的引导力量，是一种特殊的感召力。

榜样的力量是直观的、感性的，是组织管理最宝贵的精神财富和最鲜活的"案例"，在组织发展中发挥着鲜明、生动的感召力。为了赢得下属的心理信服和自觉服从，领导者除了施展卓有成效的领导方法外，一定不能忽略自己的模范带头作用。常言道"行动比言语更响亮"，领导者要有意识以身作则、树立榜样，发挥"示范性领导"的作用。

管理大师彼得·德鲁克说："卓有成效的管理者正在成为社会的一项极为重要的资源，能够成为卓有成效的管理者已经成了个人获取成功的主要标志。而卓有成效的基础在于管理者的自我管理。"要想管理好别人，必须首先管理好自

己；要想领导好别人，必须首先领导好自己。

组织成员行为的改变，与其依靠制度命令，不如领导者以身示范来得更有效。某企业作息时间是早8晚5，领导干部通常7、40左右到岗。自从新来的董事长7点前就来到了办公室，领导干部们也都自动自觉地提前了半个小时，员工们也纷纷在7点半以前换好了工作服，没有再找借口迟到的现象了。之前，公司三令五申，又抓又罚，不解决问题，因为领导干部本身就纪律松弛，经常迟到，中间溜号，怎么管别人呢！自从领导者从严自律后，下属们谁还敢不知趣呢。领导者的榜样，就是无声的命令，而且这命令十分奇特，特就特在主动自觉。

领导者要通过自我反思、自我修养、自我提高、自我激励来实现自我的不断完善。这种自我不断修炼的过程，就是在不断发挥榜样作用的过程。

在以往革命战争时期，许多领导者文化不高，也讲不出多少大道理，但却有很高的威信，把兵带得很好，一个重要原因，就是他们总是吃苦在前，冲锋在前，事事率先，处处带头，用自己的高尚品格去领导人，从而达到使下级心悦诚服、使群众心甘情愿的效果。特别是在如今改革开放和发展社会主义市场经济的年代，发号施令，强制惩治的作用越来越弱化，非权力、软权力的影响作用越来越重要，领导者的自身榜样作用便越加微妙奇特。

领导者拥有管理指挥权、提拔任用权、奖赏惩罚权、专家教导权、人格典范权。其中，人格典范权最能深入人心，拥有的影响力最大，他是人格魅力的突出体现，领导者最需要培养的就是这种权力，这也是领导者追求的最高境界。成为别人学习的楷模和榜样，是领导者成功的重要标志。

管理指挥权是日常工作的法理职权，它要求正确运用权力、适度运用权力、合理运用权力、权力运用要产生积极效果。抓管理，定制度，按章办事，赏罚分明；处理下属，解决问题，要就事论事，实事求是；要合法合理，合情合理；法、理、情兼顾，把事情办好。在实施管理指挥的过程中，时而能彰显领导者的卓越能力，时而也会出现复杂的人际矛盾，所以在这个环节里，很难出现人格魅力效应，很难调动下属的积极性。

提拔任用权只对个别下属具有诱惑力，领导想提拔谁也不是随心所欲的，如果是有正义责任感、组织观念强的领导，他会依据工作需要以及群众的认可度来推荐、提拔，还要报上级批准，并按严格规范的组织程序办事。如果违背这些要求私授其奸，像腐败分子那样买官卖官，网络亲信，领导者的威信和形象必会受到严重损害，必将付出惨重的人格代价。下属群众从此会对领导者另眼相看，把他划入"另类"。如果由于用人不当，给组织和事业带来了损失，领导者将永远受到谴责，所以优秀的领导者是不滥用这个权力的。

奖赏权是领导者给予下属荣誉奖赏的权力，这里既有精神激励因素，又有物质利益内容。员工的奖金、福利和特殊待遇，都是按制度规定和相关标准统一实施的和综合评定的。它的前提是下属的工作业绩和日常表现确实优秀，领导的奖赏是不能毫无根据的。

惩罚权是惩治处罚的权力，对员工有威胁震慑的作用，如对下属降职降薪、变动岗位、罚款处分，决定去留等。它的前提是下属的行为确实触犯了制度并造成了损失后果，领导者的惩治力度也是有根据的，泄私愤、报私仇、处罚失当，会引起舆论的不良反应。明智的领导者不会天天把惩罚挂在嘴边，靠恐吓过日子。由此可见，领导者的奖赏惩罚权不会给下属带来魅力的感觉。

专家教导权是一项软权力，是靠知识、技能、才华赢得下属的一种影响力，通过老师和教练的角色获取下属的尊敬和信任，这是人格魅力的组成部分，是领导者优良素质的一个重要方面。

人格典范权是领导力的核心。人格魅力主要包括三个方面，一是远见卓识、才华横溢，这是知识才能的力量；二是尽职尽责、恪守敬业，这是职业道德的力量；三是一心为公、精诚奉献，这是无私品格的力量。谁拥有了这些品格要素，谁就拥有了个人魅力，就会使更多的人追随你，效仿你，服从你。这种令人敬佩倾慕的引导力，就是一种典范领导力。

通过列举所述，领导的管理指挥权，提拔任用权和奖赏惩罚权这三权是硬性权力，如果仅凭这三项权力行事，下属往往是口服心不服或者阳奉阴违，很难赢得下属的敬佩追随，很难让群众真心实意按照领导的意图办事。

伟大导师列宁说：保持领导不是靠权力，而是靠威信，毅力，丰富的经验，多方面的工作以及卓越的才能。

凡事以身作则，率先垂范，做好榜样，是领导者的特殊领导方式。榜样是一种向上的力量，是一面镜子，是一面旗帜。这里，没有指令、没有管束、没有监督，但却有一种无声的、无形的驱动力，使下属自觉地、自动地做好工作。

榜样以奇特的人格力量震撼人的心灵，影响人的精神世界，通过自身的影响力来感染他人，形成共识，达到精神的默契，进而按照共同的人生哲理同化他人。

古希腊有一句名言，"模范比教训更有力量"。

英格兰有一句谚语，"优良的示范就是最好的说服"。

法国流行这样格言，"启事在教诲，成事在榜样"。

领导者应务必明确，先正确做人，再正确做事。人是社会的主体，是第一性的，而领导者又是人中之魁，领导者要先建设好自己，才能建设好队伍，带领好队伍，再用这支队伍干好事业。领导的实力和影响力从哪来？领导的品格榜样作用将说明一切。领导者首先要在品格方面树立榜样，品格是领导者的魅力之源。

高尚的品格，是人性最高形式的体现，它能最大限度地展现人的价值，最能体现领导者的魅力。品格高尚的领导者总会引起下属和广大群众的注意，并将簇拥在他的身边，汇聚在他的周围，紧紧将他追随，聆听着他的教诲，接受他的鼓舞和激励，沿着他指引的方向前进。

周恩来是中国共产党内文能安邦，武能定国，德才兼备，极负重望的卓越领导人。即使在遵义会议三人团被否定的情况下，周恩来还能受中央委托，成为在军事指挥上下最后决心的决策者。他素以大局为重，以团结为重，秉德无私，境界高尚。在川北芦花，他将红军总政委之职让给了张国焘；一到陕北，又把军权交给了毛泽东，自己和毛泽东角色对换，成了毛泽东军事指挥上的帮助者。几十年来，他与毛泽东、朱德等老一代革命家们肝胆相照，精诚合作，呕心沥血，鞠躬尽瘁，为中国的革命事业做出了巨大的贡献。他谦虚严谨，高风亮节，廉洁自律，功高德著，深受全党和全国人民的崇敬和爱戴，是世界级的伟人，是全国人民学习的好榜样。

臧克家有一篇文章叫《三见周总理》。文中写道：周恩来"为革命，为祖国，为人民，鞠躬尽瘁，死而后已。他很少想到自己，处处时时关心别人，体贴入微，感人动人。"

很多党外人士，包括外国友人，当年都从周恩来身上看到中国共产党必然成功的希望。他们中有的说："很久以来，我一想到中国共产党，脑子里就出现周恩来的形象。"

领导者代表的不仅仅是自己，更是代表一个组织在说话行事。领导者体现着一个组织的形象，标志着一个组织的整体实力和发展前途。

美国著名作家海明威和妻子玛莎·盖尔虹于1941年访问中国，在重庆会见蒋介石、宋美龄和许多国民党知名人士，并秘密会见了周恩来。他们在回国后写道："这个国家最杰出的人恰好是一个共产党人。周恩来是我们在中国所见到的惟一真正的好人，如果他是典型的中国共产党人的话，那么中国的未来将是他们的。"

在上世纪中美建交期间，时任美国国家安全事务助理的基辛格与周恩来接触过一段时间，他评价周恩来说："他是杰出的历史人物，精通哲学，熟谙往事，长于历史分析，足智多谋，谈吐机智而有风趣，样样都卓越超群。"

美国前总统尼克松说："周恩来无与伦比的品格是我得到的最深刻印象之一。他待人很谦虚，但沉着坚定。他优雅的举止，直率而从容的姿态，都显示出巨大的魅力和泰然自若的风度。周恩来的敏捷机智大大超过我所知道的其他任何一位世界领袖，这是中国独有的、特殊的品德，是多少世纪以来的历史发展和中国文明精华的结晶。"

周恩来之所以能给所有接触到他的人留下深刻的好印象，最主要的，是源于他的品格的力量。品格，是一个人的道德品质，也是一个人的性格、气质、能力等特征的总和。领导者的品格，直接影响着领导者魅力的展现。虽然说具有高尚品格的人不一定都能当领导，也未必都是好领导。因为领导者除了品格之外，还要具备其它方面的素质和能力。但是，一个品格有缺陷的人，注定不会是一个合格的领导者。

领导力品格的第一种体现就是秉持公德，有正义感。如顾全大局，伸张正义，秉承公平，践行正道，摒弃私心杂念，这是领导者光明磊落，浩然正气刚性美的第一要求。

领导力品格的第二种体现就是坚持原则，是非分明。领导者对下属要实事求是，求真务实，公正无私，真诚坦率。不能似是而非，模棱两可，让下面枉费心思，猜测行事。要敢于担当，勇于为人民的利益坚持好的，改正错的。

领导力品格的第三种体现就是公开公正，直面现实。领导者要胸襟坦荡，光明正大地做人处事。不搞虚情假意，不施计谋，不耍手段，不搞阴阳两套。不搞过去官场那套阿谀奉迎，拉帮结伙，巧言令色，媚上欺下的龌龊伎俩。

综上所述，正义、公正、正直是领导力品格的核心要素，其原理就是"其身正，不令而行；其身不正、虽令不从"。

2. 榜样就是标准，这是一种无形的典范力

领导者就是榜样。不管领导者自己是否自觉地意识到，自己每日每时的一言一行都在客观地影响着下属和群众，确实无可争辩的起到相关的后果。优秀的领导者在树立着优秀的榜样，庸俗的领导者在树立着庸俗的榜样，恶劣的领导者在树立着恶劣的榜样，他们在下属和群众心目中各留有不同的印记，各产生着不同的影响。领导者的言行举止一旦在下属心目中刻下不好的印象，即便日后再做出许多新的努力，也难以改变往日的形象，所以领导者的示范效应特别关键。

领导者做榜样，是古今中外公认的组织管理原则。领导者要靠自己的言行举止赢得威信和人们的尊重，而且行为比语言更重要。先贤孔子早就说过这样

的话，"始吾于人也，听其言而信其行；今吾于人也，听其言而观其行。"卡耐基也说："我年纪越大，就越不重视别人说些什么，我只看他们做些什么。"领导者说到做到，言行必果，说明领导者正直诚信，值得信赖，人们对他的话就特别在意，认真记取。如果领导者言行不一致，说的一样，做的是另一样，出尔反尔，阴阳两套，那么下属和群众就不会认真对待他的表态、意见、承诺和任何表示，他的话不仅不起作用，反而会起到相反的负作用。

领导者的榜样作用是微妙的、奇特的，它既是无声的，又是响亮的。之所以"无声"，就是领导者无须说什么，主张什么，强调什么，爱憎什么，你的一举一动下属观察得真真切切，领悟得明明白白。"楚王好细腰，宫中多饿死"。上有所好，下必甚焉。逢迎上司，随其所好，是下属的本性，所以领导者的一举一动都是下属上行下效的风向标。之所以"响亮"，就是领导者的一举一动都是最真实，最有说服力，最有影响力，最有号召力的表示；都能在下属心目中产生震撼的，深远的影响。所以，领导者要有目的地、有意识地、自觉主动地、积极努力地、坚持不懈地为下属树立正面的学习榜样。

在人的社会化过程中，都是通过教育来形成自己的行为准则，经过由"他律到自律"的心理发展过程，从而确定自己所选择的道德标准。当领导者的思想、言谈举止符合这些标准时，下属群众就产生肯定的态度体验，实现了社会同一感，于是就会产生肃然起敬、心悦诚服的情感；反之就会产生否定的态度体验，引起蔑视、恼怒和痛苦不安的情感。下属群众对领导者有无表率作用的反映是迥然不同的。对有表率作用的领导者之观点、意见和指令，在说服、执行过程中没有内心抵触，具有欣然接受的倾向；而对没有表率作用的领导者之意见、观点和指令，在接受过程中总是要引起复杂的内心体验，往往由对人的不信任，延伸到对其观点和意见的不信任，对其指令的执行带有勉强和折扣。表率作用是附带在领导者身旁的一种无形"孪体"，这种孪体，处处代表着，并到处发挥着支持或反对的作用。

榜样以潜移默化的形式铸就人物，是一种无形的感召力，它比任何规则、法令都有力量。大庆铁人纪念馆每日迎来成百上千的参观者，最远来自中非国家，国内遍布各省市自治区，铁人的事迹感染着千千万万国内外参观者。一个中国工人出身的普通领导者的伟大形象，跨越时间长河，穿过空间阻隔，巍然屹立在世人的心中。"有条件要上，没有条件创造条件也要上"的豪言壮语，已经成为永不消逝的的声音。所以说，榜样的力量是无穷的。

河北晶牛集团党委书记兼董事长王长林说："一个没有伟人的民族是可悲的，但有了伟人而不去追随他同样是可悲的。"一个民族如此，一个人更是如此，心中没有榜样的人生是灰暗的人生，是缺乏鲜明是非，缺乏精神动能，惶惑迷茫的人生。心中有了榜样，将会深刻的理解人生真谛，在漫漫的人生旅途中能永远高扬理想的旗帜，克服前进征途中的千难万险，乘风破浪，高歌猛进。

领导者必须为部下树立道德典范，因为部下往往都以领导者的行为作为自己行为的参照标准。每个人心中都有一杆秤，领导者在员工心中建立的形象就是他在这杆秤上的重量。当领导者以身作则时，就能在身边创造出以自己为中心的一股涡流，将员工凝聚在自己的身边。领导者的所作所为，就成了部下的遵循之道。

在那"黑云压城城欲摧"的白色恐怖日子里，中国革命的前途在哪里？包括高级将领在内的广大指战员心中是没数的。毛泽东敏锐地洞察到红军队伍内有悲观失望情绪，深感问题重大，及时撰写了《星星之火，可以燎原》一文，尽管文章以饱满昂扬的热情，爽朗乐观的语言，诗一般的激情，说明了革命高潮的为之不远，胜利前景的依稀可见。但让人们真正心中有了底数的，还是看到毛泽东这位根据地最高首长的实际行动。那时毛泽东为寻求中国革命的最佳途径，经常是彻夜不眠的学习、工作，他所住的屋子里彻夜闪烁着灯光，无论是战士站岗，还是军官查哨，无论是饥饿寒冷睡不着，还是心里愁闷出来散心，人们都不约而同地朝毛泽东的住房望去；他们久久地伫立在茫茫黑夜之中，凝视那一闪一闪的灯光，似乎一切答案都在那里。

1929 年，毛泽东在闽西时，白天做社会调查，晚上就在一根灯芯的油灯下看书写文章，总是工作到深夜。有一次，特委机关的同志，悄悄给毛泽东的灯盏上多添了根灯芯。毛泽东发觉后，立即找到那位同志，既严肃又亲切地说：我们正处于艰苦的战争环境，节约一滴油，一个铜板，都为着争取革命的胜利，红军战士能点一根灯芯的油灯，我们当干部的就不能特殊。

1936 年 7 月 16 日，毛泽东在自己的窑洞里接见了一位外国客人，他就是后来大名鼎鼎的美国记者埃德加·斯诺。初次相见，毛泽东留下客人共进晚餐。警卫员贺清华和李久长端上了一盘凉拌苦菜，一盘肉丝炒豆角，一盘西红柿炒辣椒，主食是热气腾腾的小米干饭。斯诺目睹桌上的饭菜，问道："主席一天的生活费是多少钱？""每天一角，和大家一样"，贺清华代替回答。斯诺听了吃惊地说："毛主席的生活费每天才一角钱，蒋委员长一顿饭可是几十块银元哩！"毛主席笑着说："斯诺先生，你要习惯吃小米，不习惯吃小米就不懂得我们红军，就不懂得我们共产党人为什么能以小米加步枪，战胜国民党飞机加大炮对我们的多次围剿。"斯诺指着小米饭说："我已经习惯吃小米了，我也开始理解装备低劣的红军，为什么能够战胜装备精良的国民党军队这个不可思议的问题了。"

1940 年 5 月 3 日，王明在延安青年干部学校作了题为《学习毛泽东》的演讲，其中在学习毛泽东勤于学习的精神一节中说道："毛泽东没有进过马列主义学校，但毛泽东同志却比我们党内任何同志都学得多，比我们党内任何同志都学得好。真正地学习了马列主义，真正地善于把马列主义灵活地应用到中国革命的实践中。正由于毛泽东同志不断地工作，不断地学习，不断地从工作中学习马列主义，从马列主义学习中处理工作，所以他才能把理论与实际联系起来，所以他才不仅成为中国革命的伟大政治家和战略家，而且是伟大的理论家。"

1949 年 5 月 7 日，在中华全国青年第一次代表大会上，周恩来在《全国青年团结起来，在毛泽东旗帜下前进》的报告中，从四个方面系统地论述了毛泽东的高明之处："毛主席把世界革命的真理——马克思列宁主义的普遍真理运用到中国，同中国的革命实践结合起来，成为毛泽东思想。毛泽东就是这样指出真理的人，坚持真理的人，发挥真理的人。"

在共产党的历史中，王明和周恩来都曾是毛泽东的上级。经过数次党内路线斗争及对敌斗争，历史反复证明了毛泽东的正确，最后导致王明、周恩来和党的其他高级领导同志一起由衷地敬佩、拥护毛泽东，尊他为领袖。

"不教之教，无言之诏"。喊破嗓子，不如做出样子。毛泽东在以身作则、率先垂范方面就为全党、全国的领导者树立了榜样。

毛泽东注意从更高的标准要求各级领导，"共产党人的一切言论行动，必须以合乎最广大人民群众的最大利益，为最广大人民群众拥护为最高标准"。毛泽东在中国共产党内，在全国人民心中有着崇高的威望和无以伦比的影响力，这都是他几十年从严要求自己，刻苦学习修炼，处处践行榜样作用的结果。

领导者的榜样效用，实质就是下属为人处事、干好工作的标准。人们首先追随领导者本人，然后才是他所领导的事业。领导者要自觉意识到自己的一言一行都是在起着榜样作用。从某种意义上说，领导者就是一种榜样，就是走在前、做在前的样子。就是植根于下属成员中，代表他们根本利益，带领他们前进的领头人。

3. 榜样就是动力，这是一种特殊的领导力

榜样领导力首先来自以身作则，因为身教胜于言教。

领导者的品格不能停留在思想中，而是要体现在行动上，领导者要在实际工作中运用品格，展示品格，以品格感召人，影响人，充分发挥品格的力量，更好地带领下属朝着即定的方向前进。这种展示品格的过程，就是树立自身榜

样的过程，也是领导力发挥的过程。

品格的内核是思想，是世界观、人生观和价值观。要想使品格感召人、影响人，有效发挥品格的力量，必须让群众的思想和领导者的思想达成一致，反复耐心地构建共同核心价值观。否则"道不同不以为谋"，不同的品格观念，会形成领导与群众是两股道上的车，走的不是一条路。周恩来品格高尚众所公认，正如许多党内外人士、外国友人称颂的那样，可是为什么还有很多人以周总理为敌的呢？原因就是不同的思想观念，不同的价值观所致。

榜样不仅是有血有肉的鲜活形象，还具有深刻的思想内涵，他扎根的土壤越深厚，他涉历的人生越典型，他的思想境界越凝练，他的榜样价值就越坚实，所以，榜样的教化特点之一就是：榜样必须具有丰厚的精神内容。

人的思想愈被榜样的力量所激励，就愈会以榜样为准绳衡量自己与他人。人生奋进的道路上，究竟选择什么样的学习榜样？不同的榜样代表着不同的人生模式，体现着不同的人生理念，反映着不同的人生追求，显露着不同的价值观，人生观和世界观。

在中国这块大地上，在拥有源远流长五千年的文化岁月里，我们涌现出了许许多多可歌可泣的民族英雄，涌现出灿若星河般的楷模和世界级伟人，他们在政治、经济、军事、哲学、人文、科技各个领域熠熠发光，流光溢彩。正是他们这些中华民族的灵魂与脊梁，鼓舞和激励着一代代炎黄后人英姿勃发，奋发图强。他们以高尚的品德，卓越的才能，非凡的业绩，无私的奉献，教育和感召着无数追求成功的志士仁人阔步在人生道路上。

以史为镜，见贤思齐。古往今来一切有成就的人士均有自己的人生榜样。孔子的榜样是尧舜、文王、周公。孟子的榜样是孔子。司马迁的榜样是孔子、屈原。诸葛亮的榜样是管仲、乐毅。李白的榜样是管仲、张良，谢安石。宋代著名女词人李清照景仰楚霸王项羽，一首"生当做人杰，死亦为鬼雄，至今思项羽，不肯过江东"的绝句，伴随她和她的偶像流传千古。

毛泽东在东山小学时，从同学萧植蕃那里借到一本《世界英雄豪杰传》，并手不释卷地读完了这本书。当毛泽东把书还回去时，书中已被画上了各种各样的符号。毛泽东在描述拿破仑、华盛顿、彼得大帝、格莱斯顿、林肯、叶卡捷琳娜一世、卢梭和孟德斯鸠的段落旁边都画了许多圆圈和圆点。毛泽东对萧植蕃说，"中国也需要这样的伟人！"中国也要富强起来，"才不致蹈安南、朝鲜、印度的覆辙"。美国的华盛顿，德国的马克思，俄国的列宁，这些伟大人物都成为毛泽东恭身膜拜，潜心学习的榜样。在榜样的影响激励下，毛泽东常以顾炎武的名言"天下兴亡，匹夫有责"自励，从而拥有了战胜一切艰难险阻的智慧和力量，成为改造中国与世界的世界级领袖。

榜样就是看得见的哲理，是人们开创基业，爱岗敬业，建功立业、铸就伟业的激励要素。

榜样为人们探索真理、追求光明、走向辉煌指引着方向，榜样为人们奋进拼搏，攻坚克难，一往无前，夺取胜利提供了精神动力。

共产党为什么能够取得中国革命的胜利，并不单纯是道义和真理的作用！有了正义和天理，还须躬身践行，切实体现在行动中。共产党是人类的优秀组织，他更强调领导者做好榜样的重要。领导者要处处以身作则，要求别人做到的自己先要做到，要求别人不做的自己坚决不做，一级做给一级看，一级带着一级干。马克思主义的真理力量和共产党领导者的人格榜样力量相互叠加，才能产生巨大的促进力，这是调动群众积极性最有力的举措，是做好各项工作的坚实基础。

领导者的榜样作用，绝不仅仅体现在工作中，还弥散在生活、学习、技能各个方面。在艰苦卓绝的抗日战争岁月里，毛泽东住的窑洞彻夜灯光闪亮，领袖废寝忘食、孜孜不倦地学习，使大家心胸敞亮，领袖的作为，是所有指战员信心和意志的源泉。他们知道，依靠这样的领导就有前途和希望，就有美好的未来。在寒冷的窑洞里，在小米野菜的充饥下，毛泽东一方面指挥着抗日战争，一方面撰写大量马克思主义哲学著作和军事文集，为打造坚强的中国共产党进行着辛勤的探索和实践。

1943年初，抗日战争进入了最艰难时期，日寇的三光政策导致根据地物资极度匮乏，国民党又不断制造摩擦，抗日军民生活极端困苦。为了减轻人民的负担，毛泽东在延安号召开展生产自救运动，同时也给自己分了一亩荒地的任务。警卫人员说："主席工作忙，成天处理文件，白天要休息，由我们来开就行了。"毛泽东说："你们有你们的生产任务，我有我的生产任务。"他当天就拿着镐头去开荒种地，一连干了几个下午。一天，毛泽东正和十几岁的勤务员王来音一起抬大粪施肥，恰好被杨家岭有名的从不干活的"二溜子"看见了，他看着看着感动得流下了眼泪，似乎一下子猛醒了什么，回头就往家里跑，扛起锄头就下地了。这件事传遍了各个抗日根据地，成了无声的命令，最好的动员。从此，各级党政军领导干部都效法毛泽东的榜样，带领部下干了起来，就这样，一场成效巨大的大生产运动蓬蓬勃勃地开展了起来。

1960年，是国家自然灾害和偿还外债的最困难一年。毛泽东和全国老百姓一样，勒紧裤带过日子。他有过七个月没吃一口肉的时候，常常是一盘马齿苋便充一顿饭，一盘子炒菠菜就支撑着工作一天。警卫战士给他按摩时，他脚背踝部的肌肤已经浮肿，按下去就是一个坑，久久不能平复。周恩来一次又一次来劝说："主席，吃口猪肉吧！为全党全国人民吃一口吧！"毛泽东摇头，"你不是也不吃么？大家都不吃。"宋庆龄特意从上海赶来，亲自带给毛泽东一网兜螃蟹。毛泽东对宋庆龄始终保持着特殊的尊敬，所以收下了螃蟹。然而，宋庆龄一走，毛泽东便将螃蟹转送给了警卫战士。

毛泽东说："中国不缺我毛泽东一个人吃的、花的。可是，我要是生活上不检点，随随便便吃了、拿了，那些部长们、省长们、市长们、县长们都可以吃了、拿了。那这个国家还怎么治理呢"！毛泽东之所以成为全党心悦诚服，爱戴拥护的领袖，就在于他能时时处处都能起到率先垂范的榜样作用。

一个组织总是存在领导与群众的两者相互影响和作用，其中领导者的表现决定着这个组织的凝聚力、风气和战斗力。一个组织的好坏，总能在其领导者身上找出图解，这几乎是千古不变的定律。那些受人尊重的军事领导者就是带领着他们的部队冲锋陷阵，和士兵一起共担危险与艰难，而不是躲在后面大喊冲锋。那些要求下属为了组织的利益做出牺牲的人，最好自己能以身作则、树立榜样，做出牺牲让下属看看。

4. 榜样就是激励，这是组织文化的塑造力

榜样就是感召力，榜样就是典范力，榜样就是领导力，榜样就是塑造力。

法国管理学家亨·法约尔说："领导做出榜样是最有效的工作方法之一。"

英国罗杰·福尔克表示："要使工人的表现符合高标准，经理自己的行为也必须是高标准的。"

日本管理大师土光敏夫讲道："下级学习的，是上级的背影。上级全力以赴地投入工作的行动，就是对下级最好的教育。"

组织文化就是领导文化，领导者的一举一动，可以鼓舞下属的士气，也可以使他们消沉郁闷。下属在具体工作中不单纯听领导是怎么说的，更注重看领导是怎么做得，领导者的身体力行就是其领导力的最好诠释。榜样以潜移默化的形式教化人物，是组织文化的塑造力，他比任何规则、法令都响亮有力。

领导者的行为能显示出他所领导的组织的精神状态。激情是令人振奋的精神，洋溢热情，充满激情，是领导者具有感染力的可贵品质。如果下属缺乏热情，领导者就应将自己的活力灌输给他们，让他们能热情地面对工作。

榜样是一种激励手段，领导者要想激励别人，首先要激励自己，如果连自己都无法激励，怎么可能去激励下属！领导者要每天充满能量，就像一辆汽车的发动引擎，具有能使员工向前冲的动能。他要引起人们在感情上的共鸣，给

人以鼓舞和鞭策，能激发人们效仿和学习的愿望。

稻盛和夫在创业之初，他总是观察员工是否热爱自己的工作，如果员工缺乏热情，他就会将自己的活力灌输给他们，让他们充满热情地面对工作。当时资金基础薄弱，薪酬不丰厚，工作条件也很艰苦，但他们依然出色地完成了开辟新销路的艰巨任务，并且取得了丰硕的成功。由此可见，即使领导者没有充足的资源来激励整个组织，但若能兢兢业业做好榜样，也同样能激组织的士气，激励别人和自己一道创造条件，争取成功。正如稻盛和夫所说的："试着用你的活力鼓舞他人吧！激发出一股潜在的力量，这么一来，组织活力说不定比你自己想象的要更充沛。"稻盛和夫这种带领组织拼搏的精神和做法是很值得所有企业领导者学习的。

稻盛和夫将组织称为一面能照出领导者形象的镜子。在他看来，领导者的态度、行为无论是好还是坏，都不单单代表个人行为，而是如同燎原的星火一样扩散到整个组织之中。如果领导者能做到让员工追随自己并以自己为核心，那么，员工就能散发出燃烧自我的热情。一个领导者如果没有向心力，只会发号施令，是无法取得员工的支持和信赖的，领导者应该用自己的热情去感染员工，激发员工的工作热情。

为鼓舞员工的士气，激发他们的工作积极性，领导者应该创造一个洋溢激情、催人进取的工作环境。对员工的优点，要予以充分的肯定；在员工完成预定计划或实现重大业绩时，要不吝褒奖之词；领导者要通过种种方式来制造有助员工积极投身工作的整体氛围。领导者要能够读懂组织成员的心，如果缺乏能够赢得下属共鸣和感动的细心与体贴，就不足以成为优秀的领导者。

要激励员工，就要让自己成为他们中的一员，成为他们的"身边人"。这是一种通常的心理作用，当我们身边的人积极上进时，紧迫感也会感染并督促整个团队一起充满干劲。领导者在以自己为核心的漩涡中一定要多积极付出，这样身边的同事们也能主动配合自己。当然，领导者除了激发员工的干劲以外，还要根据实际情况让员工认同自己的计划，这决定了领导者计划实施的可行性及成功率。稻盛和夫认为，除了计划本身的可行性，员工对这个计划的认同度也很重要。假使部下只是同意执行领导者所提出的计划，成功率大约只有30%；若是他们说"我们会全力以赴"，大概就有50%的成功率；然而，如果能让他们感染到领导者的活力，并把领导者制订的计划当做自己的目标，那么成功的几率就能达到90%，甚至更高。

领导者的榜样作用，就是下属的工作标准。不想当将军的士兵不是好士兵，那么，不想当领袖的领导是不是好领导呢？高尔基说过，"一个人的志向有多高，他的事业就有多大。"人的主观能动性是随着人的理想、人的追求、人的意志、人的毅力而成正比起作用的，而期望值低的人是没有动力的。领导者要想树立、巩固、强化自身的威信，就必须要在主动成为榜样上有高度的自觉。因为意愿越高、目标越高、对自己的要求就越高，结果成就就越大、贡献就越大、领导的影响力就越大。

领导者在下属群众中的良好形象，在很大程度上是通过领导者的榜样示范作用来体现的。如果领导者是执行上级命令的模范，遵守组织纪律的模范，开拓创新工作的模范和团结同事的模范的话，那么就会顺理成章地成为组织内优秀品格的一面旗帜，成为下属和群众学习的榜样。

领导者除了自己要成为模范榜样以外，还要寻找下属中的优秀分子，培养他们成为模范榜样，形成榜样群体，形成组织内一种特殊氛围，这样会更好发挥领导力的影响作用。毛泽东的卓越领导力就体现了他不仅自己努力成为榜样，而且还积极选树下属群众中的优秀分子成为榜样。

毛泽东树立了在党最困难的时候挺身入党，以57岁的高龄参加长征，为党的事业英勇奋斗的老共产党员榜样徐特立，号召全党向徐特立学习，愿他"成为一切革命党人与全体人民的模范。"毛泽东树立了忠心耿耿、尽职尽责的普通共产党员榜样张思德，说：张思德同志是为人民利益而死的，他的死比泰山还要重。毛泽东树立了一个组织上没有入党，但在思想、行动等方面都是马克思主义的党外布尔什维克榜样——鲁迅，号召一切共产党员，一切革命的文艺工作者，都要向"横眉冷对千夫指，俯首甘为孺子牛"的鲁迅学习，甘做为人民大众鞠躬尽瘁，死而后已的牛。毛泽东树立了一个为中国人民解放事业以身殉职的伟大的国际共产主义战士的榜样——诺尔曼·白求恩，赞扬了白求恩的毫不利己专门利人，对工作极端负责任，对同志对人民极端热忱，对技术精益求精的高尚精神。毛泽东还高度赞扬15岁就壮烈牺牲在国民党军队铡刀下的女共产党员刘胡兰的献身精神，为她题词："生的伟大，死的光荣。"他还号召向焦裕禄学习，向雷锋学习。他在了解了雷锋的事迹以后，深情地说：雷锋值得学习啊！向雷锋学习，也包括我自己，我也要向雷锋学习。毛泽东不失时机地培养选树各行各业的模范榜样，有力地激励了一代又一代的共产党人和人民群众，为中国革命和建设事业积极贡献自己的智慧和力量。

实践充分说明，领导者发挥模范带头作用是动员群众克服困难，实现组织目标的最有效方法。为什么有些企业江河日下，首先是领导者出了问题，领导者仅有职权硬实力，没有人格软实力，在群众中没有威信影响力，丧失了领导力。有些领导者把领导力的缺失归咎于各个方面，却忽略了从自己身上找原因。

事实上很多违章违纪的事恰是领导者所为，领导者自身的约束自律性差，让下属按章办事，从严要求就无从谈起。如果领导者怕承担责任，怕得罪人，怕琐事缠身，怕这怕那，那最后的结果只能是相互推诿，互相扯皮，彼此搪塞，稀里糊涂；就会出现推着干，对付着干，凑合着干，干着看的局面。大家就会习惯于单位里雷声大、雨点小，认认真真的走形式，致使企业的各种规章制度成为一纸空文。这就是即使有着"严管重罚"的管理，规范的表格和细密的程序，同样无法产生有效执行力的关键原因。

领导者即使不奢望成为什么业绩辉煌、功勋卓著、万民拥戴、彪炳史册的领袖，但也应该当好一个称职的、优秀的、组织期待的、群众拥护的、有优良业绩的、造福一方的、实现自我理想的、问心无愧的领导者。

那种以不想出风头，保持低调为由，不想当先进、当样板、当模范，而是甘居中游，进退自如，轻轻松松的想法，实质是一种得过且过的心态，是不求进取，没有上进心的状态。其实工作就是逆水行舟，不进自退。凡事不想"争强好胜"，争先创优的领导者，久而久之就丧失了锐意进取的激情，就消磨了攻坚克难的意志；就增添了创新发展的为难情绪，就沦落为阻挡事业前进的绊脚石，就成了李克强总理所批评的那种"只要不出事，宁愿不做事"，"不求过得硬，只求过得去"，敷衍了事，尸位素餐的官僚腐败分子。

平生无大志，只求一般化和精益求精，追求卓越是两种截然不同的人生态度，不同的工作表现势必有不同的事业结果。如果领导者要想追求卓越，那他就一定要肯超越障碍，而最大的障碍就是追求安逸的惰性。惰性导致领导者庸碌无为和不作为，是葬送领导力的罪魁祸首。近些年，许多领导者的腐败堕落，许多事业的中道崩殂，许多单位的江河日下，许多企业的销声匿迹，无不是领导者无自强之心、无自立之能，不学无术、玩物丧志、懈怠渎职所致。

那种"把住红旗不放，站在排头不让"的优胜者领导，那种哪里出现危机就出现在哪里的佼佼者领导；那种开拓进取，自找压力，追求卓越的超越型领导；那种屡遭挫折，屹立不倒，顽强不屈，再展宏图的伟人型领导；都将成为广大群众交口称誉的隽永榜样。都将在人生奋斗史册上留下绚丽的风采，其业绩也会成为贡献人类的不朽丰碑。

著名职业经理人唐骏说："我对员工的职业规范有着严格的要求，但我对自己的职业化程度标准要求更高。在我看来，要成为最好的领导标准很简单，那就是做员工的榜样。正所谓"上行下效"，这对员工来说是最好的说服力。我要求员工不许迟到，我自己在微软期间从来没迟到过。关于邮件的规范，我的电子邮件任何时候都可以拿出来让人挑剔。若论勤奋严谨，我是微软里是最勤奋严谨的员工。"

　　领导者早来晚走，兢兢业业，严细认真，雷厉风行；下属怎敢迟到早退，马马虎虎，敷衍塞责，拖泥带水呢！领导者没有这种精神，他就不会倡导这种精神，即使倡导了，也不是真心实意的，注定是虎头蛇尾，有气无力的。那种口里喊集体主义，心里面是个人主义的领导，指望群众能信服他，拥护他，同心协力干事业，是非常困难的。

　　领导者的执行作风，决定着整个组织执行力的强弱。领导者以身作则，亲力亲为的优良作风，就是成为带动全局的发动机。执行力就是通过领导者对下属的沟通和示范来推动的，一个优秀领导者，必须身先士卒、以身作则，责无旁贷，百折不挠，由此产生巨大的示范和凝聚作用，有效地激励和鞭策下属，共同实现组织目标。

第八章　执行力中的领导力

战略确定以后，执行力决定一切。

什么是执行力？一言以蔽之，就是定了的事，立马行动。

一段"国共"战史令人颇有触动，可以作为深入理解执行力重要性的实际特例。

自 1946 年 6 月到 1948 年 6 月这两年里，国民党军队接连败北，由最初的全面进攻改为重点进攻，再改为全面防御，最后变为重点防御。归结如此步步被动的主要原因就是执行不力。

常言道军机瞬变，兵贵神速。定下的战略部署如不及时付诸实施，就会军情泄露，发生变局。1948 年初，杜聿明经过认真反思，总结出两年来解放军屡试不爽的战法就是"围城打援"。因为"国军"占据着大大小小的城市，这些分散的据点一旦被围，"国军"就只能被动的营救，结果在增援的途中，被以逸待劳善打运动战的"共军"所歼灭。两年来，有一百多万"国军"就是这样被消灭的，那么我们为什么不这样做呢。于是他向蒋介石建议，放弃一些不重要的城市，集中几个机动兵团，先发制人，分割包围"共军"一部，引诱其它部队增援，进而一鼓聚歼。蒋介石经过思虑琢磨采纳了杜聿明的作战方针，决定在华东、中原仅守郑州、徐州、济南三个战略要点，集中邱清泉、黄百韬、孙元良、李弥、黄维五个兵团，外加三个绥靖区的五个军和直属总队的三个军，及其他特种部队总计近 80 万机动大军。计划先牵制、包围比较弱小的中野刘邓六个纵队，继而歼灭必将增援的华野一部或大部。如此，不仅给解放军以重创，而且会彻底改变被动态势，赢得全局的改变。这个计划定了，但执行的很缓慢，直至 8 月济南战役打响，随后 9 月 12 日，辽沈战役爆发，蒋介石乱了阵脚，统帅部慌作一团，杜聿明的计划被停滞了 21 天，紧接着粟裕没有给蒋介石喘息时间，乘胜追击，发动了淮海战役。三个月后的 1949 年 1 月 10 日，这支庞大的80 万军事集团被全部消灭了，其中包括 20 天为迷惑蒋介石不作傅作义集团南迁的停战时间。蒋介石在举行应急官邸会议时，与会者众口一词，"共军动作如此神速，实令我们措手不及"。可见一场战争，就在执行快与慢上划上了胜负的句号。

诚然，国民党的失败还有更深层次的政治原因，但是，执行力是体现国民党集团腐败的最直观反映。透过蒋军的执行力状况，充分可见执行力是体现领导者、被领导者和组织内部的各个方面种种问题的制约关系，它是一个系统，所以我们在理解执行力的问题上，就不能就事论事，而要从系统上全面把握，否则就会犯"一叶障目，不见泰山"的错误。

如果说商场如战场，那么执行力就是构成企业竞争力的重要组成部分，是决定企业成败的一个关键要素。许多事实充分证明，企业要加快发展，要走在行业的前端，除了要有好的决策班子、好的发展战略、好的管理体制外，更要有好的执行力。

杰克·韦尔奇给执行力下的定义是："执行力是一种专门的、独特的技能，它意味着一个人要知道怎样把决定付诸行动，并继续向前推进，最终完成目标，其中还要经历阻力、混乱，或者意外的干扰。"

台湾大学教授汤明哲认为，所谓的执行力，就是在工作中有所创新，并且每个细节都做得很漂亮。很多成名的企业之所以失败，是由于制定了一个宏伟的战略，一系列规章制度，但是，基层和分支机构没有严格执行，而是曲解和破坏了领导的意图，最终导致"武功全废。"

分众传媒的江南春曾说过："有创意的人很多，但能执行创意的人很少。"

马云说：阿里巴巴不是计划出来的，而是"现在、立刻、马上"干出来的。阿里巴巴的成功，依赖的是高效率的执行力。一个好的执行能够弥补决策方案的不足，而一个再完美的决策方案，也会死在差劲的执行过程中。

执行力是贯彻战略意图、落实实施计划、攻坚克难推进工作、化解矛盾解决问题、确保完成和超额完成各项目标的能力；是组织内部从上至下、各层次、各环节、各部门、各岗位，按时、按质、按量完成预定目标的操作能力；既是一丝不苟地忠实执行，又能把握规律、创造性开展工作的能力。执行力包含完成任务的意愿，完成任务的能力，完成任务的程度，它是检验、衡量领导者领导力的客观标准。

第一节　执行力是一套完整的系统

海信集团原董事长周厚健说：在上世纪90年代以后，凡是发展快且发展好的世界级企业，都是执行力好的企业。就连世界首富比尔·盖茨也坦言："微软在未来 10 年内，所面临的挑战就是执行力。"IBM 总裁鲁·郭士纳认为："一个成功的企业和管理者应该具备 3 个基本特征，即明确的业务核心、卓越的执行力及优秀的领导能力"。三分战略，七分执行。这些都说的是执行力对企业成功的至关重要。

大量的企业运营实践证明，许多企业有相似的战略，皆因执行不同而大相径庭。好的执行力能保证战略发挥作用，而差的执行力只能让战略失败。执行力就是竞争力、创造力、生产力。缺乏执行力，再好的战略也是纸上谈兵，再好的制度也是徒有其名。

目前，执行力不强、执行标准不高、执行效果不好等问题，已成为许多企业发展的"隐形绊脚石"。著名细节管理专家汪中求说"我们不缺各类管理制度，缺的是对规章条款不折不扣的执行。"既然执行力是企业成败的关键，那么领导者如何认识自身的执行力状况，如何培养下属的执行力，就成了企业总体执行力提升的关键。

1. 执行力的品质

（1）**实干**。真正的执行力就是在老实恳干，躬身实干的基础上，忠实地遵照上级的指示意图，不投机取巧，不寻找"捷径"地认真做事。

过去的领导汇报工作实事求是，多提不足，少说成绩，多作自我批评。而现在领导汇报工作则蓄意包装，不在实干上花气力，而在汇报材料上下功夫。多说成绩，不说问题，甚至把没有干的工作，别人的工作，都当成自己的功绩大加炫耀，自我吹嘘，这就是典型的华而不实、不忠诚老实的表现。

实干，是执行的最基本、最重要的核心品质。"说老实话，做老实事，当老实人"是执行的基本准则。随着时代的发展，竞争的加剧，许多工作将越来越难，没有脚踏实地、苦干实干硬碰硬的精神注定不行。领导者必须打铁自身硬，不但能干，还要会干、肯干、任干。在执行过程中先行一步，先干一步，做出样子，干出成绩。

（2）**忠诚**。真正的执行是真诚的、不折不扣的遵照上级的指示意图办事，不能中途以种种理由另行其事。1947 年刘邓大军挺进中原，原本想在鲁西南地区多打几仗，以奠定日后发展基础。但接到军委电报，得知"陕北方面甚为困难"的暗示后，设想到中央的艰难处境，便毅然决然地决定立即挥师大别山，以高度的牺牲精神，承受严酷的困难，减缓陕北和华东的压力。刘邓首长这种主动承压，自我牺牲的做法，就是对毛泽东孤军深入国统区腹地，实施尖刀战术，提前进行战略反攻总方针的忠实执行。而国民党将领就不这样了，辽沈战役期间，蒋介石组建了西进兵团，命令廖耀湘火速增援锦州，而廖耀湘却绕道彰武停了下来，足足磨蹭了一个星期。锦州失守后，蒋介石依然令他夺取锦州，廖兵团在黑山、大虎山攻击受阻，他的上司卫立煌劝他回兵沈阳，结果廖耀湘遂于当晚向营口撤退。当被解放军阻截后，又想退回沈阳，如此反复，贻误了军机，使十几万大军在辽西平原被东野迅速歼灭。象这样抗令不遵，执行走样的事例，在国民党军队中是屡见不鲜的。

忠诚的执行就是贯彻落实上级指示不走样，即使在错综复杂的情况下，在艰难困苦的环境中，不管遇到什么突如其来的变化，甚至在即将蒙受巨大损失的状况下，为了全局的利益，为了总体战略的需要，决不擅自改变和拒绝执行以及中途停止执行已经确定了的行动计划。

（3）**敬业**。真正的执行是义不容辞的、舍我其谁的请示任务，争取任务，主动为领导承担任务。不是被迫勉强，消极应付地敷衍执行。为什么过去战争年代共产党人能攻坚克难、创造奇迹，就在于他们热爱、崇尚、敬仰自己的事业。他们在严峻的困难面前，主动请缨，争先恐后地请求任务。接受任务后，都精神抖擞、信心十足地对上级表示："请首长放心，保证完成任务！"由于执行有了主动性、自觉性和积极性，执行者就会千方百计地调动一切潜力因素，想方设法把工作做深做细做到位，执行效果显然就比指派好得多。

现在执行力为什么不强，首先是接受任务者消极被动，很不情愿，他们推诿牵强，强调困难，推三阻四，讨价还价，这种情况就注定了执行效果不可能好。常常由于种种借口而中止执行；即使执行了，其效果也是最低标准的。更可怕的是通过这次执行，给后来的类似工作带来诸多后患。比如为了挽救行将失败的业务，不该雇的人雇了，不该花的钱花了，不该坏的规矩坏了，为日后别的部门执行该项业务开辟了拖延、懒惰、散漫、付出重大代价的恶劣先例。

（4）**责任**。责任感是人的一种潜在动力，是战胜工作中诸多困难的强大精神力量。它是一种觉悟，是一份忠诚；它不用强调，无需叮咛，就会不知不觉、自动自觉地尽职尽责，尽心尽力。如果事情做得不完美，他会为自己没有尽到责任而悔恨自责。领导者只要有对上级高度负责、对组织高度负责、对事业高度负责、对下属高度负责的责任感，就会竭心尽力、兢兢业业、精益求精地做工作，执行力才会最坚决！最顽强！最彻底。

一个人神志不清是大脑出了问题，一个组织执行不力是领导出了问题。领导者不深入基层，不了解实际情况，就不会做出正确的判断和决策。很多下属在领导面前是一副蛮忠诚，蛮积极，接受任务十分痛快的样子，结果一转身就变了，这种阳奉阴违的执行者很多，但领导还以为下属在认真照办，寄予无限厚望。即使执行中出了问题，也相信执行者的借口。所以领导者总是不能及时发现问题，更不能有效解决问题，通常是头痛医头，脚痛医脚。因为下情不明，所以一切都依靠下属，下属反映的情况未必真实准确，于是导致决策频频失误。

执行力是全员协作的结果，各个部门完成工作的好坏，不仅会影响本部门工作的进度和业绩（加减关系），还会使一个单位整体工作倍增或倍减（乘法关系）。执行不力常常由沟通不畅所致，执行离不开协作，许多工作需要执行者与协作者当面沟通，努力赢得对方的支持配合。结果执行者图省事方便，操起电话，直截了当，三言两语，自然不尽人意，于是把问题推到对方。基于业务的需要，分工协作是常态。但由于沟通不愉快，进而导致协作障碍，使本应大家联手的工作，造成单方的独木难支。于是出现太多的借口，推卸责任，语言抵牾，部门间不团结现象由此连绵不绝。

执行不力不是不执行，而是拖延执行时间，减缓执行速度，弱化执行力度，降低执行质量，最后使执行效果扭曲变形。正因为执行不力不是不执行，不是不听指挥，所以还不能"军法从事"。它给人的是能力不足，态度不好，情绪冲动，性格不佳，方法不当等诸多假象，实质病根是没有责任心，不愿执行。

2. 执行力的特征

（1）**行动**。执行力就是行动，就是将可能性转化为现实性的实际行动。光凭大脑的构思什么也不会改变，无论多好的想法不付诸行动终究是水中月，镜中花。所以说来说去，美好的蓝图最终还得落实到扎扎实实的执行上来。列宁有一句名言："一打纲领也不如一个行动"。毛泽东指出："有了良好的理论，只把它空谈一阵，束之高阁，并不执行，那么，再好的理论也是没有意义的"。执行力的核心就是"做"的问题，解决的是"做什么"，"如何做"和"做得怎么样"等问题。

管理学家保罗·托马斯说过："成功的企业，20%靠策略，80%靠企业各个部门和员工的执行力"。正确的纲领、正确的策略，其正确性只有落到实处才能得到验证。话说千遍，不如一干，行动，是执行力的硬道理。

克雷洛夫说："现实是此岸，理想是彼岸，中间隔着湍急的河流，行动则是架在河上的桥梁。"任何伟大的目标、伟大的计划，最终必然落实到行动上。只说不做，执行力永远是零。无论你现在决定做什么事，无论你设定了多少目标，你一定要立刻行动。立马行动，这是一切成功人士必备的品格。

（2）**速度**。执行力归根到底是一个速度问题，有速度才有执行力。马上行动，立即执行，直奔目标，这是执行力的最佳体现，拖延是高效执行的最大敌人。

1991年2月20日，在福州市委工作会议上，习近平第一次向全市干部明确提出："要大力提倡'马上就办'的工作精神，讲求工作时效，提高办事效率，使少讲空话、狠抓落实在全市进一步形成风气、形成习惯、形成规矩。""马上就办"，就是闻风而动，雷厉风行紧抓快办，有紧迫感、责任感，有工作热情、工作效率。反对拖拉扯皮和人浮于事，做到今日事今日毕。

李克强说，我们出台的许多政策，中央和各部门已经研究了很长时间，经过详细测算，并制定了非常具体的执行方案，但却常常因为繁冗、拖沓的所谓"会签"，让一些好政策"迟迟落不了地"。拖着不办，庸政懒政，执行走样，效率低下，是政府部门工作的惯常表现。李总理要为人民办实事，多办事，自然忍受不了这种"拖"、"卡"、"慢"、"等"的工作作风。

现代社会一切竞争都围绕着速度展开，谁抓住了速度，谁就走在了潮流的前面，谁就能抓住未来。没有速度，即使是你第一个发现了商机，你也抓不住。没有速度，一项好的策略也未必能带来好的结果。比尔·盖茨经常告诫他的员工："现在是互联网时代，不是大鱼吃小鱼，而是快鱼吃慢鱼。你比别人快，才能在竞争中赢得机会。"所以，计划一旦确定，就要抓紧时间去执行，争分夺秒，跟时间赛跑。

时间就是效率，时间就是生命。在瞬息万变的今天，竞争就是时间上的竞争，快就是机会！快就是效率！谁快谁就能赢得财富、赢得成功。这就对企业的执行速度提出了更高的要求，没有速度要求的执行不可能在激烈的市场竞争中为企业带来竞争优势。

美国通用电气公司前总裁杰克·韦尔奇指出："一个人最重要的素质就是他的工作速度。"一个工作速度快、处理问题速度快、适应环境速度快、对意外情况反应快的员工，无疑会做出优异的工作成绩，成为老板心目中最优秀的员工。日本著名企业家盛田昭夫说："我们慢，不是因为我们不快，而是因为对手更快。如果你每天落后别人半步，一年后就是一百八十三步，十年后即十万八千里。"与时间赛跑，比别人跑得更快才有赢的机会。

（3）**创新**。最好的执行是敢想敢干，开拓创新地遵照上级的指示意图办事，不是守株待兔，消极保守地被动执行。1960年3月25日，王进喜从玉门来到荒原一片，朔风呼啸的萨尔图（大庆），下了火车他一不问吃、二不问住，先问钻机到了没有？井位在哪里？这里的钻井纪录是多少？恨不得一拳头砸出一口油井来，把"贫油落后"的帽子甩到太平洋里去。

当钻机来到后，却没有吊车、拖拉机，王进喜就带领全队 30 多人用绳子拉，撬杠撬，木块垫，用人拉肩扛的办法，将 60 多吨重的钻机一寸一寸地运到井场。仅用 4 天时间，就把 40 米高的井架竖立在茫茫荒原上。打井需要水，可当时没有水管线，没有水罐车，为了抢时间他决定用脸盆端。有人说这是"瞎胡闹"，没见过哪个国家端水打井。他说："有，就在中国。"于是他与工人们日夜奋战在井场上，硬是靠人力端水 50 多吨，保证了按时开钻。萨 55 井于 4 月 19 日胜利完钻，进尺 1200 米，首创 5 天零 4 小时打一口中深井的纪录。由于地层压力太大，第二口井打到 700 米时发生了井喷。危急关头，王进喜不顾腿伤，扔掉拐杖，带头跳进泥浆池，用身体搅拌泥浆，最终制服了井喷。人拉肩扛机架，人工端水钻井，人工搅拌水泥，就是王进喜创新执行力的三大创举。如果按照常规就不可能提前打出原油，这种为国争分夺秒抢时间，创效益的做法，就是创新型执行力。

执行力要讲究不断创新的意识，要有不怕难，不怕苦，不懈怠，敢于担当、敢于攻坚，不达目标誓不罢休的精神。执行力不仅要看对事的态度，还要看谋事的能力，更要看成事的本领。

3. 执行力差的表现

执行力差的表现很多，开始是个别的、局部的现象，逐渐衍发演变为普遍的、浸透组织全身的综合症。它的症状颇似过敏性与细菌性病变合并症一样，消炎药无助脱敏，脱敏无助消炎，而且互相刺激，交叉感染，是个颇为棘手的顽症。战胜此病的根源是提高身体素质，增强肌体免疫力。一旦体质下降，任何一种过敏原素，都会导致旧病复发，且周而复始，病情越来越重。所以，执行不力问题是组织功能系统的病变，这是国企中普遍存在的顽症。

（1）**执行拖延**。在瞬息万变的市场经济中，机遇、信息稍纵即逝，当机立断是一个优秀执行者必备的基本素质之一。有些人往往优柔寡断、犹豫不决，结果错失了成功的机会。

美国加利福尼亚大学从一份分析了三千多名失败者的报告中得出结论，在三十多种失败原因中，优柔寡断占居榜首。

果断性是指一个执行者适时、合理地采取行动，果敢地去执行的可贵品质。执行者要取得成功，就必须改掉犹豫不决、瞻前顾后、左顾右盼、拖拖拉拉的办事作风，在自己认准的事情上认认真真地采取行动，用行动来证明一切，不断提高自己的执行力。

历史上有两个著名的例子：项羽当年在鸿门宴出现机遇时，既优柔寡断，又刚愎自用，没能把握住千载难逢的良机，结果饮剑乌江、遗恨千古。李世民则当断则断，遂成一代霸业。"鸿门宴"与"玄武门之变"告诉我们：一念之差，差之毫厘，失之千里。好的领导者很多，但都缺乏一个非常重要的成功素质，那就是果断性。而缺乏果断性的人，往往就是没有执行能力的人。"

优柔寡断常常造成拖延，而拖延是最致命的。拖延很容易变成一种顽固的习惯，它会使许多工作根本无法开展。拖延会使问题由小变大、由简单变复杂，解决越来越难。拖延绝不是一种无所谓的耽搁，它会使个人和企业永远与成功无缘。

（2）**执行衰减**。造成执行衰减有两类情况，一是执行意愿问题，二是执行能力问题。

执行者因任务不清，工作困难，人事摩擦等诸多执行阻力，滋生惰性，热情锐减，产生畏难情绪。怕出事、怕担责，不肯实干、不愿担当，推诿拖延，敷衍了事，拖拖沓沓，庸碌无为，造成为官不为。这是缺乏执行意愿的典型特征。意愿问题是思想素质问题，轻微的属于认识范畴，要教育指导；严重的属于品质痼疾，要清理淘汰。

执行者虽有积极意愿，很想做出一番成绩，但技能欠缺，效率低下，力不从心，难有作为，这是能力不济。于是找窍门，图捷径，满足于差不离，对付，将就，过得去。在执行中拖一点、少一点，逐步折扣；在时间上慢一点、晚一点，点点消磨；在质量上差一点、错一点，逐层衰减。最后执行力就在这天天消耗，层层误差中面目全非。另外，能力平庸者还有一个致命的危害，就是嫉贤妒能。这种人往往表面谦卑、实质虚荣心特强，并不认可自己不如人的现实，不从根本上去勤奋学习，提升技能；放不下身价虚心求教，请人指点；亦不愿做艰苦细致的努力以勤补拙，却精于窃取他人成果，压制比他强的人。工作不能坚持到底，常常是虎头蛇尾，前紧后松，半途而废。所以不要以为能力低下是小节，从某种角度说，"无能"也是"无德"。

（3）**执行走偏**。因为没有认真准确领会、理解上级的意图，该做的没做，做了不该做的；因能力不佳，做了没有做对、没有做好。执行者总是对领导指示掌握的一知半解，对工作掉以轻心，对规章制度视若罔闻，凭经验办事，凭主观武断。对组织要求是你讲你的，我做我的，上有政策，下有对策。中国各级领导者有一个显著的执政风格，就是每做一事都是给上级领导看的。上级领导重视的、偏爱的、强调的，下级保证全力以赴把它做好，至于这事对未来、对事业、对员工有没有益处可暂且不计。一事当前，把领导重不重视，喜不喜欢，满不满意作为干与不干，多干少干，大干小干的标准。这种风格的另一表现是，无论做什么都要等上级领导发话，否则决然不动，等指示、等文件、等精神。这种工作风格的本质就是一切唯上，一切唯权，一切唯样。所以谈不上从实际出发，谈不上从事业出发，谈不上从员工的实际利益出发，这也是国企领导者腐败无为的通病。事实证明，凡是和腐败无为沾边的领导行为，是不可能有执行力的。

（4）**机械执行**。典型特征就是"领导让干什么，就干什么。"机械、单纯、偏执、死板地执行。领导要一支笔，也不问领导要什么样的笔，也不想领导的用途，就随便拿来一支没有水的笔。这样的执行毫无用处，毫无价值，毫无意义。这样的执行方式在企业日常管理中屡见不鲜，这样的"弱智"者在国企里几乎普遍存在。表面上看是不折不扣地执行，实质是帮倒忙，无用功。为什么会出现这样令人哭笑不得的现象，就因为这种人的心思没在工作状态上，对组织里的一切事情全然不放在心上，毫无责任意识和执行概念。

（5）**拒不执行**。因为执行者与领导者意见不一致，因为上下级存在严重成见，因为领导中途改变指令，因为执行条件不具备等因素，使执行者产生认知偏差和抵触情绪，对上级指令公然对抗，拒不执行。如执行者认为制度是用来整人的，是束缚民主自由的绳索，从而漠视制度、逃避制度、抵制制度，违反制度，造成制度难以完全贯彻执行，有些制度甚至无法执行。工作质量下降，违章现象频发。干了不应该干的事，出了不该出的事故，造成了严重的浪费，导致出恶劣的后果。国企内部走马换将非常频繁，能够在一线长期扎根的领导者很少。每逢年底年初，都是企业动荡不安的时候，各级领导者人心惶惶，没有心思工作。新上任的领导者急着忙碌"一朝天子一朝臣"的组阁，于是上一年前任布置的各项工作，无人再过问，无人在执行。而新的计划，新的目标，新的一套工作体系，因没有形成自上而下的系统套路，导致下属模棱两可，仍然按照自己的轨迹行事。

第二节　执行力的动力系统——领导的问题

不要以为执行不力是下属、是群众、是员工的事，领导者执行不力的现象也很普遍，甚至情景更为严重，造成的后果更为恶劣。许多领导者孤立、片面、狭隘地理解执行力，一提起执行力，就把矛头指向了下属群众，这恰是执行力出现问题的核心症结。

领导者始终是处在领导层中的某一层，始终是处在领导链中的某一环节，始终是某一层级、某一组织的第一执行者。领导者的执行通常是在还没有与下属群众见面时就开始了，调查研究与工作计划，是领导者执行上级任务的第一阶段，贯彻部署，落实安排，是领导者执行与下属群众执行的有机结合，任务完成与否或完成的质量优劣，是领导者在执行过程中领导力的展现。一个组织的整体执行力如何，领导者起决定作用，负主要责任，所以提起执行力，首先是领导者的问题。执行力是一个系统，领导者、群众、组织是这一系统中的三要素，其中领导者是核心要素，是动力源泉。群众是执行力的资源，组织是执行力的机制，他们都在领导者的领导力整合运作下发挥作用。

执行力的动力系统是领导者的拉力和导向力，领导者是向上向前的牵引带动力量。执行力的始发端是领导引起的，任务是领导布置下达的，要求是领导提出的，标准是领导制定的，考核是领导掌管的，验收是领导实施的。整个执行的全过程，各执行要素，各执行环节，都由领导负责掌控，领导自始至终起着原动力的主导性作用。

领导、员工、组织相辅相成缺一不可，这是从事任何事业，完成任何任务都必须具备的三个条件。现在一提起"执行力"，领导就报怨下属的不是，都是群众的毛病，不检讨自身和组织的问题，这是不符合系统原理的。一般来说，执行不力，首先是领导者的领导力出了问题。

1. 追求卓越的领导品格，凡事一抓到底

（1）首先是领导者的执行力问题

领导力就是执行力，领导力就在执行力之中。一项工作，一项任务，一桩事业，干得好不好，主要取决于领导者的执着、激情和干劲儿。领导者没有坚韧执着、常抓不懈、负责到底的精神，部下就不能始终如一对战略部署深入贯彻，逐一落实；领导者没有严于律己，做好表率的高标准要求，下级就容易虎头蛇尾，前紧后松，中途跑偏。所以要想强化组织执行力，领导者一定要高度重视自身建设，凡事全力推进，一抓到底，直至全线告捷。

执行，首先是领导者的执行，其次才是群众的执行。因为领导是组织的根基，他的行为直接决定其他人的行为。领导者深入且富有激情地参与组织事务，坦诚地面对事实，群众的执行才是积极上进的、有效率的。领导者平时的一言一行，都直接影响着群众的精神面貌，影响着执行力度的大小。

无数事实证明，有一个上进的想干事业的领导者，有一个追求卓越的领导

者，那一定会有一个执行力非常出色的队伍。

领导者思虑不周，底数不明，决策不当，朝令夕改，出尔反尔，是摧毁下属执行力的致命弱点。有的领导者每年拿计划、定盘子、下指标，根本就没有调查研究，根本就不掌握实际情况。所以，那个计划就是没有多少真凭实据的计划，那个盘子就是稀里糊涂的盘子，那个指标就是文字游戏。领导不行，上上下下不可能产生什么真正的执行力！

现在执行力运行出现怪圈现象：高层怨中层，中层怨基层，基层怨群众，群众怨高层。究其实质，追本溯源，执行力运行不好，主要是高层的问题。高层领导不从思想上认识这个渊源关系，把执行问题都归结到下属身上，执行不力的问题将永远得不到解决。领导者是整个执行过程的决定要素。执行力是否到位反映了组织的整体素质，也反映出领导者的角色定位。领导者不仅是设计者，更是实干家；不仅要制定战略和下达命令，更重要的是躬身实干。执行力的关键在于透过组织文化影响群众的行为，因此领导者很重要的角色定位就是营造组织执行文化。缺乏执行力的组织在很大程度上是因为组织内没有形成一种执行力的文化，从而使执行成为一件无足轻重和无关痛痒的事情。执行力文化就是领导者的文化，领导者是真抓实干，还是光喊不干，这是两种截然不同文化的渊源。

（2）领导者的品格与执行力的关系

领导的职责是带领部下完成上级交给的任务。如何完成，完成的时间、质量、效果，与部下的执行力息息相关，而部下的执行态度则完全看领导者的品格行事。领导者是个言必行、行必果、一言九鼎、斩钉截铁的人，那么这个组织的执行力就坚决迅速，立竿见影；如果领导者凡事前怕狼、后怕虎，瞻前顾后，左顾右盼，那么这个组织的执行力就不会好。

领导者为了准确无误，遇事严谨心细是无可非议的，但有的是因为私心太大，为自己谋求更多的利益而犹疑不定。本来应选择最适宜执行的人，可因为不可告人的目的，安排了最不适宜的人，结果造成执行失败。所以，执行不力往往看似能力问题，经验问题，实质是领导者的品格问题。品格不佳，执行力必不佳。

有理想、有事业心、有优秀品质的领导者，一定是心中有梦、胸怀蓝图，志存高远、追求卓越，不甘平庸、超越自我的领跑者。一定是尽心尽力、尽职尽责，洋溢激情、充满斗志，不断进取、永不满足的开拓者。他们思维更积极、更主动、更自觉；导致行动更有力、更坚决、更快捷；进而实现有效管理、有效激励、有效沟通、有效执行。他们决定着部下前进的步子有多大，能走多远；决定着组织的生存品位和执行品质。

有优秀品质的领导者，会把远大的目标化为奋斗的动力；他会善于向全体下属解读目标，构划愿景，把目标变成整个组织的共同理想。为了完成任务，实现目标，他们会夙兴夜寐，废寝忘食，攻坚克难，百折不回，不达目的，决不罢休；他们不会是被琐事缠身，整天应付日常事务，拘泥于繁文缛节，满足于眼前一得之功的庸俗事务主义者。

有优秀品质的领导者，会刻苦学习，高瞻远瞩，思想解放，勇立潮头；他们不会人云亦云，随波逐流，拈轻怕重，避重就轻；他们会始终保持清醒的头脑，坚持正确的方向；能从司空见惯的现象中发现问题，看到弊病，寻找到突破口；他们能直面现实处境，及时找到有效解决问题的路径和办法。

有优秀品质的领导者，会有人生的远大目标和崇高境界，他们会注重自我修炼，从严要求自己，培养优良品格，努力增进才学和提高处理疑难问题的本事。为了树立和维护自身威信，他们会人品端正，为官清正，处事公正。因为公可以生明，廉可以生威。威信是一种无形的领导力量。古人云："有威则可畏，有信则可乐从，凡欲服人者，必兼具威信"。一个有威信的人，自然会得到部下的尊重、信赖和拥护，自然会一锤定音，一呼百应。

在中国，领导者的示范作用具有特殊而深远的象征意义，无论什么事，下属皆唯马首是瞻。领导如果不三令五申，从紧从严，下面办事就敷衍塞责，拖沓懒散；领导如果对工作议而不决、夸夸其谈，下面就轻描淡写，应付了事；领导对某一现象只要一严厉批评，那些不良现象马上就会销声匿迹；领导一旦松懈，睁一只眼，闭一只眼，这种不良现象随即旧态复萌，卷土重来。所以在执行上领导者身先士卒、率先垂范的模范带头作用，就是下属忠于职守，坚定执行的神圣命令。

(3) 领导者的风格与执行力的关系

领导者的风格体现于一以贯之的工作态度和做事方式，风格是性格，更是长期养成的工作作风。领导者凡事坚定不移，一抓到底、绝不含糊，下属的执行力就强；如果领导者做事含糊松懈，拖泥带水，尤其是说了不算，定了不干，朝令夕改，反反复复，那必然不会有好的执行状态。

1937年9月6日，129师在陕西省三原县石桥镇誓师出征那一天，不巧下起了大雨。有人建议改日举行，因为这一天等于是129师成立大会，全师要在会场更换新装，举行阅兵式，然后开赴抗日前线。但是刘伯承师长没有同意，他说：时而朝令夕改的军队，是不可能打胜仗的。所以那天刘师长是冒着大雨进行誓师讲话的。刘师长看到战士们在雨中浇着，他也走到队伍跟前，警卫员为他撑起了雨伞，他接过雨伞收了起来，和战士们一起顶着大雨，开完了别有意境的誓师会。此后，身边的人更加尊重这位"说一不二"，吐个唾沫是个钉的首长，同时，在刘师长面前也就没有了干扰他决策的那些所谓特殊情况。

领导者做事的风格带有一定的导向性和示范性。"主上好金莲，民女多裹脚"，"楚王好细腰，宫女多饿死"。无数事实证明，领导者的一个细微行动，胜过十堂演说报告。这就是中国的执政文化。正因为如此，领导者如何做事，怎样做事的风格，不能不细琢之、深思之、慎行之。

现在有些领导者常常是随心所欲，出尔反尔，由着兴致来，跟着感觉走，行无定规，事无章法，让下属心中没数。领导者不为自己的话做主，下属也就不拿领导的表态当回事了，时间一久，领导者就成了喊"狼来了"的孩子，试想执行力从何而来。

毛泽东说过："世界上怕就怕'认真'二字，共产党最讲认真。"商鞅变法，立木为信。领导说话，一言九鼎。常言道"人无信不立"，"军中无戏言"。领导的威信就建立在"信"字上，失去了公信力，还有什么威望。

阿里巴巴创始人马云说："我可以很负责地告诉你，你要是说的和做的不一样，你的员工马上跳起来，组织一分钟解散。我们必须要求自己言行合一。"

凡事只要常抓不懈，一以贯之，持之以恒，就能见真功，显成效。部下的执行力不佳，很大程度在于领导者的执行力不佳，领导者说了不做，虎头蛇尾，半途而废，是极坏的榜样。

有的领导者抓落实样子很有力度，布置工作大会讲完了小会讲，又写保证书又签责任状，慷慨激昂，许愿发誓，情景很是感人。结果却是认认真真走形式，无实事求是之心，貌似"真抓，实为'假抓'"。一遇困难更是偃旗息鼓，最后全都成了"烂尾工程"。

毛泽东说过："对主要工作不但一定要抓，而且一定要抓紧……抓而不紧，等于不抓。"同样，打造执行力，领导者一定要抓紧抓实，真抓实干，常抓不懈。

闻风而动，雷厉风行，说干就干，立竿见影，这是军人的执行作风。中国许多成功企业的"领头人"都是军人出身，联想集团创始人柳传志就从不讳言是军营塑造了他。柳传志说："企业成功跟我有一定的关系，但不是全部；这一定的关系之中，跟我在军队里养成的性格又有一定的关系。"柳传志曾从三个方面来论述军队和成功企业的相同点，其中一点就是执行能力强，这也恰恰是很多企业不能做好、做大、做强的原因所在。军人，这个执行力最好的体现者的种种成功，无疑正在用事实说明着执行力的重要性。

即使是在经济最为发达的美国，这一现象也普遍存在且同样得到了证实。甚至曾有人说，美国的军事院校一定程度上可以说是美国最好的商学院。因为自从第二次世界大战以来，美国三大军事院校——西点军校、海军学院和空军学院共培养出了 1531 位公司级首席执行官、2012 位公司总裁、5000 多位副总裁，以及数以千计的小公司的企业家。有些企业为了强化执行力而学习解放军，这不失为提升全员执行力的有效举措。

(4) 领导者的才能与执行力的关系

领导者的才能是其执行力的基础，决定着整个团队执行力的强弱。

下属的执行力反映着领导的领导力。领导凭借着才能的力量，考虑问题站得高、看得远、思得深、想得细，做起事来效率高、成效好、得益多、让人折服，被下属视为自己的主心骨、顶梁柱和领路人，认为跟着这样的领导有干头、有实惠、有奔头、有意义。所以，领导者的才能是部下服从、顺从、执行力强的重要条件。

才能包括拥有一定知识才学和技能，是人们征服自然和社会，为人类创造价值的智慧和能力。领导者是人中之魁，如果领导者不具备优于下属的资本，就缺乏驱动下属的能力，最后导致执行匮乏。有人认为，德高望重可以当驱动力使，其实不然，没有才，仅有德也是不行的。从某种角度说，没有才，称不上有德。无才之人，不堪任用，无所作为，不能为社会创造价值，反而成为社会的缀疣。

有才能的领导者和无才能的领导者，在接受任务的刹那间心理反应是不一样的。有才能的领导者任务多不压肩，愿意承担有挑战性的艰巨工作，难能正可图大功，追求卓越，建功立业的心态较强，所以执行力就强。才能不济的领导者完成任务比较吃力，自然缺乏好胜心理，组织执行力就缓慢软弱，完成任务的质量效果也明显不如人意。

2. 践行责任的使命意识，要做就做最好

现在有些领导者在执行系统中仅起着简单的上传下达的"传声筒"作用，有的甚至连任务的背景、目的、要求都懒得与员工说清楚，更不要说指导、协助员工解决问题了。这样的领导认为：把任务交代下去就行了，不清楚到网上看文件。接下来就等着具体职能部门订计划、拿方案，我过过目，批一下就行

了，剩下的就是底下的人如何干了。这就是有些国企士气低落，工作沉闷，质量低劣，"敷衍塞责"的风气十分盛行的原因。

国企有一个特点，那就是谁的官大谁是权威，大家都听他的，工作都是给他干的，上上下下的一举一动都是给领导看的。领导看到了，表扬了，就说明工作干到点子上了；工作虽然干了，但领导没看着，那就赶快写消息报道，想方设法让领导知道。如果工作干了，领导没看着，又没有宣传出去，就等于白干了。所以很多中下层领导者不是在研究怎样能干，而是都在琢磨怎样"会干"。

有些中下层领导者之所以惯于投机取巧，不真抓实干把执行落到实处，根源在于上级领导的华而不实。上级领导满足于听汇报、看内刊、蜻蜓点水走现场，受邀出席经验交流会，看喜报、听赞歌，陶醉于"一派大好"的形势里。上级领导者何以欣然接受被蒙蔽，被欺骗，被忽悠的现实。就因为领导者本身不了解实情，不清楚底数，平日不深入基层，不和一线员工接触，一切信息皆来自汇报。于是等问题成堆，危机四伏，焦头烂额时，一切都来不及了。实践是检验真理的标准，那些已经亏损和即将要亏损的国企，莫不如此。

张瑞敏说得好，"看不出问题是最大的问题。"当下有些领导者的共性就是看不到问题，不看问题，不想问题，出了事也查不出问题，更意识不到问题不解决，还会出问题。常常是大事化小，小事化了，不了了之。这上上下下，里里外外，大大小小，形形色色的问题根源，实质就是领导者欠缺责任心的表现。

执行力是一个动态的系统，它是通过领导者凭借单位这个媒介，在特定的制度文化环境下，运用有效的方式方法影响和作用于被领导者，对工作目标、任务产生实际作用的结果。在这个系统中，被领导者对领导者的信任、敬佩、拥戴，决定下属的欣然听命，绝对服从，尽职尽责，影响着被领导者的工作意愿和技能发挥。许多事情看起来是领导者决定被领导者，其实很多情况是被领导者的意志决定了领导者的意志。很多单位的改革之所以半途而废，就在于被领导者的消极抵制和抗衡力量达到一定强度，就成了制约领导者的决定力量。所以领导者的执行后劲，来自群众的基础，下属的支持，组织条件的配合。

（1）执行力来自责任感

责任感是一个人对待工作的敬业态度，因而它是一项很重要的人格素质，更是领导者所应必备的品质。梁启超曾说过："凡属我应该做的事，而且力量能够做到的，我对于这件事便有了责任，凡属于我自己打主意要做的一件事，便是现在的自己和将来的自己立了一种契约，便是自己对于自己加一层责任。"

责任感能使一个人聚精会神，专心致志的工作，并最大程度地发挥自己的潜能。有责任感的领导者不仅可以提高企业的市场竞争力，还能在经营管理、整合资源、构建优秀企业文化、带领员工践行责任、制度创新等各环节起到特殊作用。有责任感的领导者对于企业的价值是无法估量的。

责任感是提高执行力的基础和前提，是一种想要干好工作的状态。凡是有责任感的人，都有干好工作的强烈愿望。只有想干事，才能去干事、干好事；只有牢记责任，才能谈得上践责尽责。没有责任心，执行力根本无从谈起，执行力是责任心的体现和最终落脚点。

领导者缺乏责任感，下属看得真真切切，其结果只能是相互推诿扯皮的现象多了，敢于承担责任的人少了；大家会习惯于执行中雷声大、雨点小的现象，工作中形式主义、面子活、敷衍搪塞现象络绎不绝；企业里的各种文件、规章制度也就成了一纸空文。领导者将失去部下的基本认可，失去部下的信任与尊重，失去了领导者的致命之本——信誉与尊严。

责任胜于能力。可在现实工作中，责任经常被忽视，人们总是片面地强调能力。领导能力强固然是好事，但是如果没有责任感，不愿意为事业付出，他就不能为所在企业创造应有的价值。有了责任感，他就会有执着进取的动力和勤奋工作的热情，就会有排除万难的执行力。

责任感差的人借口多。每当完不成上级交给的任务时，这些人就象电影中的蒋军头领一样，以各种借口来搪塞他们的失职，"我们尽力了"，"我们阵亡了数千名弟兄"，"我们上了'共军'的当"，"'共军'的火力太猛"等等，以这些托词来推卸自己的责任。缺乏责任感的人，考虑更多的是"尽力就可心安"，而对于完不成任务，因为找到了自以为合情合理的借口，可以向上级交差，就放弃了追求成功的努力。高效的执行力依靠的是对制度、计划的不折不扣的贯彻执行，而这种贯彻执行最终都得落实到每个人的责任心上。

(2) 执行力来自荣誉感

名誉是尊严，名誉是成绩，名誉是品牌，名誉是动力；名誉是比金钱更重要的资源，名誉是开拓进取的激励。可有些领导者对荣誉毫无感觉，无动于衷，不感兴趣；不思进取，无争强好胜之心，满足于差不离，过得去，甘于二、三流水平，钟情于"比上不足，比下有余"的状态。对别人的荣誉嗤之以鼻，不屑一顾。抱着先进不争，错误不犯，谁也不能奈我何的思想，安安稳稳混日子，消消停停拿年薪。

为什么有些领导者不想争先进？一是能力不够，甘拜下风，情愿退其次；

二是强调客观，认为本单位不重要，不受重视，干得再好也评不上；三是不想努力，担心上级鞭打快牛，严格要求受不了，被人盯着难受，退下来更难看。究其本质，就是怕苦怕累，安逸保守；缺乏事业心和责任感；不愿有作为，不想多做贡献。

荣誉是人格的社会价值观反映，有荣誉感的人任可身受苦，不让脸发热；而无荣誉感的人，也无羞耻之心。没有荣誉感是一种精神颓废，不打算好好干的心理反映；是丧失人生方向、人生价值和人生标准的迹象。作为一般人，没有荣誉感倒也罢了，如果领导者丧失了荣誉感，对组织、对上级，对部下，对群众都不会有正面的、积极的作用。

荣誉感是一个组织的重要精神力量，是组织凝聚力的来源，是组织发展的促动力。培养荣誉感是组织管理的一项重要内容，因为有积极进取的荣誉文化氛围，才有争先恐后，奋勇拼搏的斗志。

荣誉提升道德，荣誉催生自律；荣誉启发智慧，荣誉激励热情；荣誉坚定信念，荣誉鼓舞勇气；荣誉孕育责任，荣誉成就伟业。荣誉感淡化，就是社会责任感和职业操守的淡化，从而衍生功利思想和个人主义的滋长。当人们不再为自己从事的职业感到光荣和自豪时，那么对社会的责任、义务和对工作的热情也会随之淡漠，对自己就开始放任自流，降低自律，趋于堕落。

强化执行力必须强化职业荣誉感，要通过形式新颖、内容丰富的主题活动和教育，大力宣扬和赞颂职业道德模范，奖励那些不同岗位具有强烈职业荣誉感和自豪感的优秀人才。强化人们的荣辱之心，强化领导者的自尊心，提升荣誉感，是提升执行力的重要环节。

（3）执行力来自使命感

使命感是比责任感更高一级的责任意识，是对领导者事业心的一种更高境界的要求。做事有四种境界：第一种是用嘴，第二种是用力，第三种是用心，第四种是用命。如果责任感是用心做事的话，那么使命感就是用命做事。

宋朝名相范仲淹，早年的时候遇到一位算命老先生，他问算命先生："你看我将来能不能做宰相？"算命先生就笑他："你年纪轻轻，过分自负！"

范仲淹把话题一转，说："你再看看，我能不能做医生？"

算命先生觉得很奇怪，怎么一下从做宰相掉到做医生，就问他："这是什么意思？"范仲淹说："唯有宰相跟医生能够救人。"

算命先生送他一句话："你有这种心，真宰相也。"

后来，范仲淹果然做了宰相。因为他从小立志是以救天下为己任，不为一己之利，而是为了服务社会、国家，帮助他人解除苦难，所以使命在肩，勤奋好学，终有作为。

使命感是人对来自社会和国家赋予的神圣使命的一种感知和认同，就是义不容辞，坚决完成任务的崇高思想境界。使命感是人的内在永恒动力，一个人的使命感越是强烈，那么他的人生目标感也就越强烈；他的工作激情与生活热情越强烈，他的人生责任感也越强烈。

使命感是什么？使命感就是一定要把事业进行到底、把某件事情做成做好的责任。那些百折不饶，自觉奋斗的人；那些任劳任怨，甘愿奉献的人；那些自己吃不饱、穿不暖却想着别人的人；那些宁愿掉脑袋也要为真理而战的人；那些把个人命运交给千秋大业的人；那些跟着真理"燃烧自己，照亮别人"的人；都是怀有强烈使命感的人。一个人对待本职工作的态度是半心半意、半推半就、半途而废，还是全心全意、全力以赴、全始全终，是有无使命感的分水岭。

诸葛亮之所以夙兴夜寐，鞠躬尽瘁，就因为他有强烈的使命感。他的使命感就是完成刘备的生前夙愿，实现统一，光复汉室。这个使命不完成，他睡不稳，吃不香，死都不瞑目。为了这个使命，他修栈道，兴屯田，七擒孟获而放之，研制木牛流马，尽管兵微将寡，但多次在对曹魏的作战中获得胜利。虽然诸葛亮的使命没有完成，但他却把自己塑造成了伟大的政治家和军事家，成为历代中华各族人民敬仰的忠智双全的代表人物。诸葛亮的使命感最终创造出了永恒的丰碑。

领导者必须要有使命感，因为领导者在完成任务过程中就是在践行上级的使命，不但自己赋有使命，还要向下属员工灌输这种使命思想。企业文化的理念核心就是企业的宗旨使命，这是一种激发员工生命激情的神圣思想，是用核心价值观描绘的宏伟愿景，是企业全员都要恪守秉承的坚定信念。领导的一个重要职责是勾勒愿景、诠释愿景，传播愿景、引导员工践行愿景。如果领导者没有使命意识，他就无法向员工生动地描述愿景，无法使愿景展现激励作用，无法启发教导员工、说服引导员工去跟自己从事一项伟大的事业。

日本京瓷公司创始人稻盛和夫说："凡事必须明确事业的目的和意义，要让全体员工与自己风雨同舟、共同奋斗，缺乏'大义名分'是行不通的。如果缺乏这一点，人们很难从内心深处产生必须持续努力工作的欲望。"

国民党的军队为什么会出现整建制的，大规模的叛逃，就因为国民党不讲使命感。广大基层官兵也不知道为什么当兵，一问，都是为了混口饭吃。所以让他们弃暗投明，就都一呼百应的投奔解放军了。

领导者没有使命感，凭什么让大家敬职敬业，精诚奉献？领导者没有使命感，拿什么让群众跟你拼搏奋进呢？领导者没有使命感，恐怕连说话的底气都没有，腰杆也不硬气，在群众眼里也树立不起高大形象，甚至自己都心亏理短，自惭形秽，还怎么带领大家攻坚克难做出不平凡的业绩？没有使命感的领导者，只好手掐人民币告诉大家：闲话少说，干多少活，给多少钱。这钱，就是执行力！

一个成功的企业，一定要具有使命感的土壤。使命感是人们对自己的使命的认识，对于使命的意义是什么？人为什么要承担使命？自己的使命是什么？应该通过怎样的努力去实现自己的使命？对于这些问题的思考和感知认识得越深，使命感就会越真实，越强烈。具有强烈使命感的员工，无论任何时候、任何条件，都能最大限度地发挥自己的主观能动性，自动自发地工作。所以，引导启发员工树立使命感，是领导者最起码、最本职、最日常的工作。没有使命感的领导者，是担负不起组织重任的。

3. 信任下属和依靠人才，科学授权放权

（1）授权是一项高超的领导艺术

领导方式科学化的重要体现就是充分信任下属，放权依靠人才。领导者是带领下属实现目标的人，是最大限度挖掘和调动下属积极性的人。领导者的主要工作是找到正确的目标，找到正确的方法，找到正确的人去实施。你不必事必躬亲，把不该你做的事，把你没有时间去做的事，把别人能比你做得更好的事，把不能充分发挥你能力的事，果敢地、放手地托付给下属去做。只有这样，你才能不被"琐碎的事务"所纠缠，才有更充足的时间去思考和处理"重要的事情"。成功领导者的一个最大特点，就是让别人做你想做的事。真正的领导力不是领导者自己发挥多么大的作用，而是善于最大限度地利用下属的能力，发挥人才的优势。

怎样用人特别是怎样用准人，学问极深。韩非子说："下智者用己之力，中智者使人之力，上智者用人之力。"善用人者总是给人位置，给人权力，让人心甘情愿地去工作，去服务，这叫智者用人术。领导者要做的其实就是简单三件事：第一，确定方向目标，大政方针，制定组织战略；第二，构建组织团队，挑选合适的人；第三，传播组织文化，完善激励机制。领导力的最高境界，不是管人、理事，而是管文化、理机制。

无数管理实践证明，"授权"比"命令"更重要也更有效。美国传媒公司

CNN，就是实施这一管理模式的成功范例。该公司自 1980 年成立以来，奉行一种放权的企业文化。为满足观众对实况新闻快速报道的需要，该公司打破传统集权管理模式，摈弃官僚主义作风，授权下级管理者在一定范围内自行决策，推行"灵活、快速决策方式"，从而实现了经营管理的"自动化"，极大地提高了观众满意度和企业经营效益。

授权是一种重要的激励方式，授权会使下属感到受重视、被信任，进而使他们有责任心、有参与感，使整个团队同心协力，人人各自发挥所长，使组织焕发生机活力。在 21 世纪，放权的管理会越来越接近于员工的期望，是最为聪明的管理方式。当企业聚集了一批足够聪明的人才之后，如果只是把这些聪明人当作齿轮来使用，让他们事事听领导指挥，那只会造成人力资源的浪费。授权不仅是提高工作效率和效能的重要途径，也是对下属信任与支持的体现。

没有哪个领导可以事事通晓，也没有哪个领导可以时时正确，所以，领导者不宜事无巨细地处理所有问题。如果领导擅权集权，下属势必凡事都要请示汇报，等待领导的命令。领导身上的包袱会越来越重，精神的压力也会越来越大，各部门管理者在感知到变化，发现问题时只会不加思索地习惯性地呈给领导。很多领导者执迷追求对权力的掌控，习惯于指挥部下，并总是将部下的努力换来的成绩大部分归功于自己。这种"大权在握"，"命令为主"的领导方式很容易造成员工的工作满足感越来越低，造成下属认为自己不受重视，员工个人的才智和潜能得不到充分利用，工作的乐趣和意义索然殆尽，最后导致工作效率大幅降低，各种问题纷至沓来。有些领导者虽不专权集权，但喜好事必躬亲，愿意亲自替下属解决难题。这类领导者或许在技术上堪称一流，但确实不是一个合格的掌管全局的领导人。

美国企管顾问师威廉·葛诗礼在其《为中国经理把脉》的研究报告中，指出了中国经理人常犯的 36 种错误。其中第一种错误就是授权不够，由于授权不够，导致什么事情都是领导说了算，什么问题都要等领导拍板；只有领导拍板了，事情才能启动，问题才能解决。有些单位领导公出开会三两天，回来时办公室外排成了队。有的领导也乐此不疲，觉得自己有多么重要，认为这是树立自己的威信，展现自己卓越领导力的体现。一天从早到晚忙着开会，忙着规划部署，忙着接待协调，忙着发号施令；认为自己只有忙得应接不暇，忙得不可开交，才是尽职尽责的表现，才是对单位的重大贡献。

1984 年迈克尔·戴尔凭 1000 美元创业，到 1998 年仅用了 14 年，其规模已经迅速成长到了 180 亿美元，其成功的一条很重要的经验就是授权放权。戴尔在其《戴尔战略》一书中写道："1993 年年末，我已无法一手掌控全公司了。

许多大客户需要我花时间相处；许多管理会议我想参加；我也想多作演讲，与大家分享；我还想多和员工接触，来了解他们所面对的挑战和困难，并能适时提供我的看法和帮助，以求公司所有部门的进步和成长；我也希望自己能成长发展，维持均衡的生活，与我刚成立而快速成长的小家庭共享天伦之乐。我学到许多宝贵的经验，其中一项就是授权。任何一家公司想要成功，关键在于高层人员是否能分享权力；高层人员必须把重点放在整个组织的发展上，而非个人权力的扩张。"

领导力是让别人干活的艺术。大量工作是通过授权、用人、培养下属和参与式管理等方式实现的。领导者如何培养部属的执行力，是企业总体执行力提升的关键。胜利的大小，取决被你驱动的下属有多少。电视剧《亮剑》中的八路军独立团在团长李云龙的领导下，边生存，边发展，队伍扩充了八个营，还不算团部的骑兵连、警卫连和侦察连。一个团长能指挥上万人，实属罕见，为此李云龙成了响当当的"名牌"。这是八路军解放军迅猛发展的缩影。那种不敢放手授权，什么事都自己亲力亲为的领导，是很难有发展的。

陈云同志早在延安抗日军政大学讲演时就指出："一个人能有多少力量？多少时间？即使你的精力很强，'天下第一'，也要有天下第二、天下第三的人来帮助扶持，你才会成功。"倘若疏士而不用，不很好地发挥众人的才干，哪怕终日忙碌，最终也成不了大事，甚至会坏了大事。

大凡善于授权的领导者，都坚持这条原则：用人不疑。做到这一点，就不会过分监督和干涉下属行动了。1949年10月，陈赓统领二野第四兵团向广州攻击前进，陈赓指挥作战有一个特点，就是作战部署确定之后，他往往指定一名高级指挥员任前线总指挥，统一指挥参战部队，自己则集中精力注视战场形势，发现问题，解决问题。刘忠、周希汉、李成芳、秦基伟都曾担任过总指挥。陈赓这样做的结果是使高级指挥员熟悉兵团的所有部队，锻炼出指挥整体战役的能力，使部队团结，人才辈出。这次陈赓授权李成芳全权统一指挥，自己退居身后专心研究战局态势变化。蒋介石从台湾亲临广州，拜托余汉谋指挥七个军力争坚持一个月，以待国际时局的变化。结果陈赓兵团于10月24日先敌攻占沿海之阳江诸城，封死蒋军海上逃路，6万余敌被四兵团压在阳江一带。李成芳指挥四兵团各部队猛攻被围之敌，战至26日全歼蒋军。蒋介石坚持一个月的计划连一个星期都没实现。

用人，是领导者的第一要务。真正的领导力就是让更多的人愿意为你帮忙，你所应该做的就是授权、放权。三国时吴主孙权说："能用众力，则无敌于天下矣；能用众智，则无畏于圣人矣。"

美国现代报团创始人斯克列浦斯曾经说过这样一句名言："凡是你能找到别人代替你去做的事，永远不要自己去做。别人替你做的事越多，你就有更多的时间与精力，去做那些没有人能替你去做的事。"干事业，必须有其他人参与。当你开始动员其他人一道为达到某个目的而工作时，你就跨进了优秀领导者的行列。

拿破仑·希尔说："领导的才能就是把理想转化为现实的能力。"一个领导者实现目标，不但要通过自己的努力，还必须通过别人的努力来实现。自以为自己是领导人，但没有追随者，那不是真正的领导者。一个只会在自己位置的狭窄范围内指挥别人的人，不能算作真正的领导人物。正如约翰·怀特说的："人们追随的不是某个计划，而是能鼓舞他们的领导人物。"检验一个领导者是否合格，首先是看他能不能使别人参加进来，跟他一起干。卓越的领导者善于鼓舞周围的人协助他朝着他的理想、目标和成就迈进，他给他们奋进的力量。

来自哈佛商学院的一位教授研究表明，成功的关键在于领导者创建一个支持联盟的能力。领导者所做的工作，就是使你的下属能够成为领导者。下属是团长，你就是师长；下属是师长，你就是军长；下属啥也不是，你也好不了哪去。能够善于授权于人的领导者，会让下属认识到这是我自己的事情，所有的事情都和我有关。领导者需要做的就是授权于人并通过共享权力来开创未来。

授权就是将某一具体工作从领导者手上传递到下属手上。这种授权可以是一次性的，也可以是长期的。这意味着你将依赖那个下属来完成这一任务，达到要求的绩效标准。你必须确保他完全明白自己承担的新责任，并拥有圆满完成这一任务所需的能力与责任。

许多下属都觉得自己没能完全施展才干，领导者就应通过授权借此挑战和激励下属，通过给他们分配富有挑战意义的任务，可以使他们对工作的兴趣越来越高，新的工作职责还能令其获得新的工作经验与培训。额外的职责使他们为组织贡献更多的聪明才智，也能提高下属的价值。很多时候，这些下属都能展现出以前并没有表现出的热情与能力。

由于授权不够，导致权责不明，下属出了问题不负主要责任。对卓越的下属不授权，等于不重用。由于授权不够，实质等于专权专断，所以只能采用专制的领导方式，把人当作机器，习惯于用命令驱赶下属，把下属看成是低一等的人。不能或不愿授权的领导者就好比在千帆竞渡的江面上，旁边是众人划桨开大船，而你则事倍功半的在水中奋力拍打凫游。

领导者不授权放权，势必导致事无巨细，样样都去过问，使下属无所适从，工作缩手缩脚。既挫伤了下属的积极性，又培养了下属的依赖心理，滋生了下属对领导者的不满情绪。毛泽东对这种"保姆式"的领导方法十分反感。他总结自己在用人过程中的授权经验时说:"大权独揽,小权分散,党委决定,各方去办,办中有决,不离原则,工作检查,党委有责。"领导要抓大问题,把方针政策规定明确,要敢于授权,善于授权;不要事无巨细,眉毛胡子一把抓。毛泽东正是因为有"苟利社稷,将军裁之"的胸怀和气度,敢于授权,善于授权,所以才取得了事业的巨大成功。

现在的问题是许多领导也深知"授权"比"命令"更重要也更有效,也明知授权后接管的下属能干得更好,做得更到位,而不敢授权放权的根本原因是怕授出去的权收不回来。更担心顾虑的是随着权力的转移,附带着的相关利益得不到了。他们宁可下属的执行力弱一些,工作差一些,单位多损失一些,也不愿意把权柄松一松。所以,国企领导任用体制不改革,授权放权就是一句空话。领导任用体制应该使那些有理想、境界高,有志有为,德才兼备的人提拔到领导岗位上来,对那些私心太重、素无大志、才能平庸、嫉贤妒能、精神萎靡、业绩低下、善搞关系、不干正事的领导者尽快淘汰。这个问题不解决,休说使命感、执行力,所有关于提升领导力的要求都无从谈起。

(2) 成事在人,群策才能群力

成事在人,事业是人干的,人是组织关系中的核心要素。拥有人,还必须群策群力,充分调动人的积极性、主动性和创造性,只有大家运乎一心,才能形成有效的人力资源优势。

21世纪是信息共享的世纪,即使是在最偏僻之处,只要有电视、书报、电脑,就可以享有与城市同量的信息资源。没有谁能封锁消息、垄断知识、控制新闻了。不管城里人还是乡下人,年老人或年轻人,都在一个信息层面上面对世界,这就为员工提供了与领导同谋共商企业发展大计的认知平台。领导与员工的认知程度,已不是诸葛亮与阿斗的差距了,企业管理要引入员工参与,群策群力才能万众一心向前进。

21世纪是一个平等的世纪,人人都拥有知情权和选择权,都有参政权和申述权。以人为本和民主政治的大环境,要求领导厂务公开,简政放权。业界竞争与员工利益的波动,更迫使领导需要群策群力,否则不足以应对日新月异的变化。依靠下属,群策群力,发挥员工潜力,调动员工积极性,团队作战,全员创新已经成为21世纪企业管理的主流。

从积极的角度看,员工关心企业前途是好事,关心者都是有头脑、有智慧、有见解、有能力、善于发现问题,不希望企业走下坡路的人,他们是一股积极力量。这些人上进心强，责任心强，敢于斗胆直言，愿意献计献策。领导如果不建立沟通渠道，广纳建言，就会引起这些人的不满，从而使积极因素化为消极因素。

从消极的角度看，员工心不谋其政，故不尽其力。如果员工都消沉低迷、心灰意懒，不关心企业发展，任凭其兴衰存亡，只要能拿到工资，就什么也不管了，这不是好兆头。缺乏正能量，就容易导致负能量。员工没有参政欲求，凡事漠不关心，就很难提升自身素质，凡事无所谓的态度，不可能构成积极的执行力。

员工得不到重视，就感受不到工作的意义，对工作就不会感兴趣。员工的才智和潜能得不到利用和发挥，就很难在工作中得到成长，就势必滋生种种不满情绪。有了不满情绪就会抑制人的积极行为，就不愿为组织做有益的事情。所以，调动员工积极性要从关注员工开始，要从发挥员工的作用入手，鼓励员工参政议政，放权管理会越来越接近于员工的期望，是颇为有益的管理方式。

人们普遍认为，大量的执行不佳问题是出自员工那里，其实恰是来自领导，整个执行力系统中的人员流程的首要环节就是领导者。

(3) 事在人为，关键需要人才

柳传志说：执行力就是积极选拔合适的人到合适的岗位上，即选好人、用好人。人是干事业的决定因素。一切资源中人才是最重要的资源，人才是最活跃的先进生产力，人才是企业能够基业常青的基石。现代各种企业的竞争，说到底都是人才的竞争，智力资本是企业的核心竞争力。

有人说，是比尔·盖茨的天分造就了微软。也有人说，微软之所以一帆风顺，是与比尔·盖茨高超的用人机制分不开的。而比尔·盖茨曾表示：如果拿走公司最优秀的20名员工的话，那么微软也只能是一家很普通的IT公司了。

人才的获取无外乎两种途径：外部引进与内部培养。培养是一个漫长而渐进的过程，在快速追赶与超越中，引进是最直接、也是见效最快的捷径。引进的人才应该一定是最急需、最能快速接近目标的人，引进的人才如果用不好或仅仅当成摆设，也是浪费人才，更不可能留住人才，所以，自己培养人才是最好的办法。

很多人都知道人才难得，但得到的人才却不一定能为已所用，原因何在呢？人才不是一种新式的工具，而是一个活生生的人。你想用好一个人才就得为这个人才准备一个舞台，助其成就一番事业，这样才算你得到了真正、有用的人才。

员工的思想观念、思维方式、综合素质,决定了一个企业的创新力度、发展速度、和谐程度。同样的环境,同样的条件,为什么快慢有区别,变化有差距,其根本区别就是领导者依靠群众和使用人才的差距。纵观古今中外所发生的一切社会变革,都有一个掌握着知识与技术的特殊群体发挥了至关重要的作用。大国盛衰的历史经验,最终表达了人才的重大价值。

《明史》承认崇祯皇帝是兢兢业业,克勤克俭,几乎拥有历史上所有明君特征的一个皇帝。但他为什么成了亡国之君?这与他不会用人有直接关系。史称"崇祯五十相"。即他在位十七年,更换了五十位内阁大学士、首辅,像这样频繁地"授权",朝授夕收,你未唱罢他登场,实属过于草率,最终走向亡国之路是必然的事。

任用人才的学问很深:既不能疑人不用,因为凡对怀疑的人都不用,那么也就没有多少可用之人了。真正值得信任的人能有多少?可不可信只有在实际工作中得到印证。另外还不能用人不疑,因为品德不是固定不变的,它会随环境的变化而变化。非常优秀的好干部变成腐败分子,这样的案例实在太多了。不能笼统说信谁不信谁,还是制度、法规更可靠些。

授权放权不能"撒手不管",不是把责任和权利都交给了下属,让下属去为所欲为,责任自负,与己无关。而是把工作委托给下属,既在职权上为其撑腰,又要给予有力支持和指导,不论成败都要负责到底。同时,相信人才,重用人才,还不能过分监督,怕出"乱子"或"自行其是",因而处处对其监督,并随时准备收回权力。如果这样用人而疑,动辄得咎,下属势必畏首畏尾,自暴自弃,最后只得拜托另请高明,落得和崇祯一样的结局。

第三节 执行力的助力系统——员工的力量

执行力就是贯彻战略意图,完成预定目标的能力,就是保质保量、按时完成任务的能力,就是把想干的事干成功的能力。

怎样确保执行活动坚定按计划、按时间、按要求落实?除了领导的关键作用,就取决于员工的推力和迎合力了。具体地说,任务由员工完成,进度由员工掌握,质量由员工决定,成本由员工把握,最终的经济指标掌控在员工手里。员工执行的意愿,技术能力,决定了执行的效果。

我们把领导者的力量列为战略流程系列,但愿领导英明,战略制定正确。

我们把员工的执行情况列为整个执行系统的人员流程系统进行分析研判。

员工是执行的主体，是实现领导战略统筹通盘计划的基础，执行力的效果千说万说，最终还得看员工的实际表现。如果说，领导是执行力系统中的拉力，那么，员工的积极配合，有效支持，无疑起着不可或缺的推力作用。在执行力这辆车上，如果员工不仅不推，反而坐到车上，甚至使反劲儿，就加重了拉车的负担，把拉车的领导累的气喘嘘嘘，汗流雨下，浑身哆嗦，举步维艰，估计坚持不了多长时间，车就会停下，或者下滑、翻车。

柳传志说："再好的项目，没有人能干，也是不能上的。"许多企业平时愁得揽不到话，可是好不容易揽到手的活却被员工干废了，不但没创收，反而倒赔了，这是领导最苦恼的问题。执行的人员流程所解决的是能不能干，让谁干，怎么干的问题。员工愿不愿意执行，有没有能力执行，是执行中的两大关键，其中员工的执行意愿，是关键中的关键。

1. 认知因素——上下同欲的力量

员工的执行力强不强，好不好，最重要的是取决于员工发自内心的执行意愿。在意愿前提下，才有完成任务的能力，完成任务的精度、进度与速度。

仔细翻看中国革命史，许多战例让人感慨，令人深思。就拿刘邓领导的晋冀鲁豫野战军在鲁西南的战绩来说吧，1947 年 6 月 30 日至 7 月 30 日一个月期间先后连战郓城、巨野、羊山等地，歼灭了蒋军九个半旅外加四个师部共计六万余人，其中有王牌部队整编 66 师。而当时刘邓大军全部兵力也就四个纵队 12 万人，况且蒋军全部是美械装备，处在坚城壁垒的暗处，有完好的防御工事以逸待劳，各城之间互为犄角，十个整编师（军级编制）遥相呼应，方方面面远比刘邓更有优势。可是为什么蒋军接连失败呢？原因就在于解放军全体指战员上下思战，人人主动，所以在战场上他们以一当十，战斗力特强。而蒋军方面是上下厌战、避战、惧战、弃战，仗还没打，就考虑败了怎么办。不主动、不自信、不积极、不勇敢，把更多的心思放在依赖援兵上，所以双方一交火，很快就一败涂地了。什么是奇迹？奇迹就是事前判断无论如何也不可能实现的事竟然实现了，具有主观能动性的共产党人就是屡创奇迹的人。

解放军指战员是最有执行力的人，他们是用心和生命践行执行力的人。现在国企员工如果能有解放军执行力的三分之一，就非常了不起了。

许多管理大师不约而同地强调，企业竞争的"真枪实弹"就是执行力。没有执行力，就没有竞争力。执行力从哪里来？是从教育中来，从忠诚中来，从平时的大局意识和对上级领导的高度信任中来，是从上下同欲的共同愿景中来，从自身赋予的神圣使命中来。思想上没有坚决完成任务的意念，就不会有坚定顽强的执行行为。

（1）思想是根源，意愿最重要

身为国企一员，完成领导指派的任务，按质按量做好工作，是员工天经地义的事。为什么会演变成令管理层焦头烂额的棘手问题呢？这里的关键不外乎两种答案：一是员工意愿问题，因不情愿，有意见，而不愿意干，懒得干；二是员工技能问题，因技术不高，手法不硬，干得慢，干不好，总出废品。两者权衡，归根结底还是意愿问题。因不愿干而不钻研技术，因不愿干而掉以轻心，所以技能问题也是意愿问题。

杰克·韦尔奇说："态度决定一切"。

态度是认知，情感，意向的三结合，首先是认知问题。毛泽东指出："从某种程度上说，思想掌控一切，思想决定一切。"共产党调动人的积极性，首要是抓思想工作。张瑞敏说："思想通了，一通百通。""如果一个员工思想不通，你派十个人都管不住他；如果思想通了，你不用管他，他都会努力工作的。"只要思想通了，有了共同愿景，有了共同的价值观和共同的追求，就有了上下同欲的力量。

决定执行力的要素有三种，一是思想觉悟，二是制度管控，三是金钱刺激。而最终决定人自觉力、主动性的要素只能是思想。飞夺泸定桥的二十二勇士都是自愿报名的，他们面对死亡不仅毫不畏惧，而且争先恐后，因为他们有为共产主义事业献身的思想。相反，蒋介石为解救锦州之围亲自指挥塔山攻击战，派遣王牌部队"赵子龙师"誓死决战，冲锋部队全部是手提机关枪，后面是督战队的机关枪，全然一副只许前进，不许后退的阵势。但是不管督战队的机枪如何怒吼，败退的官兵犹如潮水不能遏止，因为蒋军的动力机制就是命令加金钱。但当人的生命都没有了，钱还有什么用！国共两支军队何以泾渭分明？结论就是：有思想的军队知道自己所作所为是为了什么，所以他的执行力最坚决！最顽强！最彻底！从三湾改编红军初创，到红旗插上海南岛，共产党的军队就没有离开过思想教育，所以我们有充分根据说明共产党是依靠思想取胜的。

现在思想工作不提倡了，削弱了，取消了，剩下的只有赤裸裸的金钱驱使，劳动的唯一目的就是挣钱。按劳取酬就是工作与工资的交换，领导与员工不是为了共同事业而奋斗的同志关系，而是你给我薪水，我给你干活的主雇买卖关系，利益关系。在这种背景下，每个员工，每个部门都形成了越来越严重的本位利益观念，在利益的驱使下权衡工作该怎么干。由于利益分配不可能绝对公平，即使绝对公平，在员工各自利益的主观角度上，也变成了不公平。天长日久就构成了员工与领导的矛盾，构成了员工层与管理层的抵触和对立，构成了管理层与领导层的摩擦和明争暗斗，就造成了林林总总的执行跑偏、执行衰减的消极怠工现象。员工与领导离心离德，抱着凡事不情愿、不主动、不积极、不合作的态度，随之造成了员工不学习、不钻研的技能低下。

执行力基于企业文化，基于一种把战略目标变成现实结果的文化，这种文化的核心就是价值观。其实价值观的培育，不外是思想政治工作的一项内容，就是要让员工充分认识到执行力的有效运转是企业的最高原则。所以营造企业执行力文化是领导者的核心任务。

企业领导在培养执行文化过程中，首先要搭建共同愿景，通过潜移默化的引导教育，将员工与领导者的意识达成同心同德的共识，进而提升员工的执行力。企业执行文化的魅力就在于能透过无形的渗透力和感染力，影响全体员工的行为，创造共同信念，向一致的目标努力。

共产党军队和国民党军队的执行力区别，很大程度在于解放军有思想政治工作做保障。它为部队注入了灵魂，使这支部队有信仰、有士气、有精神、有协作、有压倒一切敌人的战斗力。这种精神的力量，是坚定执行的保障和源泉，实则是当下企业最珍贵的无形资产。自动自发，是在接受工作后充分发挥主观能动性和责任心，是想尽一切办法把工作做好的积极性。

（2）士气靠激励，风气靠文化

自动自发，在如今的职场上极其难能可贵，这不仅是员工对工作的态度，更是一种面对人生的态度。自动自发地做事，同时还要为自己的所作所为承担责任，这是那些富有理想成就大业的人与浑浑噩噩得过且过的人的根本区别。

我们生活在高速发展的现代社会，每时每刻都会遇到一些新的挑战和挫折。"自动自发"就是一种扫平挫折积极向上的人生态度。

美国哈佛大学组织行为学教授詹姆斯曾对2000多名工人进行测试。结果发现，在无激励的情况下（比如远离领导、枯燥的工作、按时计酬），每个工人的能力通常只发挥20—30%，如果得到充分的激励（如领导者热情鼓励、员工之间竞争、按劳计酬），他们的能力则可发挥到80—90%。詹姆斯教授以一句精彩的话总结了这个实验结果："士气等于三倍的生产率"。高度重视并激发员工士气，是提升执行力的明智之举。

一个企业像一个人，"气实则斗，气夺则走"。很难想像一个员工士气低落的企业能取得成功。领导者都知道，提高员工的士气，营造一个良好的团队氛围非常重要。良好的精神状态在员工之间会相互影响，形成一种相对稳定的精神惯性，如何使员工呈现向上、进取、拼搏、乐观的精神面貌是非常重要的。

如何激发员工的士气，让员工更好地去执行呢？现代劳动心理学研究成果表明，现代员工的需要已经有了如下的变化趋势——要求参与决策的愿望大大加强；要求工作富有变化，能在工作中找到乐趣，人们已越来越不安于单调呆板的工作；要求有更多的成长和发展的的机会，希望自己在职位上、报酬上能突破现状；要求对组织的目标有明确的了解，了解企业的真实经营情况，很少有人会继续忍受"蒙脸拉磨"的状态；要求被尊重、被关心、被理解、被倾听，要求有沟通的机会；人们越来越不喜欢别人以简单的命令来支配自己，希望以双方协商的方式来工作；要求全方位的自我实现和成就感。

为了激发员工的士气，企业要开展形式各异生动活泼的理念教育，让员工了解企业存在的意义和社会价值，使他们意识到自己所从事的工作对别人和对社会是多么重要。让每个部门的员工都觉得自己的岗位对整个公司是举足轻重，不可或缺，自己对公司的成败负有相当大的责任。

改革不合理的薪酬奖励机制。奖励是士气最好的催化剂，员工需要经常性的新奇刺激来维持工作的干劲，漠视和无理的批评只会使人沮丧。运行合理薪水、休假制度和各种福利待遇、多劳必能多得的公平分配机制。

坚决消除不满情绪。员工不满的地方往往就是士气低落的"症结"所在，要直面这种不满，不惜代价解决这些问题。当不能满足员工要求时，要向员工解释清楚。一种融洽的上下级关系，要比压服式的"高压统治"更能令人由内心深处产生动力。公司经营有困难时，应坦然向员工说明，请他们与你共渡难关。员工如果在这时表现出"慨然相助"或"荣辱与共"的精神来，将是你的巨大成功。

构建企业执行文化。把"执行"作为所有行为的最高准则和终极目标。所有有利于执行的因素都予以充分和科学地利用，所有不利于执行的因素都立即排除。以一种强大的激励和监督奖惩机制，促使每一位员工全心全意地投入到自己的工作中，并从骨子里改变自己的行为，最终使组织形成一种注重现实、目标明确、自动自发、简洁高效、团结协作、促进有力的执行习惯。

红军长征的胜利，是全军坚定执行的结果。接受任务不讲条件，贯彻落实没有借口，雷厉风行，迎难而上，这是红军的光荣传统，也是红军乃至后来的八路军、新四军、解放军克敌制胜的法宝。

"没有任何借口"是美国西点军校建校200年来奉行的最重要的行为准则。一名毕业于该校的美国海军陆战队指挥官凯普，将西点军校的这一传统写成一本著名的书:《没有任何借口》。在这本书中,通过不断强调西点的这一句口号,强调"每一位学员要想尽办法去完成任何一项任务,而不是为没有完成任何一项任务去寻找借口。"可见执行,就是不折不扣;执行,就应该没有任何借口。提高执行力,就要树立"严、细、实"的工作作风,把任何事情做好、做细、做精。

提高执行力,还要时时、事事强调有创新意识。执行中的创造性就是在执行任务过程中进行方式创新、技术创新、管理创新、措施创新,以完美的执行力,安全、高速、优质地实现战略目标。创新是一个组织兴旺发达的不竭动力,一个企业乃至一个国家,总是在竞争中生存和发展的,有没有创新意识和创新能力,能不能创造性地开展工作,是对每一个组织品质的检验。上世纪六十年代的中国工业和国防科技的迅猛发展,就是执行力创新的最好说明。

2. 情感因素——爱和恨的力量

情感的力量是惊人的。荆轲为报燕太子丹的知遇之恩,毅然决然地铤而走险去秦国刺杀秦王。赵云为报刘备知遇之恩,在当阳长坂坡曹军阵营里杀了个七进七出,终于寻救出其独生子阿斗。关云长为报曹操的知遇之恩,宁冒杀头之罪在华容道放走了曹操。民间常说,什么力量最大,人情的力量最大。

孟子有一句名言:"君之视臣如手足,则臣视君如腹心;君之视臣如犬马,则臣视君如国人;君之视臣如土芥,则臣视君如寇仇。"意思是说:如果君王待臣属如手如足,那么臣属待君王则如五腑心脏,内外相依,上下相随,联系紧密,浑然一体。如果君王待臣属如犬如马,那么臣属视君则如同路人,陌路相逢,冷眼相对,君臣分离,背道而行。如果君王视臣属如泥土如草芥,任意践踏,随意抛弃,那么臣属视君则如强盗仇敌,拔刀相向,怒目相对。社会心理学通过大量的科学实验,将此归纳总结出一套人际行为的镜像对应模式,即主体的态度决定客体的态度。

正因为情感有着超乎寻常的驱动力,所以古代那些爱兵如子的将军,如汉代李广,宋代岳飞就能带出特别有战斗力的队伍。至今流传的"但使龙城飞将在,不教胡马度阴山。""撼山易,撼岳家军难"的名句,就是对他们的爱兵行为的最高褒奖。

"官兵一致同甘苦,革命理想高于天。"正是凭借这种官兵一致、相儒以沫的共同愿景和革命情谊,才铸就了坚如磐石的革命理想主义,才培育了坚韧不拔的共产主义信仰,才焕发出坚无不摧,勇往直前的坚定执行力,才使得艰苦卓绝的二万五千里长征取得最后胜利。

爱的力量是情感的凝聚与升华，同样，恨得力量也是情感的积蓄与喷发。爱的力量是巨大的，恨的力量同样巨大。蒋家王朝与其说是被打倒的，毋宁说是被恨倒的。共产党的军队官兵没有军饷，根据地干部没有工资，有时连基本温饱都达不到，可是这个队伍中的人都意向坚决，斗志顽强，不怕千辛万苦，不惜流血牺牲，众口一词打"老蒋"，奋不顾身向前冲。这里除了理智的阶级觉悟外，很大程度是源自广大官兵对蒋家王朝的痛恨。因为国民党鱼肉百姓，丧失民心，成了全民的公敌，自然会遭到灭顶之灾的报应。

心理学揭示，恨的心理常伴随应激状态，有时可出现超人的惊奇表现。在今天和平岁月里的日常生活中，恨的情感也经常出现不可理喻的情景。领导与员工的关系如果出现对立僵持的局面，其危害、破坏的作用是不可低估的。著名国学大师翟鸿燊说："如果企业领导招员工恨，那么这个企业离关门就不远了。"领导者要勤于自省反思，自己与部下的情感关系究竟怎样，这样就不难找到下属执行力为什么不强的答案了。

领导与员工往日无怨，近日无仇，为什么招引员工的痛恨呢？就因为分配的不公平。古今中外许多战争，动乱、社会问题，大多都是由社会分配不公产生的。

当前，"端起碗吃肉，放下筷子骂娘"，是个严重的社会态度问题。它告诉我们：何为好，何为坏，何为爱，何为恨，不取决于你为群众付出了多少，而在于群众认可了多少。人的主观意向与其说取决于理智，不如说取决于理智加情感。

现在员工没有积极性，与分配不公有很大关系。工资一涨再涨，奖金一发再发，员工确实很高兴，但与别人一比，怒气就上来了，不仅不能调动积极性，反而消极怠工起来。几十年来，群众反响最大，怨气最多，意见最强烈的就是不公平问题。

人们感到公平，就心平气顺，心境欣然；感到不公平，就心绪跌宕，心态愤然。如果这个不公来自"娘"的所为，子女就有"恨娘"的可能，就有"骂娘"的表现，就有"不敬不孝"的举动。

任何名目、任何形式的利益分配，都会落实到具体单位和具体部门，所以各行各业的各级领导，就成为党和国家行驶公平正义职权的代理人。如果领导们不能认真地、公允地做好这件事，不仅自身深受非议，而且势必给党和国家带来了深重的不良后果。

（1）爱心管理，构建亲情关系

孙中山指出："国者人之积，人者心之器。"经营事业必须经营人心，得人心者得天下。孟子说过，"仁义礼智根于心"。领导者不仅要懂得以人为本，还要进一步懂得以心为本。要努力做到将心比心、以心换心、心心相通、心心相印，真正实现心力的传递，这样的"心本管理"是人本管理的升华与发展，是人本管理的一种最佳境界、最佳状态。

很多领导者都大力主张制定严格的监管制度。稻盛和夫则认为，比完善这些监管制度更重要的是改变人的思想，也就是"心"。虽然拥有很健全、很完善的制度，但更关键是经营者的"心"，必须改变这个"心"才行。

基于"心"的管理，稻盛和夫搭建了经营者与员工同舟共济的伙伴关系，奠定了企业的立足之本与牢固的发展根基。

这个"心"，首先是摒弃私利与私欲，用正确的方法获得财富的经营之心和善待员工的慈爱之心。稻盛和夫认为，不管企业是大是小，员工是多是少，经营者都应该将保障员工的生活作为自己的责任与使命。正是这样的理念，使他赢得了员工的信赖与支持，成为他吸引员工、凝聚员工的强大力量，从而保证了员工与企业经营者共同创造财富的积极性。

为了建立与员工之间的互信关系，稻盛和夫在经营中采取了"玻璃般透明"的经营策略，即透明经营的原则。现在有多少订单，与计划相比落后多少，利润是多少，这些利润是如何使用的，现在公司的处境怎样……这些问题不仅仅要向管理者公开，还要向基层员工公开。一方面将企业的经营状况告知员工，另一方面，领导者本身的行为也要体现出"透明性"，让处于最末端的员工对公司的运营状况、经营层的想法了然于胸，建立经营者与员工之间的信赖关系，这样才能让员工产生信赖感，从而统一员工的前进方向，凝聚员工的力量，才能赢得企业的辉煌成就。

稻盛和夫认为，面对股东、员工、客户三个要素，客户不重要、股东不重要，只有员工重要。珍视员工才是企业经营的最基本原则，只有充分珍视员工，员工才会感动，才会更努力地工作，就会通过努力工作来回报公司。

爱心是世界上最能打动人心的力量，再苦的工作、再大的困难，在爱心面前也会变得轻而易举。领导者与员工公私分明，工作中相互信任，鼎力支持；业余时间和谐相处，心情舒畅，组织中洋溢着团队的凝聚力和向心力，有助于员工爱岗敬业，真心实意地为企业做事。

人的全面发展、人的潜能发挥，是建立在对人的需要全面满足基础上的。

随着现代社会的高速发展，人们面临着越来越大的生存和发展的压力，员工的情感需要日趋强烈。长期以来，企业人力资源的管理重点集中于对员工的技能培养、职位的晋升和报酬激励，而对员工的情感、精神等心理因素的管理则重视不够，导致人的潜能未能得到充分发挥。为此，要充分运用感情的力量，要有人情味，感情上要接近群众，为员工排忧解难，让下属将你看作是值得信赖、值得忠诚的知心人、贴心人。关注员工的情感是以人为本企业文化的一个重要管理特征。

（2）精诚团结，实现盟约关系

"人心所归，惟道与义。"这是古人对如何赢得人心的一种思考。道就是企业宗旨与使命，义就是精诚团结，互助互帮。道与义，都是企业文化里的精神范畴。

松下幸之助认为，经营者和员工的目标是一致的。平时，员工或许要仰赖老板，困难时期，老板也要仰赖员工。所以，企业的领导者，应该让自己的员工拥有梦想；不让员工拥有梦想，就没有资格当老板。松下给员工的梦想，就是公司的短、中、长期规划，就是公司未来的美景，就是员工的美好前途，甚至是富裕、文明的整个社会。

1932年5月5日，松下电器举办了他们的第一次创业纪念日。就在这次纪念集会上，松下幸之助对168名员工讲述了松下电器的使命。从此，企业的使命成为老板和员工的共同使命和共同愿景。这次集会和松下的讲话，对以后松下电器的发展，尤其是精神指导方面，有着重大的意义。也就是这次集会，使松下幸之助依靠员工的理念豁然贯通，明确起来。后来，松下幸之助在其《工作，生活·梦》中写道："如此一来，奇怪的事情发生了！从前若对员工有什么要求，都会因为'又要麻烦他们'而有所顾忌。可是基于这个使命，就能毫不客气地要求大家合作，指导精神全然改观！"

为什么老板能理直气壮毫不客气地指使员工，不是因为付给了员工报酬而多么仗义，而因为是企业的事已经成为大家义不容辞的共同事业，企业的事就是自己的事，多干、大干、干好，是理所当然，员工不再认为这是老板为个人利益而给自己施加压力的粗暴命令。由于老板能想到员工，积极为员工构筑梦想，规划美好未来，所以员工觉得没有理由不好好干。这就是上下同心，道义结合的精诚盟约关系。在松下幸之助的正确经营思想的指导下，松下公司由一个街道小作坊发展成为世界著名的跨国性公司，百年沧桑铸就了一个无法复制的松下传奇，在全世界设有230多家公司，员工总数超过37万人。2012年世界

500强中松下电器排名第50位。

稻盛和夫创办京瓷时，整个日本劳资对立日益激化，事业需要全体员工团结一心，否则很难在激烈的市场竞争中求得生存。他创造了一种"命运共同体"概念。主张与员工建立"盟约"关系。盟约跟传统"契约"不同，"契约"是以一天的劳力交换一天的报酬的简单协定，是我出钱，你出力的买卖关系。而"盟约"是建立在企业战略目标的全局上，建立在管理过程的共同追求与誓愿上面。稻盛和夫受日本新干线列车的启发，传统的管理概念是，火车跑的快，全凭车头带，不管什么事，领导始终冲在前面。"盟约"关系是领导、员工同心干，同心力产生加速度，精诚团结，事业同盟使执行力得以充分体现。

稻盛和夫认为，领导者最重要的职能之一就是调动全体员工的积极性。为了寻求劳资双方能够为共同的目标精诚团结，互相合作，全员精进的积极性，稻盛和夫借助了日本传统的"家族"观念，构建一种新型的经营模式，就是使经营者与员工之间构筑家庭成员般的人际关系，形成一个命运共同体，为了对方可以不惜一切，互相携手共同参与经营公司。这种经营方式被形象地称为"大家庭式经营"，公司成员之间形成相互关爱、苦乐同当的家庭成员般的关系，形成全员祸福与共的命运共同体。

稻盛和夫虽然是资本家，但他顺应了道义，赢得了员工之心，所以他旗下的京瓷和KDDI两个公司双双进入世界500强，铸就了事业的辉煌。

"精诚所至，金石为开"。精诚乃真诚也，诚心所到，能感人肺腑。精诚团结就是通过剖腹倾心的信任，肝胆相照的忠诚，齐心协力的拼搏，最后达到人心所向，无坚不摧的效果。

精诚团结就是，部门之间、同事之间，团结协作，互相帮助，齐心协力，鼎力支持，促进工作目标的实现。对于一个团队来说，要形成有战斗力的团结团队，首要的是人与人、部门与部门、上级与下级之间经常保持良好的沟通，形成和谐的工作环境。

在一个集体中"重要的不是我，而是我们。"当今社会，人们从事的工作分工越来越细致，层出不穷的新事务需要大家共同协作才能完成，这其中最重要的是上下级的真诚合作。只有精诚团结才能完成好任务，才能铸就成功。所以，团结是组织开拓发展的必然要求，构建良好的人际关系，是组织成员，尤其是领导者必须具备的优良素质。

一个人，要成就事业需要团结；一个集体，要在竞争中获胜需要团结；一个企业，要持续发展更需要团结。只有团结，心与心才会向着同一个地方，实现对梦想的追逐，工作和生活才会洋溢激情的乐章，体现力量的风采；只有团结，才能群策群力为同一个目标而奋斗，拼搏起来才会充满无穷无尽的力量。

3. 能力因素——知识技能的力量

有执行的意愿，还需有执行的能力，否则光有意愿是没用的。红军长征突破腊子口的事例很能说明这个问题。

红军长征过了草地之后，来到了腊子口，这是一夫当关，万夫莫开的天堑。腊子口的两边都是悬崖绝壁，两座耸入云霄的山峰夹着一条约五华里长、狭窄而弯曲的峡谷，周围都是险恶高山，真是飞鸟可过，走兽难行。峡谷中一道急流，水深及腰。左岸有一条小路，直通岷州城。隘口的小河上架着一座独木桥，红军如要北上，必须通过这座独木桥。

这里地方不大，容不下大部队展开，一条小道只能鱼贯出入。甘肃军阀鲁大昌用三个团的兵力扼守这条峡谷，在险要处筑有很多防御工事，像棋子一样密布在峡谷两侧和独木桥头上，利用河湾将火力组成交叉火网，严密地封锁着红军的去路。9月18日午后4时，前锋红四团向腊子口发起冲锋。一营连续发起了几次冲锋，都被明碉暗堡的凶猛火力给挡了回来。能不能突破腊子口，对于历经千辛万苦的中央红军来说，利害极为重大。

在这种危机关头，中革军委只能寄希望于一军团，一军团只能寄希望于红四团，杨成武、王开湘两位团首长只能寄希望于前锋二营。在反复冲杀不得进展的情况下，林彪和聂荣臻来到前沿观察，但也无计可施。中央领导更是爱莫能助，大有生死存亡、命悬一线的万分焦灼。最后是开展军事民主活动，让战士们动脑筋，想办法。一位17岁在"鸡鸣三省"的地方参加红军的小战士想出了办法，大家都叫他"云贵川"。他从小随爷爷上山采药，经常攀登悬崖峭壁，他建议爬上悬崖，用手榴弹从上往下打，地面部队趁机突破。他的建议被采纳，他自己率先爬上峭壁悬崖，用绳子把侦察队和一个连的兵力沿着悬崖拽了上去，配合地面部队，用手榴弹、冲锋枪轰击、扫射炮楼和临时营地中的敌人。经过上下一齐战斗，最后歼灭了敌人，长征中最后一道关卡被粉碎，全军冲出了腊子口。

腊子口一战意义独特，因为中央红军果断与红四方面军分开，决然北上，这无疑是毛泽东的英明决定。但如果过不去腊子口，红军只能折回草地，返回川北，损失惨重不说，长征将失去方向，处境将更加危急，红军将被困死、饿死在草地一带。如果"云贵川"没有攀援绝壁的能力，他就不可能提出从山上往下打的建议，人的执行力都是根据自己的技能施展的。所以提升员工的技能，是使执行力发挥有效作用的前提。

有些企业普遍存在生产进度迟缓，产品质量不高，成本居高不下的难题，处于创新难、举步维艰的困境，这其中也归因于员工技术水平有限的制约。当今社会处于知识经济状态，高科技、高尖端产品在冲击着传统行业和低端产业，缺乏知识产权和核心技术的企业生存更加困难。许多企业的产品利润非常微薄，一旦出现质量问题，就陷于亏损境地。企业间的竞争也加剧着人才流失，员工不学习，不学技术，满足于拼气力、拼设备的现象相当普遍。这些问题说明员工的技能构成了企业执行力的软骨病，成为企业发展的瓶颈。

第四节　执行力的运行系统——组织的问题

按执行力系统所示，执行力包括三个核心要素：战略流程、人员流程及运营流程。战略是企业一个时期发展的方向和目标；人员是实现目标的执行者；运营就是在实现过程中的方法措施。这三项流程彼此连结，相互依赖，有机互动，形成执行环环相扣的链条。从某种意义上讲，战略就是做正确的事，人员就是用对的人，运营就是把事做正确。

战略业已制定，人员业已具备，贯彻推进也已进行，但为什么企业间的执行差距十分悬殊呢？这就是运营流程中所反映出的企业制度、管理力度，方法程序的组织功能问题了。

治企如治军。发生在1947年5月13日的孟良崮战役，成为国共两军未来命运的缩影，它反映出的问题对今天的企业战略执行颇有借鉴意义。

当时，国民党向山东实施重点进攻的战略是正确的；采取集中兵力，密集靠拢，稳扎稳打，齐头并进的战法是正确的；在山东战场上投放了约24个整编师、60个旅约45万人，形成兵力绝对优势是正确的；张灵甫力图对华野实施反包围，实现"中心开花"的计划也是正确的，也就是说国民党在山东战场上的战略流程和人员流程都没有问题。造成国民党在孟良崮的惨败，整编74师被歼，是运营流程出了纰漏，是国民党军队的内部组织存在严重隐患，组织制度存在严重缺陷，组织的短板效应，致使整个战略部署彻底崩溃。

74师被全歼的直接原因是没能得到友军的有力配合所致，因为74师左翼整编25师的增援进攻已多次突破一纵防线，对华野构成致命威胁，如果74师的右翼整编83师加以倾力助攻的话，陈粟最担心的局面将会出现。起码能为74师赢得两天时间，等援兵赶到，战场态势就完全变了。事后，蒋介石痛失虎将，哀叹 74 师被歼是他"最可痛心、最可惋惜的一件事"。毛泽东曾对粟裕说过"这场战役中国只有两个人没有想到，一个是蒋介石，另一个就是我毛泽东!"那么，74 师被歼的根本原因是什么？就是国民党军队组织内部的腐败。

企业不是军队，但孟良崮战例折射出的深刻道理却对企业有震撼的警示价值。为什么民营企业就有执行力，而国企就匮乏执行力？是国企的战略不对吗？是国企的员工不合格吗？是国企的优势不明显吗？这里的差异就是国企领导层普遍存在腐败问题，最直观的就反映在各种组织制度上，如干部任免制度、薪酬制度、激励制度、企业文化建设等。这直接导致企业各级组织存在严重缺陷，致使运营执行能力软弱低下。

1. 战略决策——顶层设计有没有问题

企业战略是指导和控制企业一切行为的最高行动纲领，各项战略决策是企业经营发展的源泉，战略的科学性和可行性是执行的坚实基础。战略提供方向，指明道路，执行就是怎么更快更好地往这个方向走。然而，执行不力的现象越来越普遍，除了执行方面的问题外，涉及到战略层面有没有问题呢？

(1) 执行者对战略决策是否真的理解

企业谋发展，做大做强，离不开战略决策。上项目、搞研发、兼并重组，创新改革，每一项专项战略都至关重要。战略决策正确是最大的胜利，战略决策失误是最大的失误。决策理论学派的代表人物赫伯特·西蒙认为：决策是企业高层领导者对一个阶段施以全局性、长远性、根本性影响的最关键的行为。世界上 1000 家破产倒闭的大企业中，85% 是因企业家决策失误所造成的。所以强调执行力首先要明确战略自身是否正确。战略决定运营，运营决定结果。正确而适宜的战略为执行给力，错误而繁杂的战略则给执行带来麻烦。

本来，执行是战略的下道工序，只管干就是了，但大量执行难的问题恰是战略层面造成的，这就不得不令人在执行时顾虑重重，边执行边怀疑是不是干错了。国民党军队为什么缺乏战斗意志和作战韧性，攻不上，守不住，就因为从上到下总在怀疑"上头"是不是弄错了，对上级缺乏信任，对战略缺乏信念。

在一些国企里，企业战略就是"一把手"战略，企业文化就是"一把手"文化，虽然有党委班子，虽然有董事会，虽然有主管副手，虽然有总师和相关专业部门，但通常还是"一把手"金口玉牙，说啥是啥。虽然也征求意见，虽然也搞可行性分析，但谁也不敢否定"一把手"的意图，这就免不了顶层设计失误。如果战略出了问题，方向目标就会误入歧途，接下来的执行就会遇到一连串的障碍，执行越好损失越大。

正因为许多战略决策是领导者"长官意志"、"独断专行"的结果，缺少决策的规则和程序，缺少多种渠道的广泛征求意见，没有借助"外脑"的智慧，没有集中民智，没有与相关人员进行充分协商和协调，没有使决策真正建立在科学、民主的基础之上。所以人们不能不对这样的战略持有疑虑。虽然没有明说，但心里不托底，不放心，甚至有情绪，不情愿，反映到执行上，就是没有积极性，主动性和攻坚克难的坚韧性。

执行是对战略的贯彻践行，执行不力通常是对战略方针理解的不够，没有达到上下同欲所致。毛泽东制订的关于辽沈战役的战略方针，起初林彪没有完全理解，于是没有先打锦州，而去打长春，长春打不下来，才改变初衷回头打锦州。这期间毛泽东与林彪通过电报，一来一往长达半年的沟通才转变林彪的认识。可见决策层和执行层形成一致的思路，不是一朝一夕，一个命令就能实现的。不是有了好的战略，大家就会顺理成章、自然而然地执行了，执行层没有真正理解战略意图及其相关内容时，是不会拿出上级所期望的行动力度来的。

为什么红军长征前期减员那么多？除了战场牺牲以外，很多战士都开了小差。就因为西征的战略意图和相关信息战士们不知道，特别是新组建的红八军团广大战士不愿离开家乡，既不知道部队到哪里去？又不知道何时能回来？所以四处逃散，致使部队不成建制，战斗力受到严重削弱。扎西会议期间，部队进行了整编，首长到基层做工作，对红军的未来作战方式进行了交底，广大战士都知道毛主席又出来指挥了，要打运动战了，所以后期的军事行动较为顺利。否则四渡赤水的大机动、高强度的反复穿插，将会把部队拖垮搞乱。同样，企业决策层在战略决策方面要与管理层形成共识，就得需要不断沟通，多次相商，深入宣传，反复讲解，直至上下认知一致，步调一致。如果最高领导者不善于集思广议，自己出马一条枪，独裁独断，就很容易造成执行层满腹狐疑，迷惑不解，造成上面讲的是一套，下面做的是另一套的局面。

战略在前，执行在后，执行是对战略的践行，要随战略的转变而转变。这就要求下属的思维与上级的思维相一致，然后才能保证下属的思维与行动合拍，战略的前瞻性才能变为组织运营的持久力。要使战略尽快纳入执行轨道，就要使战略成为集体的战略，让更多的人理解接受。比如运筹辽沈战役的时候，在林彪挥师北宁线之际，突然得知蒋介石向葫芦岛增兵 4 个师，加上原来的 7 个师，达到了 11 个师。此情报使林彪改变了主意，原来"只准备了一桌饭，结果来了两桌客人"，于是准备折回再打长春。政委罗荣桓和参谋长刘亚楼都认为不妥，坚持攻打锦州，遂使林彪最终确定攻打锦州的原来方案。这说明罗荣桓和刘亚楼对毛泽东的战略是理解的，这就有利于战略的贯彻执行，如果罗刘不理解毛泽东的战略思想的话，保不准毛泽东在东北关门打狗的战略就泡汤了。所以，企业战略思想要经常讲，反复讲。只给少数人讲不行，要使广大执行者都知道。

（2）决策层对执行层真的了解吗？

上世纪国共战争期间经常发生这种情况，明明是解放军兵力很少，蒋军兵力十分雄厚，但由于解放军作战勇猛顽强，蒋军作战三心二意，反而被打得懵头转向。于是向上谎报军情，发现"共军"主力云云，弄得上级糊里糊涂，大骂情报部门，动摇了继续作战的意志，结果在十分有利的主动态势中，全军溃逃了。比如辽西大会战中，廖耀湘兵团向营口转进，遇到仅有一个师的解放军顽强阻击，蒋军前锋误以为碰上了东野大部队，于是向上报告营口方向出现"共军"主力，廖耀湘急令全军撤回沈阳，就在上下东奔西撞的混乱中，被四面八方赶来的解放军分割包围，使一支十几万的国军精锐就这样被迅速歼灭了。

历史是最好的老师。国企缺乏执行力已不是一年两年了，为什么总也解决不了，问题就在于高层并不了解执行层的情况。常言道"知彼知己，百战百胜"。不了解下情是啥样，还谈得上什么执行不执行呢！

围绕执行不力现象，现在普遍是高层埋怨中层，中层抱怨基层，基层指责员工，员工归罪高层。面临这样的执行怪圈，高层首先应扪心自问，自己执行的咋样？

执行力，首先是高层的行动力，高层也要有执行力的意识，要为下属树立执行的榜样。高层平时不深入基层，不做调查研究，满足于听汇报，看材料，不了解基层的实际情况，盲目"定盘子"，到年底发现实际产品产量与计划目标相距甚远，于是不得不大幅修改指标，延长交货期限，降低利润预期……究竟是上面目标定的过高？还是下面执行不力？始终弄不清楚。结果导致下一年度重蹈覆辙，出现年年如此的局面。

各级领导者应该清楚，强化执行的前提是务必解决好指标计划的准确可控可行，不准确可控的指标计划对今后的执行妨害极大。说了不算，定了又改，就会给执行层造成这样的逻辑："不是我们的错，都是上面惹得祸"。今后再出现修改的时候，就会得出即使不是决策层的问题，也是决策层问题的结论了。公司领导对本企业的情况若明若暗，"与其昏昏，使人昭昭"是不行的。

高层的正确决策取决于翔实的一线资料，其中信息真实准确至关重要。长征中毛泽东在遵义再度出山，拥护他的人都希望他"露一手"，挽救当时红军的垂危境况。尤其是周恩来，他曾对毛泽东表示，如果他能指挥打一个胜仗，不仅能迅速转变全军的低沉士气，还能提高他的威信，给博古、李德及其支持者们一个有力的回答。其实，毛泽东也是这样想的，结果毛泽东出山的首战——土城之战就失败了，症结就是情报失误。所以后来毛泽东对情报更加关注，特别在心。在领导工作上，毛泽东把调查研究作为党的作风建设的重要举措作了特别强调，要求全党大兴调查研究之风。1941年5月他在《改造我们的学习》的报告中，批评了"不愿作系统的周密的调查和研究，仅仅根据一知半解，根据'想当然'，就在那里发号施令"的主观主义作风。

战略决策一定要建立在调查研究的基础上，通过对客观实际情况的了解和分析，掌握事情的真相和全貌。陈云指出，领导机关制定政策要用90%以上的时间去做调查研究工作，最后讨论解决问题用不到10%的时间就够了。调查要能听到真话，了解到真相，得到实情。不同意见要能充分表达，要使矛盾得到充分暴露。调查要侧重"突击性"、"临时性"的随机走访，多采取自选对象效果会更好。下情清楚了，领导就心中有数了，解决问题就有了对策，执行力将随之而来。

(3) 组织是执行的手段和工具

美国企业史学家钱德勒认为企业成长取决于两个变量，一个是战略，一个是组织。战略决定组织，如果战略改变了，组织一定要改变，而组织从属于战略。战略就像一个人的脑袋，组织就是人的身体。这句话至理名言，意味深长，换句话说就是企业这个人的发展取决于脑袋和身体。脑袋和身体是人的两个支柱，缺一不可，两者关系是脑袋支配身体。头脑精明，身体健康，这个人就能干大事业。如果头脑迟钝呆滞，身体再好也难成大事；同样头脑思维发达，但身体欠佳也难堪以重任。而且多病缠身久了，脑袋也会受到影响。脑袋显然就是领导，身体自然就是组织，在执行问题上，大多是身体出了毛病，是身体和脑袋不协调的问题。解决的办法是抓紧治病，当务之急的是把组织整顿好，建设好。

组织是企业各级职能部门和生产单位，是执行力的载体，所有的执行都是以组织为单位的执行，员工执行不力，是组织"有病"的反映，要想提高员工执行力，就有必要进行组织整顿，加强组织建设。

一个优秀的组织，每个人都会抬头看路，也会埋头拉车，上下同心，将士用命；一个平庸的组织，只有领导者会抬头看路，其他人只会埋头拉车，你干你的，我干我的；一个失败的组织，每个人都争着抬头看路，却没有人埋头拉车，责任不清，不干实事。组织成员的庸、懒、散，执行力注定少、慢、差。所以，要想执行通畅，必要的解决办法就是整顿改革组织，优化组织功能。

组织整顿的标的是作风建设，作风建设的根源是组织文化和薪酬制度的改革。组织文化的核心是价值观的统一，它是从内在因素解决组织成员思想观念问题的；薪酬制度的功能是从外部因素调整组织成员行为的。两者内外交织，合力作用于组织成员的工作作风。

毛泽东在古田会议时指出："红军第四军的共产党内存在着各种非无产阶级的思想，这对于执行党的正确路线，妨碍极大。若不彻底纠正，则中国伟大革命斗争给予红军第四军的任务，是必然担负不起来的。"传统的军队只管打仗，不打仗就休养训练。但共产党领导的新型军队就不同了，它除了打仗以外，还要建设根据地，还要帮助群众，还要征兵，还要建设党的组织。这是建军宗旨和使命赋予了这支军队的超强功能，如果没有新的文化和新的制度，上述那些艰巨任务恐怕一样也干不好。所以组织建设的核心是文化建设和制度建设，员工的使命意识、责任意识、精品意识、协作意识、职业意识、奉献意识和由此而来的积极性、主动性和创造性都是优秀的企业文化和合理的薪酬分配制度带来的。

要想实现政令流畅、责任共担、合作无间、利益共享、良性运营的高效执行机制，务须精心设计企业文化和科学制定薪酬分配制度，这是执行力建设的根。舍此，都是缘木求鱼，舍近而求远。

2. 强化贯彻——落实力度有没有问题

（1）严格执行制度，对执行不力者要有措施

战略已制定、方案已核定、文件已规定、领导已确定的事得不到贯彻落实，更没有实际执行，这在政府和国企中是司空见惯的现象。

2014年6月，李克强总理曾在几次会议上直斥一些地方官员的"不作为"现象。他说，一些人抱着"只要不出事，宁愿不做事"，甚至"不求过得硬，只求过得去"的态度，敷衍了事。"说得难听点，这不就是尸位素餐吗？"

李克强总理多次在国务院常务会上再三强调要"抓落实"。他感叹道。"这不仅仅是本届政府的难题，'政策不出中南海'的说法早就存在。"针对落实进展缓慢的，查找原因，提出对策，打通抓落实的"最先一公里"和"最后一公里"，力破"中梗阻"，消除影响政策落地的体制机制障碍。

时隔一年，2015年4月10日，李克强总理在吉林长春主持召开东北三省经

济形势座谈会，再次强调要对为官不为的"庸政"、"懒政"坚决问责。李克强说，去年8月，国务院印发了《关于近期支持东北振兴若干重大政策举措的意见》，政策支持力度不可谓不大。"但现在的问题是，去年批给的土地，70%仍然处于闲置状态！土地给了，一直闲着；钱下拨了，仍然'趴'在账上；项目批了，迟迟未见开工！政策再好，不干有什么用？政策千条万条，不干就等于'白条'！"

李总理曾多次谆谆告诫，再三叮咛，"各级干部要层层'放权'、而不是层层'推责'。不能让政策总是'悬着'、措施一再'落空'！"多想想百姓疾苦，少盘算点个人得失。结果说了等于白说，"只听楼梯响，不见有人来"。"光打雷，不下雨"。最后气的总理三番五次直拍桌子。

种种事实说明，庄重严肃的指示没有用，语重心长的劝导没人听，苦口婆心的哀求无人理，把执行提升到国之兴亡，民之利害的高度要官员自我革命，根本不可能，只有撤掉几个不愿执行的官员，以儆效尤最有效。李克强说，"对于不干事不作为的，要抓一些典型案例，坚决问责，从严治理！"

国企执行力差更是屡治不愈的顽症。为什么提升执行力这么难？归根结底是没有彻底整治的决心和坚决惩治的制度、措施和手段，如果能拿出孙武训练宫女的态度和办法，什么问题都解决了。所以有时我们觉得，提升执行力难，就好象"周瑜打黄盖"一样，一个愿打，一个愿挨。上级对某些执行不力的人也不是不知道，执行不力的问题也不是一年半年了，但就是不惩治，没办法，甘愿受其拖累，情愿受其牵制，真是无可奈何。按照通理，下级都是怕上级的，但现在却是"老鼠不怕猫"，这是不是现时中国的特有现象？值得深思。

（2）弥补信息衰减，强化战略意图的理解

很多工作部署都是通过会议落实的，会议上的领导讲话就是下指示，安排工作，布置任务。重要会议同时发放报告材料，会后下发相关文件。

许多公司老总常常以为会开完了，自己该说的都说了，并且说的很清楚了，材料也发下去了，各部门领导一定会很重视了。想象大家都在学习讨论，深入研究，再加上公司内刊登了几篇采访文章和跟踪报道，就满以为整个战略计划管理层都理解了，精神也都"吃透"了，任务也都明白了，剩下的就是大家认真执行，努力大干，指日捷报频传了。殊不知会议刚刚开完，与会者就已经把会议内容忘掉一半了。

心理知觉的选择性和理解性，决定了信息运行衰减的客观性和必然性。人们都是依据原有的信息来强化扩展新的信息，根据现有的认知水平来认识理解

新的事物，所以很多新的信息会被漏掉、忽视、折扣、遗忘，就会出现信息衰减的"80%／20%法则"。即领导者通常在会上只能说出心中所想的80%，但与会下属听到的最多只能是60%；这60%能感知理解，即听懂明白的却只有40%；结果执行时，只有20%了。这就需要采取更多的方式进行填补充实。如果会议后期缺乏及时的信息补充，就会淡化运营执行意识，导致执行结果和原来的预想相差甚远。

理应在召开会议的同时下发领导的讲话材料，编印材料时要进行重点提示，图解、注释和标记。会议期间用大屏幕播放PPT，采用专题视频提要，报刊诠释讲话精神。会议后进行"数据解读"、"专题辅导"、"特别采访"、"深度解析"、"解惑答疑"、"图版报纸"等生动活泼的载体形式进行深化灌输。只有使公司领导的讲话真正深入人心，思想上弄懂弄通，才能在行为上畅通执行。这一点，现行工作流程还存在很大差距。

根据知觉选择性规律，各单位领导只关注自己那部分内容，只考虑自己的任务和指标，对其它不感兴趣，如此一来，真正意义的公司战略就残缺不全了。战略是全局的长远规划和部署，如果各部门只顾自扫门前雪，眼睛盯在鼻尖，不想其它，战略意识何谈之有。国企中层更换频繁，助长了中层领导的临时观念，助长了形式主义，干什么都一阵风，不求甚解。中层不精不细的粗糙作风，也为基层管理不关心全局战略制造了负面因素。

有些领导者常有以下四种错误认识：

一是认为某些事情已经讲过了，就没有再重复强调的必要了。孰不知人的注意力和记忆力是有限的，多种形式的反复强调，有利于统一认识，有助于将指令及计划的相关重点深入下属成员内心。

二是认为嘴上讲过了，就没有必要再以书面文件形式补充了。孰不知口头的沟通会更多的"左耳进右耳出"，缺乏书面文件形式的严肃性和准确性。口头讲话会有严重的信息衰减"80／20法则"现象，所以重要内容极有必要书面材料补充。

三是认为大会上已经讲过了，单独沟通就没有必要了。孰不知很多会议质量不高，重点不突出，弄得与会者头昏脑涨，腰酸背痛，严重削弱了与会者的接受能力和理解能力。由于每人知识面、技能、经验存在很大差异，而这正是造成执行力高中低差距的重要原因。

四是认为类似的要求已重复多遍，无须再老调重弹。孰不知以前做过的事会事过境迁，忘却模糊。彼一时，此一时，凡事须与时俱进，有些要求必须年年讲，月月讲，天天讲。电影《创业》的老政委华诚说的有道理，"当领导就应该有个'婆婆嘴',勤唠叨"。

(3) 树立精准意识,明确做成什么样的标准

企业管理就是战略+执行。执行的运营系统首先将整体目标分解成阶段性目标,阶段性目标就象里程碑一样,不断激励大家前进,又不断提醒还有多远;继而把阶段性目标化解为细密周详的具体计划,使宏观的、概念的、数字化的东西,转换为战略步骤实施的时间表和操作细则;再把阶段性目标层层分解落实到人,有了具体承担的人,才谈到上执行。在确定下来谁做之后,进一步落实怎么做,需要什么资源,做的标准,有什么奖惩,中间谁来检查,如何分配资源以及采取何种成长路径和方式等。

科学管理就是把复杂的问题简单化,把简单的问题可操作化,把可操作的事情度量化,把度量化的东西可考评化,最后达到精准化的要求。

精准意识是一种非常务实的思维方式,它注重具体和准确,要求精准到位,排斥大而化之、笼而统之地抓工作。例如,沃尔玛的"三米微笑原则":只要顾客出现在三米距离范围内,员工必须微笑着迎上去,看着顾客的眼睛,主动打招呼,鼓励顾客咨询和求助。同时微笑时必须露出八颗牙齿。再如海尔售后服务规定,1. 服务技术员在敲用户家门前,要首先对自己的仪容仪表进行自检。2. 敲门的标准动作为连续轻敲 2 次,每次连续轻敲 3 下,有门铃的要先按门铃。服务技术员按约定时间或提前 5 分钟到达用户家,迟到要道歉等,这些标准都有明确的细化、量化要求。在酒店中这种标准要精细到服务生鞠躬的度数、倒葡萄酒的姿势与数量、擦桌子的光洁程度等等。

许多领导仍习惯于粗放笼统的工作方式,喜欢笼统和模糊地制订计划和布置任务。如:要不断提高…. 要继续坚持…,要加大力度…,要严厉杜绝…,要不断加强…,要深入开展…,要全面推进…等等。这些都是笼统而模糊、抽象而原则、大而空的概念,就是不提要达到什么标准,明确准确数据。回避了精准标准,也就回避了责任,对提高执行效率是不利的。

精准意识是强烈的到位意识。无论是谋划发展、制定战略、做决策、定方案,还是提出建议、指导工作,都要紧紧抓住核心问题和关键问题不放,在问题的症结点和关键点上做文章、出实招。不能满足于提些一般性的原则要求,要有十分具体的规定,执行者的伸缩区间太大,就为执行折扣留下了很大的回旋余地。执行不到位,是管理不到位在先。没制订详细标准,却指望习惯于粗放做事的下属自觉地去做好、做到位,是不切实际的。

有许多制度,因为执行不严格,总是搞下不为例、特殊情况,结果造成制

度虚设、程序空转。必须摒弃原来那种"不拘小节"的思维陋习，在每一个细节处严格标准、严格程序，认认真真把工作做细做实做到位。

精准意识是克服管理随意性、无序性、粗放性的有效手段，是由人治管理走向法治管理的必然过程。做哪几项工作，哪几个步骤，每个步骤要做到什么程度，员工要按标准去执行。

精准意识要求实施标准的精细化管理。"三个和尚没水吃"，是因为组织承担责任的不确定性，每人都认为自己出力最多，别人不会尽力，于是自己也不会去努力，滋生惰性，导致组织效率低下。为避免执行中的大锅饭，要让每一个员工都有准确的角色定位，具体指标到人头，确保事事有人做，人人有事做。既要细化分工，量化指标，还要尽可能科学地量化员工精益程度的态度指标和质量指标，考核公开，比学赶帮，从而激励先进，鞭策落后。如果做不到管理的细化量化，就存在执行不到位的问题。精准作业做得越好，执行效果就越好。

3. 有效推进——检查督导有没有问题

（1）辅导跟进

下级在执行过程中，免不了因种种问题而走走停停，左右摇摆；所以为了有效推进执行进程，必须持续跟进辅导。辅导是体现领导的服务职能，帮助下级解决思想和技术疑难问题的。执行的思路是左右执行效果的关键，上下级的视野角度不同，所以工作思路差异很大。思想问题不能采取批评指责方法解决，只能靠疏导、引导、辅导的形式，启发点拨，辨析提示，教导传授，帮助下级怎么做，如何做的更好。辅导中带有期望，带有信任，带有关爱，带有帮助的色彩，这样才会使下级心平气顺，心悦诚服，心甘情愿地去积极执行。

杰克·韦尔奇在他的专著《赢》中说，他的学生、诸多经理人和企业家们都向他征询"什么是一个领导者真正需要做的？""怎样才能成为一个好的领导呢"等有关领导力的问题。杰克·韦尔奇经过追思自己40多年的领导经验，总结出领导者应该做些什么的八个准则："① 坚持不懈地提升自己的团队，把同员工的每一次邂逅都作为评估、指导和帮助他们树立自信心的机会。② 不但要让员工们抱有梦想，而且还要拥抱它、实践它。③ 深入到员工们中间，向他们传递积极的活力和乐观精神。④ 以坦诚精神、透明度和声望，建立别人对自己的信赖感。⑤ 有勇气，敢于做出不受欢迎的决定，说出得罪人的话。⑥ 以好奇心、甚至怀疑精神来监督和推进业务，要保证自己提出的问题能带来员工们的实际行动。⑦ 勇于承担风险、勤奋学习，亲自成为表率。⑧ 懂得欢庆。"

这里的第一、第三、第六个准则，都显示有总裁与员工直接沟通的场景，说明杰克·韦尔奇是非常注重领导者深入一线现场指导工作的典型，这给我们提供了学习的榜样。

领导者不应该只是发号施令，还要耐心细致做下属的辅导老师，让员工更快的成长，更好的达成目标。这其中除了激励鼓舞、敦促鞭策以外，还要辅导他们怎样做才能达到。

没做好工作，执行力不强，任务没完成，责任不全在下属；这与领导没有周密细致的安排好，辅导好，跟踪好，落实好有直接的关系。尽管执行者对领导的要求铭刻在心，执行意愿十分坚决，努力追求完美极致，但由于综合能力、工作经验、客观困难等的限制，依然难免挂一漏万，出现种种纰漏。所以领导者有必要对执行人员进行执行前指导，执行中辅导，执行后励导；让执行人员明白自己要做什么？该做什么？做到什么标准？做好后有什么结果？这样才能上下目标一致，各尽其责，执行到位，实现预期成果。

执行前指导，也叫预期指导。即在安排下级任务之际，首先要向下级提示该项工作的必要性和重要意义，以引起执行者的重视。其次要提出执行的成效标准，告知正确的方法，指出应注意事项。第三要求下属提交执行方案并审阅、评估下属的执行方案，对于有创新的独特做法要给与肯定、赞扬，对不适宜的计划要提出自己的意见，与下级协商共同完善执行计划，最后在执行方案上签署决定。

执行中辅导，也叫跟踪辅导，执行督导。首先观察执行情况，发现异常情况协助部下及时解决，把问题消灭在萌芽状态。其次下级定期汇报执行情况，以便随时修改调整执行方案，做到心中有数，调控及时，指挥得力。第三要不定期抽查执行情况，发现好的做法和错的做法，好的推广，错的纠正，提出改善意见，跟踪作业，追踪辅导。

执行后励导，也叫反馈倡导。励导，就是激励引导，对下级的优秀执行表现给予系统总结，肯定评价，表彰奖励。对执行中的成绩亮点，引申扩展，总结成典型经验，推广宣传，形成作业链的第一完美循环。

很多领导尚无对下级进行执行辅导的概念，更缺乏一个完整的执行辅导跟进构架，所以整个执行体系显得松散而零落，执行力低下势在必然。

在辅导过程中，还需要一些技巧，如此才能做得很好，如运用承诺方法，发挥承诺效应。

中国人民解放军有一种承诺文化值得借鉴，即从指挥员到战士，每当接受任务的时候，都向上级庄重表示："这是党对我的信任和考验，请首长放心，保

证完成任务。"说完，带着必胜的信心和百折不回的意志，全神贯注投入到陌生
而又艰辛的工作中，即使绝难成功，也绝不放弃，坚定不移，顽强拼搏，直至
心力交瘁，最终创造奇迹。

当任务、责任被承诺时，执行力将会倍增。莫拉蒂海滩实验证明，有些事
情被承诺之后，完成的可能性会提高 20 倍之多。在下级承诺的时候，领导人也
要承诺。目的是用领导人的承诺把部下的承诺锁定，下级承诺做到这一点，领
导要承诺给予他什么样的奖励。有效运用承诺技术，会让执行效益翻倍。

（2）激励促进

在下级执行任务过程中，领导者除了事前指导，事中辅导而外，还要自始
至终撑腰打气，鼓掌喝彩，鼓舞鞭策，激励促进。

任何工作都不是一成不变的，如数按期，保质达标是对执行者的基本要求。
不断超越，再创新高，追求卓越，追求完美，是对执行者的高度要求。领导者
要站在事业的高度和未来的前瞻性上，在不断雕塑自我的基础上，在自己尽心
尽力、尽职尽责的率先垂范作用下，高度要求并激励促进下级勤奋敬业，扎实
工作，不断创新，再创佳绩。

任何工作都不可能一帆风顺，节外生枝，突发变故，也是常有的事。在事
业出现逆转，遭受挫折的时候；在组织身处困境，面临危机的时候；在部下情
绪低落，心灰意懒的时候；在工作任务繁多，压力日增的时候；领导者要及时
挺身而出，以高昂的激情和有力的举措提振下级的士气。这时候无须埋怨、无
须追责，重要的是振奋大家的精神，激励组织成员再接再厉，一如既往，克服
障碍，渡过难关。

如何在不同时间、不同空间、不同事情、不同对象、不同文化背景下激励
员工；如何让下级快速职业定位，主动定出目标，自动自发投入工作并效率倍
增；如何让下级持续保持进取状态，时刻充满正能量；如何让员工变打工心态
为主人心态，与领导一样，尽职尽责。这些都是领导者始终要考虑的问题，要
付诸到执行运营的全部过程中。

（3）督导推进

督导就是执行过程中的督察和指导，带有巡察、检查、矫正、考核、指导、
敦促的意思。古代有督邮、督军、督学等官职，负责督理、督察、督办等事宜。
督导重在指导，光检查不指导，就成了监工，没什么意义；光指导不检查，发
现不了问题，指导也是盲目的，所以督查必须伴随着指导，指导里少不了督查，

督导合一，就是领导。

定期召集下级汇报工作，发现问题，及时解决，就是督导的常规形式。不定期深入基层，有计划或随机走访检查，是督导的自身特点。下级执行力度弱化，进度减缓，是正常的现象；但是没有督导推进，就是不正常的了。督导的作用就是力戒执行的弱化和减缓，纠正调整执行偏移错位的现象，强化执行的力度，增进执行的速度，确保计划落实，达到预期目标。

督导将有助于衔接执行中的断档现象。组织中的人事变动是经常的，但这往往给正常的执行带来严重的干扰，甚至是致命的程序链断裂、业务夭折，事业中阻。因为执行者的职业态度、做事风格、专业能力和工作经验的差异，容易致使执行出现断档空缺，偏移逆转，或从头再来的局面。比如张厂长按照公司的创新要求，削去工段一层管理机构，实施了平面化管理的组织改革。分厂厂长直接面对一线班组长，使生产指挥和各项工作一竿子插到底，简化便捷管理程序，有力促进效益的提升。这种符合未来企业创新模式的积极尝试，受到了传统金字塔组织结构思维模式的抵制，推行起来颇为艰难。通过张厂长三年来的辛勤摸索，大胆实践，坚定改革，逐步夯实基础，初具模型，受到了上级领导的好评，成为其它单位组织改革创新的典型。这项工作正待进一步提高完善之际，人事变动了，李厂长来了。李厂长认为，平面化管理是前任的成果，做得再好也是张厂长业绩。当务之急是自己如何尽快出成果，开拓新局面，以博得上下的认可好评。李厂长根据自己的观点和擅长，把工作重点转移到了精益化管理上来，这样，平面化创新就告一段落，中途搁浅了。在推进精益化管理过程中，遇到人事管理幅度过宽，不利专业化时，就再度设置条块分割的工段机构，如此一来，张厂长搞得平面化管理就等于前功尽弃了。这种"从头再来"的情况在各单位是太普遍了，所以管理搞来搞去，总是在反反复复，难有深入进展。执行力就是在这种断断续续、进进退退中踯躅徘徊，无法持续发展。

督导推进的关键作用就是要起到防止执行中途弱化、半截走偏的情景出现。督导是执行力的推手，它是确保组织或个人按照规划的时间进度去实现目标的关键环节。很多问题就是因为没有及时监督与控制而错过了解决问题的有效时机，使小问题变成了大问题。

现在的执行体系中缺少督导环节，更没有形成制度规范，致使督导名存实亡。督导重在导，是指导的跟踪和细化，是指导的个性化和多样化。督导不能只督不导，多督少导，变成监察、纠察，扣分罚款的惩治工具，这是要不得的，有效的督导要靠上级领导的亲力亲为。

部门和成员执行力的强弱好坏，需要有人去监督、考核和评价、指导，通过来自上方和外力的帮助来推促执行力的提高，形成一个良性循环。如果没有有效的监督考核和跟踪指导机制，就没有形成环路管理，光靠下级的自觉行为来提高执行力是难达其效的。

重视督导的作用，提高督导的效果，重要的是提高督导的指导水平。在指导基层有效执行方面，可围绕"严、实、快、新"四个方面提出要求。

严！执行的标准要严。要让执行层树立起坚韧的进取精神和强烈的责任意识，进取心高低，决定执行力度的大小；责任心强弱，决定执行效果的好坏。进取心和责任心是做好一切工作的首要条件。坚决克服不思进取、得过且过的心态，把工作标准调整到最高，精神状态调整到最佳，自我要求调整到最严，认认真真、尽心尽力、不折不扣地履行自己的职责。坚定不移，坚持不懈，坚忍不拔地按时、按质、按量地完成预定任务。

实！执行的步履要实。要让执行层树立求真务实，躬身实干的工作作风，养成脚踏实地、埋头苦干的职业习惯，坚决克服夸夸其谈、光说不干的毛病。从自我做起，从小事做起，从现在做起。一件一件抓落实，一项一项抓成效，干一件成一件，积小胜为大胜。天下大事必作于细，古今事业必成于实。虽然每个人岗位分工各有不同，但只要付出艰辛的努力，就能干出一番事业。好高骛远、作风漂浮，最终结果是一事无成。

快！执行的速度要快。要让执行层树立雷厉风行，只争朝夕的竞争精神，强化时间观念和提高效率意识，养成"立即行动，马上就办"的工作习惯。坚决克服工作懒散、办事拖拉的恶习。每项工作都要立足一个"早"字，落实一个"快"字，抓紧时机、加快节奏、提高效率。

新！执行的原则永远离不开创新。要让执行层树立开拓创新，积极应变的思维方式，不断改进工作方法，革故鼎新，创新发展。只有改革，才有活力；只有创新，才有发展。面对竞争日益激烈、变化日趋迅猛的今天，创新和应变能力已成为推进发展的核心要素。要敢于突破思维定式和传统经验的束缚，不断寻求新的思路和方法，使执行的力度更大、速度更快、效果更好。

4. 典型指导——选树样板有没有问题

典型就是榜样，榜样的力量是强大的。

执行就怕法不责众的局面，工作布置下来没人动，大家都面面相觑强调困难，人人表示无能为力，这时候最需要的就是有一个率先垂范的典型，事实胜于雄辩，这个典型会使那些强调理由的人哑口无言。典型是旗帜，典型是标杆，典型就是执行的标准，典型提供了他人的努力方向。领导者要善于发现典型，培养典型，树立典型，宣传典型，用典型推动工作。

"榜样是看得见的哲理"。古人云：取法乎上，仅得其中；取法乎中，斯风下矣。坚持高标准，选好参照系。以先进典型为明镜，自觉检视自身存在的不足，才能增强奋起赶超的紧迫感。以先进典型为标尺，可以检测工作存在的差距，从而激发见贤思齐的正能量。

（1）重视典型的作用——典型是工作开拓的标志

典型是在一定时期、一定方面、一定环境中，能够说明事物的一般本质特征，揭示事物发展趋势的内在动力。抓住典型，推动全局，这是毛泽东的领导艺术，也是共产党在几十年工作实践中摸索创造出的一条"从群众中来，到群众中去"的根本性经验。用典型推动工作，就是以典型作为突破口，发挥典型的导向示范、引路教育、鼓舞激励作用，把面上的工作逐步提高到典型的水平。

典型的意义和作用十分巨大，强化执行要注重培植典型，通过典型的示范带动作用、指引导向作用、激励促进作用、教育启示作用推动执行力的落实。

典型是领导者开拓一项工作的话语权，尤其在创新式地践行战略目标，超常规执行任务时，常常会遇到传统陈腐的老观念，以种种理由借口排斥领导的意见，这时，典型就是最有权威的裁判。还有一种情况就是在新处境、新问题、新状态下，大家茫然不知所措，不知道该怎么办时，典型就是最生动形象的说明书和指示牌。

一个典型就是一面旗帜，它代表组织的一种先进理念、一套管理方法，体现着人的一种价值体系。群众可以从典型身上感知组织倡导的行为，引导人们做出价值判断和选择。典型把抽象的说教变成形象的示范，把空泛的概念变成实在的样板，把精神的感召变成具体的行动。从而调整员工的行为，使之符合组织的需要。通过典型可以使单位、团队、个人学有方向，赶有目标。

人群中总会有先进、中间、落后之分，人们的思想品格也是有高低、好坏、优劣之别，人们对事物的认识也是有早晚、深浅、正误之差。因此，在执行过程中需要发现、培养、树立执行好的先进典型，通过这些富有号召力、感染力和说服力的典型示范引导，唤起人们的情感共鸣，激起人们的斗志和信心，喷发出巨大的精神力量去克服困难、战胜困难、倾力执行。激励其他组织与个人奋发向上，促进各项工作蓬勃开展。

典型来自群众之中，因而决定了先进典型能为一般群众所接受、所学习、所效仿、所超越。一个领导者能力强不强，工作会不会干，组织建设好不好，就看其管辖的部门和成员，是否有更多的好典型、重大典型、叫得响的典型。

美国心理学家班杜拉提出社会学习理论，他着眼于观察学习和自我调节引发人的行为中的作用，通过树立典型的榜样，使人无意间进行模仿，可以有效地促进他们品德的形成和发展。基于此理论，典型示范将在员工教育中成为有效的途径，发挥着积极的育人作用。

事实表明，先进典型对于企业积极向上发展，增强企业员工的凝聚力和向心力，唤起员工建设企业、奉献企业的热情，有着巨大的影响作用。

（2）要注意发现典型——不能埋没群众的积极性

群众中蕴藏着极大的干事业的积极性，因为人的本性决定了他们必然要体现自我价值，人们要千方百计寻求自我能量的发挥途径，人们希望得到社会的认可和赞许，随着人们文明素质的提高和思想境界的升华，人们都程度不同具有无私奉献自己才智技能的崇高理想。

"千里马常有，伯乐不常有。"任何群体都有积极骨干分子，任何工作都有典型模范人物，任何时候都不缺先进典型事迹，缺的是能够发现这些典型人物的领导者。有人抱怨工作中没有典型，找不到典型，其实典型就在那里明明摆着，领导者却看不见，不认识。常常出现"守着先进找典型，拿着金子当黄铜"的现象。使得一些应该得到赞扬的优秀人物被窒息了，使得一些值得宣传的典型事迹被埋没了。衡量一个领导者工作水平的高低，一个重要方面，就是看他能否着眼工作大局，注意发现典型，倾力培育典型，有效运用典型来指导执行、推动执行。

不能苛求典型的完美无缺，任何典型都不可能尽善尽美。作为一个典型，最要紧的是看他的主流思想和行为本质怎样，只要代表了时代精神和发展方向，在本单位、本行业属于拔尖的，就要敢于肯定他、宣扬他、树立他。即使典型在某些方面尚存瑕疵，也不会影响他成为典型。因为典型也有一个不断完善和不断成熟的过程。

典型人物既是群众中的一员，又是群众中的优秀代表，先进典型离群众越近，就越有说服力感召力，越为群众所欢迎所认同。因此，要把目光投向基层，聚焦群众，善于从普通群众中发现典型、树立典型，让人们从身边凡人小事上看到不平凡的精神境界，近距离地感受榜样的人格力量。

典型就是标杆，标杆就是引路的活样板。提升执行力，需要典型的的象征力量。典型人物的示范作用，就是执行力的活教材。注意发现典型，就是尊重和维护群众干事业的积极性和首创精神。

（3）要积极培育典型——典型就是执行的突击队

发现典型，只是抓好典型的前提，要使典型健康成长，具有说服力，发挥典型的作用，还必须正确培养典型。任何典型都具有一定的闪光点，但同时，任何典型都不是完美无缺的。领导的任务是要通过挖掘、提炼和总结等一系列工作来进一步培育典型。

在工作中，对已发现的典型，既要多方创造条件使其成为成功的先进典型，也要关心和解决好典型在实际工作中遇到的困难和问题，给予他们争先创优，率先垂范的勇气和执着热情。

典型的核心价值不在于它创造了多少显赫的业绩，而是蕴藏在业绩后面的光辉思想；不仅要有目的地让他们承担一些重要任务，让其摔打、磨练，多作贡献；还要教育、启示他们在关键时刻挺身而出，付出更多的自我牺牲。在培养典型时，不要特殊"喂养"，否则典型就没有说服力。

典型的成长就像育苗一样，离不开精心的培育呵护。一般情况下，群众创造性的做法往往是零散的、感性的，缺乏条理性。领导者应当做好群众实践经验的归纳、整理、提高工作，将一些分散的、不系统的感性认识加以系统化、理性化，上升为具有普遍指导意义的经验。

真实是先进典型的生命，为确保先进典型的健康成长，千万切忌拔苗助长。先进典型之所以能打动人，是因为他们源自生活、来自群众，有血有肉、生动鲜活，更是因为他们真实可信。越是真实越感人，越是朴实越亲切。必须始终遵循客观真实的原则，按照先进人物的本来面目塑造典型形象，从具体环境条件中把握典型事迹，用平实语言阐释深刻道理，用平凡小事展现崇高精神，做到内容真实准确，细节生动鲜活，事迹合情合理，评价适度恰当。要深入到先进典型工作生活的第一线，从不同视角，对先进典型事迹既进行调研核实，又进行深度挖掘，把典型的特征搞准，把典型的事迹搞实，确保先进典型立得住、叫得响，过得硬，经得起群众和时间的考验，真正做到"墙内开花，墙里墙外都飘香"。

典型是发展的，即使是比较成熟的典型，也有个开拓创新的问题。不断地典型汇报和宣传，往往会使典型入不敷出，趋于枯竭。所以要让典型在输出、放热的同时，有巩固、提高、创新的机会。不断创造新的成绩和经验，不断有新的鲜活事迹充实进来，这样才能使典型的生命力增强持久。

（4）要大力宣传典型——善于用典型推动工作

典型不树不立、不传不知。典型一旦确定，就要精心策划宣传方案，采取多种形式，利用各种媒体，不失时机地、多层次、立体式、高密度地进行纵向到底、横向到边的宣传，形成典型宣传的强势。推广先进典型的成功经验，使典型的影响面不断扩大，使典型的正能量不断强化。上世纪党和国家对大庆、大寨、解放军；对王进喜、焦裕禄、雷锋等典型单位、典型人物的宣传，就起到了惊人的特殊效果。典型人物的感召力、教导力和影响力胜过百所大学。典型的力量具有神奇的特效，典型的价值无法估量。这些典型诞生于上世纪六十年代，而那时恰是中国最艰难的时期，毫不夸张地说，是这些典型撑起了中国人钢铁般的脊梁，这些典型为中国人民带来的精神鼓舞和国际形象，是花多少钱也买不来的。

典型宣传要注重实事求是，不要夸大事实，随意拔高。不能把典型说得很满，很绝，透支典型的成长空间，更不能把组织和群众的成绩都记在一个典型人物的名下。许多典型不堪重负，乃至夭折，就是因为把成长过程中的幼苗吹成"参天大树"，把含苞待放的花蕾当作早已成熟的果实来宣扬。在宣传典型先进的、好的、正面的东西的同时，对不足的地方不要掩盖，也要摆出来，尽量给大家一个真实的，立体的、活生生的、有血有肉的鲜活形象，让人们从典型的平凡事迹中感受到不平凡的精神境界来。

有的单位在宣传典型方面做的比较到位，但是在用典型推动工作方面明显不足，往往仅是为宣传而宣传。典型的价值在于指导实践，从发现、培育到宣传典型的目的就在于推动、促进工作。有的单位需要典型时，又采访、又表彰，兴师动众，轰轰烈烈；过一阵子则对典型不闻不问，无声无息。这说明领导者对典型的实际意义还不清楚，对典型的应用价值还不明确。事实证明，能否真正有益推动实际工作，是衡量一个典型培养成功与否的重要标志。

用典型推动工作要体现到具体工作之中。要通过举办报告会、座谈会、现场会、主题演讲等形式和手段，组织开展学习典型的系列活动。使典型触动人的心灵，对照典型找差距，自觉自愿学习典型、向典型看齐，引导员工争当先进创一流，促进新的典型不断脱颖而出，带动和促进各项工作不断向前发展。

5. 考核激励——薪酬制度有没有问题

导致执行不力两张皮，上面急、下面不急，领导急、员工不急的主要原因是缺乏科学的管理制度，其中含有考评制度和激励制度。考评，就是收集信息对员工的工作过程和结果进行衡量裁断，评出优劣。激励，就是根据员工工作的优劣表现给予奖励惩罚。激励不是没有惩罚，对错误现象的惩罚，就是对正确现象的激励。其它制度则是考评制度与激励制度的辅助内容。考评是激励的基础，没有考评，激励就没有依据、没有目标、没有效果的盲目行动。激励是考评的目的，如果仅停留在考评层次上而没有激励措施，那是耗费资源，因为考评也是有成本的。考评激励是鼓舞先进、鞭策后进、促进工作、创造绩效的一套机制系统，必须相辅相成，有机结合。任何组织或企业，只要考评激励制度科学，运用得当，整个管理也就基本到位了。

最令人感到灰心泄气的事情就是付出了艰苦的努力，达到或超出了组织的期望以后，却发现自己的成就没有引起领导的重视，业绩出色的人没有得到应有的肯定和奖励，或者大家都得到了同样的奖励。如此干多干少一个样，干与不干一个样的局面，不只是糟糕，而是可怕。

中国员工最在乎的就是自己的表现与领导态度的关联性，辛勤的努力、执着的精神、创新的成果，能否得到领导的认可和赞扬非常重要。

只有领导的积极性，而无广大员工积极性的配合，执行难有成效。那么员工的积极性从哪里来？一是从自动自发的使命责任意识中来，二是从公平合理的绩效薪酬分配制度中来。

公平合理的绩效薪酬分配，取决于科学、公正、准确的绩效考评体系，考评是分配的依据。遗憾的是许多公司没有这样一个令人信服、坦诚反馈的考评体系，于是领导也就保证不了所实施的薪酬分配能做到公平合理，其后果是与其有考评激励，还不如没有。

(1) 公平的薪酬制度是执行力的自控机制

绩效薪酬制度是企业倡导、鼓舞、激励、调动、保障员工积极性的动力机制，也是员工执行力的心理动能。绩效薪酬制度务必纳入企业战略高度予以设计和审视。薪酬制度有问题，再伟大的宏图战略，再健全的组织管理，再精致周密的作业流程，再温情精进的企业文化，都是飘渺的浮云，不可能有激活员工工作热情，促进员工积极执行的实效。

在企业绩效薪酬分配体系中，有两种错误倾向长期左右摇摆，一种是"平均主义"的"大锅饭"；另一种就是差别悬殊的岗位工资制。尤其是大幅度差异化的岗位薪酬分配体系，对员工积极性的伤害最深。一个班组七八个人，班长的工资就比班员多四分之一或三分之一；同一个科室的两个人，做同一样工作，只因一个挂有级别，工资就相差千元；同一个机台的两个人，只因主副技工之别，就有三分之一收入之差。这不仅是影响积极性，而是从根本上严重打击和摧残了大多数员工的职业上进心和责任观念。

美国行为科学家亚当斯于上世纪 60 年代在其"对于公平的理解"等文中，

阐述了什么是公平的概念与理论模式。他认为人们总是要将自己所作的贡献和所得的报酬，与一个和自己条件相等的人的贡献与报酬进行比较，如果这两者之间的比值相等、相近，双方就有公平感，否则，就没有公平感。

该理论的基本观点是：当一个人做出了成绩并取得了报酬以后，他不仅关心自己所得报酬的绝对量，而且关心自己所得报酬的相对量。因此，他要进行种种比较来确定自己所获报酬是否合理，比较的结果将直接影响今后的工作状态。

虽然人们也经常做纵向比较，把自己现在的收入与过去相比，但人们更注重横向比较，常常是在纵向比较中获得的欣慰满足感，瞬间被横向比较的结果撞击得无影无踪。随之而来的是强烈的屈辱感、被欺骗感、被愚弄感和愤懑感。

员工要将自己获得的"报偿"（工资、奖金、赏识等）与自己的"投入"（包括工龄、技能、学历、经验、工作时间、敬业程度，努力状态，维护组织、精力和其它无形损耗等）的比值与组织内其他人作社会比较，只有相等相近时，他才认为公平，达到心理上的平衡。

如果员工感到不公平，就会滋生消极情绪。中国人的性格特点内敛含蓄，他不会有公然明显的不满表示，而是把怨气压在心底，发泄到工作中去，体现到产品质量上去，弥散在对领导的不满等方方面面，挥发出种种负面能量和消极气息。

有的国企明知自己的那套薪酬制度不得人心，为了避免员工出现严重的消极怠工，采取了薪酬保密措施，使员工不能相互了解彼此的收入。导致员工之间互相探听，背后互相猜疑。还有很多奖励是采取"红包"形式私下里秘密发放，把贡献和关系混在一起，存在大量人情交易的情况。常言道："好事不背人，背人没好事。"有功则奖，有过当罚，天经地义，无可非议。"因需设岗，以岗定薪，以绩取酬"完全可以公开运作，这有助于员工之间比学赶帮，激励先进，鞭策后进，达到人人思进，个个争先的局面，没有必要偷偷摸摸，掖着藏着。保密薪酬制度的结果弄的先进人物失去了光荣感，失去了榜样意义，所以有些企业也不搞向先进人物学习的活动。员工们各个充满狐疑，总是担心自己的收入是最少的，总是认为别人的收入有什么"文章"，总担心自己的低收入会影响自己的威信。所以在与他人交谈时，总是抬高自己的收入，这又造成了相互猜疑的加剧，最后导致人人对领导充满敌意和怨恨。有些领导者也坦言不讳："我们搞的薪酬管理，很多是拿不到台面上的，是见不得人的。"

华中师范大学心理学系在上世纪末进行了这项薪酬分配的研究，针对条件不相等情况下如何获得公平感，提出了"公平差别阈"的概念。阈是界限的意思，该模式首先申明，"在两个人的条件不相等时，无差距分配不仅不能产生公正感，反而会使人产生不公正感。在这种情况下，公平概念定义为，"在二个人之间的条件不相等时，适宜的差距分配才能产生公正感。"随后，通过心理测验和实验得出结果："企业承包者与被领导者之间的报酬差别的比值为1：2～1：3之间，最多可以差2-3倍。如果大于此值，则工人是不能承受的，而低于这个数值，则承包者也是不能接受的。"这项研究实质是提出了人们心理承受"度"的范围，过度则变"质"。他告诉我们，企业领导者凡事都要考虑一个"度"，尤其在薪酬分配上，适度才不违背人心。薪酬绝对平均是不公平的，必须有差异化；但差异太大也是不公平的，应该保持在一定的"度"的范围内，否则，物极必反。

美国通用电气公司前CEO杰克·韦尔奇表示，在我奉行的价值观里，要找出一个真正有推动力的，有区别的、有鉴别力的、有坦诚精神的业绩评价体系，只有这样才能使公司从默默无闻提升到卓越的层次。如果把员工的区别考评政策落到实处，那么最拔尖的员工就应该得到大量的褒奖、表扬、青睐、培训机会以及其他各种各样的物质和精神财富。

杰克·韦尔奇创造出了一套员工区别考评体系，即把全体员工区分为A、B、C三类人：A类属于最优秀的，占20%；B类属于中间大头的，占70%；C类属于最差的，占10%。对此实施"区分"的绩效管理，韦尔奇将这套理论称之为"建立一个伟大组织的全部秘密"。

海尔也实行了"三工并存，动态转换"的用工制度，三工：即优秀员工，合格员工，试用员工。三者之比为4/5/1。

考评制度对任何人都应该是诚实、透明、公平、合理的，一个公平的环境能激发人们在工作中尽其所能，能够提升团队精神。公司的领导者要清楚地辨别出，哪些员工或哪些业务取得了出色的成绩，哪些表现最差；要扶持强者的成长，把缺乏效率的部分员工剔除出去，据此营造出一种激励人人争先的"绩效文化"。只有这样，公司才能实现"赢"的结局。

为什么许多公司没有建立这样一套绩效考评体系呢？是因为缺乏正直、诚实、公开、透明或者四者兼而有之的企业文化。缺乏正直诚信的企业文化，任何考评体系都会被任人唯亲和是非不分的风气所腐蚀，正直诚信的企业文化是企业实施绩效考核的基本条件。GE为了实行区别考评制度，用了十年时间构建正直诚信的企业文化。正直诚信的文化体现在考核上，最鲜明的特征就是公开透明。稻盛和夫指出，京瓷以信赖关系为基础开展"玻璃式经营"，"玻璃式经营"的要旨是公开和透明。所有的经营状况，都像玻璃一般清澈可见，不加掩饰，透明开放。这就使我们能够全力以赴，专心致志地投入到工作中去。每个人都同样地敞开心扉，追求工作上的公开性。为了做到玻璃般透明经营，稻盛和夫主张最重要的是领导者要严格自律，公正无私。

许多公司做不到正直诚信，就因为领导者做不到公正无私。如果不把绩效考核摆在桌面上，员工们是很难相信薪酬分配的公正合理。只要通过绩效考评公正诚信地划分出三种等级，接下来的区别对待就好办了。按照 GE 的做法，对 20% 的明星员工给予显赫的待遇；对 70% 的员工要认真考察，分辨出哪些有提升的潜力，采取最适宜的方法就是培训教育，把他们培养为各式各样的优秀人物；对 10% 最差的员工没有任何甜言蜜语的粉饰，要让那些心术不正，投机取巧，邪门歪道，私欲膨胀、斤斤计较，牢骚满腹，怪话连篇，偷懒耍滑，糊弄对付，不负责任的员工遭"白眼"、受冷漠、得不到"好脸"；要让他们感到不舒服、有压抑感、有失落感和有被摈弃感；使他们混不下去，没有市场，没有空间，难以生存，直至他们不得不自觉离开。

（2）构建以内在激励为主，外在激励为辅的激励文化

内在激励是指工作本身带给人的直接满足，包括工作本身的趣味性、让人有良心感、责任感、使命感、胜任感、成就感、荣誉感和价值感等。这里还包括让员工有充分接受培训教育机会、学习新知识、新技能以获取有助成长成就的资源和环境。内在激励能有效地促进员工不断进取，追求卓越，克服困难，创造佳绩，并乐此不疲，不计报酬地，任劳任怨地，以苦为乐地专心工作。

外在激励是指在工作岗位之外的间接满足。如提拔晋升、增加薪酬、高额奖金、丰厚福利、认可表扬、改善人际关系等。物质刺激，奖金挂帅，是外在激励的典型做法。外在激励是员工内在心愿以外的驱动手段，对调动员工积极性有直接的促进作用。但外在激励运用不当，会伴随一系列的消极作用和破坏性后果。

领导者应该将内在激励与外在激励结合起来综合运用，平时多用内在激励，适时施用外在激励，以内在激励为主，外在激励为辅，因为内在激励有更稳定、更持久、更强烈的积极效果。事实上许多人宁愿放弃升迁、赚钱的机会以求工作事业上的满足。然而在相当一段时期以来，在很多领导情境中，却以外在激励为主，弱化和取消了内在激励，助长了员工对实际利益的更多关注和追求，助长了领导者对金钱物质的倾注和依赖，不仅客观效应不好，还带来了凡事短期化的恶果。更主要的是把人的精神世界搞垮了，把组织的进取机制破坏了，造成了一切向钱看的消极局面，提供了滋生腐败、孕育丑恶灵魂的温床，危害

十分严重。

毛泽东坚决反对搞物质刺激、奖金挂帅这一套，就因为它与培育社会主义新型劳动者的宗旨背道而驰，有悖于社会主义生产力的优越性，同时也是总结苏联五十年代企业管理不断恶化，分配两极分化的惨痛经验得出的深刻教训。苏联的解体亡国，与要么管卡压，要么金钱刺激的简单管理体制有一定的关系。其实西方国家的管理激励理论也在不断强调内在激励的重要性和优越性，行为科学和企业文化等系列学说，都是注重以人为本，满足员工精神需求，让员工永葆激情，促其自我能量发挥，鼓励自我实现，创造充满激情的职场环境等积极的激励主张。

被称为"世界一流的策略大师"，"商业战略管理的领路人"，《华尔街日报》2008 年评选的"全球 100 位最有影响力的商业思想家"中排名第一的伦敦商学院战略及国际管理教授加里·哈默，早在 1990 年就与美国学者普拉哈拉德共同提出"核心竞争力"的概念。这一概念对全世界企业管理的理论和实务造成了巨大的影响力，为无数领导者指明了发展的方向。

核心竞争力是一个企业能够长期获得竞争优势的能力，是企业所特有的、能够经得起时间考验的、具有延展性，稳定获取超额利润的并且是竞争对手难以模仿的技术和能力。这种竞争力是以知识、创新为基本内核，以员工高效执行为鲜明特征的，而这一切的前提则是员工的敬业精神。如果员工没有正确的职业态度和劳动积极性，那么什么竞争资源都发挥不出作用，都显现不出优势来。"两军相逢勇者胜"是说两军对垒的最终优势是体现在一线战士的战斗力上的，如果士兵没有斗志，贪生怕死，没有刺刀见红的过硬本领，那么再先进强大的武器装备，再坚固的防御工事，再雄厚的后勤保障，都不能发挥其应有的优势作用。

所以在 23 年后的 2013 年，加里·哈默又推出一部《终极竞争：占领赢得未来的制高点》的力作，他在总结核心竞争力的指导实践后，又提出了决定组织未来兴衰成败的"终极竞争"五要素。这五要素依次是——价值观、创新、适应力、激情和理念。

哈默首先把"价值观"看成是企业赢得未来的最重要的制高点。他认为，每个企业都是由价值观推动的。他提出企业的最高目标不应该是赚钱，企业要重返高尚，追求引领人类进步的永恒价值观（美丽、真理、智慧、正义、慈善、忠诚、快乐、勇气和荣耀等）。高尚的目标会使人作出牺牲、勇于创新并坚持不懈。只有这样，伟大的天赋方能转化为卓越的成就。修补企业的灵魂，并重新占领道德高地的唯一方法是拥护真善美。

中国人民解放军的战斗力是建筑在为人民服务的高尚价值观上面，建设共产主义社会是这个军队的神圣使命和崇高信仰，奉献精神和敬业态度是这个军队官兵不怕千辛万苦，宁可流血牺牲也要完成任务的激励源泉。这是国民党军队无论如何也模仿不了又无可替代的独特的无形资源。没有高尚价值观的内在激励资源，任凭封官加爵，追加高额报酬，是换不来呕心沥血，废寝忘食的工匠精神的。所以哈默强调只有高尚的目标才会使人的伟大天赋转化为卓越的成就。

创新、适应力、激情和理念都建立在不仅是正确的，而且是高尚的价值观上面。哈默说唯一的问题在于，"驾驶员的价值观是什么？"领导者的价值观是决定员工价值观的关键，也是决定注重实施内在激励还是滥施外在激励的关键。

哈默认为，为什么企业毫无生气、没有激情、平庸不堪？就因为企业的灵魂出现了漏洞，太过世俗、太机械、太物质化。为什么企业普遍缺失适应力、创造力和活力呢？就因为管理层的意识形态缺乏人性，将操控奉为神明，实行的是一种要么严格管制、从重处罚；要么高额奖励，物质刺激的所谓管理技能。哈默强调21世纪的领导观，必须以价值观为基础，创新并快速适应变化的环境，激发人的热情，而不是依赖于传统的管理技能，等级制度和控制的时代将会终结。

哈默提出，面向未来，企业必须勇于抛弃旧有的管理理念，尝试创建新型的管理模式。这包括修补灵魂、释放潜能、促进革新、分配权力、寻求和谐、重塑思想等方面的探索和创新。企业长久的成功，都源于为高尚情操付出的努力，卓越的贡献源自对永恒的人类价值观充满激情的追求。令人振奋的使命感比获取个人成就的动力更重要，它是避免权宜之计和不正当行为的必要保证。企业应该把平凡的员工变成不平凡的创新者，平庸所能产生的回报越来越少，只有唤起人的激情才能成功。

现在的员工绝大多数对工作缺少激情，企业领导者对此不仅浑然不觉、熟视无睹和无能为力，还更倾向于浇灭而不是激发员工的热情，这一直是管理中存在的重要问题。主动性、创造力和激情是企业竞争力的最终源泉，领导者要想让员工永葆激情，必须从控制变为授权，变外在激励为内在激励，培育员工的高尚价值观，弘扬自燃精神和奉献精神，创建充满激情的职场。

我们从另一个角度来审视树立员工高尚价值观的必要性和可能性。

维克多·E·弗兰克博士，是维也纳医科大学心理精神病学终身教授。二战期间因其犹太人身份，被德国纳粹投入集中营惨遭迫害，他的父母、兄弟、妻子都死在集中营。不仅所有财物被剥夺一空，而且每天都经受着饥饿、寒冷和拷打、折磨。在这种痛苦恐惧的煎熬下，弗兰克以惊人的意志挺了三年直至解放。后来他一直思索，自己如此饱受饥寒凌虐，随时都在受死亡威胁的人，怎么能坚持活下来？人为什么留恋生命？人为什么要活着等一系列带有普世价值的问题。

在后来的岁月中，他经常探问深遭病痛折磨，甚至奄奄一息的患者："你为什么不自杀？"病人回答有的是为了子女，有的是因为某项才能尚待发挥，有的只是为了保存一个珍贵难忘的回忆，有的是对未竟事业心有不甘……他据此研究治疗的途径。他发现人都有自己的人生意义和责任，于是他成功地发明了"意义治疗法"，创立了心理治疗学派，并写下《追寻生命的意义》一书？先后被翻译成26种语言在世界各地出版。

《追寻生命的意义》堪称是"意义治疗法"的教材，他向人们展示了一种奋发向上的世界观、人生观和价值观。弗兰克特别喜欢引用尼采的一句话："懂得'为何'而活的人，差不多'任何'痛苦都忍受得住。"？对生命本身美好和欢乐的感受，不仅是我们活下去的希望，也是我们的终极追求。如果你不能感受到生命的意义，那么病痛对你来说或许是一场无期徒刑，是一种苦难煎熬。

由此可知，生命有两个属性，一个是生理的物质器官，一个是心理的精神灵魂。有的人生活在物质生命里，有的人生活在精神生命里，他们虽然都处在同一个世界中，但两者的人生价值和生命意义是不同的。在如今以物质来衡量成功的社会里，物质的追求与获得并不能给人带来真正的满足和幸福，反而使人心底的空虚感日益增强。很多人迷失在生活中，与日俱增地产生着消极的观念，抑郁的情绪，感到自己每日都在蒙受屈辱，从而怨天恨地，苦不堪言。只有那种愿意承受苦难，意识到"苦中有价值"，在痛苦中找出意义，视挫折为成长阶梯，追求伟大目标人，才有超越生命的能力，才能真正享受到人生的快乐。由此我们就不难理解毛泽东"与天奋斗，其乐无穷；与地奋斗，其乐无穷；与人奋斗，其乐无穷"的真谛来。

联系到哈默的价值观领导，联系到对员工的内在激励，我们就能缕出这样的线索，员工们敬不敬业，尽不尽职，一个很重要的条件，就是领导者要践行教导者的职责，启发员工对生命意义进行探讨，让员工树立正确的价值观，唤醒员工对创造未来的追求，履行工匠的社会责任感。让员工们认识到能在创造性地工作中品尝到生命意义是幸福的，能在奉献的体验中感悟到生命意义是快乐的，能在困苦中寻找到生命意义是卓越的，从而对工作态度产生根本的转变。不管处在什么境遇中，都要为自己、为他人、为社会做出积极的贡献，这些都是为子孙，为天下人、也是为自己创造博爱和福祉。领导者有责任有义务为员工找出生命的意义，构建充满激情的内在激励文化，指导员工创造性地工作，提携员工成长。无数个劳模、英模、楷模的涌现，无一不是内在激励的结果。

（3）系统的庆功文化是执行力的精神激励形式

如果说公平的、殷实的薪酬分配，是调动执行积极性的实实在在的内容，那么系统完整的庆功表彰活动，就是调动执行积极性的有效形式。

形式是内容的外在表现，没有形式也就没有内容。领导要通过组织文化的认同感，让全体成员清楚组织喜欢什么样的人，赏识什么样的人；藐视什么样的人，厌恶什么样的人。营造赞扬先进，鼓励优秀；鞭策后进，淘汰劣迹的是非鲜明、奖优罚劣的文化氛围，让那些干得好的员工春风得意，左右逢源；既有风风光光的精神荣誉，又有实实在在的物质奖励。表彰好的，无形就是鞭笞差的，这种系统的庆功文化，要比图窗里贴满了形形色色的处罚单更有效果。

① **创造感动**。领导者要善于研究员工心理，不断巧妙构思，创造出种种旨在感动人心、鼓舞人心、富有影响力、震撼力的庆功激励文化，从而强化人们的奉献精神，使组织成员做出更为杰出的贡献。

策划独特的情境，让优秀员工们感受成功的光彩荣誉，激发幸福就是贡献的高尚境界，体验人生的辉煌境遇。如在激越昂扬音乐的烘托下，在全场起立夹道欢迎的热烈气氛中，在经久不息的掌声震撼下，在主持人声情并茂、诗情画意的语言描述中，在孩子们鲜花如潮的簇拥中，站在绚丽的舞台上，接受领导的握手致贺，手捧着鲜花、奖杯、证书，与领导亲切合影……身处此情此景，优秀员工们的心情会是怎样的呢？这无疑是彪炳人生史册的辉煌时刻，值得一生一世的铭记和怀念，激情难免不在这一刻自然而然地迸发出来。

能否让你的下属为之心动，就看你的激励是否发自内心的，如果你把热情、期望、关心倾注在里面，你的下属也会真实地感受到这一切。印度总统阿卜杜勒·拉姆曾经领导过一个有 70 多位科学家的团队。一天，一位科学家对阿卜杜勒·拉姆说："先生，我给我的孩子许诺，今天带他到镇上看展览，所以今天下午我想五点半离开办公室。""好的，你今天可以早点下班。"拉姆回答到。可是，当这位科学家忙完手中的工作，看看表，发现已经是晚上八点半了。他一边急匆匆地往家赶，一边在深深的自责。回到家，见只有妻子一个人，就问妻子："我们的孩子呢？"妻子惊讶地说道："你不知道吗，你老板下午五点一刻到咱家，带孩子去看展览了。"什么是用心激励？当你的下属感受到了你那亲人般的关爱时，你就是在用心激励。你的心已经和对方的心联结在一起。激励没有固定的模式，不需要费多大的成本，也不需要费多大的时间，只需要有一颗关爱他人的心。

②**形象装点**。许多劳模来自生产一线，常年在现场摸爬滚打，往往不太注意形象修饰，即使在表彰授奖那一天，也是忽略发式服饰的装扮。庆功表彰组织者不要忽略典型人物的形象细节，要为他们专门指定形象设计师，负责对劳模、标兵、先进生产者进行表彰登台的形象指导。对重点人物要进行美发化妆，把他们装扮得英俊靓丽，容光焕发，再披上绶带，胸带大红花，佩戴奖章，手持获奖证书，留下特写影像，仅就这番装点，就够典型们陶醉慰藉一辈子了。

③**亲人分享**。庆功表彰会上应该把劳模、标兵的父母、爱人、子女等亲人请来，共同分享亲人成功的快乐，因为这里有家人、亲人的支持，他们是"军功章"的另一半，理应受到礼遇。亲人分享的作用同样重要，是表彰激励的另一种形式和继续，意义更为深远。有的企业领导人为被表彰的员工家属写致贺信，慰问电，发奖金。有的企业工会敲锣打鼓为员工家里送喜报，送奖牌，都是让亲属分享劳模荣誉的做法。

有一次，GE 公司的一位经理一连几周坐立不安，因为他即将向董事长杰克·韦尔奇汇报工作，这位经理对韦尔奇承认说："我很紧张。我的妻子曾对我说，如果我的报告不能通过，她将把我赶出家门。"这天下午，当韦尔奇坐上公司的专机准备离开时，他让人将一打玫瑰花和一瓶 Dom Perignon 牌的香槟酒以及他那出了名的手写便条送给那位经理的妻子。便条上写道："你的丈夫今天表现得非常出色。我们很抱歉几周来让他和您倍受煎熬。"韦尔奇没有和自己的下属说，却对他的夫人说，这让他的那位下属经理倍感亲切。

好的激励要充分考虑他人的需要，能够被他人所接受和渴望，能够产生积极向上的力量。马库斯·白金汉和柯特·科夫曼在《首先，打破一切常规》一书中谈到了这样一个案例：有一位叫马克的明星代理人连续数年获得年度代理人奖，每次老板都会发给他一个奖盘。这一年，他再一次成为获胜者，当他的老板在颁奖大会上把奖盘递给他时，他瞥了奖盘一眼，做了个下流的手势，冲下台去，发誓要离开公司。事后老板了解到，马克平常谈论最多的是他的两个女儿，他和他的妻子曾经认为他们永远不会有孩子了，因此这两个小女儿对他们来说就是上天给他们的最珍贵的礼物。了解这个情况后，老板让人为他两个女儿照了一张漂亮的照片，和奖盘一起镶在一个镜框上。两个星期后，老板主持了午餐会，并请来了马克的妻子和两个女儿，当众把带有照片的奖盘送给马克，马克立时激动的哭了起来。

④**故事短片**。借助现代科技手段，摄制劳模事迹短片，讲述劳模奉献的故事。选取员工身边普通人默默无闻的勤奋历程，塑造最有代表性的人物品格，

揭示人生从平凡到伟大的转变过程。短片源于生活，加以艺术提炼，使之具有高于生活的感染力和教育意义。许多优秀短片富有催人泪下的强烈感召力，起到了其它激励形式所达不到的鼓舞性效果。短片的奇特魅力，无疑将增添劳模的信服力，有效增强劳模的威信和人格影响力。

⑤ **榜样演说。**劳模等先进人物的现身表述是庆功表彰不可或缺的环节，以往的模式是劳模把事先准备好的讲稿照本宣科，内容多是谦虚一番，再表表决心而已，很少再有其它功能。现在的要求是把劳模代表发言，改变为榜样演说，增加其激励他人的功能，使发言变成承诺，使被动的材料变为主动的载体，这样既提升了劳模的形象，又赋予了劳模新的使命；既让劳模的事迹激励人，还要用劳模的心声激励人。争取先进带后进，确保先进更先进。

⑥ **媒体采访。**报社和电视台配合企业宣传先进人物，惯常采取采访形式加以报道，其弊端仅仅是为了宣传，为了会议，为了活动的一时需要，是媒体自己设计的新闻行为，是为企业服务的配合行为，所以免不了是一时应景的权宜之举。作为企业的激励工程，应该把媒体采访纳入到精心设计的庆功文化上来，除了媒体自己的需要之外，还要从企业激励执行的需要，对劳模等先进人物进行多角度、全方位、立体交叉、历史全景地采访与对话。使先进人物成为庆功文化的鲜活载体，不仅创造物质财富，还创造着精神财富。

⑦ **分享畅想。**庆功表彰的主要目的是构建组织的激励文化，完善组织的激励机制，形成群体向上的环境，最终实现组织全员上进的局面。庆功表彰活动有两个作用，一是先进人物的行为固化，二是感召后进人物的崛起。为此，领导者要善于利用庆功表彰的氛围，不失时机地组织大家座谈分享，有计划，有措施地调动大家争当先进，建功立业的意愿和积极性。比如要打造国际一流的员工队伍，首先应使员工明确什么叫做国际一流？一流的员工是什么样的？一流和二流的差别在哪里？自己是不是一流的，是处在二流还是三流？跟一流差在哪里，自己今后应该怎样做？看典型，找差距，谈体会，奔一流，创造比学赶帮，人心思进的局面。

⑧ **艺术形式。**歌曲、舞蹈、小说、戏剧等文艺作品在调动人的积极性方面的作用是奇特的，有时是无与伦比的。1941 年 6 月，德国对苏联发动了闪电战，苏联军队奋起反抗，频频受挫，伤亡惨重，数以万计的大小城乡毁灭在德军的炮火下，上百个大中城市沦陷。在祖国的危难时刻，苏军红旗歌舞团演唱的《神圣的战争》，极大的鼓舞了军队和人民的顽强斗志，歌曲很快响彻苏联的大小角落，激励着全军全国人民的杀敌精神。7 月，新编苏联红军近卫军第三师开赴前线。送行的莫斯科某工业学校一群女生唱起《喀秋莎》，为年轻的战士们送

行。在随后几天惨烈的第聂伯河阻击战中，该师官兵几乎全部阵亡，但他们为苏军组建保卫莫斯科的最后防线赢得了宝贵时间。1942 年 7 月，希特勒军队进犯苏联斯摩棱斯克州，围剿卡斯普列亚村，疯狂屠杀村民，苏联百姓视死如归，死前齐声高唱《喀秋莎》。这支浪漫的情歌在伟大的卫国战争中起了重要作用，简直就是威力无比的武器，为此苏联红军在二战中把首次使用的火箭炮命名为"喀秋莎"。

2015 年 5 月 4 日，中国人民解放军三军仪仗队官兵，伴着军乐，用俄文高唱苏联歌曲《喀秋莎》，正步走过红场。现场俄罗斯观众边拍照，边欢呼喝彩，有人甚至动情流泪。中国军人在红场放歌《喀秋莎》，拨动了俄国人的心弦，具有了超乎音乐之外的特殊意义。

蒋介石逃到台湾，每日通过电台了解大陆战况，当他收听 1949 年 11 月 15 日贵阳解放入城式中军乐队演奏着雄壮的《中国人民解放军进行曲》乐曲时对蒋经国说，这首歌的作用能顶一个军。

企业建设更不能忽略文学艺术的特殊作用，搞工业也离不开艺术。产品造型、产品包装、产品广告都要求强烈的艺术效果。伟大的物理学家、诺贝尔奖金得主爱因斯坦曾经说，"照亮我人生道路的有两样东西，一个是艺术，一个是科学。"艺术在生产中是一种品质，在服务中是一种境界。艺术熏陶对于唤醒员工创新意识，丰富奇思妙想，引领精神追求，塑造健全人格具有独特的不可替代的功能。

大庆油公司就形成了系统性的富有传统型的企业庆功文化，他们自 1992 年起设立了作业工人节，把每年 9 月份的第一个星期日定为全油田井下作业职工的节日。每年企业都倾心投入人力财力，使节日成为别具一格的庆功大会，职工们在欣赏精心创作编演的文艺节目同时，隆重表彰在井下作业中做出突出贡献的先进作业队和优秀井下作业工人。由于场景恢弘壮观，有力地彰显强化了先进人物的荣誉感。

大庆市公安局连续十年的"警徽映忠诚"大型文艺晚会，对全局五千余名民警有着深刻隽永的教育意义。晚会中将做出突出贡献的集体和个人的事迹通过歌舞、微电影、情景剧，诗朗诵等艺术形式再现出来，体现出警营兄弟情、战友情的团结友爱，展现出大庆民警昂扬向上、不畏艰险、爱岗敬业、默默奉献的高尚精神。由于艺术的强大力量，事迹节目感人肺腑，催人泪下，深深打动了在场的每位观众，使得接下来的命名表彰收到了掌声雷动的效果。这样警演警、警说警、警唱警，实现了思想政治工作的艺术化，极大的鼓舞了全体民警士气，促进了警营文化的蓬勃发展。

有些企业除了庆功表彰以外，还组织劳动模范、优秀党员、先进生产者和单项能手等共同观看话剧和电影，将爱国、爱企之情紧密联系在一起。有些企业还邀请了画家、书法家为劳模作画挥毫或举办劳模事迹图片展。这些形式新颖、饶有特色的寓教育于艺术的激励活动，都具有强烈的时代特色和深远的教育意义。

作为一个正常的人，谁不希望人生轰轰烈烈，谁不向往职业生涯缀满丰硕的成功果实，发自内心的人性追求、隐藏最深的渴望，莫不是得到尊重和赞扬，礼遇和褒奖，这是对人最珍贵的馈赠和酬赏。倡导隆重而别致的庆功表彰活动，能给身临其境的在场员工带来心灵的触动和震撼，这是一种呼唤良知的高度认同激励，是独特企业文化情境的呈现，值得深入探究践行。

第九章 领导者的组织文化力

20世纪以来，西方领导学的研究经历了三个阶段：第一阶段，30－40年代是侧重领导个性特征、才智特征的研究，形成了领导特质理论；第二阶段，50－60年代是侧重领导方式和领导方法的研究，形成了领导行为理论；第三阶段，70－80年代是侧重领导情境和应变的研究，形成了领导权变理论和领导情境理论。

权变理论认为，领导是一个极为复杂的社会现象，与领导行为有关的情境因素对领导活动效果具有潜在而深刻的影响。"权变"就是"随具体情境而变"。一种领导行为效果好不好，不仅取决于领导者本人的素质和能力，而且还取决于许多客观情境因素。领导行为是一个很多因素的函数，在不同的情境中，同样的领导行为则产生不同的作用，所以权变理论又被称为领导情境理论。领导情景这一理论的出现，标志着现代领导学研究进入了一个新的发展阶段，因为此后领导学的研究已不再局限领导者主体的孤立研究，组织团队因素、被领导者因素被纳入进来。组织团队建设和组织成员建设，成为领导者施展作为的两个支点，领导力的建设是领导者与组织及成员一点两面三结合的统一体，构成了一个主体建设，两个客体建设的三角形系统。

第一节 组织与领导力的关系

领导成功靠组织，领导者不可能一人包打天下，必须有组织这一坚强后盾支撑资助，组织是领导力的客观条件。

组织指人们为实现一定的目标，按照一定的规则而建立的互相协作的集体。

领导力不是领导者的一人之力，它是领导者的思想变为群众的实际行动。

唤起工农千百万，不是一个人所能实现的，它是通过组织的途径来实现的。

组织也是领导力的载体，组织强则领导力强，组织弱则领导力弱，所以组织决定领导力的功能。

诸葛亮高瞻远瞩，运筹帷幄，洞察天下大势，设计三国格局，这种英明远见的思想力在当时无人可比。可是这幅蓝图再好，也只有交付刘备才能实施，否则就是一番空想，因为诸葛亮手下没人，没人，什么事也干不了。马克思主义真理只有与无产阶级革命运动相结合，才能形成摧枯拉朽，翻天覆地的神奇力量，其结合点就是共产党这个组织。

领导者一定要研究组织建设，组织搞不好，领导力就是虚功，就是无本之木。组织的核心是什么？是文化。文化是组织的思想体系，是组织的精神和灵魂。

1946年，美国军事观察团通过国统区和解放区的对比，就得出了"国军"必败的结论。结果不出所料，三年以后，几百万国民党军队犹如秋风扫落叶一样凋零飘散了，原因是国民党的组织文化不行。国民党的组织文化是腐朽的文化，腐败的文化，腐烂的文化。文化不行，组织必不行；组织不行，人的作风、作为、作用就无所依附，最后难免覆灭的下场。这已是无数事实验证了的颠扑不破的真理。

毛泽东的伟大，是他不仅塑造出自身富有神奇人格魅力的领袖形象和创造出富有科学和真理的思想体系，最为值得赞颂的是他缔造出了伟大的共产党和伟大的人民军队。这两个组织犹如两只擎天巨手，把毛泽东高高托起耸入云端，成为光照全球的太阳。

张国焘是中国共产党的创始人之一，1927年7月曾作为党临时中央的召集人，几乎就是党的最高领袖，其地位和影响力超过毛泽东。1935年在四川拥兵十万，是红四方面军的统帅，任中国工农红军总政委，在当时可谓资历无人可比，实力无人可比，影响无人可比。但是他在1938年离开了组织后，孤身飘零，毫无作为，演绎了人生的最大悲剧。

毛泽东、张国焘这两个截然相反的人物事例说明，一个人有再大的本事，也不能脱离组织；脱离了组织，你有天大的神通都无济于事。因为组织可以助你成功，铸你金身，成就你的辉煌。那些聪明的领导，睿智的领导，卓越的领导，都非常重视组织建设；因为只有组织强大了，自己才能强大。组织是科级，你充其量是个科长；组织是处级，你最大是个处长；如果你的企业进入世界500强，那么你就是国内某行业的龙头老大。很多领导者不了解这一点，他们只对眼下的生产感兴趣，眼睛只盯在任务上，成天忙乎琐碎的事务，只顾低头拉车，却不抬头看路，不去思考整顿、改善、加强组织建设。可以说，不善于组织建设的领导者，就是不称职的领导者。

西柏坡是世界上最小的指挥所，却指挥了举世闻名的三个战役，就因为它有着精炼高效的组织体系、科学的组织机制和精进强大的组织功能。

在遵义会议期间，各军团首长历数李德的败绩，其中指出李德作为红军的最高指挥者，却经常过问师一级的事，甚至连一门炮，一个岗哨放在什么位置，这些团长都不管的事他都去管，可见这样的领导怎能不失败。无数事实证明，那种满脑子搞技术的领导，那种单纯抓生产的领导，那种忽视思想政治工作的领导，那种被琐碎事务缠身的领导，都不是合格的一把手领导。优秀的领导、高明的领导、卓越的领导、伟大的领导，都是善于抓人、抓思想、抓文化、抓组织建设的领导。

组织建设的核心是组织文化的建造，这是领导者思想力的高度反映，它体现在三个方面：卓越的组织品质、优良的组织作风、优异的组织功能。简而言之，就是铸品质、塑形象、强功能。

1. 组织是有共同目标、统一意志的群体

荀子曰："人，力不如牛，走不如马，但牛马为用，何也？人能群也"。

集体的智慧，群体的力量，就是群策群力。群力所系，运乎一心，这就是组织。

组织管理学对组织的定义是：人们为实现一定的目标，按照一定的标准建立起来的互相协作的集体。

巴纳德认为，组织是有意识地协调两个以上的人的活动与力量的体系。

人们泛指自己所在的单位为组织。党员、团员把党支部、团支部称为党组织、团组织。国民党各级党政军组织和全国人民群众也都把革命队伍里的人，不管是不是共产党员，都统称为"共产党"。因为他们都有一个共同的奋斗目标和一致的思想信念。苏区与白区的党组织都把革命者称作"组织里的人"或"家里的人"，即使素不相识，相见都格外亲切，因为他们志同道合，都有一个共同的精神追求。

组织是社会的细胞，是国家的基本单元。

从实体上看，组织就是一支队伍，由两人以上按着某种规则组成的统一意志的群体。

从虚拟上看，组织就是一套规则，众人都按规章制度行事，没有规则纪律不成组织。

从本质上看，领导者代表一个组织，领导者是组织的灵魂和意志，领导者

不在，树倒猢狲散。

从形式上看，组织就是一个机构，有名称牌子、有资金场地、有规章制度、定期开展一系列活动。

组织建设的目的，就是把全体成员的思想统一在领导者的意志范围内，做到上下同欲，群策群力，精诚团结，优质高效，完成组织任务，践行目标使命。

2. 组织是领导者施展作为的媒介

组织是个通道，是领导者与被领导者联系的媒介和纽带，领导者是通过组织这个通道对被领导者发挥作用的。所以凡干事业者，必先建立组织。毛泽东说："既要革命，就要有一个革命党。"美国著名作家爱默生说："一个机构是一个人延伸了的影子。"彼得·德鲁克认为："组织的目的是使平凡的人做出不平凡的事。"

有一双明亮的眼睛就能观察到外界事物吗？不是的，他需要一个媒介，就是光线。光线充足，所见物体就清晰明亮；光线昏暗，所见物体就昏暗模糊；如果没有光线，那就伸手不见五指，什么也看不到了。对于领导者来讲，组织就是光线。领导者的愿景和目标能否实现，关键在于组织能否给予必要的支撑和提供相应的可能。

毛泽东曾多次受过党内高层的排挤和打压，但他从没有脱离组织的念头。张国焘脱离组织是其人生的最大败笔。因为任何卓越的人物，一旦脱离了组织，脱离了他赖以生存的条件，他就啥也不是了。

组织是人的时空聚集所，组织内人际之间彼此联系，互相影响，构成错综复杂的人际关系，成为人们社会活动的人文环境。人自始至终都是某种特定环境的产物，是群体、组织、团队中的一员，有什么样的组织，就有什么样的人。物以类聚，人以群分；近朱者赤，近墨者黑。所以，组织的状态、组织的性质，就决定了组织内的人员状态。

共产党自成立之日起，就本着自身宗旨，不断提升和强化自身建设，使之不断成熟完善，这是共产党之所以能够成功的根源。为什么把"批评与自我批评"作为党的三大作风之一，就在于凭此不断修正自己，为人民的利益坚持好的，改正错的，严于律己，精诚修炼，逐步把自己打造成学习型、创新型、卓越型的坚强稳固，坚忍不拔，坚不可摧的钢铁组织。

组织建设历来是领导者从政的当务之急和根本大计，组织建设不到位，领导者的能力和作为就要受到很大制约。组织建设的核心内容是全员思想建设，文化建设，制度建设和作风建设。组织建设到位了，领导就插上了腾飞的翅膀，就可以纵横驰骋了。解放战争初期，毛泽东从延安出来在陕北的山沟里转了一年多，后来到了西柏坡，离各野战军、各军区很远，但是这些各路"诸侯"没有拥兵自重不听指挥的。毛泽东就凭几部电台，畅通无阻地调兵遣将，吟诗作赋般地消灭了国民党几百万军队。毛泽东如此神奇地领导力就在于共产党这个组织十分给力，就在于他在延安整风十分成功，组织建设到位了，毛泽东也就神了，奇迹也就出来了。

企业虽然是一种经济组织，但企业建设的核心内容同样是思想建设，文化建设，制度建设和作风建设。组织建设搞不好，人力资源就成了负债，组织功能就软弱疲沓，信息时间就阻塞耗损，资金物质就浪费消磨，各项规章制度就形同虚设，生产产品就少慢差废，问题就层出不穷，效益就不断下滑，经营就每况愈下，前景就昏黑暗淡，未来就危机四伏。

组织建设不力的突出特征，就是组织的活力、动力明显不足，具体体现在组织的核心资源——人的问题上。作为人力资源主动力的领导干部和辅动力的员工群众如果工作意愿不足，势必导致组织的一切都陷于僵化钝滞的状态，继而什么毛病都滋生出来了。

3. 领导者是组织的灵魂和标志

在很多情境下，一个人就代表一个组织，尤其是领导者。

所谓组织，原本就是一群人，他们既可以朝气蓬勃，奋发昂扬；也可以暮气沉沉，毫无作为；既可以精诚团结，坚如磐石；又可以乌合之众，一盘散沙；关键取决于领导者是什么状态。领导者把生机活力的观念意志注入其中，组织就焕发生机，盎然勃发起来。领导者的第一要务，就是向组织注入精神，灌输思想，培育生命的种子，赋予它健壮的机能。如果领导者没有思想力，没有强大的精神动能，组织就如同大地没有水的滋润，很快就干涸起来。

组织品质是由领导者的品质决定的。领导者是组织的质量标志和思想内涵的高度概括，领导者的思想就是组织的思想，领导者的水平就是组织的水平，领导者的能力就是组织的能力，领导者的作风就是组织的作风，领导者的境界就是组织的境界。

孙中山是国民党领袖，中华民国首任总统，为了实现三民主义，他提出了"联俄、联共、扶助农工"三大政策，目的是推翻清王朝，建立资产阶级民主共和国，使国家早日富强，人民安居乐业。为了使国家统一，他辞去总统予以袁世凯，体现了他为国为民的高风亮节。而蒋介石也是国民党领袖，声称继承孙中山遗志，倡导三民主义，但他蓄意破坏了"三大政策"，向共产党和工农民众挥起了屠刀。1946 年他当上了民国总统，但却奉行独裁主义，排斥其他民主党派，不顾全国民意，悍然发动内战，把国家和人民推向战争的苦难深渊。甚至在下野后，在毫无胜利可能的局势下，依然拒绝放下武器，寻求美国军援，不惜加剧国家和人民的灾难，最后达到了天人共愤，众叛亲离，部属纷纷倒戈起义的地步，在他的领导下国民党走上了穷途末路。

王明（陈绍禹）是第四任共产党总书记，是共产国际培植钦点的中共领袖，在任几个月，因过不了整日担惊受怕的日子，找理由去了莫斯科。为了能遥控组织，他选了一位年仅 24 岁的博古（秦邦宪）接他的班，体现了他对党组织和革命事业的极端不负责任。博古因能力不及，又找了一位外国人李德（奥托·布劳恩）辅佐，实质把权力都交给了这位对中国什么也不了解的洋顾问，也体现出这位年轻气傲的领袖对党组织和革命事业的极端不负责任，在他们的领导下，共产党走向了穷途末路。

毛泽东算是第七任共产党的最高领导人，他的学历和与共产国际的关系不占优势。在 1927 年的"八七"会议上，最初提出政治局委员的 14 名候选人中没有毛泽东的名字，是与毛泽东相知甚深的蔡和森提议去掉自己，加上毛泽东，随后又有李维汉、陆沉的力荐，毛泽东才当选为中共"五大"期间的政治局候补委员。1928 年中共六大毛泽东没能进入政治局。1930 年 9 月的六届三中全会上，毛泽东被增选为政治局候补委员。1933 年 1 月，临时中央与苏区中央局合并，毛泽东被纳入政治局委员。在 1935 年 1 月的遵义会议上，毛泽东晋升常委，同年 7 月，周恩来重病，毛泽东随之成为全党全军的实际领导人。随后张国焘与他争权，甚至要动用武力。1937 年 11 月，王明回国与他争权。1945 年 4 月 23 日中共七大召开，毛泽东才正式名正言顺，名符其实的成为中国共产党的最高领导。毛泽东的成长过程是曲折坎坷的，为什么他能历经艰辛最后成功，很重要一点就是他注重组织建设，善于团结广大同志共同工作。团结众人一道工作，看似简单，实则颇难，这一点王明做不到，博古做不到，张国焘做不到，很多人都做不到。仔细辨析发现，团队和团结实际是一回事，没有团结哪来的团队，团队就是众人合作干事业，如果众人不团结，勾心斗角，尔虞我诈，事业干不下去了，这个团队岂不名存实亡。但团结又不能无原则的一团和气，要讲真理、讲正义、讲党性，所以思想教育，组织整顿、组织建设就必不可少。在组织的坚实基础上，在组织强有力的支持下，毛泽东领导着共产党走向了充满光明的康庄大道。

1945 年 8 月毛泽东赴重庆谈判，国共两位领导人一合影，尤其是毛泽东词作《沁园春·雪》的发表，国统区一些资深的政治元老就已预测出两党的未来前途。事实正向他们预测的那样，四年后，毛泽东执掌了万里江山，蒋介石逃亡到孤零的海岛。

组织也好，团队也好，究其本质是人，是人组成了组织，是人结合成团队，所以，抛弃了人的建设的所谓组织建设，是虚妄的，空洞的，不切实际的。组织建设的核心是人的建设，首当其冲是领导者的建设，其次是组织成员建设。人的建设核心是思想建设，卓越的领导者和优秀的成员是组织构架的立柱横梁，而思想建设就是这所建筑的图纸工艺。

领导是什么？领导就是影响他人，使之自愿为实现设定的目标而努力工作。领导者在影响他人的过程中，既要借助制度的权威和组织的资源，又要充分发挥个人的魅力，所以，从这个层面上讲，领导其实就是一种特殊的人际关系。

卓越的领导者可以点燃下属心中的火种，使下属自觉自愿地全身心投入到工作当中去。再健全的制度也不可能面面俱到，再严密的控制也不可能天衣无缝，必须靠下属自身的责任感、敬业态度和奉献精神才能提高业绩。促进下属自愿承担任务的过程就是激励，卓越的领导者必须具备激励人心的能力和技巧。

是否能设计一个足以让大家认可、足以鼓舞众人前进的目标，是对一个领导者的挑战。好的目标，能够统一思想，弥合分歧，促进团结，激发干劲。一个出色的领导，应该是一个给下属提出远大目标，并把这个目标分解成眼前行动的人。要设置远大的目标，就需要领导用心去思考未来，同时还要把思考的结果通过有效的沟通方式呈现给众人，让大家看到希望，看到前景，并在那个前景中找到自己的位置。

判别一个领导者的领导力如何，主要看下属工作的努力程度，惟此才能确定工作结果。如果下属不努力，只有领导者自己努力，那么领导者干得越多，就越不合格。相反，如果领导自己比较清闲，下属们却个个干劲十足、勇挑重担，那么这个领导者的领导力就非同凡响了。

第二节　组织建设的第一要务——构建组织文化

21世纪是颠覆传统的世纪，是以人为本的世纪，是不断改革创新的世纪，是领导者借助文化打天下的世纪。组织没有文化将寸步难行，领导者将依据组织文化施展领导力的作用。

美国管理学家伊查克·爱迪思博士在上世纪八十年代提出了企业生命周期

的理论，他认为企业同生物一样都遵从"生命周期"规律，都会经历一个从出生、成长到老化直至死亡的生命历程。有的企业能做到基业长青，有的企业则昙花一现，绝大多数企业是各领风骚七八年。为什么会有这么大的差距，其中一项重要因素，就是企业文化构建的差距。所以现在企业领导们越来越重视优秀的企业文化建设，这对企业经营业绩和企业发展起到了潜在而又至关重要的作用。兰德公司、麦肯锡公司和国际管理咨询公司研究发现，凡是业绩辉煌并长寿的公司，企业文化的作用都十分明显。美国福氏咨询公司在对《财富》500强评选的总结中指出："公司出类拔萃的关键在于企业文化"。这些公司强盛的根本原因，就在于不断创新企业文化，并保持其先进性。相反，没有企业文化或企业文化搞得不好的企业，就势必领导力低下，组织软弱涣散，经营举步维艰，管理乱相百出，效益逐年下滑，生存朝不保夕。

1. 领导成功靠组织，组织成功靠文化

追求卓越是领导者的永恒目标，那么依靠和凭借什么追求卓越呢？答案只能是组织。

要使组织成为领导者手中强大的"工具"和"武器"，就必须构建组织文化。组织文化是一种奇特的力量，虽然是一种软实力，却是组织的核心竞争力。谁拥有文化优势，谁就拥有竞争优势、效益优势和发展优势。它对组织的优劣兴衰起着至关重要的决定性作用。

构建组织文化分三种情况：新组织的文化创造，老组织的文化塑造，落后组织的文化改造。创造是从无到有，塑造是改进完善，改造是推倒重来。组织文化是"领导者"文化，"领导者"更换，组织文化也就"新桃换旧符"了，所以组织文化不是一劳永逸的事。

领导者不是单纯带领一些人去如何大刀阔斧干事业，不构建一个良好的组织规则和体制，单凭心机和手段等所谓的领导艺术是带不出一支优秀队伍，是干不出一番轰轰烈烈大事业的。

组织文化构建的伟大开篇之作，是令人称奇，拍案叫绝的毛泽东"三湾改编"。

党的"八七会议"第三天开始讨论秋收起义，8月12日毛泽东从武汉乘船去长沙，8月18日湖南省委商讨秋收起义事项，8月下旬开始联系三方面武装力量——原武汉国民政府警卫团，安源的工农武装和平江、浏阳农军。毛泽东徒步疾行于山野小路，还要躲避民团搜捕，联系十分困难，至9月9日枪响，整个筹备过程太紧张、太仓促，加之力量弱小，起义失败是注定的结局。

失败后的残余队伍汇集文家市，计划向井冈山开进。失败的消极情绪，茫然的未来目标，饥饿、伤痛、疲惫的困扰，敌人不时埋伏追剿，领导层的意见冲突，官兵开小差与日俱增，重重困难使这支队伍危机四伏。面临如此困境，按常规作为总负责人的毛泽东应该细心呵护，极力笼络才是，但他在三湾这个地方却做出了惊人的举动：一、对起义人员采取自愿去留原则，留着欢迎，不愿留者发放路费遣散回家，缩小编制，降师为团。二、在连队建立党支部，排、班设党小组，营团设党委，重大事项由党委讨论决定，实行党指挥枪。三、成立士兵委员会，在军中实施民主政治，士兵参与管理，监督军官，废除军阀作风。这三项制度改革，彻底激化了毛泽东与一些军官的矛盾，加剧了这支队伍的动荡，但却使这支队伍与旧军队实施了彻底决裂，一支新型的、具有无限光明前途的人民军队由此诞生了。三湾改编，就是军旅文化的创举，在思想政治工作的塑造下，这支军队有了翻天覆地的变化，创造了史无前例的奇迹，毛泽东就是人民军队文化的首创者、设计者、倡导者、践行者和推动者。

现代组织文化始于上世纪 60 年代的日本实践，成型于 80 年代初的美国理论，盛行于 90 年代后的中国。21 世纪的如今，还有很多领导者对组织文化比较陌生，想不到毛泽东在 1927 年就率先实行了。美国众多组织行为学的专家学者对毛泽东的组织文化十分崇拜，曾流传"不怕中国军队现代化，就怕中国军队毛泽东化"的观点。"三湾改编"，作为组织文化典型案例，至少它说明了三个意味深长的问题。

1. 在起义军面临危机的关键时刻，毛泽东果断推行三项制度，说明他已思虑良久，不这样做不行了。三项制度稳定了军心，开了新风，队伍精神面貌焕然一新，说明组织文化确有不可替代的独特作用，能给组织带来起死回生的特效。

2. 建立党组织和士兵委员会，实行党指挥枪和民主政治，对传统军官和军阀作风是个巨大冲击，文化反差太大，对他们无疑是个桎梏，所以他们呆不下去了。师长余洒度、团长苏先俊只好悻悻地走了，这就净化了指挥系统，实现了全军步调一致听指挥的局面。

3. 良好的开端等于成功一半。思想有了新认识，队伍有了好气象，队伍作风就过硬了，战斗力也增强了。接下来在井冈山的斗争中，能承受更艰苦的环境考验，为长远的组织发展夯实了坚实的基础。对接受"古田会议决议"等更新、更高的治军理念，起了铺垫作用。

假如毛泽东当时不进行三湾改编，而采取其他别的措施，那么凡是知道这段历史的人都可以设想一下，会是什么结果。虽然"三湾改编"已过去近 90 年了，但它的深远意义依然闪烁着夺目光辉，在现代企事业单位中的组织文化建设，"三湾改编"依然具有范例价值。

毛泽东既是组织文化的设计者，又是组织文化的践行者和总结提升者，集理论与实践于一身，是全世界最有权威的组织文化大师。虽然企业不同于军队，但实质原理毫无二致。

领导力与组织文化密切相关，领导力有诸多鲜明特征，其中有三项显著的特征是：执着信仰信念，坚定践行使命；持续铸品质、塑形象、提境界；善于革新文化，带队育人；这三方面恰是组织文化的精髓。人的成熟，是思想的成熟；领导者的成熟就是他在实践经验基础上，形成了正确的理念体系。成功领导者都是程度不同的组织文化的设计者，构建者、倡导者、践行者和推动者。

组织是人组成的，组织的本性就是人的本性，人的本性形成是社会化的结果，社会化的核心是文化，所以说组织的本性是由文化铸就的。构建组织文化，塑造组织文化，变革组织文化，实质就是一种从根本上解决组织内生动力，实现组织自我完善，使之稳健成长，竞争制胜的卓越领导力。大凡卓越的领导者都是理念领先的组织文化设计者和引领者。组织文化的培植塑造能力，是检验领导者思想力的一个关键指标。

企业文化是组织文化的一种，是企业长期发展过程中逐步形成和培育起来的，具有本企业特色的企业精神、发展战略、经营理念和管理思想，是员工普遍认同的核心价值观、企业道德观及其行为规范。

企业文化是以提高人的素质为基本途径，以尊重人的主体地位为原则，以培养企业经营哲学、企业价值观和企业精神为核心内容，以争取最佳经济效益和社会效益为目的的管理理论。

文化即"文治和教化"。它包括两个最基本的要素，即理念系统和行为方式。所谓企业文化，就是一个企业的主流理念体系和主流行为方式的总和。

企业理念是关于如何创造利益和分配利益的价值主张，是企业希望员工接受的最基本的观念，它反映了企业高层对企业有效经营的基本看法。

行为方式是落实价值观所应有的态度和所需要的做事方式，是企业希望员工接受的行为规范，它包括员工做事的态度倾向和具体的行为方式。

企业犹如一个有思想、会思维、有语言、会行动的生命体，企业若想永续经营，就需要有持久不变的东西来支撑。显然，金钱、权力、福利等都不能担此重任，唯独沉淀于人们内心的核心价值观才堪当此任。好的核心理念能够引领企业在获取利益的同时，带领企业把经营重心偏向社会，在客观上给社会带来益处。企业确立核心理念的标准，取决于这种理念能否指引企业走向正确的方向和给以可持续发展的无穷力量。

战国时期的扁鹊遐迩闻名，人们都公认他是医术高超，手到病除的神医。扁鹊说：医术最高明的不是妙手回春、起死回生，而是对病人的准确诊断，看人就知道他有没有病，病在什么地方，病到什么程度，这才是神医的真谛。至于用药，就轻而易举了，谁都知道对症下药的道理。其实企业跟人一样，也有"疾病"缠身的时候，很多领导看不到企业存在的危机，发现不到问题，最后就真的成了大问题。张瑞敏曾说道："看不到问题才是最大的问题。"这问题，那问题，诸多问题基本都有一个共同根源，就是人的问题。企业出现的问题大都是三分"天灾"，七分"人祸"，而企业文化就是以解决人的问题为目的的诊疗系统，抓住文化建设这个纲，纲举目张，许多问题就会迎刃而解。

世界许多知名企业成功的奥秘就是有健全，且持续传承、不断发展的企业文化。这些企业文化保证了企业的决策行为、经营行为和员工行为与企业的发展相适应，他们走出去的形式是产品，实际运行的是文化。

现代市场经济证明，决定企业活力大增的原因，不在于资金、人力、技术、设备、地域等外在因素，而在于管理文化的先进，在于管理思想和管理方式适合现代企业的要求，适合新时代劳动者主体发展的特点。人力之道，文化为本。文化是一个多层次的东西，一个企业的文化，包罗在集体价值体系、信仰、行为规范、理想、迷信以及宗教礼仪之中，这是激励人们产生效益和效果的源泉。

日本京瓷公司创始人稻盛和夫在回答他为什么会成功的话题时说："是由于京瓷拥有坚定的经营哲学，并将之与员工共享。""无论人生还是经营，其成败取决于经营者如何想，如何行动。如果在座的经营者先改变了，接着你们公司的干部就会改变，再接着员工就会改变，如果是这样，那么我敢断言，你们的公司一定会充满活力，变成一个优秀的高收益飞速成长的有创造性的公司。"

海尔首席执行官张瑞敏说："企业管理有一点始终是我铭记在心的，这就是无形的东西往往比有形的东西更重要。当领导的到下面看重的是有形东西太多，而无形东西太少。一般总是问产量多少、利润多少，没有看到文化观念、氛围更重要。一个企业没有文化，就是没有灵魂。没有灵魂，最终导致穷途末路，走向消亡。"

每一个企业的领导者都应当把坚持正确的信念，把以人为本的价值观放在所有工作的第一位，不能只片面地追求某些数字上的指标或成绩，或一切决策都从短期利益出发，而放弃了最基本的企业行为准则。相比之下，成功的企业总是能坚持自己的核心价值观。

　　马云通过学习"延安整风运动"的历史，认识到了中国共产党用价值观来统一思想的重大意义，意识到用统一思想来影响每一个人的行为，最后形成合力的重要性。感悟到一家公司一旦扩张到500人以上，仅仅靠财务、人事上的管理很难继续成长，必须借助统一的价值观聚集人心的深刻道理。马云说："互联网业务需要所有人齐心协力打出来，没有人可以在互联网公司按部就班，互联网公司需要跨部门的配合，要靠团队力量。"于是阿里巴巴通过"整风运动"统一了整个公司的方向，统一了整个管理层的思想，确定了公司的团队、产品和经营模式。马云说："通过（整风）运动，把那些与我们没有共同价值观，没有共同使命感的人，统统清除出公司。"

　　阿里巴巴所有员工绩效考核中，业绩只占50%，而与价值观相关的考核则占了另一半，对此公司有一整套的衡量标准。收购雅虎中国时，整合问题摆在马云面前。马云坚定果断地表示：什么都可以谈，只有价值观不能谈。

　　做产品就是做品牌，做品牌就是做文化，而所谓做文化，就是要塑造品牌精神，给品牌注入个性和灵魂。

　　企业无论是制定战略规划，还是确定经营目标及具体的经营策略都是在企业价值观的指导下进行的。如果企业没有正确的价值观，或在一种不利于企业发展的价值观的指导下进行企业经营活动，必然会导致企业的衰败。

　　企业文化是内化为人们思维和行为方式的企业行为。企业里培养人、管理人的最持久、最有效的方法，就是通过企业文化的熏陶和潜移默化地进行。

　　构建培植企业文化是领导力的特征之一，因为企业文化的构建、培植、传播、落实这一系列过程，就是一个领导者思想力的具体发挥过程，这是一般常人不具备的、特有的、符合时代发展要求的，赋予企业灵魂的高超能力。企业文化搞不好，企业注定搞不好。因为企业文化是从根本上搞好企业的系统思想，是确立愿景蓝图、构建以企业精神为核心的企业价值观，树立使命感和一系列制度理念在内的系统工程。

2. 领导者是组织文化的构建者和践行者

　　如何建设、优化、塑造卓越组织，领导者们都有自己的设计和办法，但有一点是共性的，那就是构建独特而富有魅力的组织文化。未来组织的核心竞争力将不再是关系和资源，而是一个优秀的文化机制。

　　情境理论认为，一个领导者，无论他采取何种领导方式，其最终目的都是为了获取最大的领导效能，要想取得理想的领导效能，必须使一定的领导方式和与之相适应的领导情境相配合。组织文化的匹配协调和组织成员的成长至为关键。

组织是没有生命的，是人赋予了组织的生命。人是组织的细胞，组织因人而欣欣向荣，因人而岌岌可危，其兴也勃焉，其亡也速焉。狮鹿哲学的辩证法告诉我们：鹿可以被狮子吃掉，但如果这只鹿年轻力壮，它就不会被吃掉，被吃掉的永远是年老体弱的。同样，狮子能否吃到鹿，也取决它的细胞如何，如果狮子的细胞老化坏死的话，他不仅对鹿望而兴叹，甚至连鹿都可以踢它两脚。一个组织不要看它外表多么庞然强大，主要看它的细胞有没有活力，细胞是生命的关键。所以，对组织来说，人的因素第一，这是组织建设的基本点。

组织是没有形象的，是人赋予了组织的形象。组织是心灵的凝聚，因凝聚而能塑造，因塑造而能美化。这凝聚的血液就是风气，这凝聚的形态就是团结，因团结而众志成城，因不团结而四分五裂。形象即是团结，团结才能和谐，和谐才是美。团结来自成员对自己组织的肯定，团结影响外界对这个组织的态度。而促成团结的组织风气、内修素质、外塑形象，恰是组织文化的力量。

有了充满活力的人，有了精诚团结，奋发向上的风气，组织就能兴旺发达吗？不一定！最关键的还要看人的正确思维方式，做正确的人，而这一切又都是在人的思想统摄之下。一个有正确思想指导的组织，才是一个有生命力、凝聚力、竞争力、战斗力的组织。稻盛和夫说："人生的成就是人的思维方式和热情与能力的乘积。其中思维方式是方向性的，决定性的。方向不对，热情与能力再强，只能是南辕北辙，越干越错。"所以对组织来说，思想是组织的灵魂。思想掌控一切，思想决定一切，思想是文化的导向力量，思想建设是组织建设的根本点。

托尔斯泰有句名言："幸福的家庭都是一样的，不幸的家庭各有各的不幸。"这句话移植到组织建设中也同样恰当，即卓越的组织都是一样的，不幸的组织各有各的不幸。卓越组织的共性，就是他们都构建了有正确思想指导的，具有优秀独特而富有魅力的组织文化。

如今有着8800万党员的中国共产党，是世界上最大的党组织，他起源于上世纪1921年，当时成立时只有53名党员，由上海、北京、湖北、旅日、湖南、山东、广东、旅欧八个党小组构成。其中湖南党组织发展最快，因为湖南党组织负责人毛泽东曾是新民学会的负责人，新民学会的宗旨是"改造中国与世界"，这与马克思主义的基本观点是一致的，这就使得70多名学会成员中有一多半参加了共产党，其中蔡和森、罗章龙、李维汉、李立三、何叔衡、蔡畅、向警予等卓越人物很快成为党的高层领导者。国民党、民主同盟及各大社会群体组织，都依据指导思想的不同而各自为政。由共产党指导组建的社会主义青年团和中华全国总工会，因其指导思想与共产党相近，从而成为共产党的后备军。由此可见，有什么样的指导思想，就有什么样的组织，指导思想是鉴别组织性质的试金石。

国民党是近代中国的第一大党，他的指导思想是孙中山的"三民主义"，后来又补充"联俄、联共、扶助农工"三大政策。国民党和共产党的指导思想有相同之处，蒋介石多次提出学习共产党，军队里面设政工处，军队建设要七分政治，三分军事，也要搞民主、搞土改……其根本区别就在于一个是代表资产阶级的，一个是代表无产阶级的，看似毫厘之差，实则距之千里，最后刀兵相见，不共戴天。可见，思想的纯度、精度，容不得一点瑕疵、模糊，绝非相似、差不多就行了。

在长达20多年的国共斗争岁月中，有不少国民党高层政要和民主党派人士反复思考、探讨令其百思不解的一个现象：为什么共产党人越杀越多？弱小的红军越打越强？追本溯源，就是共产党的思想正确，是软实力打败了硬实力。用毛泽东的形象比喻就是：文房四宝打败了飞机大炮。以柔克刚，水滴石穿，是不以人的意志为转移的真理。由于思想的力量极其强大，所以，构建文化，提炼思想，是组织建设至关重要的第一要务。领导者必须是组织文化的精心设计者和坚定践行者，人的因素第一，思想建设第一，无论何时何地，领导者都要执著奉行，亲力践行。一家真正具有强大文化的公司，是领导者大力提倡并不断推行的结果。有位企业家曾说：领导者既是企业文化的设计者又是企业文化的承包人，评价他们不仅要看他们设计计划的完美程度，还要看他们执行和维护计划的质量。

3. 组织文化的精义是凝神铸魂，创造思想

（1）精神文化是组织文化的核心

组织文化有四个层次：物质文化—行为文化—制度文化—精神文化。这四个层次是组织文化的完整系统。前三个层次是有形的，最后的精神层是无形的，结果是无形的决定有形的，有形的诠释着无形的。组织文化的精义就是凝神铸魂，创造思想。

物质文化是由组织成员创造的工作成果和各种物质设施等构成的器物文化，是一种以物质形态为主要特征的表层文化。如车间、办公室、会议室等工作场所；俱乐部、体育场、图书馆、培训基地等文化场所；电视台、广播站、报社、网络中心、展板图窗等媒体设施；服装、标牌、标语、光荣榜等展现文化的实

体标志和硬件载体，都属于物质文化范畴。物质文化所创造的独特的工作氛围和情境，无疑会给组织成员带来特定心理感受，它是领导者的无声语言，产生着"无声胜有声"的管理效果。

行为文化是指组织成员日常工作的行为方式、行为规范及学习娱乐等文化活动。行为方式是落实组织价值理念所应有的态度和做事方式，是组织希望成员接受的行为规范。如人员精神状态、言行礼貌行为、遵守工作规程、请示汇报礼仪、工作会议、表彰、团结协作、技术赛事等。它是组织工作作风、组织管理、人际关系的动态体现，也是组织精神、组织价值观的折射。良好的行为习惯是组织成员优良作风的体现，是一笔宝贵的文化财富，是塑造组织品牌的关键环节。

制度文化是组织在成立时制定的、并在后期不断完善的、起规范保证作用的各项规章或条例，是体现组织约束成员行为的具有强制力的规范性文化。它对组织行为文化的形成和巩固，对组织在复杂多变、激烈竞争的环境中处于良好状态，从而保证组织目标实现，有着十分重要的作用。组织的规章建制、纪律条例是规范组织成员行为、提高工作效率、促进有效管理的表现形式。

精神文化是指组织在运行过程中，受一定社会文化背景、意识形态影响而长期形成的一种精神状态和组织理念。是体现组织核心价值观的组织愿景、组织使命、战略目标、职业道德和服务理念和组织精神等，是组织意识形态的总和。它是组织物质文化、行为文化、制度文化的升华，是组织文化的上层建筑。

（2）精神文化是组织的灵魂

人是组织的细胞，细胞的活力就是组织成员自觉性、主动性、积极性和创造性的充分发挥，这是组织管理成功的根本保证。而细胞活力的内在驱动力，就是精神文化的价值理念。这个活力与动力不是金钱物质、规章制度所能解决的，归根结底还得靠人的思想——这个精神层面的制高点解决根本问题。

精神文化是组织文化的核心，而组织核心价值观又是精神文化的核心。

组织核心价值观是组织领导者对组织性质、目标、运行方式的取向所做出的选择，是为组织设计、希望成员接受的最基本观念。组织核心价值观决定着组织追求什么，放弃什么，做什么，不做什么；所以他是组织的精神和灵魂。构建组织文化的目的，就是凝神铸魂。

凝神就是凝神聚力，统一思想，同心同德，万众一心，并力一向，聚精会神谋发展；

铸魂就是铸就信仰，坚定信念，锤炼思想，确立理念，文化奠基，筑牢核心价值观。

不管赋予组织理念什么内容，其本质作用都是凝神铸魂；只有把全体成员的思想统一在组织理念系统之下，才标志组织文化构建的基本完成。如果统一思想没有完成，理念系统所体现的核心价值观就还没有被组织全员所认同接受，那么组织文化就等于没有真正落实。尽管文化载体搞得红红火火，视觉文化系统像模像样，行为文化系统中规中矩，理念文化系统可圈可点，但组织的核心价值观没有被全员认同接受，没有搭建上下同欲的组织愿景；没有确立上下同欲的组织精神，那么理念系统就没有建设到位，无法起到思想导航，凝聚人心，激励精神，约束行为，塑造品牌的作用。有些企业的理念系统早已成型，甚至已有多年历史，但就因疏于落实，思想没灌输到位，几乎没起什么作用，只能说是搞了一半，也可以说是半途而废。

领导者的思想就是组织的指导思想，指导思想的对与错，好与坏，对组织的存在发展至关重要。领导者的思想正确，组织就能健康蓬勃地成长，蒸蒸日上，兴旺发达；领导者的思想不正确，组织就孕育衰败的因子，江河日下，行将没落。

组织在存续过程中，随着外部环境和内部人员及诸多因素的变化，就需要指导思想与时俱进，适时创新。只有发展的思想才能做发展的事，组织思想更新了，才能引领组织开创新局面。如果形势变了思想不变，组织就会落后于现实，出现新旧现象对撞，势必导致组织内部矛盾重重，致使组织呈现僵滞凝固状态。如果组织长期思想僵化，因循守旧，墨守成规，抱残守缺，那他的发展就停止了。所以，领导者的思想一定要有前瞻性，有前瞻性才有指导性。与时俱进才不失思想的价值，才不失领导存在的意义。

组织思想决定着组织发展方向，指导着组织在社会实践活动中，对出现的新情况、新问题，作新的理性分析和解答，对实践对象的本质、规律和发展趋势作新的揭示和预见，对历史经验和现实经验作新的理性升华。抓住思想建设这个纲，就抓住了打造卓越组织的基本规律。没有思想支撑的组织无法对原有的理论体系和文化框架进行新的突破，也无法对原有组织模式和管理体系进行修正和发展，更谈不上对理论禁区和未知领域进行探索和变革。所以说，组织没有正确的思想就没有继续生存的生机和活力。

领导者的思想力，是组织生存发展不可逾越的瓶颈。一个企业成功的关键，有赖于领导者深谋远虑、远见卓识的思想，要始终把思想创新、思想管理作为企业运营的第一要素。出思想、理思路、抓文化，是企业领军人物的首要任务。杰克·韦尔奇、比尔·盖茨、松下幸之助、稻盛和夫、李嘉诚、张瑞敏、柳传志、王石、任正非、马云等等这些企业家经营企业，无一不是在经营自己的信念、思想。资金、技术、产品只不过是有思想者的道具而已。

（3）思想对组织的决定作用

思想是组织的灵魂。高屋建瓴，纲举目张，构建组织文化，最重要、最关键的是提炼思想、确立思想、强化思想的作用。思想是系统完整的想法，由若干动机、念头、思考、追求所构成；是对事物由表及里、由浅入深、由点到面、由此及彼的认知所生成；是由大脑思维去粗取精，去伪存真、归纳判断，演绎推理，不断从感性认识到理性认识的提炼所形成；是由实践到理论，理论到实践，再由实践到理论的多次提炼，反复检验的结果。思想最后成熟于对客观事物规律的认知和掌握，他的作用和价值是对实践活动的科学指导，从而成为人们追求未来，变革现实，抵御挫折，创造世界的精神支柱和活动指南。

人没有思想就会茫然空虚，组织没有思想就是乌合之众。

组织的思想首先体现在事业的目标上，体现在对目标的追求和实现目标的愿景上，体现在事业的宗旨和使命感上，体现在拼搏进取的热情和动力上。如果没有思想导航，组织就会迷失方向，就会丧失行为自觉，就会失去凝聚力量，就会使价值标准发生混淆，就会丧失衡量是非对错、扬弃取舍的准则，就会出现对的竟然是错的，错的反而成对的乱局。如果没有思想统摄，领导发布一个指令、出台一项规则、实施一种改革、倡导一项活动，都会产生误解误读、招来种种非议。事实证明，在一个没有正确思想的组织里，没有人是对的，对任何事情，都会陷入无止无休的争论。在没有统一思想的情况下，民主反而有害无益。所以，思想建设不解决，组织文化就是空中楼阁，根本不会有任何实效。

思想是组织的意志。思想对逆境、困境、危境、绝境及屡屡失败具有着持久坚韧性和顽强抵抗力，是人和组织独特的精神资源。任何组织的发展都不会一帆风顺，如果没有坚定正确的思想，任何组织都不会坚强成长。1929 年底，红军在遭受一系列挫折之后，许多红军将领悲观起来，产生了"红旗到底能打多久"的疑问。毛泽东凭着中国革命必定胜利的坚定信念，乐观地得出"星星之火，可以燎原"的结论。1947 年初，在国民党军队的大举进攻下，中原解放区首府宣化店随即陷落，山东解放区首府临沂被迫陷落，晋察冀解放区首府张家口和东北解放区首府长春也相继陷落，西北的胡宗南正调集重兵进攻延安，整个形势岌岌可危。可毛泽东却对党内发出指示说："迎接中国革命的新高潮"，这使得各解放区的首长们大惑不解，有的甚至来电询问："这个高潮具体指的是什么"？任何组织都有这个特点，处在顺境时士气旺盛，处在逆境时士气低落，处在困境时悲观失望，处在危境时惊慌失措。领导者如果不能从危境中看到希望和光明，拿不出有说服力的理由振作士气，那组织就离崩溃不远了。

思想是组织的信仰。信仰是什么？信仰就是对某种理论、学说、主义的信服和尊崇，并把它奉为自己的行为准则和活动指南。他是一个组织做什么和不做什么的根本准则和态度。信仰会融化为组织的宗旨和使命，是组织安身立命的东西。信仰就是信念，就是坚信自己是正确的，就是非要把做不成的事情做成功的意志。1935 年 6 月 14 日，中央红军长征在懋功与红四方面军会师，懋功是以藏族为主的地区，信奉藏传佛教，也称喇嘛教。15 日中革军委在一矗标准的天主教堂里开会，毛泽东望着教堂上的十字架说，欧洲的宗教传到中国没多长时间，如今这些传布上帝旨意的洋人，竟然在这个地方，让信奉喇嘛教的藏族同胞也听信上帝的旨意，不能不说是一种奇迹。周恩来说："这就是信仰的力量"。信仰就是创造奇迹的魔力，唐僧西天取经是个奇迹，红军长征胜利是个奇迹，他们都是信仰的胜利。

人，以信仰指挥生命；组织，以信仰成就事业。最伟大的成功不是在竞争舞台上，而是在心灵的信仰深处。信仰的意义不在他有什么具体价值，而在于他能给人和组织以内心驱动的力量，让人去拼搏奋进，让组织去创造未来。不只是宗教有信仰、政党有信仰、国家有信仰、企业也有信仰，信仰就是统一的指导思想和信念。当前中国企业面临的危机，不只是源于市场的激烈竞争，更多是源自于企业缺乏信仰和使命精神。

思想是组织的旗帜。组织的思想是有党性的，是有旗帜鲜明政治主张的，是有明确是非标准的，是有坚定原则立场的。指导思想不能含糊其辞于两可之间，不能变化无常曲直难辨，群众是不具备辨析理论细微差别和修正能力的，一旦错误的思想泛滥开来，组织就将面临灭顶之灾。所以，思想建设不能低标准、平庸化，必须求真务实，追求"放之四海而皆准"的真理性。一个正确思想提炼出来，不允许有人肆意歪曲，攻讦、践踏，弄得面目全非。旗帜必须洁净鲜明，高高飘扬，不能污浊残破，偃卷收藏。思想就是真理，就是锋利的刀枪，不能让诋毁真理者理直气壮，必须让高举真理的人气宇轩昂。

思想由何而来？到何处去？

人的正确思想不是从天上掉下来的，也不是头脑中固有的。思想是在书本中学习得来，是在求教的点拨中得来，是在实践的总结感悟中得来，是在研究思考运用中提炼得来。学习要有方向，这个方向就是带着问题学，有志在先，有备而来；要学习与实践相结合，实践与研究相结合；独立思考，善于思考，与时俱进，推陈出新。正确的思想具有真知灼见、远见卓识的特点，思想与实践相结合，组织的面貌就会焕然一新。

思想向何处去？思想必须到组织成员中才有意义，思想一旦武装了群众，就会变成改造世界的物质力量。群众中最稀缺、最匮乏、最珍贵的就是思想。虽然组织中的每个成员都有自己的"小九九"，都有各自认为理所当然的主见，甚至是有根有据的成套理论，但这些观点舆论有一个最致命的弱点，就是消极！都浓郁地沁透着狭隘短浅的自我见识，都摆脱不了拘泥细节的个人情绪，所以这些想法不配成为思想。真正意义上的思想，是对社会绝大多数人都有益处的系统理论，其最鲜明的特点就是积极！它是一种光明思维，给人们指出奔向未来的方向；他是一种强大热能，给人们带来化腐朽为神奇的力量；它是一幅绚丽蓝图，鼓舞着人们拼搏奋进意志如钢；它是一套科学的预见方法，为人们提供了解决问题、攻坚克难的智慧锦囊。组织拥有思想才能强大，群众拥有思想才能成为实践的主人，成为世界的创造者。

思想是人类智慧的结晶，他的价值在于被群众所掌握，思想与群众相脱离则毫无意义。所以思想家和拥有思想的学者、专家、教授、领导者，要通过各种渠道媒介，积极地去宣传、传播，把先进的、正确的思想送到群众中去。致力宣传先进而正确的思想是思想家和拥有思想的学者、专家、教授、领导者义不容辞的伟大责任和神圣使命。

思想怎样深入人心？

思想传播流通的重要条件是文化氛围，确保企业精神存在的条件就是企业文化的存在。皮之不附，毛将焉存。凡是企业文化没搞起来或没搞好的企业，那里是很难有先进正确的思想体系，是很难树立好企业价值理念和企业精神的。要想使思想在组织中占有一席之地，就必须使这个组织成为文化型组织，学习型组织，知识型组织，教导型组织。如果组织不具备这些文化特质，组织的指导思想就会荒疏、淡漠、模糊；最后扭曲、演变，消失。

怎样使先进正确的思想在组织中落地扎根，深入人心？共产党和解放军都有很多成功的经验，很多卓越企业都有成型的范例。日本松下公司的做法是：松下幸之助成立了 P（Peace 和平）H（Happiness 幸福）P（Prosperity 繁荣）研究所，把人类共同的理念作为松下公司永远追求的理念和信仰，并坚持把这一追求通过研究、宣讲、出版、培训等多种形式，灌输到每位员工的心里。美国通用公司的做法是，杰克·韦尔奇将 GE 直属的 42 个战略经营单位的 500 位领导人作为学员，认真当好他们的老师，坚持定期在培训基地给他们上课，讲述自己的思想，经常讲，反复讲，直到他们有了自觉行动，并获得事业成功为止。杰克·韦尔奇说：文化是永远不可替代的竞争因素，企业只有靠人才和文化取胜才是无敌的。海尔首席执行官张瑞敏说：我在企业里扮演两个角色，一个是设计师，另一个是牧师。设计师的角色要为企业制定发展战略，确保企业朝着正确的方向发展；牧师的角色就是布道，这个就是海尔文化。

4. 组织文化是如何起到提升领导力作用的

组织文化建设是一场管理的变革，不同管理模式背后是文化的差异，文化对管理具有重要的促进或阻滞作用，已成为最具活力、最具稳定性、最具个性化、最具渗透力、最不易被竞争者模仿的组织核心竞争力。用柳传志的话说就是，"企业的管理好比一幢房屋：屋顶部分是运营层面管理，包括研发策略、销售策略、生产方式等；墙壁部分包括物流、资金流和信息流的管理；而房屋基石部分是企业机制和企业文化。"

领导力的差异、区别，集中地体现在组织文化上。组织文化是将领导力从技术层面转向文化层面，由收买、强制转变为自觉意识。如果说经验管理是对"人手"的领导，科学管理是对"人脑"的领导，那么组织文化就是对"人心"的领导。真正的领导力必须解决"人心"的问题。

（1）思想导向——领导力的特效前提是统一思想

① **组织文化的思想导向**。人是解决所有问题的关键，组织文化的鲜明特点就是重视人的因素，就是将思想领导内化为人们思维方式和行为方式的组织行为。组织的各种管理行为只有上升为文化，才能转变为人们的自觉行动。组织文化就是根据组织的特点培养组织成员的思维习惯、工作习惯，行为习惯，是有意识的将理性行为转化为人们的无意识自觉行为。

人们总是根据自己的人生观念和所遵循的价值准则来分析问题、评价事物、选择态度和决定行为的。领导者要通过思想工作的各种方式，引导员工树立正确的人生观、价值观来指引他们的人生方向和职业生涯，正确认识自己的根本利益，正确处理自己与所在单位的关系，形成正确的奋斗目标。企业的奋斗目标只有被员工所认识、理解、掌握和接受，才能成为引领员工前进、推动企业发展的强大精神力量，进而转变为广大员工的自觉行动，实现企业和员工的同步发展。

构建组织文化是一件极其艰苦而富于创造性和挑战性的工作。首先，领导者要学习思考，创新思想；其次，竭尽全力地去宣传思想，统一思想，使领导者的思想成为全员的思想；再次，调动种种方式去巩固、强化，加深理解领导者的思想；最后，不断与时俱进，适时发展领导者的思想，不失时机地用思想引领全员前进。

为什么共产党能打败国民党？老百姓总结的好："共产党会多，国民党税多。"解放军在打仗前都要进行战前层层动员，先干部，再党员，后群众，目的就是统一思想，形成上下同欲，同仇敌忾的意志。战士们有了指挥员的思路，明确了为什么要打这一仗，怎么打，我们的优势是什么等一系列问题，战士们就有了打仗的自觉性、主动性、积极性和创造性，就有了必胜的信念、高昂的士气和顽强的斗志。红军长征途中的突破乌江天险、强渡大渡河、飞夺泸定桥、智取腊子口，都是开会动员的结果。如果靠领导指派的话，那样艰巨异常的任务是很难完成的。

企业也是一样，只有抓紧、抓实、抓好员工的思想建设，把员工的思想提高到、统一到、凝聚到领导者的思想上来，形成心往一处想，劲往一处使，共同实现组织目标的精神状态，才能突破企业发展瓶颈实现自我超越。

而许多企业则采取了国民党的作法，以金钱刺激为手段，干多少活，给多少钱；完不成任务，罚多少钱。这套管理方式的依据是：人们的生存离不开钱，人们找工作的目的是为了挣钱，钱能使人变成鬼，有钱能使鬼推磨，钱是驱使人的万应灵丹。所以这套管理方式的特点就是千方百计引导员工一切向钱看。

一切向钱看，以钱为中心的管理方式已被西方现代工业发展史证明是落后并淘汰的东西，不然就不会有行为科学和企业文化管理方式的出现和盛行。许多企业一贯奉行"胡萝卜加大棒"的管理方式，结果企业越来越不景气，管理越来越难。人们发现，一旦员工对金钱反应麻木，或企业拿不出更多的钱付诸刺激，这种管理方式就带来了种种问题。同样，以钱为手段的领导者也是最无能的领导者，一旦手里没了钱，也就失去了领导力。

人最深层的追求是什么？马斯洛认为是自我实现。弗兰克在他的名著《追寻意义的人类》一书中指出：每个人在生活中最深层的需要，就是意义和目的。真正快乐的人，必然是那些寻找到生命意义的人。工作是人生命意义之所在，工作单位则是实现人生意义与价值的场所。阿里巴巴从来不提供高薪，更不以高薪酬吸引人才，但中国网络产业中的一批又一批真正有理想、有激情、勇于献身的仁人志士就像奔赴延安一样奔向了阿里巴巴。

现代企业管理形态日益揭示，物质激励手段的有效性正在呈递减效应，精神激励手段的有效性正在呈递增效应。正因为领导者引导员工一切向钱看，所以员工的素质迟迟提升不起来，员工的发展更无从谈起，企业的态势也就陷入恶性循环之中。

之所以领导者引导员工一切向钱看，那是因为领导者没有思想力，拿不出别的招法引领员工跟他走。思想力是领导者领导力的灵魂，如果领导者没有确立企业文化，或者说这种"文化"没有在企业里全面贯彻和落实，致使员工们除了挣钱，不知其它，更不明白何为企业价值观，不屑于企业的目的和意义，员工就不能认真遵守企业的规范和规则，就不能各司其责地进行工作。领导者势必深陷重重问题的泥潭而无力自拔。

②**经营哲学的价值导向**。企业经营哲学即企业精神，是企业文化的核心思想，是企业所特有的基本信念、价值标准和行为准则的总和，并由此决定了企业的核心价值观、思维方式和行为模式。这些思想和准则把来自不同层级、不同岗位的员工统一起来、共同遵守而体现出来，影响他们的精神面貌，创造良好的工作环境和组织氛围，促进成员之间和谐的交流沟通，使企业成员对企业产生归属感和认同感，与企业同甘苦、共命运，共同为企业目标的实现而努力奋斗。

当京瓷公司还是一家很小的手工作坊式企业的时候，他的创办人稻盛和夫就公开宣称要将京瓷办成一家日本第一、世界第一的强大企业。在他执着信念的鼓励下，京瓷员工从一开始就被注入了远大的理想和崇高的信念，在这种理想和信念的支撑下，京瓷实现了跨越式发展，在短短40余年时间内，就成为世界500强企业，让世人见识了稻盛和夫经营哲学的威力。

经营哲学是一种拼搏向前的精神力量，支配、决定企业中每个成员的行动方向，引导和推动整个企业朝着既定目标前进。它将企业员工的思想行为，统一到企业发展的目标上来，有效地塑造了公司里个人以及组织的行为举止，日积月累形成了一种企业个性。

经营哲学促使其成员自觉地按某一共同准则调节和规范自身的行为，并转化为成员内在的品质，从而改变和提高成员的素质。促使其成员更加积极主动地做好工作，能使员工勇于为实现企业目标而做出个人牺牲。

经营哲学还是一种心理的力量，它能使员工在各种环境中能有效地控制和把握自己的心理状态，使企业成员在激烈的竞争及艰难困苦的环境中保持旺盛的斗志、乐观的情绪、坚定的信念、顽强的意志，进而形成企业的心理优势。

经营哲学是企业最具价值的无形资产，并且在不断地创造新的价值。它是企业的信仰、观念和价值观、态度、工作方式、工作气氛、工作行为，是公司成员的共识。它是企业文化的"核动力"源，其能量渗透到企业的目标、战略、政策、日常管理及一切活动中，能焕发全体员工的责任感、荣誉感、工作热情和创新精神，由表及里地约束、引导和激励着全体员工的行为乃至整个企业的行为，给企业带来巨大的收益。

③ **信息解读的观念导向**。当今世界是信息爆炸的时代，但信息本身不具有观念的引导力，对信息真实的、深刻的、准确的解读，成了人们的第一需要，同时也成了信息竞争的新高地。思想意识的竞争已经从信息的竞争转向观点的竞争。

信息时代观念致胜。信息只能让人知道，思想才能让人明白；信息能增加人的感性知识，思想才能形成推动社会发展的理论力量。所以加强正面引导，积极做正面评论，传输正能量，对引导员工树立正确价值观十分重要。

当前中国正处在巨变之中，在企业急速变化、深刻变化、不断变化的格局下，许多新问题、新矛盾、新事物不断涌现。在这样的情况下不仅不能以老眼光看新问题，甚至不能用老眼光看老问题。这为领导者进行各样的思想解读提供了巨大的空间，也提出了巨大的挑战。在社会心理非常复杂的背景下，很容易产生各种各样不健康的心态，这就使得思想向多角度、大纵深、多层面、大空间蔓延，向政治导向、价值导向、审美导向，消费导向等方方面面伸展。政治导向是众多导向中最重要的导向，管理不等于政治，但是管理离不开政治。领导者应该善于从政治的全局和大局入手，保持政治的理性，树立全景式的思维，防止片面性思维，应该是半个政治家。企业和人一样，有着自己的品格，企业文化可以赋予企业一种优秀的品格。优秀的领导者不是以权力服人，而是通过修身治企，在员工中以身作则，凭借优秀的人格魅力吸引和征服员工，在正确的为人之道上，赢得员工的充分信任和广泛尊重，从而产生卓越的领导力。

优秀的组织文化是无形的领导力，它不是自发产生的，是领导者有意识精心培育的结果，卓越的领导者应格外重视组织文化的构建与塑造。

（2）凝心聚力——领导力的组织条件是精诚团结

企业文化好似黏合剂，可以减少内耗，使员工产生归宿感、增强凝聚力。企业中的人际关系受到多方面的调控，其中既有强制性的"硬调控"，如制度、命令等；也有说服教育式的"软调控"，如舆论、道德等。企业文化属于软调控，它能使全体员工在企业使命、战略执行、运营流程、合作沟通等基本方面达成共识，这就从根本上保证了企业人际关系的和谐性、稳定性和健康性，从而保证企业的外部形象和内在修养。

所谓情感管理，就是领导者以真挚的情感，增强与员工之间的情感联系和思想沟通，满足员工的心理需求，形成和谐融洽的工作氛围，有助激发员工深层次的内在精神动力。领导的思想政治工作，要贯穿到从员工进厂到离开的各个环节。许多企业十分注重对人才的培养与使用，不断创造出"事业留人、待遇留人、感情留人"的亲情化企业氛围，让员工与企业同步成长，让员工在企业有"亲情感"、"家园感"、"主人感"、"成就感"。

（3）激励调动——领导力的重要手段是激发鞭策

建立激励激发机制是提升领导力的关键。企业文化具有使企业成员认识自己的工作意义，激发工作热情，产生奋发进取高昂精神的效应。积极向上的理念将会形成强烈的使命感、持久的驱动力，成为员工自我激励的一把标尺。一旦员工真正接受了企业的核心理念，就会被这种理念所驱使，自觉自愿地发挥潜能，为公司更加努力、高效地工作。

激励主要细分为：物质激励、舆论激励、升降激励、民主激励、许诺激励、情感激励、荣誉激励、及时激励、批评激励等。相对于其他激励来说，批评激励属于负激励一种，批评激励也叫挫折激励，它是指出人们的过失或利用人们的挫折心理，激励人们勇于改正，变被动应付为主动奋争的一种激励法，但这种激励不能成为主导。

培育核心价值观的落脚点，就是有效激励员工围绕企业最高目标而努力。细分激励有利于因材施教，因势利导。注重人力资本开发，还要以正面激励为主。

（4）自控约束——领导力特效的辅助方式是调控制约

① 企业文化的管控约束不是制度式的硬约束，而是一种软约束。

很多企业领导者特别倾向于强硬性的规章制度管理，出一个问题，制定一项制度，结果各项规章制度不计其数，实际管理效果却不见好。企业文化不是不讲制度，但不是刚性的、外向的，而是柔性的、内向的。企业文化是构建一种特殊氛围、群体行为准则、道德规范、群体意识、社会舆论、共同的习俗和组织风尚等自控约束的精神文化内容，造成强大的使个体行为从众化的群体心理压力和情境，使企业成员产生心理共鸣，继而达到行为的自我控制。

文化的约束旨在教化，体现着一种人文关怀，是用来激励人、鼓舞人、帮助人、发展人的，是实现人的价值和维护人的尊严的。文化的控制不是单纯为了控制而控制，为了惩罚而惩罚，其出发点与价值取向是为了教育人、帮助人、成就人。促成人们按制度规则办事，避免因为破坏制度而成为受害者。好的制度是释放活力与维持秩序的统一，如果一个制度释放了社会和人的活力，但失去了规范、有序、稳定；或者一个制度维护了秩序，却框住了活力，都不是一个好的制度。

企业文化注重人性，因为只有符合人性的制度才能执行，才有生命力。众所周知，共产党领导下的红军、八路军、新四军、解放军的军纪是十分严厉的。为什么很少有触犯军纪和叛逃的，为什么会使受到军纪处分的人，都能为自己的错误深感忏悔，从而甘受军法，教育他人，就因为这个军纪富有人性化。这个人性化就是先解决思想问题，再解决处分问题。不问三七二十一，动辄就罚，脱离了人性的文化，制度是永远也无法落实的。

② **企业文化的管控约束不是单一的约束，而是一套系统约束。**

违背组织利益的现象是组织成员思想、语言、行为的综合表现，不考虑思想因素而单纯控制行为，会导致制度供给不足和制度的叠加繁琐。这就好比抓住一个小偷扔进拘留所，过几天放出来变成了大偷，再抓进去，将来放出来竟变成了江洋大盗。所以社会法制不应以抓为本，而应以教育为本。否则一个问题出现了，出台一个制度，导致另一个问题又出现了，结果再出台一个制度，最后形成制度的叠层架构，制度自己互相打架，形成了反制自己的"制度陷阱"。

有效的管理制度不是一个单项的制度，而是一个制度体系。这个体系不是以制度的多少为标准，不是越多越好，而是在于管不管用。企业文化通过价值观体系的渗透教育，首先着重解决员工的思想问题，再用规章制度约束员工的行为，实行思想行为双项治理，形成双管齐下的立体制约体系。没有文化因子的行政管制，只能把简单问题搞得更加复杂。

知识型员工的人格特点是吃软不吃硬，不愿接受强行管制，不堪忍受带有"敌意"的束缚。他们喜欢在适宜自己风格的环境中工作，只有在轻松适意的空间里，才有利发挥他们的擅长创意。他们强烈的自尊心和好面子心理，极不愿意在大庭广众之下接受训斥；他们心理脆弱，承受不了领导者的生硬态度，领导者要考虑管理对象的特点，权变行事。

③ **企业文化的管控约束是"内化于心，外化于形"的自觉行为。**

文化是一种自然而然、不知不觉的生成演化过程，人的思想和行为都是文化的产物，而改变人的思想和行为，就必须符合文化形成的规律。制度是文化的一部分，要使制度左右人们自觉的、习惯性的行为方式，就要注入文化因子，变成有文化内涵的规则、规范，渗透于人的心理与思维、行为与举止中。硬的制度若不与软的思想相结合，制度就欲速不达。优秀的领导是领导好下属的思想、心理，让员工自己规范自己的行为，自觉按制度办事。

企业文化通过厂规厂法，厂风厂纪，人际伦理关系对员工的思想起约束作用，是一种由内心心理约束而起作用的自我管理。制度的生命力在于执行，制度一经形成，就要严格遵守，若执行不力，必陷于空谈。企业文化是领导文化，是领导者期望他的企业要形成什么样的文化，所以在企业文化的建设过程中，领导者也要被文化，要提升品格境界，要做文化的表率，要带头遵守制度，否则就会形成层级递减效应，所以经过文化融合的制度就没有人能超越于制度之外，因为领导者没有凌驾于制度之上。而没有经过文化融合的制度就变样走形，变成了对弱势群体的"管制和惩治"，领导者成为制度的例外，制度不能人人平等，就会出现有令不行、有禁不止的惯例，制度最终就会演变成有名无实的一纸空文。

5. 组织文化管理的特征

20 世纪提高劳动生产力的主要手段是科学管理，即靠严格的制度和严密的监控提高工作效率。21 世纪知识型员工占主导、脑力劳动成为社会劳动的主要形式，这种看不见也摸不着的劳动状态，科学管理手段将渐渐失去往日的作用，制度监控化管理相形见绌，工作效率的高低完全取决于员工的自觉主动性和敬业责任感。

企业管理的最高形式是价值观的管理，是对"心"的管理。未来企业面临的巨大挑战就是怎么调动起员工的积极性以及他们的潜能，让他们心甘情愿去创造性地工作。企业经营管理已经进入了可持续发展背景下的文化管理阶段，呈现出了"以人为本"、"以虚代实"，"以柔克刚"的转变，文化管理将涵盖科学管理成为普遍适用的管理模式。

（1）原则上——以人为本，以人为中心，发挥人的作用

马克思主义认为，人是生产力中最活跃、最重要、最积极的因素。人是目的，社会发展的最终目的就是"为了人"。是要把实现好、维护好、发展好群众的根本利益，作为一切工作的出发点和落脚点。所以，创办社会主义企业的核心，就是把"以人为本"放在第一位。

① 企业管理的核心问题是人的问题。

对人的管理是企业每天都遇到的问题，有调查统计，企业有 98% 的问题是由人所引起的，这是最难掌握、最难处理、最难解决的问题。松下幸之助曾说："人的组合正是人类的微妙之处，如果是机器，1 加 1 绝对等于 2，但人的组合如果得当的话，1 加 1 往往会大于 2，反之可能变成零甚至得到负效果。"

日本京瓷公司创始人稻盛和夫认为：企业的员工是企业内在的客户，也是

最重要的客户，他们与企业存在着共荣共辱的关系。内在的客户满意了，就会对企业更加忠诚。他说"我不但要使外来的客户满意，更要取悦那些'内在'的顾客——也就是依赖企业生存的员工和部门。"他把企业的目标定为："以员工为本，科技放在其次。"

IBM 总裁来到中国，某企业董事长曾问他，"员工、股东、客户三者之间谁最重要？"得到的回答是"缺一不可；如果非要说谁最重要，员工排第一，有满意的、有幸福感的员工，才会有满意的客户和股东。"

杰克·韦尔奇说："谈到赢的时候，人是决定一切的因素"。"公司并不是厂房、设备和技术，公司就是人。除了把人管理好以外，还有什么更要紧的事情呢？"他说："如果不是以人为本，我们的成功是会受到很大的限制的。""我尤为注重把人作为 GE 的核心竞争能力，在这一点上我倾注了比任何其它事物都多的热情。"他深切地感到：只有找对了了不起的人才，世界才会发生变化。人是第一位的，接下来才是战略和其它事情。只有了不起的人才能造就了不起的产品和服务。

"亚洲最佳雇主"联邦快递亚洲区总裁说过："我们要照顾好员工，他们就会照顾好客户，进而照顾好我们的利润。"

海尔总裁张瑞敏指出："我们所有的质量问题，都是人的问题。""设备不好是人不好。""零部件不合格是人不合格。"几乎所有成就都可追溯并归因于人所取得的某种成就，几乎所有错误都可追溯并归因于人所犯的某种错误。所以海尔的理念是"经营企业就是要经营人。""流程再造就是先要再造人。""先造人才、再造名牌"。一句话，"管事先管人。"

史玉柱在谈到他是如何带队伍的时候说："一个企业最核心的实际还是靠人，巨人重新起来，没有多少资金，实际上还是靠我们这批人。人确实是十分关键。"

马云初创阿里巴巴时说："阿里巴巴最宝贵的财富是我们的员工，他们是我们的一切"。他认为，从管理的角度来看，员工就是企业的内部客户，必须先服务好员工，让他们有良好的情绪，让他们一想到工作就觉得开心、快乐、喜悦，愿意并且能够在企业的平台上不断成长，在工作中获得超越工作本身的价值与意义，他们才能把这种使命感与情感传递给客户。他说：员工第一，客户第二。没有员工，就没有这个网站。也只有他们开心了，我们的客户才会开心。而客户们那些鼓励的言语，又会让他们像发疯一样去工作，这也使得我们的网站不断地发展。

众多的卓越企业家都把员工看得如此重要，可见他们在以人为本的问题上英雄所见相同。员工之所以追随领导者，与其一起奋斗，是因为他们希望在这儿实现他们的共同梦想。顾客之所以追随你，是因为他们对企业和产品有足够的忠诚度，相信企业能够给他们提供满意、健康、安全的产品和服务。如果企业破坏了员工及顾客甚至社会对企业寄予的期望，结果只能使他们离你而去。

古今中外一切组织的成功，都是人力资源开发运用的成功，从整个人类社会的历史进程看，生产力始终是促进人类社会向前发展的最终决定因素，而在生产力诸要素中，人是最重要的核心因素。因此，解放和发展以人为核心的社会生产力，便成为人类社会发展的基本问题，也必然是领导方式遵循的基本出发点。

"以人为本"，几乎是所有先进组织所共同遵循的理念。毛泽东一贯倡导，无论何时何地都要把人的因素放在第一位，相信群众，依靠群众，密切联系群众，从群众中来，到群众中去。一刻也不脱离群众；一切从人民的利益出发，而不是从个人或小集团的利益出发；向人民负责和向党的领导机关负责的一致性；这些就是我们的出发点。中国共产党的成功执政和新中国的辉煌成就，充分说明毛泽东构建的党组织文化深刻蕴含和丰富体现了"以人为本"的思想。毛泽东是构建和践行"以人为本"组织文化的卓越典型。

领导者领导力的高低大小，是以群众的向心力和凝聚力为转移的；是以群众对上级旨意的理解力和接受力为转移的；是以群众的素质和能力及其相互关系为转移的。明智的领导者务必要牢固树立并坚持践行以人为本的指导思想，重视下属群众的主体地位和作用，切实维护他们的独立人格和经济利益，提高他们的素质和能力，为他们的发展营造良好的环境。

既然企业的一切问题，都是人的问题，那么就要确立企业建设以人为核心的原则。要研究人，尊重人、关心人，理解人、调动人的积极性，促进人的全面发展并致力发挥人的作用。但是，"以人为本"绝不是哄着人、将就人、娇惯人，对一贯违背企业价值观，技能低下又不愿学习者，要给予清理辞退。杰克·韦尔奇经常说，"有了好球员，才能有好球队"。所以他特别注重员工的招聘，同时不断加强员工的培训和考核，定期把不合格的员工淘汰出局，始终保持组织的最佳成分。毛泽东提出过党组织要吐故纳新，通过开除不合格党员，以保持党组织的新鲜血液。海尔为了激励人心思进，提出了斜坡理论，不进则退，实施了末位淘汰制，其目的是保证公司员工的优良素质。

② **关键是构建以人为本的企业文化**

传统组织中以"金字塔"科层制为基本特征的官僚组织体制，像是一个巨大的铁笼，将人固定其中，压抑了人的积极性和创造精神，使人成为僵化的组织机器的附属品，只会机械地例行公事。事实证明，组织的机构层次越多，各级领导者就越多，都去发号施令，相对应的群众就越受束缚，越受压抑，越发感到自己是处在"十八层地狱"的最底层。

把人分成三六九等，对绝大多数人来说是郁闷的，难受的。因为层次越多，薪酬待遇的层次就越多，低工薪者是大多数，他们面对自己的工薪被层层覆盖的现实，是非常困窘，极为愤懑的。领导者美其名曰的按劳取酬，按贡献付酬，按技能付酬，实际在很多情况下是不存在的。除了单机作业的操作者外，绝大多数的企业员工受工种的限制是不可能独立作业的，所以不存在我想多干就多干的情况。如果真正能从以人为本的角度去提升组织品质，就应该压缩组织层级，把受层层束缚的一线员工解放出来，把他们的积极性焕发出来。

伴随着信息社会、知识经济的发展，社会生产方式发生了巨大的变化，导致人的作用更加突出，以人为本的领导方式越来越突出。以人为本的领导方式就是强化思想管理，弱化制度管理；强化民主管理，弱化控制管理；强化自主管理，弱化行政管理；强化柔性管理，弱化刚性管理。总的特征是：文化的因素越来越多，制度的因素越来越少；主动自觉的成分越来越多，被动强迫的成分越来越少；创新变化越来越多，因循守旧越来越少。制度融化在文化里，行为融化在思想里。

人本化领导方式的最高境界是能充分地看到下属和群众素质的变化和提高，将他们视为组织、社会发展的主导力量。相信他们、依靠他们，挖掘他们的潜能，培养他们成长，充分发挥他们的作用。正如领导力培训大师约翰·马克思韦尔所说："能培养出领导者的领导者才是领导者的最高境界"。

人的能力具有很大的可塑性和发展性，领导者要根据人的社会心理特点来营造竞争的氛围和机制，要为有前途的员工提供充分竞相发展的机会，创造一个比学赶帮、互相超越竞争的机制，通过有序的竞争，优胜劣汰，使更多的人才脱颖而出，提高组织的优良品质。

企业文化的目的，就是将企业的价值观念转变为员工的价值观念，把员工从自然人培育成文化人，再从文化人培育成自我实现人。如此企业才能形成凝聚人心的向心力，调动员工的积极性；员工才能爱厂如家，敬职敬业；才能与领导同心同德，尽心尽力。只有充分发挥了人的作用，企业才能步步为营、蒸蒸日上。

③ 用好人才，让人才充分施展作为

"以人为本"是一般意义的笼统说法，是前提，是大方向，因为人是富有变数的主体，是先进人物、优秀人才涌现的源泉。但在具体应用领域中，"以人为本"中的人专指两种人：一种是品质优异，思想上进，价值观符合企业精神的人；一种是技能突出，业务精熟，善于学习钻研，富有创新精神的人。这两种人通常会合二为一，就是品技兼优的人才。

知识经济本质上就是人才经济、智慧经济。人才是发展知识经济首要的也是关键的因素，企业间最根本的竞争就是人才的竞争。

企业盈利能力不仅取决设备，更在于拥有多少人才，一个人才济济的企业想不盈利都难。一个与时俱进的现代企业，不仅要看它能生产多少一流的产品，还要看它能"生产"多少人才。人才，永远是企业的第一产品，永远是企业的宝贵财富。

领导者要有这样的基本信念，就是有了高水平的人才队伍，才是事业成功的保证。没有人才，企业的衰败是必然的；但有了人才，不能充分发挥人才作用，看人不准，用人不当，留不住人才，也会失败。人才问题是个大课题，如何用人更是个大学问，人力资源管理是领导者至关重要的工作议程。

实施人才兴企，已成为所有企业战略发展的一项重要内容。只有汇聚的人才越多，企业素质才越高，竞争力才越强。但只网罗人才，而没有适当的用人机制，形不成人才的聚合效应，造成人才的浪费、流失和坠落，同样体现不出拥有人才的优势。相比之下，国企的人才最多，但反而不如民企发展的快，说明国企在人力资源管理上一直存在着很多弊病。

企业文化在人才兴企上发挥出三个作用：

一是企业自己培养人才

企业不仅是制造产品的车间，也是培育人才的学校。人才作为企业发展的智力支撑，是企业的财富而不应是企业的成本。事实证明，没有经过培训的员工才是企业最大的成本。

知识经济时代，企业竞争正在从有形竞争转向无形竞争，产品里蕴涵的知识量大小取决于企业员工具有的知识量大小，人力资本增值速度取决于企业对员工的系统培训。企业要围绕员工学习能力、运用知识能力、对知识的掌控能力及知识的创新能力进行系统培养。实施员工多通道发展，提供员工多岗位实践，鼓励和倡导员工向交叉专业、边缘性专业，甚至跨专业岗位的实践发展。

领导者是员工培训的第一责任人，要象杰克·韦尔奇那样，不断对组织成员进行培训和考核。要使培训工作经常化、制度化，并尽力丰富培训形式，提高培训质量。在培训中做到企业集中培训与部门平时培训相结合，常规培训与专项培训相结合，理论培训与实战演练相结合，各项培训与经验交流相结合。企业员工队伍素质和能力的提高，依赖于教育培训，大量的人才应在企业内部培养出来。对于企业来说，谁的员工队伍培训得好，拥有的知识多，创新的能力强，谁就能占领经济发展的制高点。

二是建立人才应用机制

得才难，善用人才更难。人才的功效在于应用，领导者要致力创造人才大显身手的条件，为激发人才智能提供最佳环境。刺激人才的创造冲动，铸就人才追求成功的理念与毅力，建设畅通无阻的人才绿色通道，使人才选拔不拘形式，促使员工不断提升自我，不断超越自我，让其实现自身价值。

大多数人都具有主观能动性和创造性，都具有非凡的潜在能力，但这种潜在能力在大部分时间里都处在酣睡、沉寂、蛰伏的状态，它一旦被唤醒、调动、刺激起来，就会有不可思议的力量。潜力一旦释放出来，就能使人力资本转化为货币资本，这就是精神变物质的奥秘。

潜能是个神秘的、难以驾驭、难以获得的一种心理状态。怎样才能焕发每个员工心中的潜能呢？那就要靠领导者对员工的思想给予开发、启迪、激励、调动、鼓舞和引导。为积极向上、不甘寂寞、奋发有为的员工提供富有竞争的工作岗位，创造富有挑战的工作机制，开辟员工成长和施展作为的政治生态环境，让员工在没有重重束缚的条件下绽放潜能。

领导者要为员工搭建施展才能的舞台，给机会，给条件；不论资排辈，不讲学历；不设框框，不限岗位。为员工创造实施才干的岗位，同时提供相应的资金、设备、人员等；充分授权，让他们在职权范围内说了算。实行目标管理，目标制约，把权力、目标、责任捆绑在一起。看谁的实际成果多，看谁的贡献大，对业绩突出，有重大贡献的管理者和员工给予重奖、提拔。

三是建立学习型组织

学习型组织理论由上世纪末美国麻省理工学院教授、管理大师彼得·圣吉所创，现在已被称为"21世纪企业组织和管理方式的新趋势"。学习型组织理论要求组织开辟多种学习途径，采取各种方法引进知识，使学习与工作同时进行，工作学习化，学习工作化。引导每一个成员树立终身学习的意识，不断补充新知，不断增长学习力。通过创造学习共享与互动的组织氛围，形成组织文化格局，最终达到从个体学习、团队学习到组织学习的目标。

学习型组织的功能定义为"修炼"，是通过以团队学习为核心的全员学习，改善思维模式，搭建共同愿景，全面系统思考，实现组织和个人的自我超越。学习能激发人的潜能，提升人生价值，使人活出生命意义，从而也使组织不断创新发展，这个过程伴随职业人生和组织存续的全部。

学习型组织是通过不断学习来打造、培育、雕塑、修炼自身的组织，是被实践证明提升组织的最好方法。中国人民解放军堪称世界卓著的威武之师，文明之师，教导之师，它的成长、发展、壮大、强盛，就是学习塑造的结果。早在创建之初，就有"熔炉"之称，后来人们都普遍公认解放军是培育优秀人格、提升成员品质的大学校，解放军就是名符其实的学习型组织。学习型组织理论的精义是运用学习这种修炼方式，实现组织成员的自我教育，自我提升。建设学习型员工队伍，不断增强员工技能，将是企业赢得竞争的有力武器。

(2) 内容上——以知为本，挖掘智慧力量，运用知识力量

知识经济兴起使原有的资产形态发生了重大转变。传统工业经济特别注重有形资产的投入，即以资金为代表的厂房车间、机器设备、材料工具、煤电能源以及人员工资等实体资产，并以此为发展壮大的基础。而知识经济则主要是以无形资产的投入为特征的，运用知识的力量，挖掘智慧资源，并以此为资产和成长的基础。

在资本价值增殖过程中，知识性要素使物质资本如机器设备的技术含量提高，从而提高了物质资本的效率和价值增殖能力。如一支普通步枪能卖5000元，如果配备了瞄准镜，就可卖到一万元，再加上高性能的数字处理器及液晶显示屏，就能使价格大幅提高，如果再装配上激光测距仪和智能追踪射击系统，那么价格更是成倍增加。可见技术附加值已达到产品本身价值的数倍，成为企业追求利润的主要手段，企业知识资本的多少直接关系着企业的生存与发展。

人是企业知识的载体，是一种战略性资源，支撑着企业整体经营战略。企业的知识资本对企业发展的贡献率越来越大，在企业未来发展中起着越来越重要的作用，因此，企业的管理必须从原来以工作为中心的管理模式转变为以人为中心的管理模式，注重由原来以员工行为管理模式转变为员工的知识管理模式。企业文化强调对企业知识资本的管理，在企业内部实现知识共享并有效实现知识价值转化，促进企业学习化、知识化。

① 人力资本及其显性知识与隐性知识

知识资本化由人力资本与结构性资本构成。人力资本主要由拥有研制开发高新科学技术能力的人才构成。人才将知识转化为资产，资产转化商品，商品转化为市场价值并实现其价值。这个转化过程并不是自发地完成的，它需要有效的管理才能实现，它取决企业领导者管理知识资本的能力。

知识资本的回报和增值主要依靠知识资本所有者自身素质技能和创新能力，只有做出创造性工作的员工才是知识资本的所有者。一般员工的工作目的是为了获得生存及发展的物质资源，而高素质的知识资本所有者的工作目的除此之

外还有强烈的工作成就感和自我实现需要。一般员工能听从上级的工作安排，但学习动机不强烈，偏向于追求稳定；知识资本所有者对上级的工作安排有挑剔或个人看法，学习动机强烈。一般员工的工作过程是行为过程，知识资本所有者的工作过程是思考过程。一般员工的工作时间确定，追求待遇条件和计较个人利益得失；知识资本所有者的工作时间不确定，追求工作的挑战性，业余时间也在潜心深造，为工作不计得失，甚至甘愿牺牲个人利益成就组织。

知识型员工能为企业承担更艰巨的挑战，能为企业制造更尖端的产品，能胜任更有竞争性的任务，而一般员工则不能；知识型员工能为企业抵御风险，参与竞争，支撑企业的未来，而一般员工则不能。所以企业要将知识型的员工与其他员工的报酬拉大，以"能力工资"取代职务工资，拥有知识产权的员工要更多的分享企业的剩余价值。

企业要构建平面化组织结构，借助企业信息网与基层方便快捷的沟通，使组织中间层次的功能逐渐淡化。高层领导者的角色将从大权独揽、发号施令的"总裁"转变为制定企业大政方针的总设计师。

知识可以分为两种性质：显性知识——客观及易于用语言表达的知识；隐性知识——主观及不易形式化的知识。

充分调动和发挥显性知识作用，通过完整的信息管理系统和企业内部各种媒体、实现显性知识的共享，把员工的思想、智慧和知识转化成行动，使智慧资源得到最大的开发和利用。

大量的知识资本是以隐性方式存在的，它们存在于知识所有者的潜在素质中。如何将隐性知识显性化，是知识管理的核心工作。高素质员工的显著特征，是80%的知识和经验深藏于他们的大脑之中。要调动他们的潜能，激活他们的知识，活化每个员工的大脑，把他们的智慧变成可执行和可操作的思想力尤为关键。如不定期召开小范围的员工交流会，创造家庭式的信息交流环境，增进员工的协作关系，勉励员工经验介绍，鼓励部门间合作和员工的非工作接触关系。中国一重集团公司工会开展的"出一招，露一手"活动；中国一重铸锻钢事业部采取"设坛讲学"的方式，让技能大师讲述他们的"绝活"；让即将退休的稀有技工介绍他们的"绝技"，留下他们的制作经验；铸锻钢事业部管理学院将燃气分厂司炉班的班前会、模型分厂天车班的安全三、三、三制管理法列入案例教学，中国一重轧电分厂六段乙班实施工人培训师、水锻分厂设技能大师工作室等做法都是挖掘员工智慧资源，把隐性的、分散的个体智慧汇聚到一个公用系统中去的好做法。

在知识经济社会，企业内的知识化员工和高技能员工，是企业的宝贵财富。

但这些人在自身利益的驱动和保护下，往往不具备与他人共享知识的内在动因，在企业内部很难达到知识资源的共享。所以，企业领导者要通过企业文化诱导模式给企业员工营造一种正确的知识观、创业观、能力观，在强调知识共享的同时，承认个人在知识开发中的独创性和能动性，在企业内部形成人尽其才，才尽其用的激励机制。

② 健全企业知识管理体系，提高知识资本利用效率。

由于受传统管理思想的影响，很多企业领导者主要关心的是固定资产运营，而对知识资本的价值没有清楚的认识，没有充分的重视，没有主动地对这部分资产进行开发和管理。所以对知识的投入严重不足，导致知识资本匮乏，新产品开发受阻，即使研发的项目多，也未能产生预期的效应。同时还存在着对智力资本浪费的现象，使知识在生产过程或产品中含量比较低，知识资本的隐性化严重地制约了企业的发展。

知识的载体是人，人具有复杂性和差异性，分门别类的知识结构更加错综复杂，这就使得企业对知识的主体，对知识的价值进行准确地度量十分困难，势必造成企业缺少有效的量化方法和手段。

企业要建立公司知识网络，从各种渠道获取知识，通过企业培训机构，进行知识传播交流，为员工提供知识，为知识共享创造便利环境。开展知识竞赛、技能比武和技术革新活动，运用集体智慧提高员工创新能力。

企业要大力开展员工知识社群活动，调动员工组成兴趣小组，技术攻关小组，科技学会和各种课题研究会等知识分享的团体。知识社群最能发挥内隐知识的传递和知识的创新。知识管理的重点在确保企业标准知识的重复使用和知识的持续发展。

企业要促进知识资本的积累与结构性资本的有效互动，提高知识资本的回报和增值，是知识管理的目的。知识资本的回报有可能实现企业的跳跃式发展；为了最大限度地使知识资本增值，企业要加大知识的生产和创造，加强知识向资本的转换，加快知识的周转和流通，提高知识的转换效率。

（3）形式上——以虚代实，转变价值观，思想决定一切

思想政治工作是中国人民解放军赖以强大的生命线，但在实体经济领域，思想政治工作十分薄弱。是思想政治工作真的不行了，还是有些领导者一叶障目，不见泰山？事实证明，那些不重视思想政治工作的领导者，很难成为优秀的领导者。

思想是人的心理活动，人的认知、情感、意志、动机、态度、个性等心理

过程和结果，都对人们的社会行为产生深刻影响。《亮剑》中李云龙阐述的"亮剑精神"，就是中国人民解放军赖以强大的战斗意志。部队离不开军人的士气，这士气就是军魂；企业离不开员工的积极性，这积极性就是企业的血气。士气也好，积极性也好，其实都源于一个东西——人的思想。

"政治"是二个字组成的单词，"政"指的是领导，"治"指的是管理。"政"是方向和主体，"治"是手段和方法。"政"是宏观的，"治"是微观的，治是围绕着政进行的。总体而言，政治是上层建筑领域中各种权力主体维护自身利益的特定行为以及由此结成的特定关系。

组织是群体的政治形式，领导是组织的核心，组织的存在一时一刻都离不开政治，领导的一举一动都关乎政治。世界一体化，政治一盘棋，政治已经融化在社会成员的全部生活中。从人们日常生活的衣食住行到人们须臾离不开的货币，哪一样都牵动着国家政治的神经，一个企业的产品质量，决定着另一个企业的生存发展（如核电、军工、网络企业），所以，企业的日常活动，没有哪一样不可以上升到政治高度来认识的。领导者没有政治意识，不重视思想政治工作，是不具备领导素质，不具备领导资格的。

如今的时代，知识经济迅猛发展，人在社会发展中的地位和价值日渐凸显。国际竞争看起来是国与国的竞争，实质是企业与企业的竞争，进而是员工与员工的竞争，归根结底是人与人素质的竞争，最终体现的是人心与人心的竞争，思想与思想的竞争，创新与创新的竞争。常言道：得人心者得天下。最终起决定作用的领导力恰恰就是思想政治工作的功力。过去是这样，现在还是这样，将来更是这样！软实力决定硬实力，虚的代替实的，将成为现在到将来领导力的基本趋势。

在知识经济条件下，员工成为知识的载体，隐性的脑力劳动成为工作常态，过去，员工贡献的是双手，现在需要贡献的是大脑。工作的质与量日渐脱离传统的考核范围，创意性的工作更需要宽松的工作环境及舒畅的心理环境。严格的制度管控和疾言厉色的指使，对知识型员工既起不到有效督促作用，也产生不了积极激励作用。所以，企业管理要改革传统管理方式，实施思想文化管理，通过影响知识型员工的思想观念，提供"特设"的文化氛围来提高工作效率。企业文化对企业的兴衰将发挥越来越重要的作用，甚至是决定性的作用。

企业文化的焦点是人性的提升，是对企业中人的意识的管理与整合。企业文化的内涵是以人为本，着力于以文化因素去挖掘人的潜力，倡导要重视人在企业中的作用。它不断鼓动人的意愿，激励人的尊严，促进人的能力，使人不断超越自我，激发人趋向于自我实现。通过组织全员潜能的充分释放和高效发挥，使企业管理效率和效果得到最大的提升。而人性提升，潜能发挥，自我实现的动力源泉无疑来自正确的人生观和价值观，来自思想境界的升华，最终还是归结到思想政治范畴里。企业文化这张网的神通大小，根本上还是取决于领导者的思想政治水准，这是一切问题的根源。

利润是企业生存的必要条件，而且是达成更重要目的的手段，但是利润不是目的，利润是为人服务的。撇去人这个本源，甚至牺牲人的成长和发展单纯为了利润而追求利润是有违人性的，是有悖企业大义的。许多企业领导者对"利润之上的追求"不清楚、不明确，所以不能正确构建企业文化，也不能使企业文化发挥应有的作用。

领导者的指导思想出现了谬误，企业的经营管理体系就会一错百错。如果领导者持有人性 X 理论观点，那么他就认为员工的本质是自私的，是懒惰的，是没有责任心的。因此，他调动员工积极性的手段就会采取金钱诱惑和制度惩罚方式来实现。如果领导者持有人性 Y 理论观点，那么他就认为员工本质是有公心的，是有能力的，是有责任心的，员工的素质是可转变提高的。于是，他调动员工积极性的手段就会相信下属，赋予他们必要的自主权力，为其提供能充分发挥潜力和作用的环境，采取精神激励发挥其主观能动性，使之出色地完成任务。可见，两种管理体系背后是两种截然不同的思想观念在起决定作用。

自近代以来，中国对西方文明的学习大都注重其器物文化的一面，指导思想是"师夷长技以制夷"，压根就没有研究与吸取西方精神文化的打算，犯了本末倒置的错误。所以得到的都是一些表面化的东西。中国有句古语，"授其鱼不如授与渔"，"鱼"是解决眼前的临时之需；"渔"才是解决长远的根本之道。这里的"鱼"就是具体管理方法，这里的"渔"则是指管理思想。管理思想不提升，管理方法就是生搬硬套。管理思想不正确，管理方法必然水土不服，这正是很多领导者学习了西方管理企业的"十八般兵器"，到最后一个也用不上的原因。

管理思想是什么？管理思想是人们对管理过程中发生的各种关系的认识总和，是由一系列观点观念所构成和升华的理论体系，它是指导管理人员从事各项管理活动的路标和蓝图，这一系列观念中起决定作用的核心观念体系就是思想政治。

在 1947 年国共战争硝烟正浓的时候，毛泽东公开了解放军的十大军事原则，有些同志深有顾虑，担心暴露了自己的战术，仗不好打了。毛泽东认为，我们的战术是建立在人民战争的基础上的，敌人既学不去，学了也用不上。事实正向毛泽东所说的那样，阎锡山经过一番研究，也炮制出了一套"打运动战"、"集中优势兵力打歼灭战"的战法，结果试用之后根本不行，于是不得不承认，共产党那一套我们既学不来，也用不上。为什么学不来，用不上？就因为军事思想不同。共产党打的是人民战争，是党政军民一体化，解放区的男女老少都是兵，都有战斗力。而国民党打的是反人民战争，政治、军事、经济、文化不协调，漏洞百出，士兵是雇佣兵，不知道为什么要打仗，没有主观自觉，执行不力，行为迟缓，处处被动。指导思想出现错误，再精明的指挥官、再先进的武器，再雄厚的兵力也无济于事，只能一败再败。

企业经营和军事作战是一个道理，经营思想是管理方法的最高准则，有什么样的经营理念，就会产生什么样的管理做法。成功获得长足进步并走向卓越的企业与屡经坎坷并最终滑向衰败的企业，他们的差异根源究竟在何处呢？稻盛和夫说："正如被世人归纳为人、财、物三点一样，一般人都把人才、产品、设备、资金等看得见的资源看做是决定企业发展的重要因素。然而我却认为，代表一个企业经营目标的经营理念，以及企业所秉持的经营哲学等看不见的因素与看得见的资源一样，对于企业的繁荣和维系都是不可或缺的重要存在"。

（4）方法上——以柔克刚，多施软权力，少施硬权力

21 世纪是文化管理时代，日益增长的知识化更有利于人们对自身创造能力进行开发与挖掘，这就使得组织成员中广泛存在着高度的智慧和创造力，这就使得领导者不得不通过关心人、理解人、激励人的管理，来体现对下属价值和能力的尊重，这就要求领导者要善于以感情联络来调动人的主动性、积极性和创造性；这就使得管理方式不得不从"刚"性向"柔"性过渡，并最终实现刚柔并举、软硬结合，以"柔"为核心的现代管理。

"柔性管理"是相对于"刚性管理"提出来的。"刚性管理"的特征：领导者态度是"生、冷、硬"，领导方式是"管、卡、压"，以"规章制度为中心"，专制专权，以罚代管，强制服从，处理问题简单粗暴，员工动辄得咎，工作环境压抑，领导与下属关系紧张。一位老员工道出了刚性管理条件下的心境："环顾四周，没有笑脸，没有人情味，感到太冷清，太压抑，盼望现在就退休，一天不想多待。"

柔性管理，是一种"以人为中心"的"人性化管理"。柔性管理注重思想工作，注重心理反映，注重言传身教，注重肯定表扬，宽容大于约束，激励重于控制。不是依靠领导者的三令五申，而是依靠群众的自觉自律，注重从内心深处来激发每个员工的内在潜力、主动性和创造精神，使他们真正做到心情舒畅，人心思进。"柔性管理"具有内在的驱动性，影响的持久性，激励的有效性和方法的感

应性等特点，其结果必然是员工的自励自为，人的潜能得到充分的发挥。

柔性管理是建立在人们心理和行为规律基础之上，依据组织的共同价值观、精神氛围进行的人格管理。管理心理学实验证明，人在强制和监控下工作，并不能产生积极性，不利发挥人的潜能，更不会使员工不遗余力地为企业开拓优良业绩。柔性管理可以在员工心目中产生一种潜在说服力，从而把组织意志变为个人的自觉行动。

工业社会的主要财富来源于原料设备等有形资产，而知识经济社会的主要财富来源于知识。知识的存在形式分为显性知识和隐性知识，显性知识是指以专利、科学发明和特殊技术等形式存在的知识，而隐性知识则是存在于员工头脑中的，难以掌握和控制的创意想象、特殊技能、丰富经验等。要让员工自觉自愿地将自己的知识、思想奉献给企业，实现"知识共享"，靠"刚性管理"显然不行，只能通过"柔性管理"。

人的心理是环境情景的产物，营造一个能充分调动人性情感跃动和智力潜能勃发的人文环境和柔性氛围至关重要。人都有情绪的变化，在情绪平稳和情绪波动时进行工作是有很大差别的，柔性化管理可以避开情绪激化的不利影响。人管人的成本是很高的，领导在与领导不在都一样，是领导力成效的重要指标。只有真正解放了被领导者，才能最终解放领导者自己。虽然凭借制度、监督、处罚、强制可以约束人、控制人，但监控、考核、处罚过程，也把领导者自己牢牢地绑在制度上了。

柔性管理更多是运用说服教育、心理沟通、关心体贴、感情融注、形象影响、鼓舞激励等方式对人进行管理，以潜在的、润物细无声的方式在人们心中形成深刻的、持久的影响，从而把组织目标变成人们自觉的行动。刚性管理解决不了员工内心世界的问题，如心理障碍，精神萎靡，思想保守，厌倦学习、信仰危机、性格偏执、人际矛盾、团伙帮派等不是工作，却与工作密切攸关的问题。这些现象只有通过柔性管理才能有效改善，破解人的思想困惑，矫正性格缺陷，从根本上帮助员工正常全面地发展。

知识经济时代是信息爆炸的时代，外部环境的易变性与复杂性一方面要求企业领导者必须整合各类专业人员的智慧；另一方面又要求企业的组织结构由传统的垂直集权型向分权的横向扁平化转变。这就要求必须打破严格部门分工的界限，实行职能的重新组合，让每个员工或每个团队获得独立处理问题的能力，独立履行职责的权利，而不必层层请示。内部分工和由以人为本的企业文化相适应的管理方式，会有助提供"人尽其才"的机制和环境，有助迅速准确做出决策，有利于人的全面发展，有利企业在激烈的竞争中立于不败之地。

为了在市场竞争中取得竞争优势的力量源泉，领导者要看重员工的主动性、积极性和创新精神，而不是员工表面形式上的"勤勤恳恳，忙忙碌碌"。随着企业的日益信息化，企业内部的职能、业务界限日益模糊，需要各工种工序的协作配合，团队精神成为企业活力的源泉，员工的心理因素、精神因素将主导员工知识智慧的呈现与运用。企业将大力投入人力资源开发，提高员工技能，开展人才培训、增强员工独立处理问题的应变能力，由此提升企业创效能力。这些都需要调遣人的心理资源，顺应人的行为机制，而刚性管理则与人心情感效应格格不入的。

管理活动的关键是既使被管理者的部分需要得到满足，又要使组织目标得以实现。为了把员工的责任感和积极性调动起来，就必须对员工以尊重、信任、关心和奖励等全面综合的激励，采取管理参与式的、民主协商式的、团队协作式的柔性管理，为员工创造宽松、平等、相互尊重和信任的工作环境，实行自主管理，把非权力因素效应最大化，提供发展机遇，调动人的主观能动性，全面提高工作效率和质量。

第三节　文化状态决定组织状态
组织状态决定成员状态

组织的管理核心是对人的管理。斯蒂芬·P·罗宾斯在《组织行为学精要》中指出"一个领导者最经常遇到的或者最棘手的问题，就是人的问题。"

组织是人的集合，从某种意义上说组织的状态就是人的状态，或者说某些人的状态，就是组织的状态。人的状态决定于思想，思想是决定行为的内在动因，研究人、驱动人、管理人不能不研究、掌控人的思想。

思想是客观存在反映在人的意识中经过思维活动而产生的结果，是人类一切行为的基础。从心理学角度来说，"境由心造，相由心生"。所以，管理之难莫过于管人，管人之难莫过于管心。组织行为学就是研究人的思想如何制导行为，行为又如何影响组织绩效和组织发展的。如何使人确立对组织的忠诚感，并支持组织，为组织不遗余力地做贡献，这是组织的领导者要倾注全力思考研究的重大课题。

毛泽东指出："思想是在实践的基础上对客观存在的反映，这种反映是否正确又要通过实践检验。凡是经过实践检验证明符合客观实际的思想是正确的思想，不符合实际的思想是错误的思想。思想对客观现实的发展有强大的反作用，正确的思想一旦为群众所掌握，就会变成改造世界的巨大物质力量"。

组织管理有三层境界：

第一层境界是人管人。具体表现为事事处处都是领导者在操控指挥，组织好不好全凭领导者尽心尽力的责任心和出色的能力，领导者的率先垂范，榜样作用在这个阶段至关重要，是领导者人格魅力作用的集中显现。

第二层境界是制度管人。健全的合理的规章制度，形成了一视同仁的公正制约系统，使组织成员日常行为与组织建设的规范发展和领导者的掌控能力相统一；制度管理的功能是激励—约束，奖励—惩罚的作用最大化，是外在强化手段的集中显现。

第三层境界是文化管人。文化是一个群体在一定时期内形成的思想、理念、行为、风俗、习惯、代表人物，及由这个群体整体意识所辐射出来的一切活动。文化是通过思想教育、人格塑造等耳濡目染的影响使组织成员达到习以性成。提升组织成员自觉自动自发的使命感，实现价值观的统一，形成组织与成员的互相结合、互相协作、互相推动、互相促进的良性循环，铸造组织文化的熔炉效应。使组织形成自我运行，自我改造，自我完善的机制，是内强化手段的集中显现。

下面我们依据八个指标来鉴别一个组织的优劣好坏，作为组织文化建设的衡量标准。

1. 目标定位——（共同愿景——个人愿景）

组织是人的集成，人们投身一个组织都是有目的的，目的不统一，就会各怀心腹事。组织文化建设的第一要务，就是统一思想，构建共同愿景。

西天取经的小团队能取得真经，修成正果，是他们思想统一的结果。孙悟空几经波折最后明白，不管自己的神通如何广大，在取经这个团队里就不能为所欲为，自己的使命就是保护唐僧安全到达西天。猪八戒也逐渐明确不管自己再受什么委屈，也不能再有回高老庄的想法了。沙和尚和白龙马也要心无旁骛，勤勤恳恳。他们要在没有路的漫漫行途中，紧紧团结在唐僧的周围，按着既定的方向，勇往直前，摸索出一条闪光的成功之路。

东汉末期的刘备小团队，在创建之初就解决了思想统一的问题。他们桃园结义，以盟誓为纲领，以上报国家，下安黎庶，建功立业，匡复汉室为愿景；同心协力，救困扶危，肝胆相照，患难相随。关云、张飞、赵云、都有万夫不挡之勇，诸葛亮更有经天纬地之才，他们没有非分之想，没有拉帮结伙，而是同心同德，志同道合，历经千辛万苦，饱经患难而不溃散。汉末诸侯四起，群雄遍地，区区刘备能三分天下得其一，说明刘备的团队建设有独到之处。

《水浒传》记载宋江上梁山之后的第一件事，就在山寨门前竖了一面旗帜，上书"替天行道"四个大字，为梁山众多英雄确定了一个共同的目标和宗旨。梁山泊起义军人员成分极其复杂，每人各具秉性，信仰各异，要让这样一群人走在一起，没有统一的思想和目标是没有出路的。愿景这面旗帜不仅是每个成员的行为指南，更是组织建设与发展的基本依据。统一思想，构建共同愿景，提炼并灌输组织的核心价值观，这是梁山起义军向前发展迈出的重要一步。宋江文不如吴用，武不如林冲，更谈不上智勇双全，却能坐稳梁山第一把交椅，使梁山事业超越晁盖时期越加强盛，应该说宋江在组织建设上还是有创举的。

愿景是一个心向往之的将来的美好景象，具有强大的吸引力，能产生一股巨大的拉力，能不断地把一个组织拉向成功。组织的共同愿景，是源于个人愿景又高于个人愿景，它是组织中所有成员共同愿望的景象，是他们的共同理想。共同愿景能使不同个性的人凝聚在一起，朝着组织共同的目标前进。

愿景由目标、使命和价值观三大要素构成，蕴含着个人或组织的发展哲学、理念、方向和原则。在一个组织中，愿景有三个层次：个人愿景，团队小愿景和组织大愿景。毫无疑问，组织所追求的目标是个人愿景、团队愿景与组织愿景融为一体，这样才能产生巨大的能量。有了共同愿景，人们关心的不再是个人短期利益，而是致力于如何实现组织的总目标，进而大大激发潜能。

大量事实证明，组织中的个人目标往往与组织目标并不一致，常常有人将自己的目标凌驾组织目标之上，这对组织危害极大。组织建设的首要一环就是要统一思想，使成员的个人目标主动自觉地置于组织目标之下。优秀组织都是目标导向的结果，组织成员不仅了解、认同组织的目标，而且还要彼此交换资源和协调行动，以组织目标为行动的中心，视组织目标的达成为成果。

1949年初的淮海战役期间，有一场"以卵击石"的阻击战被高度传扬。那是国民党徐州集团行将崩溃之际，蒋介石下达了南撤的命令，于是杜聿明麾下的三个兵团争相南逃，其中主力第二兵团邱清泉部率先撤离。就在他的先头部队第五军坐着卡车在公路行驶的时候，被解放军冀鲁豫军区独立一旅发现了。独一旅是刚刚组建的地方部队，装备很差，战斗力不强，旅长况玉纯急忙召集团长们开会，大家一致认为，绝不能让敌人从自己的眼皮底下溜过去。当然，他们也知道这无疑是以卵击石，但高度的责任感使他们抱定一个宗旨，就是把一旅拼光，也要把敌人死死地拖在这里等主力到来。于是他们拿着步枪、手榴弹，甚至提着大刀等简陋的武器，迎着美式装备的邱清泉第五军冲了上去。战斗打得异常惨烈，就在万分危机的时刻，华野主力的先头部队赶到了，敌人逃跑的企图破灭了。独一旅为大部队围歼敌人赢得了时间，为整个战役的全面胜利做出了宝贵的贡献，当然，独一旅付出了惨重的代价。

淮海战役以解放军劣势装备的60万兵力，歼灭国民党军美式装备的80万兵力的辉煌战绩彪炳于世界军事史册，其原因之一是参战各部队及每个人都把自己的行为意志与野司首长的行为意志高度统一起来，形成了上下同欲的共同愿景，这样的部队势必焕发出以一当十的战斗力，势必创造出不可思议的奇迹。

相反，国民党军队就没有共同愿景，所以他们各部队首长，一事当前，先替自己打算，根本就没有全局观念，没有统一目标，没有协同意识，更不会有统一行动。他们各自为政，擅自行动，弃大局于不顾，公然违抗命令，可以说，仗还没打，就已潜伏下覆灭的危机。

比如，见死不救就是国民党军队致命的顽疾，无论哪个战役都有类似情况。

1946年10月，整编11师张凤集与中野鏖战，胡琏请求5军靠拢解围，结果邱清泉态度冷淡，5军驻足不前，导致整11师陷入苦战，一度有被吃掉的危险。

1948年11月6日深夜，第七兵团司令黄百韬对南京派来的"总统战地视察官"李以劻少将说："如果我被围，希望别的兵团来救是不可能的。古人说：胜则举杯相庆，败则出死力相救。我们是办不到的"。黄又说："国民党是斗不过共产党的，人家对上级指示奉行彻底，我们则阳奉阴违……"

其实蒋介石也清楚手下这帮人是怎样的一种心态，屡次在战争总结中骂这帮人会亡国灭种。蒋介石后来痛定思痛地说，我们不是被共产党打倒的，而是被我们自己打倒的。是我们自己打倒了自己！他给自己的军队定为"六无"之军，即"无主义、无纪律、无组织、无训练、无灵魂、无根底"的军队，于是他得出结论："非失败不可"。

国共两党、两军、国统区和解放区及其下属所有组织的鲜明对比，所产生的种种差异，归根结底就是有无共同愿景的结果。共产党的共同愿景就是建设共产主义，无论在艰苦卓绝的长征路上，还是在八年抗战的硝烟中，这个神圣的使命从来没有动摇过。他们牢牢抱定先破坏一个旧世界，再建设一个新世界的宗旨，万众一心，同仇敌忾，亦步亦趋，百折不回，奋勇前进，直至胜利。而国民党方面则没有共同愿景，军政尔虞我诈，官兵离心离德，不光同事之间明和暗不和，就连统帅之间也各自拆台。淮海战役打到关键处，蒋介石向白崇禧调宋希濂兵团都调不动。蒋介石经常有所指地说，"把我整倒了，他们也休想得好。"而且不止一次地说："我们的主要敌人不是共产党，而是李宗仁、白崇禧他们。"可见国民党集团内部分崩离析，危机四伏，连生存都难以自保，如何抵挡得住解放军的凌厉攻势。现在显然不是战争时期，企事业单位也不是军队，但其道理毫无二致，愿景的作用依然是决定组织优劣兴衰的根源。

2. 身份认同——（我们的事——他们的事）

他的事就是我的事，是因为我们的目标是一致的，而不是因为他是我的亲戚朋友。为了亲戚朋友是私人感情问题，为了使命愿景是出以公心的道义。

不同的组织有不同的文化，不同的文化导致组织的优劣各异，导致成员在参与、合作、支持和贡献各方面的表现大相径庭，其中组织成员对自己身份的认同至关重要。在一般平庸的组织里，成员常常以种种理由回避或拒绝组织的各项工作，因为干与不干，干好干坏与个人成长发展没有关系。优秀卓越的组织，成员都具有强烈的组织归属感和使命感，明确自己的身份和位置，意识到组织的事、集体的事就是自己的事，别人的事也是自己的事。高度的责任感使成员与组织同心同德，组织内部成员间精诚团结。两个组织一比较，高低优劣就一目了然了。

红二十五军历时 10 个月，途经 5 个省，转战近 5000 公里。从鄂豫皖苏区直接打到陕北，率先结束长征。当中央红军（一方面军）长征到达陕北时，红二十五军实际上已经把陕北完全掌控了。红二十五军隶属于红四方面军，总指挥徐海东是张国焘的部下。徐海东的政治觉悟很高，党性原则很强。1935 年 11 月初，徐海东生平第一次见到毛泽东，他马上表达了对中央极大的尊重和绝对的服从。同年冬天，毛泽东派杨至诚向徐海东借 2500 块钱，以解决中央红军吃饭穿衣问题。徐海东问供给部部长查国桢家底有多少，查答："7000 块。"徐海东毫不犹豫命令："留 2000 块，拿出 5000 块送中央。"对于这 5000 块钱，徐海东明确说不是借，而是给。并抽出许多重要物资和大量驳壳枪送去，而且命令每个班挑一把最好的机枪送给中央红军。就连最精锐的骑兵团，都直接交给中央指挥。毛泽东经常说徐海东是"最好的共产党员"。

相反，国民党的将领则各自为政，不顾大局，战场上的拥兵自重，抗命自保，见死不救，袖手旁观已是常态。蒋介石一向私心自用，嫡系与非嫡系划得很清楚，导致国民党内部存在着尖锐的矛盾，在局势危急时，冲突更加剧烈。发生在 1947 年 5 月的孟良崮战役最能说明这个问题。华野用三天时间全歼国民党王牌主力整编 74 师及增援部队共 3 万 2 千余人，而国民党山东三个兵团的兵力火力，则远远优于华野，这正是令人不可思议的地方。当时双方兵力部署是包围和反包围的态势，双方都认为是歼灭对方的大好良机，国民党军队运用好的话，凭借此举完全可以聚歼华东野战军，这也是陈毅、粟裕最担心的地方。结果前线的国民党官兵不卖力气，整编 83 师基本按兵不动，有意让 74 师全军覆没。整编 25 师虽然尽力而为，但决然没有解放军内部互相支援那么给力，最终是华野赢得孟良崮大捷，彻底转变了前期被动局面，毛泽东闻此讯欣然大笑，蒋介石得此消息气的大口吐血。

我们把组织成员对组织的态度作为衡量领导者是否合格的基本标准。组织的生机活力，成员的主动性、自觉性、积极性和创造性，都源自他们对组织是否热爱。组织最忌讳、最怕的是成员的冷漠、消极、无为、与领导离心离德。许多传统组织为了克服这些负面因素，改善组织功能，做了大量的努力，开展了诸多旨在增强向心力，凝聚力的活动，但毕竟是治标不治本。走马灯般相继而来的领导穷思竭虑，但都很少有实质性的改变。

如何让员工关心企业，热爱企业，忠诚企业，把企业的事当成自己的事，把领导的事当成自己的事，把工友的事当成自己的事；讲责任，有担当，是非常难的事。其实只要把金字塔式的传统组织模式转变为以具有"以人为本"、共同愿景、结构扁平化为主要特征的现代组织模式，实施学习型组织文化，组织功能将大为改善，将发生奇迹性的转变。

一个单位如果只有领导的积极性，而无下属的积极性，那么最终将成为领导者的空忙。领导者再有能力，而下属不配合，不作为，什么任务也完成不好。

3. 领导方式——（授权放权——专权擅权）

有的领导风格是专断命令式的，其特征是热衷于以权为本，大搞权力集中，无视下属的作用，很少征求其他成员意见，凡事任由个人决定，刚愎自用，专断独裁。使组织成员信心受挫，只能被动听从指挥，消极无为，积极性和主动性遭受抑制，无法发挥任何作用。领导者专权擅权，越俎代庖，事必躬亲，既分散了大量精力又难以把事情处理好，而且还使下属养成了万事不关心的工作风习，这样的领导者势必使自己成为孤家寡人，造成事业的衰败。有的领导者的领导风格是民主参与式的，其理念是组织兴衰，人人有责。其特征是人人参与，群策群力，各尽其责，共同发力，关键时下级可以临机处置或越级上报改变成命。

1945 年 9 月 28 日，黄克诚率新四军第三师 3、5 万人从苏北淮阴启程开赴东北，在临近山东时接到新四军军部命令，指示三师在山东停留一个时期，以巩固山东根据地建设。黄克诚认为，从全局来看，东北的发展更为迫切，早到东北一天就主动一天，如让蒋介石抢先一步，我军将在战略上陷入极大地被动。

于是他给中央军委去电，建议部队在山东不作停留，稍事休整后迅速向东北挺进。军委随即来电同意黄克诚意见，指示"三师兼程北进，不宜在山东担负战斗任务"。这样，黄克诚率三师马不停蹄进入东北。正当部队向锦州挺进时，11月12日，东北局来电命黄克诚统一指挥三师和梁兴初师，在抚宁集结待机歼灭正向山海关西北石门寨和抚宁进攻的国民党军队。黄克诚认为不妥，遂电告中央军委陈述利害，当天就收到毛泽东以中央军委名义发来的电报，明确指示三师与梁兴初师分路平行前进，限24日到达锦州休整。次日毛泽东又电告东北局指明为什么不与敌人作战的道理。这种下级高度负责越级上报的情况，在国民党那里是断然少见的。

传统金字塔组织模式的领导权力更多地集中在少数成员身上，他们的领导作用也因其重要而格外突出。个体成员极少有机会参与关于组织发展的决策，每一个单独的个体所扮演的角色并不重要。而现代组织模式的领导权力则是呈减少、弱化或下放的趋势，组织成员可以在组织重大问题的决策上扮演重要角色，乃至于与领导者共享决策权。

诸葛亮是一位著名的领导者，他使命感强，尽职尽责，精忠报国，鞠躬尽瘁，是中国历史上广为传颂的德才兼备的政治家。然而从辩证角度看，某些优点发展到极致，就会物极必反演变成缺点。诸葛亮的高度责任感、过于机械、偏执了，导致了他事无巨细，事必躬亲，凡事殚思竭虑。史载他白帝托孤之后，更加勤奋工作，连一般文书都要亲自校阅，常常是忙得夜以继日，累得形疲神困。为此丞相主簿杨颙曾提醒他说："鸡犬牛马，各司其职，你事事以身亲其役，不亦劳乎！"意思是"鸡管报时，狗管看家，牛管耕田，马管拉车，各有各的责任，你把所有的事都做了，不觉得累吗！"可惜诸葛亮并没有意识到问题的严重，意识不到分权放权的意义。所以司马懿意识到"诸葛孔明其能久乎！"果然，诸葛亮日夜辛劳，在54岁时就累死在出征的军营之中。不仅个人英年早逝，还让国家蒙受巨大损失，使北伐事业搁浅。由于诸葛亮的亲力亲为，客观造成了权力独揽，闲置了下属，使他们没有机会锻炼提高，造成了国家人才匮乏，导致"蜀中无大将，廖化作先锋"的尴尬局面。由此看来，诸葛亮的勤勤恳恳，无私奉献反倒造成了不良的客观效果。

我们从许许多多反映国共两党两军在各种决策场面的史料中得知，国民党统帅部，各集团军总部，各兵团、各军、各师部，在会议中都是主要首长一锤定音，其他人都是左一个英明，又一个所言极是来迎合奉承，但真正执行起来却大打折扣。而共产党方面的各种会议，上至中央，下至地方，都是民主参与型的，与会者既熟悉上级的通盘意图，又熟知自己的任务细节，做到深刻领会，清楚明白，不至于在情况变化后不知所措。

我们把专权擅权决策方式视为传统领导模式，把授权放权的决策方式视为现代领导模式。传统组织模式中的"一把手效应"还有一害，那就是别人不敢比领导高明，水平、能力、威信不能超过领导，否则就有功高盖主，威震其主的不测之忧。下属只能巧妙地透漏、含蓄地建议，话到嘴边留半句。目前有的国企职代会已徒有其名，党内民主生活会有名无实，主要领导的权力越来越大，不仅决策的科学程度越来越低，还孕育出越演越烈的系统性腐败。

领导的核心职能就是决策。领导决策是领导活动中最经常性的、最大量的工作，领导活动的成败很大程度上取决于领导决策的正确与否。在面临重大决策的关头，领导人不仅要对错综复杂的局势做出正确的分析判断，还要随时应对各种各样的不同意见。为了决策科学，避免失误，领导者就要兼听则明，集思广议，充分发扬民主，广泛吸取民智，鼓励每一个人参与讨论，充分沟通，发表不同意见，并在一起解决问题。使顶层设计更科学，组织决策更开明，信息沟通更畅达，动力机制更有效。唯有组织成员具有上下相互依存性，才能使全员紧密地结合在一起，去完成组织的共同目标。

领导的本质是通过别人完成任务，领导的核心工作是调动他人的工作积极性，调动别人去干，给别人搭平台、给机会、鼓干劲，让大家一起为设定的目标而奋斗。要用宽阔的心胸去容人用人，心胸有多大，事业就有多大。

组织的命运通常是掌握在领导者手里，有时也掌握在组织成员手里，组织里的任何人都能给组织带来程度不同的创伤，而领导者带来的创伤足以毙命，为了避免诸多的创伤，组织建设必须走向团队化。

马云用阿里巴巴的成功阐述了团队的重要性，他认为：企业仅凭一人之力，永远做不大，团队才是成长型企业必须突破的瓶颈。他说："做商人，有所为，有所不为。你一个人干到死，没有用，必须有组织来干。"

领导者因专权而事必躬亲，自己变成了"英雄"，下属却变成了"懒汉"，严重制约了领导效能的提高。领导本人毕竟势单力薄，如果淹没于小事琐事而无力思考战略问题，无力为组织成员的成长负责，那么组织就不会有蓬勃的未来。

决策的行为虽然古已有之，但把它作为一门理论来研究，还是20世纪初的事情。1937年，美国领导学家古立克在《组织理论》一书中，提出了决策是领导的主要功能的观点。西蒙指出"管理就是决策"。德鲁克指出，领导者要"能做出有效决策，善于在'众说纷纭'的基础上做出正确的判断。

一人能力有限，众人智慧无穷。决策的科学化和民主化密切相关。共产党的军队在与国民党军队作战中，常常出其不意，屡屡获胜，除了其它因素，还有一个重要原因就是军事民主化，军政首长二元化。不要忽视司令部多个政委，营、连里多个教导员、指导员，政工人员虽不是军事专家，但往往外行的见解更独特。据粟裕说，1947 年 2 月华野取得莱芜大捷，歼灭李仙洲集团 5、6 万人，就是陈毅的主意。当时没有北线作战的计划，是陈毅根据战场态势做出了"舍南取北"的高明设想。陈毅虽然身居华野主帅，但他的出身是政工人员。同样，政工出身的罗荣桓 1943 年任山东军区司令员兼政治委员、115 师政治委员、代师长。他针对日军对根据地的"扫荡"和"蚕食"，提出"敌人打过来，我们就打过去"的"翻边战术"，扭转了山东抗日根据地的被动局面。1944 年开始组织一系列战役，实行局部反攻，巩固、发展了山东抗日根据地。1945 年指挥部队在山东进行大反攻，麾下拥有 27 万正规军，成为共产党在全国最强大的军事集团。从 1945 年 10 月底开始，罗荣桓率领山东军区主力部队分三批乘船到东北，开创了我军历史上最大规模的渡海行动。先后派往东北 20 个基干团，近 10 万多人的干部、战士，成为东北民主联军的中间力量。在担任东野政委时，对林彪执行辽沈战役预定计划坚定攻锦，起了关键作用。政工人员在共产党武装集团里作用十分巨大，毛泽东、周恩来、刘少奇都不是行伍出身，是典型的政工干部，但他们都是英明的战略家。

为了确保决策民主化的实施。2004 年 9 月中共十六届四中全会通过了《中共中央关于加强党的执政能力建设的决定》提出，要"改革和完善决策机制，推进决策的科学化、民主化。完善重大决策的规则和程序，通过多种渠道和形式广泛集中民智，使决策真正建立在科学、民主的基础之上。对涉及经济、社会发展全局的重大事项，要广泛征询意见，充分进行协商和协调；对专业性、技术性较强的重大事项，要认真进行专家论证、技术咨询、决策评估；对同群众利益密切相关的重大事项，要实行公示、听证等制度，扩大人民群众的参与度。建立决策失误责任追究制度，健全纠错改正机制。有组织地广泛联系专家学者，建立多种形式的决策咨询机制和信息支持系统"。

4. 组织纪律——（实行法治——实行人治）

纪律是组织效能的保证，纪律是胜利之母。毛泽东指出："加强纪律性，革命无不胜。"中国人民解放军在战场上的每次胜利，都诠释了"三大纪律，八项注意"的丰功伟绩。从岳家军到解放军，都阐述着一条真理：要想打造卓越组织，必须要有严明的钢铁纪律。

纪律是集体成员必须遵守的规章条例之总和，是要求人们在集体活动中遵守秩序、执行命令和履行职责的一种行为规则，是组织各项决定得以执行的重要保证。缺乏纪律性，组织作用就薄弱、人员行为就涣散，更不能有坚强果断的执行力。纪律松懈是组织的一大疾患，古往今来，衡量一个组织的好与坏，判断一支军队的优与劣，首先看纪律。

严明的纪律，使红军长征多次转危为安。在抢渡金沙江时，三个渡口有两个渡口不能用，最后三个军团全部集聚在皎平渡，因为只有九只船来回摆渡，而敌军正在后面追来，时间紧迫，形势严峻，各部队十分焦急。然而令十几位艄公惊奇的是红军纪律十分严明，没有任何骚动混乱的迹象，一切都按部就班，井然有序，使摆运十分顺利。艄公们见过很多形形色色的军队，从来没有见到如此守规矩的军队，虽然接触的时间很短暂，但是他们感觉出这是一支不平凡的、很奇特的军队。

按照蒋介石的设想，红军入川必经过冕宁彝民区，在这里不用军队打，这里与汉民世代为仇的彝族民众就会把红军"吃掉"。没想到红军官兵模范遵守党的民族政策，纪律严明，打不还手，工兵连百余名战士即使被彝民扒光了衣服也没有自卫还击，赢得了彝族民众的欢迎信赖。先遣部队首长刘伯承与彝民首领小叶丹歃血为盟成了兄弟，在彝民群众的帮助下从小路连夜奔袭大渡河，使蒋介石借刀杀人的企图化为泡影。

在随之后来的抗日战争和解放战争中，共产党军队始终注重纪律的建设和养成，无论战士或干部，在严明的组织纪律面前均无特殊例外，任何命令都能得以贯彻执行，使任何战斗得以有效实施。严明的纪律是解放军成为文明之师，威武之师的重要保证，它对中国革命的胜利起到了关键作用。

纪律体现在企业中的形式就是各项规章制度，立制度、守规矩、讲纪律是组织生态的重要因素。制度是企业赖以生存的体制基础，规定了企业的功能，使企业正常有序地规范化运行，是企业经营活动的根本保证，同时又是员工的行为准。完善的制度可以保障企业的利益，也有助保障职工的利益，亦能最大限度地调动积极因素，抑制消极因素。缺乏必要的、合理的规章制度，企业就不能正常生存和发展。

人是拥有物质欲望的动物，这种物质欲望的极端表现形式，就是片面追求利益最大化，就是不择手段地唯利是图，就会出现违法乱纪，危害组织的行为。遏制这种行为的方式有两个：一是他律，就是以纪律制度为核心的强制规范；二是自律，就是凭素质提升和人格修养进行自我约束。由于企业员工素质差异巨大和行为习惯不一，因而实施他律的严格制度必不可免。无论何时何地何种组织，组织纪律、规章制度是必要的，必须的，问题是如何行使纪律和运用制度。在纪律制度的运行上存在两种截然对立的原则，一是法治原则，二是人治原则。

西方工业组织发展的二百余年历程，使法制管理得到了充足的发展。而中国几千年的封建人治管理体制，更多地体现人的随意性，从而造成法纪松弛，人治泛化的管理局面。"说你行，你就行，不行也行；说你不行，你就不行，行也不行"是中国人治管理模式的典型体现，它充分反映了人治管理的主观性、随意性、私欲性和专制性。

中国有着几千年的"人治"历史，因此，人治型的领导方式在当今的领导实践中还有很强的历史惯性，突出的表现是：权大于法，领导者不是依靠法律、法规的权威性去实施领导，而是通过个人掌控的权力去领导；领导者不按法规制度程序办事，而是根据自己的情绪好恶，实行无序的、随意性的领导，导致政策因领导人的需要改变而改变，因领导人与下属的关系改变而改变。比如，国民党的军法就是对人不对事，只要有过硬的关系说情，往往就能法外开恩。国民党军法明确规定：战场上贻误军机，见死不救要军法严处。但邱清泉在解放战争初期是"国军"第五军军长，多次抗命不遵，拥兵自保，蒋介石闻讯后大怒，下令将其撤职查办。后经人说情，免去法办后来竟升任第二兵团司令。1947 年 5 月 14 日凌晨，孟良崮战役打响，华东野战军将国民党军五大主力之首整编 74 师合围于孟良崮山地狭小地区。蒋介石闻讯，急令各部齐头并进，拼死也要解张灵甫之围。遂一方面命令张灵甫坚守阵地，吸引共军主力，另一方面严令孟良崮周围的 10 个整编师，特别是李天霞 83 师和黄百韬的 25 师全力增援 74 师，以期内外夹击，聚歼共军于孟良崮地区。为此他下令："如有萎靡犹豫，逡巡不前或赴援不力，中途停顿，以致友军危亡，致"共匪"漏网逃脱，定必以畏匪避战，纵匪害国，延误战局，严究论罪不贷！"

李天霞与张灵甫素有矛盾，尽管在蒋介石的催逼下，他的整编 83 师只派出一个团的兵力弛援。

15 日下午，74 师因友军增援不力，弹尽援绝，水粮俱无，全军崩溃。师长张灵甫、副师长蔡仁杰、58 旅旅长卢醒等中弹身亡，师参谋长魏振钺、副参谋长李运良、51 旅旅长陈传钧、57 旅旅长陈嘘云被俘，傍晚全军覆没。蒋介石闻讯后悲痛至极，震怒之下电令将"汤恩伯撤职查办，李天霞就地枪决"。

殊不知李天霞生意人出身，善于人际经营，关系甚多，托人求情到了南京即被保释。在南京头等旅馆"安乐酒家"、镇江夫人岳景华处、上海情人陈忱处三地过起了逍遥自在的生活。6 月 2 日，李天霞竟被国民政府授予三等云麾勋章，而全力增援的黄百韬却获得四等云麾勋章。半年后，李天霞复出任第一绥靖区副司令官，后任第 37 军军长，第 73 军军长。蒋介石的处罚电令，成了军中笑谈。这种军法体系最终导致了军纪松弛，职责败坏，组织涣散，战斗力崩溃的后果。类似国民党蒋介石这种因人而异的执行制度和领导方式，仍是现在一些领导者身上的顽症。事实证明，纪律和制度是领导者带出来的，是领导者养成的，领导者的行事风格和工作作风对组织纪律、制度的贯彻执行有重大影响。兵随将转，潜移默化，有什么样的领导者，就有什么样的下属。领导者应自觉按制度办事，做遵章守纪的表率。否则上面松一寸，下面松一尺，必然形成效率的层级递减效应。

严肃纪律，强化制度，就要将组织的要求内化为成员下意识的自觉行为。首先通过加强思想教育，深化纪律意识，意识指导行为，行为养成习惯，习惯又促进潜意识的形成。其次是加强组织政治生态的影响，纪律是明文规定有章可循的，可以通过行政手段来维系。但作为群体行为规范，还须舆论环境的压力，通过群体倡导的行为模式，更有利成员自觉遵守执行。

不要企望和刻意追求制度的完善，制度是永远不会完善的，总是有漏洞的，因为无论多么高、多么坚固的防护栏，总是会有人设法翻越过去。根本的治理之法只能是不断地加强教育，提高下属的素质和觉悟，使人们都自觉地成为维护纪律制度的模范。毛泽东说，"锦州那个地方出苹果，辽西战役的时候，正是秋天，老百姓家里很多苹果，我们战士一个都不去拿。我看了那个消息很感动。在这个问题上，战士们自觉地认为：不吃是很高尚的，而吃了是很卑鄙的，因为这是人民的苹果。我们的纪律就建筑在这个自觉性上边。"

领导者要有正确的纪律制度观念，领导者不能从狭窄思维出发，把纪律制度作为体现领导者的个人意志和惩罚控制下属的工具，甚至成为报复、整治下属的手段。否则纪律、制度就会存在遗漏、缺漏、错漏；就会存在盲点、死角和"硬伤"，就会自相抵牾，不攻自破，后患无穷。领导者在遵守纪律、制度的表率作用，是维护纪律制度作用至关重要的关键。随着民主法治意识的觉醒，人治型的领导方式已经成为民主建设的体制性障碍，领导方式必须从人治向法治转变。

西方的人性研究比较透彻。苏格拉底强调要从根本上把感性的人改造为理性的人，以聪明和知识作为人的本性，在理智活动中确立道德价值和社会生活准则。他认为，如果人性的本质归附理性，那么人生的最高目标就应当追求正义和真理。

纪律和制度体现在组织文化上就是约束力。它使组织规范、有序、稳定，是变相用来激励人、鼓舞人、帮助人、发展人的，是实现人的价值和维护人的尊严的。制度是文化的一部分，文化是自然而然的、自觉的、习惯性的行为方式。制度要更多地注入文化因子，变成有文化内涵的规则、规范，渗透于人的心理与思维、行为与举止中，成为"内化于心，外化于形"的自觉行为。

5. 政治生态——（精神激励——金钱刺激）

组织的"政治生态"是指一个单位内部的人文环境，是组织成员在特定社会环境下的生存方式和发展状态，它是宏观社会风气的综合反映，影响着组织成员的价值取向和观念作风。通常一个领导来到新的单位，最令他头痛棘手的不是工作本身的难度，而是组织文化的庸俗，组织风气的败坏，人际关系的恶劣，管理体制的混乱。一个自由主义泛滥，无政府主义猖獗，坏人兴风作浪的组织，势必导致一切组织活动都无法正常运行，一切组织功能都将蜕化丧失。可以说，好的组织生态可以把坏人变好，坏的组织生态可以把好人变坏。

造成组织政治生态不良的因素很多，但最重要、最普遍的原因是漠视思想政治工作所致。大凡组织状态不佳，内部关系恶劣的组织，都有一个共同点，就是注重物质利益而泯灭精神动能。凡是一切向钱看，处处拿钱说话，事事靠钱摆平的组织，注定是一个"政治生态"不良的组织。构建组织良好的政治生态至为重要，最根本的途径就是固本培元，在凝神铸魂上下功夫。这"神"、这"魂"就是精神激励，就是信仰和理想，就是思想政治工作。

一个组织的驱动机制是靠金钱刺激，还是靠精神激励，其后果是截然不同的。以毛泽东为代表的马克思主义理论家特别注重道义的神奇作用，当然也没有否定金钱物质的重要作用。毛泽东一到井冈山就给了袁文才和王佐一百多条枪，对起义军进驻井冈山起了很大作用，如果当时不这样拿出珍贵物品以表诚意，仅凭革命大道理是很难达到预期效果的。在解放区，共产党一面宣传打倒国民党，翻身求解放；一面开展土地改革，给农民土地和牲口。精神与物质相结合，极大地调动了翻身农民的积极性，掀起了父母送儿参军，妻子送夫上战场的热潮。如果光给枪，光给土地和牲口，思想教育跟不上，会出现什么后果呢？后果就会和很多父母生养孩子因疏于教育，最后落得被子女抛弃的悲惨命运一样。蒋介石经常对背叛他的将领惊愕地对别人说："我对他不薄啊。"蒋介石不理解受他恩宠的爱将为什么会背叛他，以为拿钱就能笼络住人心，就能买到忠诚，这无疑是很愚昧的。华北剿总司令傅作义和东北剿总副司令周福成的女儿傅冬菊、周常秀都是中共党员。她们都劝说父亲放下武器，火线起义。傅作义和周福成不明白，共产党是个穷党，跟随这个穷党能有什么好处？可见主义的魅力是何等的巨大，真理的力量是何等的神奇。

管理就是政治，一切优秀组织都是讲政治的组织。政治就是讲道义、讲真理、讲宗旨、讲使命，就是讲思想境界、讲道德品质、讲纪律原则、讲集体主义……一切糟糕的组织都是不讲政治的组织，不讲政治势必讲别的，讲金钱、讲条件、讲代价、讲利益、讲官爵、讲享受，讲投机取巧，讲违法乱纪……

一个政治生态好的组织，其核心动能都是受精神力量的驱使，这种组织生机勃勃，意气风发，人心向上，人心思进，比作为，比奉献，有原则，有正气。在这里，无所作为的消极观念没有市场，腐化堕落的不良风气没有环境，心怀叵测的人没有生存空间，假公济私的人就是过街老鼠……

一个组织没有浩然正气，就难免歪风邪气盛行；一个组织规章制度名存实亡，那么"潜规则"就会大行其道；遵章守纪埋头实干的人得不到施展，巧言令色弄虚作假的人就会图谋得逞并为所欲为；如果像林冲那样规矩正派忠于职守的人受到排挤，那么高俅之类吃喝玩乐不干正事的人就会横行无忌。如果令人郁闷憋气的组织环境不改变整饬，那么身处其中的组织成员就会无所适从，彷徨纠结甚至难以正常工作。所以政治生态是一项严重制约组织优劣的环境要素。

营造良好的政治生态，关键是领导者的思想性。领导要重视思想政治工作，深谙精神力量的博大魅力，深刻懂得文化力量的深远作用。有了良好的政治生态，可以内聚人心、外树形象，领导者才会富有凝聚力、领导力和创造力。大家才会把心思精力投在一个方向上，群体才会释放新能量，工作才会开创新局面。

组织的政治生态就是组织的文化状态，就是组织成员的精神风貌和作风状态。中国人民解放军是政治生态最好的组织，被人们称为"熔炉"、"大学校"。这个组织里涌现出了大批的英雄、模范和榜样，他们是最可爱的人。为了使更多的组织具有良好的政治生态，毛泽东号召全国都要学习解放军。

1960年9月14日至10月24日，中央军委在北京举行扩大会议。会议作出了《关于加强军队政治思想工作的决议》。这个决议，从内容到表达方式都尽量模仿毛泽东起草的古田会议决议，毛泽东亲自修改并指示印发党、政、军、民各系统。12月24日，中共中央批准这个决议时指出："这个决议不仅是军队建设和军队政治思想工作的指针，而且它的基本精神，对于各级党组织、政府机关以及学校、企业部门等都是有用的"。毛泽东提出向解放军学习，究其实质，就是要学习解放军的政治思想工作。政治思想工作的内涵，就是弘扬人的精神，培养人的精神品质，注重人的精神力量，强调精神变物质的作用。

解放军的成功经验就是政治建军，这是解放军始终成为党绝对领导下的革命军队的保证，这是解放军战胜一切强大敌人和任何艰难困苦的力量源泉。然而，政治工作是军事工作乃至是经济工作的生命线的科学结论，一度遭到怀疑和否定；但是，正反两方面的历史经验和教训雄辩说明，政治工作应该是、确实是、也必然是一切工作的生命线，是一切工作的灵魂，政治工作一放松，所有的工作就滑向了"邪路"。习近平在 2014 年 10 月 31 日全军政治工作会议上说："历史，往往在经过时间沉淀后可以看得更加清晰。回过头来看，古田会议奠基的政治工作对我军生存发展起到了决定性作用。""坚持从思想上政治上建设部队，是我军建设的一条基本原则，是能打仗、打胜仗的政治保证。过去我们是这么做的，现在也必须这么做。"

大庆是共和国工业战线的一面旗帜，大庆创业的许多可歌可泣的事迹就是解放军的模板效应。一是石油部是最早向解放军学习的先进单位，他们成功地运用了解放军成套的政治工作做法，取得了显着的成绩，并且创造了一套比较完整的工业企业中进行思想政治工作的经验，多次受到毛泽东的赞扬。1964 年1 月 7 日，毛泽东在听取全国工业交通情况汇报时，指示报纸要写点新鲜事物，报道学习解放军、学习石油部。二是大庆创业时期的工人，有三万解放军转业官兵，他们的好思想、好作风，为大庆油田注入了不朽的精神能源。这就是"为国争光、为民族争气的爱国主义精神；独立自主、自力更生的艰苦创业精神；讲求科学、"三老四严"的科学求实精神；胸怀全局、为国分忧的奉献精神。"这种精神迄今仍是办好国企的核心思想。

现在许多国企管理不善，经济效益下滑，根本原因是企业文化出了毛病，是企业领导精神萎靡，漠视思想政治工作，导致企业全员思想滑坡，难以作为，政治生态持续恶化的结果。

思想政治工作贵在提振精神感召力和强化正能量氛围，倡导精神激励，弱化金钱刺激。精神状态不仅能调动人的社会属性，还能调整改善人的生物功能，促进内分泌系统活力，增进身体免疫系统的健康。淋巴系统在人忧郁时功能下降，所以那些消沉忧郁，苦闷哀愁的人患癌症的居多。现在有些中青年出现的过劳死，除了不健康的生活方式外，还有一个特别的因素，就是精神萎靡，情绪低落。由于人们不情愿工作，对工作消极厌倦，无可奈何的应付工作，不仅效率低下，还对身体危害极大。没有精神内容的工作不是工作，而是劳役；没有精神激励不会有激情，不会出创意。可见，光明的思维、高昂的士气，奋进的精神对人的身体和事业影响极大。思想政治工作不是没有用，不是可有可无，而是十分重要，十分必要的。

人，不仅要有知识，更要有对知识的理解、迁移、创造的能力，而这恰恰需要思想政治工作进行转化。人，不仅有需要，更要有对需要的正确满足方式和合理调节能力，而这恰恰需要思想政治工作的开导调适。人对客观事物的认知、判断、感悟和思考，是仁者见仁，智者见智的，只有通过思想政治工作的启导疏导，引导教导，塑造优秀人格，升华精神境界，确立积极的人生目标和高度的社会责任感。才能形成对社会、对组织有益的统一价值观

思想政治工作不见得有立竿见影的效果，它突出体现在人的心智模式塑造上。人的心智模式是一个系统，它迟早会反映到人的行为上，表现出对组织这样或那样的支持作用。共产党为了争取和策反国民党高级将领，常常要做几年、十几年、甚至几十年的思想转变工作。这些将领当时没有投奔共产党，但一直与共产党保持着秘密联系；虽然没有公开举旗反蒋，却在关键时刻帮助共产党，一旦时机成熟，他们迅速与地下党取得联系，及时反戈一击，纷纷作出立功表现。解放战争后期，国民党军队整建制的起义形成了马太效应，使蒋介石的军事部署接连破灭，国民党的统治就像地震一样很快土崩瓦解了。解放军战场上的冲锋陷阵和地下政治工作的攻心洗脑，犹如拳击者的左右手，打得蒋介石只有招架之功，没有还手之力。当180多万起义部队与解放军汇成排山倒海、势不可挡的钢铁洪流时，谁还能低估思想政治工作的伟大业绩呢？

6. 用人机制——（任人唯贤——任人唯亲）

一个组织的兴衰成败，一个很重要的因素是在于领导者能不能善于发现人才，正确使用人才。从某种角度上说，领导的科学性就是用人的科学性，领导的艺术性就是用人的艺术性。谁拥有了人才优势，谁就拥有了竞争优势，当今各行各业的竞争，归根到底是人才的竞争。

领导者如何用人，决定了这个组织能不能汇聚人才，能不能涌现人才，能不能留住人才，能不能发挥人才的作用，进而决定这个组织是生机勃勃还是死气沉沉，是日趋兴盛还是行将没落。

毛泽东指出，在"使用干部的问题上，我们民族历史中从来就有两个对立的路线：一个是'任人唯贤'的路线，一个是'任人唯亲'的路线。前者是正派的路线，后者是不正派的路线。"毛泽东历来强调在干部政策问题上要反对不正派、不公道的任人唯亲作风。他对秘书说："我们共产党的章法，决不能像蒋介石他们一样搞裙带关系，一个人当了官，沾亲带故的人都可以升官发财。如果那样下去，就会脱离群众，就会和蒋介石一样早晚要垮台。"新中国刚成立时，毛泽东的亲属们希望能得到他的提携，毛泽东一一拒绝。他给秘书田家英交代的处理这方面问题的原则是："凡是要求到北京来看我的，现在一律不准

来，来了也不见。凡是要求我给安排工作的，一律谢绝。我这里不介绍、不推荐、不说话、不写信。"他这"四不"的基本精神就是反对任人唯亲。

任人唯贤，就是按照德才兼备的标准选拔任用干部。"德"主要是指干部的政治态度、道德品质和思想作风。"才"主要是指干部的工作能力、理论水平及文化业务知识。"兼备"表明德才互相联系，缺一不可，既不能只顾才不顾德；也不能只顾德不顾才；从德和才两个方面来说，德是第一位的。毛泽东根据马列主义关于干部问题的论述，总结党在使用和培养干部方面的经验，提出了一条完整的干部路线，这就是在党的六届六中全会上指出的："共产党的干部政策，应是以能否坚决地执行党的路线，服从党的纪律，和群众有密切的联系，有独立的工作能力，积极肯干，不谋私利为标准，这就是'任人唯贤'的路线。"陈云同志提出，我们选干部，要注意德才兼备。所谓德，最主要的，就是坚持社会主义道路和党的领导。

改革开放以后一度盛行"能人观"，一批"精英"驰骋社会各界，然而好景不长，在接下来的反腐浪潮中，这些"精英"纷纷露出了庐山真面目，许多"能人"都变成了国家的"罪人"，他们象多米诺骨牌一样相继倒下，一个个垂头丧气地走进了监狱。几十年的惨痛教训证明，"能人"所带来的效益往往得不偿失，而危害之惨重简直是百身莫赎。

蒙牛总裁牛根生说得好，一个人智力有问题，是次品；一个人的灵魂有问题，就是危险品。蒙牛的原则是任人唯贤，"有德有才，破格重用；有德无才，培养使用；有才无德，限制录用；无德无才，坚决不用"。

有的领导者认为，我们是企业，是经济单位、生产单位、技术单位，我们不搞政治，我们就是干活，所以重用"能干事的人"，可以不考虑品德。其实这些领导者还不清楚"缺德"之人的危害之处，这种人会恶化组织内的人际关系，他总会无孔不入地瓦解、破坏、侵蚀、损害组织肌体，起初谁也察觉不到这种人的负面能量。直至有一天领导者会纳闷，组织风气为什么和以前不一样了？人的精神状态怎么差了呢？组织内的人际关系怎么恶化了呢？组织的功能怎么退化了呢？其实这些都是"缺德"之人的"发酵"结果。事实证明，不管是什么组织，不管是干什么工作的，用人要永远遵循任人唯贤的原则。

一切腐败的根源，首先来自用人制度的腐败。组织对人才的态度和使用标准，直接能反映组织领导者的人格品质和思想境界。优秀的领导者都会遵循任人唯贤的原则，而那些以权谋私的领导者，通常会把那些阿谀奉迎，阳奉阴违，惯耍小聪明、使鬼心眼，施弄小权术、玩鬼把戏的人当做什么"贤"而倍加珍赏。物以类聚，人以群分。组织的领导者是组织优劣的方向标，一旦领导者不能正确用人，就蕴含这个组织的性质在渐渐发生腐化，就开始孕育危机了。

有人说"举贤不避亲"。牛根生有句话很有道理，"我是举贤一定要避亲的，如果我把自己的孩子、自己的亲人放在企业里做，贤不贤，没法考核，但是亲不亲，大家全清楚"。牛根生说，我们公司一创立便定下了两条基本原则：一是中高层领导的直系亲属一律不准进企业，二是中高层领导一律不准往企业塞人。

万科前总裁王石说："亲戚朋友都在一家公司里，怎么形成公平的竞争，所以，举贤一定要避亲。万科从组建至今，在万科内部没有我的大学同学，没有部队战友，也没有儿时玩伴。"王石卓有见地的指出，"要形成一种公平竞争的机制，举贤就一定要避亲"。为了避免造成裙带关系，万科公司不提倡夫妇双方同时在万科工作。由于最大限度地削弱了血缘、宗亲关系的影响，在万科公司内部，人际关系相对比较简单，为公司的规范化管理创造了一个良好的环境。

联想集团董事局主席柳传志说：联想制度明文规定：不管高管孩子多优秀，一律不许进公司。倘若真有大客户推荐的人才，且确实适应公司要求，那么必须由三个副总裁以上的签字：这个孩子跟任何一个领导都没关系。这一"天条"适用于所有的联想高管，没有任何"选择性执法"的空间。柳传志的两个儿子读的都是计算机专业，一个在北大，一个在北邮，后分别求学于哈佛和哥伦比亚大学，最终都未曾侵犯该制度进入联想。联想从一家创业资金仅20万的小企业发展至如今的中国电脑帝国，其内部强悍的"避亲制度"是不可或缺的重要因素。

跨国公司职业经理人，著名实战培训大师余世维说："我在商场打拼了30年，我自己的企业里从来不允许我的父母，兄弟、亲戚、朋友介入。因为我觉得太多亲戚朋友在公司里会给企业的管理带来很大困难。如果他们做得不好，我责备他们，他们会很不高兴，我也会很难受。因此，我的原则是公私分明，绝对不用自己的亲戚朋友。"

这些卓越的民营企业之所以发展的好，就是因为他们有德才兼备，远见卓识的好领导，有正确的用人标准和科学的用人机制。他们站在全局长远发展的高度上，真正做到有求才之渴望，识才之慧眼，容才之胸怀，护才之胆识。

人才是一种宝贵资源，不能合理的使用人才，是一种极大的浪费。有些领导者缺乏尊重知识、尊重创造的远见卓识，自然就不会意识到人才在创新、创业、创优中的重要作用。于是他们没有"三顾茅庐"求贤若渴，拜才为师的胸怀；没有发现人才如获至宝的心情；没有对待人才亲如挚友的感情；没有慧眼识才，招贤纳才，人尽其才，才尽其用的想法；更不会有广开进贤之路，培养人才，留住人才，为各类人才成长和施展创造良好环境的政策及其激励人才的各种做法。

人才在社会发展中扮演了至关重要而能动的因素。当今世界，企业竞争日趋激烈，并将竞争引向广泛、多元、高难、精深的方向发展。在企业面临飞速发展的机遇同时，也面临着"优胜劣汰"丛林法则的严峻检验。是生存？还是死亡？最终都是由人才来说话、来抉择的，人才是事业的支柱。联想董事长柳传志说："现代企业的竞争，归根结底是人才的竞争，从这个角度来说，人才是企业之本。人才是利润最高的商品，能够经营好人才的企业才是最终的大赢家。"

7. 工作态度——（积极主动——消极等待）

组织成员在怎样对待职责和工作的态度上，差距是非常悬殊的。优秀组织中的成员关心组织，热爱集体，工作态度积极主动，认真负责，能克服种种困难，想方设法保质保量完成任务。他们执行任务坚决，作风雷厉风行，愿意进行各种尝试来提高工作效率，愿意变革现存工作方式，创造更卓有成效的业绩。尤为可贵的是他们在没有任务时，能自动自发找活干，自行赋予任务，做到了领导在与不在都一样的职业状态。

不良组织的成员工作态度则是消极无为的，他们精神懈怠，作风懒散，执行力差，被动等待，敷衍塞责，干面子活，看领导脸色办事，惯以种种借口拖延工作。他们不顾事实和结果，不顾市场和客户，总是被动地接受领导所安排的工作，一事当前，总是考虑自己，很少相互协作，只要领导通得过就行，通常以最差的标准完成任务。在创新方面不会有更多的想法，即使有也不愿意去实施。

组织行动是由领导统一部署安排的全部个体行为的总合，是具有严密分工与合作的集体协作，成员的个体行动是组织活动的有机成分，组织力量的发挥高度依赖于个体的相互支持和配合的程度。组织成员的素质和工作状态，决定了组织功能和效果，所以透过组织成员的种种表现，足以验证组织建设的质量。

例如所谓补位工作，这是职责没有明确规定，任务没有指定要求，领导没有想到、安排，交办、指派，相关部门也没有求助求援的工作；有些是外界意外变化，事先无法预料的突发工作，也就是可干可不干的工作。补位工作常常出现在整个工程和系统布局中的遗漏空隙，往往越是庞大繁杂的过程环节，越容易出现纰漏。是主动拾遗补缺，弥补漏洞，还是凡事等领导发话，等上级指示，结果确实截然不同。对这些领导看不见，绩效考核没列入的工作，是检验组织成员的大局意识，高度责任感的最好尺度。

补位，实际就是补繁杂工作系统中的遗漏，补客观环境急剧变化的偶然机会；就是补领导工作统筹中的失误，是补整体大局的利益。更深刻地说，就是补下属头脑中的责任感，补任何工作都不可或缺的使命精神。具体做法就是，领导没有看到的，做下属的要替领导看到；领导没有想到的，做下属的要替领导想到；领导没有做到的，下属要替领导做到。这样就能天衣无缝，实现系统优化。这是组织成员高度责任感所表现出来的积极主动行为，是高度主人翁精神的责任机制之真正体现。

补位工作做得好，就能使许多临时性的工作，边缘性的工作，紧急性的工作实现天衣无缝的完美衔接。补位工作的意义不仅是减少时间、节省人员、提高效率的经济价值；更主要补的是机会、补的是质量、补的是人心；补的是人的思想境界、人的无私奉献、组织的精诚团结、组织成员的真诚情谊，这些都是组织最宝贵的品质和财富。

中国人民解放军是责任使命优良的组织，其最突出之处，就是补位工作做得近乎极致。

辽沈战役中有一个"胡家窝棚"战斗，被列入战史研究，给予了极高的评价。1948年10月下旬，锦州攻克之后，东野回师围剿廖耀湘西进兵团，廖兵团转进营口不成，掉头向沈阳逃遁，25日晚兵团司令部和新六军军部驻扎在胡家窝棚。26日凌晨时分，东野3纵7师21团3营巡至胡家窝棚，黑暗中发现有7间大瓦房天线林立，猜测断定是敌人的司令部，营长果断下令"打"！百余名战士勇猛地冲了上去，他们的果敢行为，令廖耀湘等惊慌失措，四处逃窜。廖兵团指挥部的通讯器材被炸毁了，通讯瘫痪，导致整个兵团陷入混乱。在与廖兵团警卫部队的惨烈交战中，3营指战员几乎全部牺牲。胡家窝棚战斗引起了中外军事专家的高度重视，有西方专家称："这是'上帝之手'为东野部队送来的'神来之笔'。"事实证明，"胡家窝棚"一战加快了廖兵团覆灭的进程，缩短了辽沈战役时间。

辽沈战役的大捷也好，淮海战役的辉煌也罢，恰恰是由无数个胡家窝棚、独一旅阻击战这样无私无畏、英勇奉献的事例组成，是由无数个舍己为群、顾全大局的无边界行为构成，是许许多多补位工作成全了两大战役的胜利。就拿辽沈战役来说，当锦州被攻下来之后，东野马上转入对廖耀湘兵团的围剿，命令之急，动作之快，使数十万大军顿时乱了套，出现了军找不到师，师找不到团的奇特现象。这乱了建制的团、营、连，都成了没有上级的"独立大队"和小分队，这些独立的小组织没有等待命令，从指挥员到战斗员都从大局出发，按照野司的精神全力追缴敌人，演绎了一场旷古未有的、壮观精彩的围歼大戏。廖耀湘兵团这时东奔西逃也是一派混乱，两军以乱对乱，简直就是一场"乱的角逐和比赛。通过"乱",真正检验出两支军队的优劣,检验出广大官兵的个体品质,检验出之所以胜,之所以败的根源。

在和平年代里,这种无边界行为和补位工作依然随处可见。1960年3月25日,王进喜从玉门千里迢迢来到大庆参加油田会战,一下车不问吃不问住,首先问指挥部我们的井架到了没有?这里的采油最高指标是多少?我们的井位在哪里?随后,王进喜带领全队人员天天去车站等候,在井架没来的情况下,主动帮助别的采油队卸井架,搬运物资。井架到了以后,在没有吊运起重设备条件下,硬是靠人拉肩扛,一寸一寸挪,把井架运到十几里外的井位上。这种不等不靠,主动千方百计找活干的精神,不就是一心一意为国争光的忘我精神吗!不就是解放军不怕流血牺牲奋勇杀敌的奉献精神吗!有了这种精神的人,领导还愁创造不出辉煌业绩吗!

现在,任何无边界行为和补位工作都很少有流血牺牲的伤亡代价,可是负责任的义举却寥寥无几,随处可见的却是袖手旁观,熟视无睹,甚至是逃避躲闪,拒绝配合,是什么原因造成如此巨大的反差呢?

探究组织成员的行为机制,无非是行为的责任导向和行为的利益导向两种类型,这是鉴别他们孰优孰劣的分水岭。凡是追求本部门、小团体、个人利益的行为模式,其结果都是负效应的。什么样的领导带什么样的兵,组织成员的本位主义和个人主义,对组织的事漠不关心,对集体没有责任感,往往折射的是领导者的自私自利。领导者的主要责任就是对组织建设承担着艰巨使命,对员工教育负有不可推卸的责任。组织是领导者的作品,领导者的品格就是组织的品格,利益导向型成员的惯常表现,就是千方百计使个人利益得到最大满足,而组织目标却弃之不顾。所以从组织成员身上看到的,是组织的文化,是领导者的身影,是领导者的领导力。

8. 相互关系——(精诚团结——离心离德)

精诚团结,是组织生存的基础,是一个组织实现优秀的重要条件。组织团结能使成员有归属感、温暖感、集体荣誉感,大家会自觉地维护这个组织,愿意为组织做事情,使组织具有凝聚力、向心力、竞争力。

一个组织要实现精诚团结,应该满足三项条件:其一是上下级的团结,即领导者与下属成员和睦友善,工作默契,互相支持,这是最重要的一点;其二是同事间的团结,即领导成员间和下属成员间及组织部门间的彼此尊重,互相理解,真诚协作;其三是领导者和下属成员都要有对组织负责任的态度,共同珍惜和维护组织的荣誉,视组织为亲情友爱的大家庭,视组织为共同理想、利益一致，肝胆相照，风雨同舟的坚强团体。

　　共产党军队和国民党军队的一个显著区别，就是部队内部的人际关系不同。二渡赤水再占遵义是红军长征至为关键的生死决战，也是长征以来的第一个大胜仗。彭德怀总结说：娄山关和遵义之战是一、三军团协同作战的结果。一、三军团在战斗中早就形成了这种关系，有时一军团指挥三军团，有时三军团指挥一军团，有时就自动配合。很显然，这种默契的配合对任何军事行动都是十分有利的。而国民党军队不是不懂得唇齿相依的道理，而是由于太自私，对大局不负责任，结果屡屡造成战场的惨败。一个组织内部之间是互通有无、彼此协作、相互支援，还是袖手旁观、隔岸观火、幸灾乐祸，是检验这个组织整体功能、组织文化、组织建设优劣的显著标志。

　　组织团结的核心因素取决于领导者的视野、胸怀、思想境界和行动表率。一个组织团结不团结，领导者起决定作用，他是组织品质的雕塑者，是组织前进的带头人，也是组织衰败的始作俑者。领导者对组织团结的功过，负有百分之八十的贡献或责任。

　　一个优秀组织的重要成因，就是成员之间的高度信任和资源共享，保证畅通的信息交流，成员间愿意公开且真实表达自己的想法，哪怕是负面的。愿意主动接受别人，能够积极主动地倾听他人意见，不同的意见和观点在组织中都会受到重视。一个优秀组织的实际表现就是能做到人与人的互相帮助，密切协作，把各工作环节进行有效链接，促进成员间彼此合作，提高组织系统的结构性效率。工作衔接合作到位，远比个人工作累积相加更重要。精诚团结是组织管理顺畅高效的重要条件，是关系全局成败，涉及整体利益一致性的重要保证。

　　成员间的团结来自积极有效的沟通，由沟通增进相互了解和相互信任，继而在主观上产生积极配合的意愿。成员间的互动沟通越多，互信程度越高、齐心协力的气氛越浓，真诚协作的意愿越高，甚至甘愿牺牲个人利益以成全对方的成功。借鉴这种原理，组织的领导者就要适宜创造条件方便组织成员相互沟通，增进互信，促进友好关系的搭建，组织大家野游，参观，聚会等有益成员沟通交流的活动。领导者积极创造与下属交流的渠道与机会，使组织成员的意见和抱怨等负面情绪得到有效宣泄，避免因沟通不畅造成内部伤害。

　　优秀组织是具有高度一致性、相互依赖性和共同合作性的群体，而相互依赖和共同合作的根源是利益的一致，这也正是共产党军队官兵团结，军民团结，军政团结的根源。广大士兵吃苦挨饿，流血负伤，艰难困苦而不溃散，紧紧团结在组织周围，首长一声令下，冲锋陷阵，赴汤蹈火，宁可自己牺牲，也要保护首长、战友的安全，表现出了崇高伟大的无私奉献精神。为什么会有这种精诚团结的局面？就是因为"官兵一致同甘苦，革命理想高于天"。官兵同甘共苦的一致性，追求共同理想的一致性，翻身解放不受剥削压迫实现共同利益的一致性，才使得革命队伍的团结比铁还硬，比钢还强。

人与人之间，只有永恒的利益，难有永恒的友谊。因共同的利益而缔结同盟；因一致的利益而团结如钢。同样，也因各自的利益而斤斤计较，离心离德，态度逆反；因不同的利益而心生怨恨，滋生矛盾，变友为敌。一个组织没有共同利益就不会精诚团结；利益不均，就会矛盾丛生；利益悬差，就会四分五裂。利益是人心向背的焦点，这就是不管什么组织都注重防止分配不公，两极分化的实质所在。组织的生命在于团结，团结的根蒂在于利益，利益的分配就是政治。政治理念不同，利益机制就不一样，所以秉持不同的管理哲学，组织的状态就迥然不同。

稻盛和夫认为，我希望在经营者与员工之间构筑家庭成员般的人际关系，建立一个有更多员工互相携手共同参与经营的公司。为了劳资双方的共同目标，上下级互相合作，并借助日本传统的"家族"观念构建这种最理想的模式。形成一个命运共同体，互相关心，为了对方可以不惜一切，是一种充满爱意的家族关系。这就是我所追求的大家族主义。

领导者决定组织成员的利益，领导者好与不好，恰恰就在于他怎么处理协调组织内成员间各自利益的。组织是精诚团结还是离心离德，就取决于领导者是否出以公心，出于正确的政治理念，公正公平地协调解决组织内各成员间的利益关系。事实上，分配利益比分配任务更困难，协调利益比协调工作更棘手。从这里最容易体现领导者的人品境界和政治素质，凡是领导者有私利私欲，别有用心的，分配问题必然搞不好。在那些四处鼓包，分崩离析的组织里，注定有领导者品格欠佳，政治素质低下的因素在起作用。

"不患寡而患不均。"这是客观的社会心理反应，是不以人的意志为转移的社会态度。这个道理再过一万年也不会过时，只要有人存在，这个道理就会发生作用。这正是几千年来人类社会阶级斗争的根源，也是共产党存在的依据，也是共产主义社会制度要解决的根本问题。

为什么在中国革命战争时期和解放初期，很多组织就很少因利益问题而恶化组织团结？不是因为那时人们对利益的需求少，关键是因为那时特别注重思想政治工作，特别强调人的精神境界，思想的革命化有效地抵制和冲淡了个人利益的膨胀，自我牺牲和无私奉献精神大倡其道，使广大领导者成为群众学习效仿的楷模，从上到下很少因纠缠个人利益而影响组织的团结和事业的发展。所以要想破解"不患寡而患不均"和"只有永恒的利益，没有永恒的友谊"的社会心理机制，必须辅以思想政治工作，把人的思想境界提升上去。什么是"生，亦我所欲也，义，亦我所欲也。二者不可得兼，舍生而取义者也。"什么是"生命诚可贵，爱情价更高，若为自由故，两者皆可抛。"什么叫宠辱不惊，不计得失；什么是物我两忘，天地境界；都是思想教育的结果。

综上所述及总结这一章的根本要点，就是强调领导者必须要重视组织文化建设，而组织文化建设的中心是核心价值观的建设，而核心价值观建设的基点就是思想政治工作。在中国，不注重思想政治工作的领导者是搞不好组织文化建设的，不注重组织文化的领导者是当不好领导的。也许有人试问，杰克·韦尔奇和稻盛和夫是不是也注重思想政治工作？答案：是的！只不过"思想政治工作"这个词汇还没有国际接轨，本质是一样的。

第十章　领导者的员工教导力

　　管理人是一件十分困难而棘手的事情，没有与群众直接接触的领导者，体验不到与员工打交道的艰辛和苦恼。身处员工之中，恰是中、基层领导者提升领导力的有效磨练和修养。员工不单指生产一线的工人，也包括一般干部和专业技术人员。中国人民解放军的许多元帅、大将、上将，都是从班长、排长、连长一步步干起来的，他们最懂得如何带兵打仗。事实证明，有过与员工密切接触过的原生态领导者，更能深刻理解员工培养教育的重大意义。

　　美国管理学家和社会科学家，经济组织决策管理大师赫伯特·西蒙指出，领导方式大致分为两类：一是领导者行使权力，进行动员和提供信息，迫使下属执行组织的决定；二是领导者通过培养教育，树立员工对组织的忠诚，培养员工的态度、习惯和精神状态，引导员工对工作效率的关心，教导员工自觉地执行组织的决定。随着以人为中心管理时代的到来，领导力中的教导力，将越发被发掘和重视起来。

　　教导力是领导力的真谛。教导的目的就是求同，即领导者通过种种讲演说教方式传播思想、播种真理、传导观念，从而产生导师般的威信和影响力，使领导者的思想和意愿变成群众的思想和意愿，使群众与领导同心同德，上下同欲，风雨同舟，共同奋斗，从而竭诚一致，悉心毕力地实现组织目标。

　　群众能与领导在思想上保持一致，志同道合，是领导者追求的最佳领导条件。如果领导与群众异口同声，同声相应，不约而同，不谋而合，那么还有什么困难不能克服，还有什么问题不能解决呢！可见，教导力是从领导力中派生出来的最有影响力的要素，有教导力必有领导力。

第一节　教导力——领导力的真谛

1. 教育引导是领导者的天职

领导力理论除了研究领导者的个性和素质以外，还要研究领导者的行为方式，领导者是通过一定的行为方式对被领导者施加影响的。

领导领导，既领且导。领是带领、率领、统领，是一马当先，以身作则，率先垂范，是走在前、干在前的样子；是指引方向，冲锋在前的旗帜。导是引导、教导、指导，是传经布道，启迪启发，指点矫正；是导航人生，诲人不倦的恩师；是培育成长，鞭策奋进的首长。领导者能否领导好部下，往往取决于教导的功夫。只有通过教导使下属认识到真理，能辨别是非，理解生活与工作的意义，才能使下属与领导心往一处想，劲往一处使，形成一个拳头，共奔一个目标，齐心协力把事业搞好。所以，衡量一个领导者的领导力，很重要一项指标，就是考察他的教导力。

一个领导者的成功标志，一个领导者的卓越体现，不仅要看他是否做出英明的战略决策和一系列科学的工作部署，还要看他是否善于教导人，拥有源源不断的追随者；看他是否善于培养人，带出一批批优秀的干部，使自己后继有人。毛泽东等老一辈革命家，都有十分卓越的教导力，他们勤于教导，培育出了大批忠诚革命事业的好带头人，使革命势力越来越大，于是排山倒海，覆地翻天，换了人间。

为什么不努力工作的员工不可胜数，其主要原因是许多员工不懂得人生的价值和意义，没有追求和梦想，不知道工作的至高境界就是奉献。正如王阳明所说，"未有知而不行者，知而不行，只是未知。"之所以不努力工作，根源就在于不知道、不清楚、不明白为什么要努力工作的道理。如果真的"知"了，一定会自觉主动的去做。孙中山说的"知难行易"，就是王阳明真知乃能力行的思想。由此可知道理的重要，人生所贵者在知，有了知自然有行。

领导者首先要践行身为人师之职，要着重阐明为人之道，践责之理，而不是一味指令员工应该如何如何，而是应先把道理说出来，讲明白，下属懂了，自然会去贯彻执行。人管人，气死人；制度管人累死人；文化管人管到魂。缺乏内化于心的观念，仅通过制度维持秩序的成本无疑十分高昂。一个企业没有意识形态的约束而光靠制度根本是维持不下去的，人永远比制度聪明，人总可以找出逃避制度、对抗制度的办法。一流企业的文化管理，精神塑造，是从人本人性的角度，把企业利益和员工利益联系在一起，把企业使命和员工使命结合在一起，唯此才能使员工自觉自愿、齐心协力的完成企业目标。

当今很多企业都创建了企业大学，开始注重培养自己的管理者和专业人才，但主要领导人承担教导者角色亲自主讲授课，担当首席讲师之职的还不多。

美国通用电器公司奉行领导力即是教导力的理念，为全世界培养了 200 多位 CEO，杰克·韦尔奇也由此成为世界一流的教导大师而彪炳史册，誉冠全球。GE 亦被世界众多企业奉为培养领导者的标杆企业，韦尔奇的继任者伊梅尔特也承前启后做着担当老师的重要事情，使 GE 这一优良传统得到发扬光大，并形成了从高层、中层延伸到基层的经理人员都能发挥教导者的作用。

领导力的价值很重要的一个方面就是培养下属领导者，教导广大员工，通过教导力彰显观念的力量，提升威信的威力，扩展影响力的辐射力。下属的成长进步与领导者的教导密切相关，教导的过程就是领导者威信和影响力的形成过程，就是领导力的提高过程，就是领导力的实际运用和施展的过程。

2. 教导力是精神变物质的强大力量

什么是无中生有？什么是化敌为友？其本质都是思想力的作用，其方式都是教导力的作用。教导力是将思想力通过语言表述的功夫，展示和传输给群众，使群众共同拥有领导者思想的过程。先进的、正确的思想彰显弘扬的过程，就是落后的、错误的思想消减驱散的过程。通过思想的交流互动，使领导与群众都获得了思想的充实和提高，一个单位歪风邪气盛行，注定是那里的领导者教导无力、教导无方、教导迷失所致。

让张学良百惑不解的是，为什么共产党越打越多，以至于他直言不讳地对蒋介石说："共产党是杀不完的，越杀越多。"为什么共产党越杀越多？就是因为共产党的思想政治工作做得好，宣传鼓动教育搞得好。不仅广大群众接受了马克思主义的启迪，投身到共产党队伍中来，就连国民党的高级将领也接受了共产党的教导纷纷起义投诚，归降到共产党一边。据统计，仅解放战争期间，就有近二百万的国民党军队调转枪口与解放军并肩作战，国民党集团焉能不土崩瓦解。常言道："得人心者得天下"，这"人心"不光是打出来的，也是思想政治工作的教导力赢得的。

《孙子兵法》倡导"不战而屈人之兵，善之善者也。"心战的战果和意义要比兵战大得多，通常杀人一万，自损八千。而争取对方起义和投诚，不仅自己毫发无伤，而且是在壮大自己力量的同时，削减瓦解了敌人，等于获得了倍增效益。企业也是一样，如果员工素质不佳，积极性不高，能力不强，不配合领导共事，那么同样完成一项任务，所付出的成本都是双倍的。虽然没有具体数据佐证说明，但谁也不会怀疑教导力的效益是十分巨大的。

领导力是领导者的引导力与被领导者的迎合力的有机统一，是一套互相促进、彼此制约的系统。动员了全国的老百姓，使之参加抗日战争，形成人民战争的汪洋大海，这是领导者宣传教导的作用。地道战、地雷战、麻雀战、破袭战等具体游击战法，则是广大群众的创造性活动。领导者的教导力与群众的创造力这两方面有机结合，才能实现抗日战争的胜利，教导力是精神变物质的强大力量。

下属的自觉性、主动性、积极性和创造性是领导力最直接的反映。群众有了自觉性、主动性、积极性和创造性，领导的工作就完成了一半。相反，如果群众主观盲动、消极被动、抗拒冲动、推一推、动一动，那么领导力又由何显现呢？所以，领导者有一半的领导力是在下属那里，领导力的标准答案也在下属那里。鉴别一个领导者的优劣，衡量一个领导者的领导力高低，群众最有发言权和裁决权。

火车要跑快，仅凭车头带是不够的，过去火车跑不快的原因是动力只在火车头，动力是单一的；现在的高铁动车速度是过去蒸汽机车的几倍，原因是它不仅车头有动力，车厢也有动力，从而使列车风驰电掣。领导力也是这样，不能只发挥领导者个人的车头作用，下属身上也有领导力，要改变过去领导力集中的单一状态，要把下属的活力、动力、努力和特殊作用也要纳入到领导力上来，而要调遣和应用下属的诸多动力，领导者就必须强化和付诸教导力。

3. 教导荒疏是领导者的失职

一个时期以来，"政令不出中南海"，"为官不为"的现象十分普遍，之根深蒂固，成为党中央颇为头痛的大难题。对此，舆论做了种种解读，究其原因其一、领导者庸政懒政，不思进取；尸位素餐，变相腐败；其二、法制软弱，追责不力，可以有令不行，敷衍塞责；其三、官员无能，勉为其难，施政无方，无能为力。除此以外，还有一个特别值得警醒的问题没有被发现，这就是政令的执行基础出了问题。政令执行的基础是群众，群众不愿作为，是令领导者头痛焦虑的重要问题。中国共产党过去能在极端困苦的条件下干成震惊世界的大事，其重要原因就是有群众密切配合的迎合力。愚公要移山，要靠"神仙"搬，这"神仙"就是群众。时下的群众抱着"不在其位，不谋其政"的态度，任你千条妙计，我有一定之规，凡事对我有利，我就干；对我没利，我就不干。领导推行什么事，都要用钱来摆平，否则就推着干、对付着干、干着看，能不干就不干。领导者有千能力，万能力，没有群众的鼎力相助，最终都变成了无能为力。

为什么过去的群众能顾全大局，勇于自我牺牲，与领导者团结奋斗排除万难创造奇迹？就因为那时的领导者善于做思想政治工作，能调动群众的自觉性、主动性、积极性和创造性，充分发挥了领导者的教导力。而现在的领导者则极力推崇用钱用权来推动工作，凡事主张重奖重罚。群众本着拿多少钱干多少事的一定之规，得不到钱自然就不干事。在群众的自觉性、主动性、积极性和创造性每况愈下的状态下，领导者即使想作为，又能为到什么程度？政令出了中南海，又能如何？

老子讲，"贵以贱为本，高以下为基。"企业成功看高层，企业优秀看中层，企业卓越看基层，员工是决定企业成败荣辱的基本条件。从某种意义上说：有多好的员工，才会有多好的企业。一个制造型企业，员工决定产品的质量；一个服务型企业，员工决定服务的质量。公司有再好的战略，再宏大的目标，最终还是要靠员工去实现。一个领导者有再强大的本事，也不可能代替员工的工作和努力。员工是核心生产力，是企业管理的中心，有什么样的员工，就会有什么样的管理方式和绩效程度。

群众是被领导者，是领导的对象，群众的素质优、能力强、热情高、干劲大，领导者的工作就顺利轻松、效率高、成效好、业绩显著。但是，群众的积极性不是天然的，自发的，它是领导者辛勤不懈教导和培养的结果。教导力是领导力系统中的重要组成部分，是领导者思想力的直接反映，是领导者执行力的基础条件。教导力的作用是开辟领导工作的可能性、可行性、可靠性和可持续性。如果领导者缺乏教导力，那么他的领导力势必就是欠缺的、软弱的、模糊的、短暂的。从当下看未来，中国的新情况、新事物、新问题、新矛盾层出不穷，从上到下，亟需要坚强的领导者，亟需要卓越的领导力，而要提升领导者的领导力，教导力是不可替代的重要前提。

对企业来说，领导者与员工如影随形，不可分割。员工的敬业或不敬业，往往是领导者敬业或不敬业的折射反映。通过一个单位的员工素质可以折射出其领导水准，通过员工对领导的评价，可以反映出一个企业的盈利状况。员工是领导的手足，手足过硬，领导就武艺高强，就可以连踢带打，战胜对手。如果手足瘫软，就只有招架之功，无还手之力，尽管雄心勃勃，终会因力不从心而狼狈败阵。怎样强化"手足"功力？千方百计，只有一计，就是强化领导者的教导力。坚韧不拔地提高员工的政治素质和人格品质，坚定不移地提高员工的工作热情和主观能动性，坚持不懈地提高员工的学习力和技能水平。总之，有知才有行，先知而后行，知是行的前提，要想做得好，首先教导好，教导荒疏是领导者的失职。

第二节　现状堪忧——中国工人怎么了

中国是社会主义国家，工人阶级作为先进生产力和生产关系的代表，是中国共产党最坚实、最可靠的阶级基础，一直起着中国革命和中国建设的担当者、领导者、老大哥、带头人的角色，在国家政治经济生活中，发挥着关键的、标志性的主力军作用。可是，一个时期以来，中国国企员工不敬业的舆论鹊声四起，引起了国内外经济领域的广泛关注。中国国企员工不敬业是个严峻的课题，从微观上说，他的背后是企业领导人的问题；从宏观上说，他的背后是国家发展前途和执政党命运的问题。

1. 调查显示：中国国企员工不敬业

在"2012 江苏人力资源服务高峰论坛"上，江苏省南京市总工会、南京市社会科学院、南京市领航人才联合发布的一项调查显示：国有及国有控股企业员工敬业度最低。

网易财经 2012 - 04 - 25 讯，在 2011 年 11 月至 12 月期间，网易财经和 FESCO（北京外企人力资源服务有限公司）网站联合采用网络调研形式，开展了中国员工的敬业心态调查。结果显示：2011 年中国员工综合满意度水平为 59.28 分，综合敬业度水平为 62.28 分。二者都处于较低的水平。

员工的敬业度是指员工在情感和认知两方面对企业的一种承诺和投入。敬业的员工对企业经营业绩的影响至关重要，只有员工才能帮助企业达到它商业上的目的和成果。敬业的员工对公司高度认可，发自内心地认同并恪守公司的价值观和社会观，认同公司为实现其价值观所设定的目标、流程、架构和管理，并愿意主动地全身心地在这个过程中发挥自己的最大价值。

敬业的员工不但全心全力的投入工作，并且愿意付出额外的努力促使企业成功。那些提高了员工敬业度的企业在提高了生产力的同时，员工忠诚度，顾客满意度，股东回报和销售增长也明显提高。

　　人民网北京 2013 年 11 月 23 日电讯，在一篇题为"国企员工满意度高，敬业度低"的文章里指出：日前，在中国好雇主的颁奖典礼上，太和顾问发布的一项数据显示，相对于民营企业和外资企业，国有企业的员工对公司的满意度最高，但却是最不敬业的。美国 GE 公司 CEO 杰克·韦尔奇曾建议中国企业可以考虑雇佣欧洲、美国、韩国、日本等外籍员工，以推动企业的质量和营销更上一个台阶。

　　盖洛普咨询公司是美国著名社会科学家乔治·盖洛普博士于 1935 年创立的美国最有权威的民意调查机构，也是全球知名的民意测验和商业调查咨询公司。该公司就员工敬业度与企业成功的相互关系进行了 40 多年的潜心研究，构建了"盖洛普路径"的模型，揭示了员工表现与企业业绩的直接关系。"盖洛普路径"是：企业实际利润增长推动股票的增长——可持续发展驱动实际利润增长——忠实客户驱动可持续发展——在优秀经理领导下表现出来的员工敬业度。该公司从上世纪 90 年代以来就开始对全球雇员的敬业程度进行调查，2013 年 11 月 6 日公布了其 2011 - 2012 年对全球雇员对工作投入程度的调查，结果显示：中国敬业员工只有 6%，远远低于世界其他国家水平。

　　合益集团是 1943 年在美国费城成立的一家全球性最有影响力的管理咨询公司，从成立至今，合益已为全球近万家客户提供咨询服务，包括 IBM、联合利华等众多"世界 500 强"在内的全球知名企业都在使用合益的服务。合益集团的调研显示，2011 年全球员工敬业度为 66%，中国员工的敬业度仅为 51%。中国员工的敬业度与巴西、俄罗斯、印度等几个"金砖国家"相比，是最低的。调查通过大量数据比较得出结论，中国员工是全世界最不敬业的员工。

　　2012 年 10 月 22 日，《青岛日报》登载了一篇"员工敬业度低亟须深化国企人事制度改革"的文章，文中指出，"国企员工敬业度最低"确实令人难堪汗颜。如果用人、选人没有充分市场化和公开透明，动辄就"拼爹"，就"子弟世袭制"，就"量身定制"、"萝卜招聘"，还奢谈什么敬业之心？靠垄断、权力维系优厚待遇的职业，根本不可能赢得真正的职业尊敬，也难以真正去尊重一项职业。

　　围绕中国员工不敬业问题，人们从各个方面去探询原因，有人提出国企里的权力近亲繁殖，国企"家族化"，企业成"家天下"是国企员工敬业度低的主要原因。

　　有人针砭国企内部的利益分配不公平，存在着分配按照职务高低、进入企业早晚等条件"论资排辈"，而不是以敬业度、贡献大小作为依据。在缺乏有效激励机制的前提下，干与不干、干好干坏都一个样的局面，就会把所有员工的敬业度普遍拉低到同一程度。

2013 年 9 月 25 日，总部位于美国纽约并有着 70 多年历史的著名美世人力资源咨询公司，发布了一项《2012 年中国人才保留实践调研》，结果显示：在中国影响员工敬业度的关键因素依次为：与直接上司的关系，薪酬激励与内部公平性，公司对员工职业发展的关注。

研究者指出，国企员工与高管之间薪酬差距让员工"很受伤"。垄断国企薪酬福利问题一直是舆论热议的焦点，尤其是对垄断央企高管们超高薪酬的批评更是不时见诸报端。

由于员工的敬业度低，理所当然地引起对国企效益的各种猜测。调查指出：骄人的企业业绩和尴尬的员工敬业度在形成鲜明对比的同时，也很容易得出一个结论：国企取得骄人的业绩，靠的不是员工的高敬业度，而是员工敬业度之外的因素。考虑到再完美的发展战略、经营模式和管理决策，都需要高度敬业员工的配合才能落到实处。由于员工不敬业被确认属实，那么支撑国企骄人业绩的重要因素，就只能是其得天独厚的垄断优势了。也就是说，国有企业的垄断地位，使得企业哪怕是由一批敬业度最低的员工组成，也不会影响到企业的经营业绩。这也暗示一种观点：由于国企的资源垄断，就是员工不作为也能盈利。言外之意，国企领导者谁都能干，即便天天吃喝玩乐，也能赚大钱，发大财。于是有一些经济学家和民营企业家就此说事，强烈要求打破国企资源垄断，民企要求政策公平等诸多其它的问题。更有甚者，有些人以此影射社会主义公有制度存在根本缺陷，强烈要求均分国有资产。

员工是否敬业，关系国企的前途和命运。透过员工不敬业，反映出很多问题：它说明员工不热爱所在的岗位、职业；它说明员工对他的上司不满，对薪酬待遇不满，对管理制度不满，对社会风气不满……于是对单位的存在发展不关心，对单位的名誉、利益不负责，对单位的各项工作不积极，不作为，消极懈怠，甚至暗中破坏等。由于不敬业带来许多不良后果，已确确实实成为企事业单位的致命伤，现在已到了必须高度重视，花时间，掏重金好好医治的时候了。

2. 职业化状态与敬业的关系

职业化是职场工作人员标准化、规范化、制度化的工作状态，是员工成熟、敬业的综合体现。员工敬业或不敬业，是员工职业化素养高低的反映，职业化程度能从员工的工作态度、工作作风和工作技能上反映出来。唯有职业化才能让员工对所从事的工作有更深刻的理解，对企业存在的意义和使命有深刻的认同，从而掌握精湛的技能，使企业的产品生产得速度更快，加工的质量更好，服务的品质更高，市场的覆盖面更广。职业化程度高的员工，是企业的宝贵财富。

（1）职业化的工作态度

态度决定一切，工作态度是职业化的核心内容，是做好工作的先决条件。积极进取的态度可以激发员工的潜能，从而有效地完成各项任务，创造更大的价值。愿不愿意干是态度问题，会不会干是能力问题。只要想干、愿意干，就不怕水平低、能力差。意愿高，能力强，是最佳执行状态；意愿低，不想干，能力再强也做不好工作。员工职业心态很复杂，但归纳起来不外乎三种：

第一种，自觉自愿的主动心态——这是一种用心做事的态度。持有这种态度的员工想干事，琢磨事，主动找事，愿意做事；他们一心朴实，心无旁骛，专心致志，竭心尽力，忠于职守，尽职尽责；他们在工作中精神焕发，聚精会神，研精毕智，精益求精；他们理解领导意图，体谅领导难处，不给领导添麻烦，不讲条件，不怕困难，愿与领导心往一处想，劲往一处使；他们早来晚走，废寝忘食，全力以赴，成为工作狂；他们能够以专业人士的标准来要求自己，努力完成自己份内的工作，并不计报酬，不计福利，不计代价，不计个人得失，只想把事情做成，做好，做精；他们发现哪里不周密，不完妥，不尽善尽美，就马上修补，直至完善；他们哪怕自己蒙受损失，冒风险，不惜伤病，付出代价，否则心里就不踏实，感觉遗憾，感觉愧疚，怅然若失；他们视工作为神圣使命，所以处处不辱使命，爱岗敬业，甚至不惜拼上性命。

第二种，服从遵从的顺从心态——这是一种用手做事的态度。持有这种态度的员工常常以"干活不由东，累死也无功"的标准来要求自己。服从分配，听从指挥，一切都由领导发话，领导让干啥就干啥，领导让咋干就咋干。他们不求干得多么好，以领导挑不出毛病为准绳，只做份内该做的事，份外迫于不得不做，但不会多做。工作中表现是不上不下，不前不后，甘居中游，凡事随大流，满足一般化。他们凡事都要依赖上司拿主意，无论遇到什么事情都要跑到领导那里问"怎么办"？不用自己的头脑思考，无论结果怎样，责任都不在自己。他们以为自己很聪明，善于投机取巧，善于应付工作，善于博得领导的高兴，善于忽悠上司或客户。这其中也存在三种变量：一是他们也意识到做好工作不光是为领导，也对自己的前途发展和经济利益有好处，为了晋级提职，也能积极努力地工作一阵；二是在有威信，有能力，讲究方法，有榜样效应的领导带动下，也能积极努力地工作一阵；三是与领导关系好，有感情，有千丝万缕的联系，为了维护领导，愿意为领导效劳，也能积极努力地工作一阵。之所以是"积极努力地工作一阵"，是因为他们的工作目的不是建立在自觉自愿的纯正动机上，不是靠思想素质本源的动力，而是靠外在激励诱惑的牵引，所以这种"积极努力"坚持不长，巩固不住，总是一阵一阵的。

第三种，得过且过的打工心态——这是一种用嘴做事的态度。职场上把不负责任，不敬业的态度称为"打工心态"。"打工"一词是临时工的意思，含有"打一枪换一个地方"的寓意。正因为是临时工，所以全然没有长远的打算。由于没有干好，干精、干到底的心理准备，自然也就没有责任感和使命感了。"打工心态"是这样想：反正我是给公司打工的，公司怎么样跟我没多大关系，只要能照领我的工资就行了。抱着混一天，算一天，聊天偷懒也挣钱；黑老鼠、白老鼠，不被逮住就是好老鼠的心态，消极被动，不思作为。

抱着"打工态度"的员工普遍不爱本职工作，不愿学习业务，不钻研技术，内心空虚，身无长技，再加上不能吃苦耐劳，所以基本不能胜任工作，工作大都以最低质量、最低效率完成。他们视工作为负担，上了班就盼下班，不愿意扎扎实实做细致工作，全然是一副应付状态。他们对自己要求不高，管束不严，心不在焉，跟着感觉走，常干返工活，时而出废品。他们头脑聪明，巧言令色，表态时许愿发誓，却很少兑现行动。领导委派一件事，当时答应很痛快，但就是拖着不干，事到临头，隐瞒事实真相，找种种借口敷衍搪塞。他们甚至盗窃公司财物和机密，一旦公司效益不好或受到领导的批评，立刻与领导恩断义绝，跳槽出卖公司。抱着"打工心态"的员工形形色色，比较典型的有这样"四种人"：

第一种人是"笨"。这种人最明显的表现是被动，你交代什么，他就做什么，而且通常是用最低标准来完成的。人的智商有高低，能力有大小，身体素质不尽相同，从人道主义角度考虑不应强求一律。但经仔细观察发现，这种人通常不是真的笨，他们在其它很多地方是聪明的，只有在工作上笨。这种人的"笨"，是因为不肯花心思在工作上，不具备钻研精神，不想把事情做好，其本源就是因为态度消极。

第二种人是"慢"。表面的特征是做事往往慢一拍，通常无法按照正常标准去完成任务。初看是人的性格不同，感觉是做事慢慢悠悠，稳稳当当，美其名曰"慢工出细活"，"忙中会有错"。但经长期观察之后发现，性格慢的人，必要的时候节奏是可以快的；而故意蓄意的慢，是无可救药的拖延，往往要比别人花更多的时间，花更多的代价才能完成任务。这种慢，就是软磨硬泡，是任何企业所不能忍受的。

第三种人是"懒"。这种人的特点是基本不干事，即使干点事，也是偿付很昂贵的代价来实现的。他们尽可能简化工作程序，遗漏工作流程，耗时费料，工期延长，设备损坏，工具丢失，效率低下。这些对工作投机取巧、浮皮潦草、好逸恶劳、粗制滥造的人，是产品质量、设备事故、安全生产的最大隐患。

第四种人是"刺儿"。这种人平时不干活，但却对那些干活的人说三道四，指指点点，反而比干活的人还理直气壮。这种人没什么真本事，反倒练出另一种绝活，就是拉关系，混社会，找后台，给领导送礼办私事，成为某个领导的知己或干儿子。他可以长期不上班，工资福利照拿不误，为所欲为，无法无天，极大地影响着基层正常的管理工作，基层管理者拿这样的刺头毫无办法，惹不起，哄着来，负作用极坏。

现在，尽管企业制度在不断完善，奖惩力度在不断强化，但这"四种人"却仍能逍遥存在。

职业态度的核心是职业道德，职业道德不是工作效率，但它决定效率；职业道德不是工作质量，但它决定质量。因为职业道德首先决定了员工的心态，如阳光心态、共赢心态、空杯心态、老板心态、感恩心态等。有了这些正确的心态，才能保证员工思想端正，作风优良，善于学习，勤奋工作。

(2) 职业化的工作作风

员工的职业化工作作风体现在遵守公司的规章制度和日常的工作行为上。

一个职业化程度高的员工，他能在进入企业较短时间内，严格按照规范来要求自己，使自己的工作作风符合企业的要求。员工的职业化作风体现在：

其一、能对自己的存在、行为和心理状态适时调节。如自觉制定工作计划和目标，没有计划和目标，人的意志就会不断的被消磨，将慢慢失去工作的信心，工作将成为累赘；而有了工作计划和目标，工作就是实现个人价值的跳板。

其二、面临新的工作环境和陌生群体，能快速适应并尽快融入工作。在工作中尽可能的少说多做，不断的学习，结合现有的工作发挥个人的长处。

其三、中国的员工普遍时间观念不强，爱迟到，喜欢请假，不遵守时间。所以许多单位不得不对迟到早退的员工进行惩治。联想集团董事会主席柳传志说："企业跟军队一样，立下的规矩是要遵守的。针对当时开会迟到的现象，联想制定了一个规则，开会迟到不请假要罚站一分钟。定这个制度的时候，联想才几百个员工，时隔二十多年，今天已经一万多人了，但联想制定的开会迟到罚站的制度一直在坚持，无一例外。"所以，严格遵守工作时间，不迟到、不早退，不中间脱岗，是员工行为职业化的基本特征。

其四、能把职业当成自己的事业，接受工作的全部，对本职工作专心致志，精益求精，有责任心，勇于创新。积极应对工作中的困境，正确对待与同级和上级的关系，懂得感恩。有自我管理能力和自律能力，善于学习、积极主动、反应快捷、善于解决问题，不断提高工作技能与业绩。

（3）职业化的工作技能

职业化工作技能是指员工的专业知识、工作经验、技术水平、操作能力等技能对工作的胜任能力。企业之间的差距取决于员工的工作能力、工作速度以及头脑和手脚的灵活运用程度。

职业化工作技能和胜任能力是员工职业资质的体现，他来自员工日常工作的点点精进和技能学习上的孜孜进取，体现在具体执行能力和任务担当程度。一个职业资质高的员工，他的整体工作能力一定是良好的。如果员工们不热爱学习，不钻研技术，不思进取，得过且过，学业荒疏，技能停滞，必然担负不起企业转型升级的要求，胜任不了时代快速发展赋予一线员工的重任。

企业最大的成本是没有培养、教育、训练出好的员工，员工的每一个失误都会让企业的品牌失色。能让员工和领导想到一处的企业，才能有强大的力量，员工有多好，企业才能做多好。尊重和信任员工，培养和教育员工，是企业的责任。只有员工成长了，企业才能成长，员工成长在先，企业发展在后；员工成长是因，企业发展是果，这是一条虽然简单但却是颠扑不破的真理。

第三节　追本溯源——是人的思想出了问题

1. 思想导向偏颇失误，价值观转变一切向钱看

员工不敬业，责任不在员工。"子不教，父之过"。员工不教，领导之过。美国麻省理工大学管理学教授彼得·圣吉说："今天的问题来自昨天的'解决方法'"。被美国前总统林肯称为"美国孔子"的"美国文明之父"的思想家爱默生说："原因与结果、手段与目的、种子与果实是无法割裂开的。因为结果孕育在原因之中，目的事先存在于手段之中，果实隐含在种子之中"。意大利有句谚语："原因是不显露的，但结果大家都知道"。如果要问中国员工为什么不敬业？人们会说出很多原因，尽管仁者见仁，智者见智，但归根结底，大家都心知肚

明，这是领导者思想导向严重偏误的结果。

做好工作是为了谁？创造绩效是为了谁？始终是众说纷纭、欲理还乱的问题。有的说是为国家，有的说是为企业，有的说是为自己。过去的说法是创造绩效是为了国家，国家繁荣富强再惠及民生，造福群众。所以那些不好好工作的员工，理所当然地被大家视为有损国家利益的人，从而遭到众人的鄙视。在国家大义面前，再懒惰、再调皮捣蛋的人也深知不努力工作是心亏理短的。为什么会出现"领导在与领导不在都一样"的情境，就因为大家都在努力工作，而你不好好干，就违背了众人的意志，就会有"另类"的感觉，这种"另类"是很难受的，有一种被"人人喊打"的滋味。群众的无形监督形成了特定的鞭策氛围，任何人不敢冒"天下之大不韪"对抗国家利益。国家的事再小也是大事，自己的事再大也是小事，这是过去工人们的价值观，于是有了无私奉献和主人翁精神的概念。

现在的说法是做好工作是为了企业，企业有了效益，全体员工共同受益。有的企业领导者对员工说：不是党和国家给你们的工资，而是企业。据东北网2012年8月13日报导：哈尔滨某企业开大会时让员工跪下磕头，并且大喊"感谢××，让我生存"、"感谢××，让我吃饭"等口号。有的央企领导者公然说："你们的工资是谁给的？不是党和国家，不要动不动就感谢党、感谢国家。你们的工资是客户给的，要感谢，就要感谢客户。"为了拉拢客户，讨好客户，留住客户，争来客户；要送他们钱，请他们吃，哄他们玩，陪他们睡，处处满足他们，让他们高兴。因为他们是"上帝"，没有了他们，企业就要关门，领导就要失业，工人们就要沿街乞讨……

在这种观念引导下，领导者公然大肆吃请，堂而皇之行贿，理直气壮回扣，大张旗鼓腐败。他们以员工救世主自居，轻则克扣，动辄下岗，发工资犹如恩赐，这些言行彻底颠覆了员工原有的价值观、人生观和世界观。从此，员工与企业领导者的关系不再是为了国家利益而同心同德、休戚与共的同志关系，而是企业主与雇佣工人互相利用、各怀心腹事的利益关系；不再是"官兵一致同甘苦，革命理想高于天"的道义关系，而是赤裸裸的"一手钱，一手活"的买卖交易关系

由着眼国家利益下降到着眼企业利益，由着眼全局到只顾局部，人的思想境界就是一个大滑坡。它导致人们放弃了远大目标而局限眼前利益，致使人们丢掉道义而急功近利。由此能指望员工敬业吗？结果不仅一线工人不敬业，专业技术人员不敬业，一般干部不敬业，就连许多领导者也不敬业。市场经济的法则是优胜劣汰，企业要靠领导者的卓越管理水平和员工的精湛技术来创效盈

利。通过低成本、高质量、快进度、高效率、高诚信的运作，实现吸引、赢得客户的信赖与合作。从微软、GE 到松下、京瓷，世界卓越的企业老板都说员工是"上帝"，唯独有的国企老总靠外来的"上帝"施舍救命。

从上世纪后期，国际上卓越的企业都已经把兴企的着眼点建立在以人为本，科技创新的基础上，依靠员工的敬业和智慧，赢得得天独厚的竞争优势，实现企业突飞猛进的发展。而国内的有些国企领导者，却依靠不择手段的营销手段，拉关系揽活，除了给用户回扣，还要给揽活者以高额的奖励，加之其它的高额经营费用，使揽到的"活儿"根本就不挣钱，这就逼使企业以保不亏为战略发展目标。企业能提出以保不亏为目标，结果势必是亏损。员工不仅多年不涨工资，还时而降薪减薪，员工怎么能有积极性、怎么能敬业呢？

做企业的终极意义是什么？它不是单纯的盈利，盈利只是基础目的。在追求利润的过程中，在激烈的市场竞争中，企业已经自觉或不自觉地进入推进、创造人类社会前进的洪流中，企业的根本目的是通过创造物质财富来服务人、造福人、升华人、塑造人、实现人类社会的美好理想。人是创造社会物质财富的主人，也是创造社会精神财富的主人，而创造美好的社会制度是人类最崇高的使命，因为只有如此，人类才能完善自己。所以不讲大义，不讲真理，单纯追求效益，单纯追求致富，就会把人们引向歧途，把员工引向唯利是图一族，促使他们一切向钱看。

人性是什么？人性就是人习惯化了的思维方式和行为模式。不管人性本善还是本恶，但都是可变的。判断一个社会是好是坏？一个企业是优是劣？一个组织是红是黑？就是看他们是把人变好了，还是变坏了。

过去，工人群众以爱岗敬业，苦干实干著称，他们吃苦耐劳，任劳任怨，埋头苦干，无私奉献，赢得了党和国家的高度信任和坚定依靠。许多领导者和管理干部以及诸多杰出人才，都是从工人队伍中成长起来的。他们以拓荒牛的奉献精神，诠释工人阶级的优秀品质，展示工人阶级的高尚风格，传承工人阶级的优良传统和敬业精神。

后来，社会价值观渐渐变了，全社会强劲地涌动着拜金主义思潮，腐败人人痛恨，但又人人羡慕；贪贿皆曰可杀，但又人人趋之若鹜。形成了贪腐是正常的，而不贪腐反倒是不正常的畸形社会心态。有的企业领导者不是把员工引向爱岗、敬业、奉献的境界，而是把员工引导到见钱眼开、见钱眼红、见钱如命的境地。如某央企集团董事长开会时公然说："我们上班是干啥来了，就是挣钱来了。"在他的引导下，分厂厂长、工段长和班组长层层向工人灌输："我们的工作目的，就是挣钱。就是要把应得到的钱如数地拿到手"。有的工段、班组，还把董事长"我们是干啥来了，就是挣钱来了"的名言，当成工人上岗前喊出的誓词口号。在这种思想引导下，员工们满脑子都是钱，张嘴闭嘴就是钱，人人思钱，人人抓钱，人人一切为了钱。他们认为，只有多挣钱，才是人生价值的真正体现，只有多拿到钱，才是对老婆孩子的最好交代，金钱成了员工们的唯一追求。

为了多弄钱，有些工人投机取巧虚报工时；为了多弄钱，有些工人开动脑筋用机修票子作弊；为了多弄钱，有些工人托人找关系要去那些工资系数高的岗位；为了多弄钱，有些工人不考虑工作需要，只考虑个人一时利益，白天干活磨磨蹭蹭，夜间申请加班，目的是为了拿加班费；为了多弄钱，有些工人超负荷拼设备，光使用不保养，精车当粗车用；为了多弄到钱，有的工人蓄谋偷窃，将工厂的工具、刀具、稀有金属，贵重物资，日常用品，想方设法偷盗出去变卖……

金钱能刺激人的积极性，也能助长人的消极性。当企业困难，工人挣不到所期望的钱时，有病假事假者纷至沓来，消极怠工现象层出不穷，有些工人千方百计找理由能不上班就不上班，上班后出工不出力，推着干，泡着干、机床能转就行。一天不干多少活，还牢骚满腹，一到夜班就成片成堆地睡觉。更为严重的是，面对内盗众人视而不见，不管不问，无动于衷，知情不举，看笑话，当老好人。因为员工已经模糊了国家与企业的界线，模糊了原有的正义与非正义界限，丧失了是非好坏的标准，奉行明知不对，少说为佳，不得罪人的做人原则。导致拉帮结伙的山头主义，人身依附的投靠主义，我行我素的自由主义，不讲原则的好人主义，唯利是图的个人主义，游戏人生的享乐主义等颇为盛行。鲁迅说：良知麻木比心肠歹毒更为可怕，心肠歹毒的人做坏事，他至少知道这种行为是罪恶的，他的内心会有不安与自责。但是良知麻木的人，当他在犯罪时还浑然不觉，内心没有任何不安与自责。如果一个企业的员工普遍地良知麻木，缺乏公义心，正义原则退位，邪门歪道盛行的话，可想而知这样的企业会是什么样子。

2. 薪酬制度存在弊病，员工悄悄地降低工作质量

国家发改委宏观研究院副院长马晓河指出，"就 2015 年中国居民人均可支配收入而言，20% 低收入组人均收入 5221 元，而 20% 高收入人均收入为 54544 元，高是低的 10.45 倍。"而同样的数据，在美国是 8.4，印度是 4.9，俄罗斯是 4.5，而日本只有 3.4。这意味着，中国现在已是世界上收入差距最大的国家。马晓河指出，背后的原因实际是因国民收入制度不合理导致。

一个国家的基尼系数是判断收入分配是否公平的重要指标，国际上通常把0.4作为贫富差距的警戒线。据世界银行的数据，中国上世纪80年代为0.21到0.27。从2000年开始，中国基尼系数就越过0.4的警戒线并逐年上升，2015年1月20日中国国家统计局发布数据显示，2014年全国居民收入基尼系数为0.469。中国经济经过三十多年的高速发展，已成为世界上贫富悬殊最严重的国家。

人力资源和社会保障部劳动工资研究所所长、中国劳动学会薪酬专业委员会会长苏海南认为，中国的收入差距正呈现全范围多层次的扩大趋势。上市国企高管与一线职工的收入差距在18倍左右，国有企业高管与社会平均工资相差128倍。

在2014年8月18日召开的中央全面深化改革领导小组会议上，习总书记强调，"国有企业是国民经济的重要支柱……必须搞好"。在这次会议上，习近平还强调，要推进央企薪酬改革，对不合理的偏高、过高收入进行调整。

公平是相对的，不是绝对的。世间没有完全公平的事，平均主义大锅饭也是一种不公平，所以现在群众能理解、能接受有一定程度的不公平，并不刻意要求完全的公平。问题是现在的企业分配不是一般的不公平，而是严重的不公平，是超出了员工心理承受的不公平，是令人郁闷、激人愤怒的不公平。

工资的本质是按劳付酬，奖惩的本质是奖勤罚懒，目的都是调动积极性，而实际全然不是这样。如某央企实行的是岗位等级工资制，这套工资体系是在岗位工资基础上发展起来的，它同时兼有岗位工资制和等级工资制的特点，即根据员工在生产工作中的不同岗位确定工资标准幅度，再在同一岗位上按照技术高低、劳动强度及责任大小把确定的岗位工资标准划分为几个等级，并据此支付报酬。岗位内部还要按照技术、业务复杂程度等划分等级，然后，相应确定各岗位各级工资标准。

岗位等级工薪制在国企已实施多年，事实证明，效果一年不如一年。这项制度蕴含许多弊病，甚至是致命的弊病，它是导致员工不敬业的直接根源。

企业人力资源的核心问题是调动积极性，没有这一点，企业的设备、资金、市场等一切外在硬件优势都不能有效发挥，而且企业文化，各项管理制度和技术智能等软实力也不会起作用。以人为中心的管理，本质上就是调动员工的积极性，而现行的岗位等级工薪制，恰恰就是扼杀员工积极性的罪魁。

岗位等级工薪制有四项内容，一是按职务定工资（等级），二是按工种定工资（岗位），三是按附加条件定工资（技术水平、工作条件、劳动强度），四是按绩效定工资（工作成果）。表面看起来合情合理，符合多劳多得的分配原则，实则掩盖无可奈何的窒息积极性的致命问题，因为它忽视了一个非常重要的心理发展因素，使人陷入了绝望的心理预期，在这种薪酬制度下，员工常常是带着木然、苍凉、苦恼、委屈和气愤等负面心境走进工厂的。

就拿职务工资来说吧，一个四五百人的央企分厂，在管理系统设有五级岗位。按金字塔形态逐层排列，有分厂级领导正副职约5人，这是金字塔顶端，拿年薪工资，每月生活补助费万元上下，年底再一次性兑现年薪数十万，相当于月工资3、4万；生产科、技术科、财务科、办公室等科长主任约6人，是金字塔的第二层，月薪约6000元；第三层是科室的副职，月薪约5000元；第四层是骨干科员，月薪约4000元；第五层是一般科员，月薪约3000元。生产系统也类似如此，工段长，副段长，班长，主机工，副技工，总之是什么级别拿什么钱。

根据岗位等级工薪制的细则规定，这五个层级的每层工资也不相同，如分厂级的正副5人还分为5个层次，同样是科长，技术科科长就低于生产科科长，设备科科长就低于财务科科长，理由是岗位重要程度不同。细算起来，一个分厂大约有近百个工资差别，为了防止互相比较，工资表一律保密。人人都不知道自己这个月能开多少钱，也不知道下个月能开多少钱，更不知道同事开多少钱。多了？不知道为什么多；少了？不知道为什么少。而且还不允许问，一切都是谜。

分厂级领导是大型国企里带级别的中层干部，稳定时他们是每三四年轮动一次，频繁时一年动一次，赶上机构改革，上层领导变动，随时都会调整。不管专业，不论能力，不论业绩，不管是否胜任，统统在甲单位干几年，再调到乙单位干，实在不行了，再从主要单位调整到辅助单位，过几年，再调回来。只要这些人不退休，就永远的换来换去，所以他们都是"空降兵"。

既然领导是空降下来的，不是你来，就是他走，所以对新任职单位的情况、人事、业务都不了解，不得不熟悉一段时间，没等完全熟悉时，往往又要调走了。所以一个单位真正挑大梁，起支撑作用的是各职能科室、各工段的领导在起决定作用。这个"中层"是个摇摆的"阶层"，在下层面前，他们有优越感，但比起上层，他们又颇有情绪，因为业务是他们担起来的，责任大，任务多，管理难，往往两头受气，然而他们的薪水，比挣年薪的领导差很多，自然心怀不满。他们无望提拔，基本要在这个职级干一辈子。轿子抬的多了，热血也就冷却了。随着年龄增长，随着领导轮换，随着经验增多，随着生活感悟，他们终于明白，自己就是5、6千元的奴隶。为了保持这个数不下滑，这些科座段长们既要对上恭维，因为钱是"上头"给的；又要对下维护，因为活是"下面"

干的。两头忙，不仅身体累，精神更累。他们渐渐意识到（事实也是如此），无论自己怎么干，工资都不会多，因为这个岗就是5、6千元的岗。除非官升一级，除非搞旁门左道，否则就没有加钱的道。所以最后导致了一个结局——悄悄地降低工作质量。

分厂领导者能再提拔吗？大多不能，他们的头已经顶到了天花板。所以他们也在悄悄地降低工作质量。他们中有很多人表示，"宁可少拿一点，也不愿意多干一点"。

那些副职、骨干科员和一般科员能提拔吗？大多不能！那么他们的工资就不会提高，因为他们的岗级就注定了他的人生价值。他们的岗级注定了就只能开这么多钱，除了提拔，任何努力都是徒劳的，所以他们也在悄悄地降低工作质量。

那些朝气蓬勃的年轻人，他们想发展，想成功，渴望建功立业，实现自我价值，但他们的岗级决定了他们什么也不能干。他们特别渴望钱，他们要成家，他们要买房，但他们的愿望注定要落空，因为他们的岗级，就值那些钱。即使他一人干五个人的活，一天干20个小时，能得一定的奖励，但拿不到他上司的钱。他的上司即使天天呆着，智商比他低，能力比他差，人缘比他臭，什么都不如他，但上司永远要比他挣得多，因为上司的岗级值钱。谁占据了这个岗级，谁就是成功者；你不占据这个岗级，你有天大的本事也白费。所以最终人们都"只可意会，不可言传"的形成共识——没必要干那么好，还是悄悄地降低工作质量吧。

一线工人更不可能有什么积极性。他们是企业人事的最底层，每当开工资的时候，也是他们最窝囊、最憋气，最愤懑不平的时候。五十多岁的老工人和二十多岁的新工人工资一样多，因为岗级是一样的，这使老工人的情面极为尴尬，心境极为苍凉。这些年来企业效益一年不如一年，工人的工资总是一年少于一年，无论怎么比，他们都是最差的。想改变吗？不可能！你可以没日没夜的工作（事实也不可能），你可以不顾一切的去奉献，最多年底可以命名你为先进生产者，充其量提你当个班组长（没有大学文凭不能提干），仅此而已，所以，工人们也心照不宣地滋生一个念头——悄悄地降低工作质量。

为什么要降低工作质量？因为质量隐蔽一时看不出来，产量是明显的进度指标，产量直接关系操作者的效益工资，只有质量伸缩性大，可以掩盖员工不敬业的状态。为什么要降低工作质量？就是员工不愿意工作、厌恶工作、逃避工作，但又迫于生计无奈、迫于职业来之不易而不得不干的一种应付举措。质量是产品的生命，透过质量最能鉴察一个人的职业态度，所以质量就是制造者的人品。德国人口只有中国的1/17，却有2300多个世界名牌。"钟表之国"的瑞士，以其精湛的工艺技术和令人赞颂的"工匠精神"，为国家带来了无上荣光。如果说有缺陷的产品就是废品的话，那么造成废品的人就是罪人，而造成罪人的机制是什么？无疑，就是罪恶的等级薪酬制度。

在新经济时代，什么是企业克敌制胜的法宝？第一是质量，第二是质量，第三还是质量。而岗位等级薪酬制度，就是导致产品质量损失，导致员工人格缺失，导致企业竞争力丧失的罪魁。

为什么说岗位等级工薪制是员工不敬业的主要因素？

岗位等级工薪制成了以经济收入决定人生价值的政治制度，它在某种程度上决定了一个人的终生命运。在企业里，只要知道这个人是什么岗级，就可以眉眼定高低，知道他的社会地位和人生境遇了。中国人是一个善于比较的民族，岗位层级十几种，层层比较，人人惭愧，人人气馁，人人不满，人人怨怒。它不是以人的品格高低、知识多少、能力大小、奉献多少等通过考核竞争所呈现出来的结果，而是由于单位不同、岗位不同、工种不同、工作性质不同等客观因素决定了人的高低优劣。现在人们社会交往，不出三句就要问"你每月能挣多少钱？"因为人们除了注重钱，已经没有其它可注重的了。人的品质、能力和奉献精神已都不值一提，这些与衡量人的社会价值没什么关系了。岗位等级工薪制既不公平，又有损人格，既没有激励功能，又抑制员工的全面发展，所以它是员工不敬业的主要因素。

岗位等级工薪制严重地拉大了领导者与广大员工们的收入悬差。2010年两会期间，全国总工会委员张世平发布了一项关于职工收入的专项调查，调查显示，208家国企高管与一线职工的收入相差近18倍。61%的职工认为普通劳动者收入过低是当前最大的不公平。岗位等级工薪制造成了员工的心理失衡，长期的心理失衡会孕育成强烈的消极不满，而消极不满怎么能产生积极努力的敬业行为呢？

岗位等级工资制没有激励功能。激励是让绝大多数人看到光明，看到未来；让人们有奔头，有希望；是经过努力能有所成就的热望，是付出奉献能赢得尊严的期许……可是，一个等级的差距一辈子都赶不上，谁还能有什么追求？一个岗位的差异一辈子都变不了，谁还能有什么热情？临到退休时工资还不如刚参加工作的小青年，何谈有什么尊严？要说有激励，那只能是想方设法当官儿的激励，千方百计改工种的激励。试看今天国企里的员工，还有多少人愿意学习？还有多少人有上进心？还有多少人愿意奉献？没有用嘛！

岗位等级工薪制是西方私企薪酬制的移植，在国企里并不合适。私企的薪酬是掏老板的钱，国企的薪酬是拿企业的钱。老板是不会无缘无故给管理者加钱的，他有严格细致的绩效考核体系，是管理者先给老板创造价值，然后老板再给管理者报酬，而不像国企一旦当上了领导，干不干事都照样拿年薪。稻盛和夫在谈到京瓷收购美国加州圣地亚哥陶瓷封装厂的情况时说：美国工人的时间观念特别强，一到下班时间，立刻停止作业。即使工作没有完成，也总是准时下班，哪怕出现质量或交货期的问题，也是熟视无睹。而中国国企员工的加班加点却是经常事，因为中国员工还比较注重精神因素，可是实行了岗位等级工薪制后，再让员工加班加点就格外困难了。岗位等级工薪制把员工的价值观全部引向了"钱眼里"。

岗位等级工资制抑制了员工的全面发展。员工的全面发展是他们的知识技能、志趣爱好、和谐关系和精神品质的多方面发展。员工的全面发展是促进生产力和先进文化发展的先决条件，是社会主义社会的基本特征之一，也是国企的责任和使命。单纯机械地运用等级差别的薪酬制度，硬性地驱使员工干、干、干，用钱、钱、钱，来刺激员工积极性，势必导致员工精神的片面化和畸形化。岗位等级工薪制既不能给员工带来自尊感、荣誉感、价值感，相反，恶化了上下级关系，瓦解了员工的职业意识，使工作降低为谋生、赚钱的工具和手段。丧失了工作的崇高意义，抹灭了劳动光荣的价值体验，让人总有吃亏屈辱的感觉，造成了员工心浮气躁，焦灼无奈等一系列负面心态。

企业要想实现从"制造"向"创造"转变，实现人力资源向人力资本转变，必须要使员工具有精益求精的工匠精神，追求卓越的创新精神，忘我执着的敬业精神，这是推动企业发展的内生动力。这种精神的出现和弘扬，必须要在劳动薪酬制度上体现公平、公正、公开、科学、简洁、合理的特征。现在的岗位等级工资制起不到这个作用，只能适得其反。

3. 领导腐败传输负能量，员工敬业意识受颠覆

领导人不仅薪酬过高，履职待遇还过多过滥，他们自己制定的职务消费规则，更有"发钱愁找不到名目"的福利。从健身卡、购物卡、超范围发放技术奖、购买养老保险到盖大楼、车补、疗养等花样名目不断翻新。可是领导者还不满足，还千方百计贪污受贿，对部下吃拿卡要，巧取豪夺。

从中新网2014年1月5日获悉，自2013年1月至11月短短的十一个月时间，全国检察机关共立案查办贪污贿赂犯罪案件27236件36907人。

据中国法院网讯：2013年至2015年，全国检察机关共查办百万元以上贪污贿赂案件10986件，重特大渎职侵权犯罪案件15900件，犯罪涉案160656人，

其中县处级以上干部 11478 人。

另据法制日报社《法人》杂志和中国青年报社舆情监测室联合发布的《中国企业家犯罪报告》揭示：2012 年全国有 245 名企业负责人或高管落马；2013 年全国有 357 位企业家涉案犯罪；2014 年全国有 426 起企业家涉案犯罪；2015 年全国企业家涉案犯罪 605 起；2016 年度中国企业家（企业高管）刑事涉案超过 600 名。中国社科院法学博士后研究员李斌指出："企业的法定代表人、董事长、实际控制人这些一把手，往往是涉案的高发人群，一把手现象无论是政府机关还是在企业都普遍存在，这充分揭示了绝对权利导致绝对腐败的真理。"

这些领导者道貌岸然，阴阳两套，在台上讲"党风党纪，从政道德"时，慷慨激昂，义正词严，声情并茂，感人至深，却不料罪魁正是自己，这些富有戏剧性的绝妙讽刺，在现实中实在举不胜举。如原福建省上杭县女副县长罗凤群在一次民主生活会上"慷慨激昂"的表态："我若贪污一分钱，就将我开除党籍；我若受贿一分钱，就将我枪毙。并可一直枪毙到我的孙子。"结果事后查明，这个罗副县长从 1996 年 10 月至 1999 年 7 月，利用职权共 27 次向 11 个当事人收受和索取贿赂。共受贿人民币 20.3 万元，被判处有期徒刑 13 年。

原广西自治区主席成克杰多次在重大场合上大谈反腐败，要求"从严惩治敲诈勒索、贪污受贿行为"，"坚持不懈地抓好领导干部廉洁自律工作，解决好领导干部廉洁从政方面存在的问题，坚决刹住收受和赠送'红包'的歪风"。表面说的何等好哇！结果背后滥用职权，疯狂收受巨额贿赂达几千万元，被判处死刑。

中共泰安市委书记胡建学 1991 年 6 月起任，他在谈及对钱的看法时说："钱"是什么？"钱"就是两个持"戈"的士兵守着的金库，伸手就要被捉……说得何等形象，何等深刻。谁能想到五年后他利用职务之便，收受巨额贿赂，被判处死刑，缓期二年执行。

曾任天津市政法委书记的宋平顺，自杀前多次大谈反腐。他在出席该市政法系统纪检工作会议上，就疾言厉色地要求各级领导干部"必须严格执行中央和市委关于廉洁从政的各项规定，要有自重、自警、自醒的意识和自控能力，自觉做遵守纪律的模范，做廉洁从政的带头人！"台下认真笔录的众多纪检干部又岂会想到，此刻台上慷慨激昂大谈反腐的宋书记，恰恰是一个既贪又腐的大蛀虫。

湖南省永州市原公安局副局长王石宾，兼任永州市打黑除恶领导小组组长，可他却是永州黑恶势力团伙的后台老板。这一黑恶团伙，私藏枪支，贩卖毒品。王石宾主管禁毒，却参与贩毒。这一黑恶势力放高利贷，王石宾也直接放贷，数额高达 4500 万元，被称为永州"地下银行行长"，他光宝马、奔驰等豪华车辆就有 16 台。永州市一政法干部说："王石宾是一个双面人，在台上做扫黑除恶的报告，俨然是正义的化身；下了台在背地里，却完全是'魔鬼'，是黑帮老大。

因包 146 名二奶，贪贿千万而腐败闻名的徐其耀，曾担任江苏省建设厅厅长、省委委员、省九届人大代表，盐城市市长多年。他写信给儿子畅述做官心得，总结为官之要。他对儿子叮咛教诲，希望儿子铭记在心的是："不要追求真理，对自己有利的，就是正确的。上级领导提倡的就是正确的。不但要学会说假话，更要善于说假话，要把说假话当成一个习惯，当成事业，说到自己也相信的程度。做官的惟一目的就是利益，要搞短期效益，要鼠目寸光。要不知疲倦地攫取各种利益。必须把会做人放在首位，但不是德才兼备而是处关系。溜须拍马是一种高级艺术，拍马就是为了得到上级的赏识，这是升官的惟一途径。"由此可知，这样的领导者平日所言，岂不统统都是言不由衷的谎言。

2015 年初，中央第十三巡视组对武钢进行专项巡视，武钢内部腐败问题开始暴露。2016 年 1 月，最高人民检察院经审查决定，依法对武钢原董事长、党委书记邓崎琳以涉嫌受贿罪立案侦查并采取强制措施。

邓崎琳在执掌武钢十多年间，违规选拔任用干部，谋取利益并收受财物。利用职务上的便利经营大肆敛财，违规多占住房，违规领取奖金，长期占用宾馆客房供个人使用；进行权色交易，构成受贿犯罪。

邓崎琳的儿子邓某在香港用他人名义注册了数家公司做矿石贸易，武钢从国外买回的矿石低价卖给其儿子的公司，邓某再将矿石加价卖回武钢，赚取差价利润。

邓崎琳情妇郭某控制的武汉某金属炉料公司，通过经营铁矿石低进高出的方式谋取巨额经济利益。

邓崎琳的行事风格就是作风霸道，独断专行，违规决策，致使武钢从 2010～2014 年，公司 68 个重大项目中有 41 个没有经过集体决策，比例高达 60%。盲目投资，不切实际的搞所谓中西南发展战略，造成公司投资亏空，造成国有资产巨额损失。

公司其他少数领导人员利用职务便利，以'钢'谋私、为自身关联企业输送利益、插手工程项目，从而谋取非法利益问题突出，特别是在物资采购、工程建设、集体企业等领域大发不义之财。如在矿石价格大幅下跌后竟原价回购，高进低出，个人中饱私囊，武钢却损失惨重。出海找矿的海外扩张战略也是先拍板后论证，后续风险没有控制，境外投资管理混乱，最终以失败告终。所有国企领导者的贪腐行为，无不以企业陷入困境、员工收入锐减为代价。

大科学家牛顿说："我可以算出天体运行的规律，却算不出人性的贪婪"。不仅政府的领导腐败是触目惊心的，国企的领导贪欲也是不择手段的。尽管其手法不尽相同，但都表现出鲜明而又反差强烈的两副面孔。台上大讲"无私奉献"，"清正廉洁"，背地里以权谋私、生活腐化。这两种截然相反的"两面人"特征，给党的形象造成巨大损害。既然领导者金玉其外，败絮其中，那么作为普通员工的老百姓又如何不可以消极怠工，玩忽职守呢！

当下国企分配严重不公已成定势，客观上已埋伏下了态度对立的情感基础。领导者自知高薪本身就是与员工争利，就是一种变相的合理合法的利益侵占，所以自惭自愧，心亏理短。领导者也明知高薪制是与员工形成天然鸿沟的根源，但谁也不肯舍弃这块"肥肉"，所以谁也不勉强员工做的能有多好，当员工有时违反纪律，工作不力，也就将心比心地睁一只眼，闭一只眼了。

领导们在员工面前没有底气，腰杆不硬，释放不出正能量，也拿不出政治上的高调，更没有激情似火的宣传鼓动，因为高薪制彻底地取消了他们扬言奉献的资格。领导者在员工面前已失去了闪亮的光芒，什么伟大使命，神圣宗旨，奉献精神，为国争光，走向世界这些富有意义的字眼，在他们嘴里变得含混模糊，声音也变得有气无力，身材也仿佛矮了很多，于是企业也就没有了大义名分，企业还能有什么前途呢？当员工的懈怠情绪与工作的消极作为成为一种风气时，员工还怎么能敬业呢？

第四节　典型启示——一切来自"教导力"

历史的前进是由人推动的，人的前进是由领导者推动的，领导者的前进是由先进的思想推动的，先进的思想是由卓越的思想家探索挖掘提炼并教导传播的。许多卓越的领导者本身就是思想家，有思想才有领导力。但是，思想如果仅仅封存在思想家头脑里，攥在领导者手里是不起什么作用的。思想本身没有领导力，只有把思想运用起来，把它移植到群众的头脑中、运用到变革社会的实践中才有力量。这就好比炮弹一样，炮弹放在弹药库不发射出去，不爆炸，就是一块钢铁。思想不传播出去，就如同库存的炮弹一样，价值不大。炮弹发射的媒介是炮管，思想传播的媒介是教导，炮管的关键是膛线，教导的关键是教导力。教导之力，就是教导的力度、广度、深度、精度及其总和。

历览一切社会现象，汇集一切成功企业，尽管形式上千差万别，但最根本的共性是一致的，那就是先进的思想在起决定性的作用。具体特色就是领导者是如何在融化传播先进思想中所体现出的种种教导力。

上世纪九十年代，企业界就广泛流传着"三流企业卖产品，二流企业卖服务，一流企业卖标准，超一流企业卖文化"的说法。卓越企业从传播一种文化，一种理念、一种价值观，已上升到"经营文化"、"文化制胜"的境界。其实中国的绝大多数企业，不缺技术，不缺资金，甚至也不缺人才，惟缺文化。能赚钱的很多，但缺乏始终如一的愿景和核心价值观，特别是缺乏万众一心的凝聚力和认同感，企业和员工不知从哪里来，到哪里去，因此难以长寿，也难以实现从优秀到卓越的跨越。

培育和践行企业核心价值观，要实施宣传教育、示范引领、实践养成相统一。从员工入厂抓起，落实到分厂、车间、工段、班组各管理环节，贯穿于员工职业生涯的全过程，覆盖到所有培训平台，形成长效的辅导机制，不断用各种方式和载体加以引导和熏陶，教育先行，立德树人，引领企业全面进步。

1. GE 给我们的启示——领导者要成为培育员工的导师

当今世界企业文化理论倡导的是核心价值观的领导，领导者本身就是这种价值观的化身。领导者要不遗余力地充当牧师，积极地传经布道，将企业的核心价值观等经营哲学思想，灌输到员工的头脑里，用这种统一的理念将员工紧紧地凝聚在一起，实现上下同欲，共创佳绩的局面。

1981 年 4 月，杰克·韦尔奇成为美国通用电气公司历史上最年轻的董事长和首席执行官。在这期间，许多大公司和他们的领导人在无情的全球经济中就像多米诺骨牌一样纷纷倒下，他却领导着 GE 创下一个又一个丰硕成果，成为全世界企业家和经理人的榜样，享有"全球第一 CEO"的美誉。杰克·韦尔奇开创了一种独特的管理模式，帮助庞大多元的商业帝国摆脱了"金字塔"官僚体制的痼疾，走上了灵活主动的道路，把通用电气公司推向了辉煌。

GE 公司之所以富有特色和卓有成效，就在于杰克·韦尔奇提出了一个具体、明确的发展战略目标。要想成为赢家，实现数一数二的目标要求，就必须把数一数二的"硬"的核心理念与无形的"软"的价值观结合起来。他提出了三大核心价值观，即：面对现实，追求优质和卓越，注重人的因素。

"面对现实"——就是要创造一种氛围，鼓励人们去观察事物的本来面目，按照事情自身应有的方式，而不是人们主观愿望的方式来处理事情。在全公司树立这种直面现实的观念，是实施做任何事都数一数二的必要前提。

"追求优质和卓越"——就是要形成一种氛围，让所有的人都能感到向自己的极限挑战是一件很愉快的事情，感到能够比心目中的自己做得更好，使每个员工都能够为自己所做的产品和所提供的服务感到骄傲。为使"追求高质和卓越"的价值观体现在公司的方方面面，韦尔奇采取了许多硬的措施，他把在克罗顿维尔的管理中心升格为世界一流的培训中心。目的就是要通过这些看得见的硬措施为公司营造"软"价值——"卓越"。韦尔奇说，如果你想实现卓越，你应该在每一件事情上都要体现出卓越。

"注重人的因素"——就是要创建良好的人力资源政策，为敢于尝试新鲜事物的员工提供最优环境和氛围，鼓励员工积极发挥自己的创造力和驱动力，尽快地超越发展。韦尔奇认为，只有这些"软"的核心价值观与"硬"的数一数二的发展要求结合起来，公司面貌才会焕然一新，才会有更高昂的士气、更强的适应能力和灵活性。

杰克·韦而奇指出：在21世纪，最有效的竞争者将是懂得如何用核心价值观驱策员工情感的组织。员工不是同质的，各自都有不同的人生哲学与追求。企业重点依靠的是符合企业根本要求的人，是与企业基本宗旨相一致的人，是给企业带来绩效的人。而那些不符合企业要求而又不可教化的人，则要离开企业。任何一个组织都不愿意收留，更不会重用与组织价值观相违背的人。

杰克·韦尔奇制定了价值观区别法，依据价值观对员工进行区别对待。

第一种人，认同公司的核心价值观，又很有成绩，这种人给予重用，提拔任用，一路飚升。

第二种人，认同公司的核心价值观，但是能力不足，工作一般，对这种人要教育培养，换个岗位试试。

第三种人，不认同公司的核心价值观，既没有突出技能，又没有业绩贡献，很简单，这种人要离开企业。

第四种人，不认同公司的核心价值观，但有专长，又有成绩，对待的办法是：利用！但是绝不能容忍这种人动摇公司的核心价值观，否则，也要请他走人。正所谓"不换脑筋就换人"。杰克·韦尔奇认为，如果没有把最合适的人才放到贯彻理念的关键位置上，理念就会走样，就会失去应有的价值。

韦尔奇是如何实现这一目标的呢？GE有十万多员工，但韦尔奇只抓住他直属的42个战略经营单位不到500位的领导人，认真当好他们的老师，坚持定期在培训基地上课，讲述自己的主张，并反复讲，直到他们有了自觉行动，直到获得事业成功为止。

彼得·德鲁克曾指出："现代企业应该依靠共同的价值观来维系。企业文化的核心是价值观，企业领导者的方针理论决定了他的价值观，企业文化建设必须抓住价值观这个核心。"企业核心价值观是企业哲学的重要组成部分，它是企业表明自身如何生存的主张，是企业经营管理的一整套指导原则，是全体员工坚定不移信奉的信条。

纵观世界 500 强发展史发现，能够支撑一个企业由小到大、由弱变强的根本原因，就在于自始至终拥有一个经久不变的核心价值观，他们都较好地解决了"我们是谁，我们做什么，我们为什么做"这样几个基本问题。这些核心价值观不因时代变迁、领导人的更迭及产品的更新而变化。资源可以枯竭，惟有文化生生不息，对一家卓越公司而言，核心价值观是超越一切经济因素之上的至为根本的东西。

(1) 高度关注人，明确人最宝贵的品质是积极性

杰克·韦尔奇在招募员工时，不依据应聘者的外表、毕业学校、学历和一纸简历来决定是否录用。而是招募那些充满热情、希望做出点成绩来的人。他认为人是企业的核心竞争力，只有了不起的人，才能造就了不起的产品和服务。GE 作为一个世界级的企业，首先在于它是一个汇集了具有良好价值观和全心投入、满腔热情的人的公司。

(2) 高度关注人，重视员工的培训

韦尔奇高度关注人，注重人的因素，并把以人为本的理念贯彻于管理实践中。他把人才培训视为一项能够获得"无限"回报的投资，他建成了世界一流的培训中心，不仅进行职业培训，而且着力于领导人才的开发。GE 不仅培训造就了大量的优秀人才，帮助很多平凡的员工创造了不平凡的业绩，而且创造了一种不断学习的组织风气，促进了 GE 学习型文化的建立。杰克·韦尔奇竭力创造在交互式的开放环境中传播思想，他经常到培训中心去讲课，并且乐此不疲。他说："我们必须探索和应用最好的理念，无论它来自何处。"他主张要尊重员工，给他们发言权，把每个人最好的想法拿来，放在其他人之间交流，让每一位员工全身心投入到工作中来。要做到使每一位员工都坚定确信，除了他们自身的创造力和主动性以及个人价值标准的限制外，没有任何阻力能够妨碍他们向前奋斗或者是如何奋斗。杰克·韦尔奇认为没有什么比这一点更重要了，我把自己比作海绵，吸收并改进每一个好点子，集中各方面的智慧，通过真诚的讨论和交流，来不断形成新的理念，同时也有效地完成了理念认同的任务。

（3）高度关注人，区别对待员工

杰克·韦尔奇实行有差别的管理政策，把员工分为最好的20%，中间的70%和最差的10%，即A、B、C三类。A类员工激情满怀，勇于任事，思想开阔，积极进取，不仅自身充满活力，而且有能力带动周围的人。他们能提高企业的生产效率，同时还使企业经营充满情趣。B类员工是公司的主体，人数最多。C类员工指那些不能胜任自己工作的人。对不同类别的员工，实行差别的奖励政策，A类员工得到的奖励一般是B类的两三倍。至于C类员工，则什么奖励也得不到。

杰克·韦尔奇指出：成功的团队来自于区别对待，即保留最好的，剔除最弱的，而且总是力争提高标准。通过有序的竞争，优胜劣汰，使人才脱颖而出，确保将最好的员工安排到每一项创意里去，并使竞争逐步提高层级。有了这种基于竞争形成的等次，对员工的激励才能真正有效。

（4）高度关注人，善待员工

杰克·韦尔奇不断为员工施展才华提供机会，并在他们每次获得成功之后，尽可能给他们奖励，让员工感觉到自己的贡献看得见、摸得着、还能数得清，增强员工的成就感、自豪感和自信心。对解聘员工，做到人性化，富有人情味。

他说道："我需要与公司下层的经理人员进行直接交流，让我的信息不会因老板们的层层阻隔而失真。"他经常到各地的下属公司巡视，安排同中下层经理交谈，有时还采用写便条、发传真等方式传递理念，沟通思想。在准备撤换经理时，他都至少谈心两三次，表达失望，给他们以改变现状的机会。当最后一次谈话时，被解聘的人不会感到震惊或者不可思议。他不仅自己这样做，也要求各个层次的经理人都这样对待下属和员工。

2. 京瓷给我们的启示——领导者要致力与员工共享经营哲学

日本式管理曾一度受到全球的瞩目，被认为一定有某种神奇的管理体系，因为日本的员工能以公司为家，为企业尽忠效命。其实日本企业的成功，唯一的关键就是"人"。日本企业之所以能创造奇迹，就在于企业构建了以人为本，富有个性的公司文化和经营哲学，这是他们呈现欣欣向荣景象的根本原因。

日本京瓷公司和KDDI公司是两家世界500强企业，创始人和经营者都是稻盛和夫。稻盛和夫27岁开始创业到78岁退休，半个世纪的岁月经历了多次经济危机，但每次都能带领企业度过萧条，不断在逆势中成长。稻盛和夫创业发展，攻坚克难的独门看家法器，就是其越来越受关注的"经营哲学"。稻盛和夫在日本除有经营之圣的美誉，同时还享有企业家、哲学家、科学家、教育家、慈善家"五家"之盛名。哲学家产生思想，教育家传播思想，稻盛和夫的教导力功名显赫，驰誉世界。

稻盛和夫认为，经营不光凭借科学的管理与得力的经营手腕，更要具备正确的思想。他说："当人们问为何京瓷能够一直保持成功？我总是这样回答：是由于它有坚定的经营哲学，并将之与员工共享"。

（1）正确的经营管理思想＝"敬天爱人，自利利他"的思维方式

稻盛和夫认为，追求人生的善与不朽，根柢是"敬天爱人，自利利他"。稻盛和夫始终都在追问一个至关重要的问题："作为人何为正确？"为何人的工作差别如此之大？结果得出方程式：工作结果＝思维方式×热情×能力。

人们总以为，人与人之间的差别取决于个人能力的不同，事实绝非如此，人的能力确实重要，往往决定着人生和事业的成败，但人的思维方式更重要。因为不管能力是否出众，只要遵循正确的做人准则，秉行正道、与人为善，充满热忱地去生活，付出不亚于任何人的努力，就一定会收获好的结果。

正确的"思维方式"，就是正确的世界观、符合客观实际的科学思想、高尚的人生观、正确的价值标准。

热情是推动事业前进的动力，不管出现什么变化，遇到什么艰险，热情都是冲关夺隘、不达目的誓不罢休的精神。但如果没有正确的"思维方式"做中流砥柱，再奔放的热血也会冷却，再旺盛的热情也会萎靡。

能力是重要的要素，但是仅靠能力并不能保证成功。如果人所抱有的"思维方式"有缺陷。即使靠能力成功的人，归根结底不过是昙花一现，仅靠能力决不可能维持长期的发展。

稻盛和夫的经营哲学，是思想，热情，能力的综合一体化。思想是统摄一切的，用什么样的态度去生活和工作，如何有意义地度过一生，这对具体工作的指导至关重要。如果对事物没有正确的想法，心态畸变，即使是热情、能力都相当完备，也同样是白费心机，事与愿违。原则性的错误带不来理想的成绩。

稻盛和夫倡导"自利利他"精神，提倡对员工要好，并不是不断去满足员工的需求，要分给员工多少股份，加多少工资。稻盛和夫讲的是培养人，通过对员工不断培训，感化他们，发自内心的去帮助他们扭转观念，教会他们真正

做人的道理，而不是一味用金钱去刺激员工。

稻盛和夫认为，一个企业可能很容易会让员工在物质上有所增长，但却未必会让员工在心灵上有所成长。而对于一个人来讲，只有心灵成长才是真正的成长，才能有更成熟的方向感和目标，才能更好地为企业工作，才能更好地为他人提供服务。如果对员工真正负责，就要在员工的心灵上倾注培养。而中国企业就喜欢通过加薪嘉奖去满足员工，激励员工，尽管倾力物质刺激，企业还是管不好，这就是国内企业领导者与稻盛和夫经营思想的天壤差别。

稻盛和夫不仅在感情上打动员工的心，更注重诉诸理性，努力用道理来说服员工，不断向员工阐述工作的意义，揭示企业的愿景目标，激发他们的积极性和主动性，鼓足他们的干劲。如在京瓷还是中小企业的时候，他就一直不知疲倦地、不厌其烦地向员工们诉说梦想："要成为中京区第一，京都第一，日本第一，世界第一。"起初半信半疑的员工们终于被他的真诚所感动，相信了他所诉说的梦想，并且为实现这一梦想齐心合力，共同奋斗。最后终于将这一梦想变成了现实，使京瓷成长为世界一流的巨型企业。

一个企业具不具备共同的梦想和愿望，其成长能力大相径庭。企业的全体员工共同拥有美好的愿景、远大的目标，大家都具备"非如此不可"的强烈愿望，那么，强大的意志力量就能发挥出来，组织就会产生巨大的能量，朝着梦想的方向不懈努力，坚韧前行，就一定能超越一切障碍，取得预期的成功。

确立公司的经营理念，就是确立企业领导者的宗旨使命。稻盛和夫的宗旨使命是："在追求全体员工物质精神两方面幸福的同时，为人类、为社会的进步发展做出贡献。"企业经营的根本意义和真正目的既不是'圆技术者之梦'，更不是'肥经营者一己之私腹'。经营者必须为员工物、心两面的幸福殚精竭虑，倾尽全力。

稻盛和夫说：凡事必须明确事业的目的和意义，企业经营理念需要大义，要让全体员工与自己风雨同舟、共同奋斗，缺乏"大义名分"是不行的，如果缺乏这一点，人们很难从内心深处产生必须持续努力工作的欲望。京瓷公司的经营理念大义就是敬天爱人：敬天，就是敬畏上天，依循自然之理、人间正道，与人为善。就是"坚持正确的做人之道"。爱人，就是关爱众人，摈弃一己私欲，体恤他人，持"利他"之心。企业家一定要排除个人私欲，要有敬天爱人，执守回归人的原点之道德勇气。没有崇高道德伦理，失去善良哲学的企业，则很难永续经营。

企业拥有了大义名分，经营者就有了大义凛然，理直气壮干事业的足够底气、正气、名气和豪气，从而堂堂正正，不受任何牵制，全身心投入经营；领导者就有了面对未来，描绘远大梦想，明示工作意义，教育员工的资格；就有了用精神哺育、点亮员工心灵的滔滔话语。这种光明正大的事业目的，是公司发展的原动力，最能激发员工内心的共鸣，获取他们对企业长时间、全方位的投入。事实上，正是有了经营理念之大义，并为员工所共有，京瓷全体员工才能焕发热情，主动挑战更高的目标；才有了齐心协力，团结一致为企业做贡献的积极性；才有了创造性的技术开发，多方拓展事业的辉煌业绩，最终实现了企业的欣欣向荣。

稻盛和夫谆谆强调，要想使企业业绩得到大幅度的提升，必须树立远大的目标，同时还必须日复一日地付出不懈的努力。每一天都要竭尽全力，拼命工作，做不到这一点，企业经营的成功，人生的成功，都是空中楼阁。除了拼命工作之外，不存在第二条通向成功之路。

很多经营者办企业压根儿就不是基于"大义名分"，而是基于一己私利。在制定规则或制度之前，经营者必须了解何为"正确的做人准则"，具备"正确的做人原则"的哲学和伦理。经营者首先要善学习，明事理，知大义，高境界，做善于指点迷津的教导者，如此才能使员工深明大义，支持企业。如果缺乏正确的哲学和伦理，即便具备了严密的外部规则或制度，也无法起到真正的作用。正是由于京瓷有了"敬天爱人"的正确经营哲学，员工便将之视为自己的理想，包括管理者在内的全体员工都能沿着这一经营哲学路线，付出不逊于任何人的努力，才使企业取得了巨大的成功并带来广阔的发展空间。

(2) 正确的经营管理思想——"以心为本"，铸就企业走向卓越

稻盛和夫指出，很多经营者都大力主张制定严格的制度，加强对经济的监管，其实比完善这些监管制度更重要的是改变人的思想，也就是"心"。很多企业虽然拥有很健全、很完善的制度，但很多不良经济行为还是屡禁不止，这里的关键是经营者的"心"，必须改变这个"心"才行。

"以心为本"是稻盛和夫经营哲学的重要理念之一。正是基于"心"的管理，稻盛和夫才搭建起与员工诚实互信的基础和牢不可破的信赖之网，建立起同舟共济的伙伴关系。京瓷之所以能取得今天的成就，就是因为有相互信赖、紧密相连的"心"作为基础，这是奠定企业生存的立足之本和持续发展的牢固根基。

稻盛和夫的"心"，是摒弃了私利与私欲、用正确的方法获得财富的经营之心，是对待员工的慈爱之心。他总是尽力使企业根植于人心之上，一直致力于与员工建立良好的关系。稻盛和夫认为，不管企业是大是小，员工是多是少，

经营者都应该将保障员工的生活作为自己的责任与使命。这一直是稻盛和夫经营事业的宗旨，正是这样使他赢得了员工的充分信赖和真诚支持。

稻盛和夫"以心为本"的经营理念成为他吸引员工、凝聚员工的强大力量。这股凝聚力是员工以企业为核心的向心力，在企业共同价值观引领下，拥有与企业计划相一致的行动力。稻盛和夫站在员工的立场上为员工设定谋福利的总体目标被员工所欣然接受，于是企业和员工的利益达到紧密相连的程度，保证了员工与企业经营者共同创造财富的积极性。

稻盛和夫是如何践行"以心为本"的呢？他有计划地举办全员联谊会，以增进管理者与员工之间的和睦关系；组织员工到国外旅游以增进员工之间的感情；通过发行新股票的形式尽力让员工都能拥有公司的股票；他还在京都圆福寺建立了一座"京瓷公司员工陵园"，用来给那些为京瓷公司做过贡献的员工祈福……

稻盛和夫认为，在经济发达竞争激烈的社会中，企业家要经营好企业，必须全心投入到企业事务之中，在环境条件恶劣的情况下，首先要能够保障员工的生存。只要全心全意为员工着想，员工才能把京瓷当作"自己的公司"，把自己当作一个经营者而努力工作。员工们看到经营者为了大家而尽心尽责的行为，自然也就为公司的发展而竭尽努力履行自己的责任。

事实证明，员工没有树立共同的崇高的人生目标和信仰，就会各怀心腹事，各执己见，各自为政，各行其是，无法把员工的思想和力量凝聚在领导者所指引的方向上，最终无法实现组织目标。京瓷公司赋予各级领导者的一个重要职责，就是要以燃烧般的强烈愿望和使命感，面对未来做思想工作，描绘远大梦想，明示工作意义，点亮员工心灵，让员工真正感受到工作的喜悦和意义，激发内心的工作激情。领导者要在会议或现场等所有经营活动中，坚定不移和坚持不懈地对员工进行企业哲学理念的反复指导和教育。

3. 海尔给我们的启示——领导者既是设计师更应是心灵牧师

海尔是改革开放后第一批崛起的家电企业，1984 年创建于青岛，现任董事局主席、首席执行官张瑞敏是海尔的主要创始人。目前，海尔在全球建立了 21 个工业园，5 个研发中心，19 个海外贸易公司，全球员工超过 7 万人，名副其实的成为中国家电企业的第一品牌。

海尔在三十多年的发展历程中，形成了自己特有的文化体系。海尔文化的核心价值观是创新。即通过观念创新带动战略创新、制度创新，实现组织创新、技术创新，进而达到产品创新和市场创新的目标。

在海尔的发展过程中，张瑞敏一直充当着牧师角色。他深刻把握民族文化心理，并通过运用、改造传统文化理念，建树起海尔的企业文化，为科学管理、制度化管理铺平了道路。

张瑞敏以《道德经》中"天下万物生于有，有生于无"这句话诠释了海尔文化的重要性。他说，企业管理有两点始终是我铭记在心的：第一点是无形的东西往往比有形的东西更重要。当领导的到下面看重的是有形东西太多，而无形东西太少。一般总是问产量多少、利润多少，没有看到文化观念、文化氛围更重要，一个企业没有文化，就是没有灵魂。

西方学者做过一个比喻：管理就像一座漂浮在大海里的冰山，露出水面的部分，占 1/3，大体相当于管理组织、制度、技术、手段和方法等有形管理；隐在水中部分，占 2/3，大体相当于组织成员的价值观念、人际关系、文化传统、风俗习惯等无形管理。传统管理更多地着眼于占 1/3 比重的有形管理，企业文化着眼于占 2/3 比重的无形管理，思想管理深藏于企业芸芸众生之中，乃至大隐无形。

张瑞敏又以老子的"以柔克刚"思想，阐述客观事物弱与强的辩证关系，揭示企业中硬的管理制度与软的思想教育的相互转换。

思想是无形的，思想是柔弱的，但思想是有坐标的，而且也是强大的。张瑞敏能悟到"无"比"有"更重要，"无"能生"有"的道理，说明他的世界观已站到了系统的哲理之上。一位记者曾问张瑞敏："一位企业家首先应懂哪些知识？"张瑞敏想了想说："首先要懂哲学吧！"著名经济学家艾丰认为"不用哲学看不清海尔"。所以，要想成为真正的企业领导者，就应该具有一定的哲学素养。人的成熟是思想的成熟，领导者成熟的标志，则在于他能于实践经验基础上形成系统的理论。辩证的哲学思想应是每个领导者必须具备的起码常识。

(1) 无中生有，观念先行

这些年来，中国的市场经济在突飞猛进，但人们的观念却没有伴随形势的快速发展而与时俱进，传统的职业观念、劳动态度、绩效意识、质量意识、管理方式等相继成为企业发展道路上的障碍和羁绊，转变员工一系列不正确的做事观念，实现观念创新，成为所有企业领导人必须首先要解决的问题。

观念创新就是解放思想，转变观念，建立与企业战略相适应的经营理念系统。通过观念创新，带动制度创新，实现技术创新与产品创新。先进的企业经营理念被企业中的大部分人或全部人掌握了，就能形成合力对整个企业发展起到推动作用。

张瑞敏在谈到自己的角色时说:"第一是设计师,在企业发展中使组织结构适应企业发展;第二是牧师,不断地布道,使员工接受企业文化,把员工自身价值的体现和企业目标的实现结合起来。"

企业理念是一套思想观念,是企业所特有的基本信念、价值标准和行为准则的总和。它贯穿于企业的全部活动,指导企业的方向,影响企业全体成员的精神面貌,决定企业的素质和竞争能力。我们看到的许多问题,往往恰是冰山的山尖,大量的实质问题都隐藏在水平面以下不被我们所见,没有深邃的哲学思想,事物的本质就容易被现象、假象所迷惑。

① 砸冰箱——观念转变先于制度建立

为了转变员工对质量的笼统模糊认识,张瑞敏抓住机会,通过砸毁 76 台冰箱,在员工心中树立起了质量第一的理念,为随后的严格管理建立了契机。张瑞敏说:"长久以来,我们有一个荒唐的观念,把产品分为合格品、二等品、三等品还有等外品。从今往后,海尔的产品不再分等级了,有缺陷的产品就是废品,把这些废品都砸了,只有砸的心里流血,才能长点记性。"结果,就是一柄大锤,伴随着那阵阵巨响,真正砸醒了海尔人的质量意识!

在接下来的一个多月里,张瑞敏发动和主持了一个又一个会议,讨论的主题非常集中:"如何从我做起,提高产品质量",三年以后,海尔人捧回了我国冰箱行业的第一块国家质量金杯。

1999 年 9 月 28 日,张瑞敏在上海《财富》论坛上说:"这把大锤对海尔今天走向世界,是立了大功的!"可以说,这个举动在中国的企业改革中,等同于福特汽车流水线的改革。

"有缺陷的产品就是废品。"这在当时还是一个新颖的观点,到了 1989 年,产品供求已达到平衡,很多企业产品不好卖,所以产品质量成了关键。在这种情况下,海尔又提升了一步:从抓产品本身的质量这种狭义的质量观提升到一种广义的质量观,即把产品质量延升到服务。因为从生产线下来的产品质量再好,也不是完整的质量,如果把产品的质量延伸到用户的家里去,那才是完整意义的质量,于是海尔又率先第一个提出了星级服务。而当其他企业也感到应该重视服务,而且学习效仿海尔,采取海尔式的具体服务做法时,海尔又开始了新的提升。在九十年代中期抓到了质量的本质,即不仅永远要满足用户的需求,永远使用户满意,而且还要为用户创造需求,满足用户的潜在需求。由此可见,是思想的领先,使海尔一直遥遥领先于国内其他企业。张瑞敏明确地说:"找对了价值观且产生了很好的成果之后,就必须突破自我再找到新的价值观"。

企业的理念一定要根据市场的变化不断地提出新的理念，不断进行思想创新。

②吃"休克鱼"——观念转变先于资本扩张

什么叫"休克鱼"？海尔的解释是：鱼的肌体没有腐烂，比喻企业硬件很好；而鱼处于休克状态，比喻企业的思想、观念有问题，导致企业停滞不前。这种企业一旦注入新的管理思想，有一套行之有效的管理办法，很快就能够被激活起来。

吃"休克鱼"是海尔兼并扩张举措的一种形象的比喻。从国际上讲兼并分为三个阶段，当企业资本存量占主导地位、技术含量并不占先的时候，是"大鱼吃小鱼"，大企业兼并小企业。当技术含量的地位已经超过资本作用的时候，是"快鱼吃慢鱼"，像微软起家并不早，但它始终技术领先，所以能很快的超过一些老牌电脑公司。到20世纪90年代兴起的是一种强强联合，所谓鲨鱼吃鲨鱼，美国波音公司和麦道之间合并就是这种情况。在中国，国外成功的例子只能作为参考，大鱼不能吃小鱼，也不可能吃慢鱼，更不能吃鲨鱼，在现行经济体制下活鱼是不会让你吃的，吃死鱼你会闹肚子，因此只能吃"休克鱼"。

从上世纪90年代初开始的10年间，海尔先后兼并了18个企业，并且都扭亏为盈。在这些兼并中，海尔兼并的对象都不是什么优质资产，但海尔看中的不是兼并对象现有的资产，而是潜在的市场、潜在的活力、潜在的效益，如同在资本市场上买期权而不是买股票。海尔18件兼并案中有14个被兼并企业的亏损总额达到5.5亿元，而最终盘活的资产为14.2亿元，成功地实现了低成本扩张的目标，可见企业兼并的实质则是文化兼并，是先进思想与落后思想的较量。

③"赛马不相马"——观念转变先于人才机制

"赛马不相马"是海尔的人才开发理念。市场竞争说到底是人才的竞争，有什么样的人才，就有什么样的事业，谁拥有更多的高素质人才，谁就可以在竞争中取胜。然而真正地问题是，不管人才多少，关键是这些人有没有积极性，有才能愿不愿意发挥，这才是核心要害。为此，海尔把传统的相马变为赛马，充分挖掘每个人的潜质，开展公平、公正、公开的竞争，并且每个层次的人才都应接受监督，压力与动力并存，真正适应市场的需要。

海尔人力资源开发的出发点是"人人是人才"，员工个个都是千里马，择优上岗，而不是事先就把目标锁定在少数几个人身上。每一个想要自我发展的员工，海尔都会为他提供公平的竞争平台，在他们各自的工作岗位上加以考核。张瑞敏告诉员工："你是不是千里马，不用我说他说，请你自己说，用自己的行动告诉大家。"接下来转变企业干部处的职能，人力资源开发中心不是去研究培养谁、提拔谁，而是去研究如何去发挥人员潜能的政策和机制。海尔给员工搞了三种职业生涯设计：一种是专门对着管理人员的，一种是对专业人员的，一种是对工人的，每一种都有一个升迁的方向。这就是很多员工愿意留在海尔、愿意在海尔奋斗、愿意为海尔奉献的原因，这也就是"赛马"的魅力所在。海尔所营造出的全员竞争的氛围和机会，就是企业文化中的激励功能。

（2）辩证思维，柔中有刚

1998 年海尔开始实施流程再造，并提出"狮鹿哲学"理念。张瑞敏对"狮鹿哲学"的解释是：海尔的目标是 3 万员工都成为自主经营的 SBU（策略经营单位），这就是我们争取的一个目标，但并不是这么简单，如果说到 2008 年的话，每个人都能做到，就比较理想。从开始提出来到最后做到，10 年，我认为这够快了。我们这样做是希望每个细胞都动，每个细胞都相当有活力。比如鹿可以被狮子吃掉，但如果这只鹿年轻力壮，它在鹿群中肯定不会被吃掉，被吃掉的永远是年老体弱的。你说狮子硬朗不硬朗？但是如果狮子老了的话，连鹿也可以踢它两脚。为什么呢？因为它的每个细胞都老化了，所以关键是取决于每个细胞。企业不是看外表多么大，多么有力量，关键是看它的细胞有没有活力。张瑞敏倡导的"狮鹿哲学"充满了辩证法，他提示了强与弱，大与小，盛与衰、外表与内在的对立转化关系。一个企业过去很强大，但是不能保持细胞的生机活力，慢慢蜕变老化，不进则退，不上则下，最后就会成为老狮子。所以，谁能保持细胞的生机活力，谁就是强者，胜者。这决定企业生机活力的细胞是什么呢？就是企业的广大员工。

"三心换一心"

企业中处处存在辩证法，是领导者统摄员工，还是员工制约领导者，确实是一对对立统一的矛盾，往往许多不称职的领导者被员工所捉弄、所驱使、所淘汰，而卓越的领导者却使全体员工心悦诚服，甘愿调遣。是什么原因呢？原因是不称职的领导者只会挥舞规章制度的大棒，而卓越的领导者善于用"软"的办法。

企业文化好似黏合剂，可以减少内耗，使职工产生归宿感、增强凝聚力。当一种价值观被企业员工共同认可后，从各个方面把成员聚合起来，从而产生一种巨大的向心力和凝聚力。海尔的"三心换一心"与"排忧解难本"的理念与做法，具有突出的东方儒家文化价值观的特征，是家文化的典型体现。

"三心换一心"——张瑞敏喜欢引用的一句古语是"上下同欲者胜。"企业领导人必须在琢磨人、关心人上下功夫。海尔讲究"三心换一心"就是"解决疾苦要热心、批评错误要诚心、做思想工作要知心，三心换来员工对企业的铁心"。

热心——海尔有一个运转体系，专门帮助职工及时解决生活上的实际困难。公司组织了自救自助形式的救援队，员工人手一册《排忧解难本》，如有困难，只要填一张卡或打一个电话，排忧解难小组会随时派人解决。

诚心——10多年来，海尔的中层以上干部实行红、黄牌制度。在每个月的中层干部考评会上，都要评出绩效最好与最差的干部，最好的挂红牌（表扬），最差的挂黄牌（批评），并具体剖析情况，使受批评的干部清楚错在何处，明确努力方向。在海尔，人际关系是透明的，考核制度是公开的。

知心——知心体现在建立多种制度，了解员工心里想什么，希望企业做什么。

① 每半年一次的职工代表大会制度。让员工了解企业，充分发表意见，参与企业的民主管理、监督。涉及员工切身利益的重大决策要经过职代会讨论通过后方可实施。

② 各种形式的恳谈会制度。集团规定各事业部每月举行两次恳谈会，各公司、分厂和车间的恳谈会随时召开。员工与领导开诚布公，畅所欲言。

③ "心桥工程"。利用《海尔人》开辟"心桥工程"栏目，通过该栏目反映不愿在公开场合说的话。

企业文化以成文的或约定俗成的厂规厂法，厂风厂貌，人际伦理关系等对员工的思想起约束作用，这是一种由内心心理约束而起作用的自我管理。企业文化形成的价值、意义和伦理道德标准，能使企业职工自觉的按照这些标准来规范自己的思想和行为，从而形成自我控制、自我约束的能力。

80/20 法则

80/20法则——是管理人员与员工责任分配的比例原则。管理人员占20%，是少数，也是关键的少数。管理要抓关键的少数，也就抓住了系统，这样就能使整个企业有效地运转。

1995年7月12日，海尔洗衣机有限公司公布一则处理决定：质检员范萍由于责任心不强，造成选择开关插头插错和漏检，被罚款50元。海尔高层敏锐地意识到范萍漏检所揭示出的哲学命题：偶然当中蕴含着必然。范萍漏检是偶然的，但如果产品质量如美国GE产品那样过硬，这种偶然就不会发生。而"必然"是什么呢？答案是：管理漏洞！根据责权原则，领导必须承担领导责任，承担领导责任不是口头说说，不关痛痒地自我批评一下了事，而是要动真格的，要有切肤之痛的感觉。最后，分管质量的领导自罚300元，并做出深刻的书面检查，由此也进一步奠定了海尔文化中的一个重要原则：80/20原则（即企业里发生的任何一件过错，管理者都要承担80％的责任）。对于广大员工来说，企业经营中你中有我，我中有你；合作共利，互助共赢。海尔集团常务副总裁杨绵绵说："工人出错，干部受罚"。下级出了错，上级要负责任，上推下卸，就叫不负责任。

通过范萍质量漏检事件，海尔发动员工广泛参与讨论，形成了 80/20 法则和领导负主要连带责任的制度。

企业文化对企业员工的思想、心理和行为具有约束和规范作用。企业文化的约束不是制度式的硬约束，而是一种软约束，这种约束产生于企业的企业文化氛围、群体行为准则和道德规范。群体意识、社会舆论、共同的习俗和风尚等精神文化内容，会造成强大的使个体行为从众化的群体心理压力和动力，使企业成员产生心理共鸣，继而达到行为的自我控制。

(3) 品牌塑造——塑造形象

孔子说"取法乎上，仅得其中；取法乎中，仅得其下"。1985 年，张瑞敏在一次全体员工大会引用了这句话，并解释为"要做就要做最好的"。把企业目标比喻作"法"的话，追求最高的目标，也只能达到中等的目标；如果把企业目标定在中等程度，那只能实现下等的目标。青岛电冰箱厂是一个地方性小厂，如果不向着一流的企业努力，那非但不会成为一流企业，企业也不可能继续生存下去。所以，必须下决心要干就要向着成为一流企业的目标努力。

一流的企业到底是什么样子呢？张瑞敏在研究了 GE、松下等世界一流企业之后，得出了这样一个结论。那就是一流的企业要有一流的品牌，并且这个品牌要成为本国文化的象征。

海尔是中国企业界建设企业文化的典范，海尔文化与张瑞敏不可分割。张瑞敏是一位有着高度哲学素养和文化修养的企业家，张瑞敏为海尔确立的文化精神是：无私奉献，追求卓越。围绕这一主题，海尔确定的管理战略是：高标准，精细化，零缺陷。确定的生产战略是：唯一和第一。确定的质量战略是：质量是企业永恒的主题。确定的销售战略是：售后服务是我们的天职。确定的市场战略是：生产一代，研究一代，构思一代。

在企业与员工关系的问题上，张瑞敏认为，"海尔要实现企业的总体目标，要实现个人生涯计划与海尔事业规划的统一。要调动全体员工的积极性，不断提高产品的质量，要解决共同的价值观与个体的价值观的关系问题。企业的基础是个人，没有个人能力的发挥，没有了解个人能力是怎样发挥作用的，企业就不可能成为一个有机体，也不可能形成企业活力。"

张瑞敏对团队的观点是："团队文化就是要充分兼顾职工个人的利益、个人的人生目标、个人的爱好和志向，充分调动每个员工的积极性，激励他们为企业的共同事业贡献力量。企业共同的价值观是个体价值观得以实现的根本保证。一个基于个人利益增进而缺乏合作价值观的企业在文化意义上是没有吸引力的，这样的企业在经济上也是缺乏效率的，以各种形式出现的狭隘的个人利益的增进，不会给企业和社会带来好处。这就是海尔文化的核心。

企业文化能使企业全体员工认识自己的工作意义，激发工作热情，推动员工奋发向上。企业文化给员工多重需要的满足，并能用它的"软约束"来调节各种不合理的需要。积极向上的理念及行为准则将会形成强烈的使命感、持久的驱动力，成为员工自我激励的一把标尺。一旦员工真正接受了企业的核心理念，他们就会被这种理念所驱使，自觉自愿地发挥潜能，为公司更加努力高效地工作。

伴随着海尔从无到有、从小到大、从大到强、从中国走向世界，海尔文化本身也在不断创新、发展。员工的普遍认同、主动参与是海尔文化的最大特色。当前，海尔的目标是创中国的世界名牌，为民族争光。这个目标把海尔的发展与海尔员工个人的价值追求完美地结合在一起，每一位海尔员工将在实现海尔世界名牌大目标的过程中，充分实现个人的价值与追求。

4. 解放军给我们的启示——思想掌控一切，思想决定一切

中国人民解放军经历了举世闻名的长征，经历了艰苦卓绝的抗日战争，经历了横扫千军如卷席的解放战争，经历了和世界最强大的美国军队的较量，事实证明这支军队是人类历史上最优秀的军队。铸造这支伟大军队的杰出成功之处，就是思想政治工作。

思想政治工作的组织保障是党组织，是党牢牢地抓住了军队的领导权，而党领导和控制这支军队的主要手段和方式还是思想政治工作。党组织是实施思想政治工作的主体，思想政治工作是党组织的重要工作内容。弱化了党组织，思想政治工作就成了无源之水；取消了思想政治工作，党组织就近乎名存实亡。

国民党军队曾效仿红军也成立了政治工作机构，但成效甚微，原因一是政治工作部门级别太低，没有影响力，起不了作用；二是没有工作体系，内容空洞，有名无实。三是手中没有大义，没有道义根基说什么都没有用。

各行各业，尤其是企业学习中国人民解放军的管理体系，是一条成功的经验。创业时期的大庆之所以能成为中国工业战线的一面旗帜，就因为大庆是学习解放军的楷模，是解放军式的企业，是思想政治工作挂帅的组织。思想是人

的灵魂，政治是人的方向，这是任何人无论如何也回避不了的客观实在，不管你主观意识是否认可，是否情愿，思想政治工作就是决定组织和组织内所有成员的行为根据。

历史是最好的教科书。历史是过去的现实，现实是未来的历史。历史、现实、未来是相通的，以史为鉴、知古鉴今，当你真正清楚（而不是大致了解）中国人民解放军的成长发展历史，你就会被解放军惊天地、泣鬼神的英雄业绩所深深感动和震撼，并感悟到其成功的绝妙之处。思想政治工作的神奇机制是：思想掌控一切，思想决定一切。这是组织强大之根源，是人的转变之根源，

1927 年 9 月 24 日、秋收暴动失败后，毛泽东率领仅有的一千余人来到永新县三湾村，在这里他进行了著名的"三湾改编"。三湾改编是毛泽东缔造新型人民军队的伟大创举，也是他运用马克思主义、共产主义思想教育人，改造人、塑造人光辉实践的开始。

三湾改编是毛泽东对几千年传统军队体制的彻底颠覆，是用新思想改造旧军队，塑造新军队的伟大革命。秋收起义队伍中有三种成份，一是有先进思想觉悟的共产党员，二是有革命倾向的国民党军队官兵，三是受革命思潮影响的工农群众。他们虽然是革命火种，但其中绝大部分人的思想还处在根深蒂固的封建观念上，所以三湾改编理念的超前，引起了一些军官的不满、反对抵制固不为奇，但这毕竟是秋收起义的原班人马，素质算得上是最好的，以后的情形更加艰难。

九月底，毛泽东带领改编后的六、七百名指战员来到了井冈山，这里重峦叠嶂，人口有限；发展兵员、十分困难；四周的围剿不断，战斗时有发生，而每战必有伤亡，队伍日益缩减，而兵员又不能及时补充，革命火种恐有熄灭的危险，毛泽东十分焦急。

毛泽东一面抓紧根据地的建设，一面抓紧红军的扩充；同时做好袁文才、王佐的工作，将其部属纳入红军编制。这两支队伍虽号称农民自卫军，但纪律松弛，缺乏训练，政治素质不高，战斗力低下。然而，这在当时兵员奇缺的状况下，把这两支队伍收编过来亦实属难得。后来又不得不接收形形色色的游民入伍参军，这样，红军的发展壮大仍是捉襟露肘，最后，毛泽东把重点放到敌军俘虏上。俘虏有军旅经验，受过军事训练，本质都是劳苦大众，都是为生存而雇佣当兵，只要他们愿意，都可以成为红军的后备力量。经过政治教育，红军士兵都有了阶级觉悟，都有了分配土地、建立政权和武装工农等项常识，都知道是为了自己和工农阶级而作战。因此，他们能在艰苦的斗争中不出怨言。

次年四月，朱德、陈毅率领南昌起义残部到井冈山与毛泽东会师，使井冈山革命队伍规模得以改观。

在历经一年多的井冈山斗争后，毛泽东在 1928 年 11 月 25 日给中央的汇报中，提到了红军的发展情况："边界红军的来源：（一）潮汕叶贺旧部；（二）前武昌国民政府警卫团；（三）平浏的农民；（四）湖南的农民和水口山的工人；（五）许克祥、唐生智、白崇禧、朱培德、吴尚、熊式辉等部的俘虏；（六）边界各县的农民。但是叶贺旧部，警卫团和平浏农民，经过一年多的战斗，只剩下三分之一。湖南农民，伤亡也大。因此，前四项虽然至今还是红军第四军的骨干，但已远不如后二项多。后两项中又以的敌军俘虏为多，设无此项补充、则兵员大成问题"。"红军成分：一部分是工人、农民，一部分是游民无产者。游民成分太多，当然不好。但因天天在战斗，伤亡又大，游民份子却有战斗力、能找到游民补充已属不易"。在这里，毛泽东检索性的描述了井冈山红军的基本面貌，如果要用一句话来概括这支队伍的基本状况、那恰如其分的就是四个字："乌合之众"。

古往今来，战事连绵。乌合之众从来没有成过气候，从来没有取得过胜利。东汉末年的黄巾起义，一场交战，往往起义军数万之众，敌不过对方几千人，几经较量，纷纷土崩瓦解，几十万人的起义，很快便被镇压了下去。抗日战争初期，日军兵力有限，国民党汇聚各战区兵力往往几十万，况不属乌和之类，但由于兵员素质不佳，众不敌寡，常常兵败如山倒。难怪当时中央困惑重重，嗔怪毛泽东，这样的红军能行吗？

农民，受几千年小农经济方式的困围，素有自私、散慢、狭隘之习性，眼光短浅，不学无术，是民众中落后、低下的阶层。然而令人惊奇、令人百感交集和令人不可思议的是毛泽东指导翻天覆地的伟大变革的实践主体，就是这些世世代代被视为最低贱、最愚昧、最无能的劳苦大众。中华历史几千年，改朝换代无数次，没有哪个统治者拿老百姓真正当回事，他们受剥削、受压迫、受屈辱，是少数权贵斥责鞭笞的牛马，他们面黄肌瘦，衣衫褴褛，贫病交加，目不识丁，凭什么能有神奇伟力，创造、建设一个新世界？是共产党，是毛泽东赋予他们伟大的灵魂，使昔日的泥腿子、煤黑子成为有理想、有觉悟、有文化、有纪律的革命战士，正是他们前仆后继，流血牺牲，才有今天幸福美好的生活。毛泽东在 1949 年 9 月总结革命历史实践时豪迈地说："世间一切事物中，人是第一个可宝贵的，在共产党的领导下，只要有了人，什么人间奇迹都可以创造出来。"

抗日战争时期，在延安宝塔山下有一座纪念碑，碑上刻着"日本劳农学校"，碑后是一排当年作为校舍的房子，学员是 150 名战场上俘获的日军官兵。他们没有被虐待，没有遭到以血还血的报复，他们在良好的条件下接受共产党的教育。在教育中他们放弃了对中国的敌视，放弃了他们原有的立场，转而接受中国共产党的主张，接受八路军的指派，他们自愿去前线参战，主动承担武器缴获说明书上的翻译，担当情报侦听的谍报员和战场上政治攻势的宣传员。他们起到了八路军战士无法起到的特殊作用。如此巨大的思想转变就来自八路军政工人员的耐心思想政治教育。

解放战争时期，为什么仅在三、四年的光景就消灭了国民党的八百万军队？除了解放军在正面战场的军事打击以外，还与强大的思想政治攻势密切相关。思想政治工作一方面鼓舞解放军的士气，一方面瓦解敌人的士气，通过做国民党军队上层军官的思想工作，争取到许多将领在关键的时候举行起义、投诚，严重地破坏了蒋介石的战略部署，迅速扭转战场态势，造成了震撼轰动的影响，极大地摧毁和瓦解了敌人的战斗意志，同时达到了不战而屈人之兵的最佳效应。

为什么起义、投诚、被俘虏的国民党军人上午还戴着"国军"的帽徽，下午就变成了解放军，迅速调转枪口向着原本的战友开火？这与解放军成系统的卓有成效的思想政治工作有关，这与国民党军队淡漠、无视思想政治工作有关。

人的思想领域没有真空，不讲科学，迷信就多一些；不讲真理，谬误就多一些。没有思想，就没有灵魂，就没有人心，就不会有队伍，不会有干劲，不会有精神力量，不会有未来。

毛泽东极其重视对人的思想教育，从一投身革命他就意识到：促使国家富强的活力蕴藏在每个社会成员身上，只有激励个人的主动性才能使之活力迸发出来。他断言：思想教育是党建设的中心环节。"如果这个任务不解决，党的一切政治任务是不能完成的。"毛泽东认为，只有掌握思想教育这个中心环节，才能克服党内的各种非无产阶级思想。他指出，党员中大多数是农民及其他小资产阶级出身的，他们有很可爱的革命积极性，并愿接受马克思主义的训练；但是，他们是带了他们原来的不符合或不大符合于马克思主义的思想入党的……这是一个极其严重的矛盾，一个绝大的困难。在这种情形下，如果不进行一个普遍的马克思主义的教育运动……我们还能顺利地前进吗？显然是不能的。

毛泽东在对经济、政治、文化的相互关系、相互作用进行了深入研究之后，一贯主张坚持思想建党，用政治改造军队，用先进思想教育民众。在新的斗争任务面前，毛泽东以更大的自觉和自信，指出思想政治工作在各项工作中的重要作用，认为它是团结全党、全军、全国人民克敌致胜的法宝，是一切工作的生命线。

毛泽东在 1937 年 10 月 25 日与英国记者贝特兰的谈话中，深情地回顾了我军思想政治工作的创造和发展，那时军队有一种新气象，官兵之间和军民之间大体上是团结的，奋勇向前的革命精神充满了军队。那时军队设立了党代表和政治部，这种制度是中国历史上没有的，靠了这种制度使军队面目为之一新。只有加强政治工作，才能实现党的领导，保证军队工作的正确方向。

中国人民解放军创始人之一，共和国元帅聂荣臻在他的回忆录中说道："试问一个红军战士，为什么要当红军，他们的回答是：'打土豪，分田地。'接着问他，他会回答：'为了苏维埃新中国！'再进一步问他，他会回答：'为了实现共产主义！'红军战士的这种认识，变成了他们终身为之奋斗的目标，忠诚党的思想和顽强的斗争信念。红军英勇拼搏的战斗力，压倒一切敌人的英雄气概，就从这里生长出来的。战士们起初并不了解共产主义的道理，但是一旦懂得了它其中的含义，就对他产生了强烈的感情。他们把一切至善至美的理想都寄托在她身上，虽然觉得这个社会很遥远，但又觉得她很亲近，从而成为指导和鼓舞他们前进的动力。许多战士临危授命，一面喊着"向着共产主义"，一面献出了自己宝贵的生命。所以，有的人说：我们红军打仗，打的就是政治，打的就是信仰。"

张学良经常和他部下讨论为什么国民党打不过共产党，他的结论是："主要是共产党、红军信仰他的主义，甚至于每一个兵，完全是一个思想——共产主义。

张学良经常感慨红军二万五千里长征，红军被围追堵截，没有吃的住的，那个苦哇，可是他们还在一块，被打散了，他们还回来。经过二万五千里艰难跋涉，疲惫不堪，还能打败东北军，是值得深思的。"共产党有目的，他相信共产主义，所以他能成功。共产党信仰他的主义。信仰就是力量啊。"

红军指战员的信仰从何而来？就是从大量的、耐心细致而又生动活泼的思想政治工作中得来。在人们的脑海里，时常展现两幅壮丽感人的场景，一幅是红军长征十八勇士强渡大渡河的情景，一幅是二十二勇士飞夺泸定桥的场面；每当眼前闪现这两幅可歌可泣的画面，人们的心灵就受到一次人生哲理的冲刷，思想境界就受到一次崇高审美的升华。人们不禁深思联想，为什么在死亡面前，红军战士能挺身而出，争先恐后？高官显位和金钱富贵，毫无疑问是人生中最富有诱惑着目标，但是生命面前，那又算得什么！正是红军战士舍生忘死的英勇精神，压倒了一切的人，创造出了世界军事史上的奇迹。

难道红军战士不知道大渡河汹涌咆哮的险峻吗？十三根寒光闪闪的铁索不惊怵恐惧吗？难道他们不知道对岸敌人子弹的威力吗？难道他们不珍惜自己仅

有一次的宝贵生命吗？对于身经百战的他们来说，一切都太清楚不过率先冲上去意味着什么；但是，他们还是主动请缨，毅然决然地冲上前去，直至取得胜利。因为他们明白，为理想而死，死的伟大；为革命而死，死的光荣。而这一切就是践行自己的信仰，为信仰殉职，心甘情愿，壮烈伟大！是什么使中国共产党的军队如此纪律严明、英勇顽强、素质优异，所向披靡，难道是象遵义百姓所说的红军是玉皇大帝派来的天兵天将？不是，这支优秀卓越的人民军队是毛泽东用马克思主义武装的结果，是按共产主义思想教育培养、改造塑建的结果。

毛泽东认为，人的决定性作用来自于人的主观能动性；人的主观能动性的发挥又与人的主观世界的改造有极大关系。

1944 年 4 月，谭政在《关于军队政治工作问题的报告》指出：没有军队的政治工作，就没有我们军队的今天。毛泽东进一步指出了"在一定物质基础之上，思想掌握一切，思想改变一切"的科学论断。思想是行为的先导，人们改造客观世界的一切行为，总是在一定思想的支配下有目的地进行的，不同的思想必然产生不同的行为结果，这是为过去"经验所完全证实的"真理。

日本著名启蒙思想家、教育家福泽谕吉在《文明论之概略》中指出，"外在的文明易取，内在的文明难求。"曾几何时，有一种观点颇为盛行，即经济建设搞上去了，人们的道德品质自然就会好起来，物质文明决定精神文明。所以，思想政治工作不搞了，"千讲万讲，不如一奖"。结果历经 30 多年的努力，国民的物质生活水平和文化程度确实有了很大的提高，而国民的思想境界、道德品质却呈现出惊人的倒退，黄、赌、黑、毒泛滥成灾，数万领导干部走进了监狱。

林肯曾说："有什么样的人民，就有什么样的政府。"官员腐败不是孤立的，它的深厚社会基础，就是千千万万的老百姓。当整个社会主体的人民群众都成为拜金主义、唯利是图的市侩时，官员想不腐败都难。领导好比种子，人民好比土地，种子在肥沃的土地里才能更好地生根、发芽、开花、结果；如果土地受到了严重污染，种子还能成为人民放心的绿色食品吗！南京市委书记杨卫泽和市长季建业都是省部级高官，一个是管理科学与工程专业博士，一个是宪法学与行政法学专业在职博士，是高学历、高官、高腐败的"三高"典型，这种"三高"腐败带有一定的普遍性。以此类推诸如西宁的毛小兵、太原的陈川平、昆明的张田欣、广州的万庆良、济南的王敏等首府市委书记被相继法办，确凿证明高学历带不来高品质。另有许多贪官精通音乐、摄影、篆刻等，堪称多才多艺，有的甚至申请了多项专利。可是他们品德败坏，作奸犯科，他们的素质到底是高还是低呢？

提起战争年代那可歌可泣的英雄事例，真是令中国人豪情满怀，心胸酣畅。在和平建设时期，工业战线涌现出了以王进喜为代表的一大批石油工人，和以大庆工人为代表的工人阶级先进集体，他们有条件要上，没有条件创造条件也要上的大无畏气概，为国家拿下大油田，为中国工人阶级争了气。农业战线开凿了以红旗渠为代表的一系列世界级的水利工程；科技战线的二弹一星的成功发射，轰动了全世界，使尚在贫穷落后的新中国，傲然屹立世界强国之林。每当提起这些光辉成就，每一个中国人无为之欢欣鼓舞，扬眉吐气。回首几十年的艰辛历程，毛泽东作为党的领袖，带领广大人民群众，克服千难万险，从一个胜利走向另一个胜利。毛泽东通过改变人的精神世界，渐次达到改变整个中国社会面貌，并最后改变亿万中国人民的命运。从此意义上说，毛泽东不仅是改造社会的革命家，更是改变人类灵魂的心理大师！

通过观察 GE、京瓷、海尔、解放军这四个典型组织的成长历程和显赫成就发现，一个伟大组织的铸就，是强大的文化力量在起主导作用，是超凡脱俗的思想力在起着砥柱中流的支撑作用，是须臾不可或缺的教导力在起着引领导航的指导作用。一个伟大组织的出现，前提必须要有一个卓越非凡的领导者，这个领导者的鲜明特征就是拥有强大的思想力和坚韧的教导力。一个领导者缺乏思想力和教导力，他所领导的企业注定是平平淡淡，庸庸碌碌，无所建树，难有起色的。

第五节　治本之策——重铸领导教导力

何谓教导力？教导力就是领导者建设组织的思想力，就是将组织成员引向预定目标的引导力，就是千方百计启发组织成员树立正确思想的说服力，就是调动同事和下属共创大业、建功立业、铸造伟业的鼓动力……这些力概括说来，就是调动群众积极性的思想工作能力。就是把领导者的愿景化作组织愿景，继而把组织愿景变为组织成员的共同愿景，再把组织成员的共同愿景变成组织成员的实际行动。教导力的根源是思想力，强化教导力，就是促使领导者开发思想力，促使领导者把思想成果尽快与实践结合起来，化为组织成员的进取精神，化为组织成员成长的动力，化为组织成员的执行力，化为组织前进发展的竞争力。

领导的本质是"领"和"导"，引导、指导，都离不开教导，教导力是领导者的天职，领导者不具备教导的能力是不称职，领导者不践行教导的职责是失职。许多央企领导者实行了党政一肩挑，这对领导者的教导力提出了更高的要求。

1989年3月23日，时任中央军委主席的邓小平在会见乌干达总统约韦里·卡古塔·穆塞韦尼时指出：我们最近十年的发展是很好的。我们最大的失误是在教育方面，思想政治工作薄弱了，教育发展不够。我们经过冷静考虑，认为这方面的失误比通货膨胀等问题更大。

同年，邓小平在接见首都戒严部队军以上领导干部时又痛心疾首地说："改革开放以来我们的最大失误是教育"。遗憾的是很多人把邓小平讲的教育，仅仅理解为学校的问题，其实这里的教育是广义的。正因为忽视了思想政治教育，党的领导干部纷纷垮了下来，同时也使广大群众腐败开来。重铸工人阶级的灵魂，是关系到共产党和我们这个社会主义国家生死存亡的大问题。

1. 政治立人——要把企业建设成升华人生的熔炉

（1）为什么要对员工进行思想政治教育

思想政治教育工作是中国国企有别于其他国家企业的鲜明特点，它标志国企的性质是社会主义，这也是中国的特色。长期以来，国企对工人进行思想政治教育多有歧议，淡化排斥思想政治工作的倾向颇为严重，致使领导者的教导力空前匮乏。大量的社会实践证明，不强化积极正能量，就是有意无意地助长负能量。一些无心无力也无法担负起教导员工职责的领导者，大多成为思想政治工作的取消派，成为影响群众漠视思想政治工作的负面因素。

人在企业里的中心作用已毋庸置疑，人的问题就是思想问题，这也是千真万确的结论，但是怎样解决思想问题却众说纷纭，莫衷一是。有人主张发挥思想政治工作的作用，有人侧重用金钱物质利益来解决，还有一种主张兼容并蓄，如用西方文化价值观和儒道学说综合治理等。尽管还有其他见解，但都没有超出这三种观点的范围。这三种观点往往交织在一起，时而这方面强一些，时而那方面强一些，经常变换，游移不定，最后造成了什么都重要，什么都不重要的模棱两可，似是而非的状况。

有的领导者闻政色变，极力排斥思想政治工作，认为企业就是搞经济的、玩技术的，不应与政治搭边。实际"领导"二字就是政治，领导者的工作就是执政。孙中山认为"政就是众人之事，治就是管理，管理众人之事，就是政治。"亚里士多德说，追求至善就是政治。中国古人讲的"修身、齐家、治国、平天下"就是政治。列宁认为，"政治就是参与国家事务，给国家定方向，确定国家活动的形式、任务和内容"。毛泽东说：什么是政治？政治就是让群众喜欢我们。领导者的一举一动都关乎政治。政治与人们的社会生活息息相关。企业经营管理必须要上升到世界观层面，必须要以政治的观点考虑问题。在中国，一个领导者如果没有高度的政治意识、政治素养和政治敏感性、自觉性，就不适合当领导，也当不好领导。

王进喜是中国工人的模范榜样，是政治思想塑造的典型代表。他的成长历程就是政治教导的结果。王进喜是新中国第一代钻井工人，他没有上过学，27岁时还不识字，在军代表和师傅的教导下，在党组织的培育下，他有了"主人不能干长工活"的主人翁意识。他带领团队用血肉之躯忍饥挨饿在荒原拼搏，向人类工业史的奇迹挑战，成为带头冲锋陷阵的会战先锋，成为交口称誉、众口皆碑的"铁人"。

王进喜一生有多次跨越，从1950年当工人到1956年入党，从1956年当队长到1959年当全国劳模，从出席全国"工交群英会"到参加北京建国10周年国庆观礼。就在他当上新工人后的十年，他的职业生涯就达到了辉煌的境地。1960年他来到大庆，这是他职业生涯的新跨越。大庆十年，是他人生的再创造，是他再铸辉煌走向永恒的十年；这十年他迸发出更大的光和热，是他为中国工人阶级铸造精神伟力，提供精神能源的十年。历经大庆十年，王进喜的人格更伟大，人生意义更深远，为新中国的贡献也最大。

在王进喜的榜样示范下，大庆工人意气风发，发愤图强，在世人面前淋漓尽致的展现了中国工人阶级英勇豪迈的冲天气魄，他们通过实际行动表达了中华民族屹立世界民族之林的强烈心愿，在国际政治、经济舞台上产生了震撼的效应。

常人在达到王进喜的1959高度，就不在往前走了。凭借荣誉、资格、工龄的延续，不愁得不到提拔晋升，何必再拼死拼活，吃苦挨累呢。王进喜之所以伟大，恰恰就在于他人生的第二次冲锋，这就是他最为可贵的自我超越精神。这也正是我们当今时代最稀缺、最珍贵的生命不息，奋斗不止的精神。

精神！是王进喜伟大人格中最本质、最核心的光辉之处。

有精神的人是最乐观的人，因而也是最有生命力的人，最幸福的人。无论对贫困的现实，对艰辛的工作还是对未来的人生，有精神的人总是那么朝气蓬勃，乐观豁达；总是那么信心十足，乐此不疲；总是那么孜孜进取，积极追求；总是那么以苦为乐，以奉献为荣。艰苦而有价值的劳动，是他们最大的享受和快乐。

正因为王进喜有工人阶级的使命精神，所以他能有"为国分忧、为民族争气"的爱国情怀；所以他能有"宁可少活20年，拼命也要拿下大油田"的责任感；所以他能有"有条件要上，没有条件创造条件也要上"的奋斗气势；所以他能有"干工作要经得起子孙万代检查""为革命练一身硬功夫、真本事"的求实态度；所以他能有"甘愿为党和人民当一辈子老黄牛"，埋头苦干的奉献境界。

有了这种精神，王进喜说出了"这困难，那困难，国家缺油是最大的困难"。"恨不得一拳头砸出一口井来，把石油落后的帽子甩到太平洋里"的话。这话是毛主席要说而没有说出的话，是周总理要表达而没有表达出的紧迫感。如果中国工人都能有这样的觉悟，这样的主人翁责任感，这样与领导者心息相同的意识，中国的兴盛强大不指日可待吗！王进喜这种精神无论过去、现在和将来都有着不朽的价值和永恒的生命力。

为什么现在工人的职业态度与父母前辈相距甚远，就是因为企业领导者有意无意地漠视政治教导，使企业丧失了良好的政治生态，丧失了党教育群众的优良传统，从而使工人群众的思想境界一落千丈，精气神一蹶不振。

现今的许多国企员工不思进取，其症状是精神怠倦，意愿衰退，萎靡消沉，无所用心；凡事能等就等，能拖就拖，能靠就靠，能躲就躲。有的员工说："我一看见厂大门，脑袋就发晕，进车间就象要进牢房一样，腿都软了，恨不得自己大病一场，不上班才好。"说这样话的人不要以为是游手好闲的懒人，他们分别是班组的生产骨干，青年突击队的积极分子，分厂的优秀青年，还有共产党员。他们何以这样厌烦和敌视工作，最根本的原因就是思想的迷茫。思想迷茫导致精神萎靡、疑难困惑、郁闷愁苦、注意力不集中、记忆力下降、思维僵滞、反应迟钝、神情麻木、精神颓废，干什么都打不起精神，对什么都不感兴趣。

人颓废了，组织就瘫软了，事业焉有不荒废之理。这正应了毛泽东那句话："没有正确的政治观点，就等于没有灵魂"。庄子说："夫哀莫大于心死；而人死亦次之。"人生最可悲的莫过于精神颓废，意志消沉和丧失进取心。没有灵魂，怎么能有精神力量，怎么能有精气神，怎么能有顽强的意志，怎么能有劳动热情和干劲儿呢！

为什么人没有灵魂，没有精神力量？因为社会缺少正能量的精神资源，缺少引导人们向上追求，向前发展的精神动力。思想政治工作的弱化是国企各级组织的最薄弱环节，是领导者的致命软肋。人不能没有未来，不能没有精神寄托，不能没有使命感，不能没有归属感，这些都与人的信仰有关系。思想政治工作就是讲信仰、讲大局、讲未来、讲归属的。思想政治工作在军队要强化，在企业也要强化，在各行各业都要强化。领导者的领导力首先是教导力，思想政治工作就是教导力的重要内容和形式。

人生的使命是什么？就是奉献。奉献就是付出，只有付出才有收获。付出金钱，收获商品；付出劳动，收获报酬；付出真情，收获友谊；付出艰辛，收获成果。凡是成功的人生，都是先从付出开始的。谁懂得付出的真谛，谁就是成功的人。人生最有意义的信条就是：一事当前，先要付出。所以，对员工进行以奉献为内涵的政治教育，就是对员工人生观、价值观的最好引导。

马克思主义就是凡事出以公心，凡事讲奉献，以为人民谋幸福为使命的主义；共产党人就是凡事出以公心，凡事讲奉献，以为人民谋幸福为使命的人。人只要有社会属性，就离不开思想的哺育，政治的引导。对工人群众进行政治使命教育，就是培养工人群众树立马克思主义世界观，听共产党的话，做讲奉献的人。

一个工人的社会地位和人生价值，首先在于他是一个建设者，而不是一个消费者；在于他是一个奉献者，而不是一个索取者。如果所有工人都拥有这样的人生观和价值观，那么作为工人大型群体的工人阶级，就是新世界的创造者，就是拉动历史前进的火车头。

展望未来，工人阶级仍然是"掌握着未来的阶级"。在以经济全球化和以日新月异的科技进步为主要特征的人类文明新时代，中国要实现两个一百年的强国梦，依然要坚持全心全意依靠工人阶级办企业的方针，造就一支信仰坚定，作风优良，爱岗敬业，创新钻研、尽职尽责、精益求精，追求卓越，忠诚奉献的高素质员工队伍，进一步发挥好工人阶级主力军的作用。

企业的使命是什么？它是企业存在的目的和理由，是在国家发展中所应担当的角色和责任。企业必须承担教育员工的责任，它有提供某种产品或者服务及满足员工成长需要的义务。如果一个企业不明白自己存在的价值，他就不可能经营好，甚至都没有存在的意义。有的领导者只认准企业的目的就是赚钱，赚了钱交税，给员工发工资，给国家解决了就业压力，这就是企业存在的价值了。殊不知没有好的员工怎么能有好的产品和服务，怎么能有更多的消费者和客户，没有这些又怎么能盈利，又拿什么去交税和发工资？所以看一个企业好不好，最直观地是看它的产品，透过产品看员工，看到员工也就看到了企业的未来。由此可见，对员工不教育不培训的领导者，实质是对企业最不负责任的领导者。

使命足以影响一个企业的成败。彼得·德鲁克基金会主席、著名领导力大师弗兰西斯女士认为：一个强有力的组织必须要靠使命驱动。企业的使命不仅回答企业是做什么的，更重要的是为什么做，是企业终极意义的目标。崇高、明确、富有感召力的使命不仅为企业指明了方向，而且使企业的每一位成员明确了工作的真正意义，激发出内心深处的动机。试想"让世界更加欢乐"的使命令多少迪士尼的员工对企业、对顾客、对社会倾注更多的热情和心血。

一个企业的命运究竟掌握在谁的手里？可能会众说纷纭，但有一个不争的事实是：一个万人企业，工人要占一多半，一人犯一条错误，就是几千条，一年犯几次，这个企业能不能好？爱岗敬业是啥样？消极怠工是啥样？精益求精会怎样？少慢差废会怎样？这好与坏的差异，就掌握在工人的心中和手上。人人奉献一点点和人人索取一点点，这毫厘之差，就是企业兴衰的分界点。所以从表面上看是企业领导者在掌控着企业的舵盘，实质员工们也在决定着企业的命运。

企业领导者应先确立企业的使命，再将企业使命灌输到员工中去，求得全员的共识，同时建立与企业使命相协调的经营理念和管理制度，形成上下同欲，同心同德的意志，共同实现企业的宏伟目标。要让企业使命扎根在每一个员工心里，就必须强化对员工的使命教育。强化思想政治工作，提升员工的政治素养，已经成为迫在眉睫，势在必行的利在当代，功在久远的艰巨而伟大的任务。

（2）世界观的转变是根本的转变

工人阶级是时代前沿的劳动者，伴随知识经济的到来，工人阶级成为知识与科技的载体，是先进生产力的代表，是直接创造物质财富的主人，是推动社会向前发展的基本动力。中国工人阶级肩负着双重的历史使命：一方面是国家物质财富的奠基者，是社会主义物质文明的创造者；另方面是共产党的组织基础，是国家政治生活的主角，是社会主义精神文明的建设者。中国工人阶级的政治品质决定了中国共产党和社会主义制度的品质，因而，强化工人阶级的灵魂重铸，是中国共产党义不容辞的神圣使命和艰巨任务。

工人群众拥有什么样的人生观和价值观，是他的世界观所决定的。有什么样的世界观，就有什么样的人生观和价值观。单独讲人生观和价值观，而不讲世界观，那就只能知其然而不知其所以然，无法实现由普通劳动者向高素质优秀员工的转变。

世界观是人们对整个世界的根本看法，世界观不同，人们在认识和改造世界时的立场、观点和方法就不同。世界观是人生观和价值观的基础，决定着人生观和价值观的选择。

人生观是人们对人生目的和意义的根本观点。具体包括公私观、义利观、苦乐观、荣辱观、幸福观和生死观等。正确的人生观指引人走正道，用劳动和诚信去书写人生，最终成为有益于社会和有益于人民的人；错误的人生观指导人走邪路，用不正当的手段去演绎人生，最终成为危害社会和危害人民的罪人。有的领导者抱着"当官不发财，请我我不来"的人生哲学，骄奢狂妄，一时得意，最终都狼狈不堪地走进了监狱。

价值观是人们对客观对象有无价值和价值大小的一种选择观点和评价标准。价值观是世界观和人生观的现实体现，它是判断好坏、是非、利弊、善恶的观念。每个人都是在各自价值观的引导下，形成不同的价值取向，追求着各自认为最有价值的东西。正确的价值取向对一个人的发展至关重要。人生观与价值观彼此渗透，相互制约，共同受世界观的影响调控，牵制左右。所以毛泽东说：世界观的转变是根本的转变。

习近平曾说，"我一直在想一个问题，这么多年来，中央经常讲、反复提"两个务必"，围绕改进作风发了不少文件、采取了不少措施，但为什么背离"两个务必"，搞形式主义、官僚主义、享乐主义和奢靡之风那一套还有不小的市场？为什么还有些人对不正之风乐此不疲？我看，从主观上说，主要原因是一些同志的世界观、人生观、价值观问题没有解决好，对坚持"两个务必"既没有端正思想认识，也没有打牢思想基础。"

世界观的特点是站得高——高屋建瓴，看得远——深谋远虑，顾大局——统筹兼顾，识整体——系统全面。世界观的本质是，凡事要上升到政治高度去考量。凡事不从政治高度看问题，无论经济、军事、文化、教育、外交、民生，都会不知不觉地出现狭隘、短视、权宜、仓促的思维方式，不可避免地出问题，犯错误。

日本京瓷公司在确立经营理念时经历了先后两步，起初创始人稻盛和夫认为，让员工生活幸福是企业存在的目的，于是他把"追求全体员工物质和精神两方面的幸福"作为公司的经营理念。后来他又认识到，作为社会的公器，企业还应该承担社会责任，于是他又加上"为人类社会的进步发展做出贡献"这一条。稻盛和夫说：京瓷把理念中倡导的这两条作为企业经营的目的，对于激发员工的热情，调动员工的积极性，发挥了巨大的作用。

通过京瓷理念的发展完善，说明了高度决定视野，世界观决定一切的道理。做为民营企业家，起初想到、看到的只是公司自身，随着事业的发展，视野的宽阔，就会联想到国家，思想就会上升到国家层面，于是就会给自己的经营理念提出更高的要求，更高的标准。私企是这样，作为国家管理的公有制企业就更应该从利国利民的宏观层面来设计理念了。

稻盛和夫说："为了实现崇高的企业目的，我准备以这样的思维方式、以这样的哲学来经营企业，必须在公司内讲这样的话，哲学必须与员工共有。就是说，为了能与员工心心相通，在确立了企业的'愿景目标'、'目的使命'之后，接下来经营者需要做的，就是讲述自己的哲学，与员工们共有这种哲学。"

可以设想，如果员工们都能心甘情愿地与稻盛和夫一起为企业的发展尽力，那么这样的企业无疑会成为神圣伟大的企业，因为他们都在从事着一个神圣伟大的事业。中国的国企领导者应该向稻盛和夫学习，树立正确的世界观和经营理念，再将这种正确思想向员工教导传输，让员工们与领导者共享经营哲学，届时，企业的经营局面必然大为改观。党和国家需要工人阶级再次拿出上世纪六十年代的主人翁精神，敬业报国，为国争光，以大局大义为重，为社会主义事业精诚奉献，再立新功。

（3）思想政治工作是塑造优秀品格的必要条件

人的品格是动态的，是随着群体中的他人演变而演变，随着社会环境和组织性质的变化而变化的。像屈原"举世皆浊我独清，众人皆醉我独醒"那样特立独行的人格是不多的。

在漫长的革命过程中，革命队伍始终是由少数先进骨干分子、部分上进积极分子和大量中间随从分子及少量落后分子组成。随着革命事业的发展和思想政治工作的深入，这四部分人的比例结构在不断变化，常常是上进者进入先进行列，中间者进入上进行列，落后者也会不断进步，甚至成为积极分子、骨干分子，从而使得革命队伍的质量越来越高。但是，由于革命进程加快，胜利的预期明朗，革命队伍迅猛壮大，使得思想政治工作无论从时间和人力，都跟不上形势和发展的需要。许多新兵还来不及教育，就投入新的战斗了；大量俘虏的思想转变和改造工作，就留给日后弥补了。这样就使得革命队伍中有大量思想不纯的人，甚至思想反动的人也混杂其中，这就给日后的思想政治工作带来了异常的艰难。

少数先进骨干分子和部分上进积极分子是讲理想、讲主义、讲革命的，大量中间随从者是讲实际利益的，少量落后分子是投机型的。解放战争中200多万起义投诚的蒋军与300多万解放军的品质是有着本质区别的。国民党遗留下来的300多万政府职员是不讲究共产主义的。中国革命胜利后，真正信仰共产主义的共产党人较比全国绝大多数的各阶层人士，还是极少数，所以，进行共产主义教育，开展思想政治工作的任务是异乎寻常的艰巨和繁重。

毛泽东认为，夺取全国胜利只是万里长征走完了第一步，以后的路会更长、更伟大、更艰苦。所以他要求共产党员继续发扬革命理想主义精神，继续献身伟大的革命事业。而那些跟着共产党跌跌撞撞，好不容易捱到革命成功的随行者，说什么也不愿意再遭罪、再过苦日子了，他们千方百计要求共产党兑现利益，要享福作乐了。这就是革命者与半截子革命者、假革命者的根本区别，这种区别的根源，就体现在讲政治和不讲政治上。

讲政治，就是讲党性，就是讲马克思主义。说白了就是一事当前，先公后私，为国家着想，为组织着想，为集体着想，为长远着想，为工作着想，为他人着想，一句话，就是为了普天下劳动人民的根本利益着想，为了他们的未来着想。如果能做到这一点，领导者就能做到公正无私"为人民服务"，群众就能做到顾大局，识整体，服从命令听指挥。如果不讲政治，没有党性约束，那么，领导者就会近水楼台先得月，以权谋私，中饱私囊，腐化堕落，贪赃枉法。在领导者的负面榜样带动下，群众就会加速人格演变，放任私欲，导致群众私字作祟，私心妄念，人人自私自利，事事损公肥私，处处唯利是图；造成整个社会系统性腐败。

实践是检验真理的唯一标准，讲不讲政治，实质就是讲不讲党的领导，讲不讲社会主义。苏联没有在襁褓摇篮时期夭折，没有在德军强大的军事进攻中灭亡，却在世界第二超级大国的强盛宝座中崩溃了。苏联是在没有飞机大炮的轰击下，自己把自己消灭了。中国能不能重蹈苏联的覆辙，不是物质层面所能保证的，而是思想政治工作是否被取消决定的。没有了共产主义的信仰和思想，即使共产党的地位不倒，实质也等于和平演变了。中国的社会主义事业能否前进，具体标志就是各级领导者能否出色地肩负起红色牧师的角色，把思想政治工作进行到底。只有坚定不移的、生动活泼的、持久系统的开展好思想政治工作，才能把工人群众教导培育成共产主义事业的建设者。

习近平在2014年全军政治工作会议中指出："实行革命的政治工作，保证了我军始终是党绝对领导下的革命军队，为我军战胜强大敌人和艰难险阻提供了不竭力量，使我军始终保持了人民军队的本色和作风。政治工作是我军的起家本钱、看家本领、传家法宝，是须臾不可分离的生命线"。

习近平指出："把整顿思想作为治本之策。思想问题是一切问题之根、一切流弊之源，思想上的病变是最严重的病变。政治工作必须把铸牢军魂作为核心任务紧抓不放，确保部队绝对忠诚、绝对纯洁、绝对可靠。补精神之钙，培信仰之元，固军魂之基。"

治企如治军，学习解放军。如果员工没有政治意识和大义观念，人生就会迷茫麻木，就难免过度张扬自我，自然而然走向一切向钱看的唯利是图境地。一个人如果事事处处萦绕自我，那么他就难以摆脱自私自利的狭隘圈子，就会堕入一切向钱看的陷阱，就难免不与公共利益、组织利益、他人利益发生冲突。有中外各界人士对中国企业把脉，都惊异困惑地发出"中国的企业为什么这么难管？"的感慨，西方治企的十八般兵器拿到中国不久就因水土不服全部刀枪入库了，这和中国革命的情景类似，洋理论不变成本国的理论就不好使。总结中国革命的历史经验，最终解决问题的还将是思想政治工作。

最好的领导是思想领导，思想领导的最高境界是形成一种文化。只有升华思想境界，才能遏制个人主义、自私自利的膨胀。世界观的转变实质就是思想境界升华的体现，人的思想境界提升到宏观方面，才能从更高的角度认识事物，才能做出符合党的利益、国家利益、企业利益、组织利益、众人利益、大局利益的选择。

2. 品格教育——要把企业建设成塑造人格的学校

民谣说："秀才遇到兵，有理说不清"。由此形容领导者遇到落后的群众，无论什么事情都要千叮万嘱，三令五申，结果下面还是做不好。当这样的领导，如何不累，怎能不头疼。

组织功能弱，工作效果差，上级不满意，下面有意见，究竟是领导者水平低，领导力差？还是群众素质低，执行力差？恐怕没人去做这个评判。但有一点是肯定的，员工素质不佳，企业势必漏洞百出，企业的安全生产、产品质量、生产进度、设备维护、劳动绩效等都不可能好。事实充分验证一个结论：下属的品格素质，就是领导者的半个领导力。

下属品质好、能力高，领导者就省心省力，很快就有了成绩；下属品质差、能力低，领导者就费心费力，事倍功半总是出问题。所以提升领导力，必须提升对下属的培养教育，下属得不到提升，领导者的领导力也提升不上来，上下级的谐调行动是一套系统。怎样提高员工的素质？西方领导行为理论的有效做法是，教导员工使其成熟，建设学习型组织。

美国当代管理理论大师、组织学习理论的主要代表人物之一的克里斯·阿吉里斯，在他的"不成熟——成熟"理论中指出，有效的领导者应该帮助人们从不成熟或依赖状态转变到成熟状态。他认为，如果一个组织不为人们提供使他们成熟起来的机会，或不提供他们作为已经成熟的个人来对待的机会，那么人们就会变得忧虑、沮丧、且将会以违背组织目标的方式行事。因此，领导者应采取各种手段对下属员工予以培养和教导。

成熟度是度量员工对领导或组织负责的能力和意愿。它包括两个要素：

① 工作成熟度，即员工的知识和技能。得到良好的教育和培训，拥有足够的知识和能力，经验丰富，能够不需要他人指导而独立完成工作任务。

② 心理成熟度，即员工做事的意愿和动机。如工作态度端正，自信心强，工作积极主动。他们不需要太多的外部激励，而主要靠内部动机的激励。

阿吉里斯的"不成熟——成熟"理论认为：组织行为是由个人和正式组织融合而成的，组织中的个人作为一个健康的有机体，无可避免地要经历从不成熟到成熟的成长过程。这是一个从被动到主动，从依赖到独立，从缺乏自觉自制到自觉自制的过程。个体经历了这样一个成长过程之后，其进取心和迎接挑战的能力都会逐渐提高，而且随着这种自我意识的觉醒，个体会将自己的目标与自我所处的环境作对比，因此，个体在组织中所处位置在一定意义上代表了个体自我实现的程度。

一般来说，人的成熟程度愈高，发挥的作用就愈充分。一个人从不成熟到成熟，决定因素是知识和经验，所以阿吉里斯重视职工教育和职工培训工作，认为企业领导者要善于促进职工的成熟，采用各种手段来提高职工的成熟程度，从而充分发挥职工的智能和提高工作效率。阿吉里斯的不成熟—成熟理论主张有效的领导者应该帮助人们从不成熟或依赖状态转变到成熟状态，主要集中在个人需求与组织需求问题上的协调。

企业生存与发展靠的是什么？有人说靠的是品牌、质量、价格的竞争，后来发现光靠这些不行，又增添了市场、服务和人脉，再后来又加入了创新、营销策略和打折、回扣等，最后还是不行，于是向宏观方面找原因：国家政策、社会需求、国际环境……上述要件确实是企业生存与发展的关键因素，但还有一个最重要因素往往被企业领导者所忽视，那就是真正决定企业存亡兴衰的根本要素是员工。

马克思主义认为，人是生产力中最活跃、最重要、最积极的因素。企业的任何行为都是由人来操纵运行的，领导者的任何思路归根到底都要落实在员工的实际行动上，是员工的素质决定企业的命运。如果没有高素质的员工，再好的战略目标也实现不了，再多的市场机会也抓不住，再大的品牌也会消失。所以，人是企业存在的第一要素，经营企业首先要经营人。

（1）把员工塑造成具有精神动力的劳动者

经营人必须教育人、培养人、塑造人。进入21世纪以来，企业内的员工成分比较复杂，但不管是临时工、农民工、合同工、固定工，其本源都是学生。

由学生转变为员工，其人生转型有一个职业化教育的过渡，品学兼优，德智兼备，本是学校培养学生的系统目标，是一个漫长的培养修炼过程。在青少年时期学校就应该教导学生将来如何走向社会，如何从事各项职业，如何达到职业的需求和标准，按照社会的要求输送各式各样的人才。然而中国的学校教育普遍欠缺品格塑造这一点，把全部精力集中到学业的竞争上去了，结果人的品德培养，职业化教育就只能由企业来弥补了。员工有知识、有能力，精通专业、娴熟技术还不够，还要有优秀的人格品质，还要有精神力量。精神力量能调动人的潜能，改变智能存在的状态。员工对物质的过度追求，会导致精神缺失，出现价值虚无主义，享乐思潮泛滥，身心健康失衡等人格迷失现象。对员工的人生培育，品质塑造，道德修养等"立人"的信仰使命教育，必然的、无可奈何的、责无旁贷的落到企业肩上。

企业不单纯是制造产品的经济组织，也是培养人的文化教育组织。当今世界很多著名企业，实际上都建设成了学习型的组织。企业家何尝不希望高额利润，何尝不知道提高效益的捷径，但他们知道，员工的品质上不去，领导者就是累死也是枉然。著名日本松下公司创始人松下幸之助说：企业即人，造物先造人。著名海尔公司首席执行官张瑞敏说：经营企业就是经营人，流程再造就是先再造人。

企业要成为提升员工品质的学校，为员工提供精神动能，包括：有理想，有追求，有上进心，有事业心，有高远的人生目标，有开阔的胸襟视野，有自我超越的精神。萧伯纳曾说："生命中真正的喜悦，源自当你为一个自己认为至高无上的目标，献上无限心力的时候。"欧白恩指出："我们对于追求精神层面所作的努力，远比不上对物质发展的追求。这是人类的大不幸，因为只有在精神层面得以发展的前提下，我们的潜能才能充分地发挥。"

员工有了精神动力，人生誓愿就高，凡事更为主动，工作上的责任感深而广，学习也更快。就能自觉主动地去雕塑修炼自己的优秀品格。优秀品格包括：有正确的价值观、人生观和世界观，追求真理，修正错误，有无私奉献精神；有为国家作出更大贡献的境界，有肩负中华民族振兴强盛的使命感。能顾大局、识整体，热爱企业，遵章守纪，不在意短期利益，能超越对金钱物质的关注，更多注重精神层面的追求，有公心爱心，有正义感，有集体主义精神，有团队合作意识，爱岗敬业，尽职尽责，精益求精，有强烈的责任感。这些品格的培养与塑造是人生一辈子的事，员工不仅在学校期间要接受品德教育，在职场仍然要继续受到这方面的培养，企业不应仅偏重技术方面的培训，在品格方面的教育会更有作用，更有价值。

优秀的员工是企业的健康细胞，是企业的坚强支撑，是企业的宝贵财富。优秀工人是企业经济效益的保障，是国家繁荣富强的希望。企业不仅迫切需要优秀的员工，而且更需要优秀的员工群体，因为只有优秀群体才能更好地造就优秀个体，使个体得到更持久、更健康地成长；只有优秀群体才能完成更繁重、更艰巨的任务。优秀群体的铸造，更需要企业各级领导者的精心培养和不懈教导。因为自在阶级向自为阶级的转变和发展，必须要有先进的理论作指导，必须要有卓越的领导者引领教导。

领导者的领导力，施展来、施展去，最终还是回到教导力这个平台上来。优秀员工的成长，与领导者的谆谆教导紧密相连，与思想政治工作息息相关。怎样教育人、培养人、塑造人？其核心始终是通过思想政治工作雕塑人的灵魂，进而改善人的心智模式，重铸人的品格。稻盛和夫说：在多数企业里，首先就没有经营者向员工们提出"作为人，何谓正确"这个问题。而我思考的所谓"哲学"，却正是针对这个问题的解答。同时，这也是孩童时代父母老师所教导的做人的最朴实的原则，例如"要正直，不要骗人，不能撒谎"等等。京瓷从创业以来长达半个世纪从未偏离正确的方向，就因为将"作为人何为正确的事情"这个最起码的极为简朴的思想灌输给员工的结果。

一个优秀的领导者，首先应是一个优秀的教导者。要使领导者的思想变成执行者的思想，形成同心同德的共识和上下同欲的意志，就要把企业建设成教育组织、文化组织、学习型组织。就要系统的、有计划的、有步骤的进行思想教育。经过思想教育的人，就心气顺、作风正、凝聚力强、价值取向一致，就能心往一处想，劲往一处使，排除万难，实现胜利。员工群体不可能天然地、自发地成为优秀劳动者集体，领导者必须首先受教育，践行教导职责，提升教导力。

企业虽然是人、财、物、时间、信息的五要素综合，但却是以人为中心的系统，是富有人性品格的经济体，所以企业是具有人格特色的。做产品就是做品牌，做品牌就是做文化，做文化就是做人，做人就是做精神，做精神就是给人注入灵魂，塑造人的品格。员工的品格会演变成企业的品格，企业的品格再影响着员工的品格，如此循环往复，就铸就了企业的特质。人是人的环境，环境就是文化，环境会影响人们的行为，做企业的最高境界就是做出文化。企业里培养人、管理人的最持久、最有效的方法，就是通过企业文化的熏陶，来潜移默化地进行。企业文化是内化为人们思维和行为方式的企业行为，一个企业好与不好就看领导者如何铸就这个企业的文化。

是把员工当成企业的主人，还是视他们为雇佣劳动者，纯粹的生产工具，是领导者大是大非的政治原则。员工如果不和企业领导者同心同德,共同振兴企业,企业要想做大做强,是很困难的。有些领导者基于急功近利,囿于眼前利益,只讲奖金刺激,不讲思想教育,竟不知单纯的物质刺激会把员工拉回需要层次的低级阶段,不利员工的人格提升和心理成长。单为金钱工作,至多只能让人用力做事,唯有为信仰和使命工作,才能让人用心、用命做事。

导致企业悲剧的根本原因,实际并不在于市场竞争和经营危机,而是企业的整体观念系统出了问题。能长久享受成功的公司,一定是拥有了能够不断适应世界变化的核心理念,它是解决企业在发展中如何处理内外矛盾的一系列准则。如企业对市场、对客户、对员工的看法或态度,这是影响与制约企业如何生存发展的原则立场和做法。

(2) 把员工塑造成具有学习动力的劳动者

一个人有无成长性,关键看他是否热爱学习。学习是一个人成长的标志,它说明这个人有思想,有追求,有梦想;它说明这个人不甘现状,不甘寂寞,不甘沉沦;它说明这个人知道勤奋努力,有志奋发进取,想要有所作为。热爱学习的人总会有前景和未来,一个组织内是否有更多的成员热爱学习,标志着这个组织是否有成长性和竞争力。

员工不愿意学习,不钻研技术,不追求上进,除了个人原因以外,则是因为企业里没有激励员工学习上进的组织文化;没有注重员工培训,没有关心员工成长的组织制度;没有尊重知识、尊重人才、公平竞争的用人机制。大家感到在这里没有发展前途,学不学无所谓,好不好都一样,那么还有谁愿意学习呢?不热爱学习,自然很难提升专业技能和业务本领,组织自然缺乏竞争能力和发展优势。

中国一重铸锻钢事业部前总裁郭明伟说:"一个组织放弃了学习,就等于放弃了自我成长,自我发展的机会。"衡量一个组织是否是一个善于学习的组织,就看这个组织的领导者是否是一个善于学习的人。

日本管理大师大前研一在他的著作《低智商社会》中说:在中国旅行时发现,城市遍街都是按摩店,而书店却寥寥无几,中国人均每天读书不足 15 分钟,人均阅读量只有日本的几十分之一,中国是典型的"低智商国家",未来毫无希望成为发达国家!

据媒体报道,中国人年均读书 0.7 本,与韩国的人均 7 本,日本的人均 40 本,俄罗斯的人均 55 本相比,中国人的阅读量少得可怜。

著名的斯大林格勒战役历时两年之久,德军每天对城里狂轰滥炸,妄图把这座伟大的城市从地图上抹去。苏联人只有通过一条秘密通道，才能把少量粮食勉强偷运进城里，每人一天只有二两面包的配额。市民们虽然饥肠辘辘，却每天都要去图书馆获取精神食粮。德军炮弹在图书馆附近爆炸，却丝毫不能影响人们专心致志的读书。读书期间，时而有人饿昏过去，趴在桌子上不动了。想想吧，这该是怎样的一个情景！这又该是怎样的一个民族！普希金、托尔斯泰、赫尔岑、索尔仁尼琴、高尔基……这些响亮的名字可以开得很长很长。俄罗斯民族养育了如此之多的伟人，这绝不是一件偶然的事。

一个人的精神发育史，应该是一个人的阅读史，而一个民族的精神境界，在很大程度上取决于全民族的阅读水平。一个社会到底是向上提升还是向下沉沦，就看阅读能植根多深，一个国家谁在看书，看哪些书，就决定了这个国家的未来。一个不爱读书的民族，是可怕的民族；一个不爱读书的民族，是没有希望的民族。中国人不愿读书、缺失信仰和不敬业有着密切的联系。

人们愈来愈认识到，知识将成为创造财富的主体，成为产品附加值的本源，因而，获取知识和应用知识的能力，就将成为竞争力的关键。当今世界的竞争，说到底是人才的竞争，而人才竞争的本质是学习力的竞争。知识会老化，人才会过时，没有学习力作为后盾，今天的人才，明天有可能蜕变为庸才，成为企业的包袱。所以未来的企业是否有竞争力，不光看这个企业取得了多少成果，还要看这个企业有多强的学习力，有多少员工在投入学习。

在知识经济条件下，企业要成功，让员工只贡献手是不够的，还要让他们贡献脑，脑是知识的载体，知识才是经济发展的重要资源。如何获取知识、更新知识、使用知识、创造知识就成为企业获取资源、整合资源、利用资源、开发资源的前提，而获取知识的主要途径就是学习。

如果说，制造知识就是制造产品，提升学习力就是提升竞争力的话，那么教导员工确立"终身学习"观念，为员工提供各种学习条件，开展"团队学习"活动，创造"工作学习化、学习工作化"环境，就理所当然成为领导者的一项重要职能和义不容辞的使命。

对企业来说，必须注意双向原则：第一是企业的发展，第二是员工的发展。只注意企业发展而不注意员工发展的企业是不会成功的。彼得·圣吉说："如果员工本身未被充分激励去挑战成长目标，当然不会成就组织的成长、生产力的提升和产业技术的发展。"学习型组织是通过学习创造自我，强调把学习力转化为创造力，进而扩大未来能量的组织。在学习型组织中，组织成为人们自我实现的工具，而不只是组织隶属的机器。学习型组织强调人生的价值，营造一种人人都能创造、人人都能活出生命意义的环境和氛围。人的劳动被赋予神圣的意义，劳动不仅仅是谋生的手段，而是生活本身，是一种学习和创造的过程。建设学习型组织是领导者对员工进行人生指导和职业化教育的最好形式。

彼得·圣吉提出了企业即学校的治企理念。海尔张瑞敏很早就自觉地提出自己的角色是传经布道的牧师。提升员工的职业理念和人格品质，是一项极其艰巨而又十分伟大的事业，企业各级领导者务必要确认自己的教导使命，充分认识到教导工作的伟大意义，人品产品一起抓，高度重视思想政治工作的特殊作用，切实把企业建设成塑造人格的学校。

(3) 把员工塑造成具有敬业精神的劳动者

积极性、责任心和合作意识是员工敬业精神的三大要素。几乎所有企业领导者都为如何增强员工的敬业精神而殚思竭虑过，都曾为调动员工的主动性、积极性和创造性千方百计过，因为这个问题不解决，要想把企业搞好是十分困难的。很多企业在这方面都付出过不少艰辛的努力和高昂的代价，也都取得过不菲的成效。然而接下来的问题是，这些成效的持续性普遍较差，追本溯源是很多方式方法都属于治标不治本的权宜之计，所以领导者要追索思考，致力发掘员工积极性、责任心和合作意识的动力之源。

金钱。金钱确实能起到很大的激励作用，但谁又能保证金钱刺激是公平的呢？公不公平不是领导者自己的认为，而是员工的心理体会和反应。金钱刺激的副作用和它带来的恶劣后果是极其严重的。大量事实表明，有很多企业就是因为金钱刺激把企业搞垮了。不管是什么企业，只要奉行奖金挂帅，物质刺激的手段，结果只能把员工的敬业精神瓦解的更彻底，只能把员工的积极性颠覆的更糟糕，为企业的日后管理和长远发展埋下更深重的灾难。何况企业经营的波动性也无法确保薪酬奖金只涨不落。有钱固然能刺激，没钱怎么办？所以金钱不是员工敬业的动力之源。

感情。感情维系也能起到一定的激励作用，如果一个企业只有几个人，或许能有作用，几百人上千人的企业，领导者怎么维系得过来。感情沟通需要时间，需要行动，凭几次感人的活动，是远远不够的，何况感情维系还要靠实际利益去体现。和奖励一样，感情也存在公平问题，深了浅了，远了近了，亲了疏了，无法平衡。管理中倾注过多的感情反而是坏事，容易造成厚此薄彼的诸多误解和不正当的庸俗关系。有位员工给领导上书直言奉劝，"前妈后娘理不该，远近亲疏埋祸灾。嫡系杂牌蒋公事，至今孤岛品悲哀。"警示领导者要在对下属关系上要一碗水端平，不要搞无原则的倾斜政策。所以感情不是员工敬业的动力之源。

制度。制度的激励作用是十分复杂的，很多情况下是负效的。比如多劳多得的薪酬制度，奖勤罚懒的奖惩制度，在理论上都是有助激励的。几乎所有企业都有这样的制度，可为什么还存在大量的消极现象呢？原因是许多制度在设计时就有缺失、有漏洞、有偏颇、有不合理的地方，再加上执行过程中存在大量弊病，无疑导致制度成为打击积极性的重要因素。比如领导者高薪制度，这项制度对领导者究竟有多大激励作用？绝非像想象的那么乐观，实质它的副作用更严重，所以制度不完善危害更大。另方面制度兑现靠什么？要靠考核。考核出问题，制度就跟着出问题。怎么确保考核公平？这又需要新的制度来保证，如此制度连环套，没法保证制度体系自身不乱套。长期以来，制度成为束缚员工的"紧箍咒"，而领导者却成了无拘无束的"赤脚大仙"。所以员工对制度有本能的反感和抵触，依靠制度管理，激励走向了反面。

那么，如何把员工塑造成具有敬业精神的劳动者呢？就是源于伟大的使命意义，坚定恒久的意愿。工作中涌现出来的千奇百怪问题，归根结底是源自人的主观意愿，有了意愿，就有了主动积极的工作态度；有了意愿，就有了尽职尽责的工作行为；有了意愿，就有了精益求精的娴熟技术；有了意愿，就有了模范遵守规章制度的自觉行动；有了意愿，也就解决了领导平日担惊受怕、穷思竭虑的安全、质量、成本、交货期等问题。这个意愿就是在思想支配之下，发自内心的驱动力。

由于人是不断成熟起来的，所以存在"先天"旧有的心智模式，这些由漫长时间生成的心智模式不破除、不去掉，正确的观念和作风就树立不起来，所有新的管理理念和方法都会被旧的"心智模式"所阻碍，所吞噬。唯有思想教导才能启迪引导员工产生正确的意愿驱动，制度管理和金钱刺激只有在思想教导的前提下才能发挥积极作用。

不讲大义责任，而只靠金钱刺激的推动、拉动、促动，都是不长久的。

不讲大义责任，而只靠利益笼络的感情、爱情、亲情，都是靠不住的。

不讲大义责任，而只靠管控考核的制度、法度、节度，都是没保证的。

事实证明，金钱刺激、感情笼络，制度管控，都不能从根本上激励员工的持久积极性，更不可能使员工真正树立起主人翁责任感。不靠以思想政治工作为核心的教育系统工程，企业的人力资源就是负债的结局。中国的毛泽东，日本的稻盛和夫，一个是革命家、战略家，一个是企业家、哲学家，他们都是极力主导以人为本、以心为本、以信仰为本、以人的思想为本的思想家，都是以思想引领事业辉煌的教育家。

为什么员工把工作看作是一种不得不做的事情，丝毫体验不到其中的乐趣？

为什么员工在工作中察觉不到职业的伟大意义，感觉不到工作的价值之美？

为什么薪酬高、条件好、待遇优，员工还是品味不到工作过程的充实和享受？

这里的根本原因是企业没有构建出追求信仰，品质至上，工人神圣，崇尚奉献的文化环境，也没有在管理制度上形成解放思想，以人为本，尊重劳动，激励创造的精神动力机制。单一的物质刺激，金钱激励，追求利益，赚取实惠的工具型工作观，使员工形成了干活就是挣钱谋生的狭隘观念，从而使工作成为无可奈何，招人厌烦、令人逃避的苦役。

这里的重要原因是领导者有大量的教导工作需要做而没有做，企业的核心价值观要不失时机地传导灌输，企业的管理理念要得到员工的深刻理解和认同，企业的战略目标要在员工心里产生强烈的共鸣……如果不拿出革命老前辈那种坚韧执着的教导作风，不拿出杰克·韦尔奇不厌其烦的讲解传授精神，不拿出稻盛和夫那样对员工进行富有哲理的人生教导，员工是不能树立正确的工作观，是不能与领导者形成一致工作态度的。

当然，金钱、感情、制度也不是无能为力的，思想也不是包打天下的，系统领导力认为，激励机制不能靠哪一个单项手段发挥作用，必须综合起来共同发挥作用，其中必须以思想引领为核心。

在以人为中心的时代，鞭辟入里地深究企业管理的至深根源，就是思想管理。通过思想管理去实现行为管理，规章制度是文化管理和思想管理的表层形式，是对人行为的约束和激励。不解决思想问题，只看管行为，是事倍功半，亡羊补牢的被动做法。思想是行为的先导，思想改变才能行为改变。要想使工作变得有意义，变成员工们热爱的事业，最根本的条件是领导者要孜孜不倦地启迪教导员工，帮助他们树立正确的工作观并做到以身作则，率先垂范，为此需要长期的、系统的、大量的、细致的教导工作才能完成。

企业要建立一套完整的员工再教育培训体系，除了管理与技术培训以外，还要注重把价值观、人生观和世界观结合起来，进行系统的人格再塑造。在员工入职转岗时，在党员干部提拔时，在人员临时调动时，都是教导工作的最佳时机；在新制度要推行时，在生产任务攻关时，在技术标准升级时，都是教导工作的必要时机；在员工精神懈怠时，在思想观念偏颇时，在组织变化调整时，都是教导工作的强化时机。具体涉及到薪酬分配触及到个人利益时，上下级以及同事关系紧张时，工作协作发生矛盾时，个人行为妨碍公共利益时，都需要教导先行，建立凡事先讲道理，再做处理的管理规则。坚决杜绝张嘴就罚的简单粗暴做派，坚定不移、坚持不懈、坚韧不拔地实行教导先行的领导原则。

3. 参与管理——要把企业建设成凝聚人心的家园

美国管理学家利克特与密歇根大学社会研究所有关研究人员，进行了为期十几年的领导行为研究，1961 年，他们把领导者分为两种基本类型，即"以工作为中心"的领导和"以员工为中心"的领导。

"以工作为中心"的领导方式是，任务分配结构化，严密监督，工作激励，依照详尽的规定行事。其具体特点：一是"利用——命令式"方法。领导者发布指示，决策中有下属参与，主要用恐吓和处分，有时也偶尔用奖赏去激励人们，惯于由上而下地传达信息，把决策权局限于最高层。二是"温和——命令式"方法。用奖赏兼有恐吓及处罚去鼓励下属，允许一些自下而上传递信息，向下属征求一些想法与意见并允许把某些决策权授予下属，但加以严格的政策控制。

"以员工为中心"的领导方式是，重视人员行为反应，利用群体实现目标，给组织成员较大的自由选择的范围。其具体特点：一是"商议式"方法。领导者在做决策时征求、接受和使用下属的建议，酌情利用下属的想法与意见，运用多奖少罚和让员工参与管理的办法来激励下属，既使下情上达，又使上情下达；由领导者制定政策和决定，但允许下级作出具体决定，能同下属商量办事。二是"参与式"方法。领导者向下属提出挑战性目标并对他们能够达到目标示以信心；在制定目标、评价目标及所取得的进展方面，让群众参与其事并给予物质奖赏；使上下级和同级之间信息畅通；鼓励各级组织作出决定，与下属结合起来共同参与活动。

利克特发现，凡是运用"以员工为中心"的领导方式，一般都是极有成就的领导者，据此，利克特倡议员工参与管理。他认为有效的领导者是注重于面向下属的，他们依靠信息沟通使所有各个部门像一个整体那样行事。群体的所有成员实行一种相互支持的关系，在这种关系中，他们在需求价值、愿望、目标与期望方面有真正共同的利益。由于这种领导方式要求对人采取激励方法，因此利克特认为，它是领导一个群体最为有效的方法。

利克特的领导行为理论诞生于 1961 年，是对当时领导理论的创新和对传统领导方式的否定。时至今日，中国的领导界还在向利克特的领导行为理论学习借鉴，殊不知早在 1960 年 3 月，毛泽东就在中共中央批转《鞍山市委关于工业战线上的技术革新和技术革命运动开展情况的报告》批示中，以苏联企业管理模式为鉴戒，对我国社会主义企业的管理工作作了科学的总结，强调要实行民主管理，实行干部参加劳动，工人参加管理，改革不合理的规章制度，工人群众、领导干部和技术人员三结合，即"两参一改三结合"的制度。1961年制定了"工业七十条"，正式确认了这个管理制度，并建立党委领导下的职工代表大会制度，使之成为扩大企业民主，吸引广大职工参加管理、监督行政，克服官僚主义的良好形式。

毛泽东这一批示的"鞍钢宪法"，后来被美国麻省理工学院一个叫罗伯特·托马斯的管理学教授评价说：毛的主义是"全面质量管理"和"团队合作"理论的精髓。而到了七十年代，日本的丰田管理方式，日本的全面的质量管理和团队精神实际上就是毛泽东所倡导充分发挥劳动者主观能动性、创造性的"鞍钢宪法"精神。这说明，中国的领导行为思想并不比美国落后，遗憾的是后来我们把自己的正确做法丢弃了。

梁启超说："凡人所以为人者有二大要件：一曰生命，二曰权利。二者缺一，时乃非人。"

身为组织成员的最大诉求，就是他的政治自主权。人在社会上有没有地位，就看他有没有话语权，如果有话不能说，有话不敢说，有话没地方说，就说明他在社会上没有地位，没有政治自主权。尽管他吃得很好、穿的很好，本质上依然是俯首听命的奴隶。由于员工的政治自主权长期被漠视、被践踏、被剥夺，所以他们端起碗吃肉，放下筷子骂娘。很多领导者不明白，工人们腰包鼓了，待遇高了，为什么还不满意？殊不知人的政治诉求才是最大的诉求，政治自主权在某种意义上就是自我人格的体现，在人生价值中占居不可替代的位置。

所谓先进生产力，并不单纯是指研发制造出先进生产设备的能力和掌握了新的劳动工具，创造了多少GDP，而更是指人民群众的主动性、创造性和主体性得到了充分的发挥和保障。先进生产力的实质，并不单纯是指技术先进，而是指创造新的生产方式、劳动方式和生活方式，是指既有民主，又有集中，既有统一意志，又有个人心情舒畅的一种生动活泼的和谐氛围。

领导者要创造出一套自主的工作机制和令人快乐成长的、富有向往追求的愉悦环境，要让员工品尝到工作的乐趣，把艰苦的工作变成值得追求的目标。专心致志的工作所带来的果实，不仅能让人获得成就感，还可以奠定做人的基础，锤炼人的品格，始终保持着积极的心态和愉快的心情。如果员工不能自主掌控工作节奏、驾驭工作进度；时时受管理者的斥责胁迫，处于动辄得咎的境地；总是怀着紧张、忐忑、惧怕，诚惶诚恐的心理；这样的员工实质就处在奴隶的状态、罪犯的状态、受人监控管制的状态。放弃工作本身劳累不说，单就这种工作机制和环境来说，就让人沮丧、疲惫和痛苦。

以人为本的基本点就是尊重人，得不到尊重的环境就不是人们喜欢待的环境，何况持续的劳作会让人产生疲惫感，难以保持饱满的激情，不断专注和长久辛苦，过度劳累，会对劳动的意义产生质疑。很容易将劳动当成一种负担，一个包袱，再加上企业追求高效益不时加班加点，超额作业，追加定额，更让人不堪重负，压得喘不过气来。把企业建设成凝聚人心的家园，不仅要在情感上有诸多关爱表示，更应在参与管理上有实质地体现。

（1）员工参与管理，是"以人为本"的根本体现

参政议政是员工获得尊重的鲜明标志，是企业从"服从性文化"到"自主性文化"的转变，是企业管理发生质变的飞跃。从美国通用电气公司的管理机制、管理方法及企业文化等方面我们可以看出，杰克·韦尔奇在理智、情感、价值观等方面处处渗透着人本管理的思想。

杰克·韦尔奇说："如果通用电气公司的一切决策都依赖于一个杰克·韦尔奇的话，通用电气这艘航母将在一个小时内沉没。我只知道，外面必须变得更具有竞争力，而获取更多竞争力的惟一途径便是发动组织中的每位成员的智慧，让所有的员工更多地参与到公司的经营中来，不再是旁观者。"

杰克·韦尔奇于1989年创造了一个人人都参与，人人都了解，人人都采取行动的称之为"开动大家脑筋"的活动。这项活动旨在充分调动通用全体员工的积极性，启发员工的参与感和主人翁意识，把企业管理变成了群众性的智慧创新，变成为一种巨大的智能力量的释放，使通用电气公司到处充满了勃勃生机，在激烈的市场竞争中处于不败之地。

让员工参与管理，能发挥员工的主观能动性和个人创意，使员工感到上级主管对自己的信任，产生强烈的责任感，从而实现更高的工作效率。通过参与管理，目的在于让员工明白，他们有自我设计和创造能力，企业会给予他们各个方面的支持，创造条件和机会使每一位员工的潜能和价值都得到充分实现，而企业可以如此不断寻求集体智慧的最大化。

全员参与体现企业员工的心有所属，不管企业是几千人，还是几万人，员工都能关心企业，积极参与到企业开展的各项活动中来。实现员工心中有企业、爱企业，为企业的声誉而自豪。世界名企都有许多员工爱企业的感人故事，这些故事显然是企业与员工良好关系的生动诠释，是全员参与管理的一种精彩展示。

在企业管理过程中，尽管分工不同，但领导者和员工都应该处于平等的地位，只有这样才能营造出积极向上、同心协力的工作氛围。重视员工的参与，

鼓励他们提出不同的意见和建议，虽然不保证员工的意见都会被采纳，但当他们亲身参与到决策过程中，当他们的想法被聆听和讨论，那么，即使意见最终没有被采纳，他们也会有强烈的参与感和认同感，会因为被尊重而拥有更多的责任心。

员工参与管理的做法可以让员工对公司的事务有更多的支持和投入，对领导者也更加信任。员工参与制定的目标与计划，即使与领导者原来设计的几乎一模一样，但性质是截然不同的。领导设计得再好，因为没有经过下属参与，下属就没有认同感，既不理解也不支持，实施起来，心不在焉，很难全身心投入，挂一漏万，最终效果难以保证。如果有下属参与，员工就能把自己融入进去，他们就感到这里有自己的意愿，做起来心平气顺，就像干自己的事一样，一板一眼，有利有节，兢兢业业地把事情做好。

杰克·韦尔奇坚定地指出："世界上的每一个人都想得到发言权和尊严，而且也应当得到。"这里的"发言权"和"尊严"凝结着两个希望：一是人们都希望有机会说出他们的思想，拥有自己的观点、看法，获得被倾听的感受，无论他们的职务、文化、性别、年龄或者社会背景如何。二是人们都希望自己的不同人格个性、社会角色、工作职位、努力能得到尊重，尤其是得到领导者的尊重。

了解真相，参与介入，希望获得尊重，是每一个人都有的心理需求。这些需要得到满足，能使人对自己充满信心，对组织满腔热忱，体验到自己存在的意义和价值。杰克·韦尔奇转引一位中年仪表工人的话说："'25 年来，公司一直为我的双手支付报酬，但实际上，公司完全可以用上我的头脑——而且什么也不用付。'他的话代表了成千上万人的心声。"韦尔奇之所以能听到一线员工的声音，是他常年深入基层和员工亲密接触的结果；而之所以他能长期深入基层，是他牢固树立了"以人为本"的核心价值观的缘故。

稻盛和夫说：如果经营者尊重工人的立场和权利，让工人跟经营者一样具有为公司做贡献的想法，那么劳资对立就会自然而然地消失。劳资双方应该为共同的目标互相合作，形成命运共同体，依靠全体成员的智慧和努力来完成目标，通过这种做法，让第一线的每一位员工都能成为主角，主动参与经营，进而实现"全员参与经营"，这就是 1 加 1 远大于 2 的效果。

全员参与，民主管理是中国办企业的根本原则，是员工社会主义主人翁地位的体现，是区别于资本主义国家办企业的标志。然而有趣的是，西方发达国家很多企业在这方面做的比我们好，成了我们学习的榜样。这有力的说明，全员参与，民主管理是办好企业的科学原理，是一切优秀企业的必由之路。全员参与，民主管理是企业领导者必须认真研究的带有根本性的大政方针。

（2）员工参与管理，是"管理借力理论"的体现

强调员工的参与意识，挖掘每个员工的积极性、创造性，形成合力，通过管人达到管事的目的，是惠普公司"管理借力理论"的突出体现。

惠普公司成立 70 多年来，一直以稳健发展著称。2002 年 5 月 3 日，惠普完成收购美国著名电脑公司康柏，收购后的新惠普拥有员工 15 万人，市值 550 亿美元，年销售收入近 800 亿美元，赢利 26 亿美元，已在全球 160 多个国家和地区建立了分支机构。是什么促使惠普这棵"硅谷长青树"在长达半个多世纪的经营中一直独具风骚呢？惠普公司创始人之一戴维·帕卡德在 1995 年出版的《惠普之道》一书中道破天机：公司向员工灌输一种核心价值观，建立持久有力的企业文化是惠普参与全球竞争的制胜法宝。

戴维·帕卡德写道，"我们相信人们'企图'去做好一份工作，这对于他们在惠普工作来说是十分重要的。对于我们而言，创造一个让人觉得最好的环境选择十分重要。去赏识他们的潜力，欣赏他们的成就。"惠普一直致力于创造使人们有机会尽其所能，充分发挥其潜能，创造成就并能得到认可的环境。

惠普的经理们经常利用正式工作外的时间与员工进行交流，如喝咖啡及员工聚会的时候，鼓励员工参与管理，在员工中创造一种认同感。提倡个人的自由和主动性，强调目标的一致性和团队协作精神。此外，员工的刊物、电影和录像带都成为有益的沟通工具。惠普人性化的文化使得公司达到了一种"和谐之美"，从而使得公司员工上下一心，同心同德，使人力资本的潜能最大限度地发挥出来。

就管理层而言，各级经理必须确信他们的每个下属都理解公司的宗旨和总目标以及他们分部和部门的具体目标和政策。因此，一个惠普管理人员的主要职责是传达、指导、建设性的反馈和相互理解。

惠普对员工不断培训，提高其适应环境和为公司做贡献的能力。惠普的育人大理论难能可贵，其远见卓识，超凡脱俗。这和国内有的企业惧怕人才流失，索性不搞培训，甚至以登记为名，收取员工的毕业证，羁押不还，以为这样就能绑住人才。而人才在他那里又不受重视，更得不到关爱，两者相比，境界何止十万八千里。

惠普信任并尊重个人，面对任何情况都坚信，只要给予员工适当的支持，他们愿意努力工作并一定会做得很好。鼓励员工追求卓越的成就与贡献，通过团队精神来实现组织目标，因此每次公司修订目标，必定听取员工意见，并将

修订结果及时印发给每位职工，而且每次都重申公司宗旨："组织之成就乃系每位同仁共同努力之结果。"

惠普提倡走动式管理，经营者通过随意交流或正式会谈与员工保持密切联系、交流和沟通。虚心倾听员工的意见，了解员工所关注的问题，弄清楚人们的思想和意见，增强相互理解，体现了惠普的领导者平易近人、坦诚、爽快的管理风格。

惠普实施开放式管理，让员工分享权力，决策权不仅掌握在领导者手中，同时也掌握在员工手中。多数经理，都愿意分享他们的权力，因为他们真的相信，给员工更多设计和控制自己工作的权力是组织生存的唯一途径。让员工自己创造新的工作系统，而非领导者强加在他们身上的系统。员工参与管理，使领导者能腾出精力来寻找新的生意机会。

员工参与管理，使员工了解自己企业的营运状况，公司和其他竞争者相比如何？公司顾客的特质是什么？缺乏这样的参与管理，员工就缺少了工作的动机，从而使他们去思考工作界限之外的事情。当管理层开展某些新的改善品质或者管理创新的活动，受限于眼界狭隘的员工通常就将这些活动理解为"领导在整景"，因此抱着怀疑和不信任的眼光希望这些活动尽快以失败告终。

让员工参与管理，是践行以人为本的实质，会使员工设身处地为领导着想。为员工营造一种心情舒畅的工作氛围，这种氛围使得员工真正体验到了家的感觉。这种家的感觉来自：从参与管理到自我管理的意识，从自主自立到自我发展的权力保障，尊重人的环境与平等公正的文化。

(3) 员工参与管理，是构建"命运共同体"的体现

指望员工共担责任，理应与员工拥有共同利益，与其拥有共同利益，不如缔结共同命运。稻盛和夫历经51年的经营生涯，总结出了深邃的经营真谛，他认为，公司运营的第一目标，不是为了股东利润，也不是为了客户利益，而是为了公司员工及其家属的幸福。他说：我和员工的关系不是经营者与工人的关系，而是为了同一个目的而不惜任何努力的同志关系，是志同道和的伙伴关系。如果让工人跟经营者一样为公司做贡献，就必须尊重工人的立场和权利，围绕共同的目标互相合作，形成命运共同体，实现全员参与型经营。

全员参与型经营在日本被形象地称为"大家庭式经营"，这种经营让公司人员之间形成相互关爱、苦乐同当的家庭成员般的关系，形成企业的命运共同体。

稻盛和夫经常举办"联谊会"以增强员工凝聚力。这种联谊会有美酒佳肴，但没有喧闹，大家围坐一团，在相互敬酒之际，畅谈工作中的烦恼，岗位的现

状甚至人生，可以说是无话不谈。没有一种沟通方式的效果能胜过促膝交谈，只有在这个时候才没有上下级之分，全体成员都可以敞开心扉，坦率地表达出自己的意见。联谊会是心灵交汇的最佳平台，也是最有效的教育平台，经营者会不失时机地将京瓷哲学思想传达给员工。这种工作之余的聚会，实质就是变相的工作促进会和管理研究会，是餐桌上的座谈会，是酒店环境下的职代会。通过联谊会的途径，管理者与员工相互盟誓要心连心，积极地参与经营，不遗余力地为提升业绩而努力。

稻盛和夫构建了一整套"命运共同体"的经营体系，他主张京瓷公司内部的人际关系不是经营者与员工的纵向关系，而是朝着同一个目标，为实现共同的梦想而步调一致的"同志"关系，或是称为"伙伴"的横向关系。他长期思考如何才能最大限度地发挥每个人的能力，最终得到的答案是：人人都是经营者，把整个公司按照工序、产品类别划分成若干个小规模的组织，把它们视为一个个中小企业，采取独立核算的方式加以运作，放权经营。全体员工为了劳资双方共同的目标而能互相合作，并借助日本传统的"家族"观念构建这种模式，即一种充满爱意的大家庭模式。

为了建立与员工之间的互信关系，稻盛和夫在经营中还采取了"玻璃般透明"的经营策略，即透明经营的原则。现在有多少订单，与计划相比落后多少，利润是多少，这些利润是如何使用的，现在公司的处境怎样……这些问题不仅仅向管理者公开，也向基层员工公开。稻盛和夫一直坚持经营必须"透明化"，一方面应该将企业的经营状况告知给员工；另一方面，领导者本身的行为也要体现出"透明性"，让处于最末端的员工对公司的运营状况、经营层的想法了然于胸。"透明化"的经营，更有助于员工监督经营者的工作作风，不能允许经营高层挪用公款和利用公款随意招待，这样才能让员工产生信赖感，从而统一员工的思想，凝聚员工的力量，赢得员工的支持。如果中国国企能做到让工人群众践行参政议政和监督职能，国企和国家就不会出现如此严重的系统腐败。

全员参与型的经营方式，有效地调动和激发了企业全员的工作积极性。一般做法是当企业经营取得成绩时，就给予员工以工资和奖金方面的奖励。这种方法固然简单易行，但是企业的经营并非永远都一帆风顺，一旦经济出现低迷，企业运营发生梗阻，企业员工的工资和奖金也必然会随之减少，那么员工的干劲也会立刻陷入低迷状态。因此作为企业的经营者，非常重要的一点就是切勿以金钱作为蛊惑人心的诱饵，金钱的引导和刺激很容易误导员工见钱眼开，使员工降格为贪婪的物质主义者。稻盛和夫的治企理念与毛泽东倡导的"两参一改三结合"，反对奖金挂帅、反对物质刺激的治企理念有殊途同归之处。

毛泽东倡导"两参一改三结合"是 1960 年。京瓷公司始创于 1959 年 4 月，员工 28 名。42 年后的 2001 年京瓷进入世界 500 强企业行列，届时公司有 163 个多样化分支企业，员工总数为 51 万余人。从某种角度上说，京瓷的发展历程和辉煌成就，恰恰是毛泽东治企理念的最好实践验证。

后　记

关注"无领导力"和"负领导力"现象

在进行本书三校时，我觉得有一个非常重要的议题应该从有关章节里单独拿出来，因为它太重要了。我担心它被某个章节里的内容淡化湮没，引不起读者的高度重视，所以另附一个后记，单辟一个专题，假设概念，抛砖引玉，期望共识同仁集思广议，专项研讨，深究机理。如果真的能引起领导界关注警醒的话，无疑对执政理政，兴国强国大有裨益。这个重要议题就是：在诸多领导实践过程中，时而存在着的——"无领导力"和"负领导力"现象。

所谓"无领导力"，就是领导者没有领导力或缺乏核心领导力，起不到领导者的作用，造成领导无效，使组织占据编制，资源闲置，功能紊乱，蒙受损失。这种"无领导力"状况的普遍存在，潜伏着一系列危害，但人们往往忽略了它的存在，意识不到问题的严重。

"无领导力"现象林林种种，主要有三种症状，消极无为是其核心体现：

一种是因对上级不满、对薪酬不满、对工作不满而产生的消极待命不作为；

一种是因知识贫乏、经验匮乏、能力缺乏及精神困乏而无能为力的不作为；

一种是因品行不端、作风不正、人脉不济得不到下属的认同追随而不作为。

这种不作为的领导者很容易被发现和被识别，为什么没引起注意和重视？就因为类似现象已成为某些组织司空见惯的政治生态，不仅个别领导者不作为，其他领导者也不作为，甚至某些上级领导者也不

449

作为，于是不作为形成了日常态势，成了自然现象。中央巡视组历数有些央企党组织的"庸、懒、散、松"状态，就是这种局面。这种现象不彻底摒除和根治，就会演化成"负领导力"状态。

所谓"负领导力"，就是领导者虽然努力实施领导作为，也在积极干事，但缺乏实际的领导力，违背了客观实际，干急了、干错了、干糟了、干反了，呈现出了事倍功半，适得其反，南辕北辙，亲痛仇快的负面效应。这种负效应当时不明显，通常在事后逐渐显现出来并不断恶化。如果后果不严重，权当经验不足而敷衍过去，即使后果严重，往往也追查不到问题的实质，最后也不了了之了。

"负领导力"是"无领导力"的变种，表面上看领导者确实投入了很大气力，花了很大功夫，辛辛苦苦，忙忙碌碌，煞费苦心地做了某些事，但结果事与愿违，干了不如不干。"负领导力"的突出症状是：

一是得不偿失。即工作干了，完成了指标，但损失太大，成本太高。如突击抢任务，粗制滥造，单纯指标观念；使不该花的钱花了，不该用的人用了，不该破坏的规矩破坏了，不应该出现的问题出现了。

二是拔苗助长。事虽然做了，但违背了事物发展规律，导致今后没法干了。如透支业绩，弄虚作假，高薪重奖，烂尾工程等。

三是挫伤人心。事虽然办了，但办砸了，得罪了群众，弄得怨声载道。如在利益分配、接待上访、住房拆迁、城管执法过程中，经常酿出公共关系危机，导致国家维稳成本剧增，极大地损害了党的政治形象和国家的社会声誉。

实践是检验真理的唯一标准，以结果查找原因，我们会发现并验证出有些领导者实施了一系列的错误领导。这种错误的领导行为一部分是领导者主观错误所为，一部分是领导者能力不及所致，其中主观故意的性质给实践带来的危害最为深重也最为久远。如果排除"负领导力"的主观故意，那么就是领导力低下的缘故。我们通过两个众所周知的事例，来认识"负领导力"的本来面目。

曹操帐下的谋士蒋干仪表出众，才辩卓著，《江表传》赞誉其在江、淮之间独一无二，是个出色的人才。蒋干有事业心，有施展作为的积极性，他忠诚主公，愿为曹操做事以建功立勋，是个值得信赖的干部。在赤壁大战前夕，他主动请缨到东吴游说自幼同窗的周瑜前来归降。曹操闻知大喜，亲自置酒为蒋干送行。但是蒋干的智能与对手周瑜相比，就好比蒲松龄笔下的狼一样"止增笑耳。"蒋干游说不成却盗书成功，自认为干了件大事，立了大功，结果使曹操中了周瑜的离间计，折了两员水军大将。此事亦使蒋干蒙羞自愧，但他矢志不渝，愿再赴东吴一搏，力图将功折罪，真是精神可嘉。然而这次蒋干把庞统引渡江北，举荐给了曹操，使曹操又中了连环计，简直把曹操害惨了，于是流传下千古笑谈。

　　蒋干不是没有学问，四书五经他烂熟于心，琴棋书法他无所不能；他也不是没有胆量，两军对垒刀光剑影，他驾一叶扁舟去说降敌方的军事统帅，特别是第二次过江，必将面对更加险恶局面，他置生死于度外，真可谓一派豪气。但是蒋干两次过江，两次中计，不仅葬送了曹军数万人马，连曹操本人也差点丧命，这是不是好心办坏事？从外表上看蒋干确是积极作为，勤奋干事的优秀人才，然而事实证明他是个成事不足、败事有余的腐儒。学富五车，不等于有真正解决实际问题的能力，所以尽管蒋干英姿翩翩，后人却把他刻画成弄巧成拙，愚蠢可笑的小丑。现实中我们有多少蒋干之类的领导者？他们在对外经营中上大当、吃大亏，被对方"骗"得惨不忍睹的还少吗？他们忙忙碌碌看起来很可怜，但看到他们给国家、给企业造成巨大损失时，真是又可气、又可恨。

　　还有一个现代的"负领导力"案例，就是大名鼎鼎的共产国际顾问李德的"不朽事迹"。李德奉共产国际旨意不辞万里冒着生命危险辗转来到中央苏区，"辛辛苦苦"地帮着中国共产党开展土地革命，他自始至终都坚持认为自己为中国革命做出了巨大贡献。然而事实证明，他的巨大贡献就是把苏区用鲜血换来的各个根据地都丧失干净，把数万红军都送到敌人的枪口下流血牺牲，把中国共产党弄得岌岌可危，把中国革命引向穷途末路……他的领导力是不折不扣的"负领导力"。这种"负领导力"的功力十分强大，它可以堂而皇之、名正言顺地使一个单位的系统机能发生紊乱，使组织日积月累的成果一朝化为乌有，是颠覆组织、瓦解事业货真价实的罪恶"杀手"。

李德和蒋干看起来都属于想干好而没干好的类型，其实他俩有着本质的区别。蒋干是能力不及而被骗，这种轻易上当被利用的领导者不在少数。这类领导者只要善于总结经验教训，克服自负自傲的毛病，不断提高领导力，或许还有一救。但李德这种人是不可药救的，他是在实践面前坚持错误的人，是无视客观事实执意主观武断而不计后果的人，是不听任何规劝目中无人的人，是无论如何也不能重用的人。这种人善于赢得上级的信任而为所欲为，直到出了大乱子、被停职罢官才能悬崖勒马。这种领导者的存在，简直就是组织的灾难。这种制造负效应的具有负领导力的领导者，在领导者总数中有多少？上级部门恐怕是心中没数的，因而有些组织不乏潜伏着各种灾难的隐患。

"无领导力"和"负领导力"是相互联系的，通常"无领导力"之因，必结出"负领导力"之果。张瑞敏有句名言，不合格的产品就是废品，不存在二等品，三等品，等外品之说。依此同理，"无领导力"就是"负领导力"。"无领导力"绝不是中性的，而是处处带有负面效应的。系统领导力认为，不是任何人都能当领导的，不是学历高就能当领导，不是有专长、有能力就应当领导，不是"秃子改和尚"将就材料的事，更不是"说你行、你就行"那么简单，必须要有一套健全完善的、科学公正的用人体制和考核办法，把那种不干事、不成事的具有"无领导力"和"负领导力"的人，尽早尽快从我们的干部队伍中剔除出去。这样既拯救了组织和事业，也拯救了那些不适合担任领导者的本人。

坚决遏制"无领导力"和"负领导力"两种现象的实际意义极其重大。

按照系统论的原理认识当今世界，竞争不仅是长期的，而且是永恒的；不仅是激烈的，也是多形态的；不仅是在经济方面，而且充斥一切领域，尤其是在政治领域。竞争的焦点看起来是经济实力，实质是政治战略。没有良好的安定环境，经济不可能欣欣向荣；没有政策的推动促进，经济不可能蒸蒸日上。而政治的坚实基础是什么呢？那就是各行各业各级领导者的卓越领导力。大国的地位，强国的实力，归根结底是许许多多有着卓越领导力的领导者带领千千万万个优秀人才和有着优良素质的广大人民群众创造出来的。

毛泽东是系统领导力的大师，抗日战争之初，他在系统地分析和比较中日两国的战争实力时指出："敌我力量的对比，不但是军力和经济力的对比，而且是人力和人心的对比。"毛泽东把人力和人心作为战争的重要资源来对待，继而提出了人民战争的概念，这是他伟大领导力的英明之处。只把领导力作为实现组织目标的工具是不够的，一个领导者虽然完成了上级规定的任务，但伤了人心，恶化了干群关系，损害了群众的利益，同样属于无领导力和负领导力行为，注定是失败的领导者，这一点应引起领导者们特别的注意。

一个组织的领导者有没有领导力？有多少是"无领导力"和"负领导力"的领导者？这是需要上级领导心中有数的。需要有一套权威的、准确的、公认的定性定量跟踪考核标准。在存量的领导者中，有多少能达到具有80%的领导力？有多少姑且算是50%的领导力？有多少勉强只有30%的领导力？对于没有30%领导力的领导者，不仅不能晋升提拔，而且要考虑是否有必要让他继续待在领导岗位上。"无领导力"的问题不尽早解决，领导干部队伍中"负领导力"的人就会越来越多，这可是关系国计民生唯此为大的大问题。

优秀领导人才的稀缺，是中国各行各业面临的一项最大挑战，是中国强国战略最为迫切的关键问题，提升领导力是中华民族复兴大业最为紧迫而艰巨的任务。

2017 年 8 月 18 日